Szkolny atlas geograficzny

DEMART

Planeta Ziemia

Budowa Wszechświata

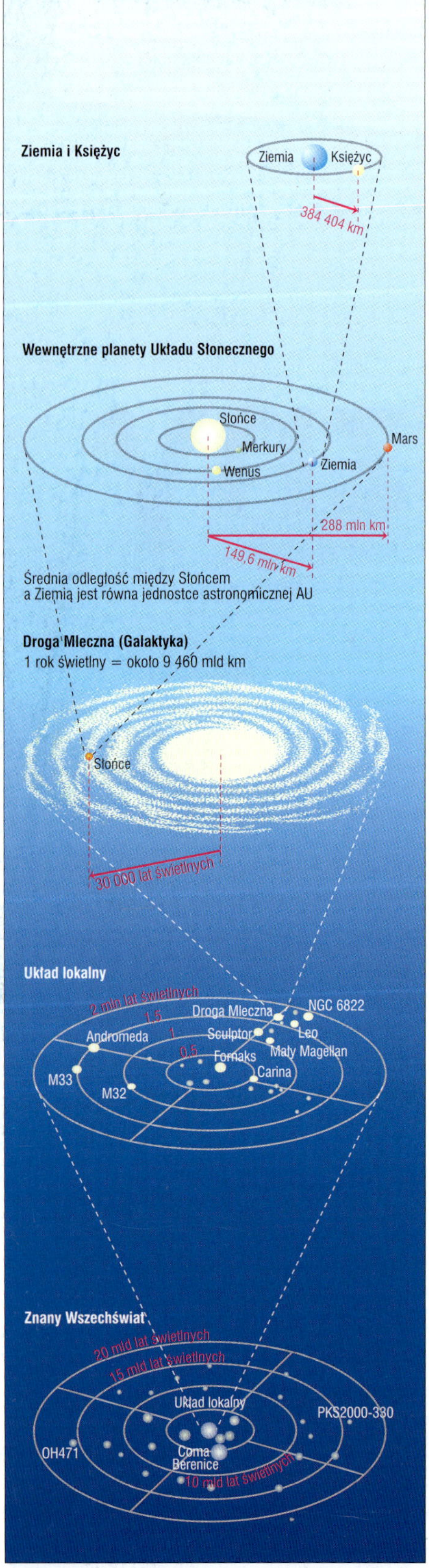

Planety Układu Słonecznego

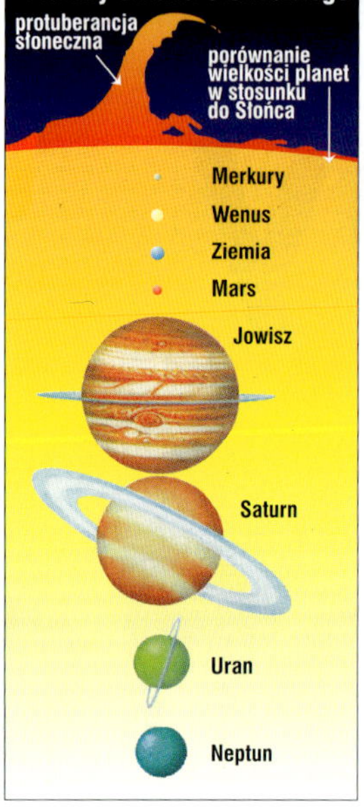

Widoczna strona Księżyca

Zaćmienie Słońca i Księżyca

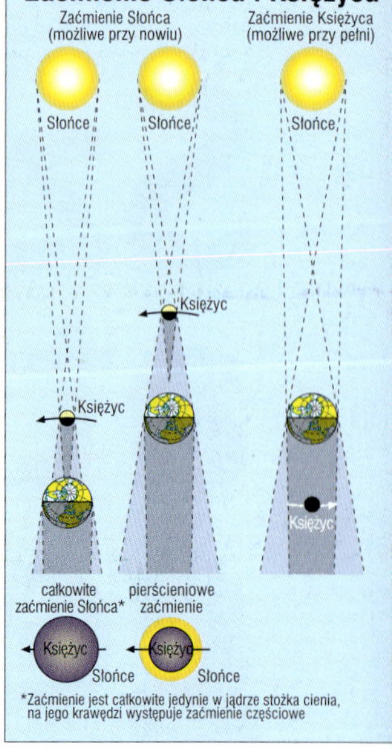

Fazy Księżyca

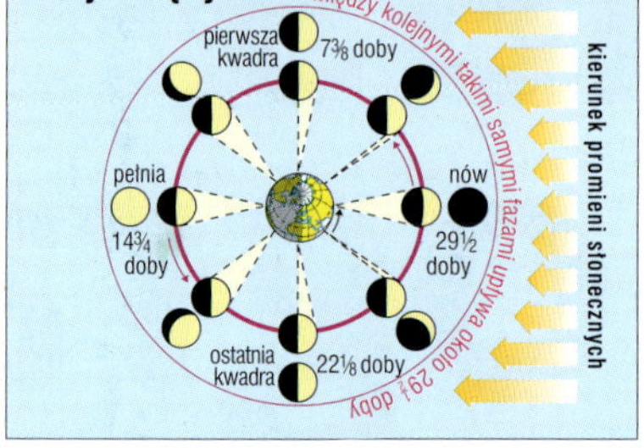

Ruch Księżyca wokół Ziemi

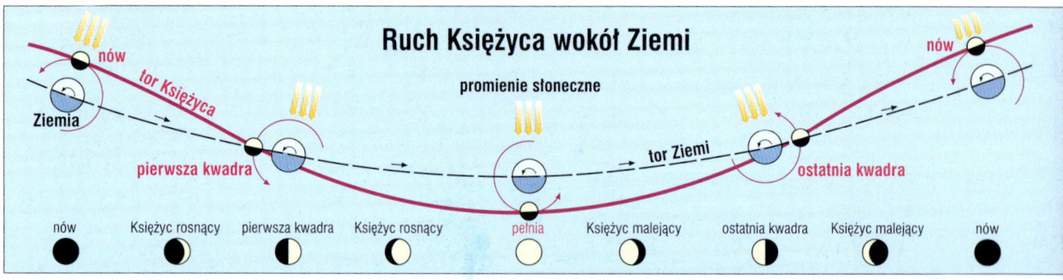

Ruch Ziemi wokół Słońca

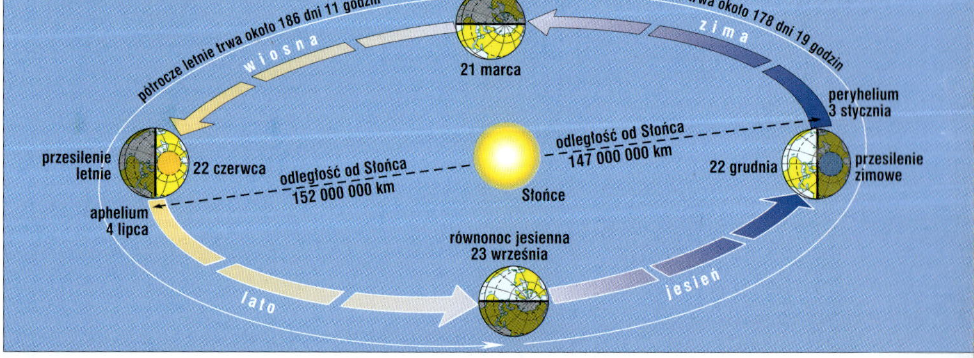

Oświetlenie Ziemi

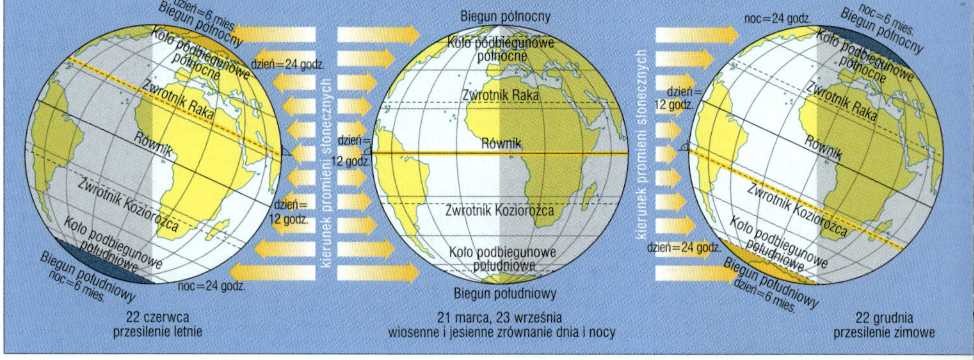

Droga Mleczna (Galaktyka) – rzut z boku

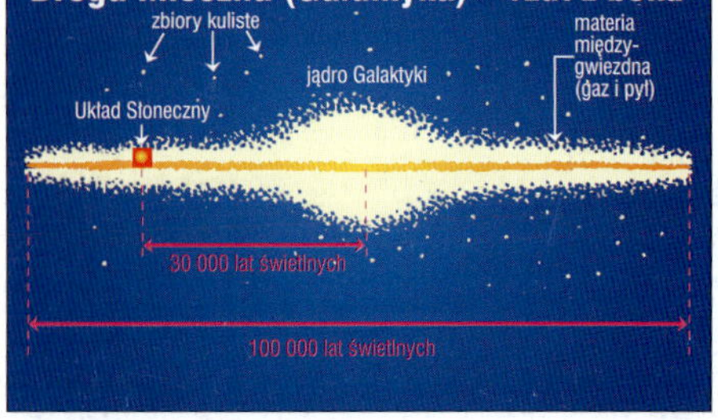

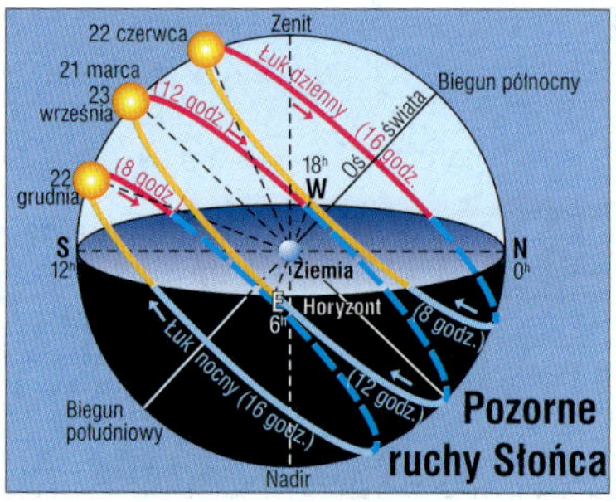

Pozorne ruchy Słońca

Kształt Ziemi

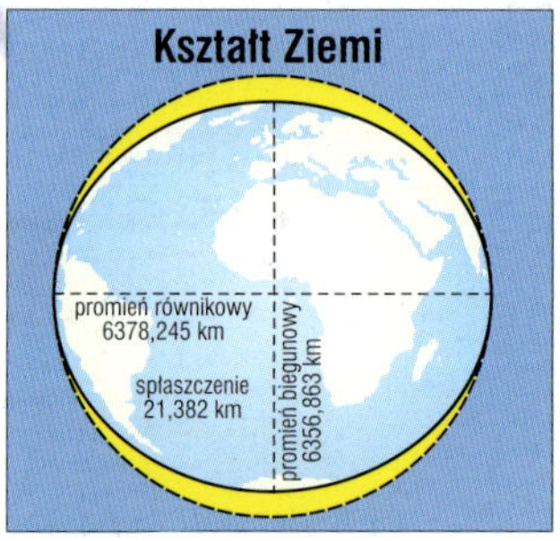

Widok Ziemi z Księżyca

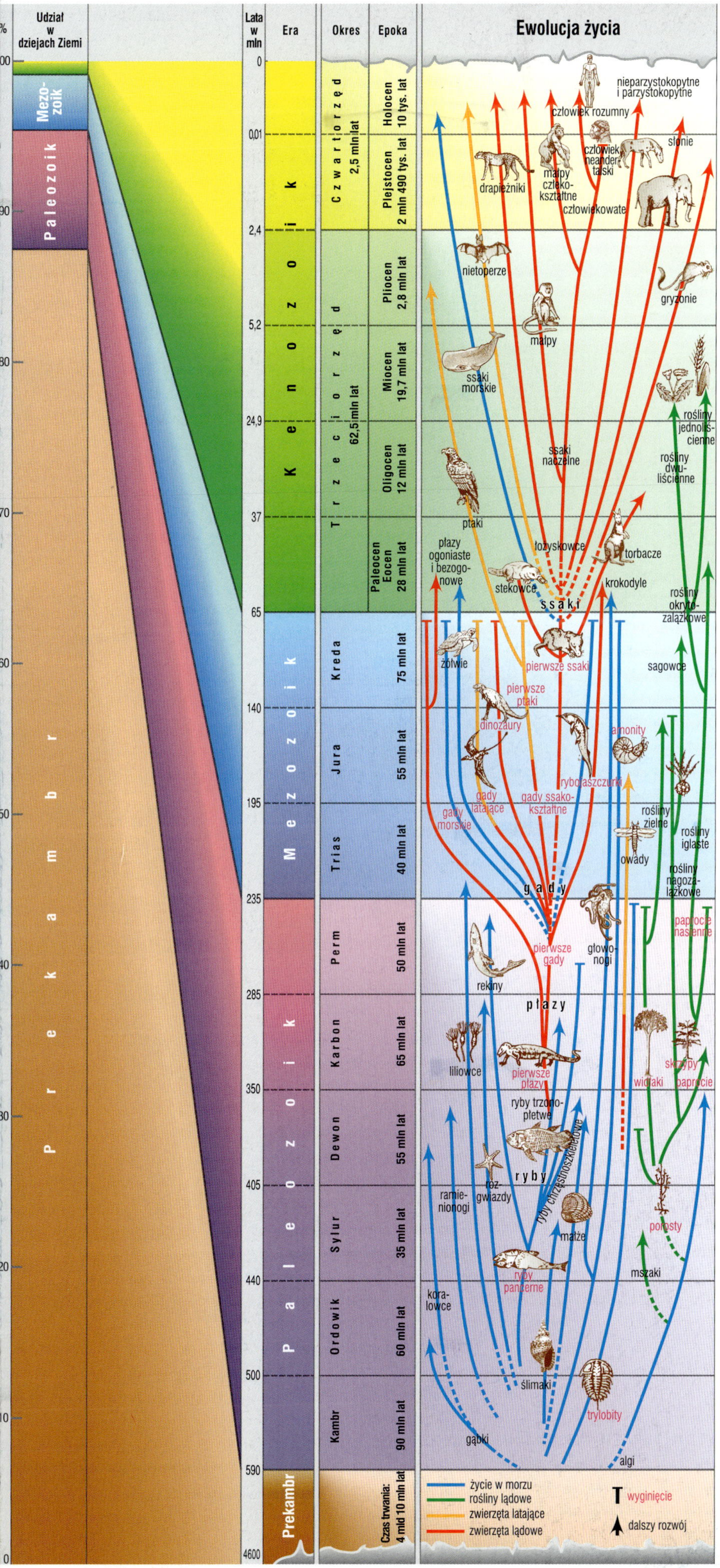
Udział w dziejach Ziemi
%
Mezozoik
Paleozoik
Prekambr
Lata w mln
Era
Okres
Epoka
Ewolucja życia
Kenozoik
Czwartorzęd 2,5 mln lat
Holocen 10 tys. lat
Plejstocen 2 mln 490 tys. lat
Trzeciorzęd 62,5 mln lat
Pliocen 2,8 mln lat
Miocen 19,7 mln lat
Oligocen 12 mln lat
Paleocen Eocen 28 mln lat
Mezozoik
Kreda 75 mln lat
Jura 55 mln lat
Trias 40 mln lat
Paleozoik
Perm 50 mln lat
Karbon 65 mln lat
Dewon 55 mln lat
Sylur 35 mln lat
Ordowik 60 mln lat
Kambr 90 mln lat
Prekambr
Czas trwania: 4 mld 10 mln lat
0
0,01
2,4
5,2
24,9
37
65
140
195
235
285
350
405
440
500
590
4600
człowiek rozumny
nieparzystokopytne i parzystokopytne
drapieżniki
małpy człekokształtne
człowiek neandertalski
słonie
człowiekowate
nietoperze
gryzonie
małpy
ssaki morskie
rośliny jednoliścienne
ssaki naczelne
rośliny dwuliścienne
ptaki
płazy ogoniaste i bezogonowe
łożyskowce
torbacze
stekowce
krokodyle
ssaki
rośliny okrytozalążkowe
żółwie
pierwsze ssaki
sagowce
pierwsze ptaki
dinozaury
amonity
gady latające
gady ssakokształtne
ryby kostnoszkieletowe
gady morskie
rośliny zielne
owady
rośliny iglaste
rośliny nagozalążkowe
gady
paprocie nasienne
pierwsze gady
głowonogi
rekiny
płazy
liliowce
pierwsze płazy
widłaki
skrzypy
paprocie
ryby trzonopłetwe
ryby chrzęstnoszkieletowe
ryby
ramienionogi
rozgwiazdy
małże
porosty
ryby pancerne
mszaki
koralowce
ślimaki
trylobity
gąbki
algi
życie w morzu
rośliny lądowe
zwierzęta latające
zwierzęta lądowe
wyginięcie
dalszy rozwój

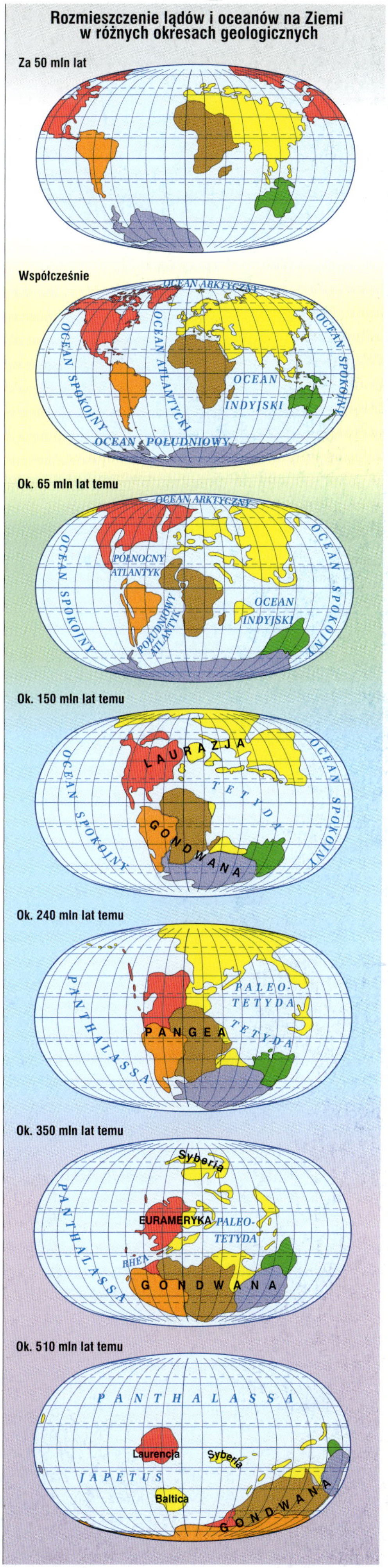
Rozmieszczenie lądów i oceanów na Ziemi w różnych okresach geologicznych
Za 50 mln lat
Współcześnie
OCEAN ARKTYCZNY
OCEAN SPOKOJNY
OCEAN ATLANTYCKI
OCEAN INDYJSKI
OCEAN SPOKOJNY
OCEAN POŁUDNIOWY
Ok. 65 mln lat temu
OCEAN ARKTYCZNY
OCEAN SPOKOJNY
PÓŁNOCNY ATLANTYK
POŁUDNIOWY ATLANTYK
OCEAN INDYJSKI
OCEAN SPOKOJNY
Ok. 150 mln lat temu
LAURAZJA
OCEAN SPOKOJNY
TETYDA
GONDWANA
OCEAN SPOKOJNY
Ok. 240 mln lat temu
PANTHALASSA
PALEO-TETYDA
PANGEA
TETYDA
Ok. 350 mln lat temu
Syberia
EURAMERYKA
PALEO-TETYDA
PANTHALASSA
RHEA
GONDWANA
Ok. 510 mln lat temu
PANTHALASSA
Laurencja
Syberia
JAPETUS
Baltica
GONDWANA

Świat KRAJOBRAZY

- obszary stałego lodu, lodowce
- lodowce kontynentalne i górskie
- obszary zlodzone zimą
- występowanie gór lodowych
- krajobrazy wysokogórskie, skały
- tundra
- tajga
- lasy stref umiarkowanych i podzwrotnikowych
- lasy suche, makia, busz

lasy równikowe i monsunowe
lasy namorzynowe
suche obszary trawiaste, stepy, prerie
sawanny suche
sawanny wilgotne
pustynie
obszary uprawne
wulkany
rafy koralowe

Udział kontynentów i oceanów w powierzchni Ziemi

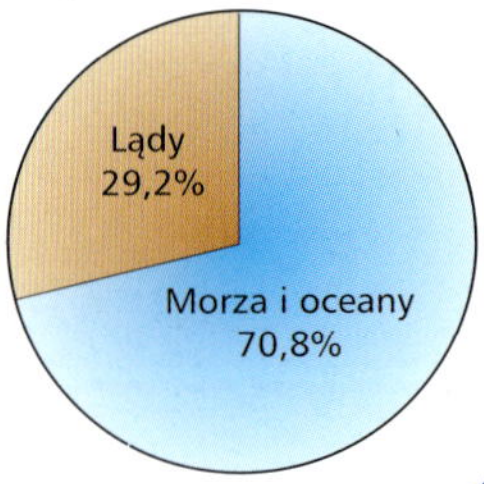

Udział oceanów w powierzchni wszechoceanu

Przekrój wzdłuż równika (1mm – 100 km)

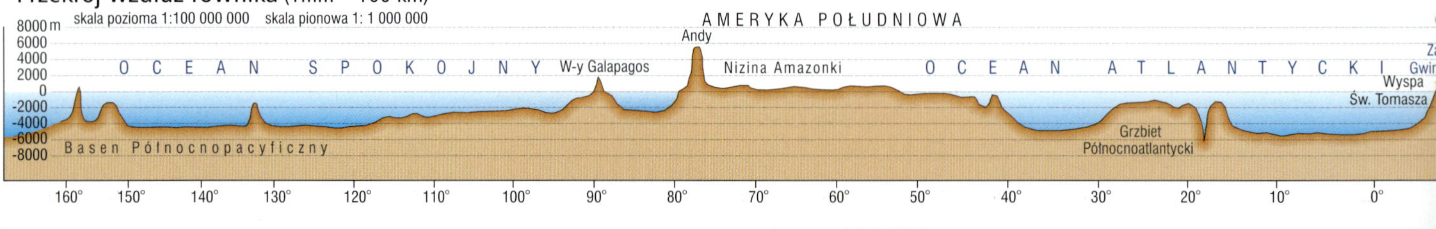

m n.p.m.
7000
5000
3000
1500
500
200
0
200
2000
4000
6000
8000
MORZE BARENTSA
MORZE KARSKIE
MORZE ŁAPTIEWÓW
MORZE WSCHODNIOSYBERYJSKIE
Ziemia Franciszka Józefa
Nowa Ziemia
Ziemia Północna
Przyl. Czeluskin
W-y Nowosyberyjskie
W. Wrangla
Plw. Tajmyr
Nizina Wschodnioeuropejska
Nizina Zachodniosyberyjska
Wyżyna Środkowosyberyjska
S y b e r i a
Ural
G. Wierchojańskie
G. Kołymskie
Plw. Kamczatka
MORZE OCHOCKIE
MORZE BERINGA
A l e u t y
Sachalin
G. Stanowe
Pasmo Stanowe
G. Jabłonowe
Wlk. Chingan
Sajany
Ałtaj
Bielucha 4506
Kotl. Dżungarska
Tien-szan
G o b i
Pust. Takla Makan
Kunlun
Wyżyna Tybetańska
Pamir
Hindukusz
Himalaje
8848 Czomolungma (Mount Everest)
Karpaty
Kaukaz
Elbrus 5621
M. CZARNE
M. KASPIJSKIE
Elburs 5604
Zagros
Wyżyna Irańska
Plw. Azja Mniejsza
Plw. Bałkański
M. ŚRÓDZIEMNE
Półwysep Arabski
Pust. Ar-Rub al-Chali
MORZE ARABSKIE
Zatoka Bengalska
Plw. Indyjski
Dekan
Cejlon
Malediwy
Lakkadiwy
Andamany
Nikobary
Plw. Indochiński
Plw. Malajski
Sumatra
Borneo
Celebes
Jawa
M. POŁUDNIOWOCHIŃSKIE
Hajnan
Tajwan
G. Południowochińskie
Niz. Chińska
MORZE ŻÓŁTE
Plw. Koreański
MORZE JAPOŃSKIE
Hokkaido
Honsiu
3776
Rów Japoński
Rów Izu-Bonin
Rów Kurylski
W-y Riukiu
Filipiny
Rów Filipiński
Rów Mariański
Mariany
M i k r o n e z j a
Archipelag Malajski
Moluki
Timor
Nowa Gwinea
Puncak Jaya 5030
Melanezja
W-y Salomona
Nw. Hebrydy
Fidżi
Nowa Kaledonia
Rów Tonga
Rów Kermadec
Polinezja
MORZE KORALOWE
Wielka Pust. Piaszczysta
Wielka Pust. Wiktorii
Wlk. Góry Wododziałowe
2230 G. Kościuszki
Tasmania
MORZE TASMANA
Nowa Zelandia
G. Cooka 3764
W-y Antypodów
Auckland
Norfolk
Basen Północno-Zachodni
Basen Środkowopacyficzny
Midway
O C E A N S P O K O J N Y
O C E A N I N D Y J S K I
Basen Środkowoindyjski
Basen Zachodnioaustralijski
Basen Południowoaustralijski
Basen Australijsko-Antarktyczny
Grzbiet Środkowoindyjski
Grzbiet Wschodnioindyjski
Grzbiet Zachodnioindyjski
Grzbiet Australijsko-Antarktyczny
Rów Jawajski
W-y Czagos
W-y Kokosowe
Seszele
Komory
Maskareny
Mauritius
Reunion
Madagaskar
Amsterdam
St. Paul
W-y Kerguelena
Heard
W-y McDonalda
W-y Crozeta
W-y Księcia Edwarda
Wyżyna Abisyńska
Plw. Somalijski
Sokotra
Ruwenzori 5109
Kenia 5199
Kilimandżaro 5895
Kotlina Konga
Shaba (Katanga)
Kotlina Kalahari
G. Smocze
Pust. Namib
Tibesti
Sahara
Pust. Libijska
J. Czad
Ziemia Enderby
Ziemia Wilkesa
Ziemia Wiktorii
biegun magnetyczny
Przyl. Igielny
Przyl. Leeuwin
Przyl. York
66°33'
23°27'
0°

Udział kontynentów w powierzchni lądowej

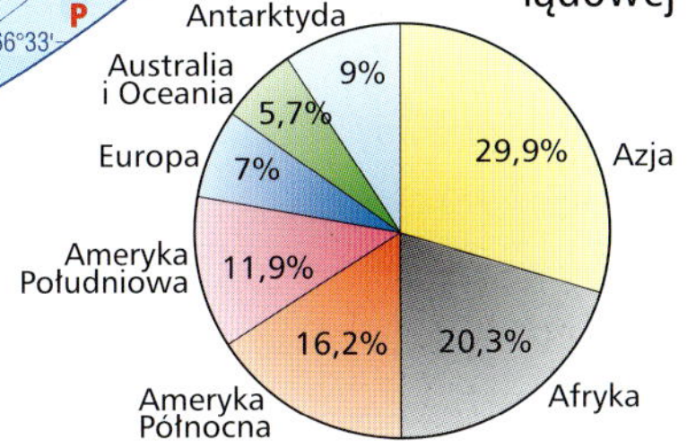
Azja 29,9%
Afryka 20,3%
Ameryka Północna 16,2%
Ameryka Południowa 11,9%
Europa 7%
Australia i Oceania 5,7%
Antarktyda 9%

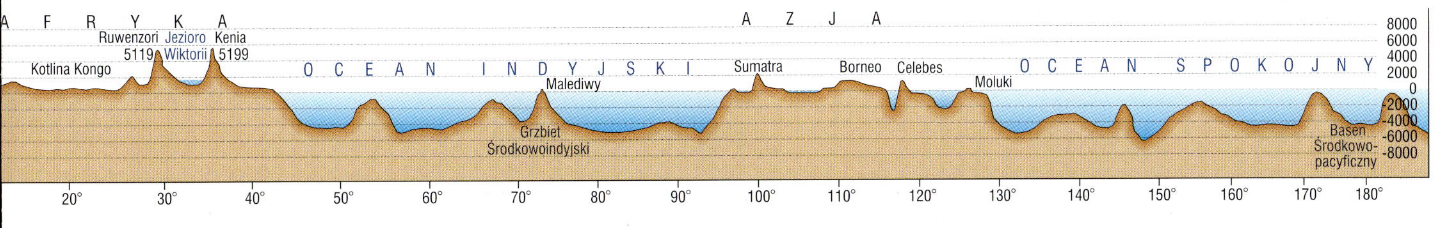
A F R Y K A
A Z J A
Ruwenzori 5119
Jezioro Wiktorii
Kenia 5199
Kotlina Kongo
O C E A N I N D Y J S K I
Malediwy
Grzbiet Środkowoindyjski
Sumatra
Borneo
Celebes
Moluki
O C E A N S P O K O J N Y
Basen Środkowopacyficzny
8000
6000
4000
2000
0
-2000
-4000
-6000
-8000
20°
30°
40°
50°
60°
70°
80°
90°
100°
110°
120°
130°
140°
150°
160°
170°
180°

Klimaty Ziemi

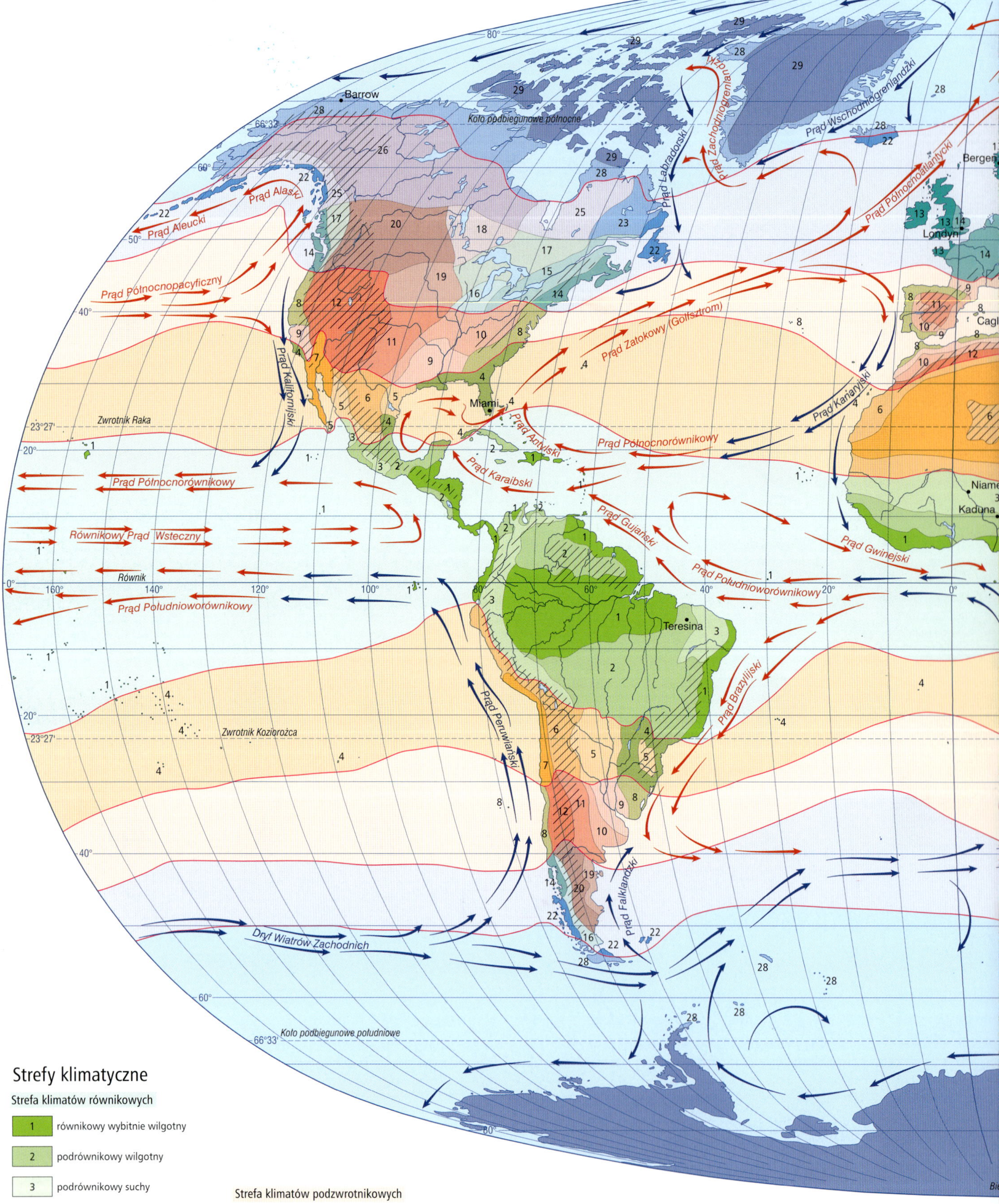

Strefy klimatyczne

Strefa klimatów równikowych

- 1 równikowy wybitnie wilgotny
- 2 podrównikowy wilgotny
- 3 podrównikowy suchy

Strefa klimatów zwrotnikowych

- 4 wilgotny
- 5 pośredni
- 6 kontynentalny suchy
- 7 skrajnie suchy

Strefa klimatów podzwrotnikowych

- 8 morski
- 9 pośredni
- 10 kontynentalny
- 11 kontynentalny suchy
- 12 kontynentalny skrajnie suchy

Strefa klimatów umiarkowanych

Klimaty umiarkowane ciepłe

- 13 wybitnie morski
- 14 morski
- 15 przejściowy
- 16 ciepły
- 17 kontynentalny
- 18 wybitnie kontynentalny
- 19 kontynentalny suchy
- 20 kontynentalny wybitnie suchy
- 21 kontynentalny skrajnie suchy

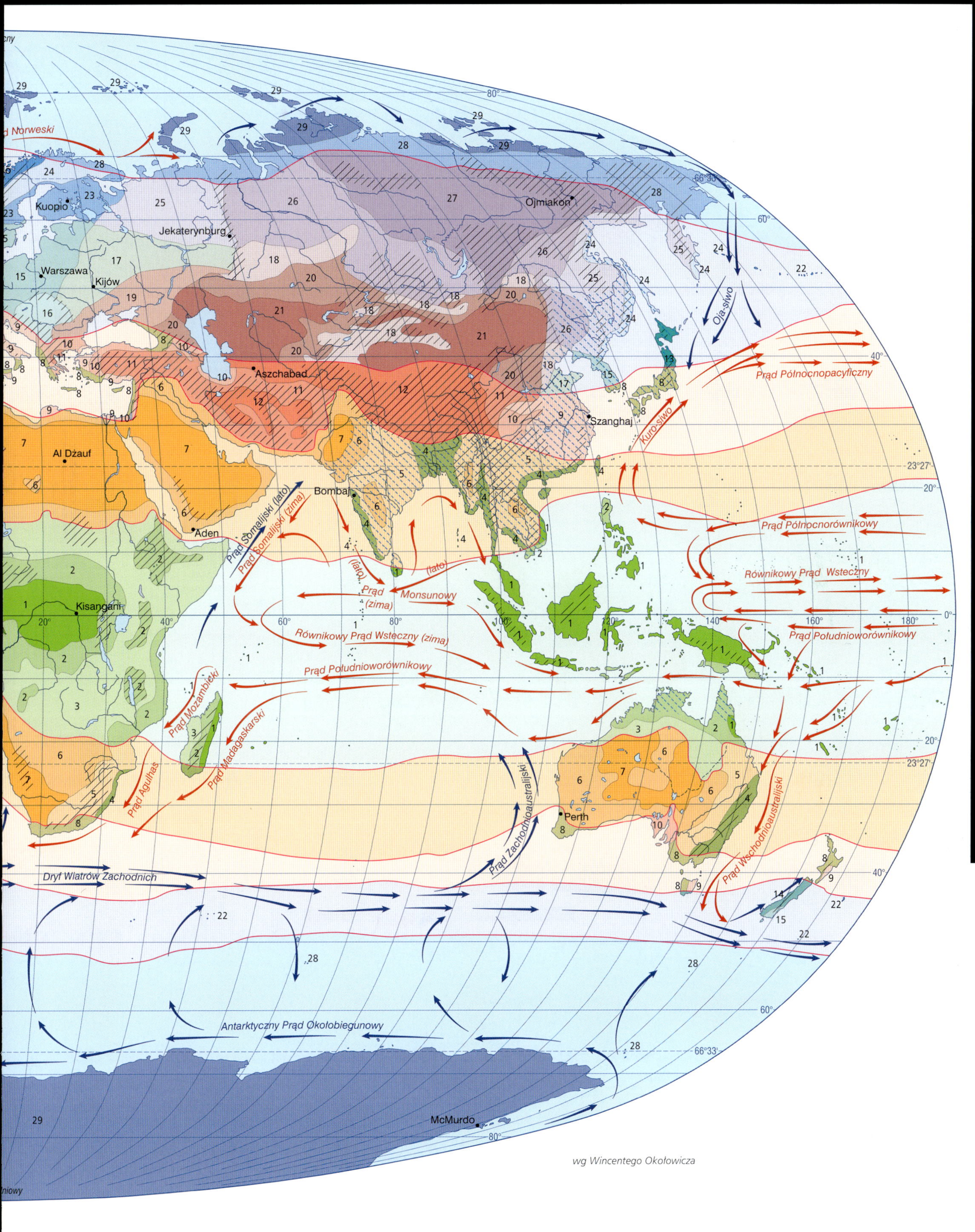

Klimaty umiarkowane chłodne

22	morski
23	przejściowy
24	chłodny
25	kontynentalny
26	wybitnie kontynentalny
27	skrajnie kontynentalny

Strefa klimatów okołobiegunowych

28	subpolarny
29	polarny

Astrefowe odmiany klimatów

- klimaty górskie i wyżynne
- klimaty monsunowe

Prądy morskie*

- ciepłe
- zimne

Kuopio • stacja meteorologiczna

* pory roku podano w odniesieniu do półkuli północnej

Temperatura powietrza w styczniu

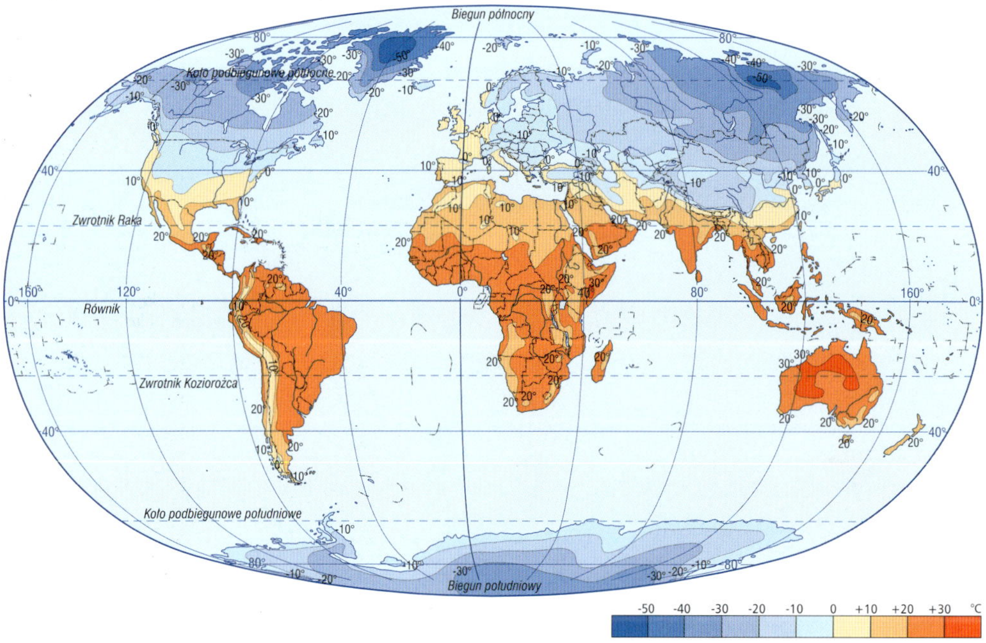

Temperatura powietrza w lipcu

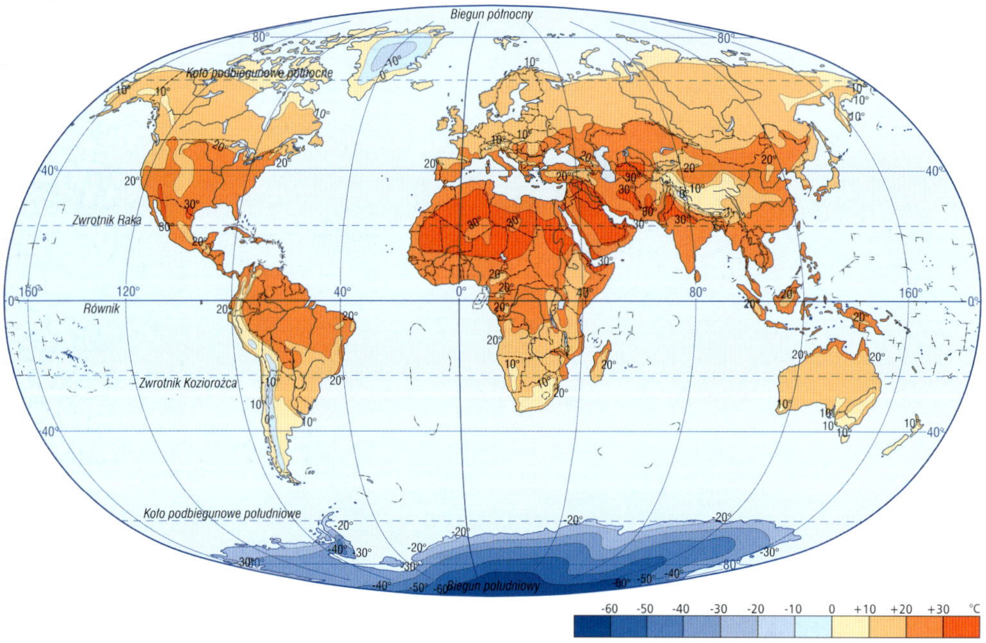

Opady roczne

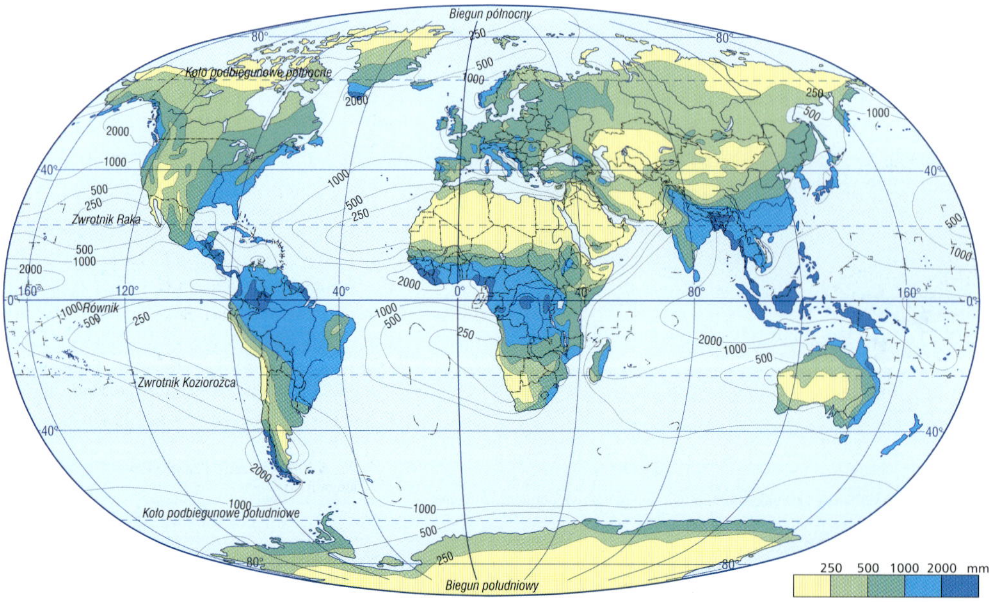

Strefa klimatów równikowych

równikowy wybitnie wilgotny

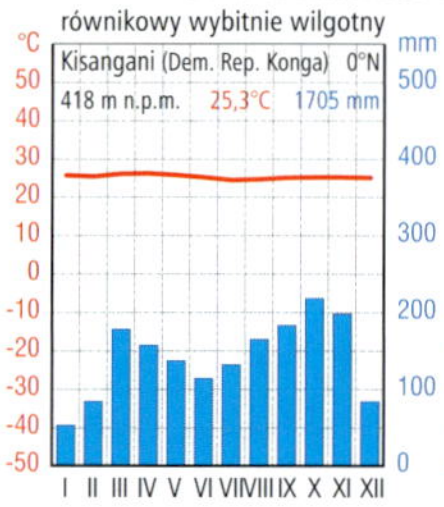

podrównikowy wilgotny

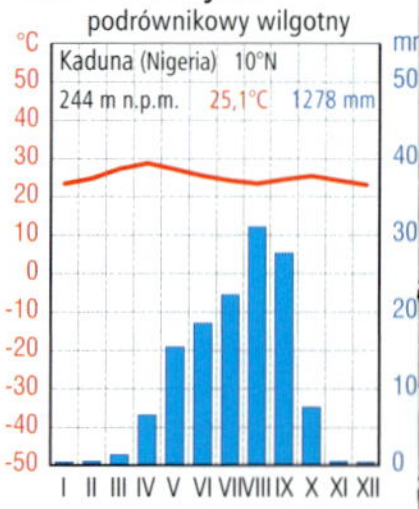

podrównikowy wilgotny

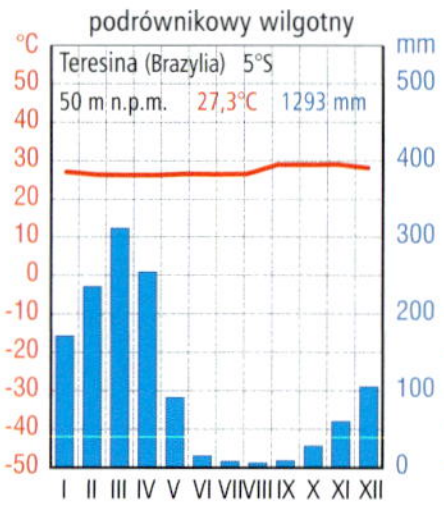

podrównikowy suchy

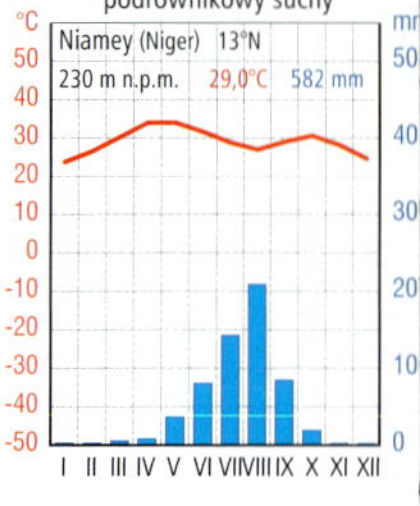

Strefa klimatów zwrotnikowych

wilgotny

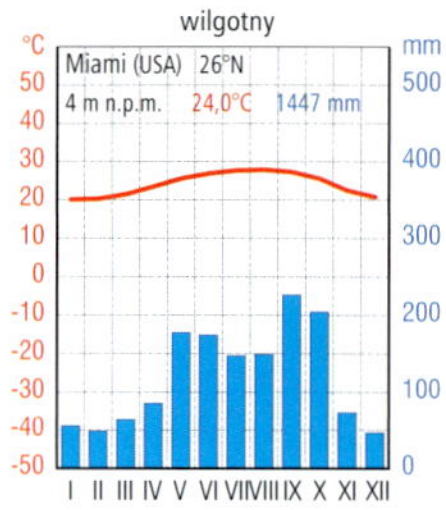

wilgotny (odmiana monsunowa)

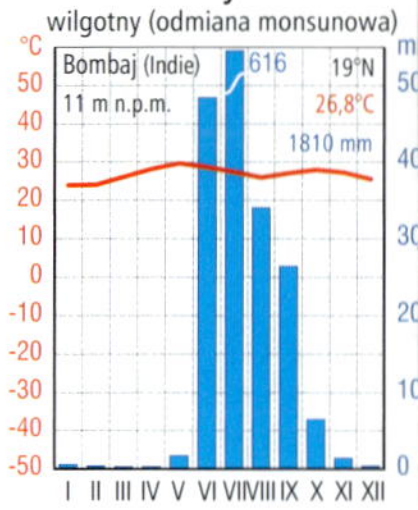

kontynentalny suchy

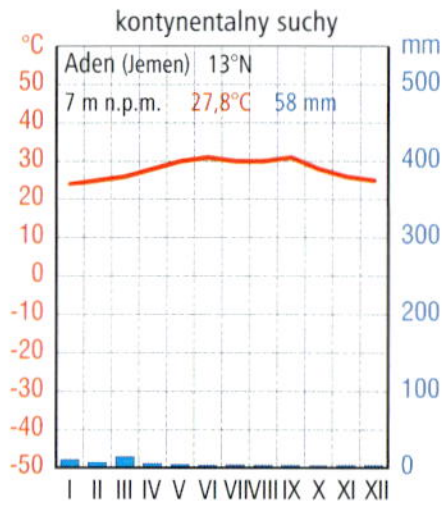

skrajnie suchy

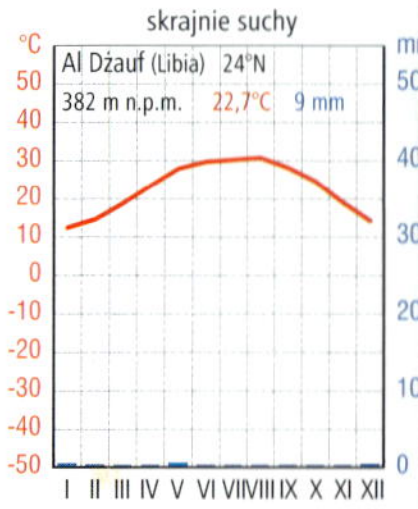

Strefa klimatów podzwrotnikowych

morski

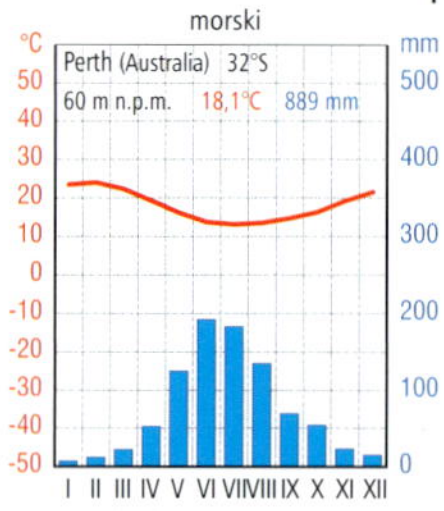

pośredni

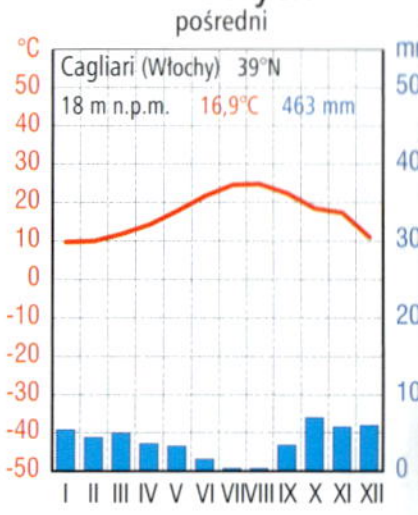

pośredni (odmiana monsunowa)

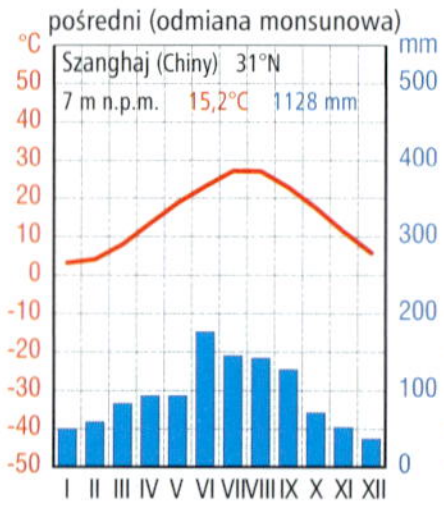

kontynentalny skrajnie suchy

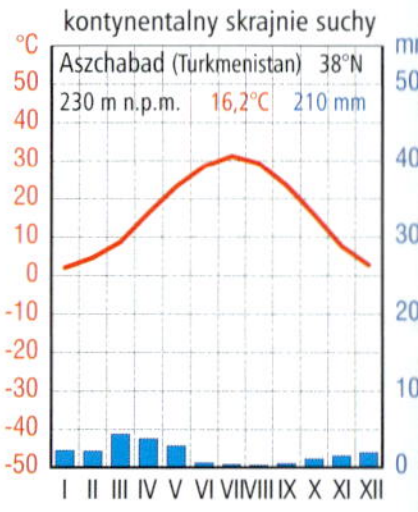

Strefa klimatów umiarkowanych

Klimaty umiarkowane ciepłe

wybitnie morski

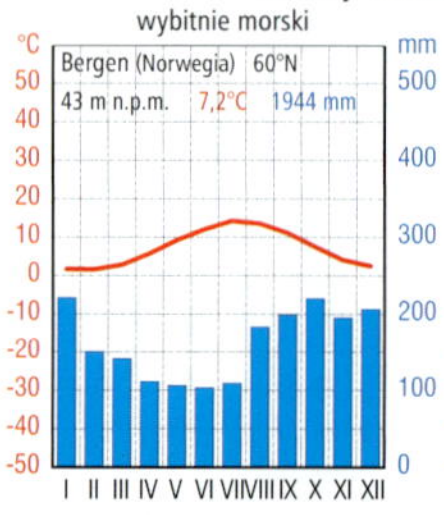

morski

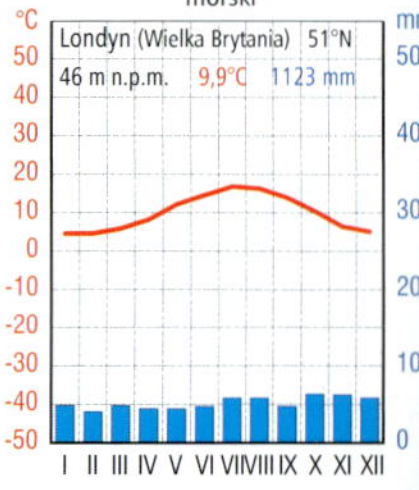

Ciśnienie atmosferyczne w styczniu

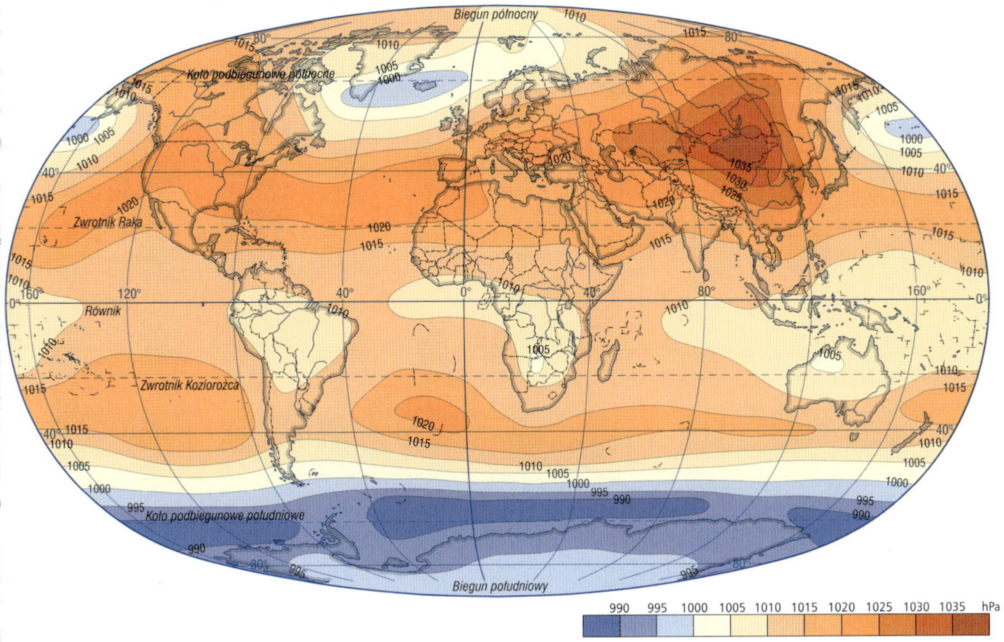

Ciśnienie atmosferyczne w lipcu

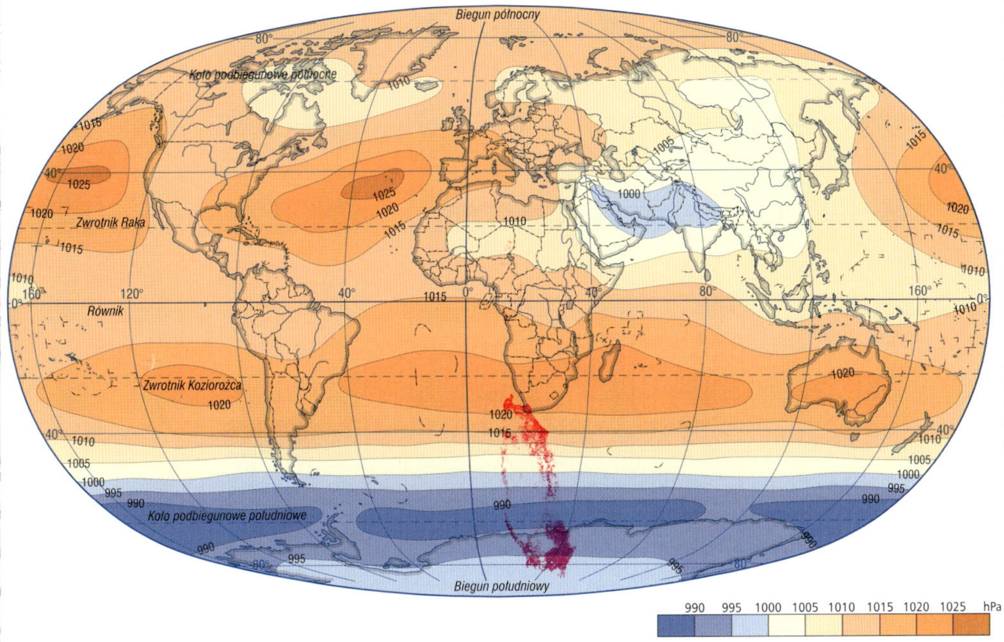

Pory opadów

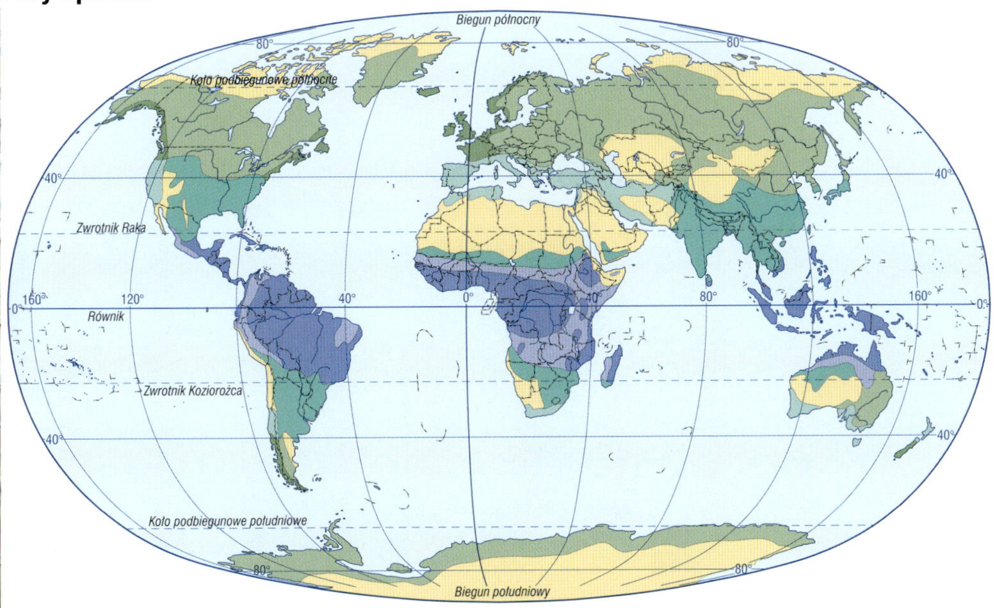

Strefa klimatów umiarkowanych
Klimaty umiarkowane ciepłe

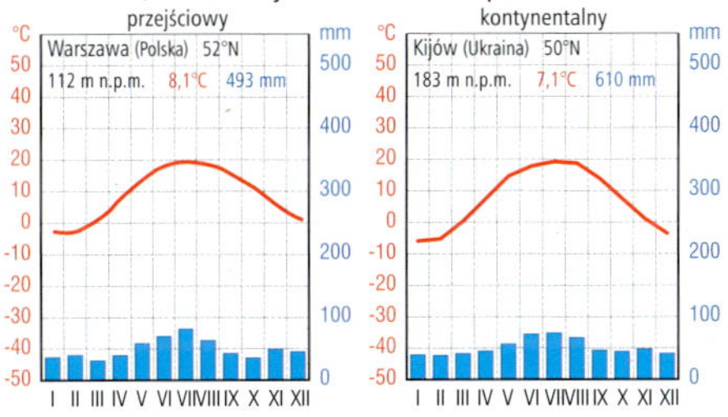

Strefa klimatów umiarkowanych
Klimaty umiarkowane chłodne

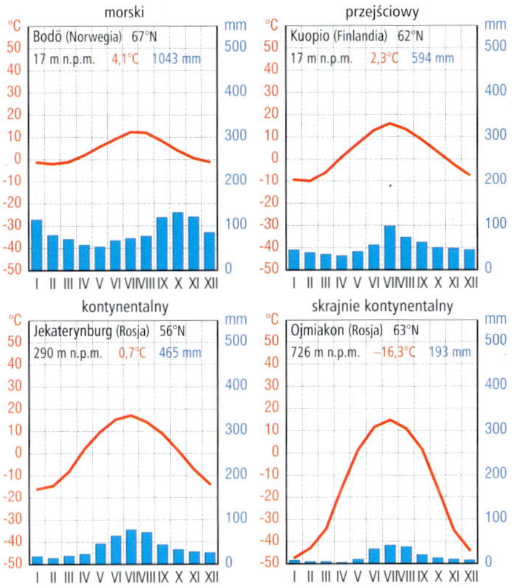

Strefa klimatów okołobiegunowych

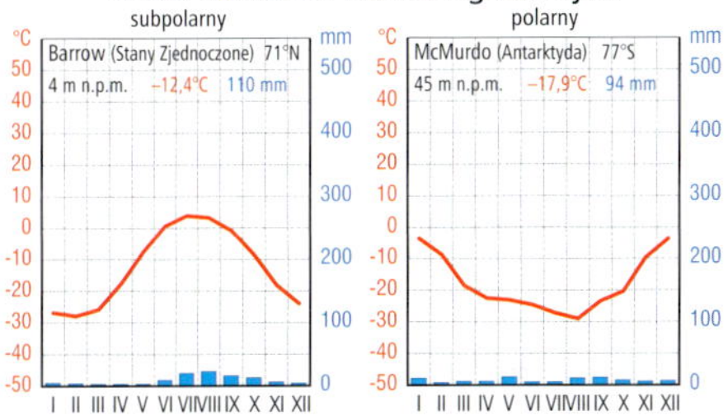

McMurdo – stacja klimatyczna
77°S – szerokość geograficzna stacji klimatycznej
45 m n.p.m. – wysokość bezwzględna stacji klimatycznej
średnie miesięczne opady
średnia miesięczna temperatura powietrza
94 mm – średnie roczne opady
-17,9°C – średnia roczna temperatura powietrza

Opady w strefie równikowej i podrównikowej:
- obfite, całoroczne lub z krótką porą suchą wyraźniej zaznaczoną na obszarach oddalonych od równika
- jedna pora deszczowa

Opady w strefie zwrotnikowej i podzwrotnikowej:
- przeważnie lub wyłącznie latem
- przeważnie lub wyłącznie zimą

Opady w strefie umiarkowanej i okołobiegunowej:
- całoroczne z przewagą w półroczu chłodnym
- całoroczne z przewagą w półroczu ciepłym

- opady skąpe (poniżej 250 mm rocznie) lub brak opadów

Oceany

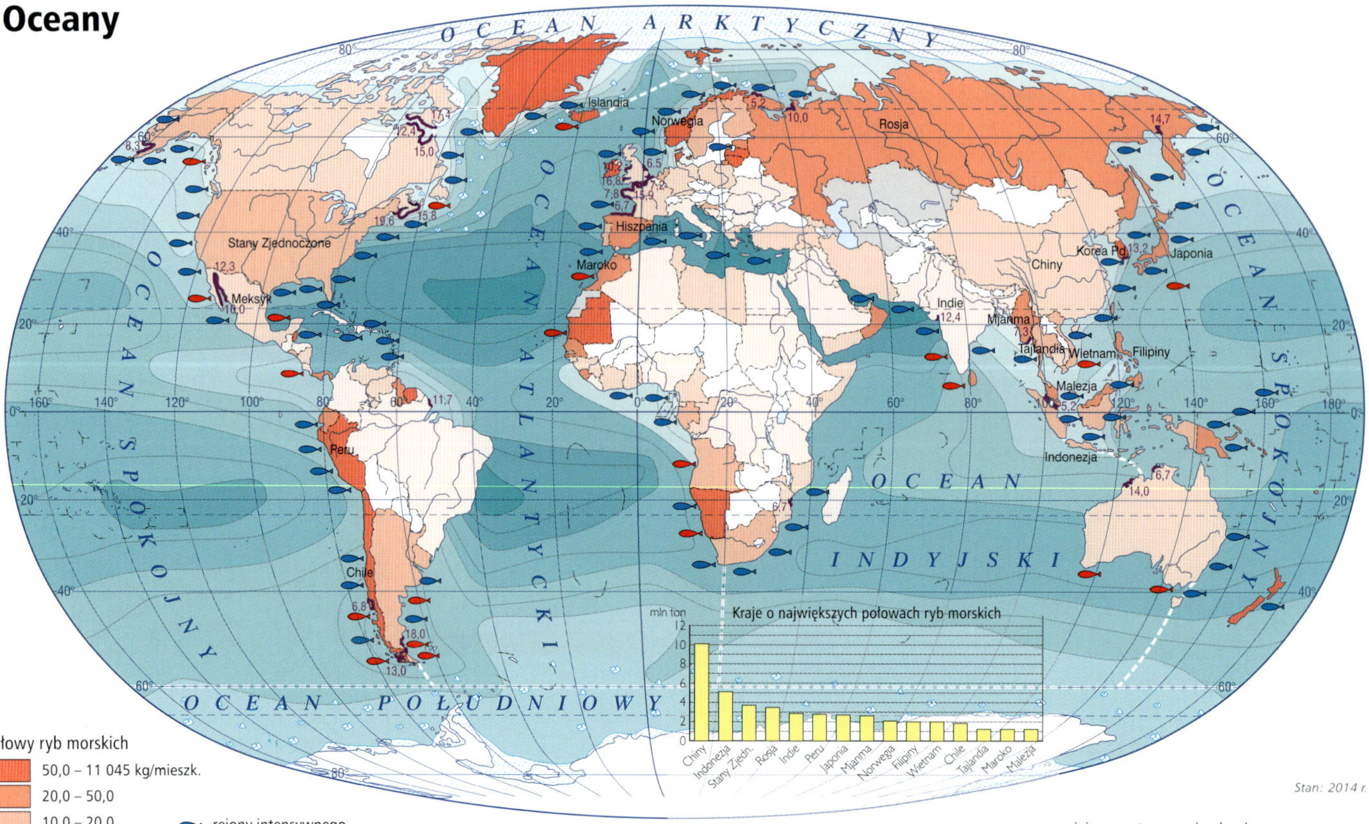

Połowy ryb morskich

- 50,0 – 11 045 kg/mieszk.
- 20,0 – 50,0
- 10,0 – 20,0
- 2,5 – 10,0
- 0 – 2,5
- brak połowów
- brak danych

- rejony intensywnego rybołówstwa morskiego
- rejony konfliktów w użytkowaniu łowisk
- Peru – państwa o połowach ryb morskich pow. 1 mln ton

Średnie roczne zasolenie w ‰

30 31 32 32,5 33 33,5 34 34,5 35 35,5 36 36,5 37 38

- 18,0 – miejsca występowania pływów o największych amplitudach (wartość maks. w m)
- obszary stałego lodu
- strefa gór lodowych
- umowne granice oceanów

Leśnictwo

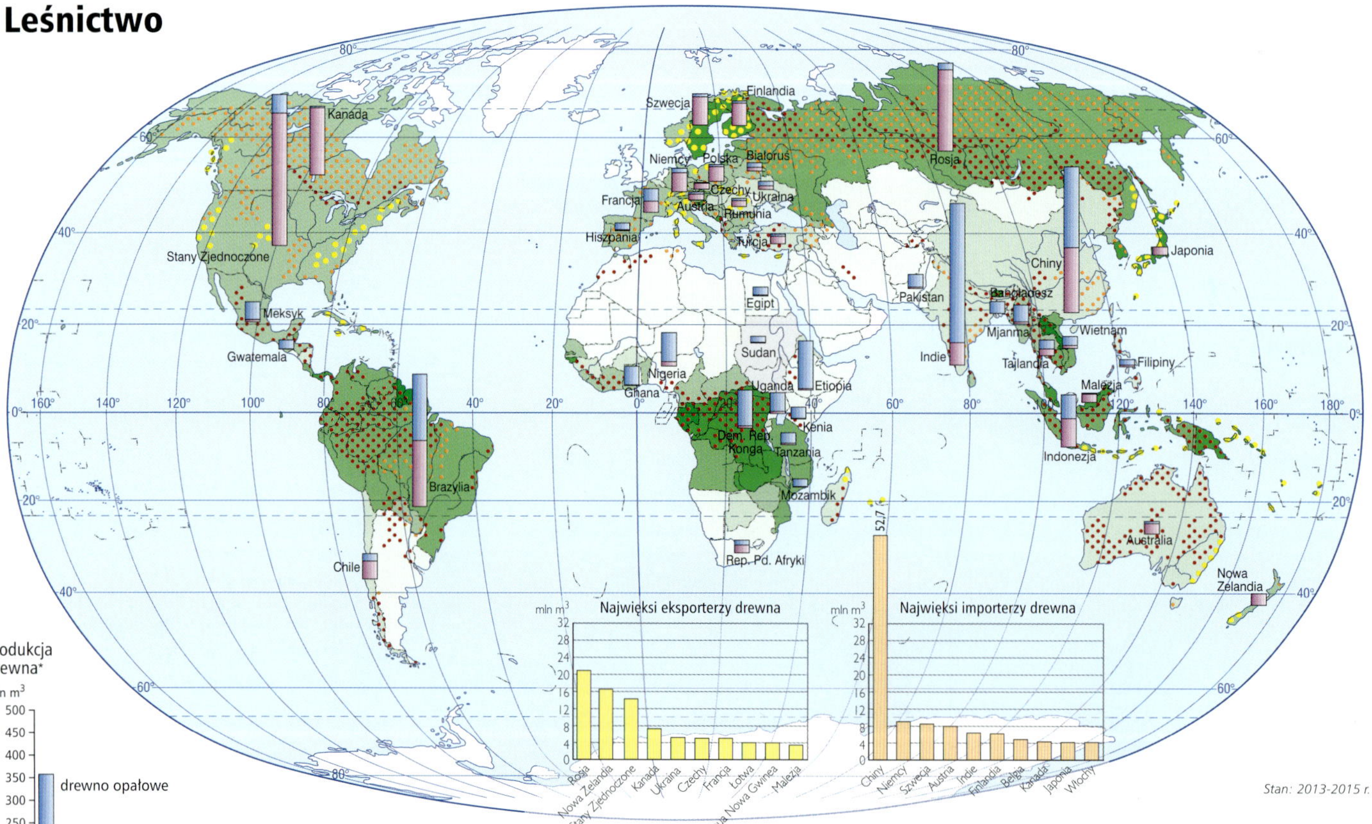

Produkcja drewna*

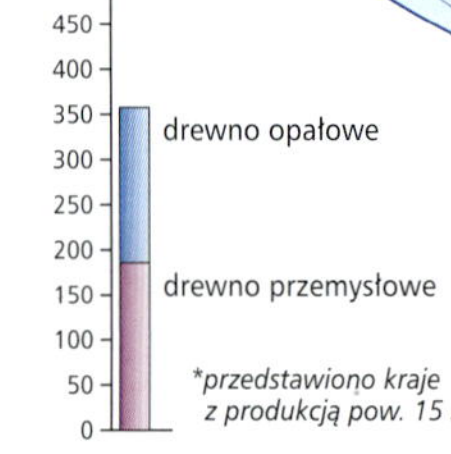

*przedstawiono kraje z produkcją pow. 15 mln m³

Gospodarka leśna

- zrównoważona
- zmierzająca do zrównoważonej
- nieracjonalna rabunkowa

Udział powierzchni lasów w powierzchni kraju (%)

- 75 – 98
- 60 – 75
- 45 – 60
- 30 – 45
- 15 – 30
- 0 – 15
- brak danych
- brak lasów

Ochrona przyrody

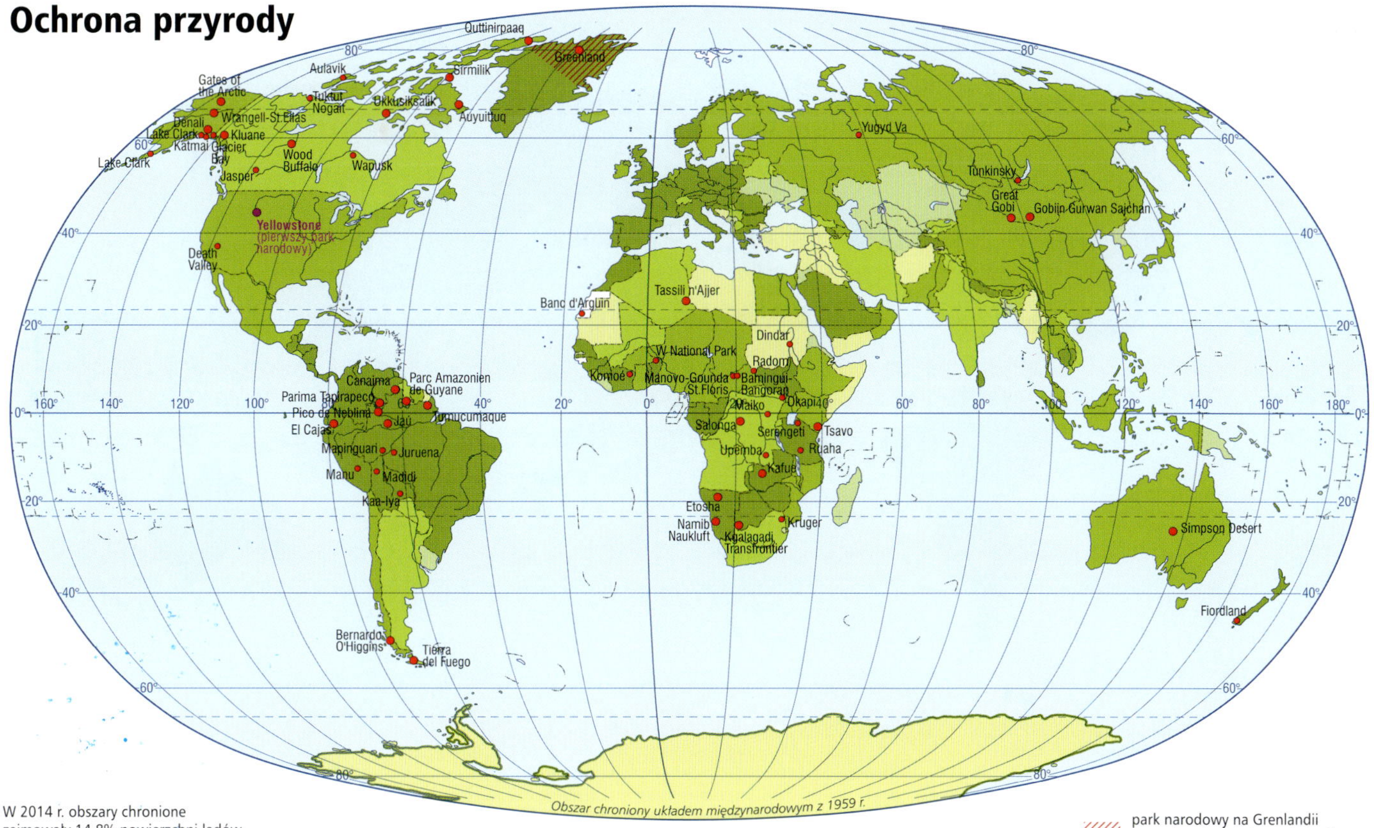

W 2014 r. obszary chronione zajmowały 14,8% powierzchni lądów. Relatywnie najwięcej obszarów chronionych miały: Nowa Kaledonia 54,3%, Wenezuela 53,9 %, Słowenia 53,6%, Monako 53,4%.

źródło: World Development Indicators, Bank Światowy 2016

Udział procentowy obszarów chronionych w powierzchni państw w 2014 roku

brak danych | pon. 2 | 2 – 5 | 5 – 10 | 10 – 20 | pow. 20%

park narodowy na Grenlandii o powierzchni około 1 mln km^2

Kafue — parki narodowe o powierzchni powyżej 20 000 km^2

parki narodowe o powierzchni 10 000 km^2 – 20 000 km^2

Degradacja środowiska

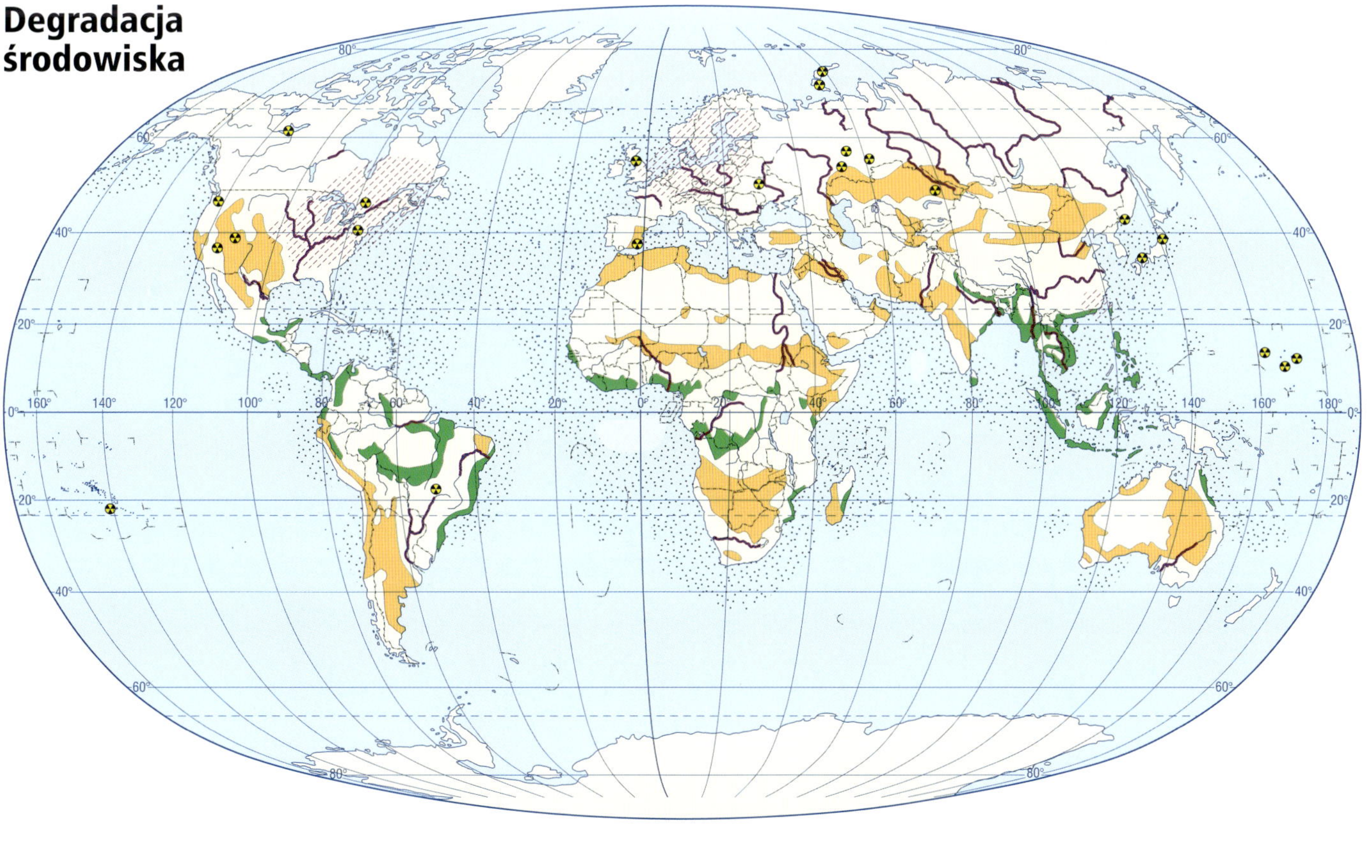

lasy równikowe zniszczone po 1940 r.

obszary o różnym stopniu pustynnienia

obszary opadu kwaśnych deszczów (ph poniżej 5,0)

obszary mórz o różnym stopniu zanieczyszczenia ropą naftową

rejony największych skażeń promieniotwórczych spowodowane awariami reaktorów, próbami jądrowymi i innymi wypadkami

silnie zanieczyszczone rzeki

Produkcja roślinna I

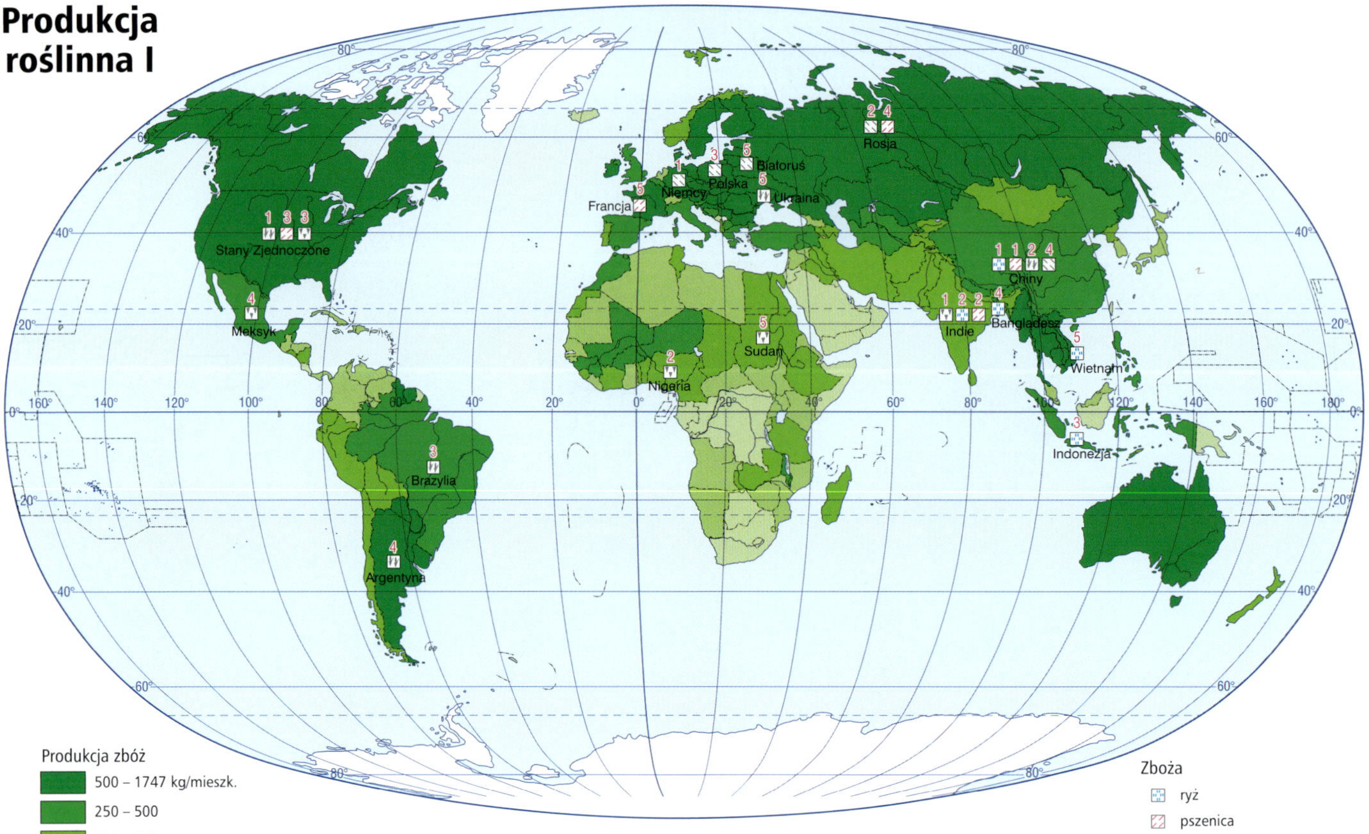

Produkcja zbóż

- 500 – 1747 kg/mieszk.
- 250 – 500
- 125 – 250
- 50 – 125
- 0 – 50
- brak upraw
- brak danych

Stan: 2014 r.

1 miejsce kraju w światowej produkcji zbóż (uwzględniono 5-ciu największych producentów)

Zboża

- ryż
- pszenica
- kukurydza
- żyto
- proso i sorgo

Stan: 2013-2014 r.

Produkcja roślinna II

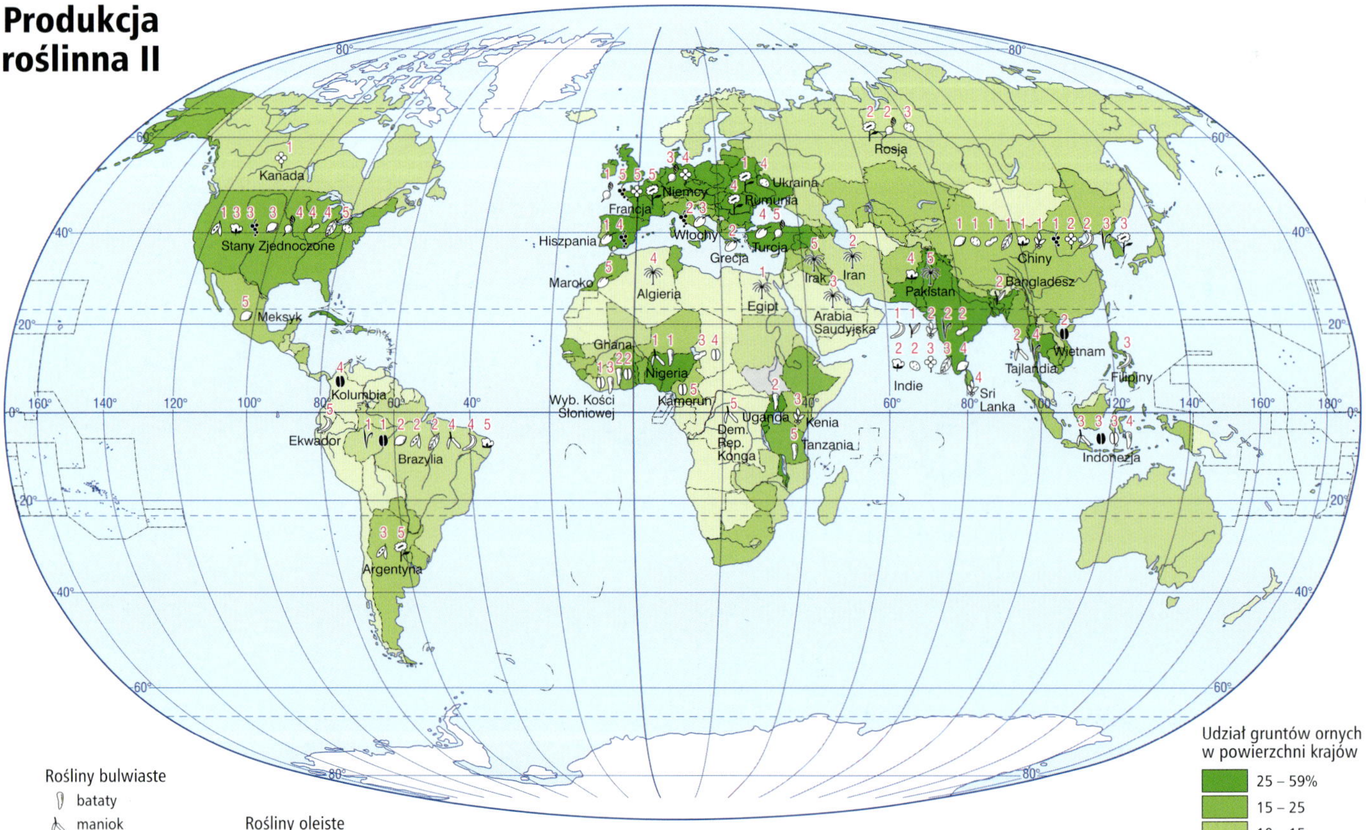

Rośliny bulwiaste

- bataty
- maniok
- ziemniaki

Rośliny cukrodajne

- trzcina cukrowa
- buraki cukrowe

Rośliny oleiste

- soja
- rzepak i rzepik
- orzeszki ziemne
- słonecznik
- oliwki

Owoce

- owoce cytrusowe
- banany
- daktyle
- winogrona

Używki

- kawa
- kakao
- herbata
- tytoń

Rośliny włókniste

- bawełna
- juta

1 miejsce kraju w światowej produkcji poszczególnych upraw (uwzględniono do 5-ciu największych producentów)

Udział gruntów ornych w powierzchni krajów

- 25 – 59%
- 15 – 25
- 10 – 15
- 5 – 10
- 0 – 5
- brak gruntów ornych
- brak danych

Stan: 2013/2014 r.

Produkcja zwierzęca

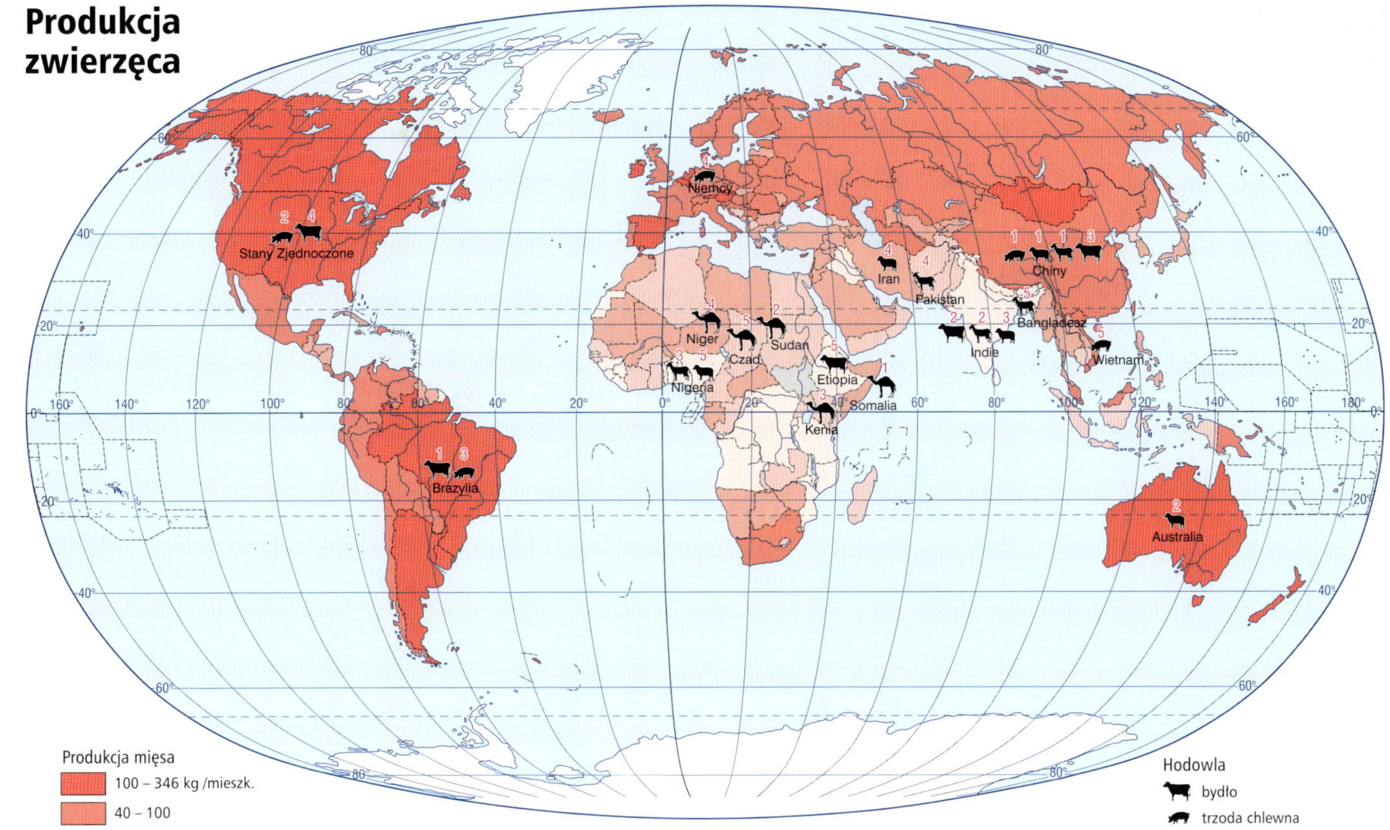

Produkcja mięsa
- 100 – 346 kg /mieszk.
- 40 – 100
- 20 – 40
- 10 – 20
- 0 – 10
- brak hodowli
- brak danych

1 miejsce kraju w światowej hodowli (uwzględniono 5-ciu największych producentów)

Hodowla
- bydło
- trzoda chlewna
- owce
- kozy
- wielbłądy

Stan: 2014 r.

Zatrudnienie Produktywność

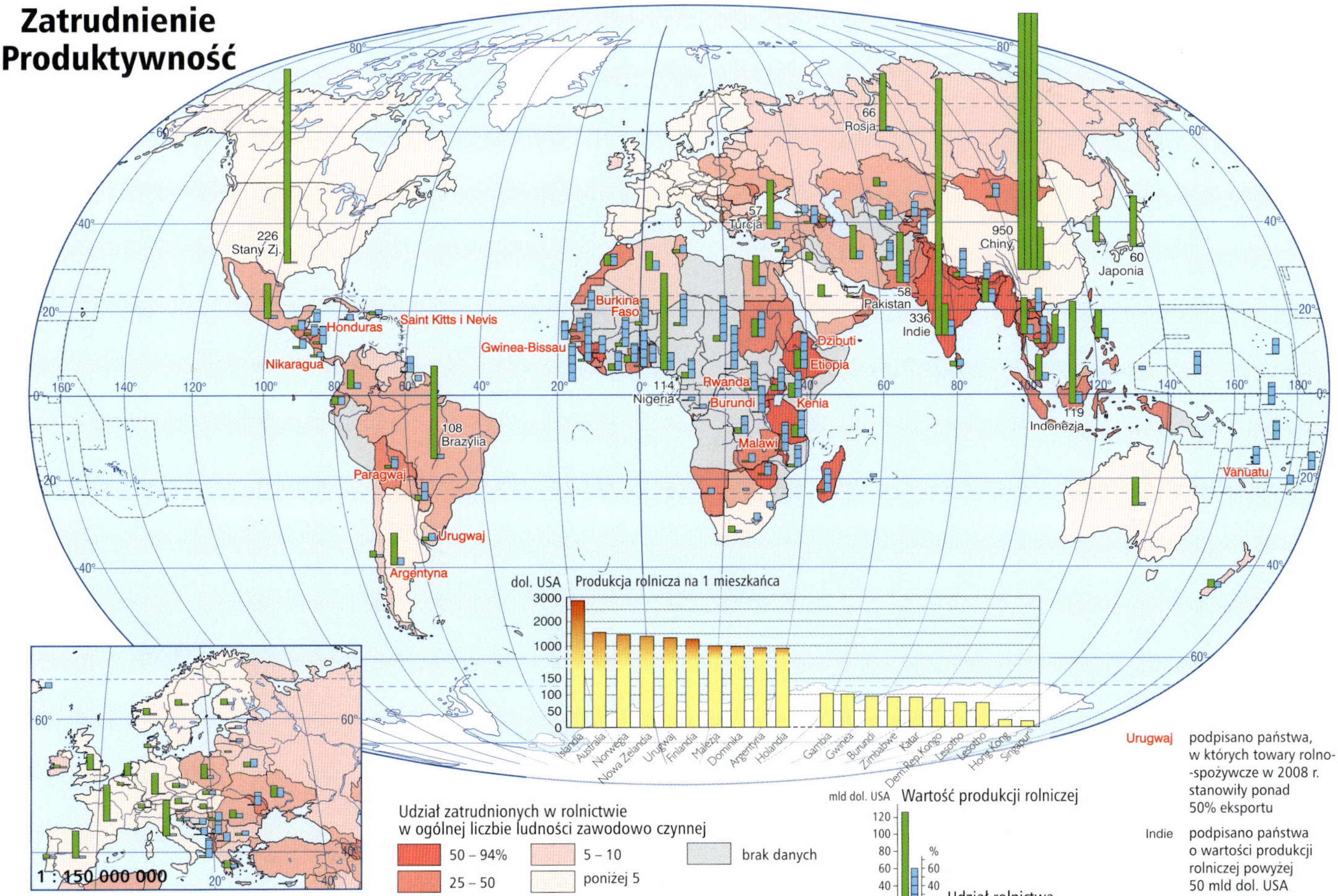

Udział zatrudnionych w rolnictwie w ogólnej liczbie ludności zawodowo czynnej
- 50 – 94%
- 25 – 50
- 10 – 25
- 5 – 10
- poniżej 5
- obszary polarne słabo- lub niewykorzystane rolniczo
- brak danych

mld dol. USA Wartość produkcji rolniczej (120, 100, 80, 60, 40, 20, 0)

Udział rolnictwa w tworzeniu PKB (%: 60, 40, 20, 0)

Urugwaj podpisano państwa, w których towary rolno-spożywcze w 2008 r. stanowiły ponad 50% eksportu

Indie podpisano państwa o wartości produkcji rolniczej powyżej 50 mld dol. USA

Stan: 2013/2014 r.

Geologia
Surowce mineralne

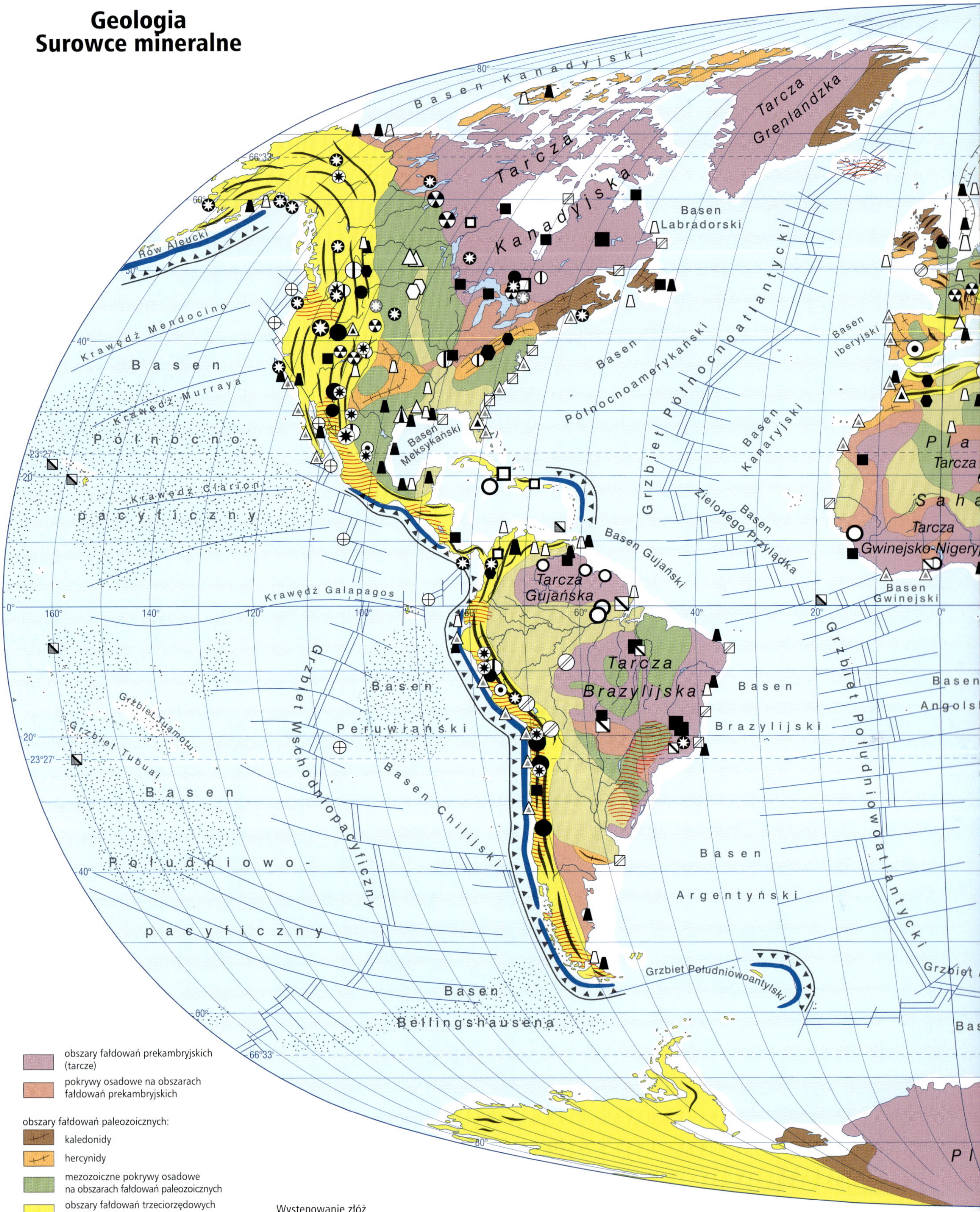

obszary fałdowań prekambryjskich (tarcze)

pokrywy osadowe na obszarach fałdowań prekambryjskich

obszary fałdowań paleozoicznych:

- kaledonidy
- hercynidy

mezozoiczne pokrywy osadowe na obszarach fałdowań paleozoicznych

obszary fałdowań trzeciorzędowych (alpidy)

trzeciorzędowe i czwartorzędowe pokrywy osadowe

skały wylewne

rowy tektoniczne

rowy oceaniczne

kierunki struktur fałdowych (pasma górskie)

krawędzie płyt kontynentalnych

strefa ryftowa

Występowanie złóż

- węgla kamiennego
- węgla brunatnego
- rud uranu
- ropy naftowej
- gazu ziemnego
- rud żelaza
- rud manganu
- rud chromu
- rud niklu
- rud tytanu i cyrkonu
- rud miedzi
- rud cynku i ołowiu
- rud cyny
- rtęci
- boksytów
- złota
- srebra
- platyny
- rud polimetalicznych
- diamentów
- soli potasowych
- fosforytów i apatytów
- siarki
- złoża fosforytowe na szelfach oceanicznych
- złoża fosforytowe i konkrecje żelazowo-manganowe na wzniesieniach podmorskich
- oceaniczne konkrecje manganowe

Wielkość zasobów

duże | wielkie

Tektonika płyt litosfery

1 : 300 000 000

- obszary fałdowań trzeciorzędowych (alpidy)
- strefy sejsmiczne
- miejsca trzęsień ziemi
- wulkany
- kierunki ruchu płyt

Ropa naftowa i gaz ziemny

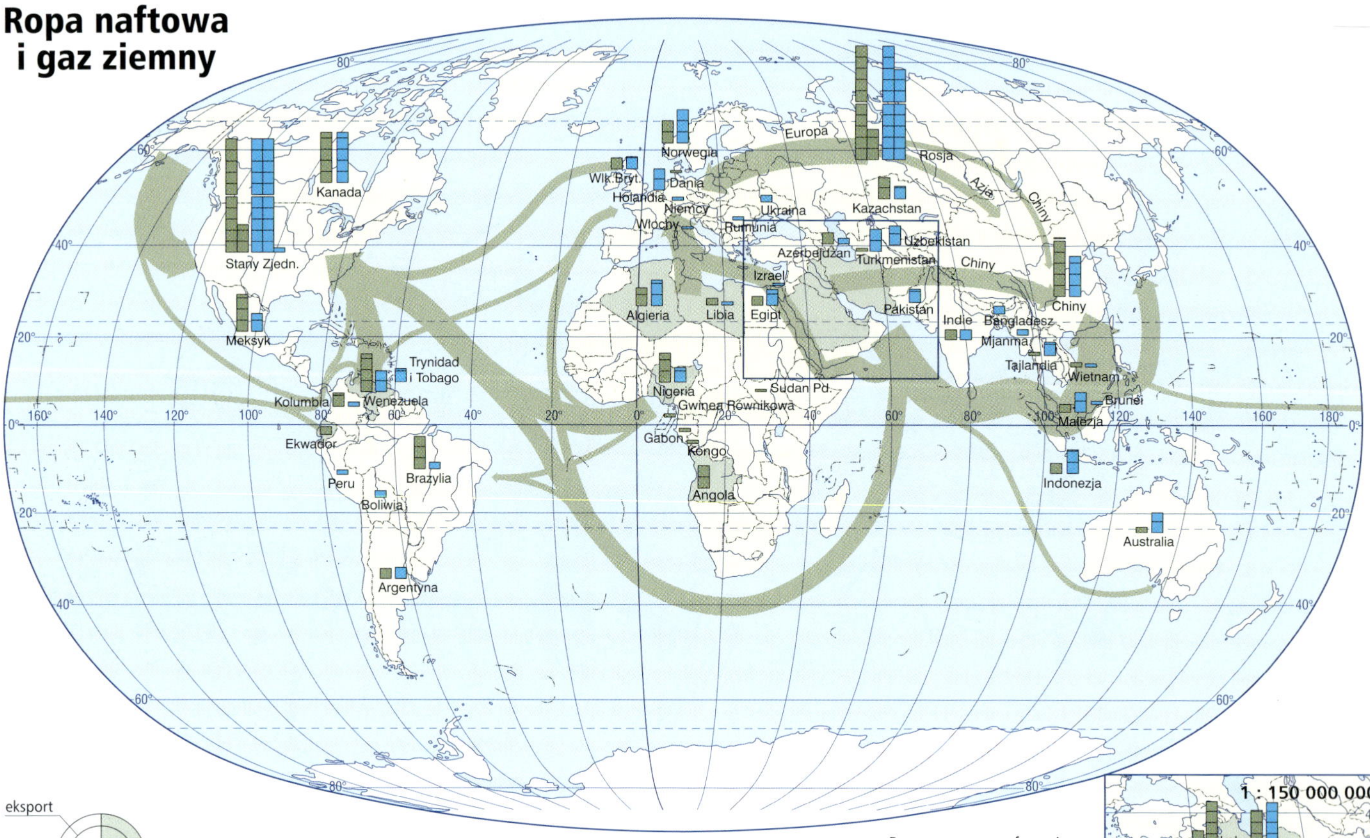

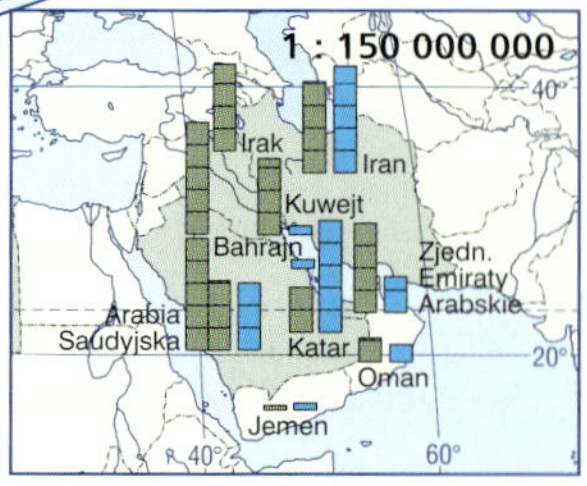

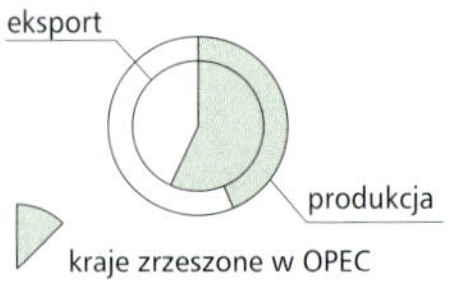

kraje zrzeszone w OPEC

Udział krajów zrzeszonych w OPEC w światowej produkcji i eksporcie ropy naftowej

■ 1% światowego wydobycia ropy naftowej (ok. 42 mln ton). Na mapie zaznaczono państwa tworzące łącznie 97,8% światowego wydobycia.

■ 1% światowego wydobycia gazu ziemnego (ok. 36 mld m^3). Na mapie zaznaczono państwa tworzące łącznie 98,6% światowego wydobycia.

Przewozy ropy naftowej
- pow. 120 mln ton
- 80 – 120
- 40 – 80
- 20 – 40
- 5 – 20

Stan: 2014 r.

Węgiel kamienny i brunatny, uran

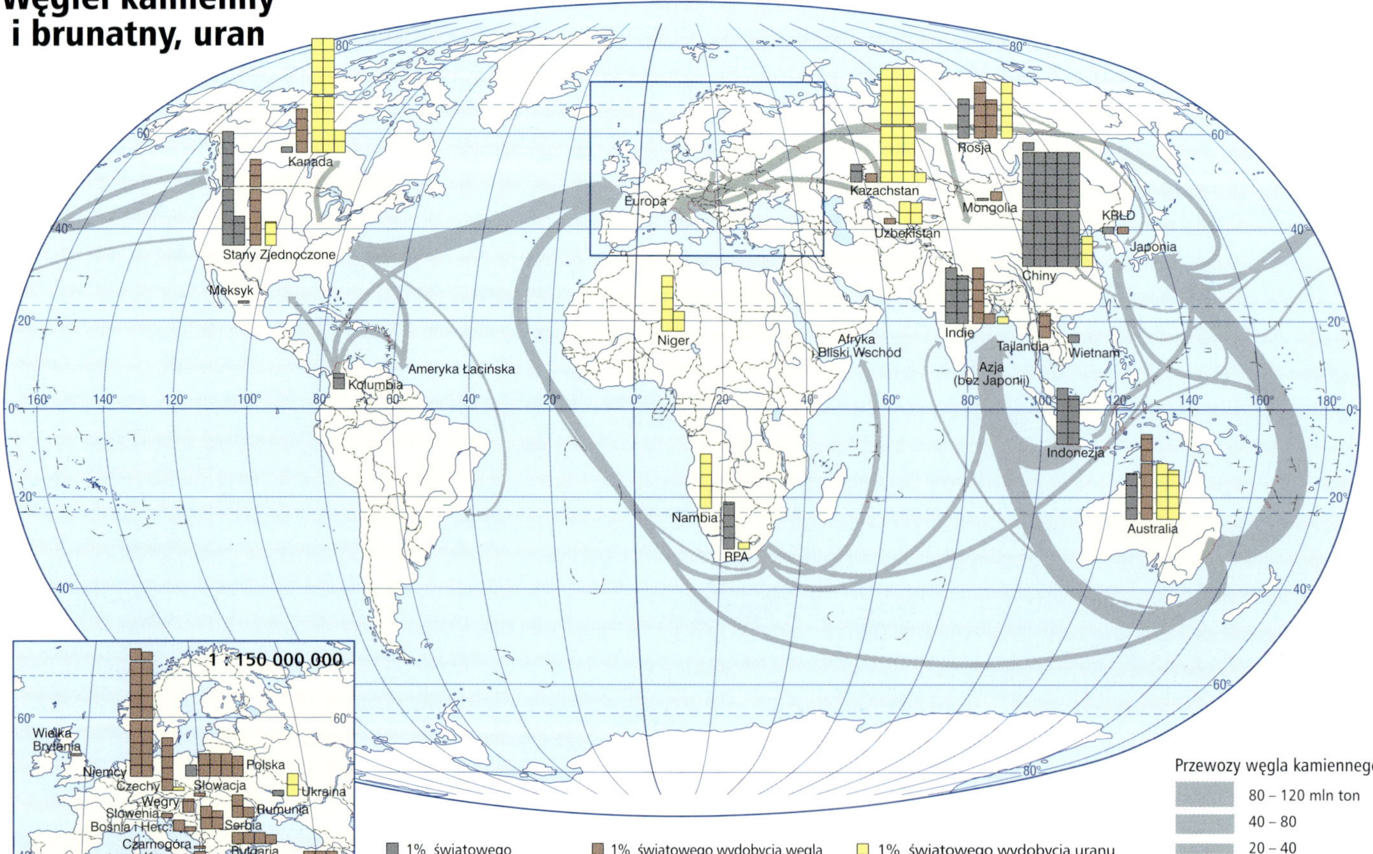

■ 1% światowego wydobycia węgla kamiennego (ok. 60 mln ton)

■ 1% światowego wydobycia węgla brunatnego (ok. 8,2 mln ton)

■ 1% światowego wydobycia uranu (ok. 605 ton)

Przewozy węgla kamiennego
- 80 – 120 mln ton
- 40 – 80
- 20 – 40
- 10 – 20
- 5 – 10

Stan: 2014/2015

Metale

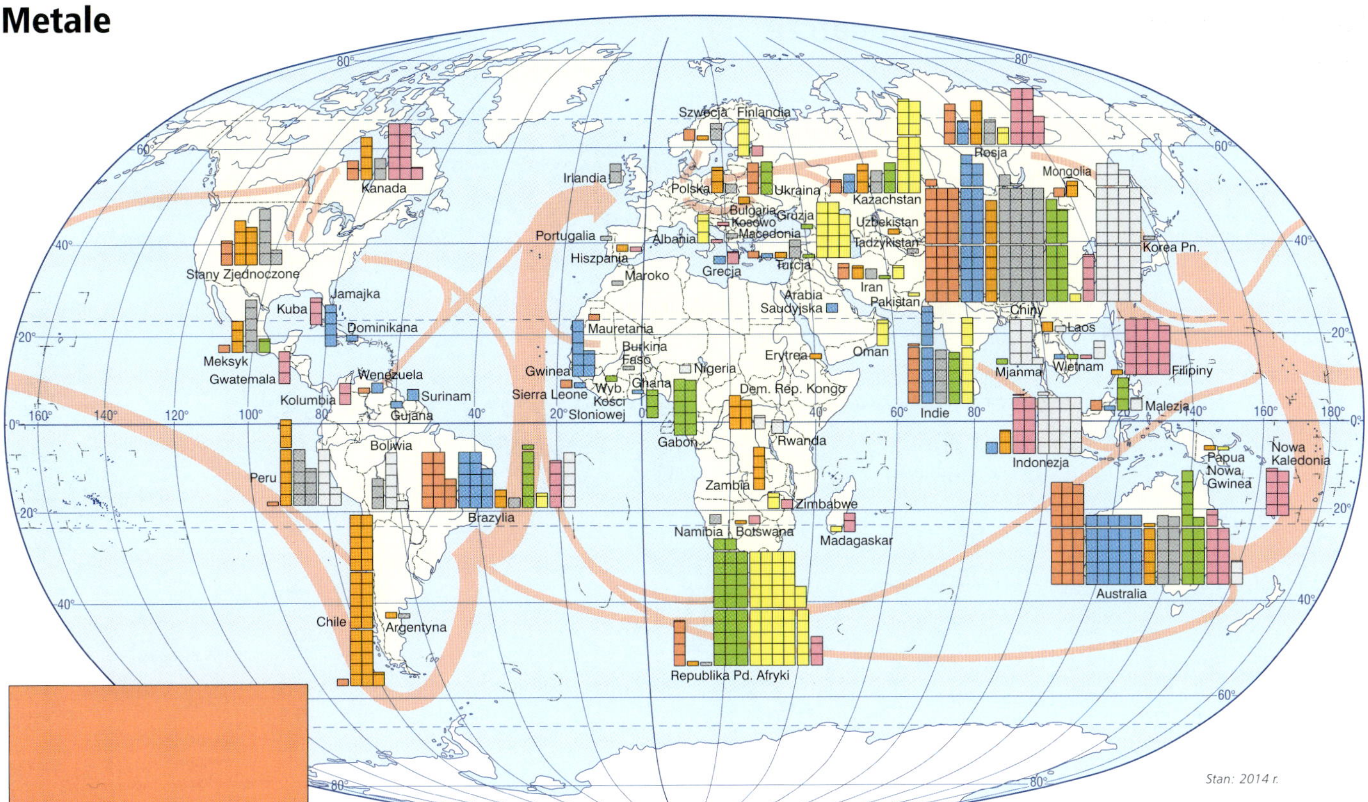

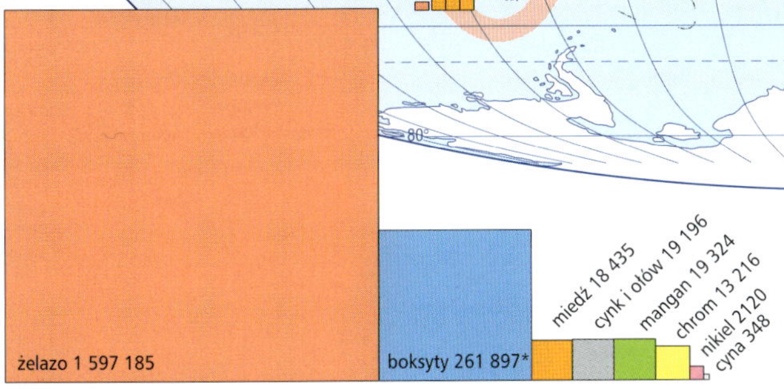

Wydobycie rud metali (w przeliczeniu na czysty metal w tys. t)

Wydobycie rud metali
(w przeliczeniu na czysty metal)

- 1% światowego wydobycia
- żelaza (ok. 15 972 tys. t)
- boksytów* (ok. 2619 tys. t)
- miedzi (ok. 184 tys. t)
- cynku i ołowiu (ok. 192 tys. t)
- manganu (ok. 193 tys. t)
- chromu (ok. 132 tys. t)
- niklu (ok. 21 tys. t)
- cyny (ok. 3,5 tys. t)

*rudy

Przewozy rud i koncentratów żelaza

- duże
- średnie
- małe

Hutnictwo

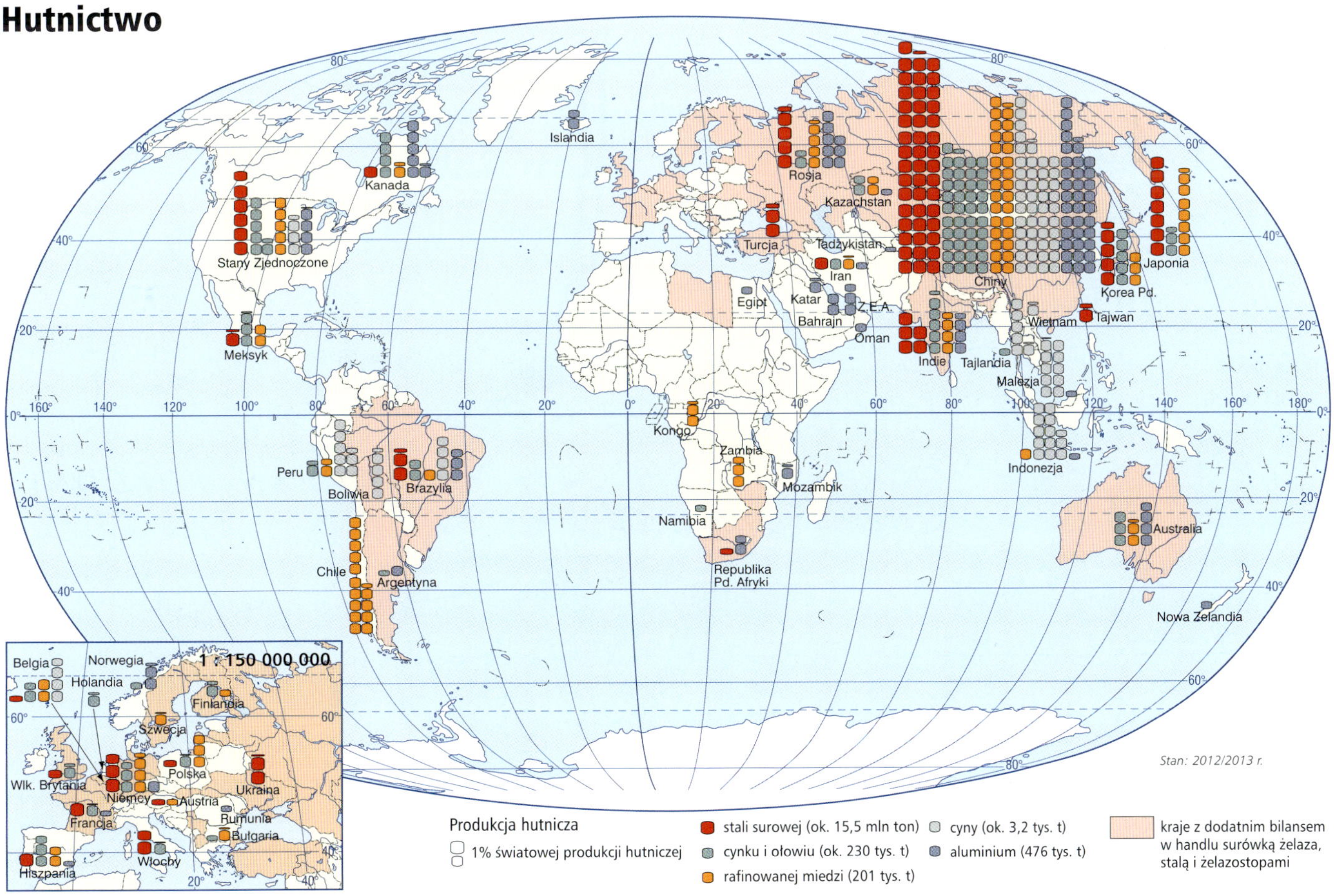

Produkcja hutnicza

- 1% światowej produkcji hutniczej
- stali surowej (ok. 15,5 mln ton)
- cynku i ołowiu (ok. 230 tys. t)
- rafinowanej miedzi (201 tys. t)
- cyny (ok. 3,2 tys. t)
- aluminium (476 tys. t)
- kraje z dodatnim bilansem w handlu surówką żelaza, stalą i żelazostopami

Zróżnicowanie społeczno-gospodarcze

Skróty:
A. - Austria
Cz. - Czechy
H. - Holandia
L. - Luksemburg
S. - Słowenia
Sł. - Słowacja
Sz. - Szwajcaria
Z.E.A. - Zjednoczone Emiraty Arabskie

B. - Bruksela	D. - Detroit	M. - Manchester	P.M. - Palma de Mallorca
Ba. - Barcelona	Dn. - Dniepropietrowsk	Mo. - Monachium	W. - Wiedeń
C. - Cleveland	F. - Frankfurt n. Menem	N. - Nicea	Z. - Zurych
C.S. - Cyklady i Sporady	L.M. - Lloret de Mar	P. - Pittsburgh	Z.R. - Zagłębie Ruhry

Transport

1 : 300 000 000

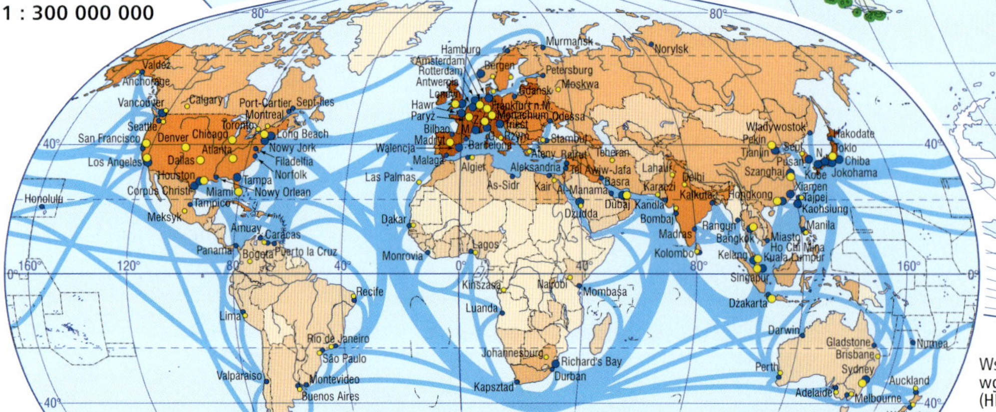

G. – Genua
M. – Marsylia
N. – Nagoja
Z. – Zurych

Gęstość dróg utwardzonych
- 100 – 3850 km /100 km^2
- 25 – 100
- 5 – 25
- 1 – 5
- 0 – 1

Porty lotnicze:
- bardzo duże
- duże

Porty morskie:
- bardzo duże
- duże

Główne szlaki morskich przewozów towarowych:
- najważniejsze
- ważne
- pozostałe

Stan: 2008 r.

Wskaźnik rozwoju społecznego wg raportu ONZ z 2010 r. (HDI - Human Development Index*)
- wysoki
- średni
- niski
- bardzo niski

Produkt krajowy brutto na 1 mieszkańca (2009 r.)
- Dania – pow 20 000 dol. USA
- Niger – pon 1000 dol. USA

Organizacje gospodarcze
- G-8**
- OECD***

* HDI, opracowany przez ekspertów ONZ, oblicza się na podstawie następujących mierników:
- % dorosłych umiejących czytać i pisać,
- % dzieci uczęszczających do szkoły,
- średnia długość życia,
- PKB na 1 mieszkańca

Udział krajów w tworzeniu produktu światowego brutto w 2014 r.

☐ 1 % produktu światowego brutto

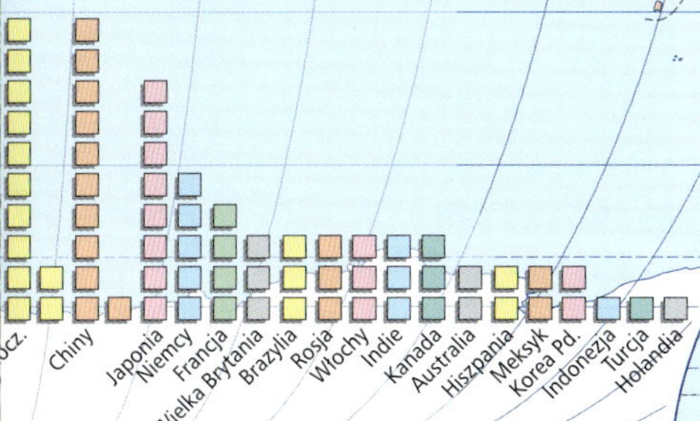

Energetyka

1 : 300 000 000

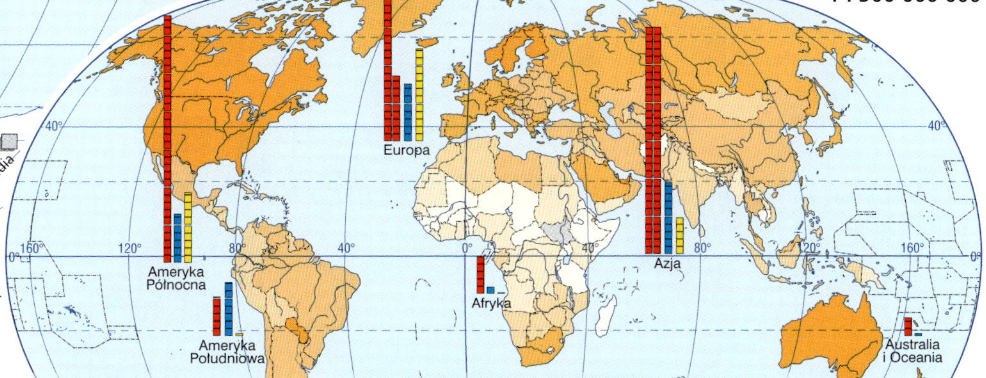

Ośrodki gospodarcze

oddziaływanie:

- światowe
- ważniejsze regionalne
- regionalne (wybrane)

funkcje:

- wielofunkcyjne
- przemysłowe i górnicze
- innowacyjne
- transportowe
- handlowe, finansowe i administracyjne
- turystyczne i kulturalne

* 8 najbogatszych krajów świata

*** OECD - (Organizacja Współpracy Gospodarczej i Rozwoju) tworzą kraje rozwinięte gospodarczo i niektóre kraje Europy środkowo-wschodniej

Produkcja energii elektrycznej na świecie wg typów elektrowni w 2008 r.:

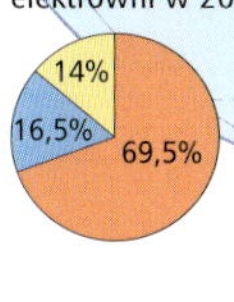

Elektrownie:

- cieplne
- wodne
- jądrowe

Produkcja energii elektrycznej na kontynentach wg typów elektrowni w 2008 r.:

Elektrownie:

- 100 mld kWh
- cieplne
- wodne
- jądrowe

Produkcja energii elektrycznej na 1 mieszkańca w 2007 r.:

- 10 000 – 38 784 kWh
- 5000 – 10 000
- 2000 – 5000
- 500 – 2000
- 100 – 500
- 10 – 100
- brak danych

Liczba ludności i przyrost naturalny na kontynentach w odniesieniu do Europy w 2015 r.

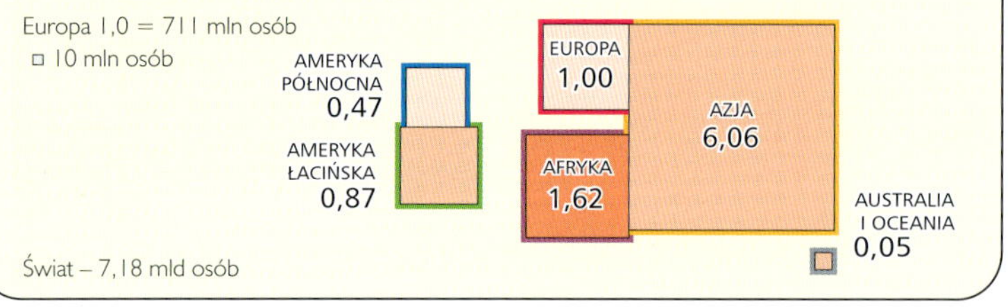

(I)

Liczba ludności*

□ 300 000 osób

Przyrost naturalny

pon. 0 ubytek ludności | 0,0 – 0,9 | 1,0 – 1,9 | 2,0 – 2,9 | 3,0 – 4,85%

* Powierzchnia prostokąta dla wybranego kraju odpowiada liczbie jego mieszkańców.

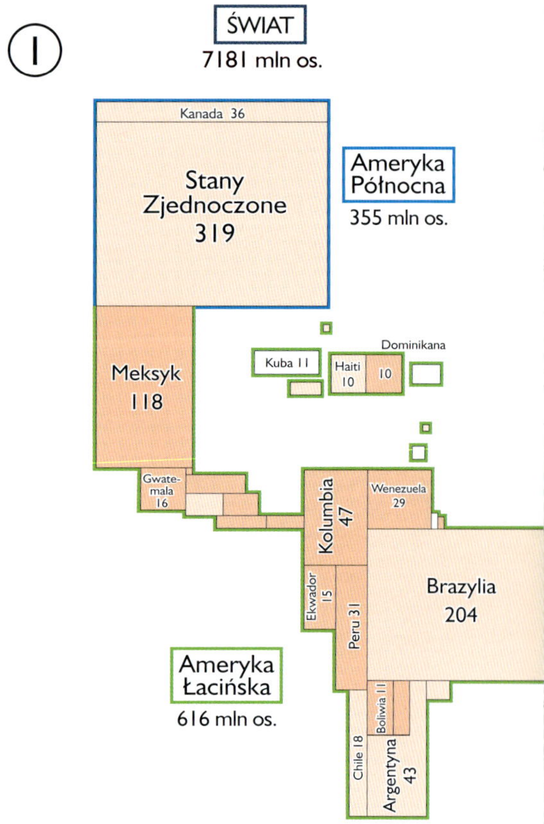

Produkt krajowy brutto kontynentów w odniesieniu do Europy w 2015 r.

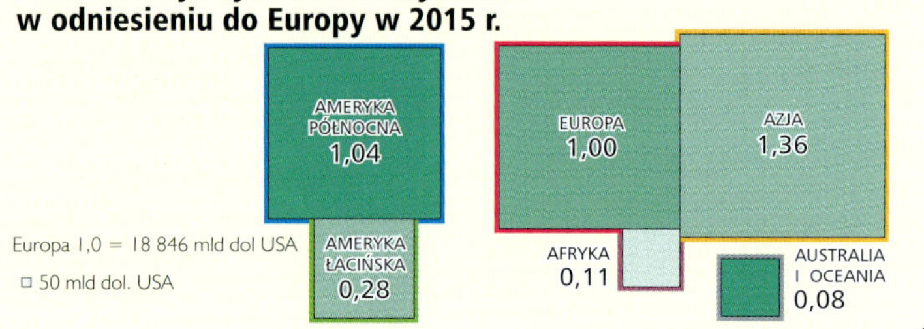

(II)

Produkt krajowy brutto*

□ 4 mld dol USA

Produkt krajowy brutto

400 – 1000 | 1000 – 2500 | 2500 – 5000 | 5000 – 15 000 | 15 000 – – 45 000 | 45 000 – –102 800 dol. USA/1 mieszk.

* Powierzchnia prostokąta dla wybranego kraju odpowiada wartości jego PKB.

Urbanizacja
1 : 300 000 000

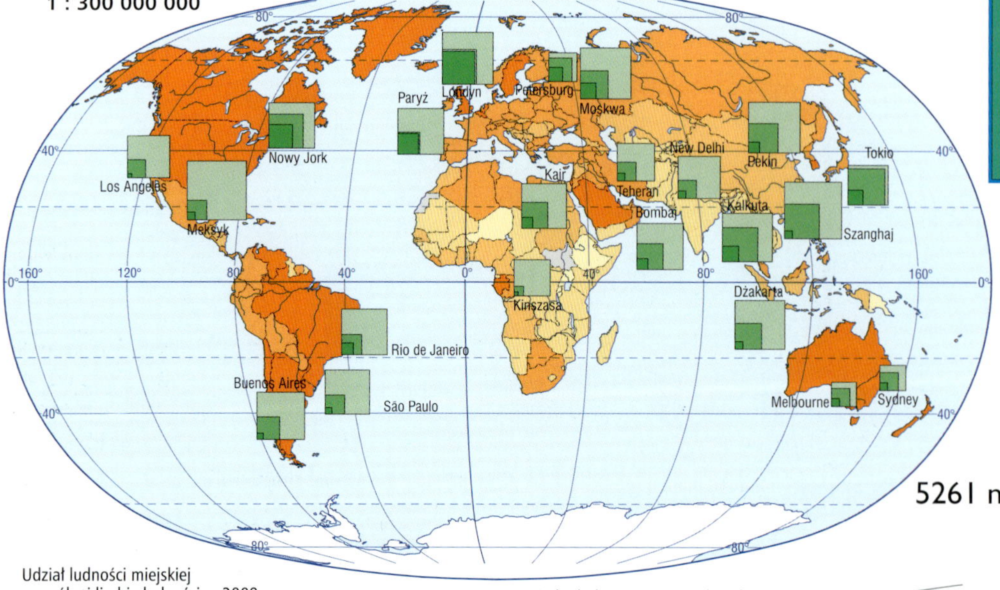

Udział ludności miejskiej w ogólnej liczbie ludności w 2009 r.

80 – 100% | 40 – 60 | 10,7 – 20
60 – 80 | 20 – 40 | brak danych

Liczba ludności miasta w latach: 1900 1950 2007

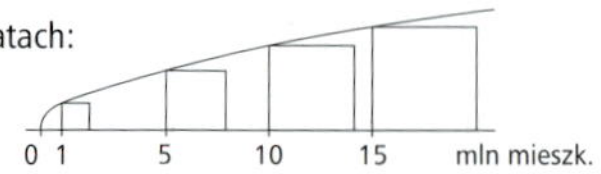

Liczba ludności (w mln osób) i przyrost naturalny

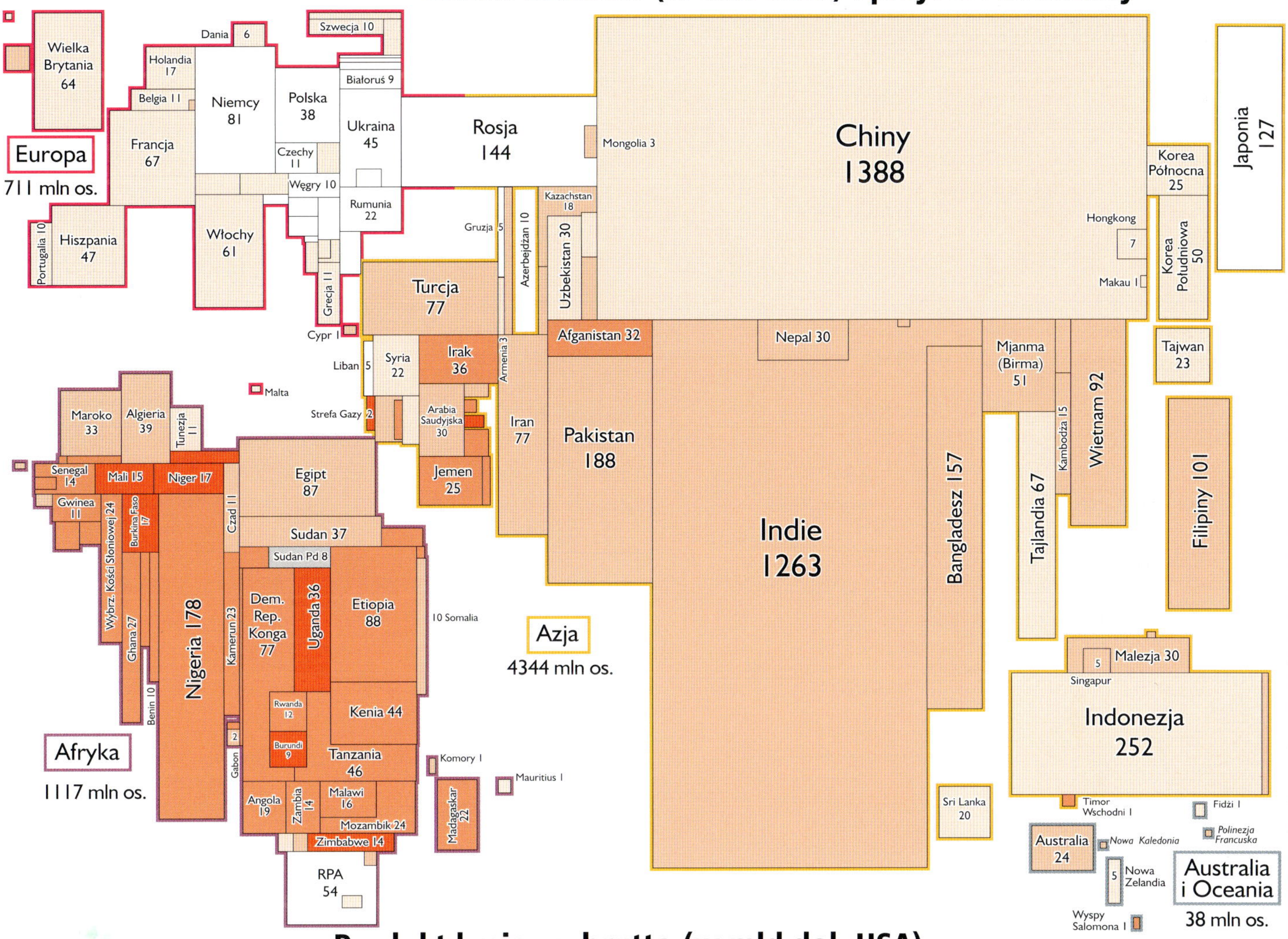

Produkt krajowy brutto (w mld dol. USA)

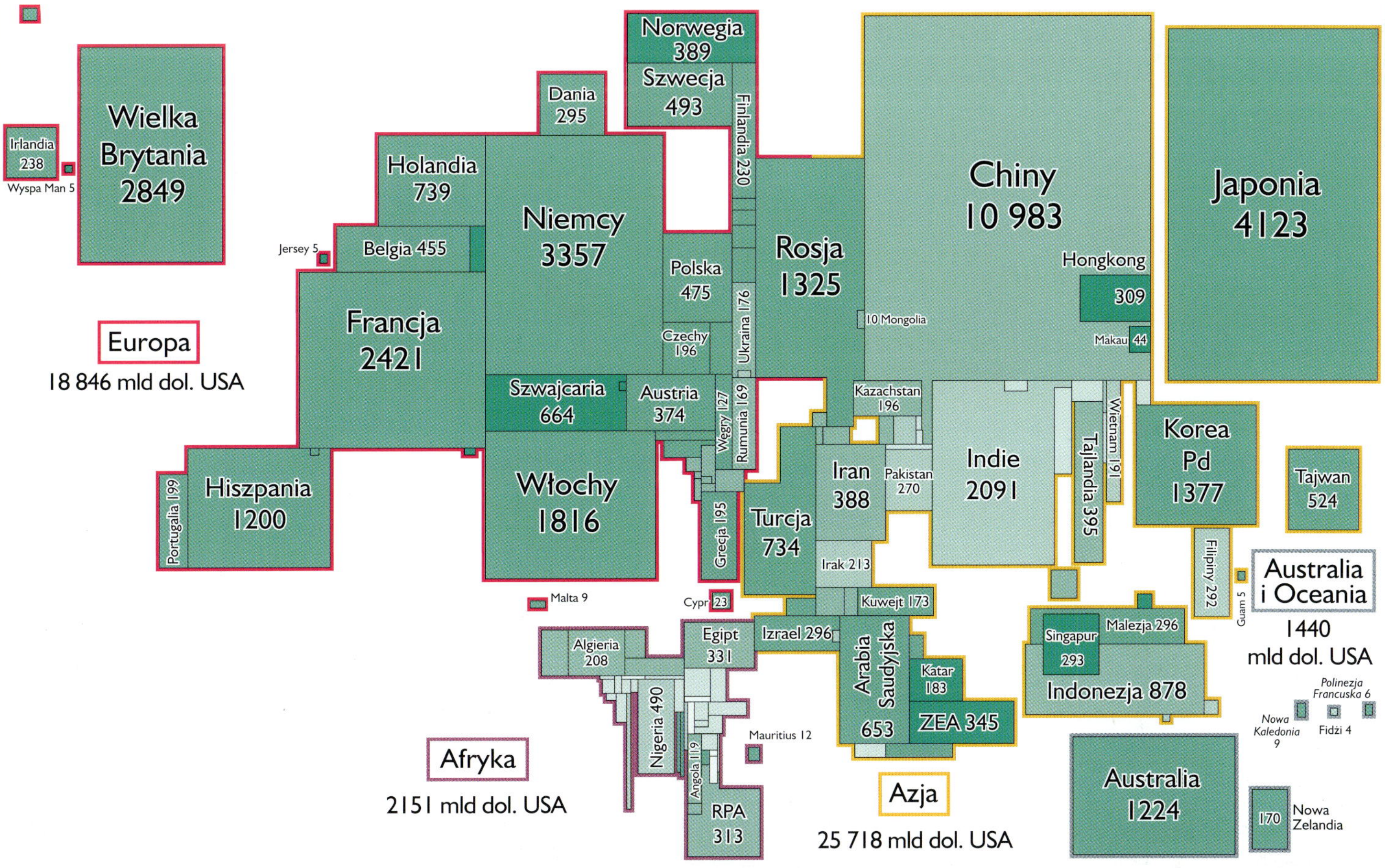

Rasy

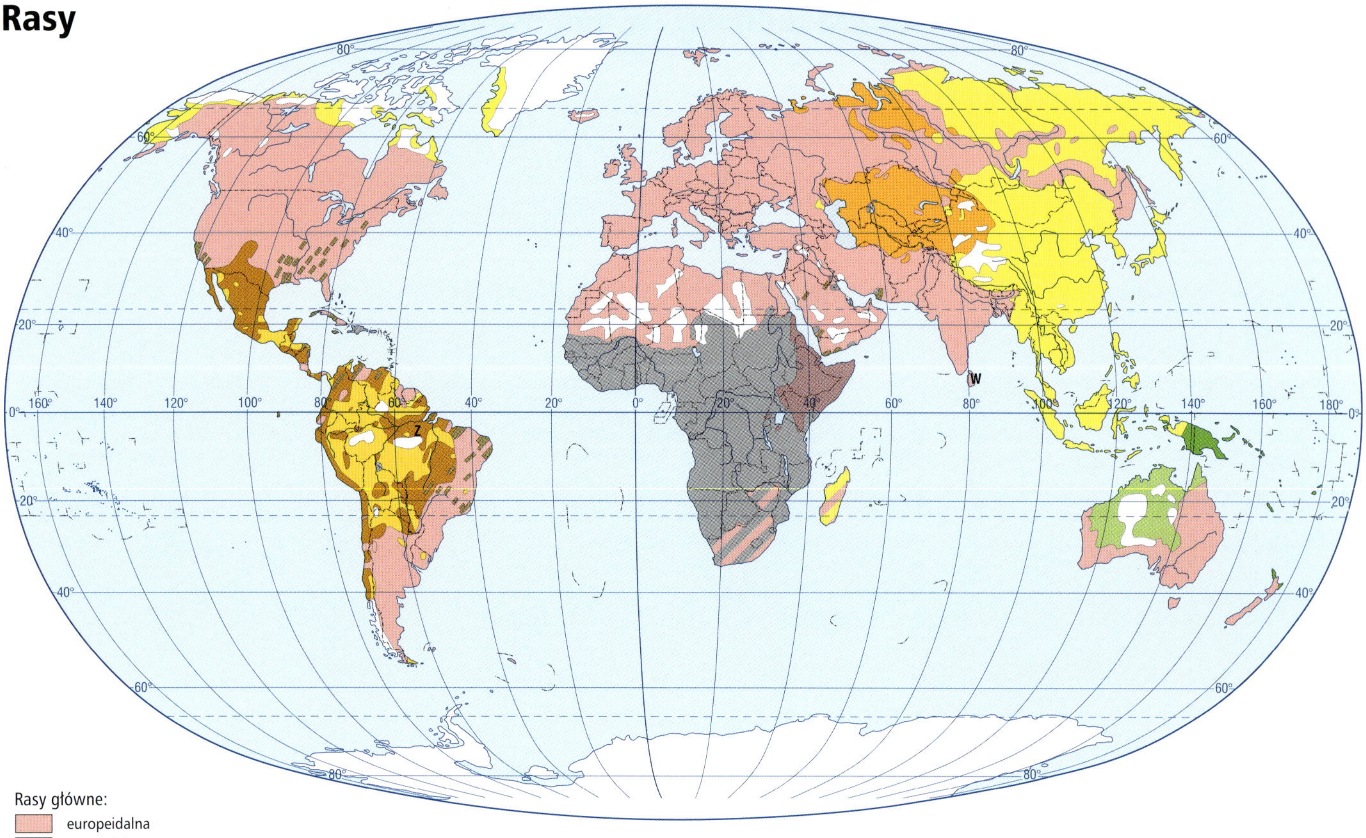

Rasy główne:
- europeidalna
- negroidalna
- mongoloidalna azjatycka
- mongoloidalna amerykańska
- australoidalna

Formy przejściowe między rasami:
- europeidalną a negroidalną
- europeidalną a mongoloidalną

- tubylcy Polinezji i Malezji
- Mulaci
- Metysi

- Z Zambo
- W Weddowie
- obszary niezamieszkane

Języki rodzime

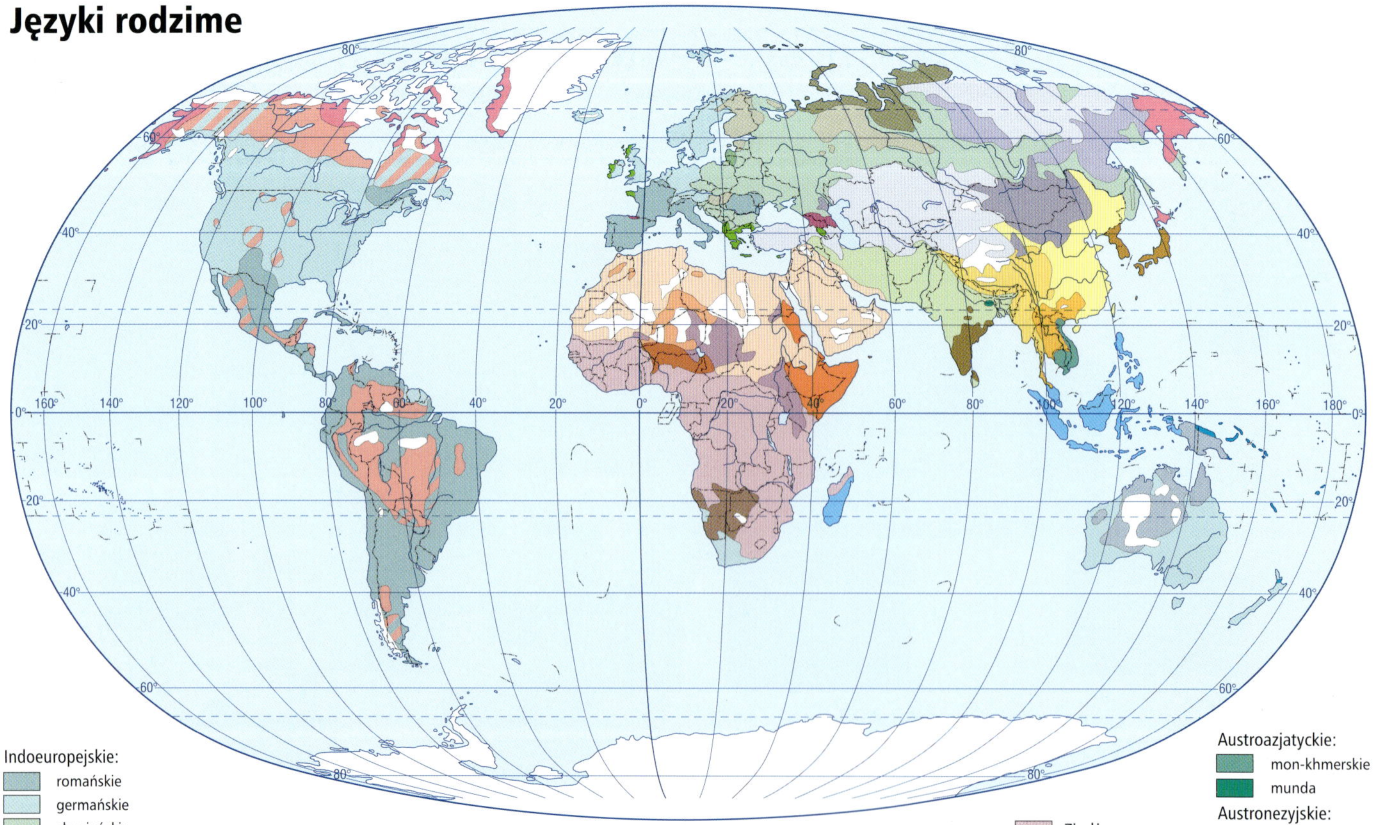

Indoeuropejskie:
- romańskie
- germańskie
- słowiańskie
- indoirańskie
- inne

Uralskie:
- ugrofińskie
- samojedzkie

Semito-chamickie:
- semickie
- berberyjskie
- kuszyckie
- czadyjskie

Ałtajskie:
- tureckie
- mongolskie
- mandżu-tunguskie

Kaukaskie i baskijski

Chińsko-tybetańskie:
- chińskie
- tybetańsko-birmańskie

- Tajskie
- Japoński i koreański
- Drawidyjskie

- Zindż
- Nilo-saharyjskie
- Khoisan
- Paleoazjatyckie
- Indiańskie

Austroazjatyckie:
- mon-khmerskie
- munda

Austronezyjskie:
- indonezyjskie
- oceaniczne

- Australijskie i papuaskie
- obszary niezamieszkane

Wyznania

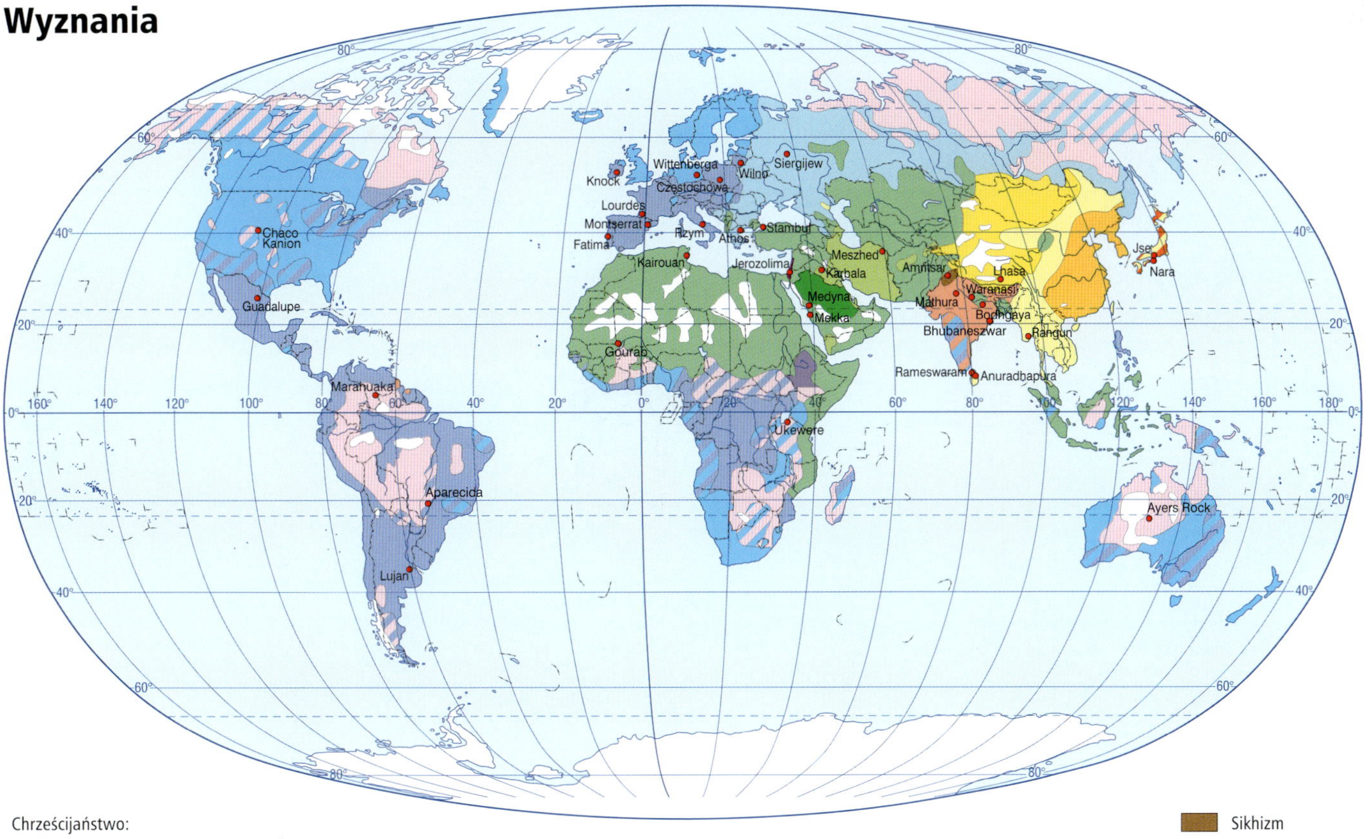

Chrześcijaństwo:
- katolicy
- protestanci
- prawosławni
- monofizyci (Koptowie)

Islam:
- sunnici
- szyici
- wahhabici

Buddyzm:
- buddyści
- lamaiści

- Konfucjanizm, taoizm
- Shintoizm
- Hinduizm
- Judaizm
- Sikhizm
- religie naturalne
- ważniejsze ośrodki kultu religijnego
- obszary niezamieszkane

Zaludnienie

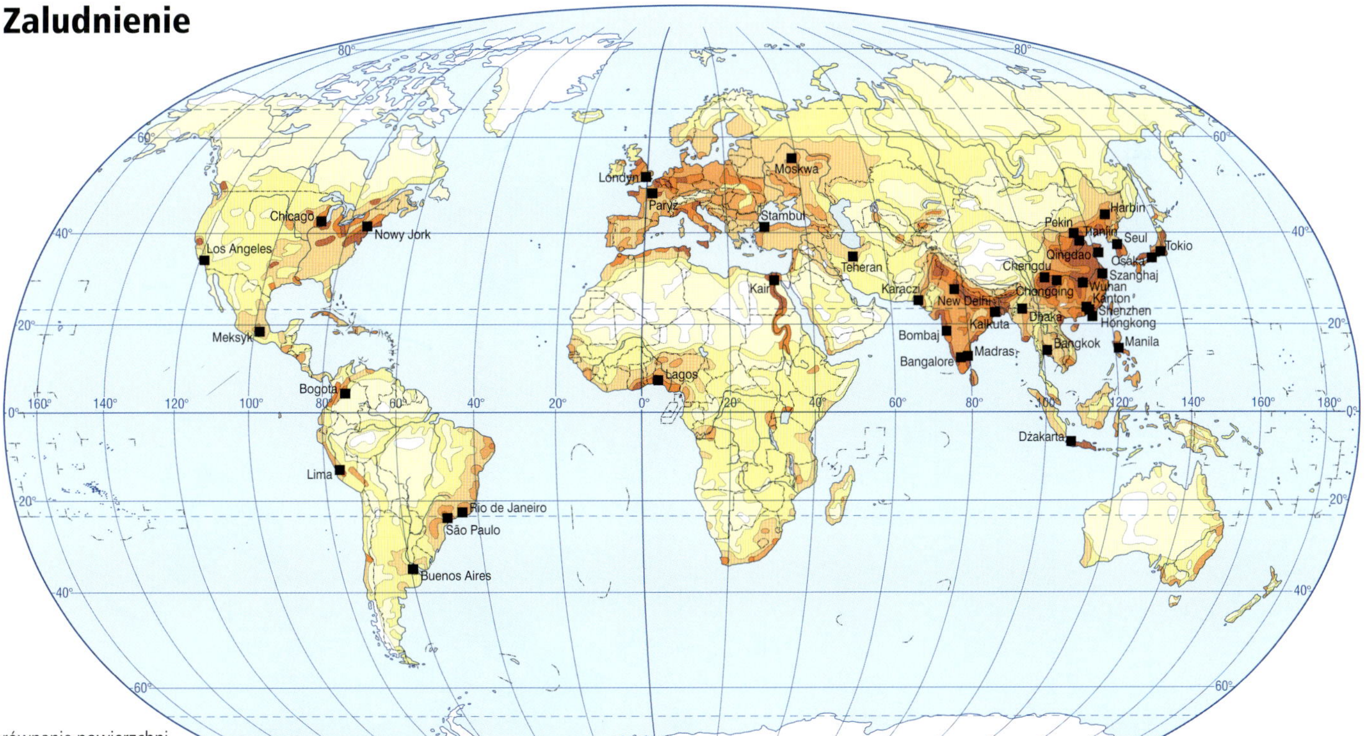

Porównanie powierzchni i liczby ludności kontynentów

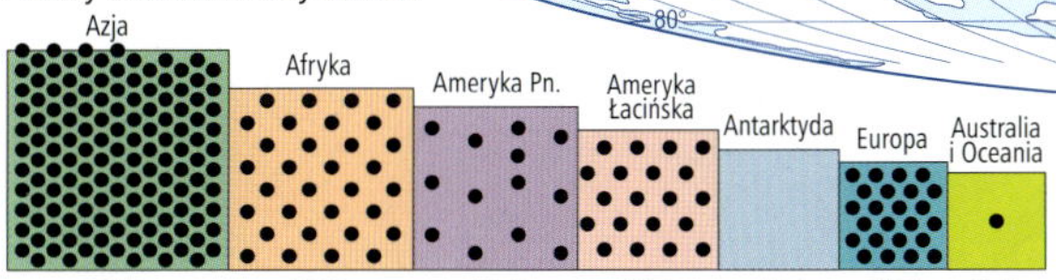

	Azja	Afryka	Ameryka Pn.	Ameryka Łacińska	Antarktyda	Europa	Australia i Oceania
powierzchnia (mln km²)	44,4	30,3	24,2	17,8	13,1	10,5	8,5
liczba ludności (mln mieszkańców)	4192	1039	402	620	–	726	38
gęstość zaludnienia (miesz./km²)	92	33	14	32	–	70	4

- ● 30 mln mieszkańców
- □ 1 mln km²

Liczba mieszkańców na 1 km²
- pow. 200
- 100 – 200
- 50 – 100
- 10 – 50
- 1 – 10
- pon. 1

- Tokio ■ aglomeracje pow. 7 mln mieszkańców
- obszary niezamieszkane

Stan: 2008 r.

Internet

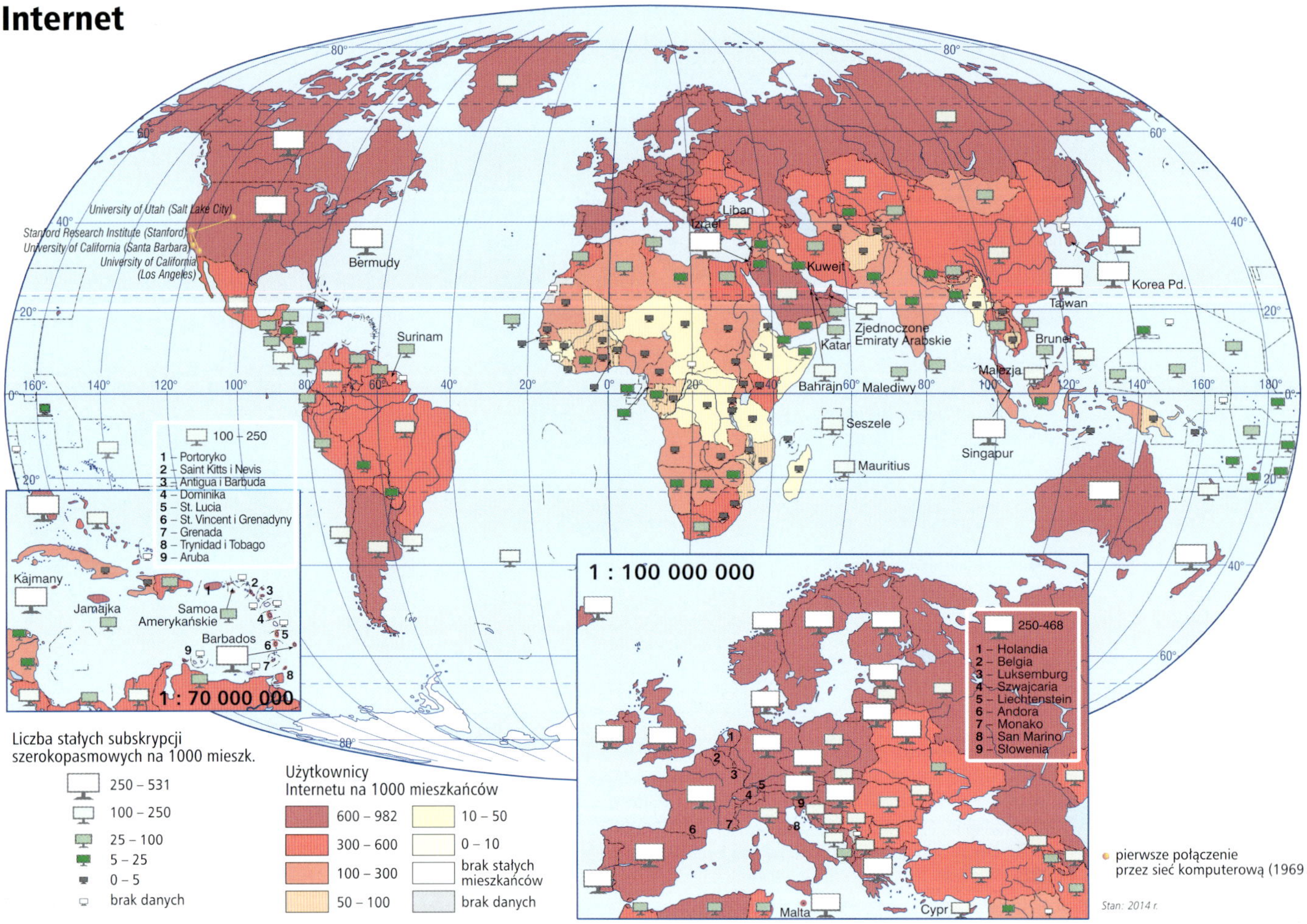
University of Utah (Salt Lake City)
Stanford Research Institute (Stanford)
University of California (Santa Barbara)
University of California (Los Angeles)
Bermudy
Surinam
Liban
Izrael
Kuwejt
Katar
Zjednoczone Emiraty Arabskie
Bahrajn
Malediwy
Seszele
Mauritius
Korea Pd.
Tajwan
Brunei
Malezja
Singapur
100 – 250
1 – Portoryko
2 – Saint Kitts i Nevis
3 – Antigua i Barbuda
4 – Dominika
5 – St. Lucia
6 – St. Vincent i Grenadyny
7 – Grenada
8 – Trynidad i Tobago
9 – Aruba
Kajmany
Jamajka
Samoa Amerykańskie
Barbados
1 : 70 000 000
1 : 100 000 000
250-468
1 – Holandia
2 – Belgia
3 – Luksemburg
4 – Szwajcaria
5 – Liechtenstein
6 – Andora
7 – Monako
8 – San Marino
9 – Słowenia
Malta
Cypr
Liczba stałych subskrypcji szerokopasmowych na 1000 mieszk.
250 – 531
100 – 250
25 – 100
5 – 25
0 – 5
brak danych
Użytkownicy Internetu na 1000 mieszkańców
600 – 982
300 – 600
100 – 300
50 – 100
10 – 50
0 – 10
brak stałych mieszkańców
brak danych
pierwsze połączenie przez sieć komputerową (1969 r.)
Stan: 2014 r.

Telefony

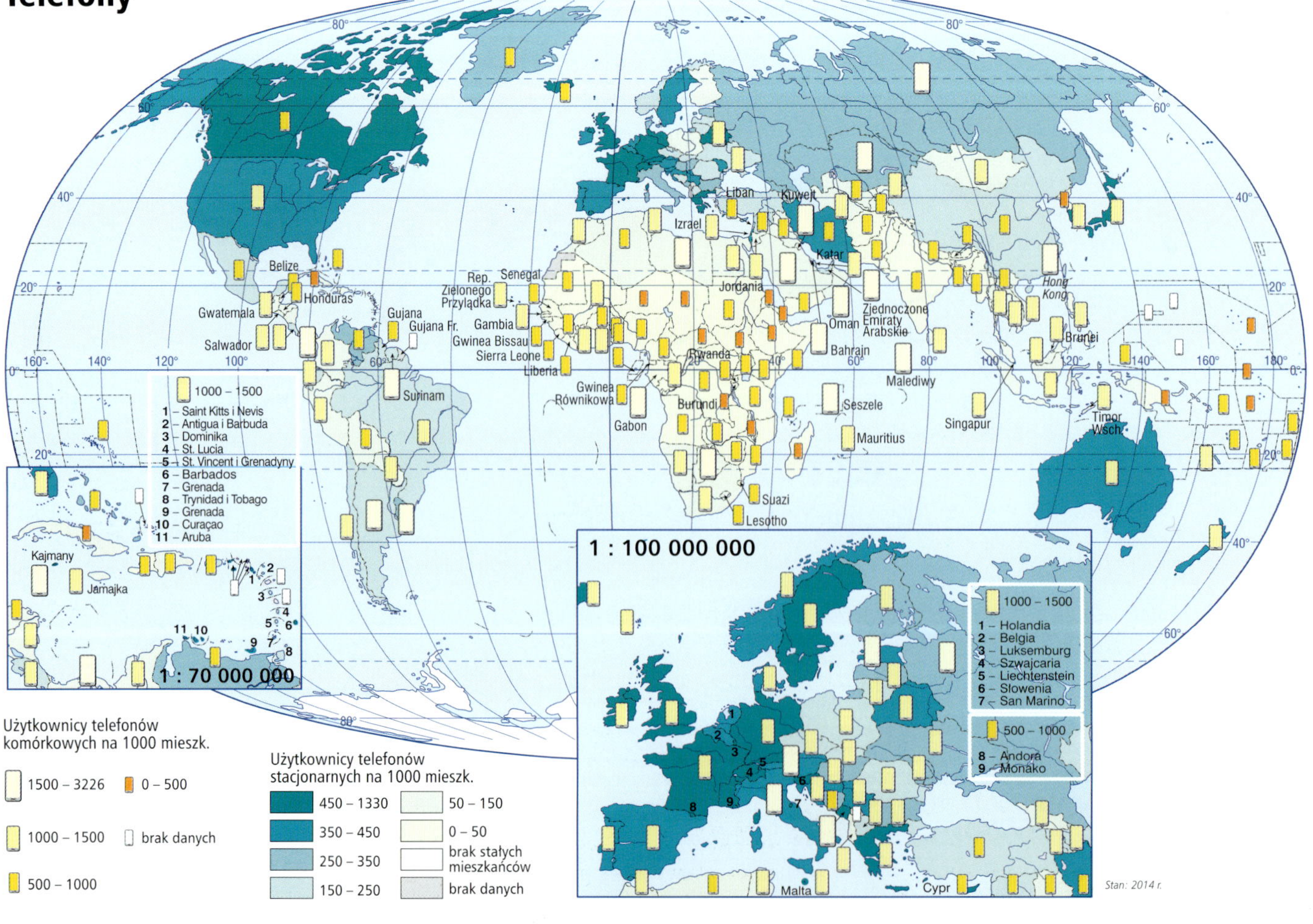
Belize
Honduras
Gwatemala
Salwador
Gujana
Gujana Fr.
Surinam
Rep. Zielonego Przylądka
Senegal
Gambia
Gwinea Bissau
Sierra Leone
Liberia
Gwinea Równikowa
Gabon
Burundi
Rwanda
Suazi
Lesotho
Liban
Kuwejt
Izrael
Jordania
Katar
Zjednoczone Emiraty Arabskie
Oman
Bahrajn
Malediwy
Seszele
Mauritius
Hong Kong
Brunei
Singapur
Timor Wsch.
1000 – 1500
1 – Saint Kitts i Nevis
2 – Antigua i Barbuda
3 – Dominika
4 – St. Lucia
5 – St. Vincent i Grenadyny
6 – Barbados
7 – Grenada
8 – Trynidad i Tobago
9 – Grenada
10 – Curaçao
11 – Aruba
Kajmany
Jamajka
1 : 70 000 000
1 : 100 000 000
1000 – 1500
1 – Holandia
2 – Belgia
3 – Luksemburg
4 – Szwajcaria
5 – Liechtenstein
6 – Słowenia
7 – San Marino
500 – 1000
8 – Andora
9 – Monako
Malta
Cypr
Użytkownicy telefonów komórkowych na 1000 mieszk.
1500 – 3226
1000 – 1500
500 – 1000
0 – 500
brak danych
Użytkownicy telefonów stacjonarnych na 1000 mieszk.
450 – 1330
350 – 450
250 – 350
150 – 250
50 – 150
0 – 50
brak stałych mieszkańców
brak danych
Stan: 2014 r.

Turystyka

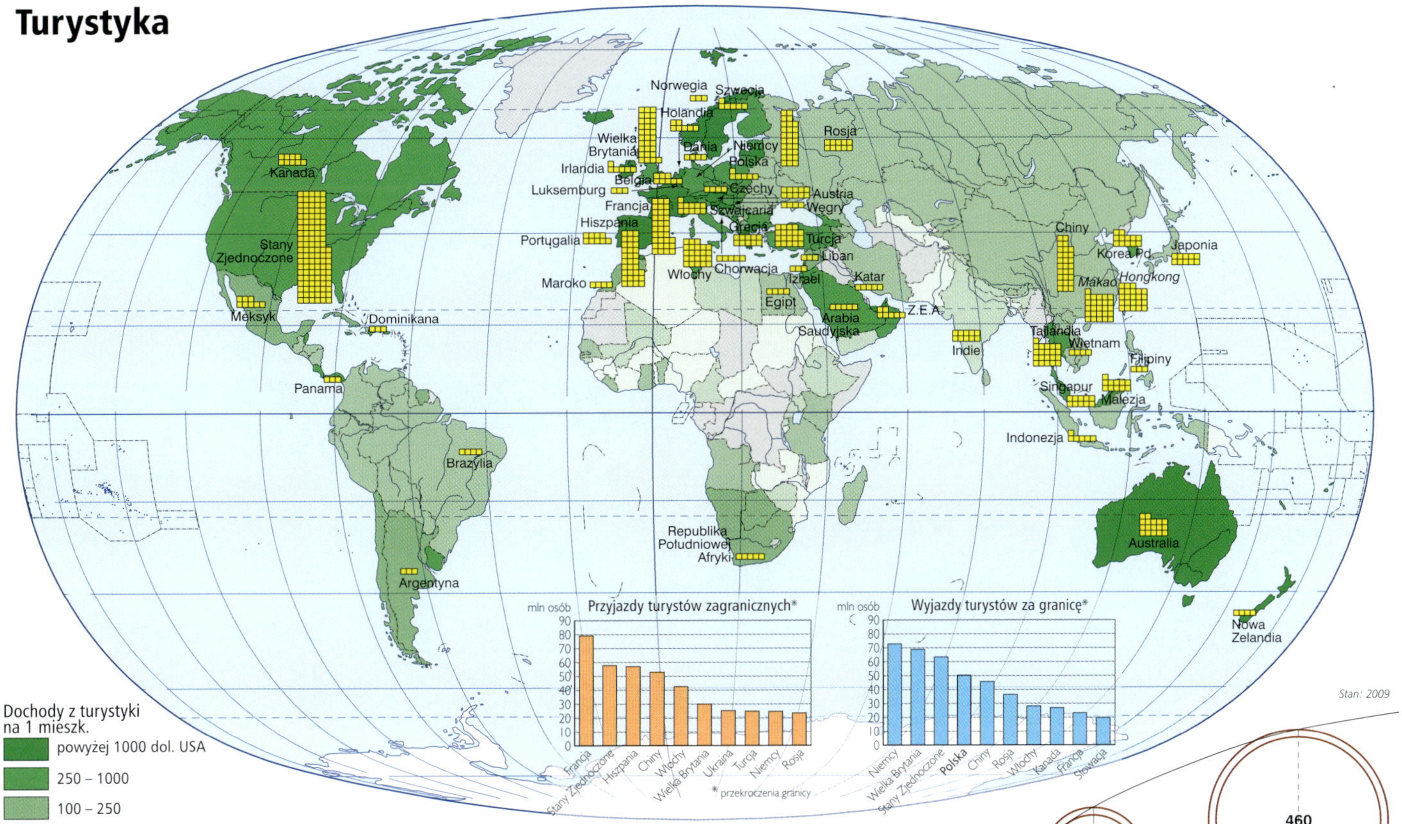

Dochody z turystyki na 1 mieszk.

- powyżej 1000 dol. USA
- 250 – 1000
- 100 – 250
- 25 – 100
- 10 – 25
- 0 – 10
- brak danych
- Obszary morskiej turystyki jachtowej

Dochody z turystyki**

- 2 mld dolarów USA

**pokazano kraje o wpływach z turystyki powyżej 5 mld dolarów USA

Regionalizacja turystyki***

- granice regionów
- Lhasa – trasy i cele wielkich ekspedycji podróżniczych

Przepływy turystów między regionami***

Przyjazdy turystów zagranicznych wewnątrz regionów**

***Regionalizacja turystyki według Światowej Organizacji Turystyki (United Nations World Tourism Organisation – UNWTO)

Strefy czasowe

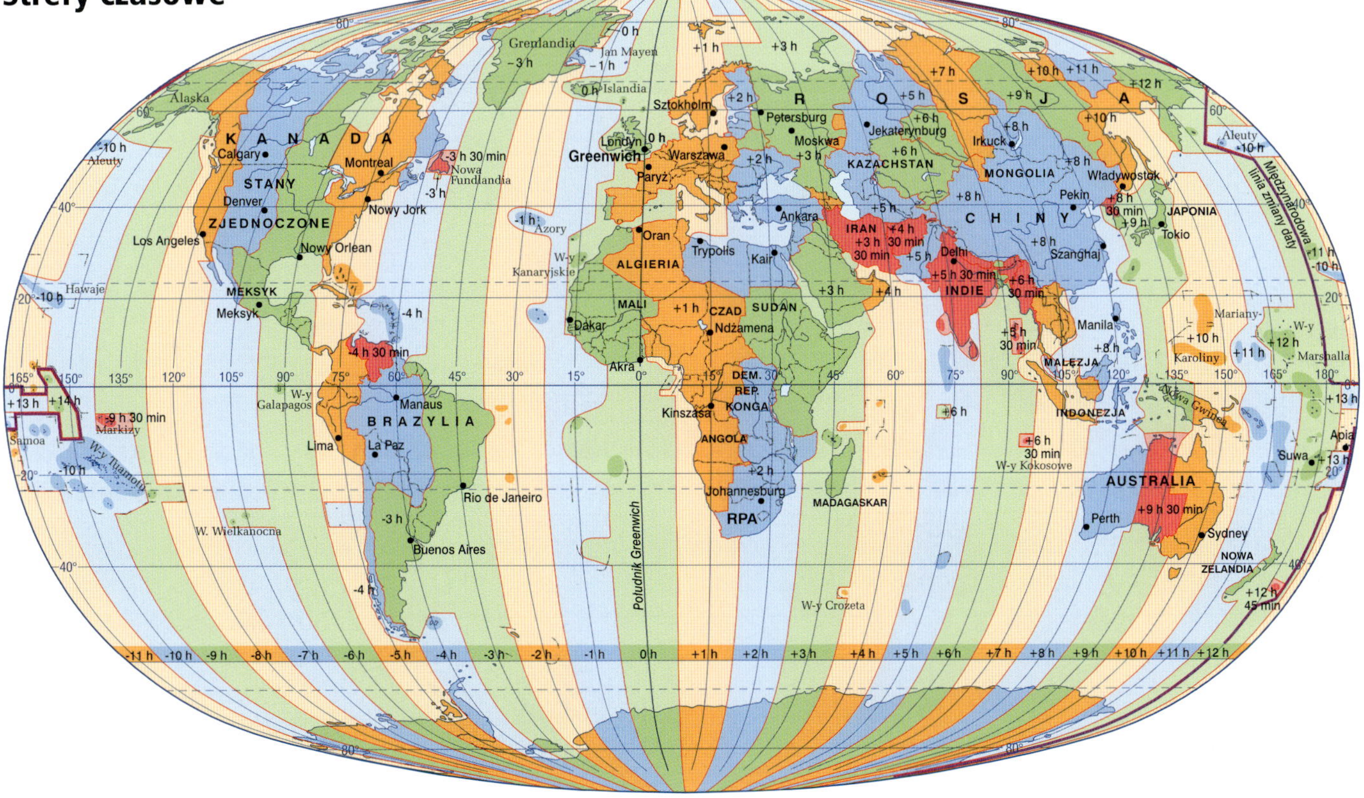

- strefy czasowe na lądzie
- strefy czasowe na morzach
- obszary, na których obowiązuje czas przesunięty w stosunku do czasu strefowego
- międzynarodowa linia zmiany daty
- +4 h – różnica między czasem danej strefy a czasem południka Greenwich

Organizacje polityczne
1 : 300 000 000

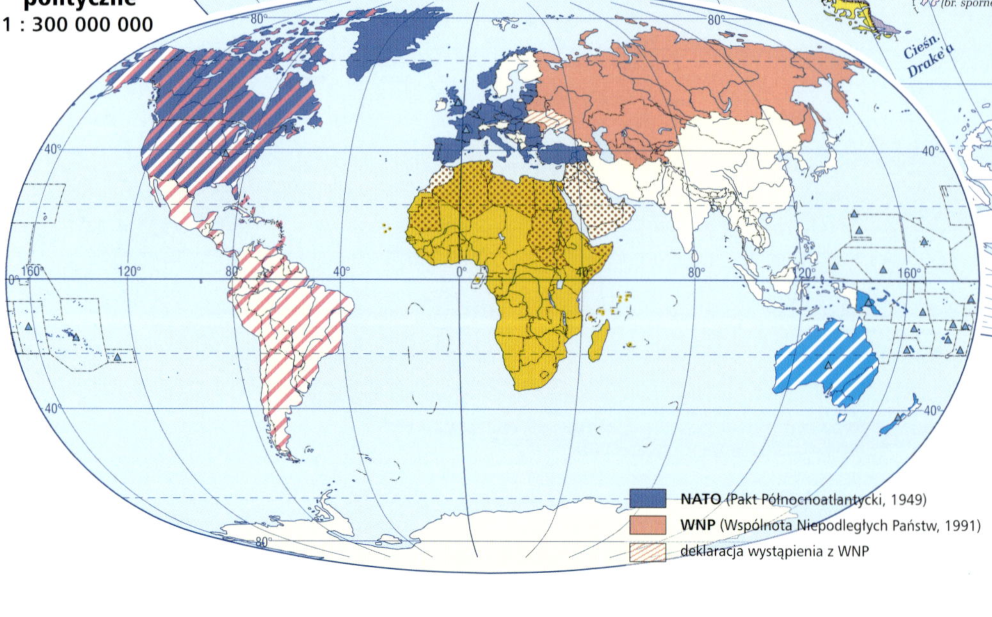

- UA (Unia Afrykańska, do 2002 – Organizacja Jedności Afrykańskiej, 1963)
- OPA (Organizacja Państw Amerykańskich, 1948)
- ANZUS (Pakt Bezpieczeństwa Pacyfiku, Australia – Nowa Zelandia – USA, 1951)
- SPF (Forum Wysp Pacyfiku, do 2000 – Forum Południowego Pacyfiku, 1971)
- LPA (Liga Państw Arabskich, 1945)
- SPC (Komisja Południowopacyficzna, 1947)
- NATO (Pakt Północnoatlantycki, 1949)
- WNP (Wspólnota Niepodległych Państw, 1991)
- deklaracja wystąpienia z WNP

26 AZERBEJDŻAN
27 BAHRAJN
28 KIRGISTAN
29 TADŻYKISTAN
30 BURUNDI
31 DŻIBUTI
32 GWINEA RÓWNIKOWA
33 RWANDA

Konflikty po 1945 r.
Zbrojenia
1 : 300 000 000

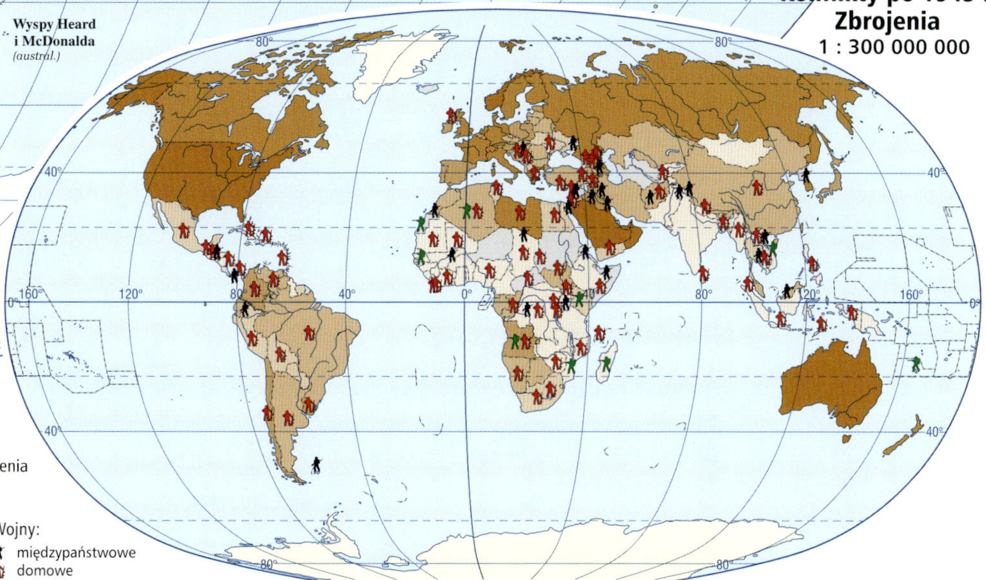

Wydatki z budżetu państwa przeznaczane na zbrojenia (w dolarach USA na 1 mieszkańca):

- 1000 – 2946
- 500 – 1000
- 250 – 500
- 100 – 250
- 50 – 100
- 0 – 50
- brak armii
- brak danych

Wojny:
- międzypaństwowe
- domowe
- kolonialne

Stan: 2014 r.

Organizacje gospodarcze na świecie

1 : 300 000 000

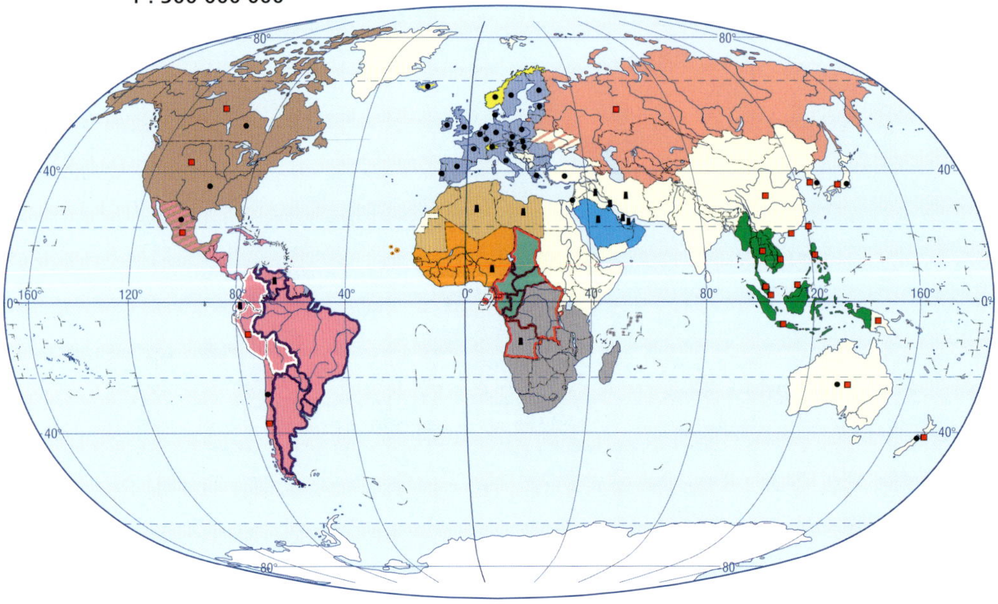

- UE (Unia Europejska 1993; dawniej EWG 1958)
- państwa stowarzyszone z Unią Europejską
- EFTA (Europejskie Stowarzyszenie Wolnego Handlu, 1960)
- WNP (Wspólnota Niepodległych Państw, 1991)
- deklaracja wystąpienia z WNP
- OECD (Organizacja Współpracy Gospodarczej i Rozwoju, 1961)
- ASEAN (Stowarzyszenie Narodów Azji Pd.-Wsch., 1967)
- APEC (Wspólnota Gospodarcza Azji i Pacyfiku, 1989)
- GCC (Rada Współpracy Zatoki Perskiej, 1981)
- OPEC (Organizacja Państw Eksporterów Ropy Naftowej, 1960)
- SELA (Latynoamerykański System Gospodarczy, 1975)
- CAN (Wspólnota Andyjska, 1969)
- MERCOSUR (Wspólny Rynek Południa, 1991)
- NAFTA (Północnoamerykańskie Stowarzyszenie Wolnego Handlu, 1994)
- ECOWAS (Wspólnota Gospodarcza Państw Afryki Zachodniej, 1975)
- ECCAS (Wspólnota Gospodarcza Państw Afryki Środkowej, 1983)
- SADC (Wspólnota Rozwoju Pd. Afryki, 1980)
- CEMAC (Wspólnota Gospodarcza i Walutowa Afryki Środkowej, 1994)
- UMA (Unia Arabskiego Maghrebu, 1989. Organizacja zawieszona ze względu na spór Algierii i Maroka o status Sahary Zachodniej)

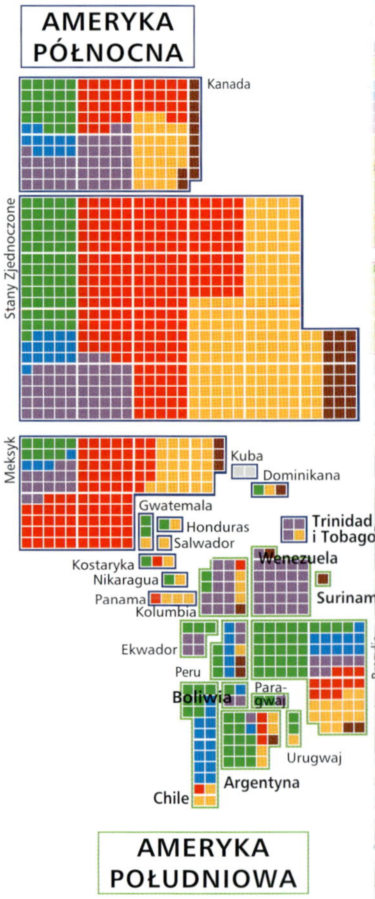

Organizacje gospodarcze w Europie

1 : 40 000 000

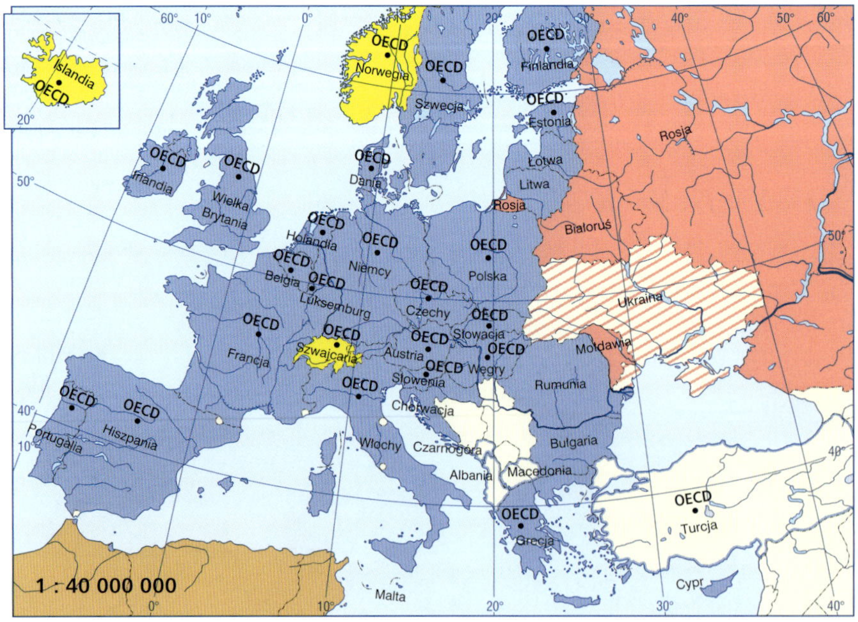

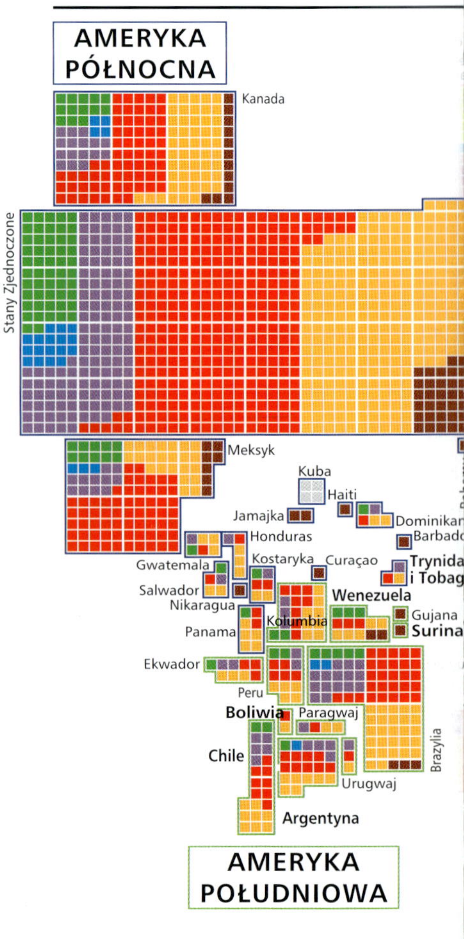

Handel zagraniczny

Wielkość i struktura eksportu i importu według grup towarów

- towary rolno-spożywcze
- surowce mineralne z wyjątkiem paliw
- paliwa mineralne
- maszyny i sprzęt transportowy
- inne produkty przetwórstwa przemysłowego
- sumarycznie bez wydzielania grup towarów
- brak danych

Przedstawiono kraje, których eksport lub import przekroczył 3 mld dol. USA

■ 3 mld dol. USA

Kanada większą i pogrubioną czcionką opisano kraje, które miały dodatni bilans handlu zagranicznego

Stan: 2014 r.

Świat – eksport towarów

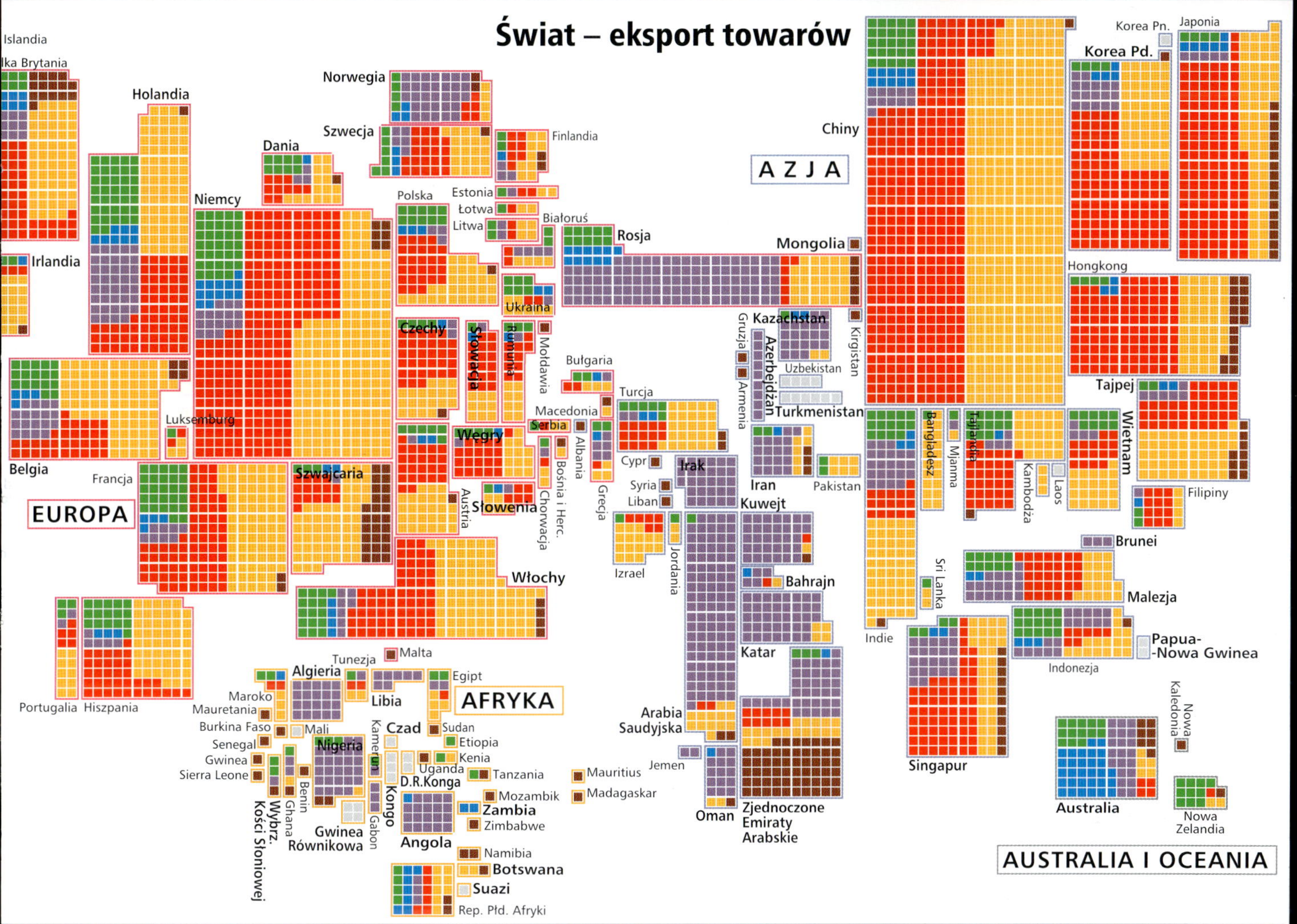

Islandia
Norwegia
Holandia
Szwecja
Finlandia
Dania
Niemcy
Polska
Estonia
Łotwa
Litwa
Białoruś
Rosja
Irlandia
Ukraina
Czechy
Słowacja
Rumunia
Mołdawia
Bułgaria
Luksemburg
Macedonia
Serbia
Albania
Grecja
Węgry
Belgia
Francja
Szwajcaria
Austria
Słowenia
Bośnia i Herc.
Chorwacja
EUROPA
Włochy
Portugalia
Hiszpania
Tunezja
Malta
Algieria
Egipt
Maroko
Mauretania
Libia
AFRYKA
Burkina Faso
Mali
Czad
Sudan
Senegal
Nigeria
Etiopia
Gwinea
Kamerun
Kenia
Sierra Leone
Uganda
D.R.Konga
Tanzania
Benin
Ghana
Wybrz. Kości Słoniowej
Kongo
Mozambik
Zambia
Zimbabwe
Gwinea Równikowa
Gabon
Angola
Namibia
Botswana
Suazi
Rep. Płd. Afryki
Mauritius
Madagaskar
Chiny
AZJA
Mongolia
Gruzja
Kazachstan
Azerbejdżan
Armenia
Uzbekistan
Kirgistan
Turkmenistan
Turcja
Cypr
Irak
Iran
Pakistan
Syria
Liban
Kuwejt
Izrael
Jordania
Bahrajn
Katar
Arabia Saudyjska
Jemen
Oman
Zjednoczone Emiraty Arabskie
Korea Pn.
Japonia
Korea Pd.
Hongkong
Tajpej
Indie
Bangladesz
Mjanma
Tajlandia
Kambodża
Laos
Wietnam
Filipiny
Brunei
Sri Lanka
Malezja
Singapur
Indonezja
Papua-Nowa Gwinea
Nowa Kaledonia
Australia
Nowa Zelandia
AUSTRALIA I OCEANIA

Świat – import towarów

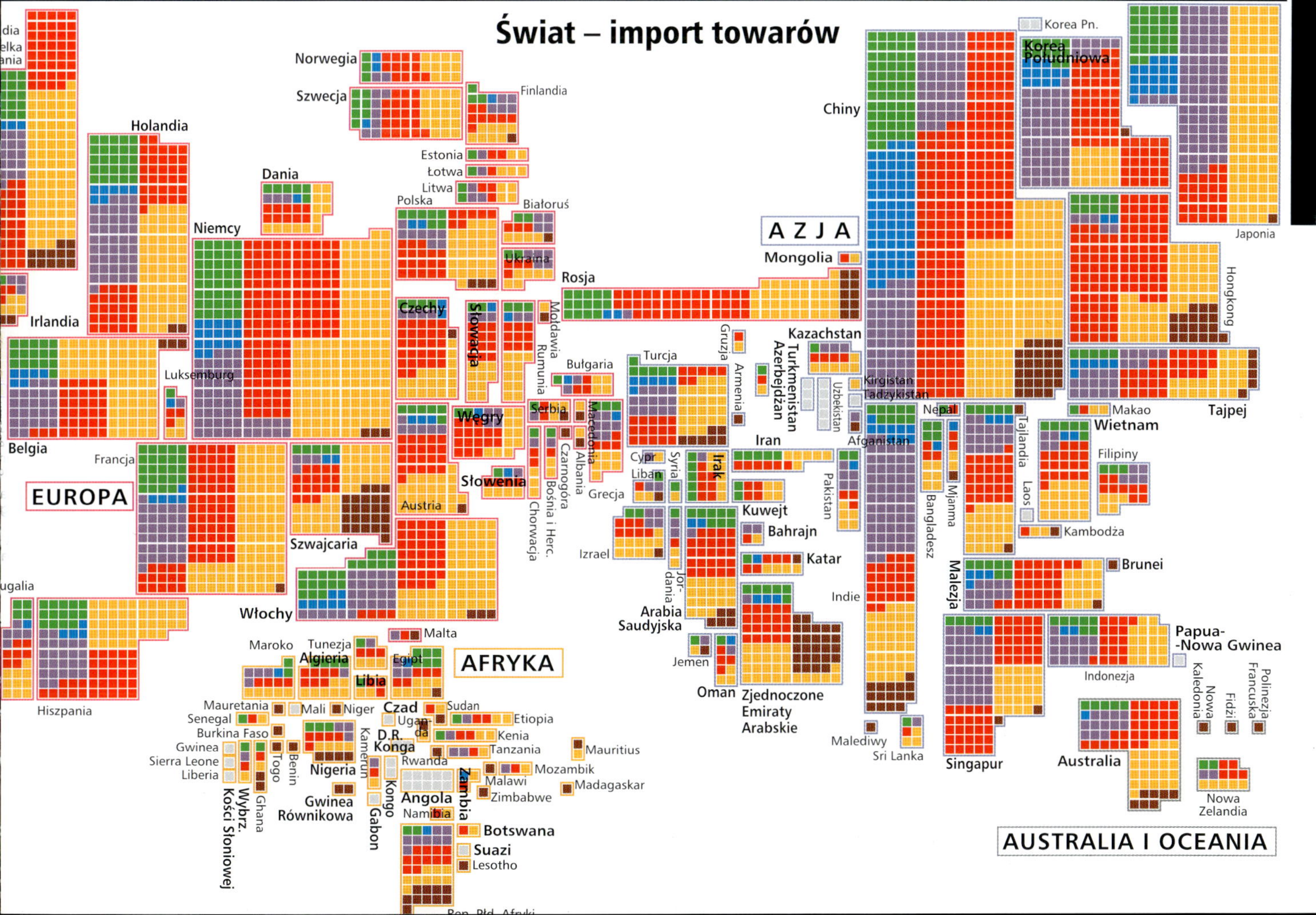

Norwegia
Szwecja
Finlandia
Holandia
Dania
Estonia
Łotwa
Litwa
Polska
Białoruś
Niemcy
Ukraina
Rosja
Irlandia
Czechy
Słowacja
Mołdawia
Rumunia
Bułgaria
Luksemburg
Serbia
Macedonia
Węgry
Belgia
Francja
Słowenia
Czarnogóra
Albania
Bośnia i Herc.
Chorwacja
EUROPA
Austria
Grecja
Szwajcaria
Hiszpania
Włochy
Malta
Maroko
Tunezja
Algieria
Egipt
Libia
AFRYKA
Mauretania
Mali
Niger
Czad
Sudan
Senegal
Etiopia
Burkina Faso
Uganda
Kenia
Gwinea
D.R. Konga
Tanzania
Sierra Leone
Rwanda
Liberia
Togo
Benin
Nigeria
Kamerun
Mauritius
Mozambik
Malawi
Zambia
Madagaskar
Zimbabwe
Ghana
Wybrz. Kości Słoniowej
Gwinea Równikowa
Kongo
Gabon
Angola
Namibia
Botswana
Suazi
Lesotho
Rep. Płd. Afryki
Korea Pn.
Korea Południowa
Chiny
Japonia
AZJA
Mongolia
Hongkong
Gruzja
Kazachstan
Turkmenistan
Azerbejdżan
Armenia
Uzbekistan
Kirgistan
Tadżykistan
Turcja
Nepal
Makao
Tajpej
Iran
Afganistan
Wietnam
Cypr
Syria
Liban
Irak
Pakistan
Tajlandia
Laos
Bangladesz
Mjanma
Filipiny
Kuwejt
Kambodża
Izrael
Bahrajn
Katar
Jordania
Indie
Malezja
Brunei
Arabia Saudyjska
Jemen
Papua-Nowa Gwinea
Oman
Zjednoczone Emiraty Arabskie
Indonezja
Nowa Kaledonia
Fidżi
Polinezja Francuska
Malediwy
Sri Lanka
Singapur
Australia
Nowa Zelandia
AUSTRALIA I OCEANIA

Polacy za granicą

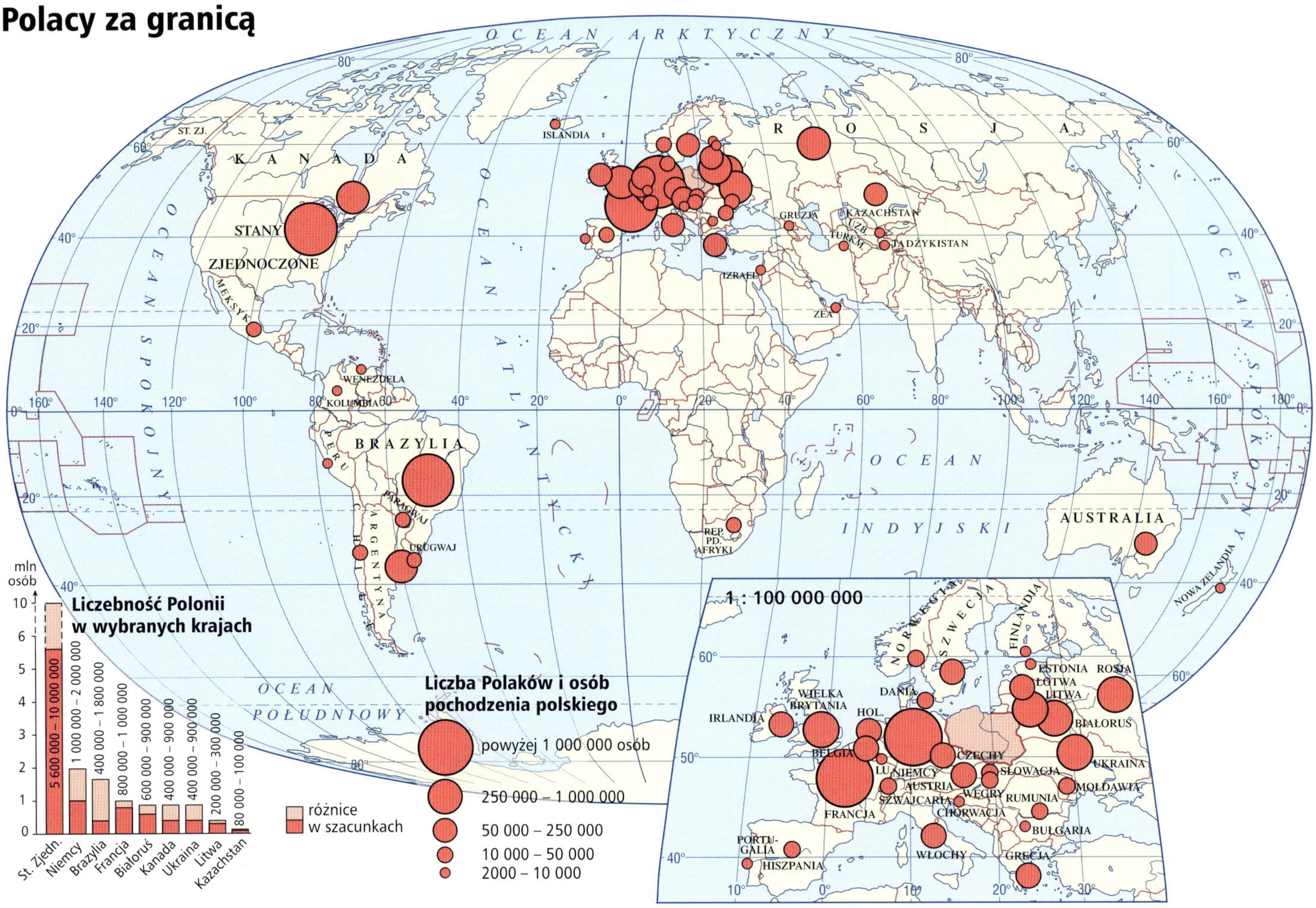

Stosunki dyplomatyczne

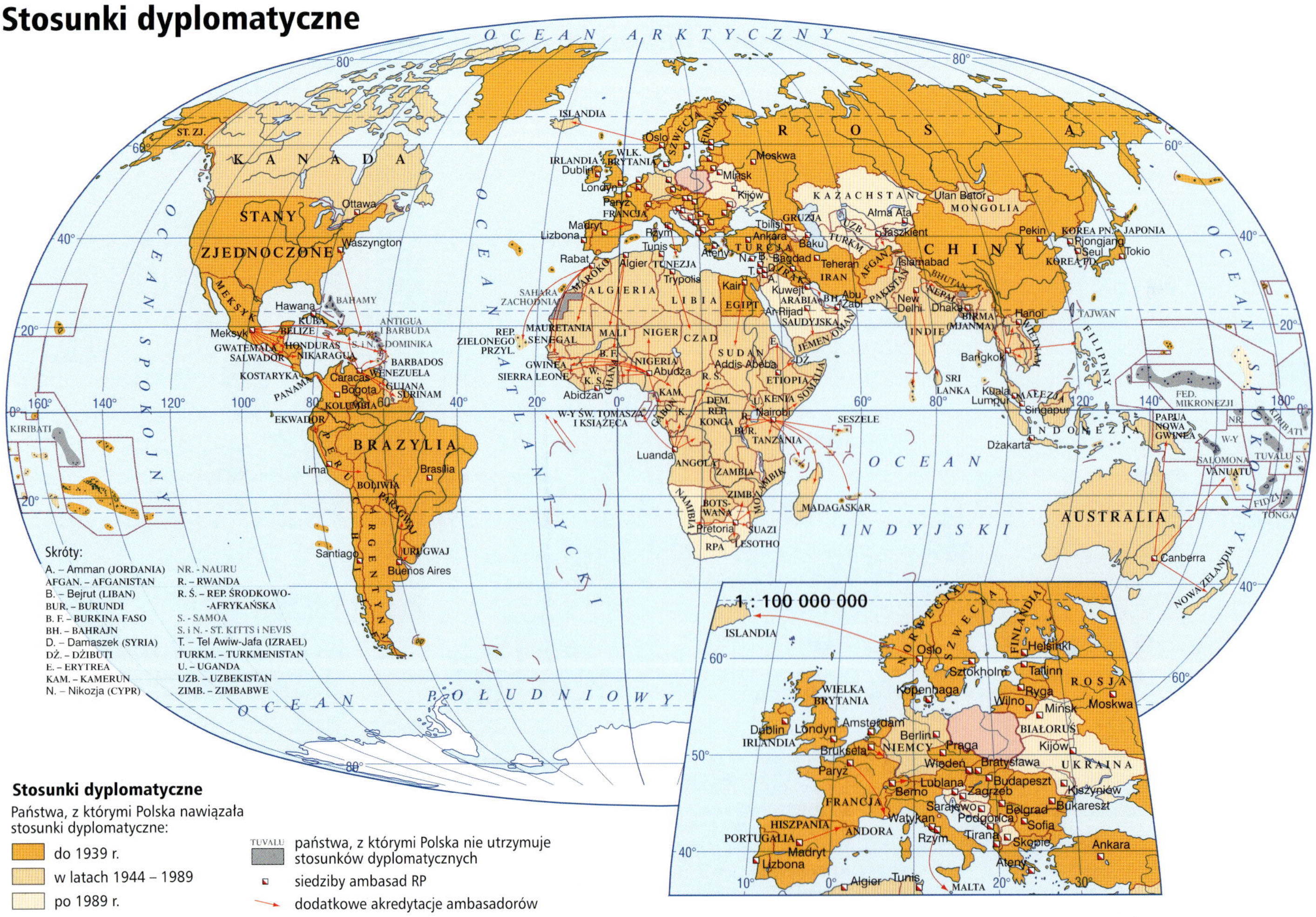

Stosunki dyplomatyczne

Państwa, z którymi Polska nawiązała stosunki dyplomatyczne:

- do 1939 r.
- w latach 1944 – 1989
- po 1989 r.

TUVALU państwa, z którymi Polska nie utrzymuje stosunków dyplomatycznych

- siedziby ambasad RP
- dodatkowe akredytacje ambasadorów

Handel zagraniczny Polski

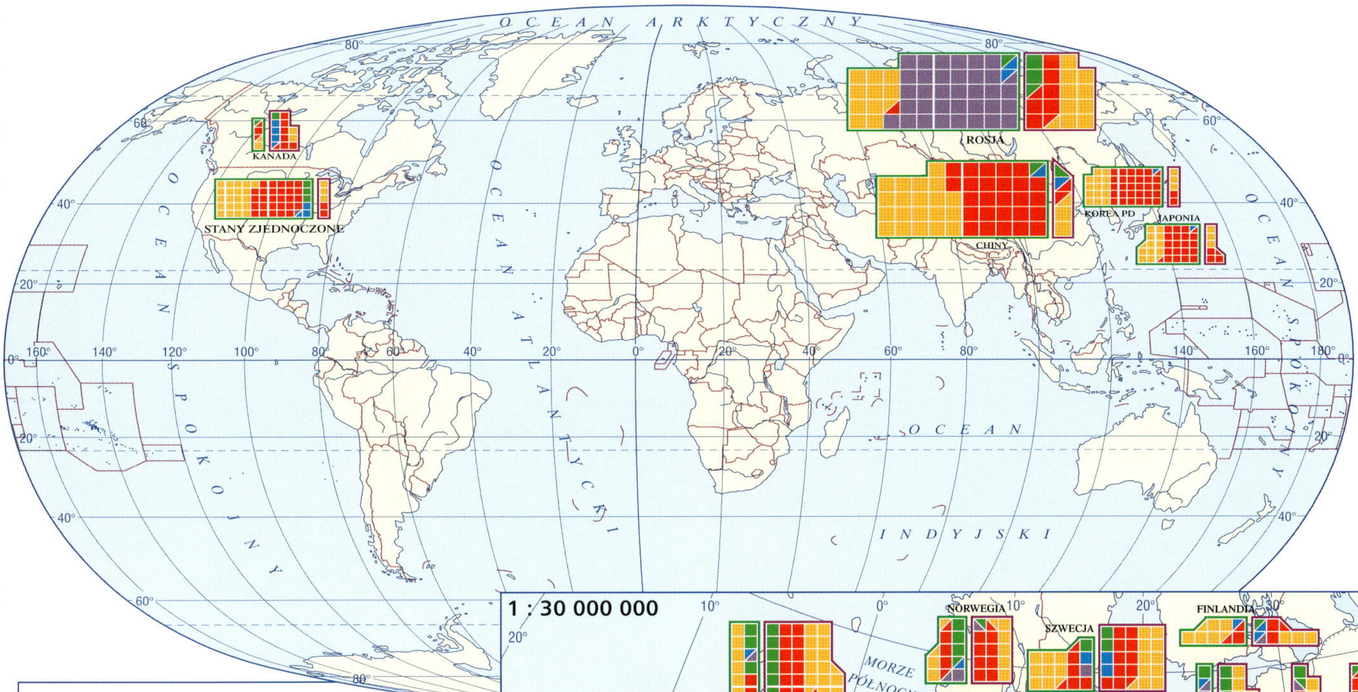

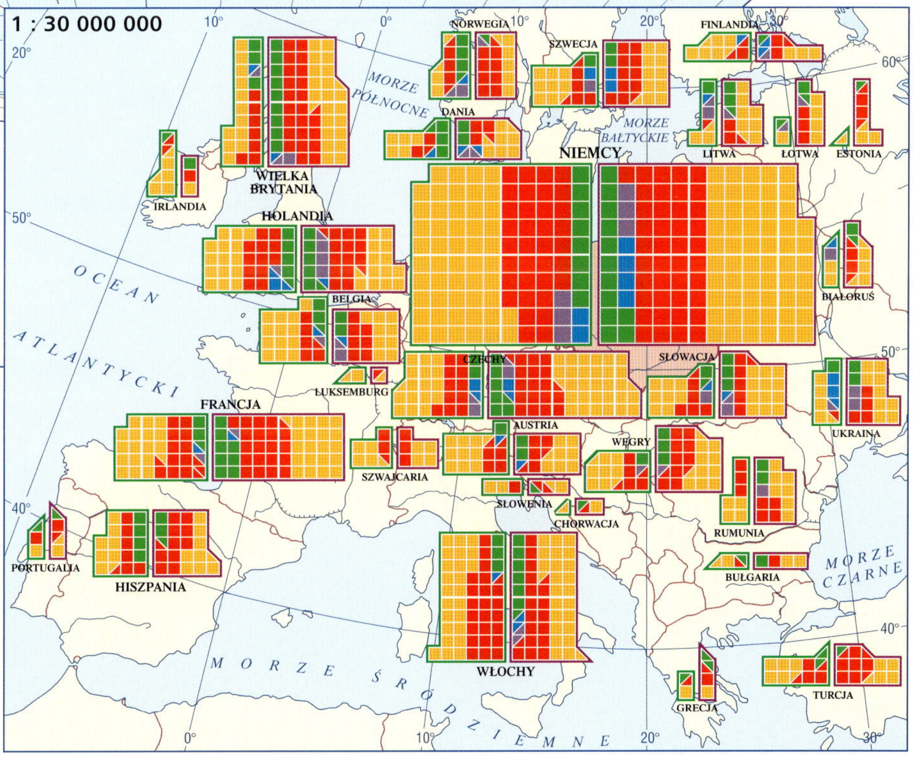

Wartość i struktura polskiego importu i eksportu
z krajami, których wartość importu lub eksportu z Polską przekroczyła 50 mln dol. USA

import eksport

wartość wymiany w mln dol. USA:
50, 100, 125, 250, 500

- towary rolno-spożywcze
- surowce mineralne z wyjątkiem paliw
- paliwa mineralne
- maszyny i sprzęt transportowy
- inne produkty przetwórstwa przemysłowego

Stan: 2014 r.

Struktura importu i eksportu według grup towarów

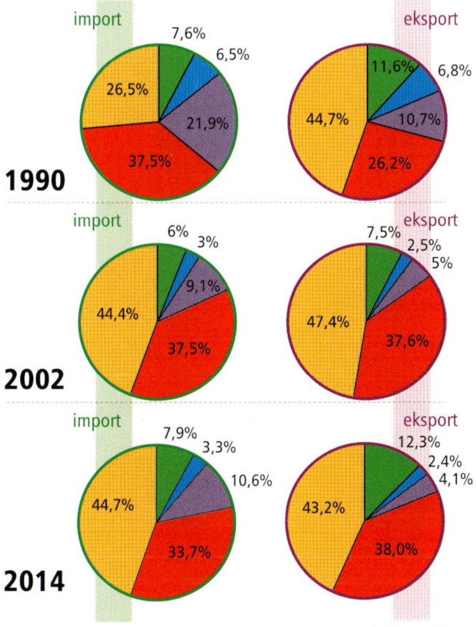

6,8%

- towary rolno-spożywcze
- surowce mineralne z wyjątkiem paliw
- paliwa mineralne
- maszyny i sprzęt transportowy
- inne produkty przetwórstwa przemysłowego

Obroty handlu zagranicznego według grup krajów oraz główni partnerzy Polski

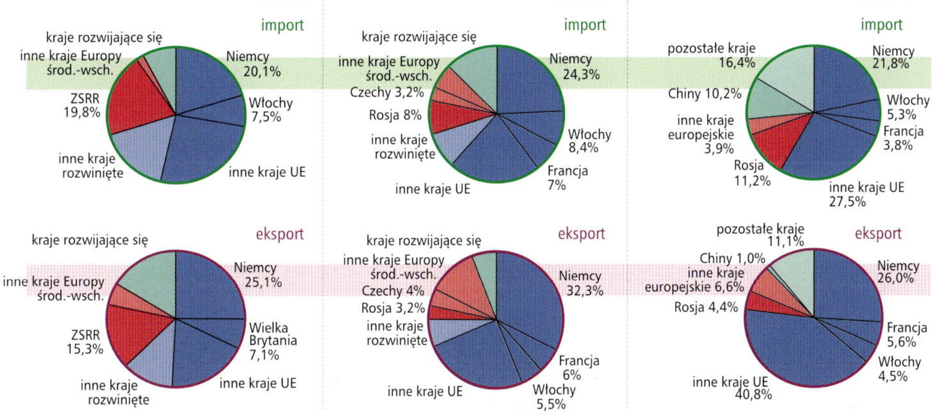

Województwa i powiaty

Górny Śląsk

1 : 1 250 000

WARSZAWA	stolica państwa
KATOWICE	siedziby urzędów wojewódzkich
Gdynia	siedziby powiatów
	granice państw
	granice województw
	granice powiatów ziemskich
	granice powiatów grodzkich

Jednostki terytorialne kraju

województwa	16	powiaty grodzkie	66
powiaty ziemskie	314	gminy	2479

1946
14 województw

1950
17 województw

1975
49 województw

Polska UKSZTAŁTOWANIE POWIERZCHNI

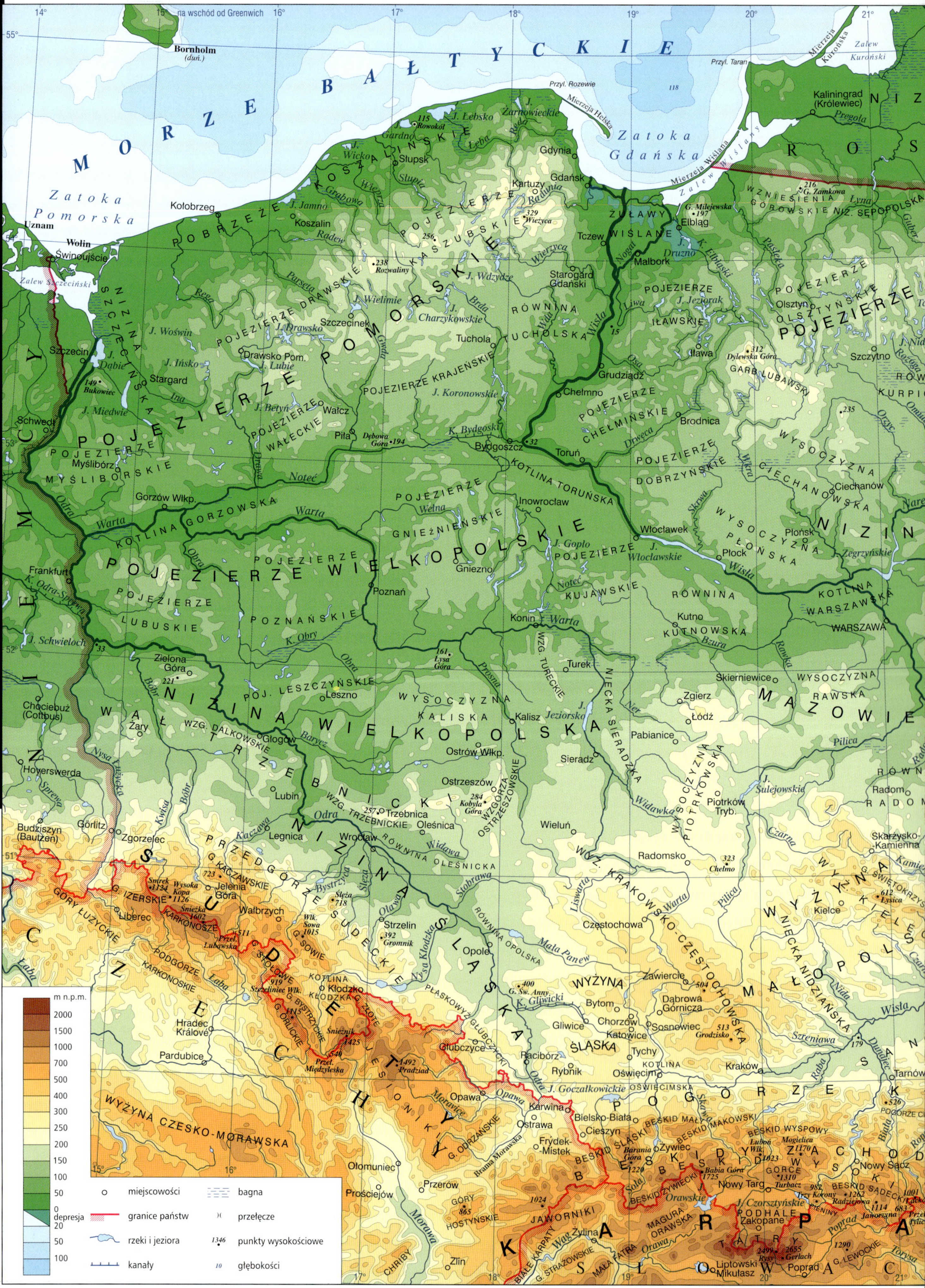

na wschód od Greenwich
MORZE BAŁTYCKIE
Bornholm (duń.)
Zatoka Pomorska
Zatoka Gdańska
Zalew Szczeciński
Zalew Wiślany
Zalew Kuroński
Mierzeja Helska
Mierzeja Wiślana
Mierzeja Kurońska
Przyl. Rozewie
Przyl. Taran
Uznam
Wolin
Świnoujście
Kołobrzeg
Koszalin
Słupsk
Gdynia
Gdańsk
Kartuzy
Tczew
Elbląg
Malbork
Starogard Gdański
Kaliningrad (Królewiec)
Pregoła
ROSJA
Szczecin
Stargard
Szczecinek
Drawsko Pom.
Wałcz
Piła
Chojnice
Tuchola
Bydgoszcz
Toruń
Grudziądz
Chełmno
Iława
Olsztyn
Szczytno
Brodnica
Ciechanów
Płońsk
Płock
Włocławek
Inowrocław
Gniezno
Poznań
Konin
Kutno
WARSZAWA
Skierniewice
Łódź
Zgierz
Pabianice
Sieradz
Kalisz
Ostrów Wlkp.
Leszno
Zielona Góra
Gorzów Wlkp.
Myślibórz
Schwedt
Frankfurt
Chociebuż (Cottbus)
Hoyerswerda
Budziszyn (Bautzen)
Görlitz
Zgorzelec
Żary
Głogów
Lubin
Legnica
Wrocław
Trzebnica
Oleśnica
Ostrzeszów
Wieluń
Radomsko
Piotrków Tryb.
Radom
Skarżysko-Kamienna
Kielce
Częstochowa
Zawiercie
Bytom
Chorzów
Katowice
Gliwice
Dąbrowa Górnicza
Sosnowiec
Tychy
Oświęcim
Kraków
Tarnów
Nowy Sącz
Opole
Racibórz
Rybnik
Głubczyce
Wałbrzych
Jelenia Góra
Kłodzko
Strzelin
Liberec
Hradec Králové
Pardubice
Ołomuniec
Ostrawa
Karwina
Frydek-Mistek
Cieszyn
Bielsko-Biała
Żywiec
Nowy Targ
Zakopane
Prościejów
Przerow
Zlin
Liptowski Mikułasz
Poprad
POBRZEŻE
POJEZIERZE POMORSKIE
POJEZIERZE KASZUBSKIE
POJEZIERZE DRAWSKIE
POJEZIERZE KRAJEŃSKIE
POJEZIERZE WAŁECKIE
POJEZIERZE MYŚLIBORSKIE
ŻUŁAWY WIŚLANE
RÓWNINA TUCHOLSKA
POJEZIERZE IŁAWSKIE
POJEZIERZE OLSZTYŃSKIE
POJEZIERZE CHEŁMIŃSKIE
POJEZIERZE DOBRZYŃSKIE
WYSOCZYZNA CIECHANOWSKA
WYSOCZYZNA PŁOŃSKA
KOTLINA TORUŃSKA
KOTLINA GORZOWSKA
KOTLINA WARSZAWSKA
POJEZIERZE WIELKOPOLSKIE
POJEZIERZE GNIEŹNIEŃSKIE
POJEZIERZE KUJAWSKIE
POJEZIERZE LUBUSKIE
POJEZIERZE POZNAŃSKIE
POJ. LESZCZYŃSKIE
NIZINA SZCZECIŃSKA
NIZINA WIELKOPOLSKA
NIZINA ŚLĄSKA
NIZINA SĘPOPOLSKA
NIZINA MAZOWIECKA
RÓWNINA KUTNOWSKA
WYSOCZYZNA KALISKA
WYSOCZYZNA RAWSKA
NIECKA SIERADZKA
WZG. TRZEBNICKIE
WAŁ TRZEBNICKI
WZG. DALKOWSKIE
RÓWNINA OLEŚNICKA
RÓWNINA OPOLSKA
PRZEDGÓRZE SUDECKIE
SUDETY
GÓRY IZERSKIE
GÓRY ŁUŻYCKIE
KARKONOSZE
PODGÓRZE KARKONOSKIE
KOTLINA KŁODZKA
JESIONIKI
WYŻYNA ŚLĄSKA
WYŻYNA KRAKOWSKO-CZĘSTOCHOWSKA
WYŻYNA MAŁOPOLSKA
NIECKA NIDZIAŃSKA
KOTLINA OŚWIĘCIMSKA
POGÓRZE
BESKIDY
BESKID ŚLĄSKI
BESKID MAŁY
BESKID MAKOWSKI
BESKID WYSPOWY
BESKID ŻYWIECKI
BESKID SĄDECKI
GORCE
PODHALE
TATRY
KARPATY
PIENINY
CZECHY
WYŻYNA CZESKO-MORAWSKA
JAWORNIKI
NIEMCY
Odra
Wisła
Warta
Noteć
Bug
Narew
Pilica
Bzura
Nysa Łużycka
Nysa Kłodzka
Bóbr
Kwisa
Obra
Prosna
Barycz
Mała Panew
Morawa
Opawa
Soła
Skawa
Raba
Dunajec
Nida
m n.p.m.
2000
1500
1000
700
500
400
300
250
200
150
100
50
0
depresja
20
50
100
miejscowości
granice państw
rzeki i jeziora
kanały
bagna
przełęcze
punkty wysokościowe
głębokości

Niemen
Wilia
Kowno
Zb. Kowieński
Szeszupa
LITWA
Czerniachowsk (Wystruć)
Pisa
Mariampol
Olita
J. Wisztynieckie
J. Duś
POJEZIERZE LITEWSKIE
Mereczanka
POJEZIERZE SUWALSKIE
Krzemieniucha 289
Suwałki
WZG. SZESKIE 309
J. Wigry
Czarna Hańcza
POJEZIERZE EŁCKIE
J. Niegocin
Augustów
Kanał Augustowski
Ełk
J. Selmet Wlk.
J. Śniardwy
J. Roś
Pisz
Grodno
214
229 Karpackie Góry
KOTLINA BIEBRZAŃSKA
Biebrza
WYSOCZYZNA KOLNEŃSKA
Kolno
WYSOCZYZNA BIAŁOSTOCKA
Supraśl
211
Białystok
Świsłocz
WYSOCZYZNA WOŁKOWYSKA
Wołkowysk
Łomża
225
Ostrołęka
MIĘDZYRZECZE ŁOMŻYŃSKIE
Narew
J. Siemianowskie
PODLASKA
Bielsk Podlaski
Nurzec
Bug
WYSOCZYZNA DROHICZYŃSKA
Liwiec
WYSOCZYZNA SIEDLECKA
G. Uszeczna 204
Leśna
Siedlce
Biała Podlaska
Krzna
Brześć
Muchawiec
Kobryń
BIAŁORUŚ
Świder
Łuków
Radzyń Podlaski
POLESIE LUBELSKIE
Tyśmienica
Wieprz-Krzna
Włodawa
J. Świtaź
166
Puławy
Wieprz
Lublin
Bystrzyca
WYŻYNA LUBELSKA
274
Chełm
Ostrowiec Świętokrzyski
138
Zamość
Huczwa
Nowowołyńsk
Sandomierz
Dąbrowa 342
ROZTOCZE
Tanew
Biłgoraj
Tarnobrzeg
San
Sołokija
390 Wlk. Dział
KOTLINA SANDOMIERSKA
Wisłok
Lubaczówka
Rzeszów
393
Lwów
Brama Przemyska
Wisznia
Przemyśl
Jasło
Krosno
KARPATY
PODKARPACKIE
Sanok
671 Słonny
Strwiąż
Sambor
Dniestr
BESKID NISKI
500 Przeł. Dukielska
Przeł. Łupkowska 640
J. Solińskie
Osława
Drohobycz
Stryj
BESKIDY WSCHODNIE
BIESZCZADY ZACHODNIE
1346 Tarnica
Opołonek 1028
UKRAINA
Laborec
Ondawa
Bug
Leśna Prawa
Pisa
22°
23°
24°
55°
54°
53°
52°
51°
50°
49°

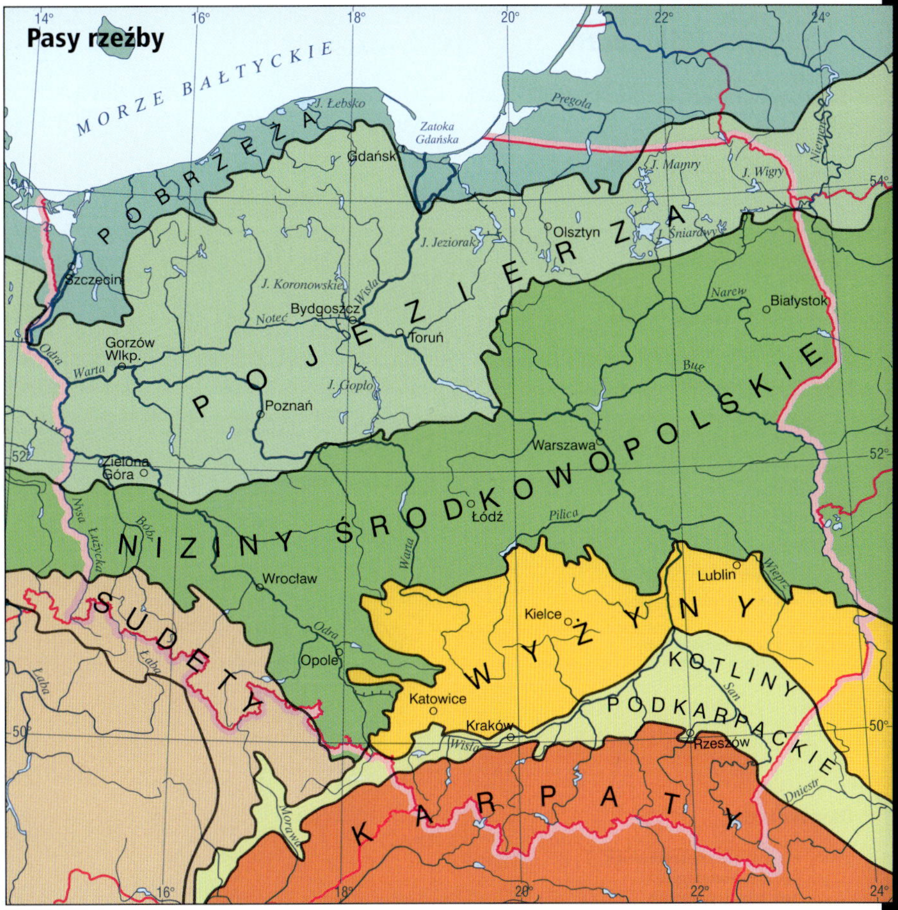
Pasy rzeźby
MORZE BAŁTYCKIE
J. Łebsko
Zatoka Gdańska
Pregoła
Gdańsk
J. Mamry
J. Wigry
Niemen
POBRZEŻA
POJEZIERZA
Szczecin
Olsztyn
J. Śniardwy
J. Jeziorak
J. Koronowskie
Bydgoszcz
Noteć
Wisła
Toruń
Narew
Białystok
Odra
Gorzów Wlkp.
Warta
Poznań
J. Gopło
Bug
Zielona Góra
Warszawa
NIZINY ŚRODKOWOPOLSKIE
Pilica
Łódź
Nysa Łużycka
Bóbr
Wrocław
Lublin
Wieprz
Kielce
SUDETY
Łaba
Opole
WYŻYNY
Katowice
KOTLINY PODKARPACKIE
San
Kraków
Wisła
Rzeszów
Dniestr
Morawa
KARPATY
14°
16°
18°
20°
22°
24°
54°
52°
50°

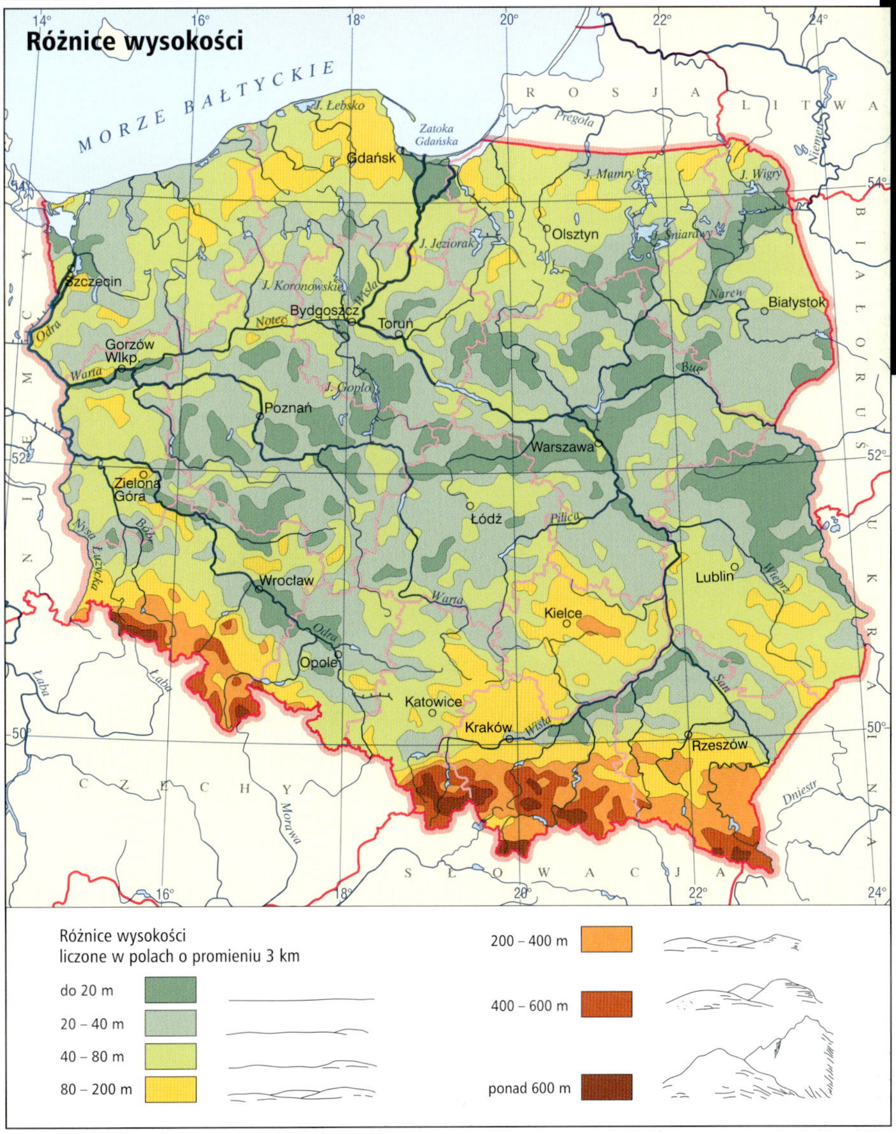
Różnice wysokości
MORZE BAŁTYCKIE
J. Łebsko
Zatoka Gdańska
ROSJA
LITWA
Pregoła
Gdańsk
J. Mamry
J. Wigry
Olsztyn
J. Jeziorak
J. Śniardwy
NIEMCY
Szczecin
J. Koronowskie
Bydgoszcz
Toruń
Noteć
Wisła
Narew
Białystok
Odra
Gorzów Wlkp.
Warta
Poznań
J. Gopło
Bug
BIAŁORUŚ
Warszawa
Zielona Góra
Łódź
Pilica
Nysa Łużycka
Bóbr
Lublin
Wieprz
Wrocław
Warta
Kielce
Łaba
Opole
San
Katowice
Kraków
Wisła
Rzeszów
UKRAINA
CZECHY
Morawa
Dniestr
SŁOWACJA
14°
16°
18°
20°
22°
24°
54°
52°
50°
Różnice wysokości liczone w polach o promieniu 3 km
do 20 m
20 – 40 m
40 – 80 m
80 – 200 m
200 – 400 m
400 – 600 m
ponad 600 m

Zlewiska i dorzecza

Zlewisko Morza Bałtyckiego – 311 821 km² *

- dorzecze Wisły – 172 587 km²
- dorzecze Odry – 106 056 km²
- rzeki Przymorza – 23 146 km²
- dorzecze Pregoły – 7520 km²
- dorzecze Niemna – 2512 km²

Zlewisko Morza Czarnego – 616 km²

- dorzecze Dunaju – 383 km²
- dorzecze Dniestru – 233 km²
- dorzecze Dniepru

Zlewisko Morza Północnego – 240 km²

- dorzecze Łaby – 240 km²

Działy wodne

- zlewisk
- wybranych dorzeczy głównych
- obszary bezodpływowe

* Podano powierzchnie zlewisk i dorzeczy w granicach Polski

Długość rzek

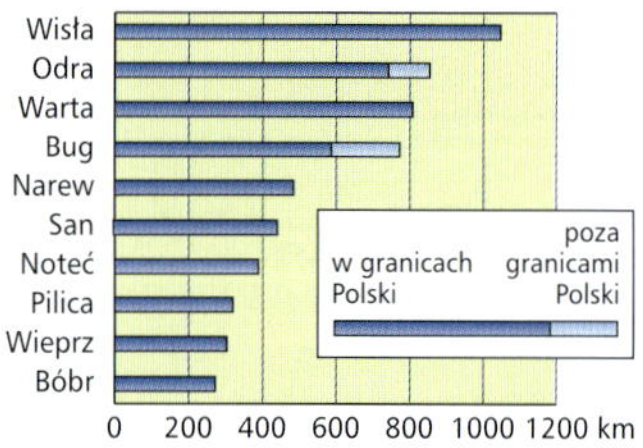

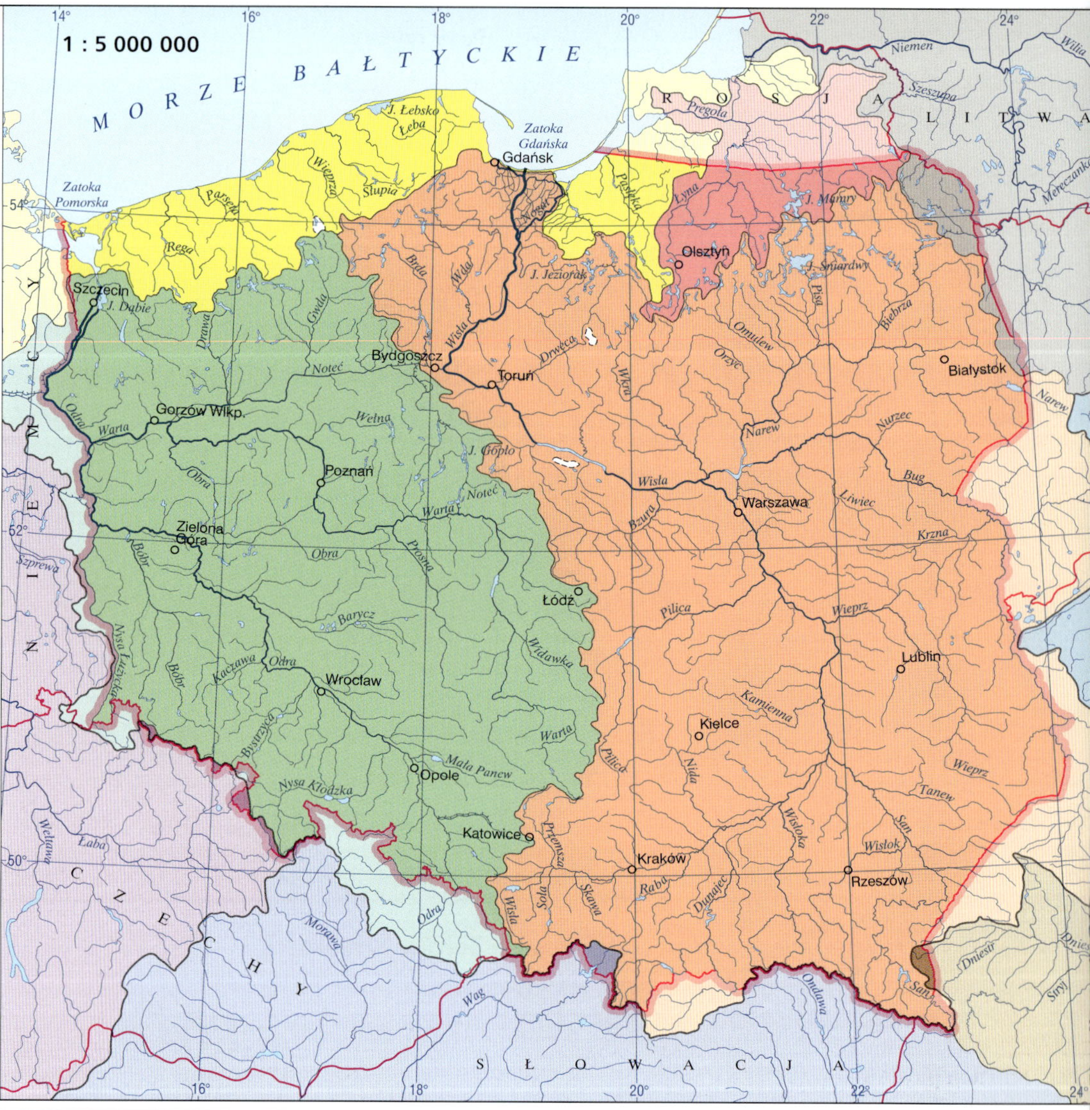

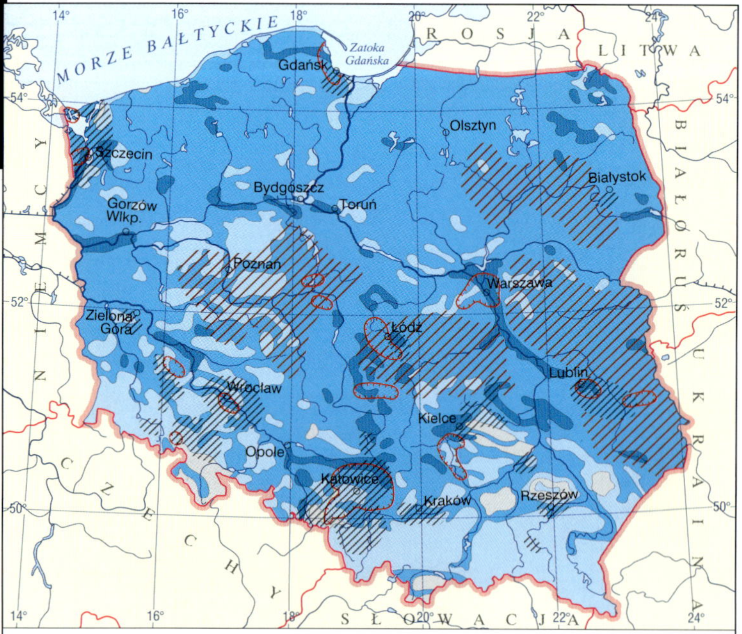

Wody podziemne

1 : 8 000 000

Zasobność wód podziemnych:

- duża
- średnia
- mała
- brak formacji wodonośnych

Deficyt wód podziemnych:

- wykorzystywanych w rolnictwie
- wykorzystywanych w przemyśle i gospodarce komunalnej
- obszary intensywnej eksploatacji wód podziemnych

Wody mineralne i termalne

1 : 8 000 000

Wody mineralne:

- wody swoiste
- wody chlorkowe (solanki)
- wody siarczkowe
- szczawy

- 1,5 – głębokość występowania wód o temperaturze 50°C (w km)
- Pyrzyce – cieplice (termy) o temperaturze pow. 50°C eksploatowane lub przewidziane jako źródło energii cieplnej
- Ustroń – uzdrowiska z wodami mineralnymi

Regiony występowania wód mineralnych:

- niżowy
- świętokrzyski
- przedkarpacki
- karpacki
- podhalańsko-tatrzański
- sudecki

1. Szczawnica
2. Piwniczna-Zdrój
3. Żegiestów-Zdrój
4. Krynica-Zdrój
5. Wysowa

Klimat

Strefa klimatów zwrotnikowych

1 kontynentalne: suchy i wybitnie suchy

Strefa klimatów podzwrotnikowych

2 morski
3 pośredni
4 kontynentalny
5 kontynentalne: suchy i wybitnie suchy

Strefa klimatów umiarkowanych

Klimaty umiarkowane ciepłe

6 wybitnie morski i morski
7 przejściowy
8 ciepły i kontynentalny
9 kontynentalne: suchy, wybitnie suchy i skrajnie suchy

Klimaty umiarkowane chłodne

10 morski
11 przejściowy
12 chłodny i kontynentalny
13 wybitnie kontynentalny

Strefa klimatów okołobiegunowych

14 subpolarny i polarny

odmiany górskie i wyżynne

Szlaki napływu nad Polskę mas powietrza w półroczu:

chłodnym   ciepłym

Masy powietrza napływające nad Polskę

PA powietrze arktyczne
PPm c powietrze polarne morskie ciepłe
PPm ch powietrze polarne morskie chłodne
PPk c powietrze polarne kontynentalne ciepłe
PPk ch powietrze polarne kontynentalne chłodne
PZm powietrze zwrotnikowe morskie
PZk powietrze zwrotnikowe kontynentalne

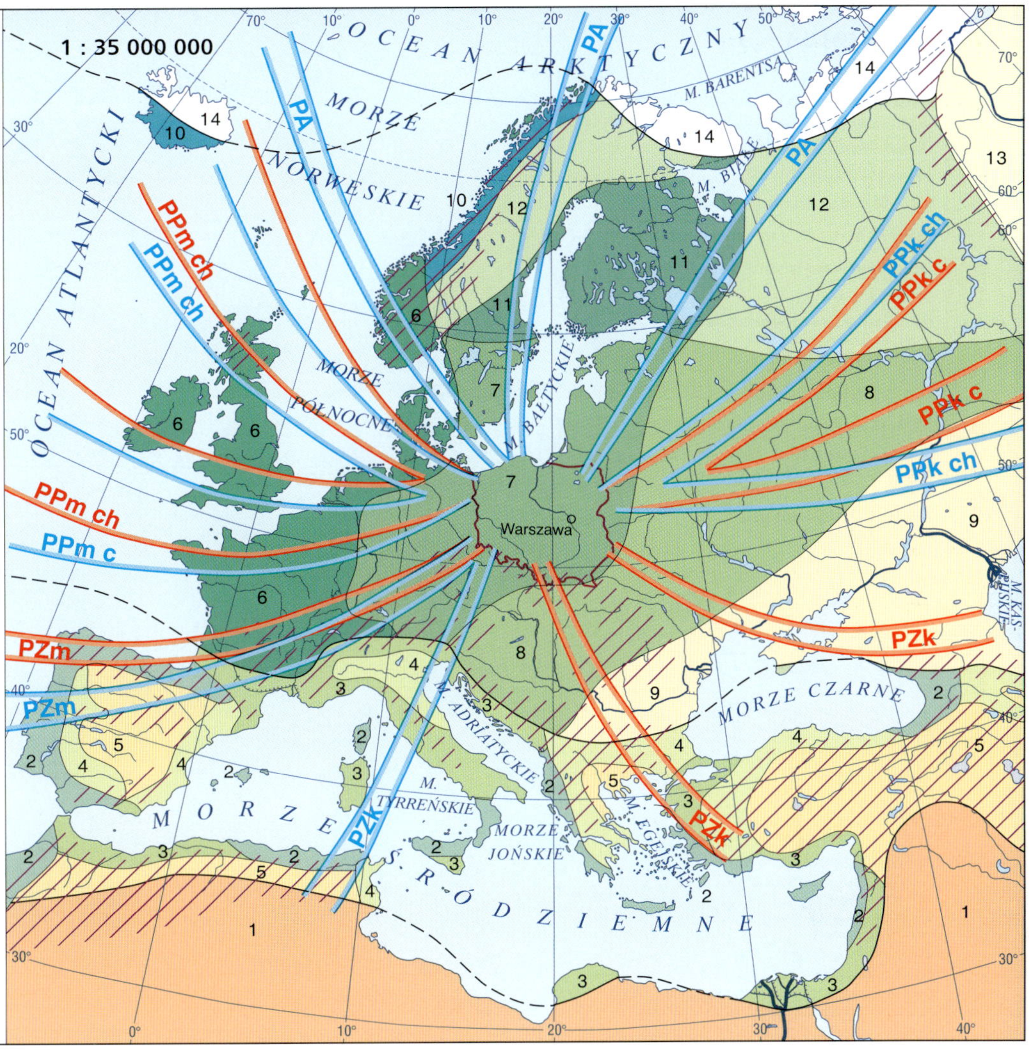

Temperatura powietrza w styczniu

Temperatury na poziomie rzeczywistym
-9 -8 -7 -6 -5 -4 -3 -2 -1 0°C

Temperatura powietrza w lipcu

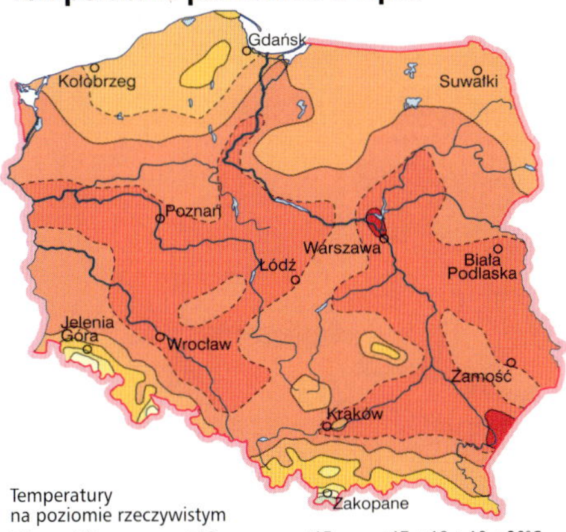

Temperatury na poziomie rzeczywistym
+7 +9 +12 +15 +17 +18 +19 +20°C

Opady roczne

1 : 12 000 000

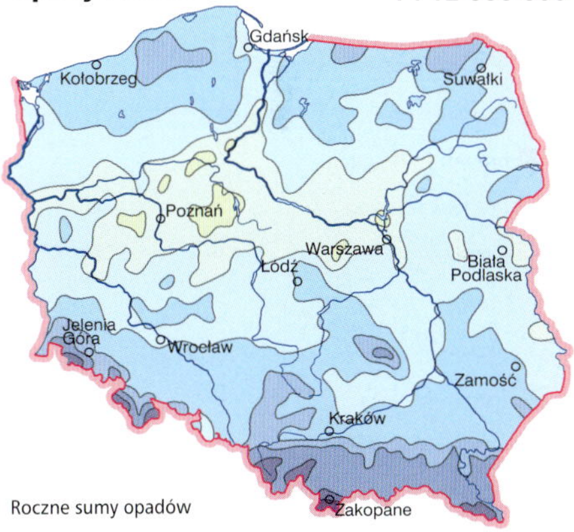

Roczne sumy opadów
450 500 550 600 700 800 1000 1700 1750 mm

Pokrywa śnieżna

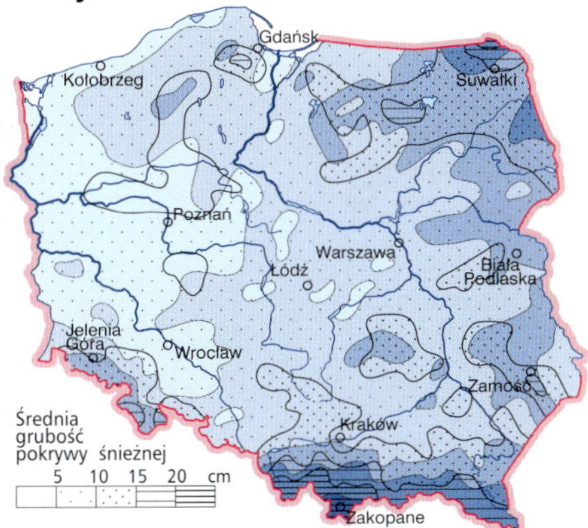

Średnia grubość pokrywy śnieżnej
5 10 15 20 cm

Liczba dni z pokrywą śnieżną
40 50 70 90 110 230 dni w roku

Burze i gradobicia

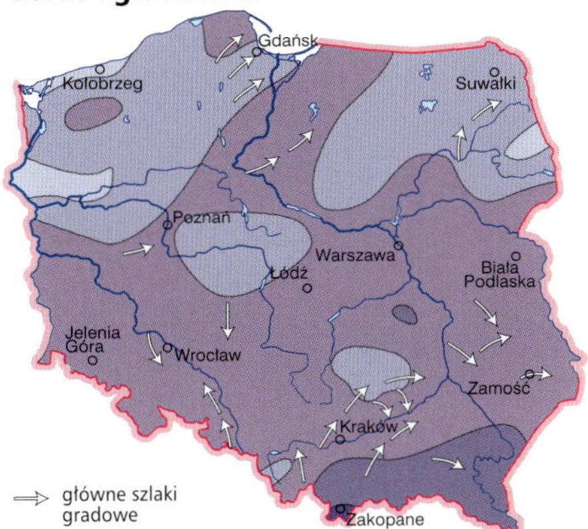

główne szlaki gradowe

Liczba dni z burzą
12 15 20 25 30 35 dni w roku

Rekordy meteorologiczne

temperatura powietrza
opady atmosferyczne
pokrywa śnieżna
ciśnienie atmosferyczne
wiatr
mgła
1921 rok wystąpienia zjawiska

Polska

Rzeźba

Obszary nizinne
- pradoliny i doliny dużych rzek
- tarasy rzeczne
- pagórkowate wysoczyzny młodoglacjalne
- równiny zastoiskowe
- równiny sandrowe
- zdenudowane wysoczyzny staroglacjalne
- pokrywy lessowe

Obszary wyżynne i górskie
- wyżyny zbudowane ze skał osadowych
- pokrywy lessowe
- poziom wierzchowinowy paleogenowy (trzeciorzędowy) wraz z pokrywą neogenową (plejstoceńską)
- masywy krystaliczne i metamorficzne
- stare góry
- młode góry fałdowe

- kras
- wydmy
- klify
- mierzeje

Zasięgi zlodowaceń

1 : 15 000 000

Granice zlodowaceń skandynawskich
- Wisły (bałtyckie, północnopolskie), faza pomorska
- Wisły (bałtyckie, północnopolskie), faza leszczyńska
- Warty (środkowopolskie)
- Odry (środkowopolskie)
- Sanu (krakowskie, południowopolskie)

Gleby

- inicjalne i słabo wykształcone
- rędziny i pararędziny
- czarnoziemy
- brunatne właściwe
- brunatne kwaśne
- płowe
- rdzawe
- bielicowe i bielice
- czarne ziemie
- opadowo-glejowe
- mułowe i mułowo-glejowe
- torfowe i murszowe
- mady rzeczne
- antropogeniczne

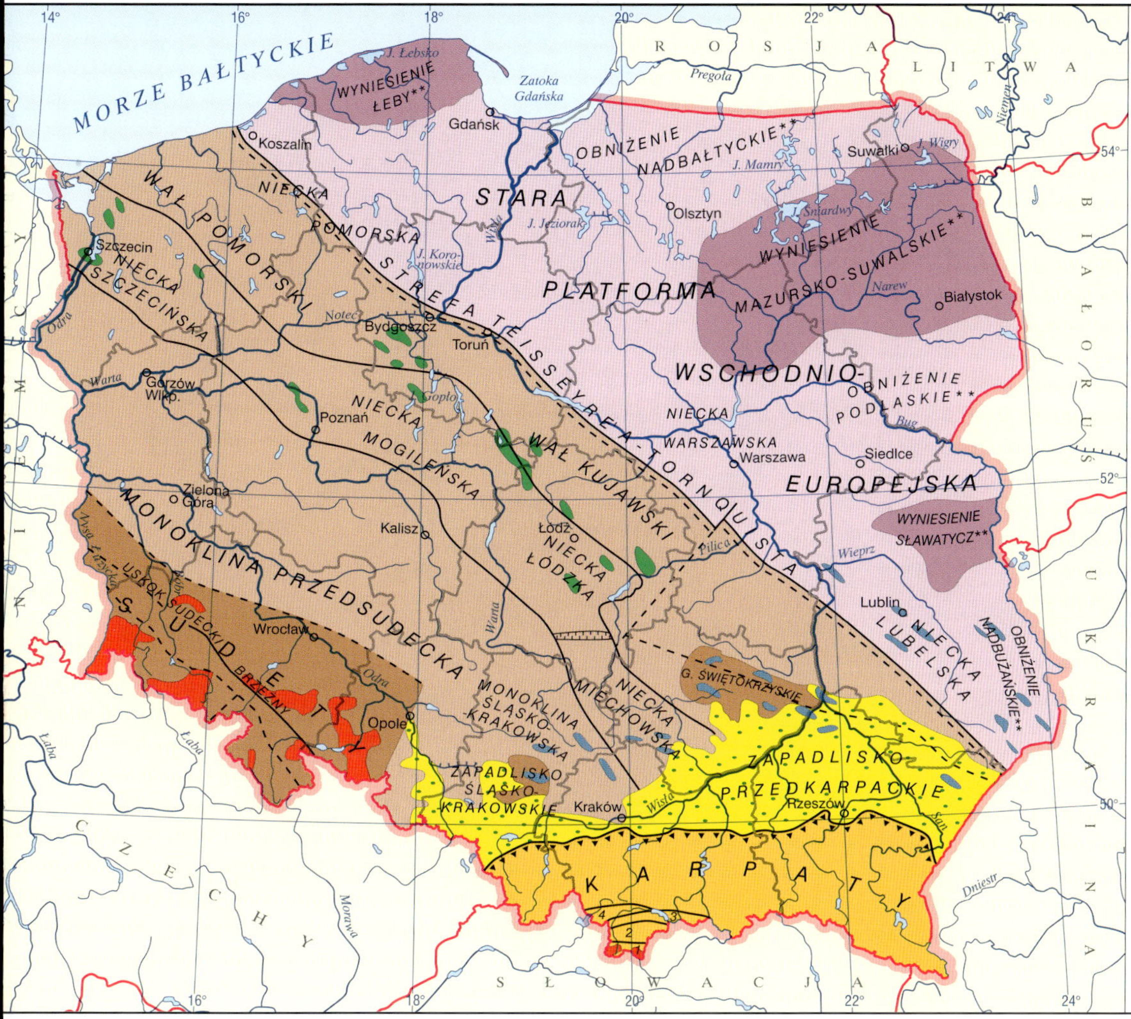

Tektonika

Proterozoik*

Obszary fałdowań krystalicznej platformy proterozoicznej

- wyniesienia w obrębie platformy z cienką pokrywą skał osadowych
- obniżenia w obrębie platformy z grubą pokrywą skał osadowych

Paleozoik

Obszary fałdowań paleozoicznych (kaledońskie i hercyńskie)

- górotwory paleozoiczne
- platforma paleozoiczna
- granitoidy hercyńskie
- struktury kaledońskie i hercyńskie

Mezozoik i kenozoik

- obszary fałdowań alpejskich
- granica nasunięcia karpackiego
- morska pokrywa mezozoiczna Zapadliska Przedkarpackiego i jego przedpola
- mezozoiczne struktury solne

- granice jednostek tektonicznych
- uskoki
- rowy tektoniczne

Oznaczenia na mapie:

1. Struktury mezozoiczne Tatr
2. Niecka Podhalańska (flisz podhalański)
3. Pieniński Pas Skałkowy
4. Molasa Orawska

WYNIESIENIE ŁEBY** jednostki strukturalne w obrębie platformy wschodnioeuropejskiej

* Proterozoik obejmuje: paleoproterozoik, mezoproterozoik i neoproterozoik (wg nowego podziału stratygraficznego obowiązującego od 2004 r., opracowanego przez Międzynarodową Unię Nauk Geologicznych)

Surowce mineralne

Obszary występowania najważniejszych surowców mineralnych

Złoża surowców energetycznych

- węgla kamiennego
- węgla brunatnego
- ropy naftowej i gazu ziemnego
- odwierty poszukiwawcze gazu łupkowego
- odwierty z potwierdzonym wystąpieniem gazu łupkowego

Złoża rud metali

- żelaza
- miedzi
- cynku i ołowiu
- niklu
- cyny
- arsenu z domieszką złota

Złoża surowców chemicznych

- siarki
- soli kamiennej i potasowo-magnezowej
- fosforytów
- barytu

Złoża surowców skalnych

- granitów
- kwarcytów
- kredy piszącej
- wapieni, margli, opok i dolomitów
- gipsów
- piaskowców
- kaolinu
- piasków szklarskich
- piasków i żwirów

Obszary chronione

1 : 4 000 000

Parki narodowe

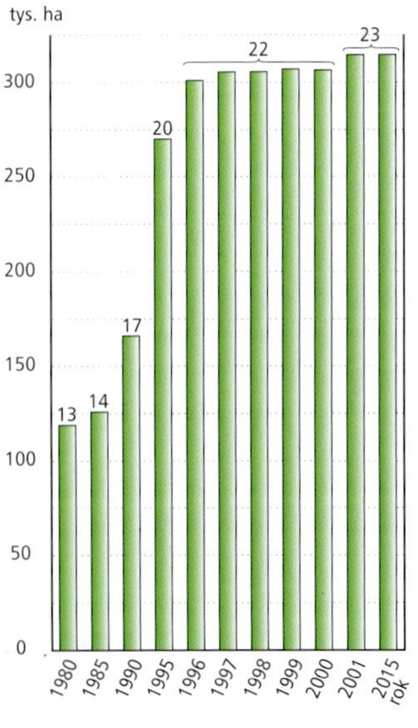

23 – liczba parków

(ostatni Park Narodowy „Ujście Warty" utworzono w 2001 r.)

Białowieski Park Narodowy

1 : 150 000

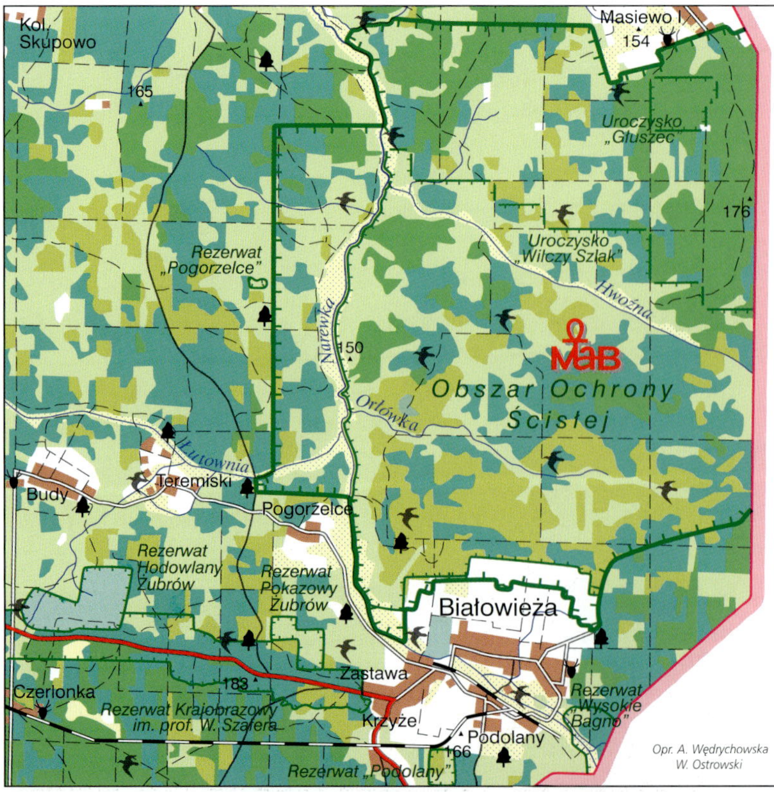

drogi główne

drogi dopuszczone do ruchu kołowego

pozostałe drogi

ważniejsze dukty leśne

koleje

granica państwa

granica parku

granice rezerwatów (poza BPN) i obszarów ochrony ścisłej (w obrębie BPN)

świerk

sosna

dąb, grab

olsza, brzoza, jesion, osika

lasy bez określenia dominującego gatunku drzew

łąki

zabudowa

Światowe Rezerwaty Biosfery UNESCO

leśniczówki i gajówki

zabytkowe drzewa

miejsca obserwacji ptaków

183 punkty wysokościowe

Zanieczyszczenie środowiska

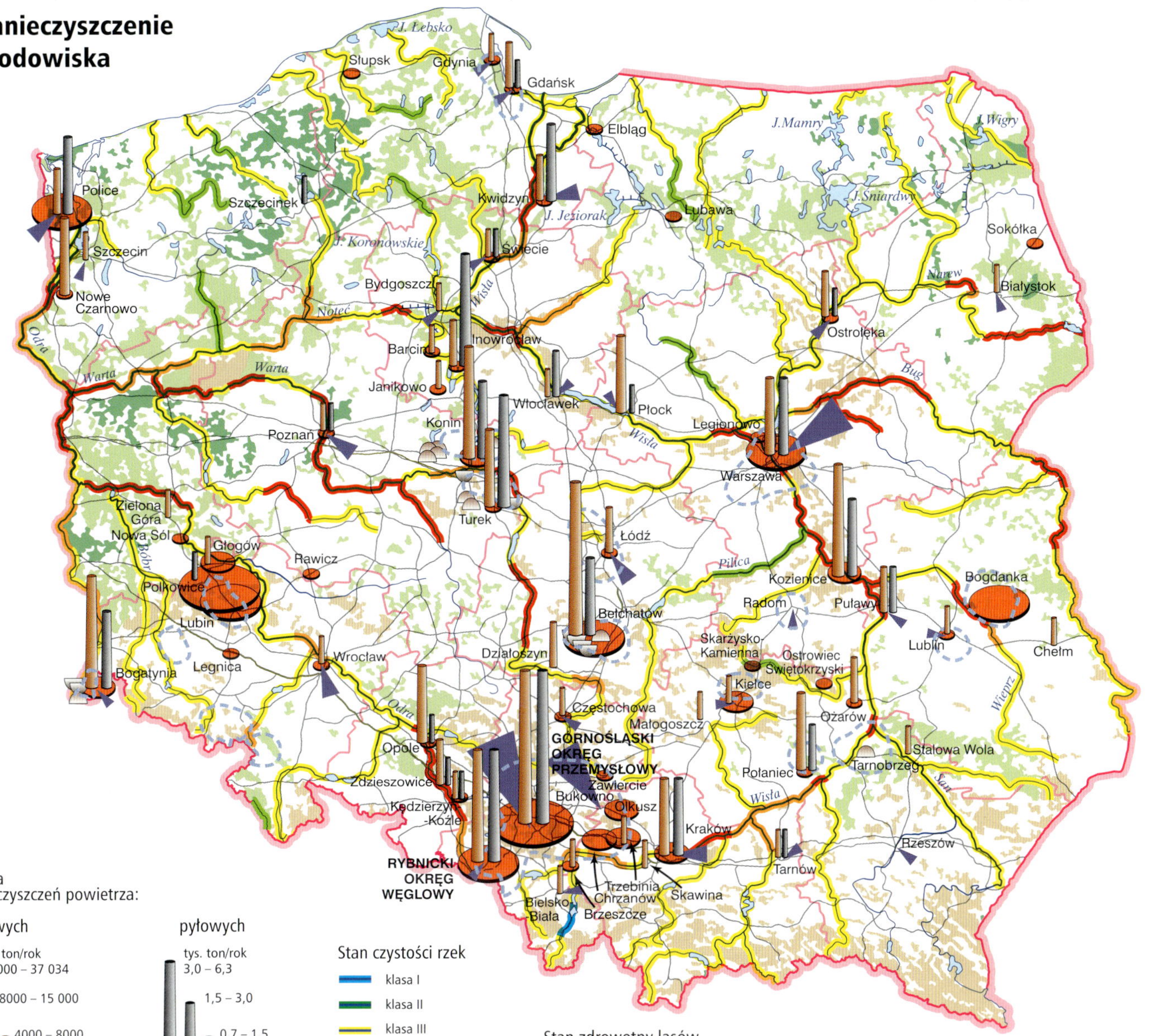

Emisja zanieczyszczeń powietrza:

gazowych
tys. ton/rok
15 000 – 37 034
8000 – 15 000
4000 – 8000
1500 – 4000
500 – 1500

pyłowych
tys. ton/rok
3,0 – 6,3
1,5 – 3,0
0,7 – 1,5
0,5 – 0,7
0,4 – 0,5

Stan czystości rzek
- klasa I
- klasa II
- klasa III
- klasa IV
- klasa V
- rzeki niebadane

Stan zdrowotny lasów
- lasy zdrowe
- lasy osłabione
- lasy uszkodzone

- granica państwa
- granice województw

Odpady wytworzone
0,3 – 1 | 1 – 3 | 3 – 10 | 10 – 22,1 mln ton/rok

Zrzuty ścieków przemysłowych i komunalnych
10 – 30 | 30 – 100 | 100 – 170 | 170 – 279 hm³/rok

Przekształcenia powierzchni ziemi
- zwałowiska o powierzchni powyżej 25 ha
- wyrobiska o powierzchni powyżej 25 ha

Leje depresyjne w obszarze intensywnej eksploatacji wód podziemnych

obszary zabudowane (na mapie Górnego Śląska)

Stan: 2014 r.

Górnośląski Okręg Przemysłowy
1 : 500 000

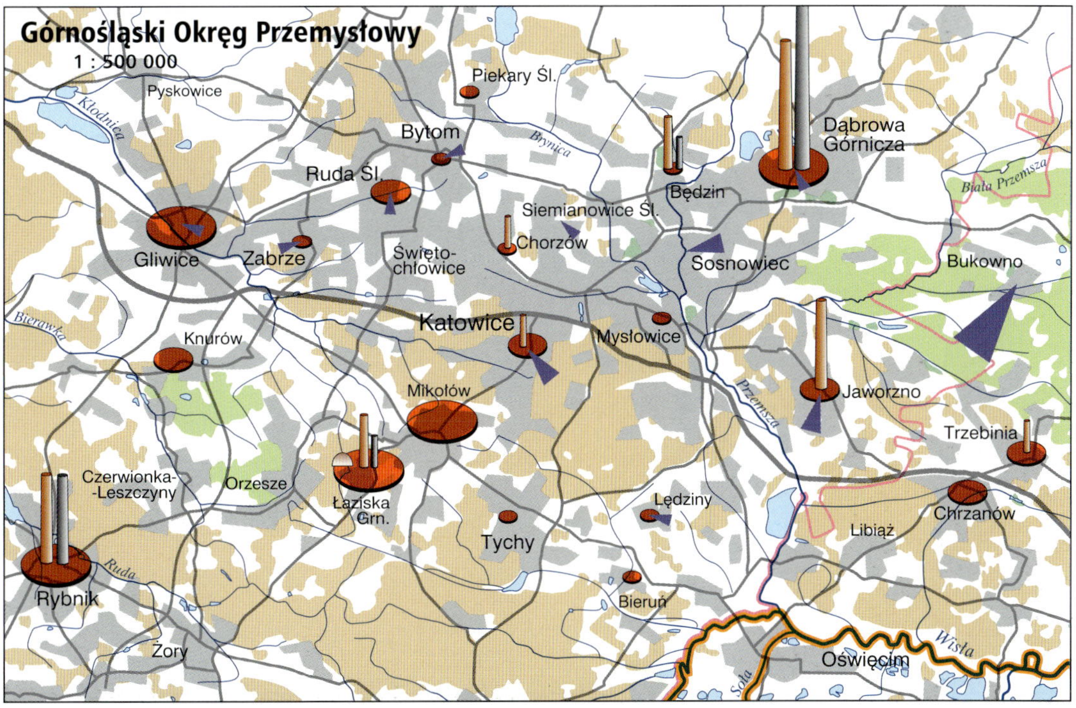

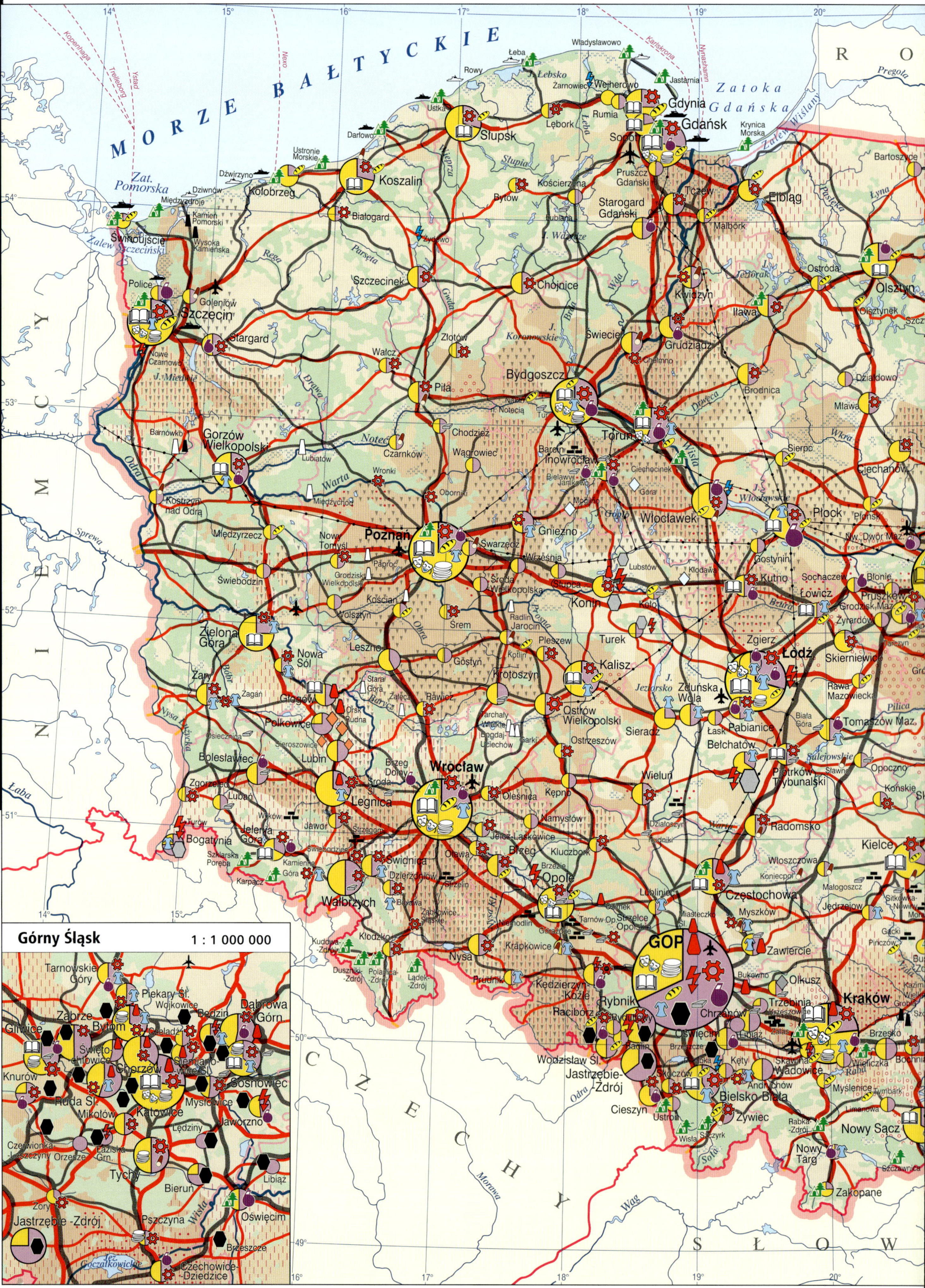
MORZE BAŁTYCKIE
Zatoka Gdańska
Zalew Wiślany
Zat. Pomorska
Zalew Szczeciński
NIEMCY
CZECHY
SŁOWACJA
R O
Kopenhaga
Trelleborg
Ystad
Nexo
Karlskrona
Nynäshamn
Łeba
Władysławowo
Jastarnia
Rowy
Ustka
Darłowo
Ustronie Morskie
Dźwirzyno
Dziwnów
Międzyzdroje
Kamień Pomorski
Świnoujście
Wysoka Kamieńska
Police
Goleniów
Szczecin
Nowe Czarnowo
Stargard
Kołobrzeg
Koszalin
Białogard
Słupsk
Lębork
Żarnowiec
Wejherowo
Rumia
Gdynia
Sopot
Gdańsk
Krynica Morska
Pruszcz Gdański
Kościerzyna
Bytów
Starogard Gdański
Tczew
Malbork
Elbląg
Bartoszyce
Olsztyn
Olsztynek
Ostróda
Iława
Kwidzyn
Grudziądz
Chełmno
Brodnica
Działdowo
Mława
Ciechanów
Sierpc
Płońsk
Nw. Dwór Maz.
Płock
Gostynin
Kutno
Sochaczew
Błonie
Łowicz
Pruszków
Grodzisk Maz.
Żyrardów
Skierniewice
Rawa Mazowiecka
Tomaszów Maz.
Opoczno
Końskie
Kielce
Szczecinek
Chojnice
Człuchów
Złotów
Wałcz
Piła
Świecie
Bydgoszcz
Nakło n. Notecią
Toruń
Włocławek
Ciechocinek
Inowrocław
Barcin
Chodzież
Wągrowiec
Czarnków
Wronki
Oborniki
Gniezno
Września
Słupca
Konin
Koło
Kłodawa
Lubstów
Turek
Poznań
Swarzędz
Środa Wielkopolska
Nowy Tomyśl
Grodzisk Wielkopolski
Kościan
Śrem
Wolsztyn
Leszno
Gostyń
Krotoszyn
Jarocin
Pleszew
Kalisz
Ostrów Wielkopolski
Ostrzeszów
Kępno
Rawicz
Gorzów Wielkopolski
Barnówko
Lubiatów
Międzychód
Kostrzyn nad Odrą
Międzyrzecz
Świebodzin
Zielona Góra
Nowa Sól
Żary
Żagań
Głogów
Polkowice
Lubin
Legnica
Bolesławiec
Zgorzelec
Lubań
Bogatynia
Turów
Jelenia Góra
Szklarska Poręba
Karpacz
Kamienna Góra
Wałbrzych
Świdnica
Dzierżoniów
Bielawa
Ząbkowice Śląskie
Kłodzko
Kudowa-Zdrój
Duszniki-Zdrój
Polanica-Zdrój
Lądek-Zdrój
Wrocław
Oleśnica
Oława
Brzeg
Strzegom
Jawor
Środa Śląska
Brzeg Dolny
Nysa
Prudnik
Opole
Krapkowice
Kędzierzyn-Koźle
Strzelce Opolskie
Namysłów
Kluczbork
Wieluń
Sieradz
Zduńska Wola
Łask
Pabianice
Łódź
Zgierz
Bełchatów
Piotrków Trybunalski
Radomsko
Częstochowa
Włoszczowa
Myszków
Zawiercie
Lubliniec
Olkusz
GOP
Rybnik
Racibórz
Wodzisław Śl.
Jastrzębie-Zdrój
Cieszyn
Ustroń
Wisła
Szczyrk
Bielsko-Biała
Żywiec
Oświęcim
Chrzanów
Trzebinia
Kęty
Andrychów
Wadowice
Kraków
Wieliczka
Myślenice
Brzesko
Bochnia
Limanowa
Nowy Sącz
Nowy Targ
Zakopane
Rabka-Zdrój
Odra
Wisła
Warta
Noteć
Bug
Pilica
Bzura
Wda
Brda
Drwęca
Wkra
Nysa Łużycka
Bóbr
Łaba
Morawa
Wag
Sola
Raba
Jez. Gopło
J. Jeziorsko
J. Żarnowieckie
J. Koronowskie
J. Miedwie
J. Włocławskie
Górny Śląsk
1 : 1 000 000
Tarnowskie Góry
Piekary Śl.
Wojkowice
Będzin
Dąbrowa Górn.
Gliwice
Zabrze
Bytom
Świętochłowice
Chorzów
Siemianowice Śl.
Sosnowiec
Knurów
Ruda Śl.
Mikołów
Katowice
Mysłowice
Jaworzno
Lędziny
Czerwionka-Leszczyny
Orzesze
Łaziska Grn.
Tychy
Bieruń
Libiąż
Żory
Jastrzębie-Zdrój
Pszczyna
Oświęcim
Brzeszcze
Jez. Goczałkowickie
Czechowice-Dziedzice
14°
15°
16°
17°
18°
19°
20°
54°
53°
52°
51°
50°
49°

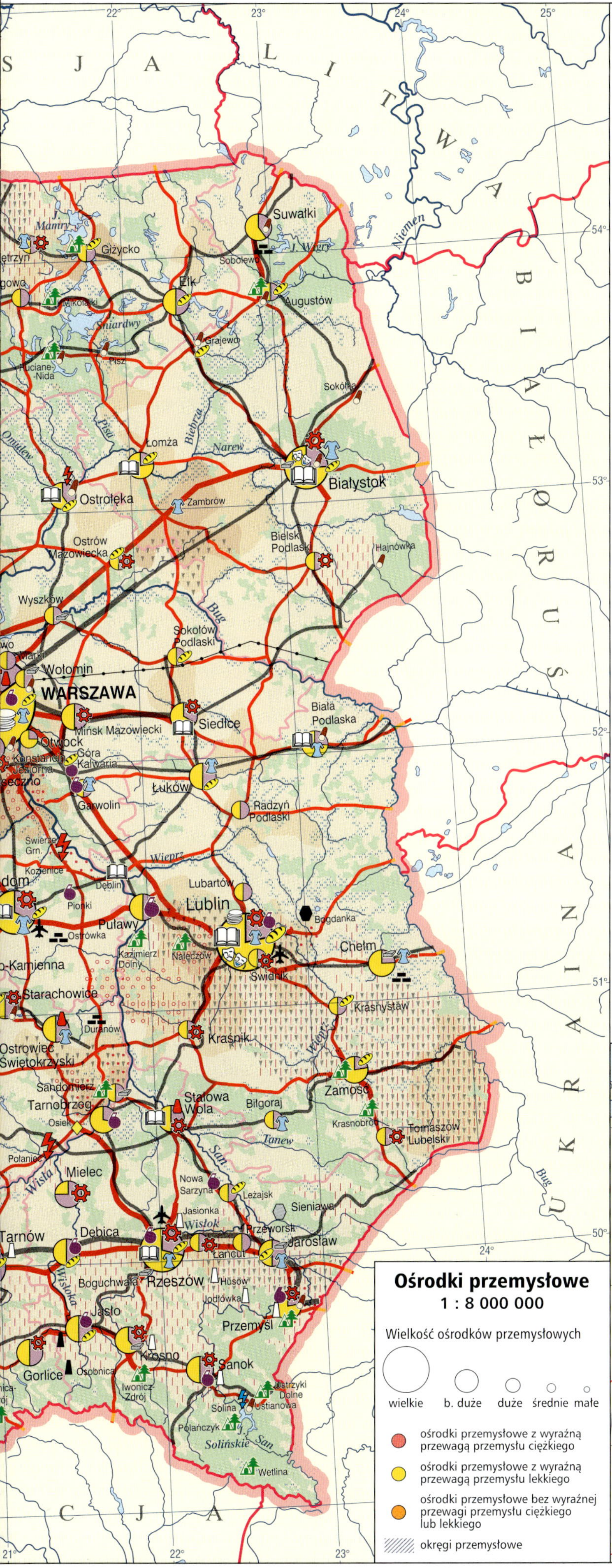

Gałęzie przemysłu

Przemysł wydobywczy

- węgla kamiennego
- węgla brunatnego
- ropy naftowej
- gazu ziemnego
- miedzi
- cynku i ołowiu
- siarki
- soli kamiennej
- surowców skalnych

Przemysł przetwórczy

- metalurgiczny
- elektromaszynowy
- chemiczny
- mineralny
- drzewny i papierniczy
- lekki
- spożywczy

Rodzaje usług

- szkolnictwo wyższe
- turystyka i wypoczynek
- kultura
- finanse

Energetyka

- elektrownie cieplne o mocy powyżej 1000 MW
- elektrownie cieplne o mocy od 500 do 1000 MW
- elektrownie wodne o mocy od 100 do 1000 MW

Transport

Przewozy drogowe towarowe i pasażerskie

- wielkie
- duże

Przewozy kolejowe towarowe i pasażerskie

- wielkie
- duże

Przewozy lotnicze oraz morskie towarowe i pasażerskie

- porty lotnicze
- porty handlowe i rybackie
- porty rybackie
- główne połączenia promowe

Rurociągi

- główne rurociągi ropy naftowej

Rolnictwo

Poziom produkcji rolnej

- wysoki
- średni
- niski

Główne obszary uprawy

- pszenicy
- buraków cukrowych
- owoców
- warzyw
- lasy
- łąki

Zatrudnienie w miastach

pow. 500 tys. zatrudnionych | 200 – 500 | 100 – 200 | 30 – 100 | 10 – 30 | 5 – 10

- w usługach
- w przemyśle i budownictwie

Ośrodki przemysłowe

1 : 8 000 000

Wielkość ośrodków przemysłowych

wielkie | b. duże | duże | średnie | małe

- ośrodki przemysłowe z wyraźną przewagą przemysłu ciężkiego
- ośrodki przemysłowe z wyraźną przewagą przemysłu lekkiego
- ośrodki przemysłowe bez wyraźnej przewagi przemysłu ciężkiego lub lekkiego
- okręgi przemysłowe

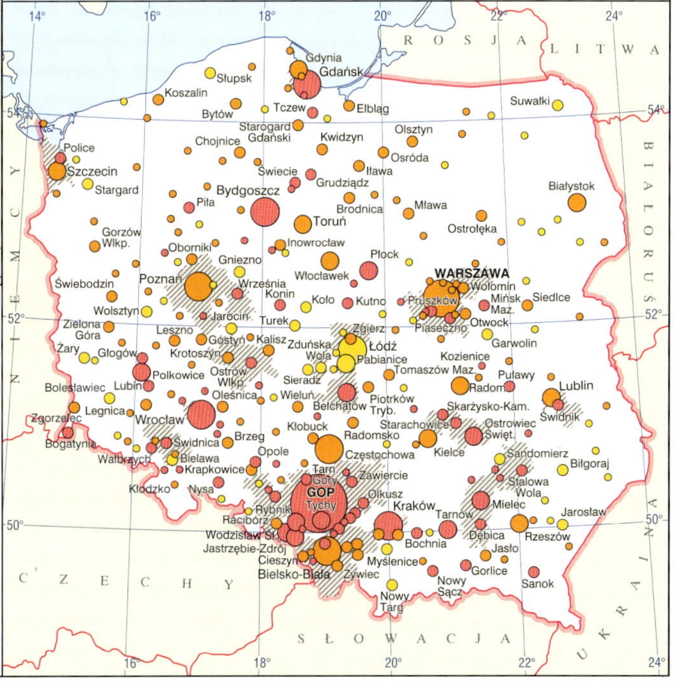

Transport kolejowy

Natężenie ruchu kolejowego – liczba pociągów pasażerskich na dobę
- powyżej 80
- 50 – 80
- 20 – 50
- 10 – 20
- poniżej 10

Gęstość linii kolejowych
- 8,5 – 18,0 km/100 km^2
- 6,5 – 8,5
- 5,0 – 6,5
- 3,0 – 5,0

Braniewo kolejowe przejścia graniczne ruchu osobowego

Stan: 2010 r.

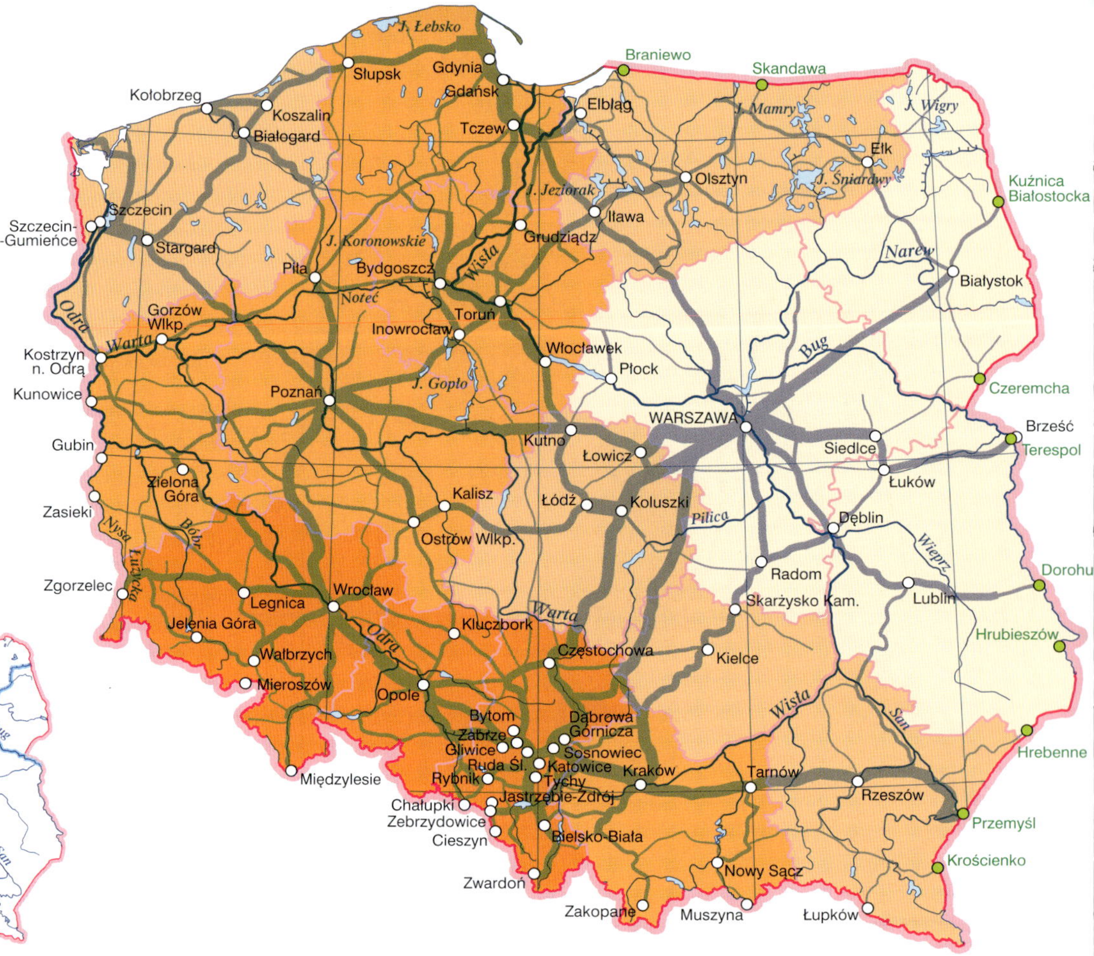

Drogi wodne

rzeki i kanały żeglowne

Długość szlaków transportowych

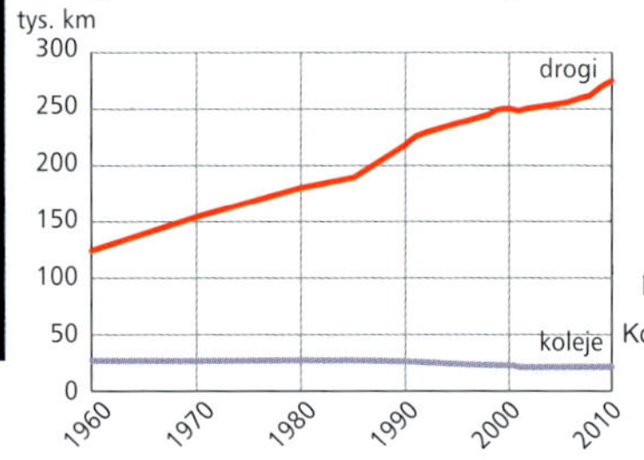

Przewozy ładunków

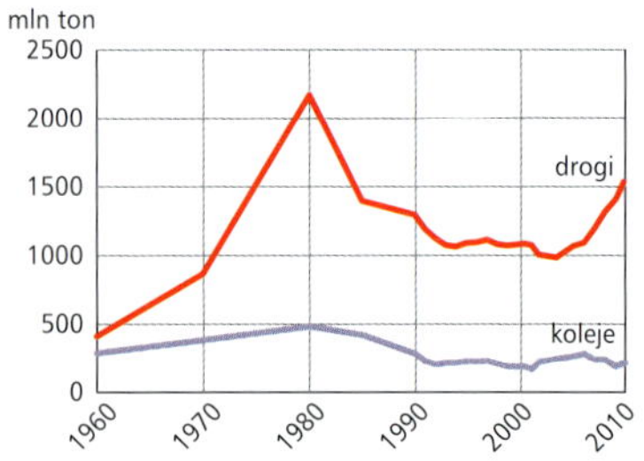

Przewozy pasażerów

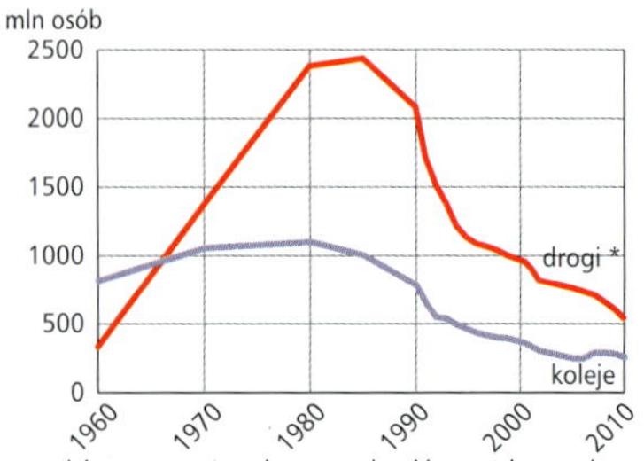

* bez prywatnych samochodów osobowych

Transport drogowy

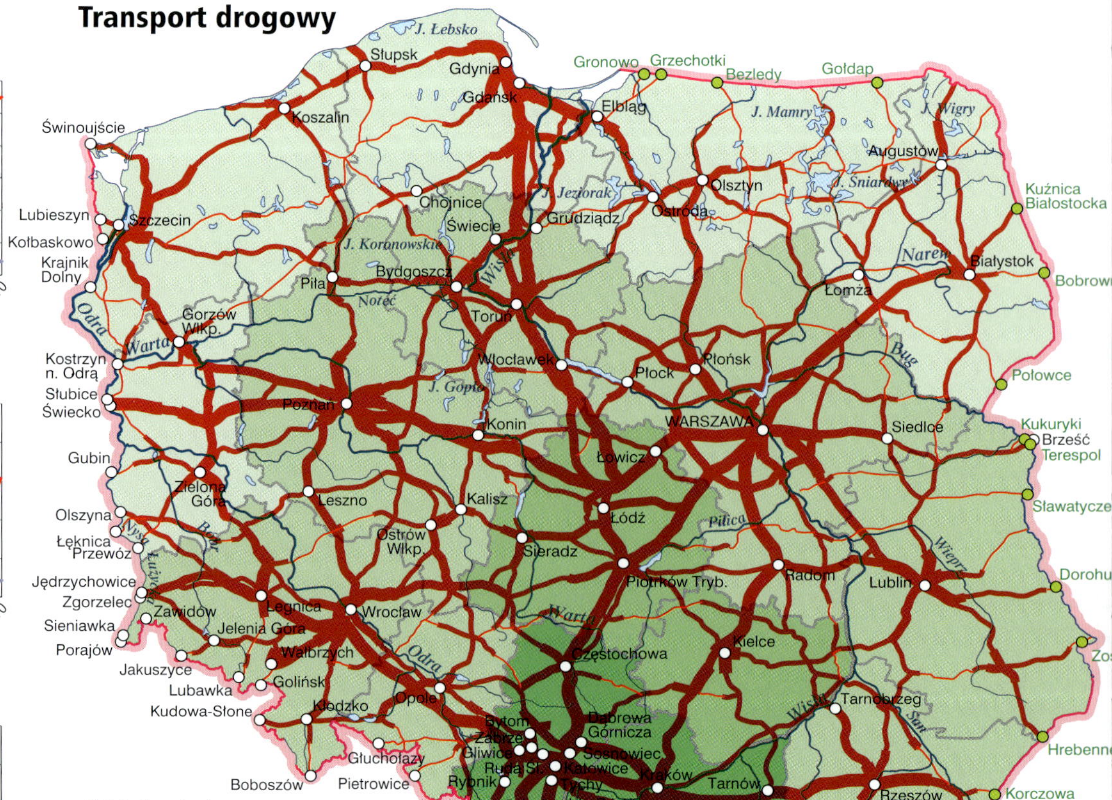

Natężenie ruchu drogowego – liczba samochodów na dobę
- powyżej 15 000
- 9000 – 15 000
- 4000 – 9000
- poniżej 4000

Gęstość dróg publicznych o twardej nawierzchni
- 130,0 – 172,4 km/100 km^2
- 100,0 – 130,0
- 70,0 – 100,0
- 52,3 – 70,0

Medyka drogowe przejścia graniczne

Stan: 2010 r.

Międzynarodowe połączenia lotnicze dostępne z Polski

Stan: 2013 r.

1 : 40 000 000

- porty lotnicze dostępne z Warszawy
- porty lotnicze dostępne z innych miast Polski
- bezpośrednie połączenia lotnicze Warszawy

Krajowe połączenia lotnicze

1 : 12 000 000

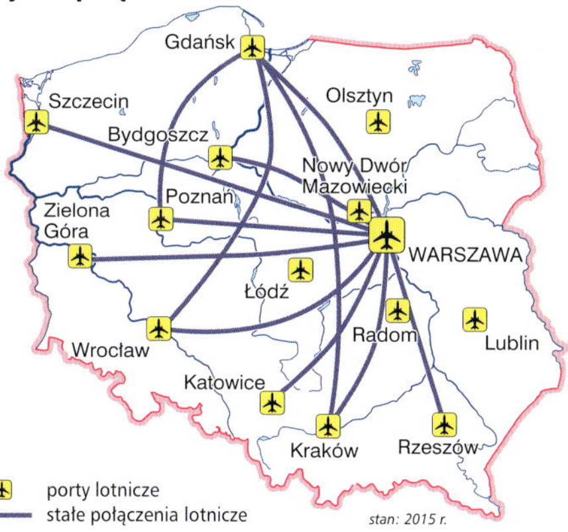

- porty lotnicze
- stałe połączenia lotnicze

stan: 2015 r.

Liczba obsłużonych pasażerów w poszczególnych portach lotniczych

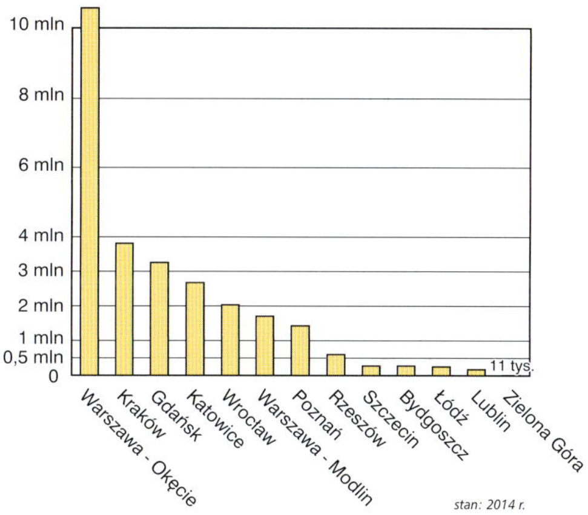

stan: 2014 r.

Przemysł wydobywczy

1 : 5 000 000

Górnictwo

- węgla kamiennego
- węgla brunatnego
- rud miedzi
- rud cynku i ołowiu
- surowców szklarskich
- surowców ceramiki budowlanej i szlachetnej
- kamieni i kruszyw budowlanych i drogowych
- surowców dla przemysłu materiałów budowlanych
- ropy naftowej
- gazu ziemnego
- soli kamiennej
- siarki
- gipsu i anhydrytu

Wielkość ośrodków wydobycia

- wielkie i duże
- średnie
- małe

Skróty:

D. – Dubie	N. – Nowogrodziec
J. – Jaworzno	Niw. – Niwice
K. – Kostomłoty	R. – Rogoźnica
Ko. – Kowala	S. – Suchedniów
L. – Lędziny	Sier. – Sieroszowice
M. – Męcinka	T. – Trzuskawica
Mor. – Morawica	W. – Wiśniówka

Surowce mineralne w polskim handlu zagranicznym

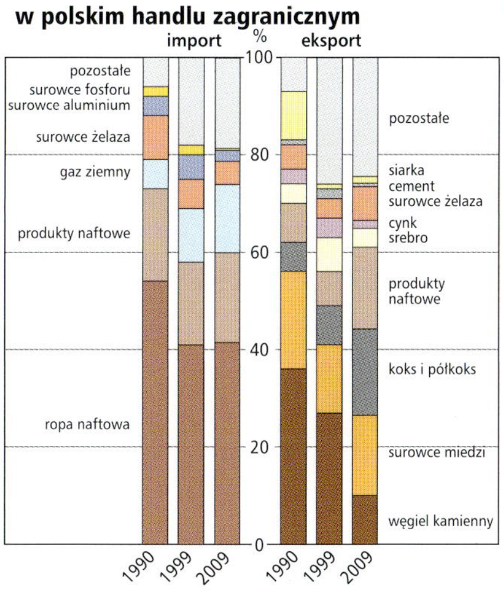

Rolnicza przydatność gleb
1 : 5 000 000

- przewaga gleb kompleksów pszennych bardzo dobrego i dobrego
- przewaga gleb kompleksów żytnich bardzo dobrego i dobrego
- przewaga gleb kompleksów żytnich dobrego i słabego
- przewaga gleb kompleksów żytnich słabego i bardzo słabego
- przewaga gleb kompleksu zbożowego górskiego
- przewaga gleb kompleksu owsiano--ziemniaczanego i owsiano-pastewnego (górskich)
- przewaga użytków zielonych
- obszary leśne (z niewielkim udziałem użytków rolnych)

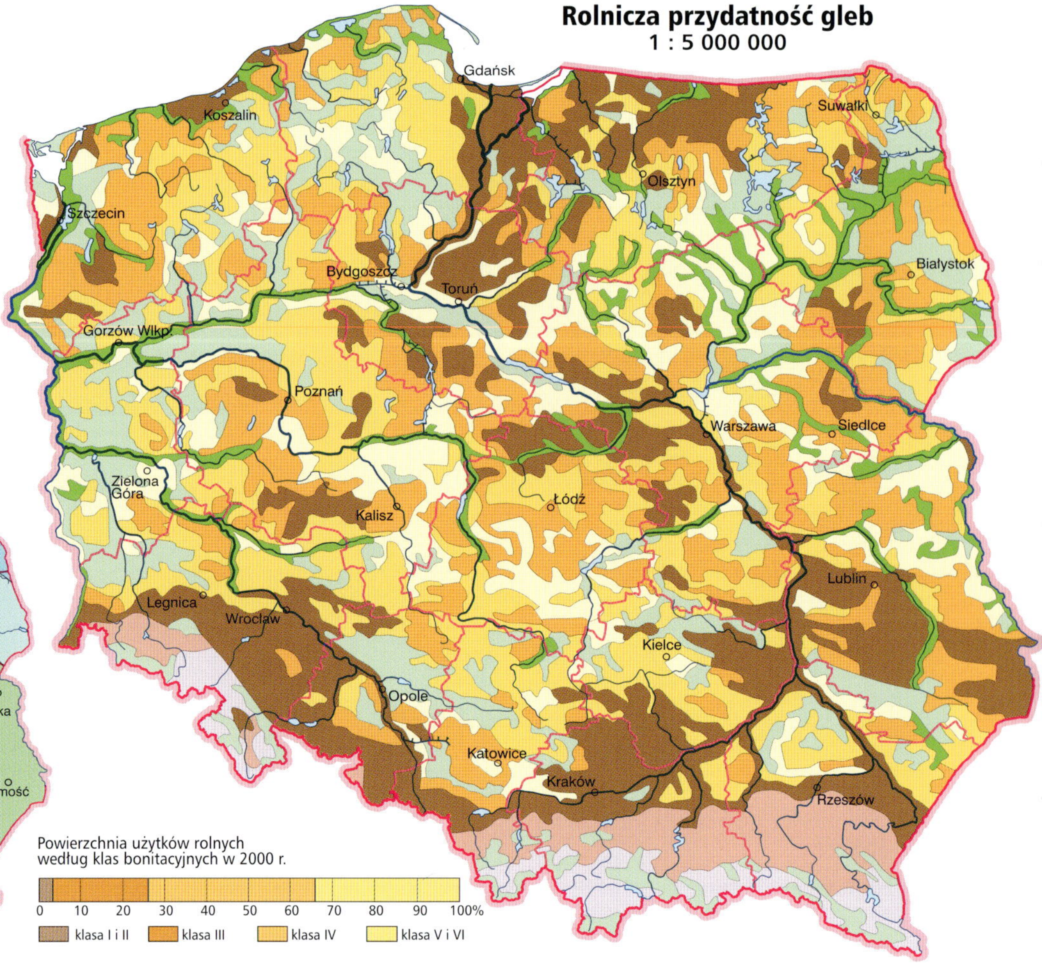

Okres wegetacji roślin

– 5 IV – daty rozpoczęcia wiosny (wartości średnie z lat 1961 – 1990)

Długość okresu wegetacyjnego

200 210 220 230 dni w roku

Plony (przeciętne roczne w kwintalach z jednego hektara) w latach 1961–2013

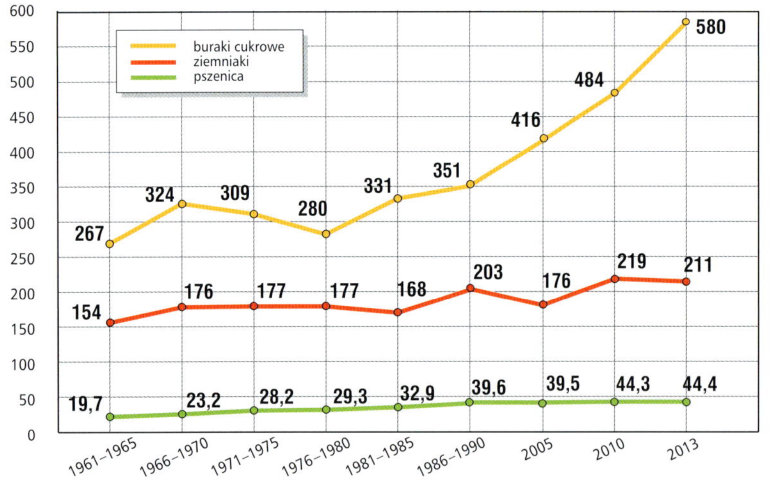

Inwestycje w rolnictwie i PKB tworzony przez rolnictwo w latach 2000–2013 (udział % w cenach bieżących)

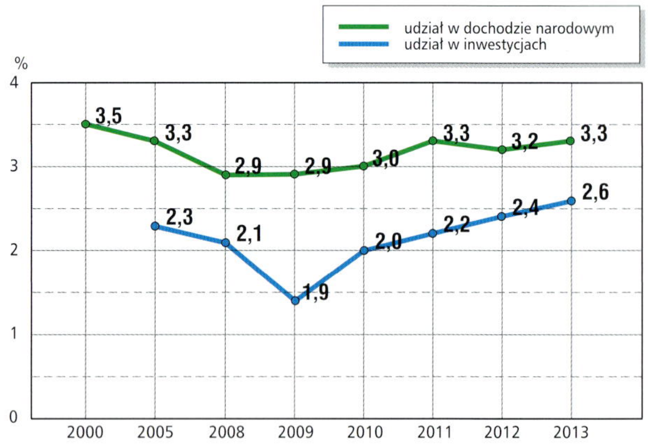

Zatrudnienie w rolnictwie

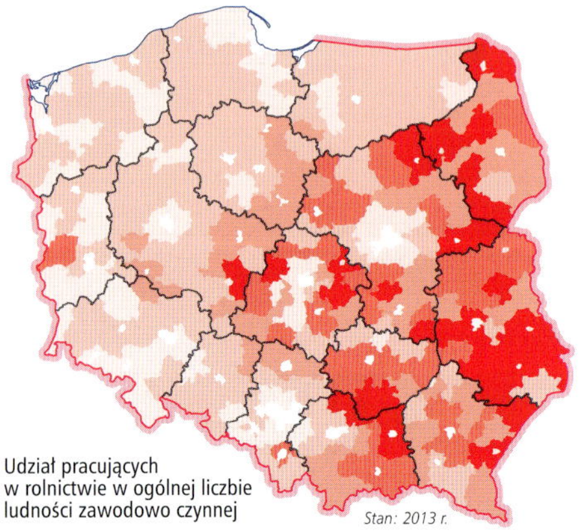

Udział pracujących w rolnictwie w ogólnej liczbie ludności zawodowo czynnej

Stan: 2013 r.

- 50 – 68%
- 40 – 50
- 30 – 40
- 15 – 30
- 4 – 15
- 0,3 – 4

Nawozy sztuczne i wapniowe

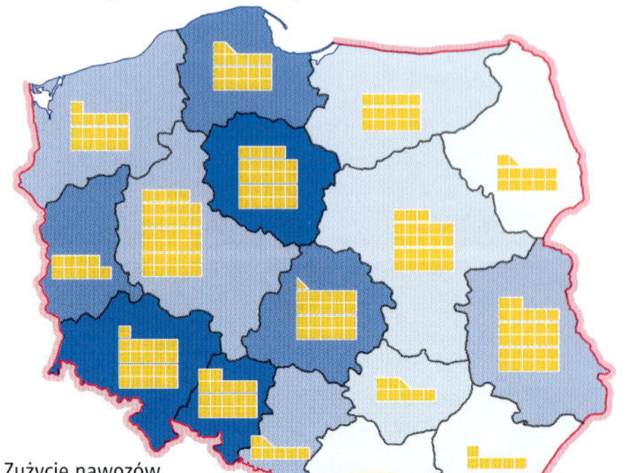

Zużycie nawozów sztucznych i wapniowych na 1 ha użytków rolnych

- 221 – 321,2 kg
- 194 – 221
- 154 – 194
- 106 – 154
- 78,8 – 106

Zużycie nawozów sztucznych i wapniowych

- 10 000 t

5 zbóż

Stan: 2013 r.

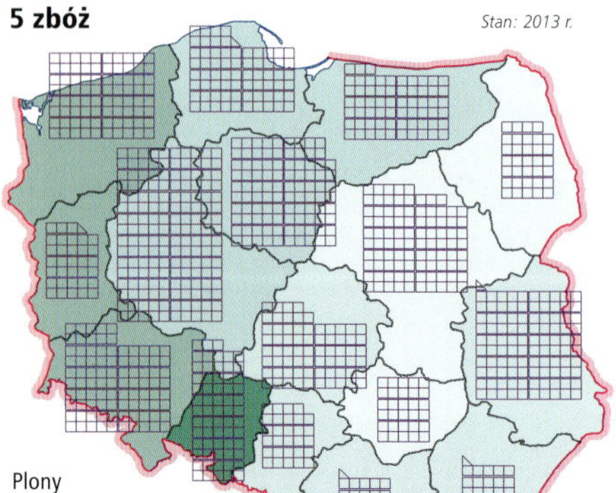

Plony

- 46 – 50,2 q/ha
- 42 – 46
- 35 – 42
- 29 – 35
- 28,6 – 29

*Obecnie do zbóż podstawowych zalicza się: pszenicę, pszenżyto, żyto, jęczmień, owies.

Zbiory

- 200 000 q

Polska – 212,5 mln q

Stan: 2013 r.

Pszenica

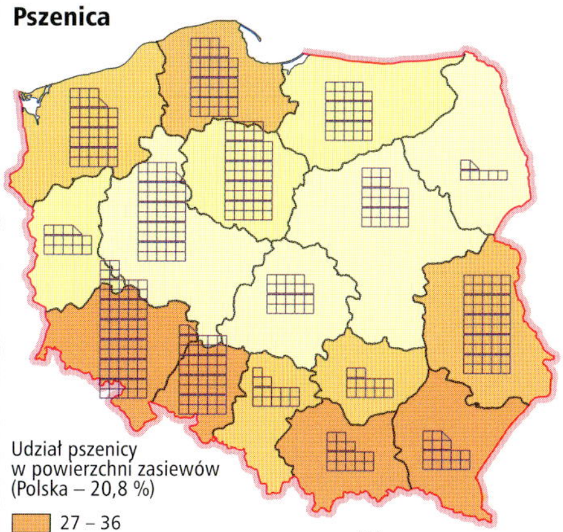

Udział pszenicy w powierzchni zasiewów (Polska – 20,8 %)

- 27 – 36
- 24 – 27
- 22 – 24
- 14 – 22
- 6,4 – 14

Zbiory
□ 200 000 q
Polska – 95 mln q

Pszenżyto

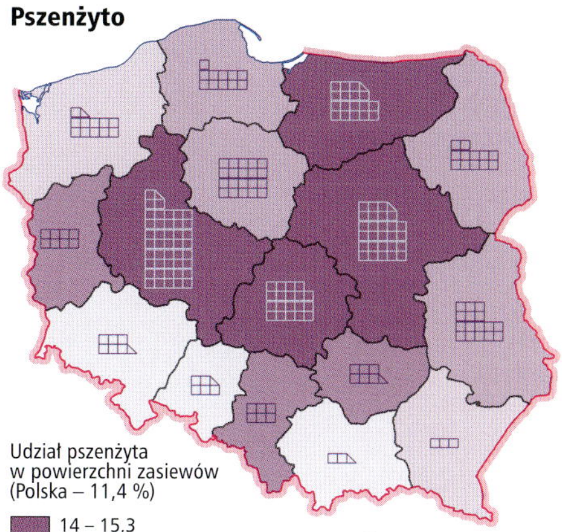

Udział pszenżyta w powierzchni zasiewów (Polska – 11,4 %)

- 14 – 15,3
- 12 – 14
- 9 – 12
- 6 – 9
- 4,6 – 6

Zbiory
□ 200 000 q
Polska – 52,5 mln q

Żyto

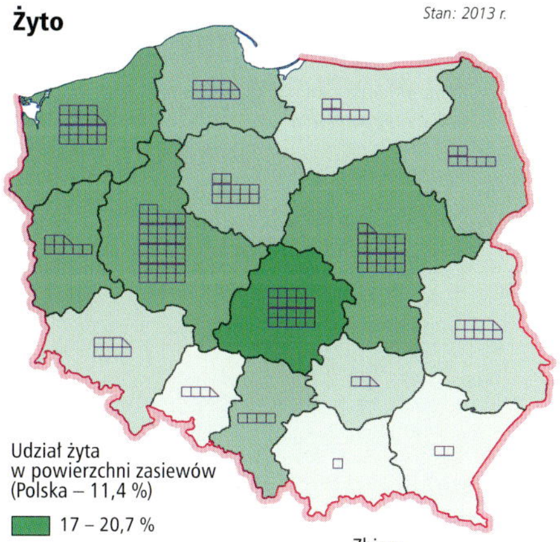

Udział żyta w powierzchni zasiewów (Polska – 11,4 %)

- 17 – 20,7 %
- 12 – 17
- 8 – 12
- 5 – 8
- 2,8 – 5

Zbiory
□ 200 000 q
Polska – 33,6 mln q

Jęczmień

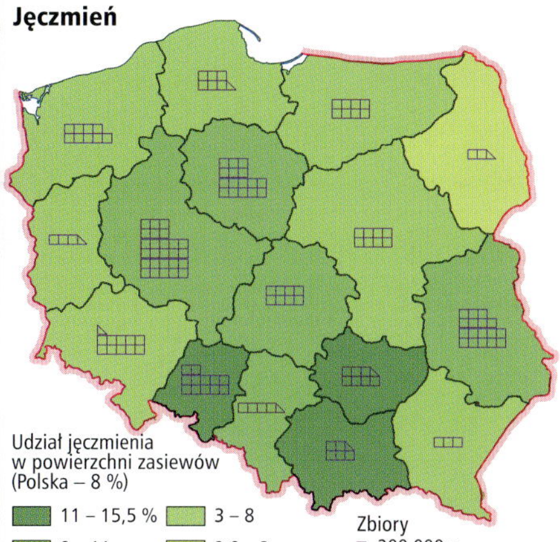

Udział jęczmienia w powierzchni zasiewów (Polska – 8 %)

- 11 – 15,5 %
- 8 – 11
- 3 – 8
- 2,9 – 3

Zbiory
□ 200 000 q
Polska – 29 mln q

Owies

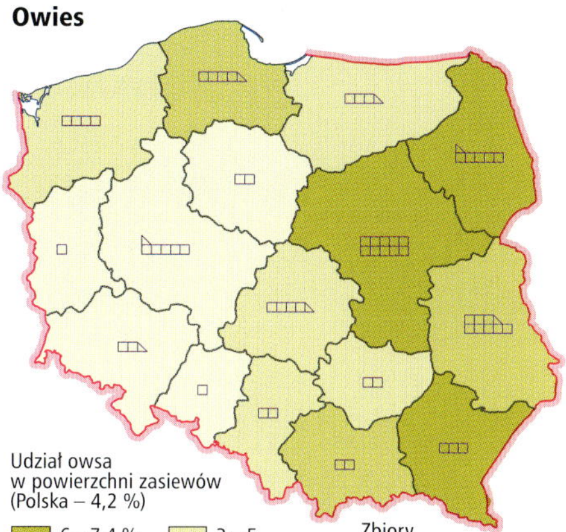

Udział owsa w powierzchni zasiewów (Polska – 4,2 %)

- 6 – 7,4 %
- 5 – 6
- 3 – 5
- 1 – 3

Zbiory
□ 200 000 q
Polska – 12 mln q

Warzywa i owoce

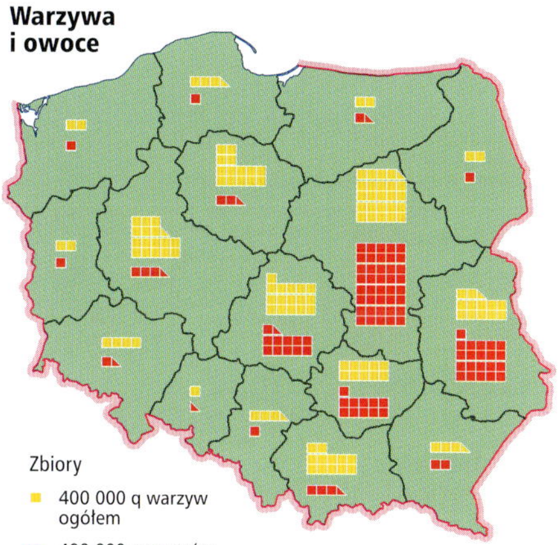

Zbiory
- 400 000 q warzyw ogółem
- 400 000 q owoców

Ziemniaki

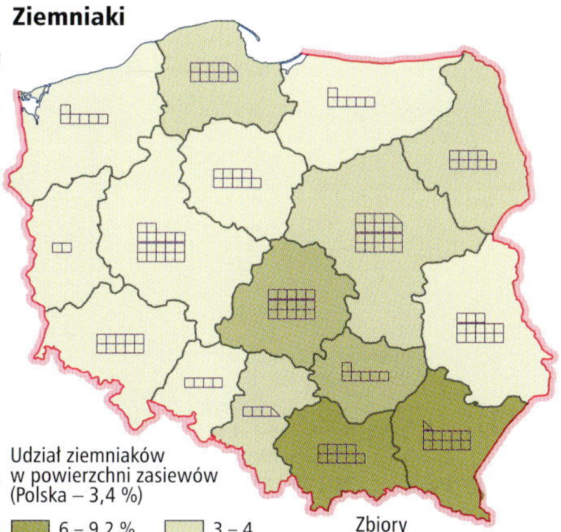

Udział ziemniaków w powierzchni zasiewów (Polska – 3,4 %)

- 6 – 9,2 %
- 4 – 6
- 3 – 4
- 1,5 – 3

Zbiory
□ 500 000 q
Polska – 73 mln q

Buraki cukrowe

Udział buraków cukrowych w powierzchni zasiewów (Polska – 1,9 %)

- 3 – 4,1 %
- 2 – 3
- 1 – 2
- 0 – 1

Zbiory
□ 500 000 q
Polska – 112,3 mln q

Bydło

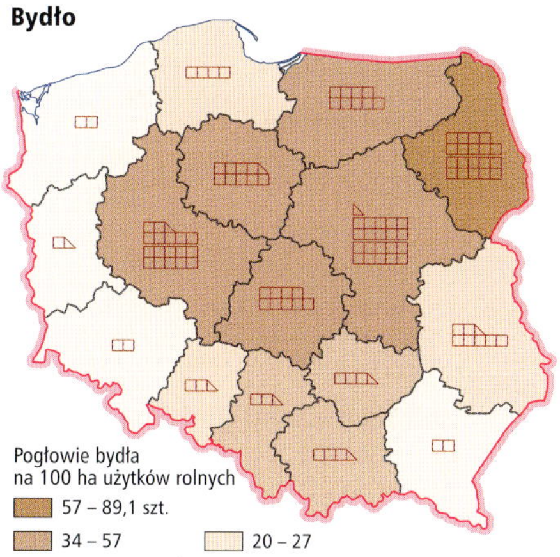

Pogłowie bydła na 100 ha użytków rolnych

- 57 – 89,1 szt.
- 34 – 57
- 27 – 34
- 20 – 27
- 11,1 – 20

□ 50 000 szt.

Trzoda chlewna

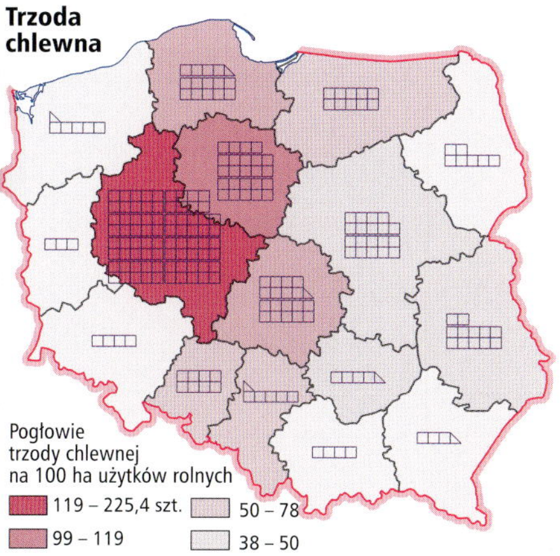

Pogłowie trzody chlewnej na 100 ha użytków rolnych

- 119 – 225,4 szt.
- 99 – 119
- 78 – 99
- 50 – 78
- 38 – 50
- 22,6 – 38

□ 50 000 szt.

Żywiec

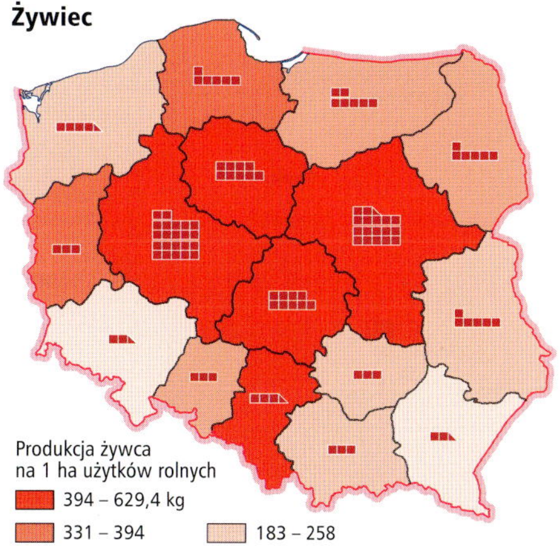

Produkcja żywca na 1 ha użytków rolnych

- 394 – 629,4 kg
- 331 – 394
- 258 – 331
- 183 – 258
- 129 – 183

■ 50 000 t

Mleko

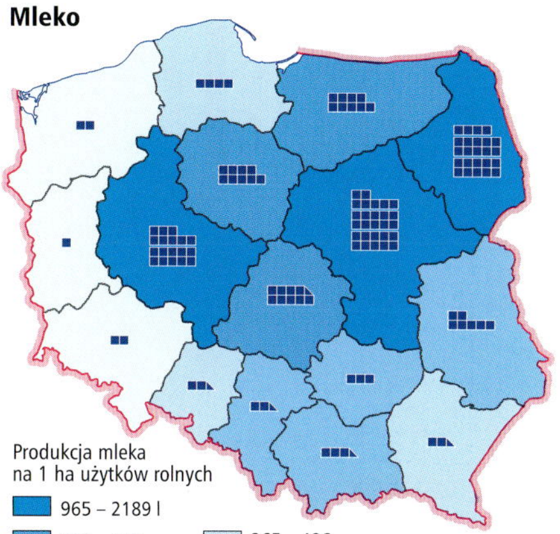

Produkcja mleka na 1 ha użytków rolnych

- 965 – 2189 l
- 630 – 965
- 486 – 630
- 265 – 486
- 189 – 265

■ 100 000 000 l

Największe firmy wg przychodów ze sprzedaży

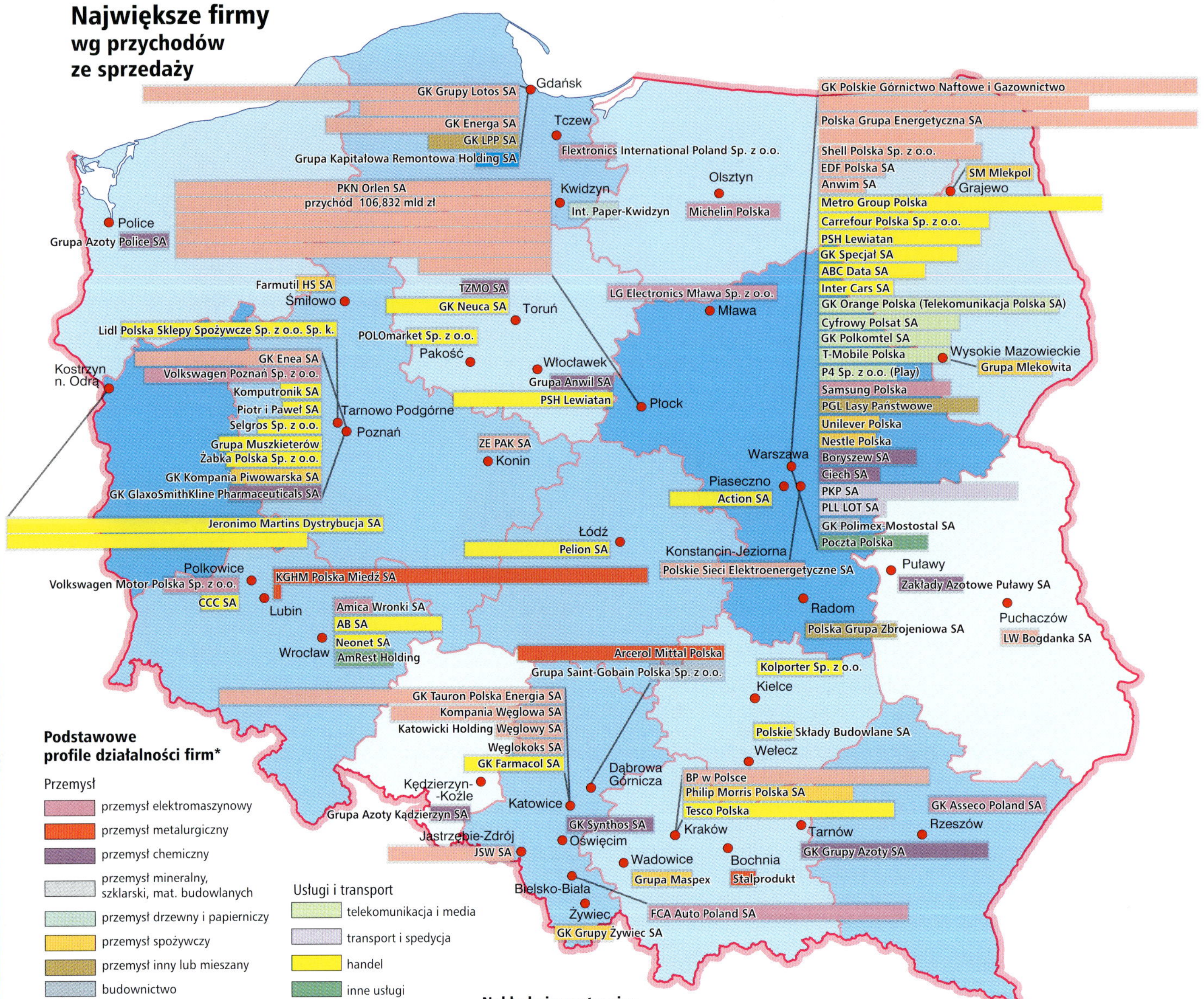

Podstawowe profile działalności firm*

Przemysł
- przemysł elektromaszynowy
- przemysł metalurgiczny
- przemysł chemiczny
- przemysł mineralny, szklarski, mat. budowlanych
- przemysł drzewny i papierniczy
- przemysł spożywczy
- przemysł inny lub mieszany
- budownictwo
- energetyka i paliwa
- przedsiębiorstwa produkcyjno-usługowe

Usługi i transport
- telekomunikacja i media
- transport i spedycja
- handel
- inne usługi

Nakłady inwestycyjne przeliczone na 1 mieszkańca
- 7000 – 8680 zł
- 6000 – 7000
- 5000 – 6000
- 4628 – 5000

Wielkość przychodów firm *
0 5 10 15 20 mld zł

*Uwzględniono 89 największych firm, z wyłączeniem banków i nnych firm finansowych, o przychodach ze sprzedaży powyżej 2,0 mld zł w 2015 r.

Największe spółki giełdowe
1 : 8 000 000

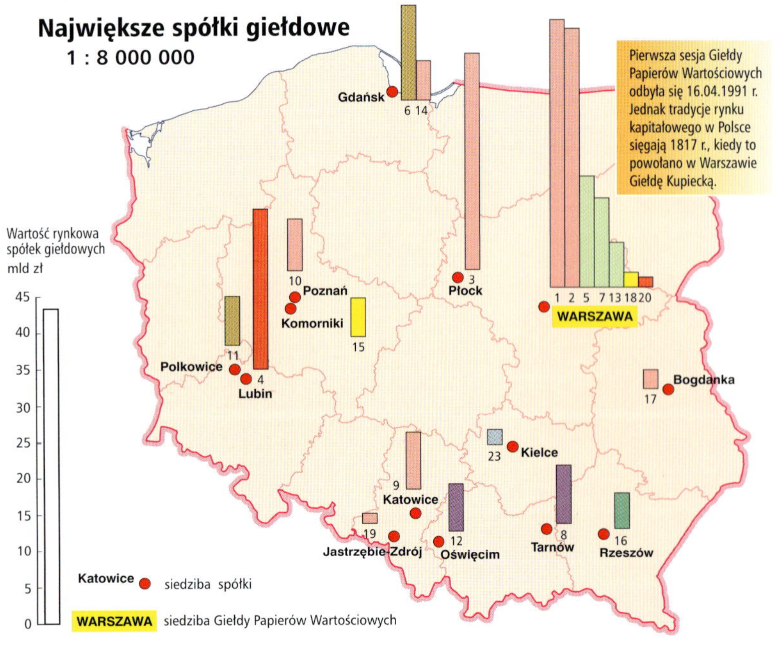

Spółki giełdowe o największej wartości rynkowej w mld zł w połowie 2015 r.*

1.	PGNiG	36,8
2.	PGE	35,6
3.	PKN ORLEN	29,7
4.	KGHM	22,0
5.	CYFROWY POLSAT	15,3
6.	LPP	13,0
7.	Orange Polska	12,3
8.	Grupa Azoty	8,0
9.	TAURON PE	7,8
10.	ENEA	7,1
11.	CCC	6,7
12.	SYNTHOS	6,5
13.	TVN	6,2
14.	LOTOS	5,4
15.	EUROCASH	5,3
16.	ASSECO POLAND	4,9
17.	BOGDANKA	2,6
18.	GLOB TRADE CENTRE	2,1
19.	JSW	1,4
20.	BORYSZEW	1,4

Liczby w zestawieniu i pod słupkami na mapie odpowiadają miejscu spółki giełdowej w rankingu według ich wartości rynkowej

* z wyłączeniem banków i innych spółek finansowych

Banki

Największe polskie banki wg aktywów w mld zł w 2015 r.

	Nazwa banku	Aktywa
1.	PKO Bank Polski S.A.	248,7
2.	Bank Pekao S.A.	167,6
3.	Bank Zachodni WBK S.A.	134,5
4.	mBank S.A.	118,0
5.	ING Bank Śląski S.A.	99,9
6.	Getin Noble Bank S.A.	68,8
7.	Bank Millennium S.A.	60,7
8.	Raiffeisen Polbank w W-wie S.A.	53,5
9.	Bank Gospodarstwa Krajowego	51,2
10.	Bank Handlowy w W-wie S.A.	49,6
11.	Bank BGŻ S.A.	40,5
12.	Deutsche Bank Polska S.A.	36,3
13.	Bank BPH S.A.	31,6
14.	Alior Bank S.A.	30,2
15.	BNP Paribas Bank Polska S.A.	23,2
16.	Bank Ochrony Środowiska S.A.	19,7
17.	Santander Consumer Bank S.A.	16,1
18.	Idea Bank S.A.	15,1
19.	SGB-Bank S.A.	12,8
20.	Euro Bank S.A.	11,6
21.	Vilkswagen Bank Polska S.A.	2,1

Opracowano na podstawie publikacji Giełdy Papierów Wartościowych w Warszawie.

Stan na 2015 rok.

Walory przyrodnicze

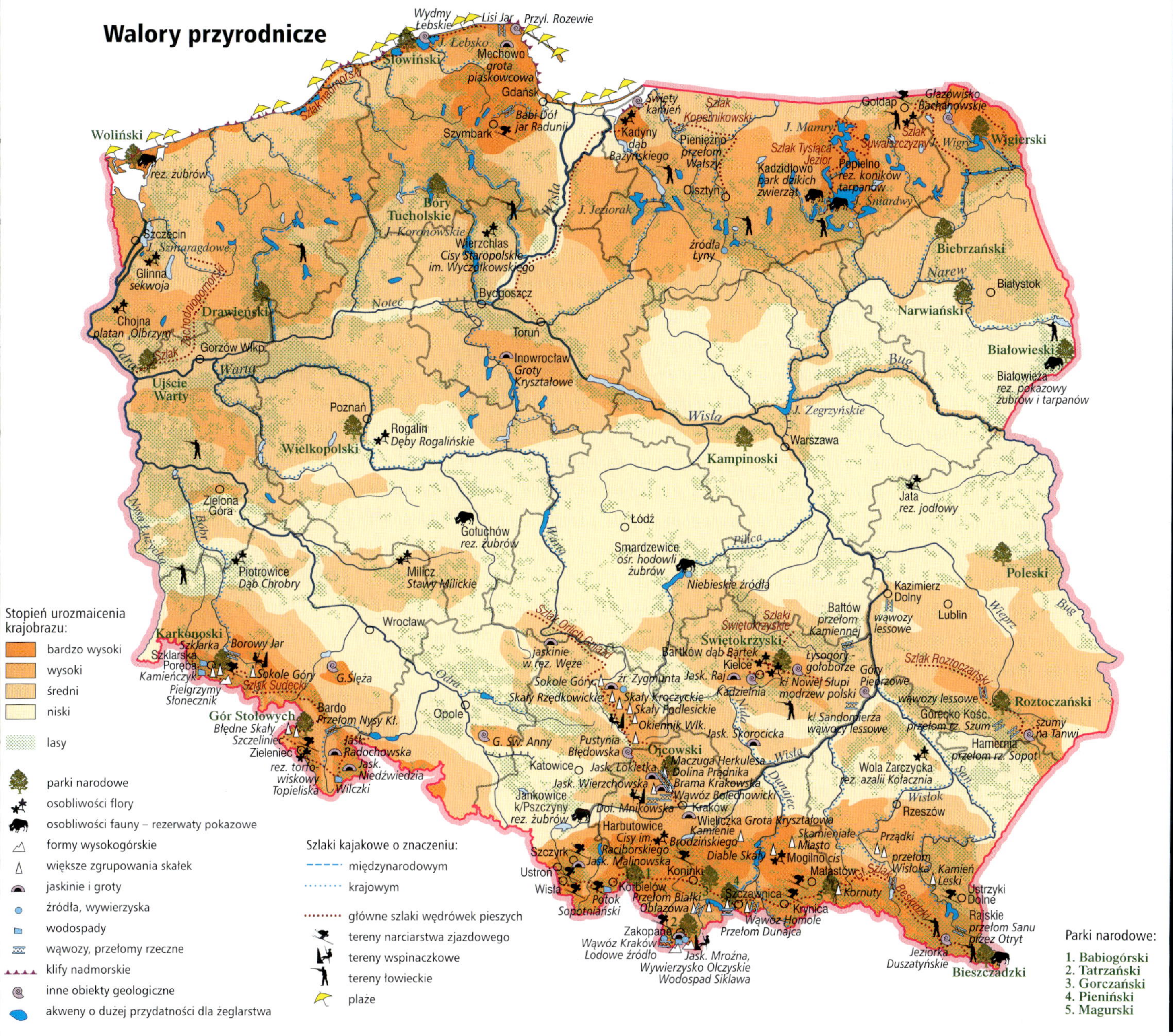

Turystyka zagraniczna

1 : 40 000 000

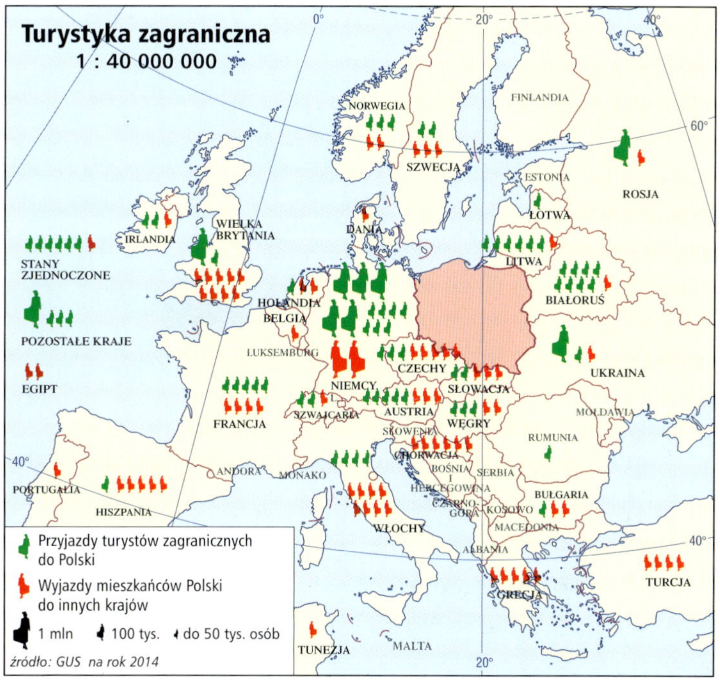

Polska KULTURA LUDOWA

MORZE BAŁTYCKIE
Bornholm (Dania)
Zalew Kuroński
Zatoka Gdańska
Zat. Pomorska
Zalew Szczeciński
Pomorze Zachodnie
Pomorze Gdańskie
Kaszuby
Ziemia Lęborska
Ziemia Bytowska
Żuławy
Powiśle
Kociewie
Warmia
Mazury
Kujawy
Z. Chełmińska
Z. Dobrzyńska
Wielkopolska
Ziemia Lubuska
Ziemia Wschowska
Dolny Śląsk
Łużyce Dolne
Łużyce Górne
Z. Łęczycka
Ziemia Sieradzka
Z. Wieluńska
Górny Śląsk
Ziemia Siewierska
Ziemia Nyska
Z. Kłodzka
Śląsk Opawski
Śląsk Cieszyński
Orawa
Spisz
Małopolska
Brandenburgia
NIEMCY
CZECHY
Czechy
Morawy
SŁOWACJA
Odra
Warta
Noteć
Wisła
Pilica
Łaba
Morawa
Wag
Dunajec
Narew
SZCZECIN
GORZÓW WIELKOPOLSKI
ZIELONA GÓRA
POZNAŃ
BYDGOSZCZ
TORUŃ
GDAŃSK
ŁÓDŹ
WROCŁAW
OPOLE
KATOWICE
KRAKÓW
KIELCE
OLSZTYN
WARSZAWA
KRÓLEWIEC
SŁUPSK
LĘBORK
BYTÓW
MALBORK
CHEŁMNO
INOWROCŁAW
BRZEŚĆ KUJAWSKI
PŁOCK
ŁĘCZYCA
SIERADZ
WIELUŃ
KALISZ
KŁODZKO
RACIBÓRZ
LUBUSZ
CHOCIEBUŻ
BUDZISZYN
LIDZBARK WARMIŃSKI
chałupa słowińska
Kluki
Dni rzemiosł i technik
Nadole
chałupa środkowopomorska
Koszalin
Mistrzostwa Polski w Zażywaniu Tabaki, Ścinanie Kani
Chmielno
Jarmark kaszubski
Kartuzy
żuławski dom menonicki
chałupa zachodniopomorska
Sominy
Wdzydze Kiszewskie
Starogard Gdański
Jarmark cysterski
checz kaszubska
Florian Ceynowa
strój kaszubski
Silno
Świdwin
Jarmark Kozioł-Wilniuki
chałupa krajeńska
Festyn folklorystyczny
Osiek nad Notecią
Jarmark świętojański
Papusza
Romane Dyvesa; Festiwal Zespołów Cygańskich
Przegląd kolęd i pastorałek
Dobiegniew
chałupa Mazurów wieleńskich
Wieleń
Jaracz
strój pałucki
Bogdaniec
Szamotuły
strój szamotulski
strój lubuski
Lednogóra
Moraczewo
strój bamberski
dom winiarza
Winobranie
Wolsztyn
Ochla
Wschowa
strój biskupiański
chałupa dolnołużycka
Buczyny
domy górnołużyckie
chałupa sudecka
Kudowa-Zdrój Pstrążna
domy tkaczy
chałupa dobrzyńska
strój kujawski
chałupa kujawska
Kłóbka
Konin Gosławice
Russów
Sierpc
chałupa zachodniomazowiecka
Teofil Lenartowicz
Maurzyce
Łowickie Boże Ciało
Łowicz
chałupa łowicka
strój łowicki
Granica
Spotkania ze Sztuką Wielkanocną Kurpii Białych
Pułtusk
chałupa kurpiowska
Jarmark Kaziuki-Wilniuki
Orneta
Bartoszyce
Walenty Barczewski
chałupa powiślańska
Gisevius Gustaw Gizewiusz
Olsztynek
Tomaszów Mazowiecki
Oskar Kolberg
Opoczno
strój opoczyński
Przysucha
strój kielecki
strój sieradzki
Józef Lompa
Spotkania Zespołów Artystycznych Mniejszości narodowych i Etnicznych Źródło
Polkowice
Bierkowice
strój bytomski
Bytom
Chorzów
Karol Miarka
Pszczyna
Wytopki Ołowiu
Tokarnia
chałupa kielecka
Busko Zdrój
Buskie spotkania z folklorem
strój krakowski
Wygiełzów
Zalipie
Wierzchosławice
Konkurs Palm i Rękodzieła Wielkanocnego
Lipnica Murowana
Władysław Orkan
Nowy Sącz
strój Lachów sądeckich
strój cieszyński
Wisła
Istebna
Żywiec
Spotkania z folklorem
Sucha Beskidzka
Maków Podhalański
Rabka-Zdrój
Zawoja
Zubrzyca Górna
Milówka
Żywieckie Gody
Łopuszna
Kluszkowce
Czarna Góra
Jurgów
Nikifor
strój podhalański
Zakopane
Festiwal Folkloru Ziem Górskich
Bukowina Tatrzańska
Góralski karnawał
TKB
Kujawy ważniejsze regiony historyczno-etnograficzne
WARSZAWA główne stolice regionów historyczno-etnograficznych
Pułtusk pozostałe miejscowości
duże skanseny
wybrane małe skanseny
imprezy związane z kulturą ludową
TKB Tydzień Kultury Beskidzkiej
W regionach umieszczono podobizny badaczy i artystów związanych z kulturą ludową danego obszaru

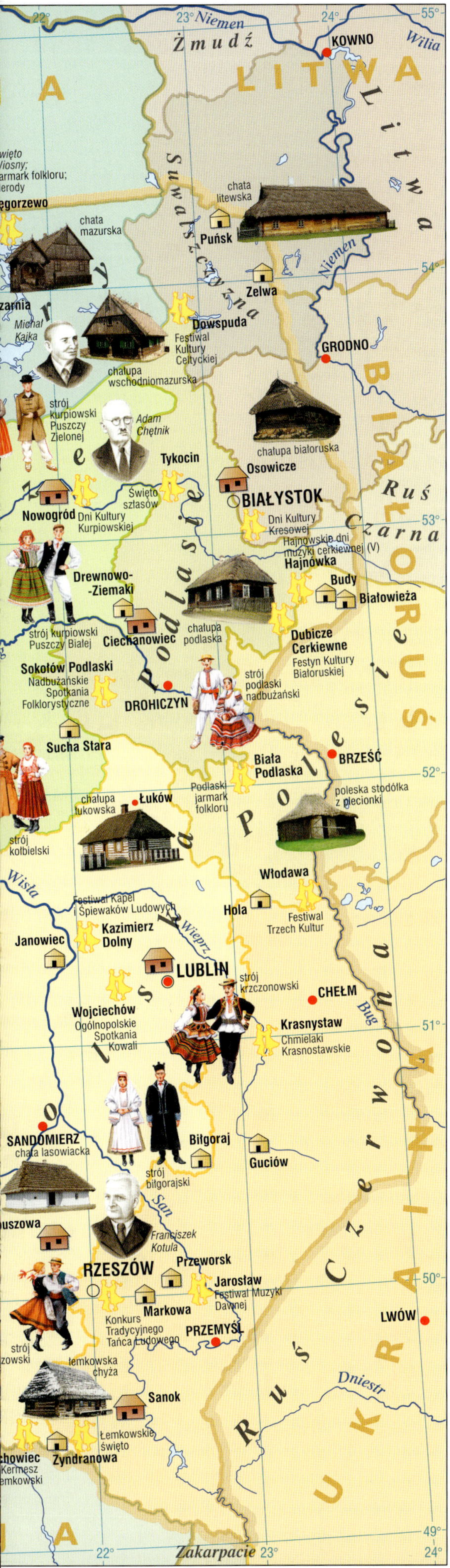

W Polsce można wyróżnić kilka obszarów o zdecydowanie odmiennym charakterze budownictwa ludowego. Chaty różnią się od siebie konstrukcją dachu, ścian i systemów ogniowych oraz rozplanowaniem wnętrza, wystrojem architektonicznym, a także zdobnictwem. Oryginalne zdobnictwo można zobaczyć m.in. w okolicach wsi Zalipie koło Tarnowa, gdzie ściany domów i ich wnętrza malowane są w kwiatowe wzory.

Spinka cieszyńska „hoczek” – ozdoba stroju kobiecego (na dole) i zapinka góralska noszona przy koszulach przez mężczyzn na Podhalu (obok).

Obecnie w Polsce odbywa się bardzo wiele imprez inspirowanych kulturą ludową. Część z nich przypomina najstarsze zachowane na wsiach obrzędy i zwyczaje, część poświęcona jest wyłącznie muzyce i tańcom. Nieodłącznym elementem tych imprez są stroje ludowe charakterystyczne dla danego regionu. Naszą wiedzę o zwyczajach, tańcach, zdobnictwie i architekturze poszczególnych regionów zawdzięczamy badaniom wielu już pokoleń etnografów. Na zdjęciu obok kobiety w strojach kurpiowskich.

Zabytki architektury drewnianej nie należą do trwałych. W polskim budownictwie ludowym najwięcej przetrwało obiektów XIX-wiecznych. Najlepiej zachowane budynki wraz ze sprzętami i narzędziami charakterystycznymi dla wybranych regionów zgromadzono w kilkudziesięciu skansenach. Trzydzieści z nich posiada większą ilość zagród i innych budynków takich jak kuźnie, młyny wodne, wiatraki. Widoczna na zdjęciu chata pochodzi właśnie z takiego skansenu w Ciechanowcu, gdzie znajduje się Muzeum Rolnictwa.

Polska ARCHITEKTURA SAKRALNA

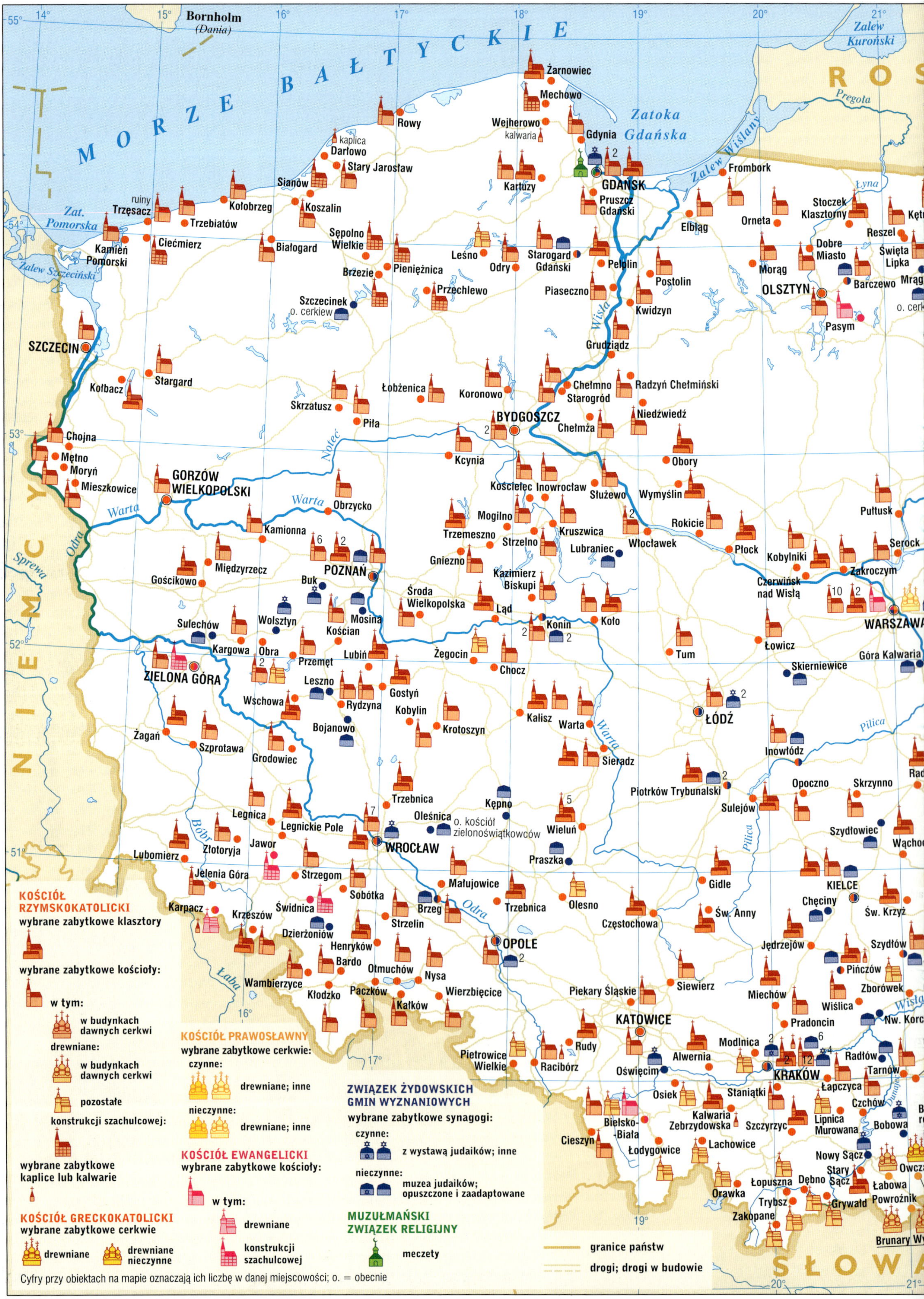
MORZE BAŁTYCKIE
Bornholm
(Dania)
Zatoka Gdańska
Zalew Wiślany
Zalew Kuroński
Zat. Pomorska
Zalew Szczeciński
ROS
NIEMCY
SŁOW
Wisła
Odra
Warta
Noteć
Sprewa
Bóbr
Łaba
Pilica
Pregoła
Łyna
Dunajec
Żarnowiec
Mechowo
Rowy
Wejherowo
kalwaria
Gdynia
kaplica
Darłowo
Stary Jarosław
Sianów
Kartuzy
GDAŃSK
Pruszcz Gdański
Frombork
ruiny
Trzęsacz
Kołobrzeg
Koszalin
Trzebiatów
Kamień Pomorski
Ciećmierz
Białogard
Sępolno Wielkie
Brzezie
Pieniężnica
Leśno
Odry
Starogard Gdański
Pelplin
Elbląg
Orneta
Stoczek Klasztorny
Reszel
Dobre Miasto
Święta Lipka
Morąg
Postolin
Piaseczno
Kwidzyn
OLSZTYN
Barczewo
Pasym
Przechlewo
Szczecinek
o. cerkiew
SZCZECIN
Grudziądz
Stargard
Kołbacz
Łobżenica
Koronowo
Chełmno
Starogród
Radzyń Chełmiński
Skrzatusz
Piła
BYDGOSZCZ
Chełmża
Niedźwiedź
Chojna
Mętno
Moryń
Mieszkowice
GORZÓW WIELKOPOLSKI
Kcynia
Obory
Obrzycko
Kościelec
Inowrocław
Służewo
Wymyślin
Pułtusk
Mogilno
Trzemeszno
Strzelno
Kruszwica
Włocławek
Rokicie
Płock
Kamionna
Gniezno
Lubraniec
Kobylniki
Serock
Zakroczym
Międzyrzecz
Gościkowo
POZNAŃ
Buk
Środa Wielkopolska
Kazimierz Biskupi
Czerwińsk nad Wisłą
WARSZAWA
Mosina
Ląd
Sulechów
Wolsztyn
Kościan
Konin
Koło
Łowicz
Kargowa
Obra
Przemęt
Lubiń
Żegocin
Tum
Góra Kalwaria
Skierniewice
ZIELONA GÓRA
Leszno
Gostyń
Chocz
Wschowa
Rydzyna
Kobylin
Kalisz
Warta
ŁÓDŹ
Bojanowo
Krotoszyn
Żagań
Szprotawa
Grodowiec
Sieradz
Inowłódz
Trzebnica
Piotrków Trybunalski
Opoczno
Skrzynno
Kępno
Oleśnica
o. kościół zielonoświątkowców
Wieluń
Sulejów
Legnica
Legnickie Pole
Lubomierz
Złotoryja
Jawor
WROCŁAW
Szydłowiec
Praszka
Jelenia Góra
Strzegom
Gidle
Małujowice
Sobótka
Kielce
Karpacz
Krzeszów
Świdnica
Brzeg
Trzebnica
Olesno
Św. Anny
Chęciny
Św. Krzyż
Dzierżoniów
Strzelin
Częstochowa
OPOLE
Jędrzejów
Szydłów
Henryków
Bardo
Pińczów
Wambierzyce
Otmuchów
Nysa
Siewierz
Kłodzko
Paczków
Kałków
Wierzbięcice
Piekary Śląskie
Miechów
Wiślica
Zborówek
Pradoncin
KATOWICE
Modlnica
Rudy
Alwernia
Pietrowice Wielkie
Racibórz
Oświęcim
KRAKÓW
Radłów
Tarnów
Łapczyca
Osiek
Staniątki
Kalwaria Zebrzydowska
Szczyrzyc
Lipnica Murowana
Czchów
Bobowa
Bielsko-Biała
Cieszyn
Łodygowice
Lachowice
Nowy Sącz
Stary Sącz
Orawka
Łopuszna
Dębno
Łabowa
Trybsz
Grywałd
Powroźnik
Zakopane
Brunary Wyżne
KOŚCIÓŁ RZYMSKOKATOLICKI
wybrane zabytkowe klasztory
wybrane zabytkowe kościoły:
w tym:
w budynkach dawnych cerkwi
drewniane:
w budynkach dawnych cerkwi
pozostałe
konstrukcji szachulcowej:
wybrane zabytkowe kaplice lub kalwarie
KOŚCIÓŁ GRECKOKATOLICKI
wybrane zabytkowe cerkwie
drewniane
drewniane nieczynne
KOŚCIÓŁ PRAWOSŁAWNY
wybrane zabytkowe cerkwie:
czynne:
drewniane; inne
nieczynne:
drewniane; inne
KOŚCIÓŁ EWANGELICKI
wybrane zabytkowe kościoły:
w tym:
drewniane
konstrukcji szachulcowej
ZWIĄZEK ŻYDOWSKICH GMIN WYZNANIOWYCH
wybrane zabytkowe synagogi:
czynne:
z wystawą judaików; inne
nieczynne:
muzea judaików; opuszczone i zaadaptowane
MUZUŁMAŃSKI ZWIĄZEK RELIGIJNY
meczety
granice państw
drogi; drogi w budowie
Cyfry przy obiektach na mapie oznaczają ich liczbę w danej miejscowości; o. = obecnie

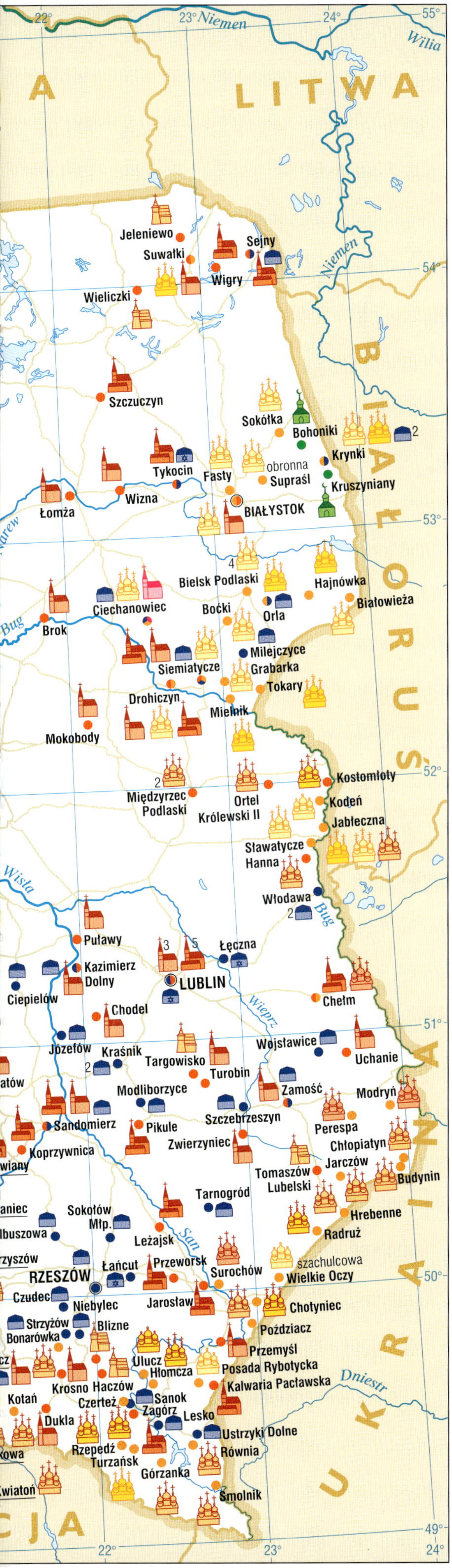

fot. Ed88/Wikimedia Commons (CC BY-SA 3.0, GFDL 1.2)

Charakterystycznym elementem architektonicznym chrześcijańskich świątyń obrządku wschodniego (prawosławnego i greckokatolickiego) są kopuły, na których umieszczono krzyże. Kopuła symbolizuje Niebo, Boga, świętych i świat anielski. Krzyż oznacza, oddawanie chwały Jezusowi Chrystusowi. Liczba kopuł cerkwi nigdy nie jest przypadkowa – np. trzy nawiązują do Trójcy Świętej. Na zdjęciu widać kopuły cerkwi greckokatolickiej w Kwiatoniu.

W Polsce czynne są trzy meczety. W Kruszynianach znajduje się najstarsza świątynia polskich tatarów. Jest to drewniany budynek z końca XVIII w. W każdym meczecie mieści się mihrab (nisza w ścianie modlitw, zwykle bogato dekorowana, wskazująca kierunek Mekki) i minbar (kazalnica, z której w czasie południowej modlitwy piątkowej imam wygłasza kazanie). Nieodzownym zwieńczeniem wież meczetu jest symbol religii muzułmańskiej – półksiężyc.

fot. Jarosław Ratajczyk/Wikimedia Commons (CC BY-SA 2.5)

fot. Pollmerek/Wikimedia Commons (CC BY-SA 3.0)

Synagoga pełni nie tylko funkcje religijne, ale jest także ośrodkiem życia społecznego. Mieści się w niej siedziba władz gminy żydowskiej i sądu rabinackiego. Wnętrze świątyni podporządkowane jest funkcjom religijnym. Centralnym miejscem jest bima – podium lub pulpit służący do czytania „Tory", czyli pięciu początkowych ksiąg Starego Testamentu. Na zdjęciu widać bimę dawnej synagogi w Łańcucie, gdzie obecnie mieści się wystawa judaików.

Kościoły rzymskokatolickie to stały element polskiego krajobrazu. Często dominują w otoczeniu, jak widoczna na zdjęciu katedra we Fromborku. Stanowi ona element XIV-wiecznego gotyckiego założenia obronnego. Charakterystyczny dla tego stylu przyporowy system konstrukcji nadał jej lekkość i strzelistość.

fot. Holger Weinandt/Wikimedia Commons (CC BY-SA 3.0)

Bornholm (Dania)
MORZE BAŁTYCKIE
Zatoka Gdańska
Zalew Wiślany
Zalew Kuroński
Zat. Pomorska
Zalew Szczeciński
ROS
Pregoła
Łyna
NIEMCY
CZECHY
SŁOWAC
Charbrowo
Darłowo
Słupsk
Dwór Artusa
GDAŃSK
Krąg
Bytów
Wybickich
Będomin
Malbork
Pasłęk
Lidzbark Warmiński
Resz
Bęsia
Sorkwi
Gniew
Świdwin
Stare Drawsko
Człuchów
Kwidzyn
OLSZTYN
Szczytno
Rogóźno
SZCZECIN
Pęzino
Świecie
Wisła
Radzyń Chełmiński
Nidzica
Tuczno
BYDGOSZCZ
Bierzgłowo
Golub-Dobrzyń
Odra
Noteć
Grocholin
Toruń
Lubostroń
Kikół
Ciechanów
Opinogóra Górna
GORZÓW WIELKOPOLSKI
Warta
Studzieniec
Kruszwica
Pułtusk
Szamotuły
PŁOCK
Międzyrzecz
POZNAŃ
Konarzewo
Łagów
Łomnica
Kórnik
Tułowice
Jabłonna
WARSZAW
Rogalin
Koszuty
Oporów
Żelazowa Wola
Otwo
Łęczyca
Walewice
Nieborów
Brzeście
Racot
Turew
Śmiełów
ZIELONA GÓRA
Uniejów
Petrykozy
Czersk
Skierniewice
Brody
Pawłowice
Dobrzyca
Russów
Koźminek
Rydzyna
Gołuchów
Dąbrowskiej
ŁÓDŹ
Rawa Mazowiecka
Babsk
Mała Wieś
Bóbr
Żagań
Głogów
Tubądzin
Pilica
Milicz
Antonin
Ostrzeszów
Kliczków
Piotrków Trybunalski
Drzewica
Chojnów
Uraz
Oroń
Grodziec
Legnica
Oleśnica
Szydłowiec
Wojnowice
WROCŁAW
Ożarów
Iłża
Sucha
Bąkowa Góra
Wleń
Świny
Jelenia Góra/Sobieszów
Bolków
Obręgorek
KIELCE
Wałbrzych/Książ
BRZEG
Olsztyn
Chęciny
Zagórze Śląskie
Kochcice
Nagłowice
Uja
OPOLE
Ząbkowice Śląskie
Strzelce Opolskie
Mirów
Bobolice
Szydłów
Kamieniec Ząbkowicki
Ogrodzieniec
Kurozw
Moszna
Toszek
Krzyż Wielki
Głogówek
Będzin
Rabsztyn
Pieskowa Skała
KATOWICE
Rudno
Ojców
Modlnica
KRAKÓW
Babice
Niepołomice
Pszczyna
Dębno
Nowy Wiśnicz
Stryszów
Laskowa
Łustawi
Rożnów
Sucha Beskidzka
Żywiec
Łopuszna
Dunajec
Czorsztyn
Niedzica
granice państw
drogi; drogi w budowie
Styl i czas powstania rezydencji
zamki
pałace
neogotycki lub neobarokowy
klasycystyczny
barokowo-klasycystyczny
barokowy
renesansowy
gotycko-renesansowy
gotycki
Styl lub połączenie stylów
XIII XIV-XV XVI XVII XVI XVII XVIII XIX XX
wiek powstawania lub gruntownej przebudowy obiektu
ruiny zamków
dwory

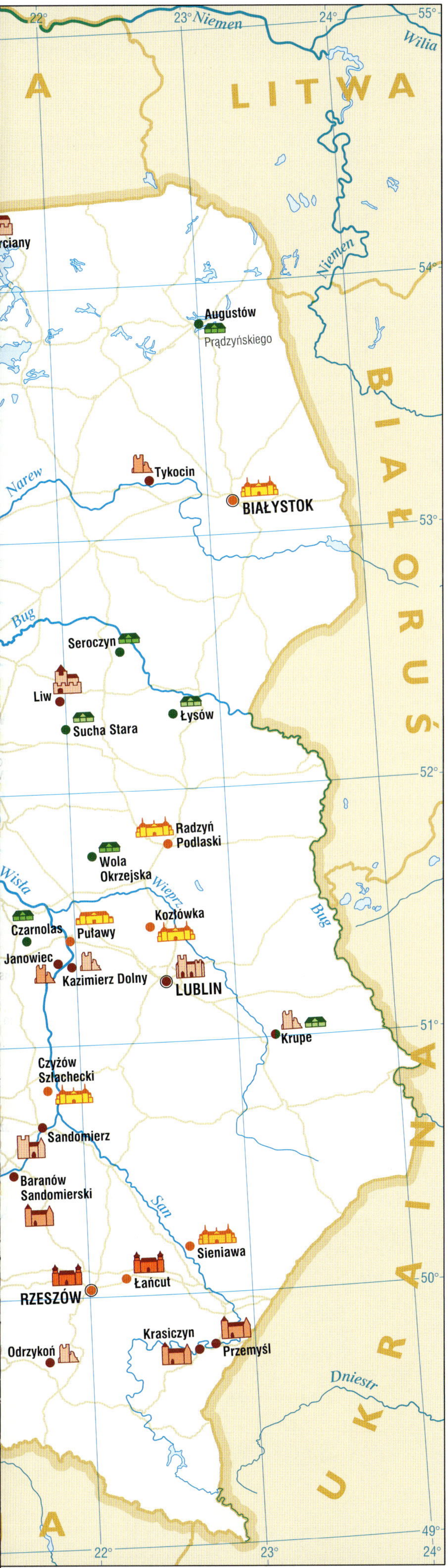

Jeszcze przed II wojną światową dwory i pałace były częstym elementem polskiego krajobrazu. W zespołach pałacowo-dworskich przeważnie otoczonych parkiem występowały budynki gospodarcze: stajnie i powozownie, obory, gorzelnie, lamusy, oficyny. Właśnie w oficynie (na zdjęciu) przy pałacu Skarbków w Żelazowej Woli przyszedł na świat Fryderyk Chopin.

fot. Inav/Wikimedia Commons (Public Domain)

fot. Jurek K/www.PolskaNiezwykla.pl

Rezydencje pałacowe budowano w różnych stylach, zgodnie z duchem obowiązującej mody. Na przełomie XIX i XX w., czyli w czasie gdy pruski magnat Hubert von Thiele-Winckler wznosił swoją siedzibę w Mosznej (widoczną na zdjęciu), architekci często łączyli wybrane elementy różnych stylów. Tak powstała i ta, przypominająca zamek, budowla eklektyczna, z 99 wieżyczkami, wieloma wykuszami, balkonami i tarasami stwarzającymi wręcz bajkowy klimat.

fot. Skarabeusz/Wikimedia Commons (CC BY-SA 3.0, GFDL 1.2)

Orlimi Gniazdami nazywano przygraniczne zamki i strażnice wzniesione na polecenie Kazimierza Wielkiego, na wapiennych skałach Wyżyny Krakowsko-Częstochowskiej dochodzących do 20-30 metrów wysokości. Zabezpieczały nie tylko przed czeskimi atakami z Górnego Śląska, ale też chroniły ważne trakty handlowe wiodące z Krakowa. Na fotografii widoczna jest największa warownia, zamek Ogrodzieniec w Podzamczu.

fot. DerHexer/Wikimedia Commons (CC BY-SA 3.0, GFDL 1.2)

Na terenach obecnej Polski zachowała się znaczna część zamków krzyżackich. Najokazalszym z nich jest zamek wielkich mistrzów w Malborku – największa ceglana budowla obronna średniowiecznej Europy. W 1977 roku malborski zamek został wpisany na Listę Światowego Dziedzictwa UNESCO.

MORZE BAŁTYCKIE
Bornholm (Dania)
Zatoka Gdańska
Zalew Wiślany
Zalew Kuroński
Zat. Pomorska
Zalew Szczeciński
NIEMCY
CZECHY
SŁOWACJA
ROSJA
Centrum Pamięci gen. Józefa Hallera i Błękitnej Armii
Władysławowo
Marynarki Wojennej; Okręt "Błyskawica"
Gdynia
GDAŃSK
Wisłoujście
pomnik Obrońców Westerplatte
Oblężenie Gdańska 1807 (IV)
Darłówko
pozostałości stanowiska armaty Dora – największej na świecie
Kołobrzeg
Oręża Polskiego
Wał Pomorski 1932–1939; 1944
Świnoujście
Zalesie
fragmenty niemieckiej wyrzutni eksperymentalnej broni V3 (zasięg strzału – 100 km)
Biały Bór
Bunkier-forteca Wału Pomorskiego
Szczecinek
Silnowo
Największy w Europie poligon wojskowy
Drawsko Pomorskie
Borne Sulinowo
Poligon wojskowy
SZCZECIN
Podgaje
Izba pamięci i obelisk
Brzeźnica-Kolonia baza rakietowa 1972-1978
Muzeum Walk o Wał Pomorski
Mirosławiec
Zdbice Skansen Bojowy I Armii Wojska Polskiego
Szwecja
Izba Pamiątek Walk o Wał Pomorski
Wałcz
Muzeum Obozu Oflag II C Woldenberg
Strzaliny
Ruiny fortyfikacji Wału Pomorskiego
Pomnik i cmentarz wojskowy
Piła
Dobiegniew
Muzeum Wojsk Inżynieryjnych I Armii WP
Stare Osieczno
Gozdowice
GORZÓW WIELKOPOLSKI
Drezdenko
Noteć
Odra
Kostrzyn nad Odrą
Witnica
Chwały Oręża Polskiego
Międzyrzecki Rejon Umocniony (MRU) 1932–1938; 1944
Międzyrzecz
Kaława i Pniewy
zespół fortyfikacji, m.in. rozbudowane podziemia
Warta
Armii "Poznań" Broni Pancernej; Wielkopolskie M. Wojskowe; Uzbrojenia;
POZNAŃ
skansen fortyfikacyjny
Leśna Góra
Drzonów
Lubuskie Muzeum Wojskowe
ZIELONA GÓRA
Nowa Sól
Bóbr
Głogów
Pozycja Odrzańska 1928–1938
Bitwy Legnickiej
Warmątowice
Bitwa nad Kaczawą 1813 (VIII)
Legnickie Pole
WROCŁAW
Wojsk Inżynieryjnych; Militariów
Skansen Uzbrojenia Wojska Polskiego
Jelenia Góra
podziemny kompleks wojskowy
Walim
Silverberg 1807 (VI)
Srebrna Góra
Kłodzko 1807 (VIII)
Oblężenie twierdzy Nysa 1807 (VI)
Nysa
OPOLE
Pomnik Czynu Powstańczego
Góra św. Anny
Leśnica
Czynu Powstańczego
Lubliniec
Tarnowskie Góry
Warowny Śląsk 1933–1939
KATOWICE
Pomnik Powstańców Śląskich
Tychy
Rybnik
Żory
Pszczyna
Bielsko-Biała
Cieszyn
Węgierska Górka
Dunajec
Rytro
KRAKÓW
Armii Krajowej; Czynu Niepodległościowego
Racławice
1794 (VI)
Książ Wielki
Wisła
KIELCE
Skarżysko-Kamienna
im. Orła Białego
Częstochowa
Czynu Partyzanckiego
Poliochno
Pilica
Polskiej Wojskowej Służby Zdrowia; Tradycji Niepodległościowych
Warta
ŁÓDŹ
Lipce Reymontowskie
Czynu Zbrojnego
Kalisz
Koło
KUTNO
Muzeum Bitwy nad Bzurą
Ziemi Sochaczewskiej i Pola Bitwy nad Bzurą
Sochaczew
Brochów
Bitwa nad Bzurą 1939 (IX)
Raszyn 1809 (VI);
Olszynka Grochowska 1831 (I);
Noc listopadowa 1830 (XI)
WARSZAWA
Oblężenie Modlina 1813 (VIII)
Modlin
1806 (VII)
Pułtusk
1807 (VIII)
Ciechanów
Mława
Uniszki Zawadzkie
BYDGOSZCZ
Tradycji Polskiej Organizacji Wojskowej
Toruń
Grudziądz
Gardeja
Kwidzyn
Iława
Biskupiec
Lidzbark
Grunwald 1410 (VII)
Bitwy Grunwaldzkiej
OLSZTYN
Łyna
Lidzbark Warmiński
Heilsberg 1809 (VI)
fragment Trójkąta Lidzbarskiego 1928–1937
kwatera Hitlera i Naczelnego Dowództwa Sił Zbrojnych Wolfschanze/Wilczy Szaniec
kwatera H. Lammersa, szefa Kancelarii Rzeszy
placówka wywiadu wojskowego na wschodzie Abwehra
pozostałości linii obronnej Ruciane-Guzianka
wybrane muzea militarne
wybrane izby pamięci, cmentarze wojskowe, pomniki
1807 (VIII) rekonstrukcje historyczne bitew: rok bitwy; w nawiasie miesiąc organizowania imprezy
granice Królestwa Polskiego
granice Drugiej Rzeczypospolitej
współczesne granice państw
Fortyfikacje głównie z XIX i XX wieku
umocnienia / pochodzenie
pojedyncze forty i twierdze
pozostałości linii umocnień i czas ich powstawania
najciekawsze fragmenty umocnień
austriackie
niemieckie 1934-1944
polskie 1939
rosyjskie 1939-1941
mieszane
Tereny współczesnej Polski w podziale na zabory (stan z 1914 r.):
austriacki
niemiecki
rosyjski

fot. Henryk Borawski/Wikimedia Commons (CC BY-SA 3.0, GFDL 1.2)

Twierdza Osowiec to niezwykle cenny zabytek rosyjskiej architektury obronnej z 1. połowy XIX w. O kunszcie wykonania tego założenia świadczy fakt, że twierdza wytrzymała nawet najgroźniejsze natarcia, m.in. podczas I wojny światowej atak armii niemieckiej 6 sierpnia 1915 r., z użyciem gazu bojowego. Na zdjęciu brama do Fortu I.

fot. Arch. UG Stoszowice/www.PolskaNiezwykla.pl

Przełęcz Srebrna była jedynym przejściem pomiędzy Górami Bardzkimi a Górami Sowimi, które osłaniają Śląsk od południa. Twierdzę na wzniesieniu nad przełęczą wybudował Fryderyk Wielki w latach 1865–1877. Nowoczesna na owe czasy forteca zachowała się bez większych modernizacji. Obecnie mieści się w niej filia Muzeum Historycznego w Wałbrzychu.

fot. Adam Kumiszcza/Wikimedia Commons (CC BY-SA 3.0, GFDL 1.2)

Najczęściej odwiedzanymi fortyfikacjami w Polsce są obiekty poniemieckiego Międzyrzeckiego Rejonu Umocnionego, powstałe w latach 1932–1939. W założeniu były to grupy dzieł obronnych połączone ciągłym systemem podziemnych korytarzy. Najbardziej rozbudowany odcinek tej linii znajduje się we wsi Pniewo koło Kaławy. Podziemnym obiektom towarzyszą umocnienia przeciwpancerne, tzw. zęby smoka (na zdjęciu).

fot. LastChild/www.PolskaNiezwykla.pl

Położenie obronne Modlina docenił już król Karol Gustaw, zakładając tu w 1655 r. warowny obóz. Projekt budowy twierdzy powstał jeszcze w trakcie wojen napoleońskich. Od 1832 r. jej rozbudowę kontynuowali Rosjanie. W latach 1864–1870 wybudowali w centrum twierdzy wielki budynek koszarowy na planie zamkniętego wielokąta, łączna długość budynku wynosi około 2,3 km. Ostatnie umocnienia twierdzy są dziełem wojsk polskich z czerwca 1939 r.

Bornholm (Dania)
MORZE BAŁTYCKIE
Zalew Kuroński
ROS
Pregoła
Rozewie
Władysławowo
Swarzewo
Jastarnia
Hel
Osetnik
Starbienino
Czołpino
Barzowice
Cisowo
Ustka
Jarosławiec
Słupsk
Zdrzewno XVIII w.
Zwartowo
Lisewo
Zwarcienko
Port Północny
Nowy Port
maszt RTV 317 m
Chwaszczyno
GDAŃSK spichlerze
Darłowo
Kowalewiczki
Krynica Morska
Niechorze
Gąski
Kołobrzeg
Drewnica XVIII
Rybina jedyny w Polsce obrotowy most kolei wąskotorowej
Łyna
Stara Różanka XIX w.
Kikut
Lędzin
Trzebiatów
Karlino
Tczew
Most Lisewski, kratownicowy, 785 m, 1857 r. (wówczas najdłuższy w Europie)
Całuny Nowe
sześć pochylni Kanału Elbląskiego
Świnoujście
Wolin
Buczyniec
Kan. Elbląski
maszt RTV 360 m, najwyższa konstrukcja w Polsce
OLSZTYN
Nowogard
Nowe Worowo
Poradz
Połczyn-Zdrój
akwedukt, XIX w.
Fojutowo
Wisła
Miłomłyn Kanał Elbląski
Ostróda Kanał Elbląski
Silice
Limża maszt RTV 320 m
Mierzyn
SZCZECIN
most zwodzony
Stargard
Brda
maszt radiowy 320 m
Grudziądz spichrze
Łąkorz
Zapora Koronowska
Trzeciewiec
spichlerze
Wrocki
Kan. Bydgoski
BYDGOSZCZ
Piwnice radioteleskopy o średnicy 15 m i 32 m
Barlinek
Sowiniec
Noteć
Odra
Solec Kujawski maszt radiowy 330 m
GORZÓW WIELKOPOLSKI spichlerz
Ciechocinek tężnie
Warta
Zapora Włocławska
Kwilcz
Rogierówko
Jemiołów maszt RTV 314 m
POZNAŃ
Modlin spichlerz
Narew
Zapora Zegrzyńska
Konstantynów do 1991 r. najwyższy maszt na świecie – 645,5 m
Poniatowskiego, Siekierkowski, Skłodowskiej-Curie, Świętokrzyski
WARSZAWA
Konin najstarszy słup przydrożny, 1151 r.
Maurzyce najstarszy na świecie most spawany nad Słudwią, 1928 r.
maszt radiowy 335 m
Łazy
Konstancin-Jeziorna
tężnie
Nowa Sól
1817 r.
Lubięcin
most zwodzony, 1927 r.
1642 r.
Gola
Prosna
Uniejów XIX w.
Zapora Jeziorsko
maszt RTV 300 m
Kalisz most kamienny, 1825 r.
Zygry maszt radiowy 346 m
ŁÓDŹ
Rembertów
Bóbr
1671 r.
Duchowo
Pilica
Zapora Sulejowska
najdłuższy w XIX w. w Europie wiadukt kolejowy
Bolesławiec
Świerzawa most kamienny, XVI w.
Słup
WROCŁAW Most Grunwaldzki – stalowy, wiszący, 1910 r.
Zapora Pilchowicka
Szklarska Poręba
Strzegom pierwszy żeliwny most w Polsce i Europie, 1796 r.
radioteleskopy
Psary-Kąty
XIX
Karpacz
Gostków
KIELCE
Szwarszowice
Ząbkowice Śląskie most kamienny, 1553 r.
1734 r.
OPOLE
Zapora Turawska
Ozimek najstarszy w Europie wiszący most żelazny
Mała Panew
CZECHY
most kamienny, 1515 r.
Bardo
Zapora Otmuchowska
Nysa Kłodzka
Zapora w Nysie (Głębinowie)
najwyższa na świecie budowla drewniana – maszt 160 m
Kłodzko Most Św. Jana kamienny, 1390 r.
Lądek-Zdrój most kamienny XVI w.
Sienna
Wojkowice
Gliwice most żeliwny, 1803 r.
KATOWICE
maszt radiowy 355 m
Czerna most, XVII w.
Mysłowice (Kosztowy)
KRAKÓW
Raba
Dunajec
Zapora Goczałkowicka
Międzybrodzie Żywieckie
Zapora Świnna Poręba w budowie
Zapora Dobczyce
Bielsko-Biała
Myślenice
Zapora Rożnowska
Ustroń
Szczyrk
Zapora Żywiecka
Soła
Skawa
Zawoja
Poręba Wielka
Rytro
Krynica-Zdrój
najstarsza w Polsce kolejka linowa
Szczawnica
Zapora Niedzicka
Zakopane
Dolina Goryczkowa
Dolina Gąsienicowa
Wag
SŁOWACJA
NIEMCY
maszty: wybrane drewniane; o wysokości powyżej 300 m
latarnie: wysokość wieży; wysokość źródła światła n.p.m.
m 100 75 50 25 0
wybrane młyny wodne
wybrane wiatraki typu: koźlak; paltrak; holender
elektrownie wiatrowe o mocy: 30-160 kW; 225-660 kW; powyżej 1200 kW
koleje linowe: krzesełkowe; kabinowe; gondolowe; terenowe
wybrane mosty; wybrane wiadukty; drogowe; kolejowe
wybrane zapory
inne ciekawe obiekty
wiek lub rok powstania XVIII w. 1734 r.

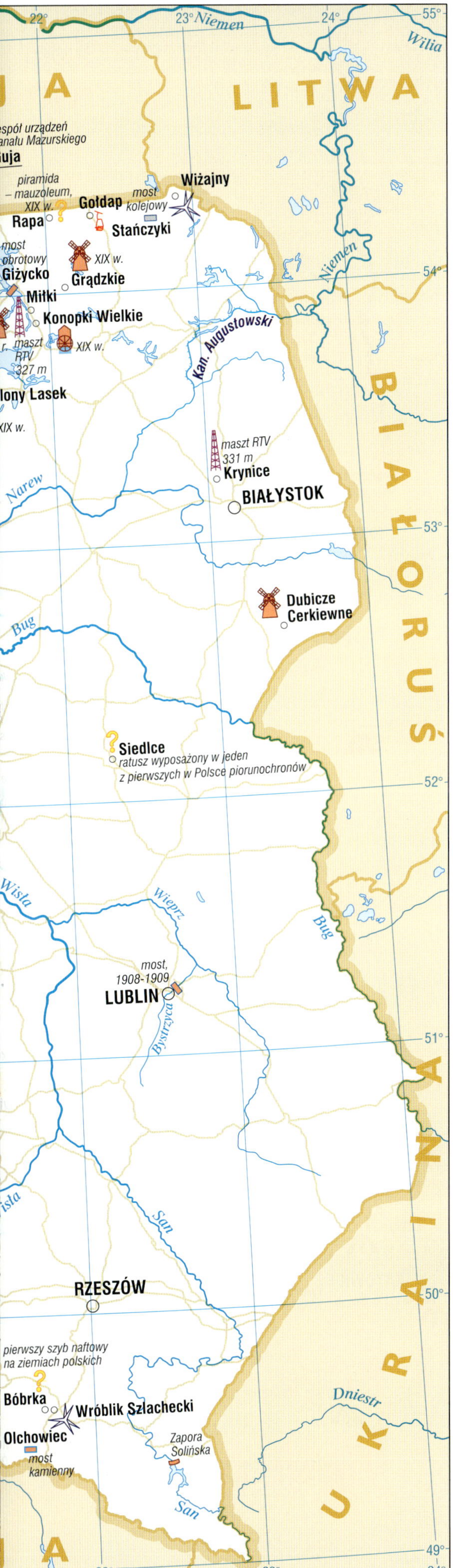

Znikające bezpowrotnie z polskich pejzaży wiatraki różnią się konstrukcją mechanizmów umożliwiających obracanie śmigieł w stronę wiatru. Dzielimy je na trzy typy. Najczęściej można spotkać tzw. koźlaki. Ich obudowa jest umieszczona na czteronożnym koźle, na którym za pomocą specjalnego dyszla obraca się cała konstrukcja. Podobnie w całości obraca się wiatrak paltrak osadzony na stalowych rolkach poruszających się po torze położonym na solidnym murowanym fundamencie. Trzeci rodzaj wiatraków sprowadzili na tereny Polski Holendrzy, dlatego nazywa się je holendrami. Obraca się w nich tylko umieszczona na rolkach głowica, jak w wiatraku ze skansenu w Olsztynku (na zdjęciu).

fot. iwmal/www.PolskaNiezwykla.pl

fot. Sanka/www.PolskaNiezwykla.pl

Zapory należą do bardzo spektakularnych budowli i są świadectwem najwyższego kunsztu inżynieryjnego. Pilchowicka zapora na Bobrze, wysoka na 62 m, powstała na początku XX w., po katastrofalnej powodzi w 1897 roku.

Kolej gondolowa na Jaworzynę Krynicką to jedna z najnowocześniejszych w Europie kolejek górskich. Sześcioosobowe wagoniki mknące z prędkością 5 m/s mogą przewieźć w ciągu godziny do 1600 osób.

fot. WWAT/www.PolskaNiezwykla.pl

fot. Zorza/Wikimedia Commons (CC BY-SA 3.0, GFDL 1.2)

Wrocław może poszczycić się jednym z najpiękniejszych mostów w Polsce – Mostem Grunwaldzkim. Cała przeprawa na Odrze liczy 216 m długości, z czego wisząca kładka ma 112,5 m. Podtrzymywana jest przez stalowe liny rozpięte na potężnych granitowych pylonach.

Bornholm (duń.)
MORZE BAŁTYCKIE
Zatoka Gdańska
Zalew Wiślany
Zalew Kuroński
Pregoła
Łyna
ROS
NIEMCY
CZECHY
SŁOWAC
Mechowo
Groty Mechowskie
GDAŃSK
Świnoujście
zespół fortów
OLSZTYN
SZCZECIN
schron przeciwlotniczy
Wałcz
schrony
BYDGOSZCZ
Fabryka Prochu i Amunicji DAG-Fabrik Bromberg
Grudziądz
Twierdza Courbiera
Wisła
TORUŃ
twierdza – Fort IV
Odra
Noteć
Kostrzyn nad Odrą
twierdza
GORZÓW WIELKOPOLSKI
Warta
Pniewo
Trasa Międzyrzecka MRU
POZNAŃ
Boryszyn
Pętla Boryszyńska MRU
Kłodawa
Kopalnia Soli „Kłodawa"
WARSZAWA
Fort Legionów; Piwnice staromiejskie
ZIELONA GÓRA
ŁÓDŹ
Kanał „Dętka"
Konewka
schron kolejowy
Pilica
Jeleń
schron kolejowy
Złotoryja
Kopalnia Złota „Aurelia"
WROCŁAW
Dziurawy Kamień
góra Chojnik
Sztolnie Kowary
Kowary
Walim
kopalnia srebra Silberloch; kompleksy: Rzeczka, Włodarz
Głuszyca
kompleks Osówka
Nowa Ruda
Kopalnia Węgla Nowa Ruda
Kłodzko
twierdza; Trasa 1000-lecia Państwa Polskiego
Złoty Stok
kopalnia złota
Radochów
Radochowska
Kletno
Niedźwiedzia; nieczynne kopalnie uranu
OPOLE
Węże
Za kratą
góra Miedzianka
sztolnia Zofia; jaskinia krasowa
KIELCE
Chęciny
Raj
Sztolnia „Czarnego Pstrąga"; Kopalnia Zabytkowa Rud Srebrnonośnych
Tarnowskie Góry
Muzeum Miejskie „Sztygarka"
Dąbrowa Górnicza
Skorocice
Skorocicka
Zabrze
Skansen Górniczy „Królowa Luiza"
Zabytkowa Kopalnia Węgla Kamiennego „GUIDO"
Nietoperzowa
Jerzmanowice
Grota Łokietka
Dolina Prądnika
Ciemna
Rybnik
Zabytkowa Kopalnia „Ignacy Hoym"
KATOWICE
Wierzchowie
Wierzchowska Górna
Wodzisław Śląski
Górnicza Sztolnia Ćwiczebna
KRAKÓW
Smocza Jama, Podziemia Rynku
Wieliczka
Kopalnia Soli „Wieliczka"; Muzeum Żup Krakowskich
Bochnia
Zabytkowa kopalnia soli
góra Malinów
Malinowska
Dolina Kościeliska
Mroźna; Mylna; Raptawicka; Obłazkowa Jaskinia
Dolina Ku Dziurze
Dziura
Wąwóz Kraków
Smocza Jama
Dunajec
Wisła
Łaba
Morawa
Wag
granice państw
drogi; drogi w budowie
jaskinie
dawne kopalnie i wyrobiska
dawne obiekty militarne
dawne piwnice i składy
możliwość zwiedzania obiektu tylko po wcześniejszym uzgodnieniu
lasy

fot. Rafikk/Wikimedia Commons (CC BY-SA 2.5)

fot. Frank Müller/www.sxc.hu

Jaskinie i groty powstałe w wyniku wypłukiwania rozpuszczalnych skał przez wody, czasem z bogatą szatą naciekową, są atrakcjami turystycznymi głównie w południowej Polsce (zdjęcie z prawej strony).
Cuda stworzone przez naturę można podziwiać też koło Pucka, w Grotach Mechowskich (zdjęcie z lewej strony).

Na terenie Polski zachowało się wiele twierdz i fortyfikacji. Te średniowieczne, z czasem przebudowywano lub nawet wznoszono od nowa by mogły nadal pełnić funkcje obronne. Zamki zastępowano nowocześniejszymi cytadelami, wznoszono beluardy, bastiony. Rozwój broni i strategii prowadzenia wojen spowodował konieczność budowania systemu chodników minerskich oraz przeciwminowych. Niektóre podziemne części fortyfikacji ciągnęły się na długości nawet 30 km np. w MRU, czyli Międzyrzeckim Rejonie Umocnionym (na zdjęciu obok).

fot. Rzuwig/Wikimedia Commons (CC-BY-SA 3.0)

fot. Adam Zakrzewski

W nieczynnych kopalniach, i to zarówno tych działających w odległej przeszłości jak i tych zamkniętych całkiem niedawno, często urządzane są muzea, skanseny górnicze i atrakcyjne trasy dla turystów. Ewenementem na skalę światową jest Kopalnia Soli w Wieliczce (zdjęcie powyżej).
Jej walory doceniło UNESCO wpisując ją w 1978 na swoją pierwszą Listę światowego dziedzictwa kulturowego i przyrodniczego.

Gęstość zaludnienia i miasta

1 : 5 000 000

Liczba mieszkańców na 1 km²

- powyżej 200
- 100 – 200
- 60 – 100
- 40 – 60
- 20 – 40
- poniżej 20

Liczba mieszkańców w miastach

- powyżej 1 000 000
- 500 000 – 1 000 000
- 250 000 – 500 000
- 100 000 – 250 000
- 50 000 – 100 000
- 25 000 – 50 000
- 10 000 – 25 000

Stan: 2010 r.

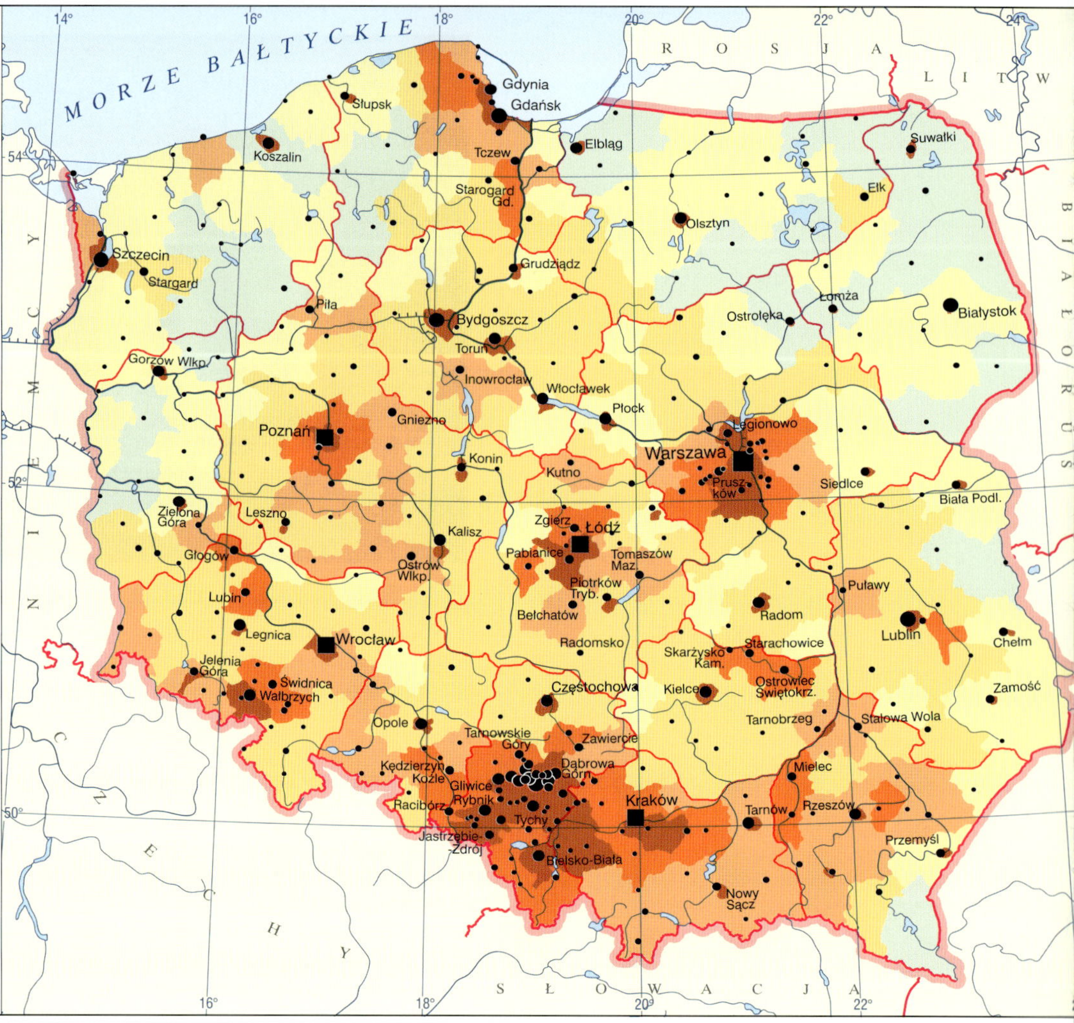

Urbanizacja

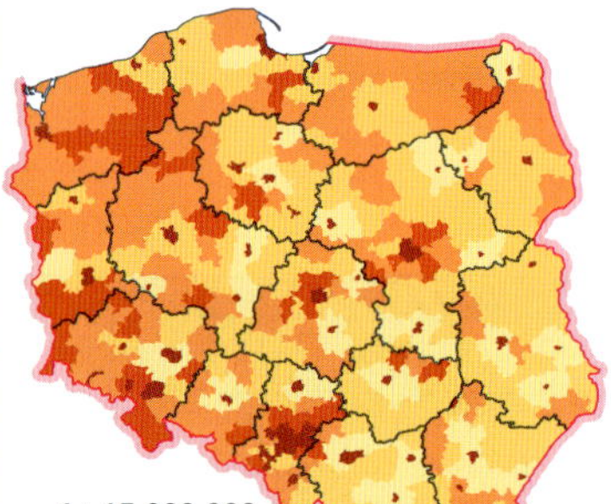

1 : 15 000 000

Ludność w miastach w stosunku do ogółu ludności

- 80 – 100%
- 60 – 80
- 40 – 60
- 20 – 40
- 0 – 20

Stan: 2013 r.

Mniejszości narodowe i grupy etnograficzne

1 : 5 000 000

Mniejszości narodowe	szacunkowa liczebność w tys.
Niemcy	250 – 400
Ukraińcy	200 – 300
Białorusini	200 – 300
Łemkowie	50 – 65
Cyganie (Romowie)	ok. 25
Słowacy	ok. 20
Litwini	ok. 20
Rosjanie	7 – 15
Żydzi	5 – 15
Ormianie	ok. 8
Grecy i Macedończycy	ok. 5
Tatarzy	2,5 – 5
Starowiercy	2,5 – 3
Czesi i Morawianie	2 – 3
Karaimi	ok. 0,2

Kurpie grupy etnograficzne

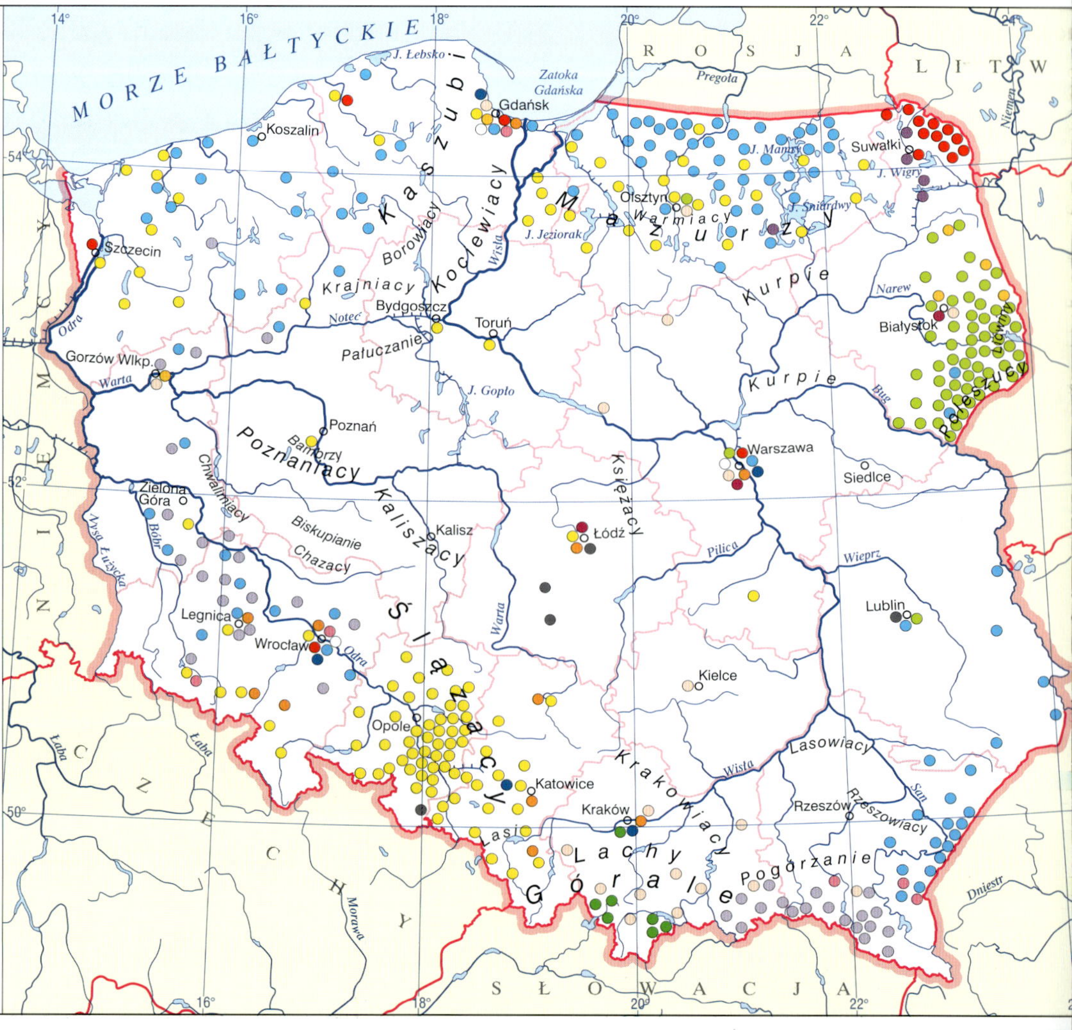

Dialekty polskie

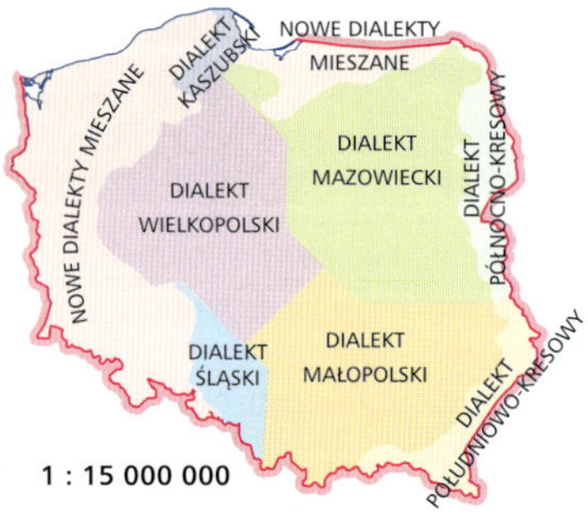

1 : 15 000 000

Zmiany w zaludnieniu miast i wsi
w latach 2000 – 2010

1 : 5 000 000

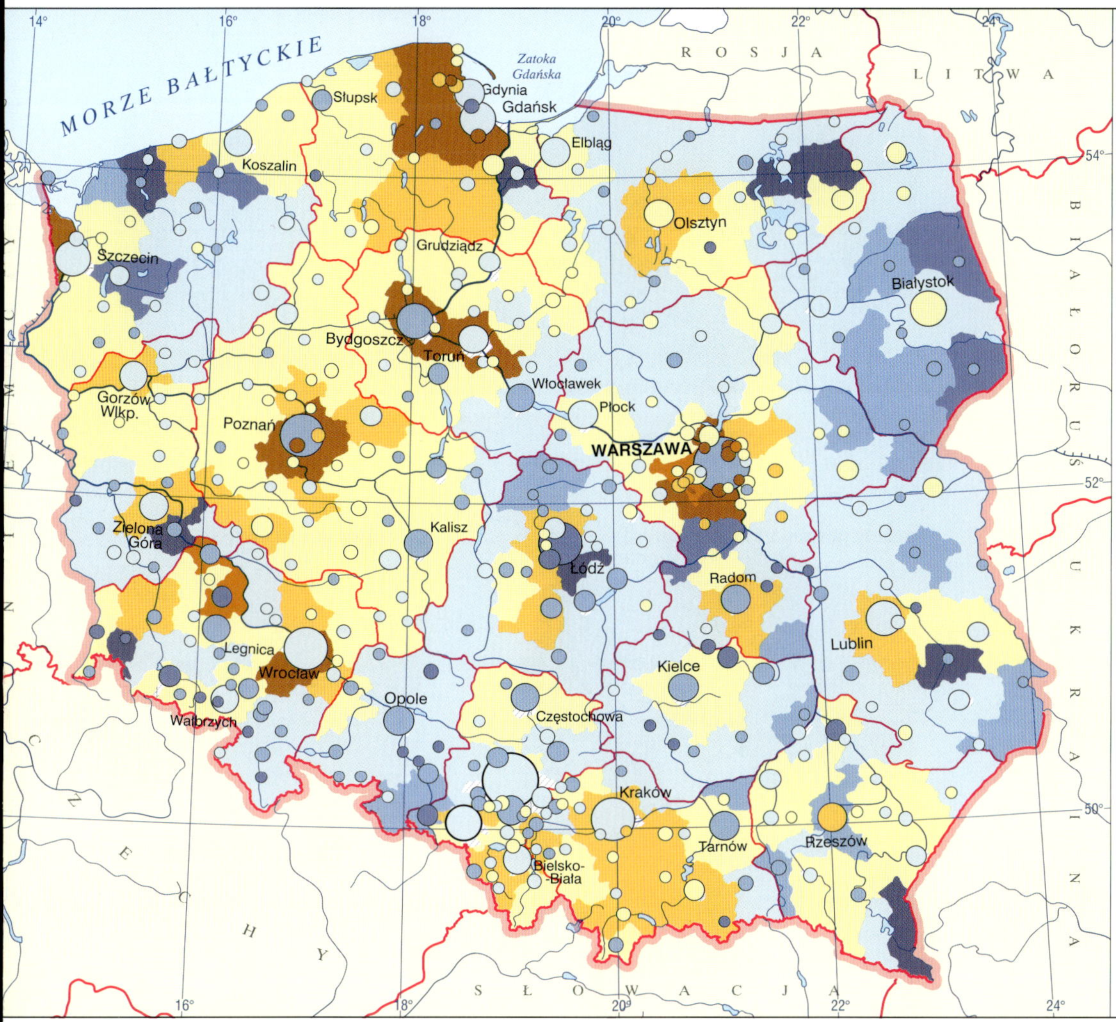

Miasto / Wieś

przyrost
- pow. 18% / pow. 18%
- 12 – 18 / 12 – 18
- 6 – 12 / 6 – 12
- 0 – 6 / 0 – 6

ubytek
- 0 – 3 / 0 – 6
- 3 – 6 / 6 – 12
- pow. 6% / 12 – 18
- pow. 18% (wieś)

Liczba mieszkańców w miastach
- powyżej 1 mln
- 500 tys. - 1 mln
- 250 - 500 tys.
- 100 - 250 tys.
- 50 - 100 tys.
- 25 - 50 tys.
- 10 - 25 tys.

większe obszary miejskie

Stan: 2010 r.

...uch naturalny ludności
1 : 8 000 000

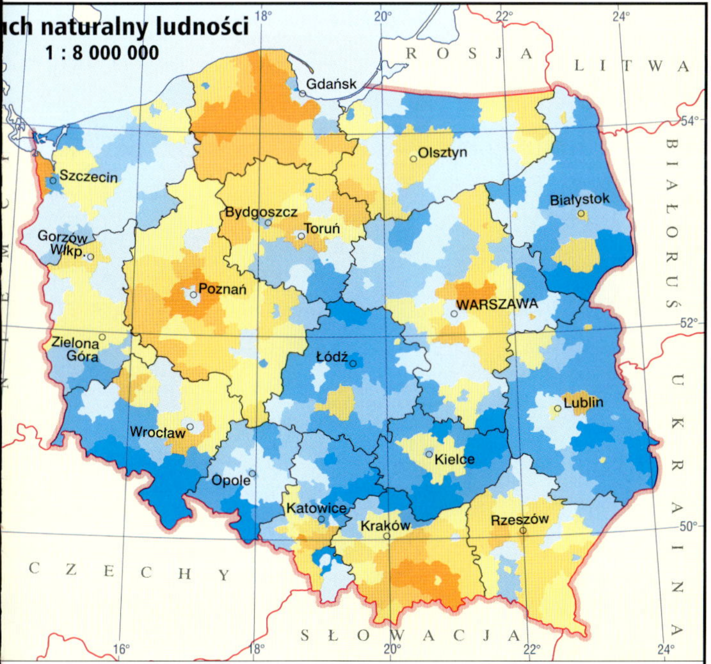

Przyrost naturalny
...rzeliczony na 1000 mieszkańców

ujemny
- ...9
- 2 – 4
- 1 – 2
- 0 – 1

dodatni
- ...1
- 1 – 2
- 2 – 4
- 4 – 8 osób

Stan: 2013 r.

Ruch naturalny ludności w latach 1946 – 2013

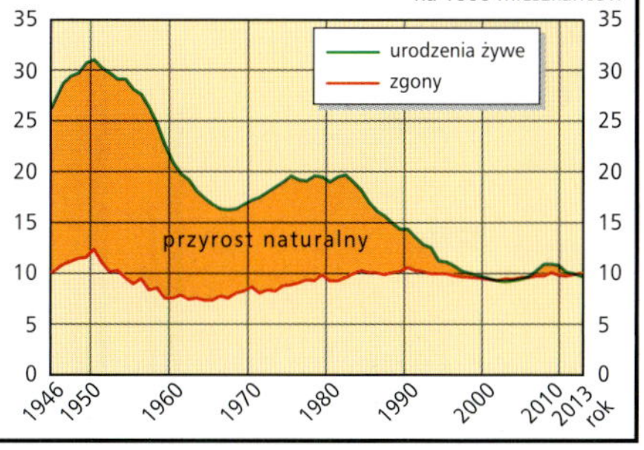

Migracje krajowe i zagraniczne
1 : 8 000 000

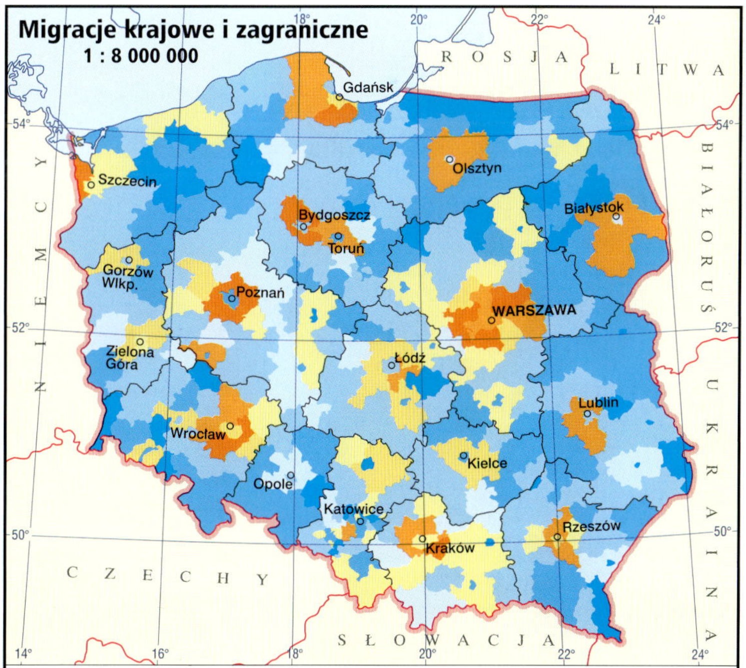

Saldo migracji na 1000 mieszkańców

ujemne
- 5 – 9
- 3 – 5
- 1 – 3
- 0 – 1

dodatnie
- 0 – 2
- 2 – 4
- 4 – 10
- 10 – 23 osoby

Stan: 2013 r.

Saldo migracji zagranicznych w latach 1946 – 2013

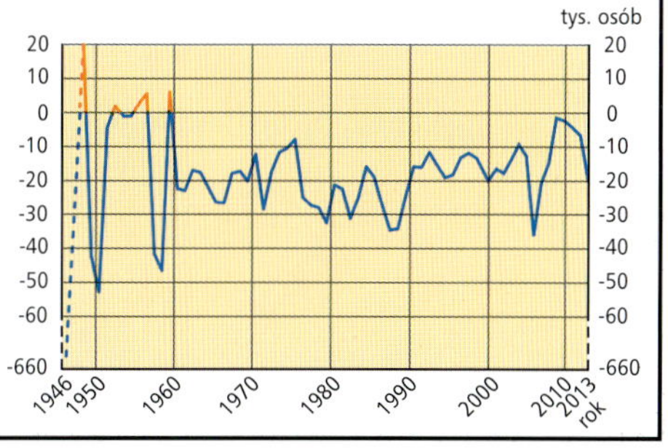

Produkt krajowy brutto

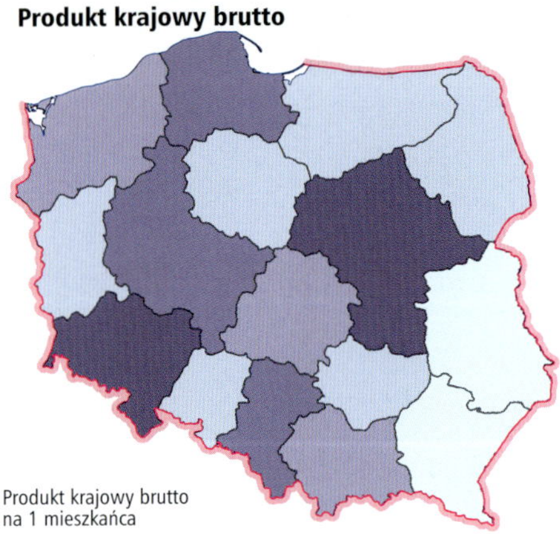

Produkt krajowy brutto na 1 mieszkańca

- 45,0 – 66,8 tys. zł
- 40,0 – 45,0
- 35,0 – 40,0
- 30,0 – 35,0
- 30,0 – 30,0

Stan: 2012 r.

Dochody

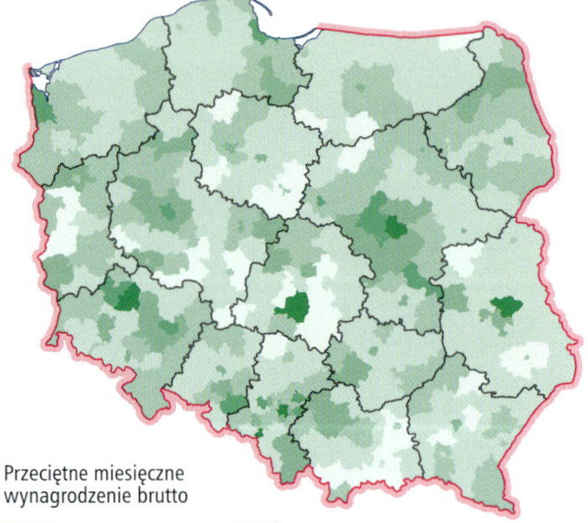

Przeciętne miesięczne wynagrodzenie brutto

- 4800 – 6641 zł
- 4000 – 4800
- 3500 – 4000
- 3200 – 3500
- 2900 – 3200
- 2456 – 2900

Stan: 2013 r.

Zarobki i inflacja

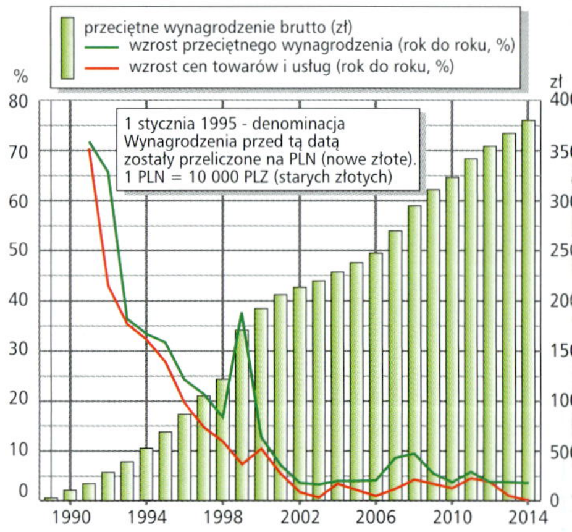

Budżety gospodarstw domowych – – dochody i wydatki

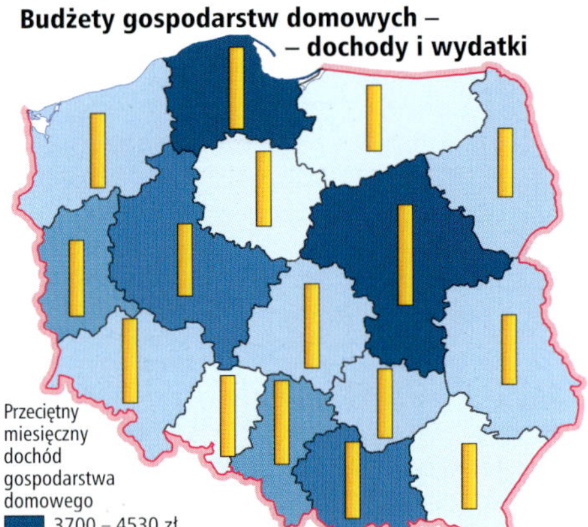

Przeciętny miesięczny dochód gospodarstwa domowego

- 3700 – 4530 zł
- 3500 – 3700
- 3400 – 3500
- 3300 – 3400
- 2906 – 3300

Przeciętne miesięczne wydatki na 1 osobę w gospodarstwie domowym (zł: 0, 400, 800, 1200)

Stan: 2013 r.

Budżety gospodarstw domowych – – oszczędności

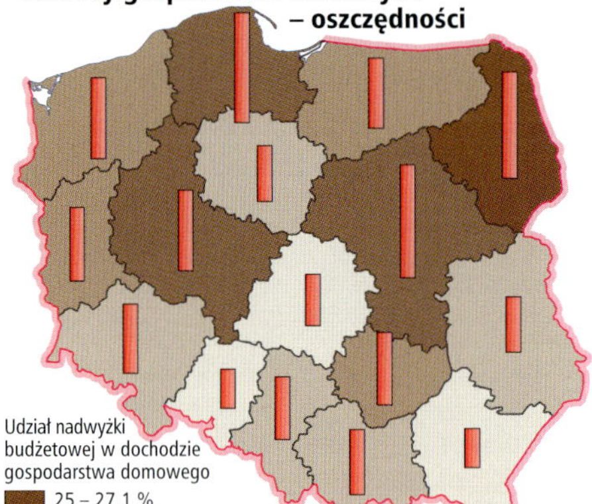

Udział nadwyżki budżetowej w dochodzie gospodarstwa domowego

- 25 – 27,1 %
- 21 – 25
- 17 – 21
- 13 – 17
- 10,5 – 13

Nadwyżka budżetowa gospodarstwa domowego na 1 osobę (zł: 0, 100, 200, 300)

Stan: 2013 r.

Centra usług rynkowych

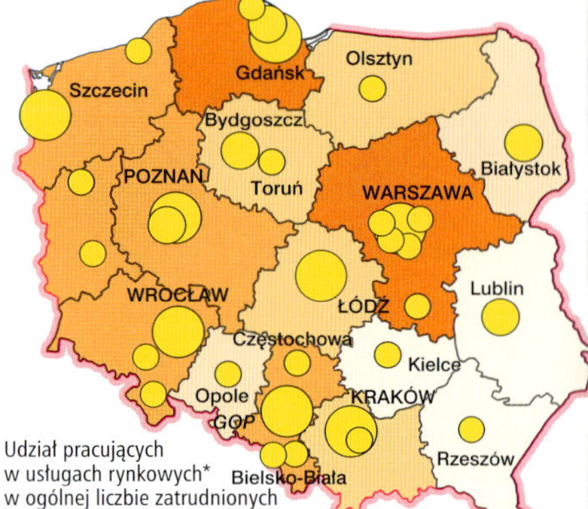

Udział pracujących w usługach rynkowych* w ogólnej liczbie zatrudnionych

- 40 – 47%
- 35 – 40
- 30 – 35
- 26 – 30
- 23 – 25

* nie finansowanych z budżetu państwa

Centra usług rynkowyc: średnie, duże, wielkie

Działalność gospodarcza

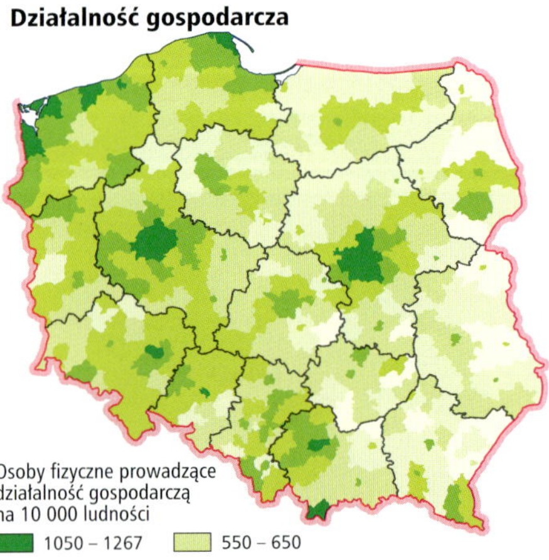

Osoby fizyczne prowadzące działalność gospodarczą na 10 000 ludności

- 1050 – 1267
- 800 – 1050
- 650 – 800
- 550 – 650
- 450 – 550
- 341 – 450

Stan: 2013 r.

Bezrobocie

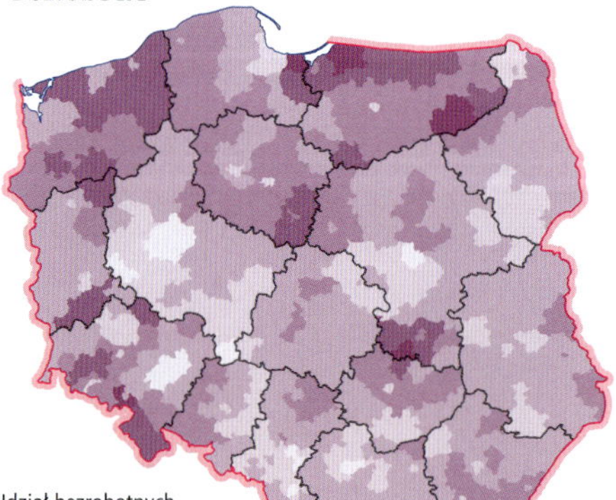

Udział bezrobotnych w ogólnej liczbie ludności zawodowo czynnej

- 37 – 46%
- 30 – 37
- 22 – 30
- 14 – 22
- 7 – 14
- 5 – 8

Stan: 2013 r.

Bezrobocie młodzieży

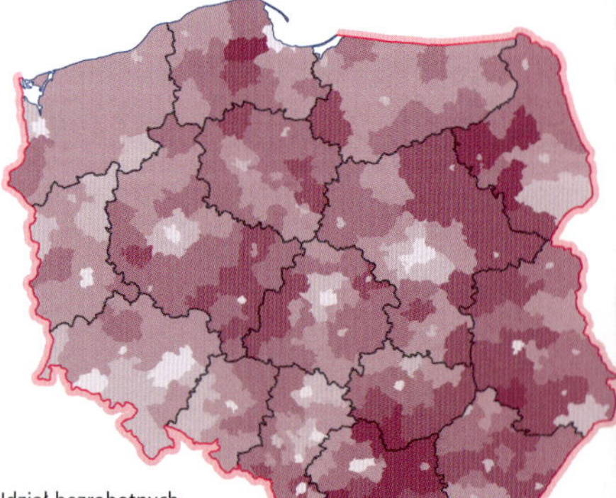

Udział bezrobotnych w wieku do 25 lat w ogólnej liczbie bezrobotnych

- 26 – 34
- 22 – 26
- 18 – 22
- 14 – 18
- 10 – 14
- 5 – 10

Stan: 2014 r.

Warunki mieszkaniowe

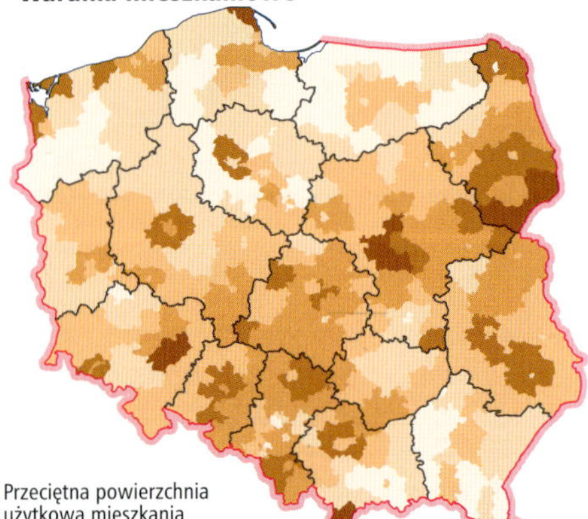

Przeciętna powierzchnia użytkowa mieszkania

- 32 – 39,5 m²/osobę
- 29 – 32
- 27 – 29
- 25 – 27
- 23– 25
- 21– 23

Stan: 2013 r.

Motoryzacja

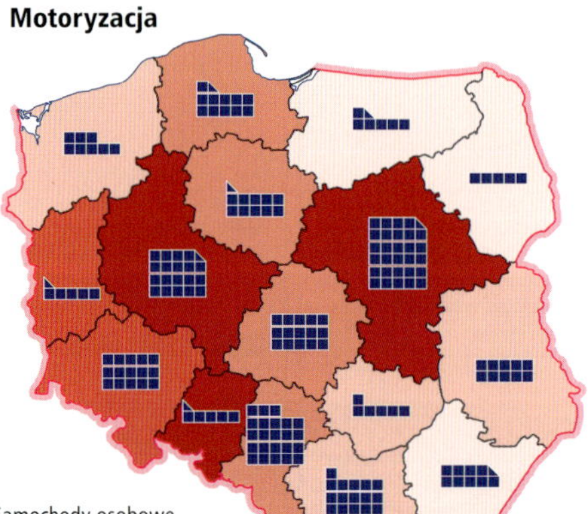

Samochody osobowe na 1000 mieszkańców

- 536 – 564 szt.
- 510 – 535
- 486 – 509
- 460 – 485
- 434 – 459

Stan: 2013 r.

Liczba samochodów
■ 100 000 szt.

Komputeryzacja

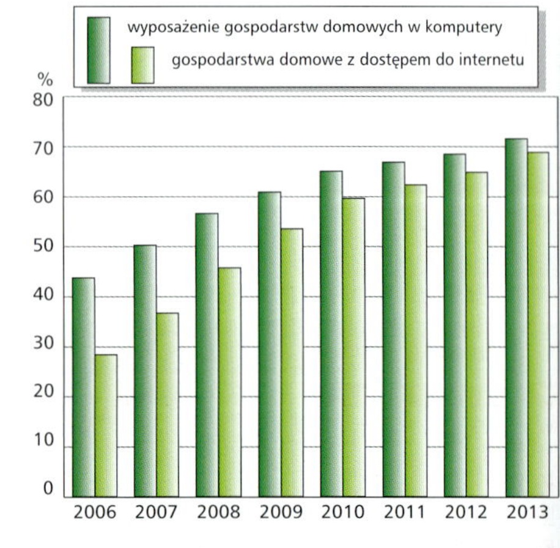

Służba zdrowia

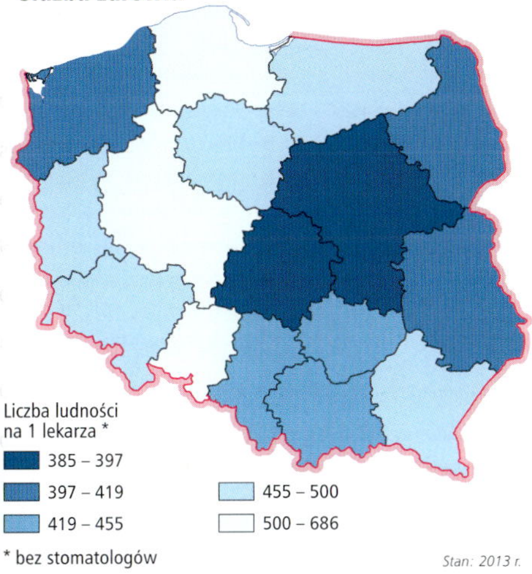

Przeciętna długość życia

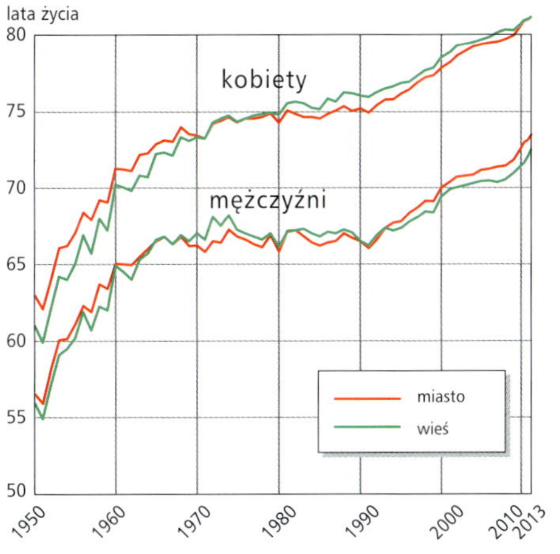

Główne przyczyny zgonów

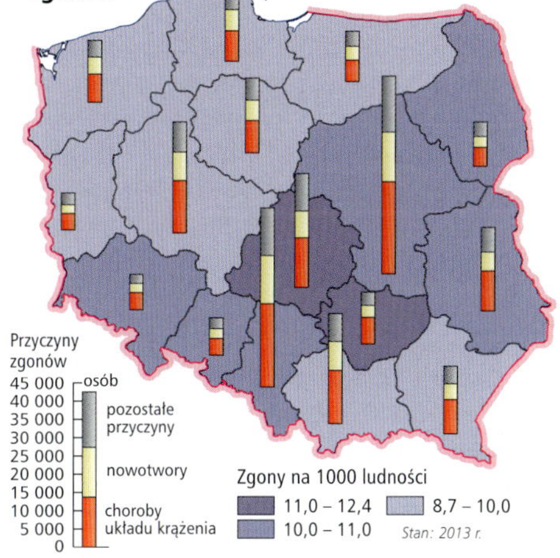

Czytelnictwo

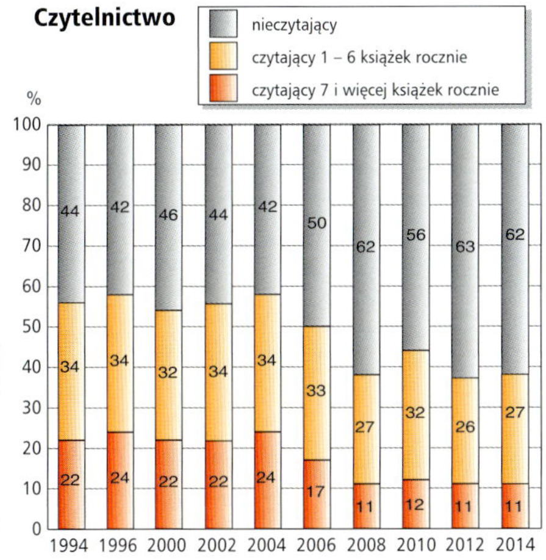

Książki – nakłady i tytuły

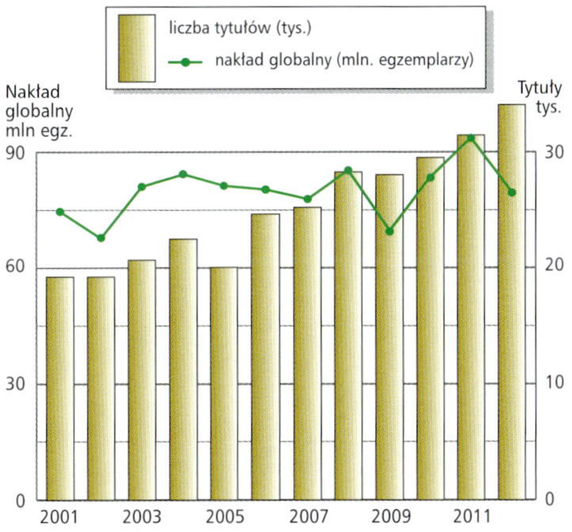

Gazety i czasopisma

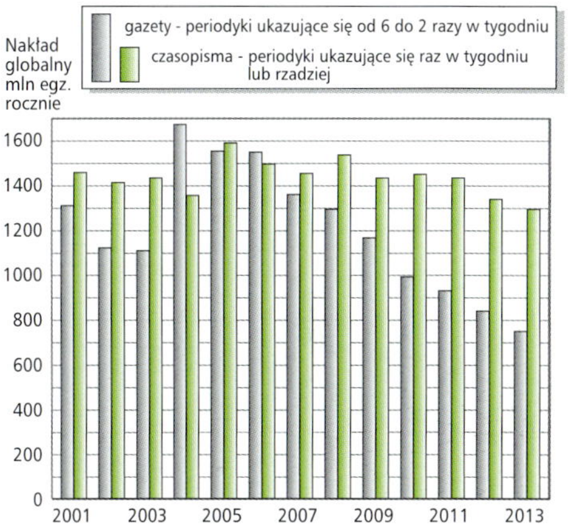

Kultura

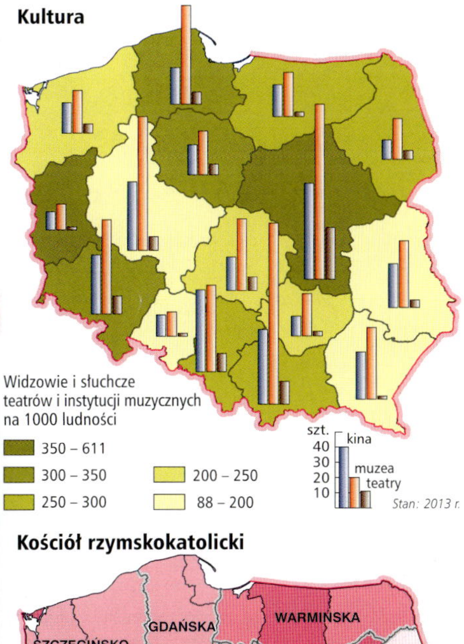

Szkoły wyższe

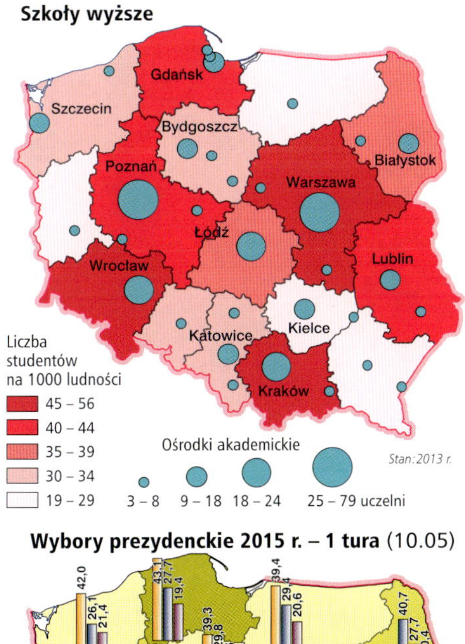

Wyznania religijne

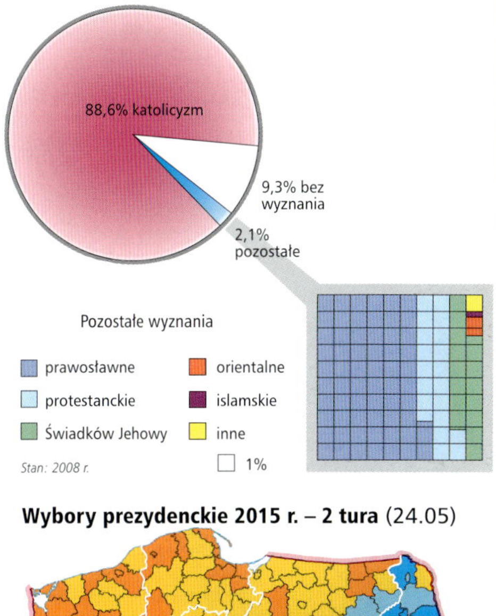

Kościół rzymskokatolicki

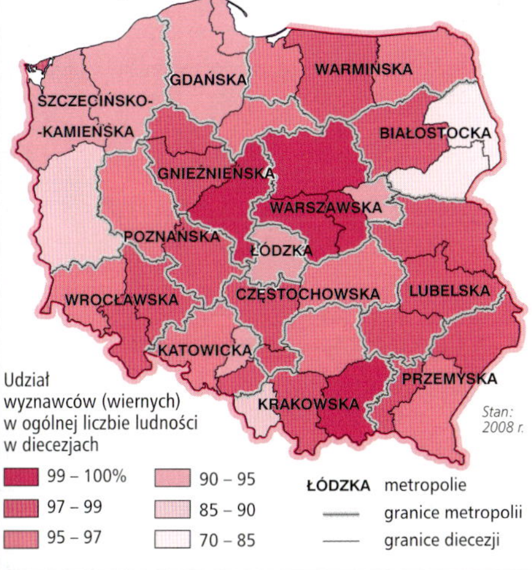

Wybory prezydenckie 2015 r. – 1 tura (10.05)

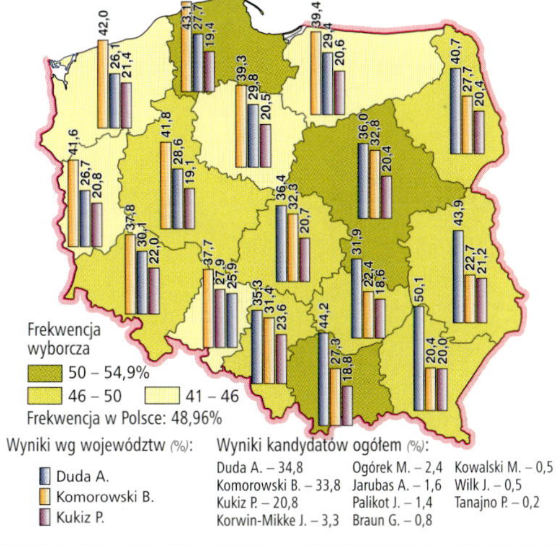

Wybory prezydenckie 2015 r. – 2 tura (24.05)

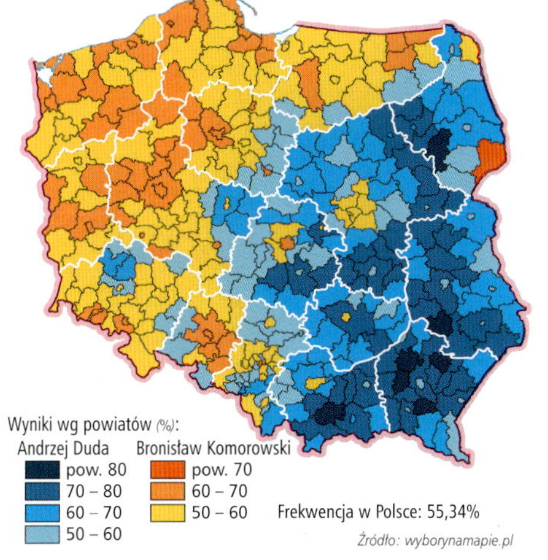

1 : 1 000 000

10 0 10 20 30 40 50 km

Miejscowości
- 250 000 – 500 000 mieszk.
- 100 000 – 250 000
- 50 000 – 100 000
- 25 000 – 50 000
- 10 000 – 25 000
- 5 000 – 10 000
- poniżej 5 000

- **GDAŃSK** miasta wojewódzkie
- **SŁUPSK** siedziby powiatów grodzkich
- **PIŁA** siedziby powiatów ziemskich
- **Ustka** inne miasta
- Mielno wsie gminne
- *Kluki* pozostałe wsie
- 26 liczba mieszk. miast w tys.
- STARGARD miejscowości z licznymi, cennymi zabytkami

- granice państw
- granice województw
- granice powiatów
- granice gmin
- granice parków narodowych
- granice parków krajobrazowych
- koleje
- koleje wąskotorowe

- autostrady
- drogi ekspresowe dwu- i jednojezdniowe
- drogi główne dwu- i jednojezdniowe (krajowe)
- drogi drugorzędne dwu- i jednojezdniowe (wojewódzkie)
- zabudowa mieszkalna i usługowa
- zabudowa przemysłowa
- lasy
- łąki i pastwiska
- sady
- tereny zdegradowane

- bagna
- kościoły, klasztory
- zamki, pałace, ruiny
- mury obronne, fortyfikacje
- skanseny, inne zabytki architektu
- latarnie morskie
- 612 szczyty, punkty wysokościowe
- zapory wodne, przeprawy prom
- porty morskie, porty lotnicze
- przejścia graniczne

17°
5
18°
6
19°
7
20°
55°
54°
B A Ł T Y C K I E
Z a t o k a
G d a ń s k a
Zatoka Pucka
Mierzeja Helska
Mierzeja Wiślana
Zalew Wiślany
Nadmorski P.K.
Przyl. Rozewie
Władysławowo
Nadmorski Park Krajobrazowy
Jastarnia
Jurata
Hel
PUCK
Reda
Rumia
WEJHEROWO
Kosakowo
GDYNIA
SOPOT
GDAŃSK
Łeba
SŁOWIŃSKI PARK NARODOWY
J. Łebsko
Smołdzino
Rowy
J. Gardno
LĘBORK
Nw. Wieś Lęborska
Choczewo
Białogóra
Dębki
Jastrzębia Góra
Krokowa
Żarnowiec
J. Żarnowieckie
Swarzewo
Gniewino
Łęczyce
Lużino
Szemud
Chwaszczyno
Trójmiejski P.K.
Potęgowo
Damnica
SŁUPSK
Kobylnica
Dębnica Kaszubska
Czarna Dąbrówka
Cewice
Linia
Kaszubski Park Krajobrazowy
Przodkowo
KARTUZY
Żukowo
Sierakowice
Chmielno
Somonino
Park Krajobrazowy Doliny Słupi
Kołczygłowy
Trzebielino
Borzytuchom
BYTÓW
Parchowo
Sulęczyno
Stężyca
KOŚCIERZYNA
Nw. Karczma
Przywidz
PRUSZCZ GDAŃSKI
Pszczółki
Trąbki Wlk.
Kolbudy Grn.
Skarszewy
Liniewo
Miastko
Tuchomie
Studzienice
Lipusz
Dziemiany
Wdzydzki P.K.
Wdzydze
Lipnica
Karsin
STAROGARD GDAŃSKI
Str. Kiszewa
Zblewo
Kaliska
Bobowo
TCZEW
Suchy Dąb
Cedry Wlk.
Stegna
Krynica Morska
P.K. Mierzeja Wiślana
Sztutowo
Kąty Rybackie
NW.DWÓR GDAŃSKI
Ostaszewo
Lichnowy
Nowy Staw
Stare Pole
Miłoradz
MALBORK
Subkowy
Pelplin
Koczała
Zaborski Park Krajobrazowy
Brusy
Konarzyny
Lisia Góra
Przechlewo
P.N. BORY TUCHOLSKIE
Czersk
Czarna Woda
Osieczna
Lubichowo
Skórcz
Morzeszczyn
Gniew
Bory Tucholskie
Rzeczenica
CHOJNICE
CZŁUCHÓW
Czarne
Tucholski Park Krajobrazowy
Śliwice
Osiek
Smętowo Graniczne
Nowe
Wdecki P.K.
Osie
TUCHOLA
Debrzno
Kamień Krajeński
Kęsowo
Cekcyn
Lniano
Drzycim
Jeżewo
Warlubie
Zespół PK Chełmińskiego i Nadwiślańskiego
Dragacz
GRUDZIĄDZ
SĘPÓLNO KRAJEŃSKIE
Gostycyn
Lubiewo
Świekatowo
Bukowiec
ŚWIECIE
Lipka
Zakrzewo
Krajeński Park Krajobrazowy
Sośno
Więcbork
ZŁOTÓW
Krajenka
Łobżenica
Koronowo
Pruszcz
CHEŁMNO
Stolno
Papowo Biskupie
Kijewo Królewskie
Unisław
Dobrcz
Chełmża
Lisewo
Płużnica
WĄBRZEŹNO
Wysoka
Wyrzysk
Mrocza
NAKŁO N. NOTECIĄ
Sicienko
Sadki
Osielsko
Dąbrowa Chełmińska
BYDGOSZCZ
Białe Błota
Solec Kujawski
Zławieś Wlk.
Łubianka
Łysomice
TORUŃ
Kowalewo Pomorskie
GOLUB-DOBRZYŃ
Radomin
Ciechocin
Zbójno
Szamocin
Kcynia
Szubin
CHODZIEŻ
Margonin
Gołańcz
Łabiszyn
Nw. Wieś Wlk.
Złotniki Kujawskie
Gniewkowo
Obrowo
Czernikowo
Ciechocinek
Raciążek
Nieszawa
ALEKSANDRÓW KUJAWSKI
Barcin
Rojewo
Pakość
INOWROCŁAW
Dąbrowa Biskupia
Koneck
Zakrzewo
Waganiec
Bądkowo
Janikowo
Dobre
Gąsawa
Rogowo
Dąbrowa
ŻNIN
Janowiec Wlkp.
Damasławek
WĄGROWIEC
Rogoźno
Mieścisko
Budzyń
Wapno
LIPNO
Skępe
Chrostkowo
Kikół
Wielgie
Fabianki
Lubanie
Bobrowniki
Tłuchowo
Brudzeń Duży
Brudzeński P.K.
Bielsk
Mochowo
Gozdowo
SIERPC
Szczutowo
Rościszewo
Zawidz Kościelny
Rogowo
Skrwilno
RYPIN
Brzuze
Lutocin
Bieżuń
ŻUROMIN
Lubowidz
Świedziebnia
Osiek
Wąpielsk
Bobrowo
BRODNICA
Brodnicki P.K.
Zbiczno
Brzozie
Górzno
Grążawy
Górznieńsko-Lidzbarski Park Krajobrazowy
Lidzbark
Welski P.K.
Kurzętnik
NW. MIASTO LUBAWSKIE
Grodziczno
Rybno
Lubawa
Mszanowo
Biskupiec
IŁAWA
Kisielice
Łasin
Gardeja
Sadlinki
Rogóźno
Gruta
Świecie n. Osą
Radzyń Chełmiński
Jabłonowo Pomorskie
Książki
Dębowa Łąka
KWIDZYN
Ryjewo
Prabuty
Susz
Park Krajobrazowy Pojezierza Iławskiego
OSTRÓDA
P.K. Wzgórz Dylewskich
Miłomłyn
Zalewo
Dzierzgoń
Mikołajki Pomorskie
Str. Dzierzgoń
Stary Targ
SZTUM
Rychliki
Morąg
Małdyty
Markusy
Gronowo
Święty Gaj
Pasłęk
Godkowo
ELBLĄG
P.K. Wysoczyzny Elbląskiej
Tolkmicko
Młynary
Milejewo
Wilczęta
Frombork
BRANIEWO
Płoskinia
Mamonowo
Bałtyjsk
Cieśn. Piławska
Kadyny

Zatoka Gdańska
Zatoka Pucka
Mierzeja Helska
Mierzeja Wiślana
Zalew Wiślany
KALININGRAD
Bałtyjsk
Świetłyj
Ładuszkin
Mamonowo
Gwardiejskoje
Prawdinsk
Bagrationowsk
Pregoła
GWARDIE
Władysławowo
Jastarnia
Hel
Nadmorski P.K.
Nadmorski Park Krajobrazowy
Przyl. Rozewie
Jastrzębia Góra
Dębki
Białogóra
Żarnowiec
Krokowa
Swarzewo
PUCK
Gniewino
Reda
Kosakowo
WEJHEROWO
Rumia
Luzino
Trójmiejski P.K.
GDYNIA
SOPOT
GDAŃSK
Szemud
Chwaszczyno
Kaszubski Park Krajobrazowy
Przodkowo
Żukowo
KARTUZY
Chmielno
Krynica Morska
Frombork
BRANIEWO
P.K. Mierzeja Wiślana
Stegna
Sztutowo
Tolkmicko
Kadyny
P.K. Wysoczyzny Elbląskiej
Milejewo
Młynary
ELBLĄG
NW.DWÓR GDAŃSKI
Ostaszewo
PRUSZCZ GDAŃSKI
Cedry Wlk.
Suchy Dąb
Pszczółki
Trąbki Wlk.
Kolbudy Grn.
Somonino
Przywidz
Wieżyca
Szymbark
Nw. Karczma
Bedomin
Liniewo
Skarszewy
STAROGARD GDAŃSKI
Str. Kiszewa
TCZEW
Lichnowy
Nowy Staw
Str. Pole
Gronowo
Markusy
MALBORK
Miłoradz
Subkowy
Pelplin
Zblewo
Kaliska
Bobowo
Czarna Woda
Lubichowo
Morzeszczyn
Skórcz
Osieczna
Bory Tucholskie
Gniew
Walichnowy Wlk.
SZTUM
Str. Targ
Dzierzgoń
Rychliki
Mikołajki Pomorskie
Str. Dzierzgoń
Ryjewo
KWIDZYN
Prabuty
Susz
Park Krajobrazowy Pojezierza Iławskiego
Zalewo
Kisielice
Gardeja
Sadlinki
Nowe
Warlubie
Osie
Śliwice
Osiek
Smętowo Graniczne
Zespół P.K. Chełmińskiego i Nadwiślańskiego
Rogoźno
Łasin
GRUDZIĄDZ
Dragacz
Jeżewo
ŚWIECIE
Drzycim
Lniano
Bukowiec
Świekatowo
Pruszcz
CHEŁMNO
Stolno
Papowo Biskupie
Kijewo Królewskie
Unisław
Dąbrowa Chełmińska
BYDGOSZCZ
Solec Kujawski
Zławieś Wlk.
Łubianka
Chełmża
TORUŃ
Lubicz
Wielka Nieszawka
Obrowo
Czernikowo
Złotniki Kujawskie
Gniewkowo
Rojewo
Ciechocinek
ALEKSANDRÓW KUJAWSKI
Raciążek
Nieszawa
Waganiec
Koneck
Zakrzewo
Bądkowo
Pakość
INOWROCŁAW
Dąbrowa Biskupia
Janikowo
Kruszwica
Strzelno
Nadgopiański Park Tysiąclecia
Jeziora Wlk.
RADZIEJÓW
Dobre
Osięciny
Brześć Kujawski
Lubraniec
Piotrków Kujawski
Bytoń
Topólka
Wierzbinek
Izbica Kujawska
Boniewo
Chocień
WŁOCŁAWEK
Gostynińsko-Włocławski Park Krajobrazowy
Kowal
Baruchowo
GOSTYNIN
Łąck
PŁOCK
Radzanowo
Bodzanów
Bulkowo
Mł. Wieś
Brudzeń Duży
Brudzeński P.K.
Stara Biała
Bielsk
Dobrzyń n. Wisłą
Fabianki
Wielgie
Tłuchowo
Bobrowniki
LIPNO
Skępe
Kikół
Chrostkowo
Zbójno
Ciechocin
Kowalewo Pomorskie
GOLUB-DOBRZYŃ
Radomin
Wąpielsk
RYPIN
Brzuze
Rogowo
Skrwilno
Szczutowo
Rościszewo
SIERPC
Zawidz Kościelny
Mochowo
Gozdowo
Drobin
Raciąż
Siemiątkowo Koziebrodzkie
ŻUROMIN
Lutocin
Bieżuń
Radzanów
Szreńsk
Lubowidz
Kuczbork-Osada
Lipowiec Kościelny
MŁAWA
Szydłowo
Wiśniewo
Stupsk
Strzegowo-Osada
CIECHANÓW
Glinojeck
Regimin
Opinogóra Grn.
Karniewo
Gołymin Ośrodek
Sońsk
Ojrzeń
Sochocin
Gołotczyzna
Baboszewo
PŁOŃSK
Dzierzążnia
Nw. Miasto
Joniec
Nasielsk
Winnica
Świercze
Gzy
PUŁTUSK
Pokrzywnica
Naruszewo
Załuski
Zakroczym
Czerwińsk
Modlin
NW. DWÓR MAZ.
Wieliszew
Serock
PRZASNYSZ
Czernice Borowe
Krasne
Grudusk
Dzierzgowo
Krzynowłoga Mł.
Wieczfnia Kościelna
Iłowo-Osada
DZIAŁDOWO
Płośnica
Rybno
Kozłowo
Janowiec Kościelny
Debowe Góry
NIDZICA
Janowo
Złote Góry
Jedwabno
Szczytno
Lidzbark
Welski P.K.
Górzno
Górznieńsko-Lidzbarski Park Krajobrazowy
Grążawy
Brzozie
BRODNICA
Bobrowo
Osiek
Świedziebnia
Dębowa Łąka
WĄBRZEŹNO
Pluźnica
Lisewo
Radzyń Chełmiński
Jabłonowo Pomorskie
Książki
Brodnicki P.K.
Zbiczno
Kurzętnik
NW. MIASTO LUBAWSKIE
Grodziczno
Mszanowo
Biskupiec
Świecie n. Osą
Gruta
IŁAWA
Lubawa
Dąbrówno
P.K. Wzgórz Dylewskich
Dylewska Góra
Grunwald
Gierzwałd
OSTRÓDA
Miłomłyn
Łukta
Olsztynek
Stawiguda
Purda
OLSZTYN
Dywity
Barczewo
Pasym
Dźwierzuty
Jonkowo
Gietrzwałd
Świątki
Morąg
Małdyty
Miłakowo
Pasłęk
Godkowo
Orneta
Lubomino
Dobre Miasto
Jeziorany
Kiwity
Bisztynek
LIDZBARK WARMIŃSKI
Pieniężno
Płoskinia
Wilczęta
Lelkowo
Górowo Iławeckie
BARTOSZYCE
Sępopol
Zamkowa Góra
Bisku

1 : 1 000 000

10 0 10 20 30 40 50 km

Miejscowości
- 250 000 – 500 000 mieszk.
- 100 000 – 250 000
- 50 000 – 100 000
- 25 000 – 50 000
- 10 000 – 25 000
- 5 000 – 10 000
- poniżej 5 000

- **OLSZTYN** miasta wojewódzkie
- **SUWAŁKI** siedziby powiatów grodzkich
- **SZCZYTNO** siedziby powiatów ziemskich
- **Mikołajki** inne miasta
- Gierzwald wsie gminne
- *Grunwald* pozostałe wsie
- 26 liczba mieszk. miast w tys.
- **PŁOCK** miejscowości z licznymi, cennymi zabytkami

- granice państw
- granice województw
- granice powiatów
- granice gmin
- granice parków narodowych
- granice parków krajobrazowych
- koleje
- koleje wyłącznie z ruchem towarowym

- koleje wąskotorowe
- autostrady
- drogi ekspresowe dwu- i jednojezdniowe
- drogi główne dwu- i jednojezdniowe (krajowe)
- drogi drugorzędne dwu- i jednojezdniowe (wojewódzkie)
- zabudowa mieszkalna i usługowa
- zabudowa przemysłowa
- lasy, łąki i pastwiska
- sady
- bagna

- kościoły, klasztory
- cerkwie, synagogi, meczety
- zamki, pałace, ruiny
- mury obronne, fortyfikacje
- skanseny, inne zabytki architektury
- latarnie morskie
- 612 szczyty, punkty wysokościowe
- zapory wodne, przeprawy promowe
- porty morskie, porty lotnicze
- przejścia graniczne

1 : 1 000 000

10 0 10 20 30 40 50 km

Miejscowości

- powyżej 500 000 mieszk.
- 250 000 – 500 000
- 100 000 – 250 000
- 50 000 – 100 000
- 25 000 – 50 000
- 10 000 – 25 000
- 5 000 – 10 000
- poniżej 5 000

POZNAŃ	miasta wojewódzkie
KALISZ	siedziby powiatów grodzkich
JAROCIN	siedziby powiatów ziemskich
Wronki	inne miasta
Kotlin	wsie gminne
Rogalin	pozostałe wsie
26	liczba mieszk. miast w tys.
KALISZ	miejscowości z licznymi, cennymi zabytkami

- granice państw
- granice województw
- granice powiatów
- granice gmin
- granice parków narodowych
- granice parków krajobrazowych
- koleje
- koleje wyłącznie z ruchem towarowym
- koleje wąskotorowe
- autostrady
- drogi ekspresowe dwu- i jednojezdniowe
- drogi główne dwu- i jednojezdniowe (krajowe)
- drogi drugorzędne dwu- i jednojezdniowe (wojewódzkie)
- zabudowa mieszkalna i usługowa
- zabudowa przemysłowa
- lasy
- łąki i pastwiska
- sady
- tereny zdegradowane
- bagna
- kościoły, klasztory
- zamki, pałace, ruiny
- mury obronne, fortyfikacje
- skanseny, inne zabytki architektu
- szczyty, punkty wysokościowe
- zapory wodne, przeprawy promo
- porty lotnicze

5
6
7
8
B
C
D
BYDGOSZCZ
TORUŃ
GRUDZIĄDZ
WŁOCŁAWEK
PŁOCK
KONIN
KALISZ
ŁÓDŹ
PIOTRKÓW TRYB.
INOWROCŁAW
GNIEZNO
WRZEŚNIA
JAROCIN
PLESZEW
OSTRÓW WLKP.
KROTOSZYN
KĘPNO
WIELUŃ
SIERADZ
ZDUŃSKA WOLA
PABIANICE
ZGIERZ
ŁĘCZYCA
KUTNO
ŁOWICZ
GOSTYNIN
SIERPC
RYPIN
LIPNO
BRODNICA
GOLUB-DOBRZYŃ
CHEŁMNO
ŚWIECIE
TUCHOLA
CZŁUCHÓW
SĘPOLNO KRAJEŃSKIE
NAKŁO N. NOTECIĄ
WĄGROWIEC
ŻNIN
MOGILNO
RADZIEJÓW
ALEKSANDRÓW KUJAWSKI
SŁUPCA
ŚRODA WLKP.
TUREK
KOŁO
OSTRZESZÓW
OLEŚNICA
BEŁCHATÓW
TOMASZÓW MAZ.
IŁAWA
NW. MIASTO LUBAWSKIE
WĄBRZEŹNO
ZGIERZ
BRZEZINY
ŁASK
PODDĘBICE
Wisła
Warta

1 : 1 000 000

10 0 10 20 30 40 50 km

Miejscowości

- powyżej 500 000 mieszk.
- 250 000 – 500 000
- 100 000 – 250 000
- 50 000 – 100 000
- 25 000 – 50 000
- 10 000 – 25 000
- 5 000 – 10 000
- poniżej 5 000

- ŁÓDŹ miasta wojewódzkie
- RADOM siedziby powiatów grodzkich
- MŁAWA siedziby powiatów ziemskich
- Sulejów inne miasta
- Wilga wsie gminne
- Czersk pozostałe wsie
- 26 liczba mieszk. miast w tys.
- PŁOCK miejscowości z licznymi, cennymi zabytkami

- granice państw
- granice województw
- granice powiatów
- granice gmin
- granice parków narodowych
- granice parków krajobrazowych
- koleje
- koleje wyłącznie z ruchem towarowym
- koleje wąskotorowe

- autostrady, autostrady w budowie
- drogi ekspresowe dwu- i jednojezdniowe
- drogi główne dwu- i jednojezdniowe (krajowe)
- drogi drugorzędne dwu- i jednojezdniowe (wojewódzkie)
- zabudowa mieszkalna i usługowa
- zabudowa przemysłowa
- lasy
- łąki i pastwiska
- sady
- tereny zdegradowane

- bagna
- kościoły, klasztory
- cerkwie, synagogi, meczety
- zamki, pałace, ruiny
- mury obronne, fortyfikacje
- skanseny, inne zabytki architektu
- 612 szczyty, punkty wysokościowe
- zapory wodne
- porty lotnicze, przejścia graniczn

P.L. - Podkowa Leśna

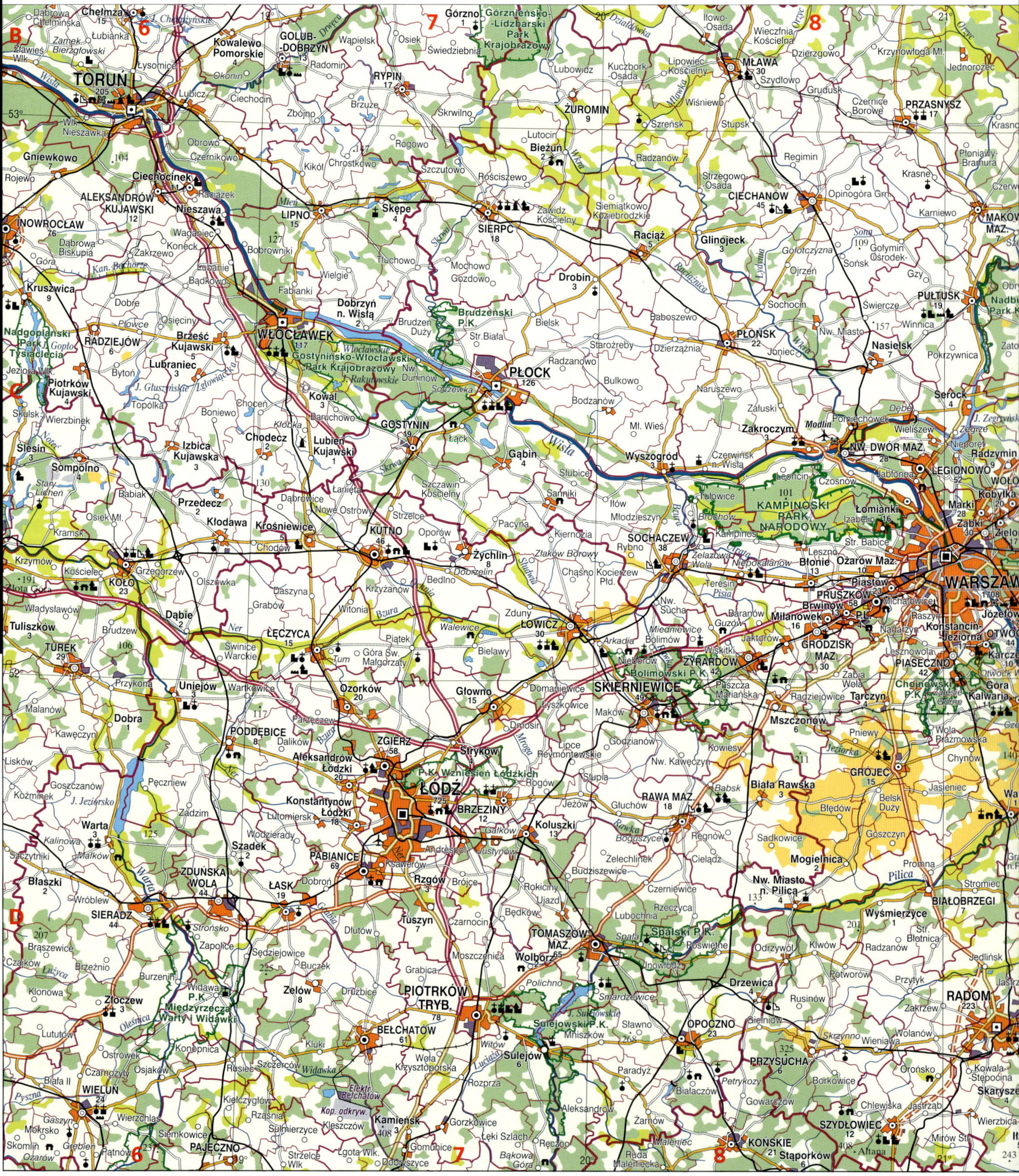

9
10
11
12
B
C
D
PISZ
Puszcza
Piska
Biała Piska
Szczuczyn
BIEBRZAŃSKI PARK NARODOWY
Karpackie Góry
Suchowola
Sidra
Kuźnica
Skidel
Wąsosz
Grabowo
Goniądz
Jaświły
Janów
Korycin
Indura
Lunna
KOLNO
Stawiski
Radziłów
MOŃKI
SOKÓŁKA
Bohoniki
G. Wojnowska
Myszyniec
Łyse
Turośl
Przytuły
Trzcianne
Jasionówka
Czarna Białostocka
Jedwabne
Knyszyn
Krypno Kość.
Szudziałowo
Kadzidło
Zbójna
Nowogród
Piątnica
Wizna
Dobrzyniewo Kościelne
Wasilków
Supraśl
Park Krajobrazowy Puszczy Knyszyńskiej
Krynki
Kruszyniany
Wlk. Brzostowica
Tykocin
Choroszcz
BIAŁYSTOK
G. św. Jana
Pahraniczny
Lelis
ŁOMŻA
P.K. Doliny Narwi
Rutki-Kossaki
Zawady
Narwiański P.K.
Gródek
OSTROŁĘKA
Miastkowo
Kobylin-Borzymy
Rzekuń
Olszewo-Borki
Troszyn
Śniadowo
Kołaki Kościelne
Kulesze Kościelne
NARWIAŃSKI P.N.
Turośń Kościelna
Juchnowiec Kościelny
Zabłudów
Michałowo
Świsłocz
ZAMBRÓW
WYSOKIE MAZ.
Sokoły
Łapy
Suraż
J. Siemianowskie
Czerwin
Str. Lubotyń
Szumowo
Poświętne
Strabla
Narew
Goworowo
Wąsewo
Szepietowo
Nw. Piekuty
Wyszki
Narewka
Andrzejewo
Czyżew
NACYJANAL'NY
Rzewnie
OSTRÓW MAZOWIECKA
Klukowo
Brańsk
BIELSK PODLASKI
Czyże
Puszcza
BIAŁOWIESKI PARK NARODOWY
PARK
Długosiodło
Zaręby Kościelne
Szulborze Wlk.
Boguty-Pianki
Rudka
HAJNÓWKA
Orla
Dubicze Cerkiewne
Białowieża
BELAVEŽSKAJA
Białowieska
Brok
Małkinia Grn.
Nur
Ciechanowiec
Bońki
PUŠČA
Rząśnik
WYSZKÓW
Brańszczyk
Sadowne
Treblinka
Ceranów
Kleszczele
Kamianiuki
Nadbużański Park Krajobrazowy
Kosów Lacki
Sterdyń-Osada
Perlejewo
Grodzisk
Dziadkowice
Czeremcha
Łochów
Stoczek
Milejczyce
Zabrodzie
Sabnie
Jabłonna Lacka
SIEMIATYCZE
Nurzec-Stacja
Jadów
Str. Wieś
Miedzna
SOKOŁÓW PODLASKI
Drohiczyn
Kamieniec Litewski
Strachówka
Grabarka
Tłuszcz
Korytnica
WĘGRÓW
Repki
Korczew
G. Uszeczna
Wysokie Litewskie
Bielany-Żyłaki
Nadbużański Park Krajobrazowy
Mielnik
Poświętne
Dobre
Wierzbno
Paprotnia
Sarnaki
Platerów
Park Krajobrazowy Podlaski Przełom Bugu
Stanisławów
Grębków
Mokobody
Suchożebry
Przesmyki
Halinów
Jakubów
Liwiec
Mordy
ŁOSICE
Str. Kornica
Konstantynów
Janów Podlaski
BRZEŚĆ
MIŃSK MAZ.
Kałuszyn
Kotuń
SIEDLCE
Olszanka
Huszlew
Leśna Podlaska
Rokitno
Cegłów
Mrozy
Skórzec
Zbuczyn
BIAŁA PODLASKA
Terespol
Siennica
Wiśniew
Zalesie
Latowicz
Wodynie
Domanice
Międzyrzec Podlaski
Małaszewicze
Pilawa
Parysów
Stoczek Łukowski
Trzebieszów
Kodeń
Piszczac
Kostomłoty
Osieck
Borowie
Miastków Kościelny
ŁUKÓW
Kąkolewnica Wsch.
Drelów
Ortel Królewski
Tuczna
GARWOLIN
Wola Mysłowska
Stanin
Łomazy
Rossosz
Małoryta
Górzno
Żelechów
Ulan-Majorat
Komarówka Podlaska
Wisznice
Jabłeczna
Łaskarzew
Krzywda
Wojcieszków
RADZYŃ PODLASKI
Wohyń
Sosnówka
Sławatycze
Domaczów
Sobolew
Wola Okrzejska
Kłoczew
Adamów
Borki
Milanów
Jabłoń
Romanów
Hanna
Trojanów
Wola Gułowska
Serokomla
Kock
Czemierniki
PARCZEW
Podedwórze
Maciejowice
Nowodwór
Ryki
Siemień
Dębowa Kłoda
WŁODAWA
Elektr. Kozienice
Głowaczów
KOZIENICE
Stężyca
Dęblin
Jeziorzany
Ostrówek
Niedźwiada
P.K. Pojezierze Łęczyńskie
Wyryki-Połód
Tomaszewka
SZACKIJ NACJONALNYJ PRYRODNYJ PARK
Szack
Sieciechów
Ułęż
Baranów
Michów
Firlej
Sosnowica
Kozienicki P.K.
Ostrów Lubelski
Str. Brus
Sobibór
Gniewoszów
Żyrzyn
LUBARTÓW
Uścimów Str.
POLESKI P.N.
Pionki
Garbatka-Letnisko
PUŁAWY
Abramów
Kamionka
Serniki
Hańsk
Sobiborski P.K.
Policzna
Czarnolas
Końskowola
Kozłowiecki P.K.
Pojezierze Łęczyńskie
Urszulin
POLESKI P.N.
Jedlnia-Letnisko
ZWOLEŃ
Kazimierski Park Krajobrazowy
Kurów
Markuszów
Garbów
Niemce
Ludwin
Bogdanka
Wola Uhruska
Przyłęk
Janowiec
Jastków
Spiczyn
Puchaczów
Cyców
Tczów
Kazimierz Dln.
Nałęczów
Wąwolnica
LUBLIN
ŁĘCZNA
Wierzbica
Sawin
Chełmski P.K.
Ruda-Huta
Luboml
Kazanów
Chotcza-Józefów
Wilków
Karczmiska
Wojciechów
Wólka
Melgiew
Milejów
Nadwieprzański P.K.
Siedliszcze
Ciepielów
OPOLE LUBELSKIE
Poniatowa
Konopnica
Bełżyce
Kozubszczyzna
ŚWIDNIK
Piaski
Trawniki
CHEŁM
Dorohusk
LIPSKO
Łaziska
Narew
Bug
Wieprz
Krzna
Wisła
Biebrza
BIAŁORUŚ
UKRAINA

CHOCIEBUŻ
FORST
Drebkau
SPREMBERG
Dobern
Bad Muskau
Łęknica
P.K. Łuk Mużakowa
WEISSWASSER
HOYERSWERDA
Wittichenau
Rothenburg
Niesky
Weissenberg
Reichenbach
GÖRLITZ
ZGORZELEC
BUDZISZYN
Löbau
Neusalza-Spremberg
Ebersbach
Bernstadt
Herrnhut
Ostritz
Rumburk
Seifhennersdorf
Varnsdorf
ŻYTAWA
Bogatynia
Hrádek n. Nisou
Česká Kamenice
Benešov n. Ploučnicí
Nový Bor
Jablonne v Podještědí
ČESKÁ LÍPA
Mimoň
Český Dub
Úštěk
Doksy
Mnichovo Hradiště
Štětí
Bělá p. Bezdězem
MLADÁ BOLESLAV
Mělník
Bakov n. Jizerou
Sobotka
Jičín
Nová Paka
Turnov
Semily
Jilemnice
Železný Brod
JABLONEC N. NISOU
LIBEREC
Chrastava
Frýdlant
Hejnice
Tanvald
Rokytnice n. Jizerou
Vrchlabí
Žacléř
Hostinné
TRUTNOV
Úpice
Dvůr Králové
Hronov
Náchod
Nové Město n. Metují
Dobruška
Rychnov n. Kněžnou
Kostelec n. Orlicí
Týniště n. Orlicí
Žamberk
Letohrad
Králíky
Hanušovice
Lubsko
Jasień
ŻARY
Nowogród Bobrzański
ŻAGAŃ
Szprotawa
Małomice
Iłowa
Gozdnica
Wymiarki
Przewóz
Bory Dolnośląskie
Węgliniec
Pieńsk
BOLESŁAWIEC
Osiecznica
Nowogrodziec
LUBAŃ
Olszyna
Gryfów Śl.
Leśna
Zawidów
Mirsk
LWÓWEK ŚL.
Lubomierz
Wleń
ZŁOTORYJA
Świerzawa
Wojcieszów
Bolków
Stara Kamienica
Świeradów-Zdr.
Piechowice
Szklarska Poręba
JELENIA GÓRA
Cieplice Śl.-Zdr.
Karpacz
Kowary
KAMIENNA GÓRA
Lubawka
Mieroszów
KARKONOSKI P.N.
KRKONOŠSKÝ NÁRODNÍ PARK
P.K. Doliny Bobru
P.K. Chełmy
Rudawski P.K.
Książański P.K.
NOWA SÓL
Kożuchów
Bytom Odrzański
Nowe Miasteczko
GŁOGÓW
Przemków
Przemkowski Park Krajobrazowy
Chocianów
Chojnów
POLKOWICE
LUBIN
Ścinawa
Rudna
LEGNICA
Prochowice
Jawor
Strzegom
Świebodzice
ŚWIDNICA
Jaworzyna Śl.
Żarów
Szczawno-Zdrój
WAŁBRZYCH
Jedlina-Zdrój
Boguszów-Gorce
Głuszyca
Dzierżoniów
Pieszyce
Bielawa
Niemcza
Piława Grn.
ZĄBKOWICE ŚLĄSKIE
Bardo
Nowa Ruda
Radków
Kudowa-Zdrój
Szczytna
Duszniki-Zdrój
Polanica-Zdrój
KŁODZKO
Złoty Stok
Paczków
Lądek-Zdrój
Bystrzyca Kłodzka
Stronie Śl.
Śnieżnicki P.K.
Międzylesie
P.N. GÓR STOŁOWYCH
P.K. Gór Sowich
Sobótka
Kąty Wrocł.
Środa Śl.
Wołów
Brzeg Dolny
Oborniki Śl.
WROCŁAW
P.K. Dolina Bystrzycy
Wąsosz
Żmigród
Prusice
Trzebnica
RAWICZ
Miejska Górka
Bojanowo
Poniec
Rydzyna
Krobia
Szlichtyngowa
WSCHOWA
Sława
GÓRA
P.K. Dolina Jezierzycy
Czechy
Niemcy

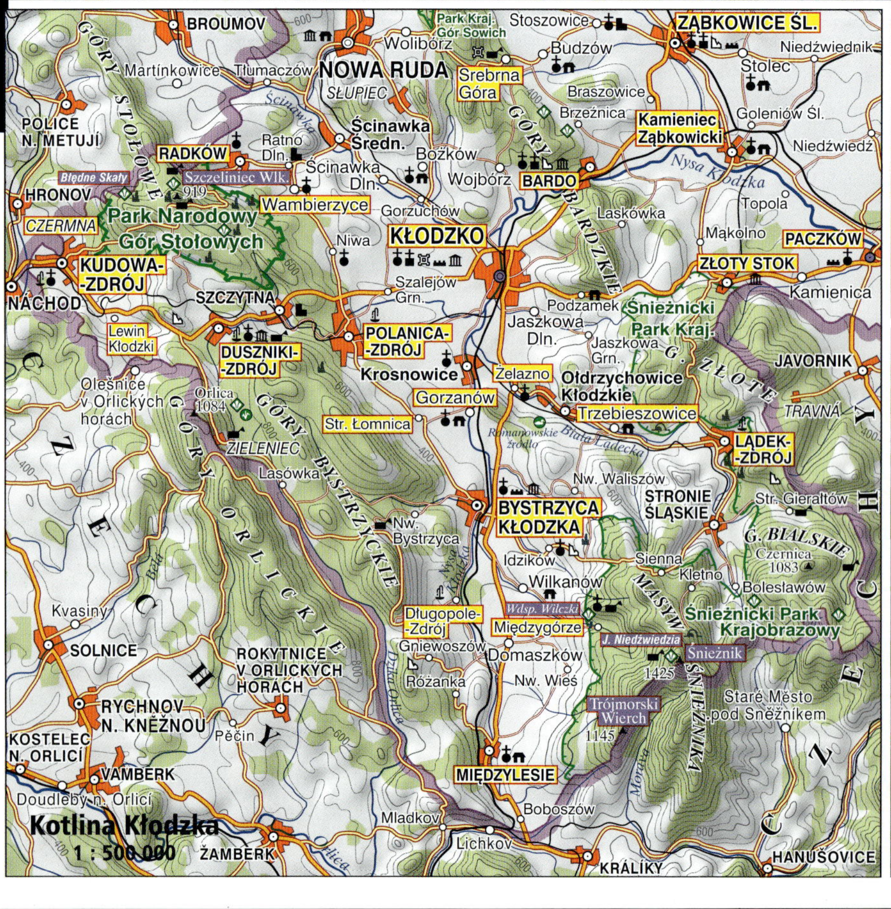
BROUMOV
Police n. Metují
Hronov
Náchod
Park Narodowy Gór Stołowych
KUDOWA-ZDRÓJ
RADKÓW
NOWA RUDA
Ścinawka Średn.
Srebrna Góra
ZĄBKOWICE ŚL.
Kamieniec Ząbkowicki
BARDO
KŁODZKO
ZŁOTY STOK
PACZKÓW
SZCZYTNA
DUSZNIKI-ZDRÓJ
POLANICA-ZDRÓJ
Wambierzyce
Śnieżnicki Park Krajobrazowy
JAVORNÍK
LĄDEK-ZDRÓJ
BYSTRZYCA KŁODZKA
STRONIE ŚLĄSKIE
Trzebieszowice
Ołdrzychowice Kłodzkie
Gorzanów
MIĘDZYLESIE
Śnieżnik
ROKYTNICE V ORLICKÝCH HORÁCH
RYCHNOV N. KNĚŽNOU
KOSTELEC N. ORLICÍ
VAMBERK
SOLNICE
Králíky
HANUŠOVICE
ŽAMBERK
Kotlina Kłodzka
1 : 500 000

BOLKÓW
JAWORZYNA ŚL.
ŚWIEBODZICE
ŚWIDNICA
Książański Park Krajobrazowy
SZCZAWNO-ZDRÓJ
WAŁBRZYCH
KAMIENNA GÓRA
BOGUSZÓW-GORCE
JEDLINA-ZDRÓJ
LUBAWKA
Park Krajobrazowy Sudetów Wałbrzyskich
GŁUSZYCA
MIEROSZÓW
Chełmsko Śl.
BROUMOV
Ludwikowice Kłodzkie
Okolice Wałbrzycha
1 : 500 000
CZECHY

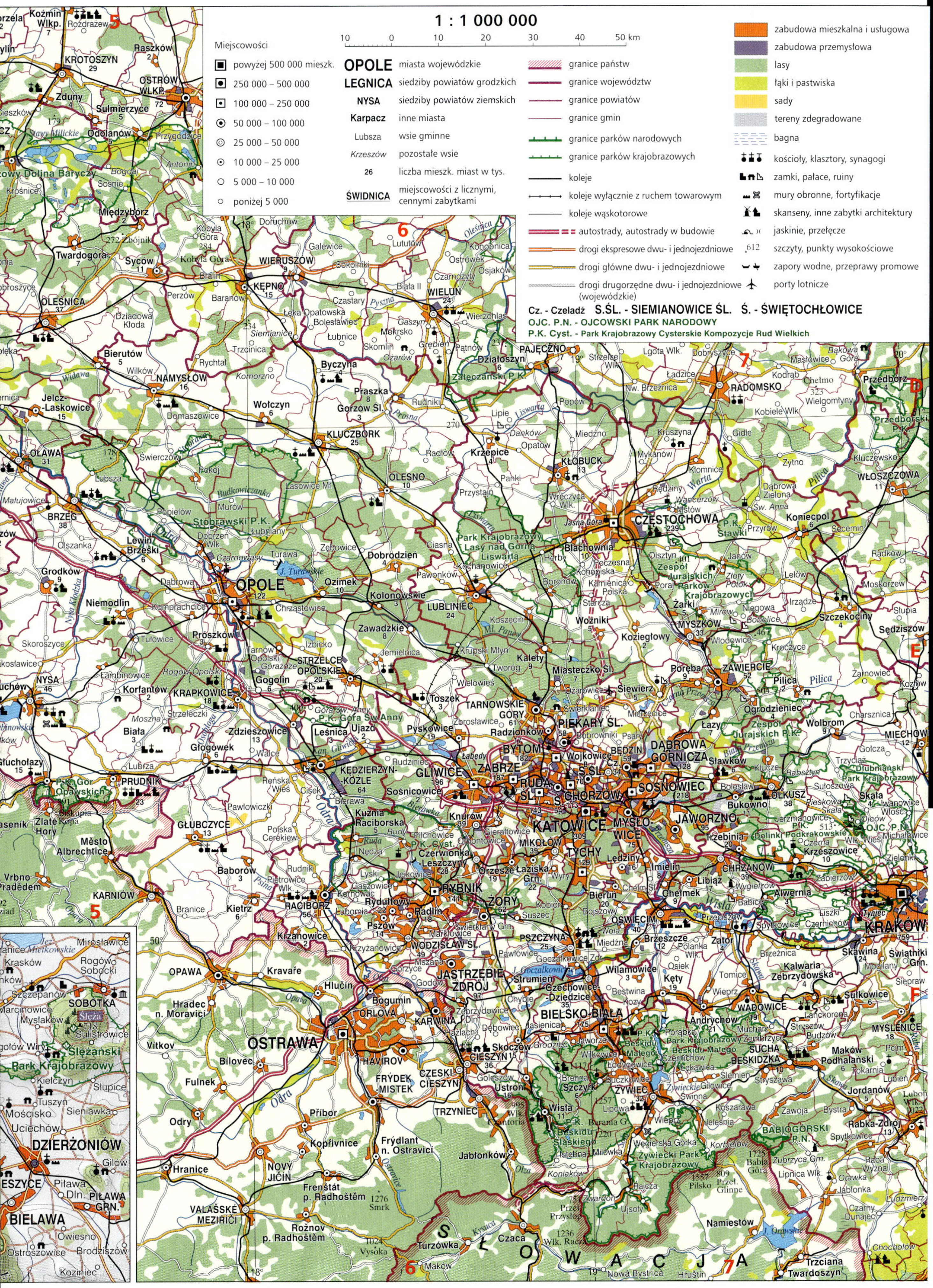
1 : 1 000 000
10 0 10 20 30 40 50 km
Miejscowości
powyżej 500 000 mieszk.
250 000 – 500 000
100 000 – 250 000
50 000 – 100 000
25 000 – 50 000
10 000 – 25 000
5 000 – 10 000
poniżej 5 000
OPOLE miasta wojewódzkie
LEGNICA siedziby powiatów grodzkich
NYSA siedziby powiatów ziemskich
Karpacz inne miasta
Lubsza wsie gminne
Krzeszów pozostałe wsie
26 liczba mieszk. miast w tys.
ŚWIDNICA miejscowości z licznymi, cennymi zabytkami
granice państw
granice województw
granice powiatów
granice gmin
granice parków narodowych
granice parków krajobrazowych
koleje
koleje wyłącznie z ruchem towarowym
koleje wąskotorowe
autostrady, autostrady w budowie
drogi ekspresowe dwu- i jednojezdniowe
drogi główne dwu- i jednojezdniowe
drogi drugorzędne dwu- i jednojezdniowe (wojewódzkie)
Cz. - Czeladź S.ŚL. - SIEMIANOWICE ŚL. Ś. - ŚWIĘTOCHŁOWICE
OJC. P.N. - OJCOWSKI PARK NARODOWY
P.K. Cyst. - Park Krajobrazowy Cysterskie Kompozycje Rud Wielkich
zabudowa mieszkalna i usługowa
zabudowa przemysłowa
lasy
łąki i pastwiska
sady
tereny zdegradowane
bagna
kościoły, klasztory, synagogi
zamki, pałace, ruiny
mury obronne, fortyfikacje
skanseny, inne zabytki architektury
jaskinie, przełęcze
szczyty, punkty wysokościowe
zapory wodne, przeprawy promowe
porty lotnicze
OPOLE
CZĘSTOCHOWA
KATOWICE
KRAKÓW
GLIWICE
BYTOM
ZABRZE
SOSNOWIEC
BIELSKO-BIAŁA
RYBNIK
TYCHY
OSTRAWA
DZIERŻONIÓW
BIELAWA
S Ł O W A C J A

BEŁCHATÓW
PIOTRKÓW TRYB.
OPOCZNO
RADOM
PUŁAWY
ZWOLEŃ
PRZYSUCHA
KONSKIE
SZYDŁOWIEC
SKARŻYSKO-KAMIENNA
STARACHOWICE
RADOMSKO
KIELCE
OSTROWIEC ŚWIĘTOKRZYSKI
WŁOSZCZOWA
OPATÓW
SANDOMIERZ
JĘDRZEJÓW
STASZÓW
TARNOBRZEG
MYSZKÓW
ZAWIERCIE
PIŃCZÓW
BUSKO-ZDRÓJ
MIECHÓW
MIELEC
OLKUSZ
KAZIMIERZA WIELKA
PROSZOWICE
DĄBROWA TARNOWSKA
KOLBUSZOWA
CHRZANÓW
KRAKÓW
TARNÓW
RZESZÓW
WIELICZKA
BOCHNIA
BRZESKO
DĘBICA
ROPCZYCE
WADOWICE
MYŚLENICE
STRZYŻÓW
SUCHA BESKIDZKA
LIMANOWA
GORLICE
JASŁO
KROSNO
NOWY SĄCZ
NOWY TARG
ZAKOPANE
BARDEJOV
SVIDNIK
LIPTOWSKI MIKUŁASZ
POPRAD
NOWA WIEŚ SPISKA
PRESZÓW
TATRZAŃSKI P.N.
GORCZAŃSKI P.N.
BABIOGÓRSKI P.N.
PIENIŃSKI P.N.
MAGURSKI PARK NARODOWY
ŚWIĘTOKRZYSKI P.N.
OJC. P.N.
Wisła
S Ł O W A C J A

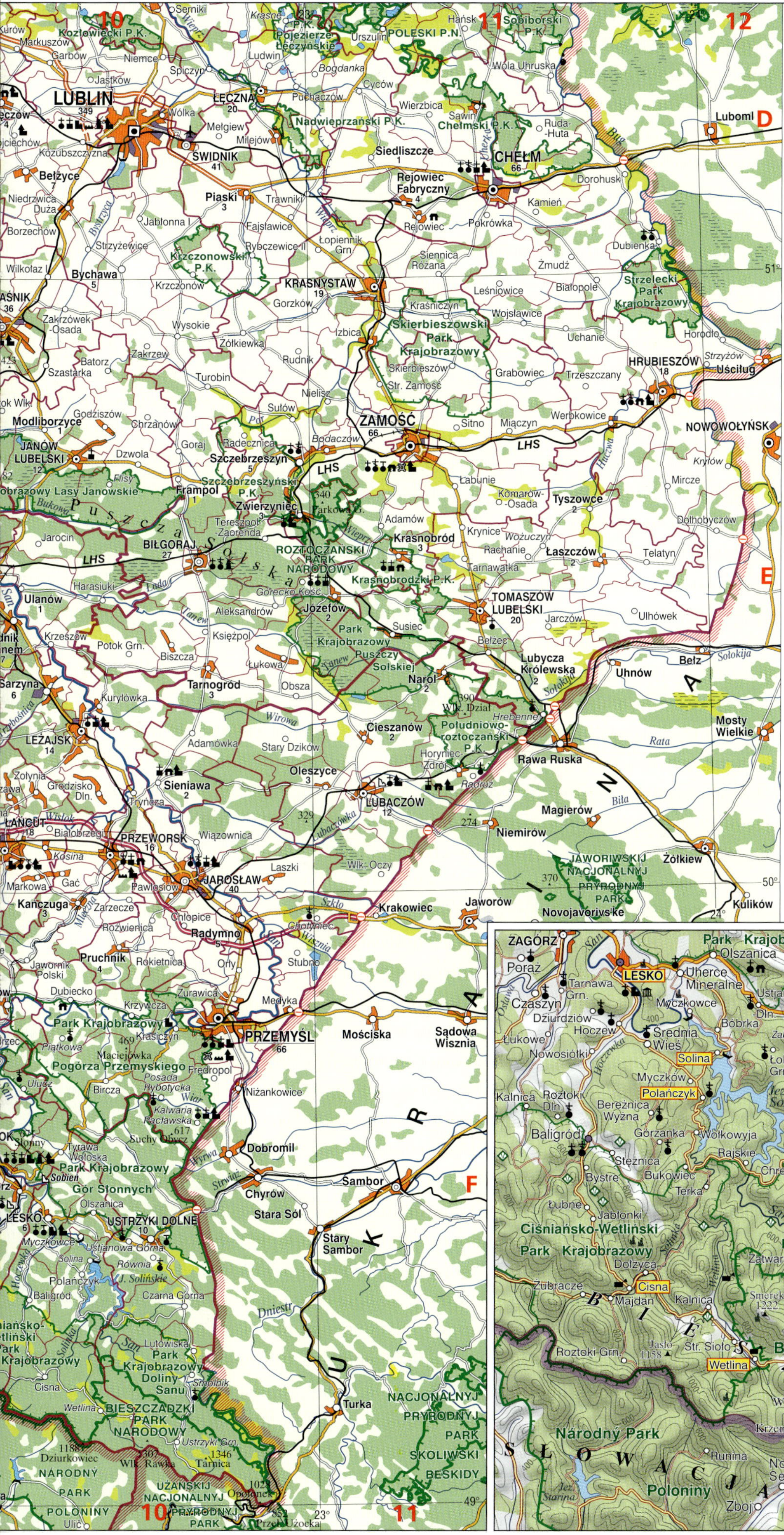

1 : 1 000 000

10 0 10 20 30 40 km

Miejscowości

- powyżej 500 000 mieszk.
- 250 000 – 500 000
- 100 000 – 250 000
- 50 000 – 100 000
- 25 000 – 50 000
- 10 000 – 25 000
- 5 000 – 10 000
- poniżej 5 000

KRAKÓW	miasta wojewódzkie
TARNÓW	siedziby powiatów grodzkich
SANOK	siedziby powiatów ziemskich
Nałęczów	inne miasta
Cisna	wsie gminne
Ojców	pozostałe wsie
26	liczba mieszkańców miast w tys.
KIELCE	miejscowości z licznymi, cennymi zabytkami

- granice państw
- granice województw
- granice powiatów
- granice gmin
- granice parków narodowych
- granice parków krajobrazowych
- koleje
- koleje wyłącznie z ruchem towarowym
- koleje wąskotorowe
- autostrady, autostrady w budowie
- drogi ekspresowe dwu- i jednojezdniowe
- drogi główne dwu- i jednojezdniowe (krajowe)
- drogi drugorzędne dwu- i jednojezdniowe (wojewódzkie)
- zabudowa mieszkalna i usługowa
- zabudowa przemysłowa
- lasy
- łąki i pastwiska
- sady
- tereny zdegradowane
- bagna
- kościoły, klasztory
- cerkwie, synagogi
- zamki, pałace, ruiny, mury obronne
- fortyfikacje, skanseny, inne zabytki architektury
- jaskinie, przełęcze, szczyty, punkty wysokościowe
- zapory wodne, przeprawy promowe
- porty lotnicze, przejścia graniczne

OJC. P.N. - OJCOWSKI PARK NARODOWY

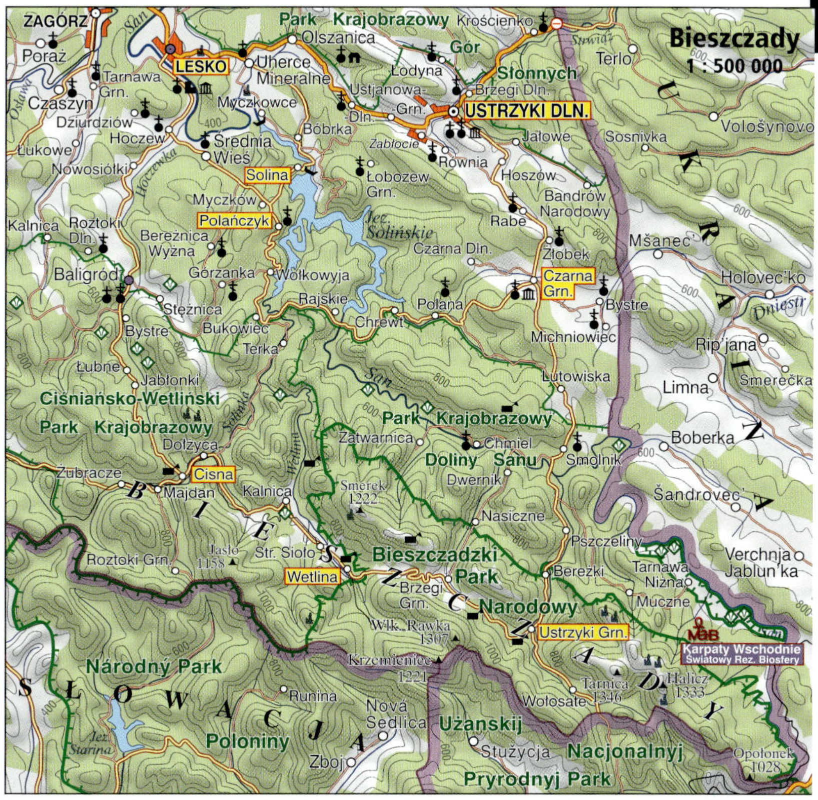

Grenlandia
Cieśnina Duńska
Jan Mayen
Islandia
REYKJAVIK
Hekla 1491
2119
Koło podbiegunowe północne
MORZE NORWESKIE
W-y Owcze
OCEAN ATLANTYCKI
Rockall
Szetlandy
Orkady
Hebrydy
Wyspy Brytyjskie
Ben Nevis 1343
Glasgow
Wielka Brytania
Belfast
Irlandia
DUBLIN
M. IRLANDZKIE
Newcastle upon Tyne
Manchester
Leeds
Liverpool
Sheffield
Birmingham
LONDYN
Southampton
Kanał Św. Jerzego
La Manche
Cieśn. Kaletańska
MORZE PÓŁNOCNE
Skagerrak
Kattegat
Płw. Jutlandzki
KOPENHAGA
Malmö
Zelandia
Göteborg
Gotlandia
Olandia
OSLO
SZTOKHOLM
J. Wener
J. Wetter
Góry Skandynawskie
Półwysep Skandynawski
2470
2111
Przyl. Północny
MORZE BARENTSA
Nowa Ziemia
Cieśn. Karskie
Kołgujew
Płw. Kanin
Murmańsk
Płw. Kolski
1191
M. BIAŁE
Archangielsk
Zatoka Botnicka
Pojezierze Fińskie
J. Onega
J. Ładoga
HELSINKI
Zat. Fińska
Petersburg
TALLINN
J. Pejpus
Jarosław
Sarema
RYGA
MOSKWA
Dźwina
WILNO
MIŃSK
Kaliningrad
MORZE BAŁTYCKIE
Gdańsk
Szczecin
Hamburg
Brema
AMSTERDAM
Haga
Rotterdam
Hanower
BERLIN
Nizina Niemiecka
Nizina Polska
Poznań
WARSZAWA
Brześć
Prypeć
Homel
Dniepr
Łódź
Wrocław
Sudety
1602
Lipsk
Dortmund
1142
BRUKSELA
Kolonia
Bonn
Frankfurt nad Menem
Luksemburg
PRAGA
Kraków
Lwów
KIJÓW
Charków
Kursk
Tuła
Riazań
Wyżyna Środkoworosyjska
Hawr
PARYŻ
Strasburg
Stuttgart
1456
Dunaj
Ren
Nizina Francuska
Loara
Nantes
Zatoka Biskajska
Przyl. Św. Mateusza
Bordeaux
Masyw Centralny
1885
Lyon
Monachium
Zurych
BERNO
4049
3797
Alpy
Mont Blanc 4810
Turyn
Mediolan
Pad
Triest
LUBLANA
2863
WIEDEŃ
BRATYSŁAWA
BUDAPESZT
2655 Gerlach
1015
Karpaty
Wlk. Nizina Węgierska
Cisa
Podole
Dniestr
Prut
Boh
KISZYNIÓW
Odessa
Dnipro
Krzywy Róg
Mikołajów
Zaporoże
Sewastopol
1545
2543
BUKARESZT
Nizina Wołoska
Konstanca
ZAGRZEB
Rijeka
Góry Dynarskie
SARAJEWO
BELGRAD
Sawa
Drawa
Bilbao
G. Kantabryjskie
Porto
Duero
Pireneje
P. de Aneto 3404
ANDORA
Tuluza
Garonna
Rodan
Saragossa
G. Iberyjskie
Ebro
Półwysep Iberyjski
2592
Tag
MADRYT
Przyl. Roca
LIZBONA
Walencja
Barcelona
Marsylia
Nicea
MONAKO
Genua
Apeniny
Półwysep Apeniński
SAN MARINO
MORZE ADRIATYCKIE
2914
WATYKAN
RZYM
Neapol
Wezuwiusz 1279
Bari
Korsyka
Sardynia
Baleary
Minorka
Majorka
Ibiza
MORZE TYRREŃSKIE
Stromboli 924
Palermo
Sycylia
Etna 3323
Mesyna
Malta
Sewilla
Gwadalkiwir
Kadyks
Przyl. Marroqui
G. Betyckie
Mulhacén 3478
Málaga
Gibraltar
Cieśnina Gibraltarska
Tanger
Tetuan
Melilla
Oran
ALGIER
Annaba
TUNIS
Przyl. Biały
RABAT
Fez
2456
Meknes
Wadżda
Rif
Atlas Tellski
Atlas
2328
Atlas Saharyjski
Biskra
3737
MORZE ŚRÓDZIEMNE
Sfakis
Zat. Kabis
Kabis
Szott Malghir
Wielki Szott
Tughghurt
Baszszar
Wielki Erg Zachodni
Al-Kulaja
Oazy Gouara
Wyżyna Tadmait
Ajn Salin
Wielki Erg Wschodni
Ghadamis
Hamada Tinghirt
Al-Hamada al-Hamra
Erg Igidi
Erg Szesz
Oazy Touat
Oaza Dżofra
TRYPOLIS
Zat. Wielka Syrta
Bengazi
878
Płw. Barka
Tobruk
Pustynia Libijska
Siwa
Al-Kattara
-133
Aleksandria
Port Said
KAIR
Giza
Suez
Heluan
Nil
PODGORICA
2522
PRISZTINA
SOFIA
2925 Musała
SKOPJE
TIRANA
Olimp 2917
Saloniki
Półwysep Bałkański
Bałkany
Dunaj
Warna
W-y Jońskie
MORZE JOŃSKIE
Patras
ATENY
Peloponez
Przyl. Matapan
Kreta
2456
MORZE EGEJSKIE
Dardanele
M. MARMARA
Bosfor
Stambuł
Bursa
İzmir
ANKARA
Konya
Antalya
3069
Góry Pontyjskie
Płw. Azja Mniejsza
Taurus
Rodos
Cypr
Nikozja
MORZE CZARNE
343
Wołga
Nizina Wschodnioeuropejska

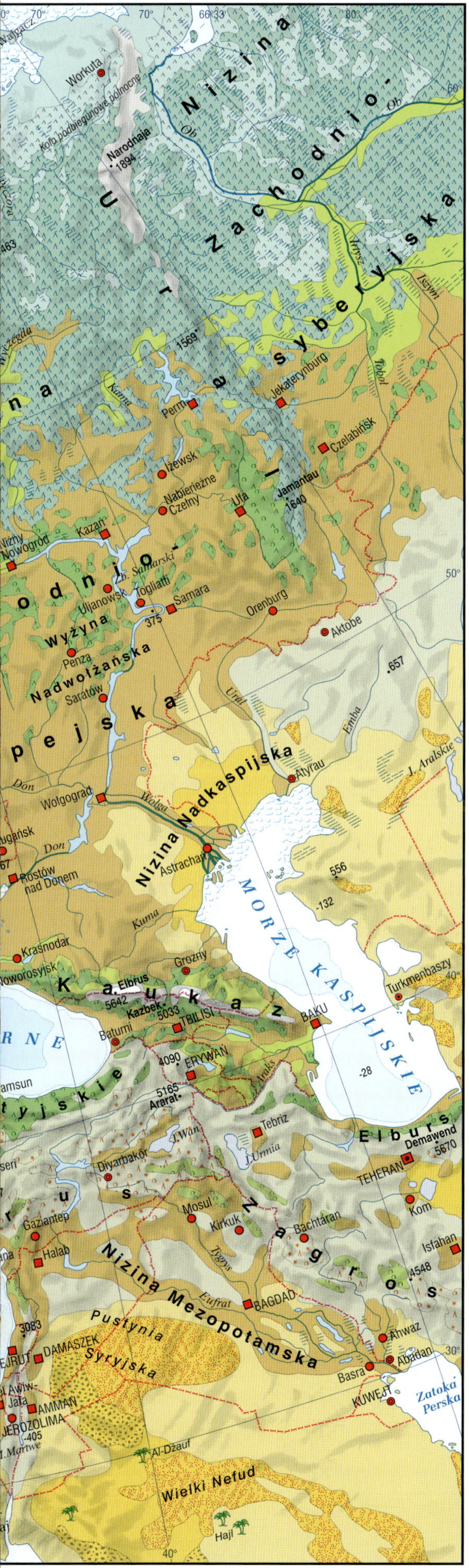

Opady roczne

mm: 2000, 1000, 500, 250, 100

Najwyższa zmierzona suma rocznych opadów atmosferycznych: Cerkwice (Chorwacja) 4643 mm

Najniższa zmierzona suma rocznych opadów atmosferycznych: Astrachań (Rosja) 163 mm

Gleby

- tundrowe
- bielicowe i bielice
- brunatne i płowe
- szare gleby leśne, czarnoziemy i gleby czarnoziemne
- brązowe i szarobrązowe (cynamonowe)
- buroziemy i szaroziemy
- inicjalne pustyń
- inicjalne skaliste i słabo wykształcone
- mady rzeczne i morskie
- bagienne
- słone
- górskie
- lodowce

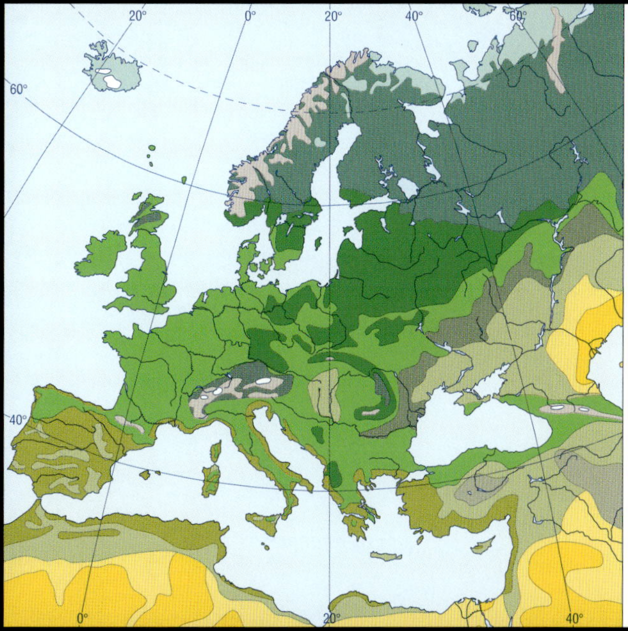

Potencjalna roślinność naturalna

- lodowce
- tundra
- roślinność wysokogórska
- tajga
- lasy mieszane strefy umiarkowanej
- lasy liściaste strefy umiarkowanej
- lasy iglaste strefy umiarkowanej
- roślinność śródziemnomorska
- lasostepy
- stepy
- półpustynie
- pustynie
- stepy, półpustynie i pustynie górskie

Europa UKSZTAŁTOWANIE POWIERZCHNI

Grenlandia
Cieśnina Duńska
Jan Mayen
Islandia
Reykjavik
Hekla
1491
2119
Przyl. Horn
Koło podbiegunowe północne
MORZE NORWESKIE
W-y Owcze
Prąd Norweski
Prąd Północnoatlantycki
Rockall
OCEAN ATLANTYCKI
Szetlandy
Orkady
Hebrydy
Wyspy Brytyjskie
Ben Nevis
1343
Grampiany
Glasgow
Wielka Brytania
G.Penniñskie
Niz. Angielska
Londyn
Irlandia
Dublin
1041
MORZE IRLANDZKIE
Kanał Św. Jerzego
MORZE PÓŁNOCNE
La Manche
Cieśn. Kaletańska
Przyl. Św. Mateusza
Plw. Bretoński
Paryż
Nizina Francuska
Zatoka Biskajska
Masyw Centralny
1885
Jura
Lyon
Mont Blanc
4810
Marsylia
Monako
G.Kantabryjskie
Pireneje
P. de Aneto
3404
G.Iberyjskie
Plw. Iberyjski
Kordyliera Centr.
2592
Madryt
Lizbona
Przyl. Roca
Gwadalkiwir
G. Betyckie
3478
Mulhacén
Gibraltar
Cieśnina Gibraltarska
Barcelona
Baleary
Minorka
Majorka
Ibiza
Zat. Lwia
Korsyka
Sardynia
MORZE ŚRÓDZIEMNE
Rabat
Rif
2456
Atlas Tellski
Atlas Saharyjski
2328
Atlas
3737
Algier
Tunis
Przyl. Biały
Szott Melghir
Wielki Szott
Zat. Kabis
Trypolis
Hasi Masud
Wielki Erg Zachodni
Wielki Erg Wschodni
Zat. Wielka Syrta
Plw. Barka
878
Aleksandria
Kair
Pustynia Libijska
-133
Cypr
Bergen
2470
Góry Skandynawskie
Półwysep Skandynawski
Oslo
Skagerrak
Kattegat
Plw. Jutlandzki
Kopenhaga
Zelandia
Sztokholm
Gotlandia
Olandia
J. Wener
J. Wetter
Lofoty
Vesterålen
Hammerfest
Przyl. Północny
Prąd Norweski
MORZE BARENTSA
Murmańsk
Wyż. Lapońska
2111
Plw. Kolski
1191
M. BIAŁE
Archangielsk
Kołgujew
Plw. Kanin
W. Niedźwiedzia
Nowa Ziemia
Zatoka Botnicka
Pojezierze Fińskie
Helsinki
Zat. Fińska
Petersburg
J. Ładoga
J. Onega
Tallinn
Hiuma
Sarema
J. Pejpus
Ryga
Wałdaj
343
MORZE BAŁTYCKIE
Niemen
Wilno
Dźwina
Amsterdam
Hamburg
Nizina Niemiecka
Berlin
1142
Bonn
Bruksela
Gdańsk
Nizina Polska
Warszawa
Wyżyna Białoruska
Mińsk
Prypeć
Polesie
Kijów
Dniepr
Wyżyna Wołyńska
Podole
Sudety
1602
Praga
1456
Monachium
Wiedeń
Bratysława
Budapeszt
Karpaty
2655 Gerlach
1015
Wlk. Nizina Węgierska
Moldoveanu
2543
Karpaty Pd.
Kiszyniów
Odessa
Krym
1545
Alpy
Berno
4049
3797
2863
Lublana
Zagrzeb
Mediolan
Niz. Padańska
Apeniny
Plw. Apeniński
2914
Rzym
Neapol
Wezuwiusz
1279
MORZE LIGURYJSKIE
Elba
MORZE TYRREŃSKIE
W-y Liparyjskie
Stromboli
924
Sycylia
Etna
3323
Cieśn. Mesyńska
Malta
MORZE JOŃSKIE
W-y Jońskie
MORZE ADRIATYCKIE
Kras
G.Dynarskie
Sarajewo
2522
Belgrad
Podgorica
Priszttina
Tirana
Skopje
Sofia
Musala
2925
Rodopy
Bałkany
Plw. Bałkański
Nizina Wołoska
Bukareszt
Olimp
2917
Pindos
Ateny
Peloponez
Przyl. Matapan
Kreta
2456
Rodos
M. EGEJSKIE
Dardanele
Stambuł
Bosfor
M. MARMARA
MORZE CZARNE
Ankara
Plw. Azja Mniejsza
3069
m n.p.m.
3000
2000
1000
500
200
0
200
2000
4000

Temperatura powietrza w styczniu

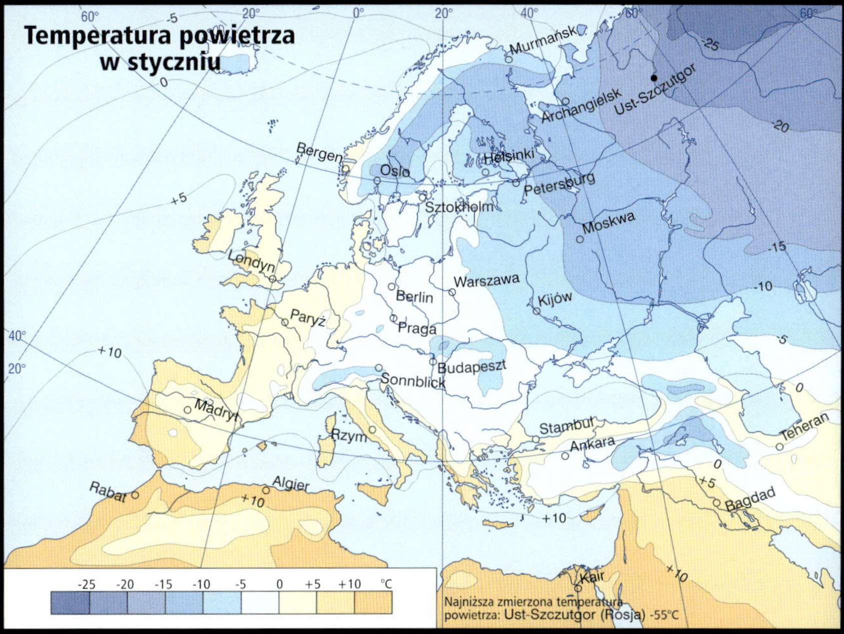

Temperatura powietrza w lipcu

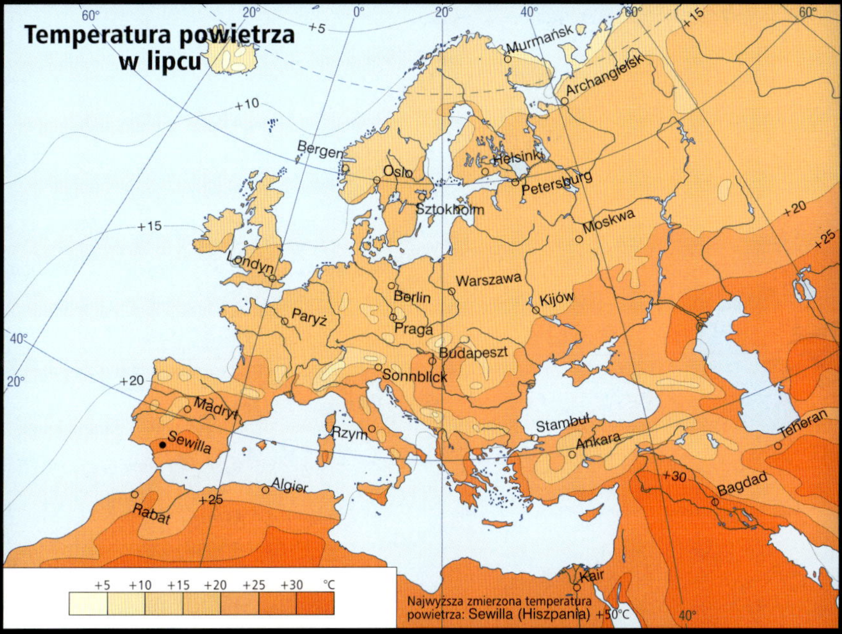

Geologia – tektonika

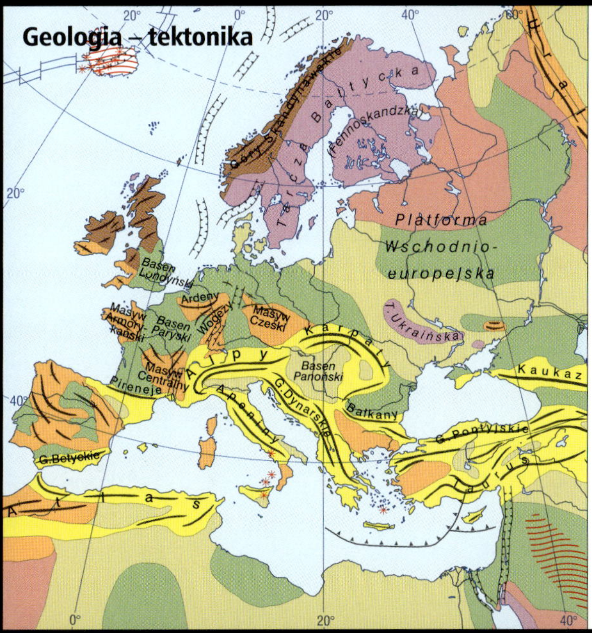

- obszary fałdowań prekambryjskich (tarcze)
- pokrywy osadowe na obszarach fałdowań prekambryjskich

obszary fałdowań paleozoicznych:

- kaledonidy
- hercynidy
- mezozoiczne pokrywy osadowe na obszarach fałdowań paleozoicznych
- obszary fałdowań trzeciorzędowych (alpidy)
- trzeciorzędowe i czwartorzędowe pokrywy osadowe
- skały wylewne
- rowy tektoniczne
- kierunki struktur fałdowych (pasma górskie)
- krawędzie płyt kontynentalnych
- strefa ryftowa
- wulkany

Grenlandia (duń.)
Jan Mayen (norw.)
W. Niedźwiedzia (norw.)
Nowa Ziemia
Koło podbiegunowe północne
ISLANDIA
REYKJAVIK
MORZE NORWESKIE
MORZE BARENTSA
MORZE BIAŁE
OCEAN ATLANTYCKI
Reykjavik – Kopenhaga 2370 km
Londyn – Murmańsk 3150 km
Murmańsk–Władywostok 11 110 km
Wyspy Owcze (duń.)
Szetlandy
Orkady
Hebrydy
Rockall (br.)
Hammerfest
Murmańsk
Kołgujew
Archangielsk
Dwina
J. Onega
J. Ładoga
NORWEGIA
SZWECJA
FINLANDIA
Zatoka Botnicka
Zatoka Fińska
OSLO
SZTOKHOLM
HELSINKI
Petersburg
TALLINN
ESTONIA
J. Peipus
Jarosław
Göteborg
Gotlandia
Olandia
MORZE BAŁTYCKIE
MORZE PÓŁNOCNE
Londyn – Petersburg 2260 km
Londyn – Hamburg 790 km
Glasgow
Belfast
Wyspa Man (br.)
WIELKA BRYTANIA
IRLANDIA
DUBLIN
Liverpool
Newcastle upon Tyne
Leeds
Manchester
Sheffield
Birmingham
LONDYN
Southampton
KOPENHAGA
DANIA
Malmö
RYGA
ŁOTWA
LITWA
WILNO
Kaliningrad
ROSJA
MOSKWA
Wołga
Dniepr
Tuła
Riazań
Kursk
Woroneż
MIŃSK
BIAŁORUŚ
Homel
Brześć
Prypeć
Gdańsk
Szczecin
Poznań
WARSZAWA
POLSKA
Wrocław
Łódź
Kraków
Wisła
Odra
AMSTERDAM
Haga
Rotterdam
HOLANDIA
Brema
Hamburg
Hanower
BERLIN
Łaba
NIEMCY
Dortmund
Kolonia
Bonn
Lipsk
Frankfurt nad Menem
Stuttgart
Monachium
Dunaj
BRUKSELA
BELGIA
LUKSEMBURG
Nowy Jork – Londyn 6140 km
Las Palmas – Londyn 3200 km
Lizbona – Londyn 2060 km
La Manche
Guernsey (br.)
Jersey (br.)
Hawr
Sekwana
PARYŻ
FRANCJA
Loara
Nantes
Strasburg
Zatoka Biskajska
Bordeaux
Garonna
Tuluza
Lyon
Rodan
Nicea
Marsylia
MONAKO
ANDORA
PRAGA
CZECHY
SŁOWACJA
BRATYSŁAWA
WIEDEŃ
AUSTRIA
VADUZ
LIECHTENSTEIN
Zurych
SZWAJCARIA
BERNO
BUDAPESZT
WĘGRY
Cisa
Drawa
LWÓW
KIJÓW
UKRAINA
Charków
Dniepr
Dniestr
Dnipro
Donieck
Krzywy Róg
Zaporoże
Mikołajów
Mariupol
Odessa
KRYM okupacja rosyjska
Kercz
Sewastopol
MOŁDAWIA
KISZYNIÓW
Prut
Marusza
RUMUNIA
BUKARESZT
Konstanca
LUBLANA
SŁOWENIA
Triest
ZAGRZEB
CHORWACJA
Sawa
Rijeka
BOŚNIA I HERCEGOWINA
SARAJEWO
BELGRAD
SERBIA
Dunaj
KOSOWO
PRISZTINA
CZARNOGÓRA
PODGORICA
TIRANA
ALBANIA
SKOPJE
MACEDONIA
SOFIA
BUŁGARIA
Warna
MORZE CZARNE
Bosfor
STAMBUŁ
ANKARA
TURCJA
Bursa
İzmir
Konya
Antalya
Kızılırmak
Dardanele
MORZE EGEJSKIE
Saloniki
GRECJA
Patras
ATENY
Rodos
Kreta
NIKOZJA
CYPR
Mediolan
Turyn
Genua
Pad
WŁOCHY
SAN MARINO
MORZE ADRIATYCKIE
WATYKAN
RZYM
Neapol
Bari
MORZE TYRREŃSKIE
MORZE JOŃSKIE
Korsyka
Sardynia
Sycylia
Palermo
Mesyna
MALTA
VALLETTA
Porto
PORTUGALIA
LIZBONA
Tag
MADRYT
HISZPANIA
Bilbao
Saragossa
Ebro
Barcelona
Walencja
Sewilla
Kadyks
Málaga
Gibraltar (br.)
Cieśnina Gibraltarska
Tanger
Ceuta (hiszp.)
Tetuan
Baleary
MORZE ŚRÓDZIEMNE
RABAT
Fez
Meknes
Melilla (hiszp.)
Wadżda
MAROKO
Oran
ALGIER
ALGIERIA
Annaba
Biskira
Tughghurt
Baszszar
TUNIS
TUNEZJA
Safakis
Kabis
TRYPOLIS
LIBIA
Bengazi
Tobruk
Aleksandria
Port Said
KAIR
Giza
Heluan
Nil
EGIPT
340 km
760 km
1570 km
850 km
950 km
620 km
1810 km
1820 km
2040 km
2400 km
1490 km
1760 km
940 km
630 km
480 km

Zaludnienie

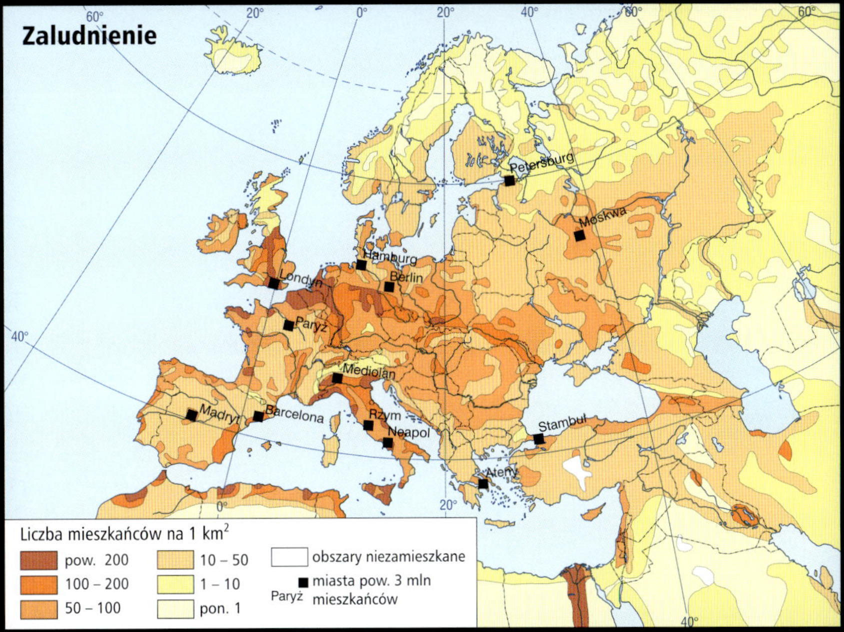

Liczba mieszkańców na 1 km^2

- pow. 200
- 100 – 200
- 50 – 100
- 10 – 50
- 1 – 10
- pon. 1
- obszary niezamieszkane
- Paryż ■ miasta pow. 3 mln mieszkańców

Języki rodzime

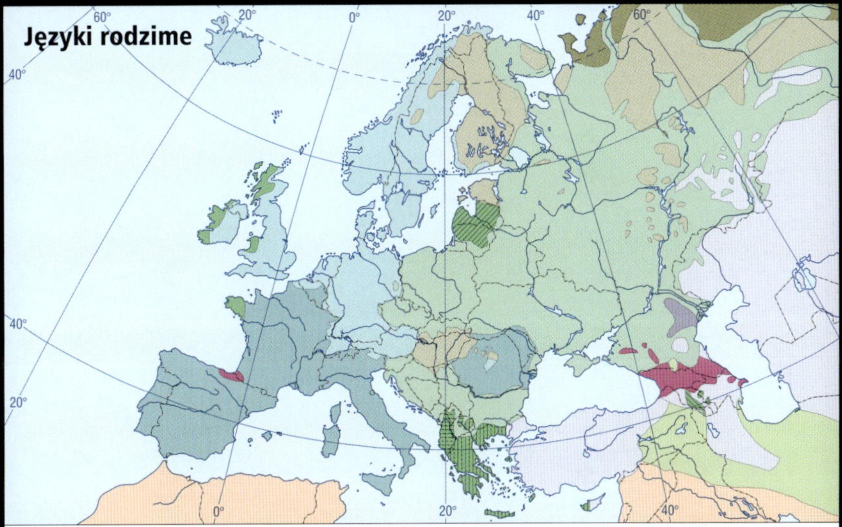

Indoeuropejskie:
- romańskie
- germańskie
- słowiańskie
- bałtyckie
- celtyckie
- grecki
- albański
- ormiański
- indoirańskie

Uralskie:
- ugrofińskie
- samojedzkie
- Kaukaskie i baskijski

Ałtajskie:
- tureckie
- mongolskie
- Semito-chamickie

Wyznania

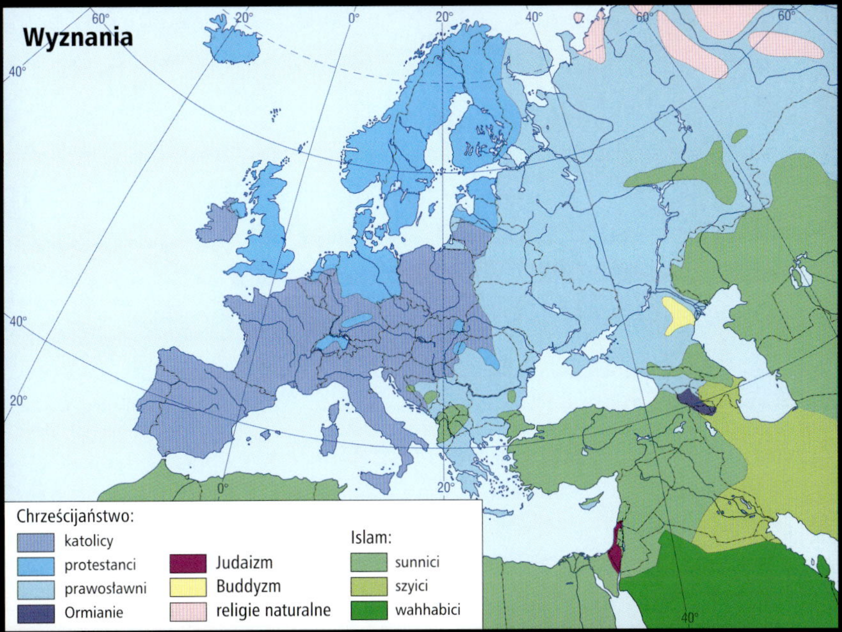

Chrześcijaństwo:
- katolicy
- protestanci
- prawosławni
- Ormianie
- Judaizm
- Buddyzm
- religie naturalne

Islam:
- sunnici
- szyici
- wahhabici

Znaczenie sektorów w strukturze PKB:

rolnictwo	przemysł	usługi
bardzo ważne	bardzo ważny	bardzo ważne
ważne z udziałem przemysłu	ważny z udziałem rolnictwa	ważne z udziałem rolnictwa
ważne z udziałem usług	ważny z udziałem usług	ważne z udziałem przemysłu

obszary niezagospodarowane lub słabo zagospodarowane

brak danych

Ośrodki gospodarcze

oddziaływanie:	funkcje:
światowe	wielofunkcyjne
ważniejsze regionalne	przemysłowe i górnicze
regionalne	innowacyjne
lokalne	transportowe
	handlowe, finansowe i administracyjne
	turystyczne i kulturalne

Górnictwo

ropy naftowej	rud chromu	srebra
gazu ziemnego	rud niklu	platyny
węgla kamiennego	rud miedzi	soli potasowych
węgla brunatnego	rud cynku i ołowiu	fosforytów i apatytów
rud uranu	rud cyny	siarki
rud żelaza	rtęci	
rud manganu	boksytów	

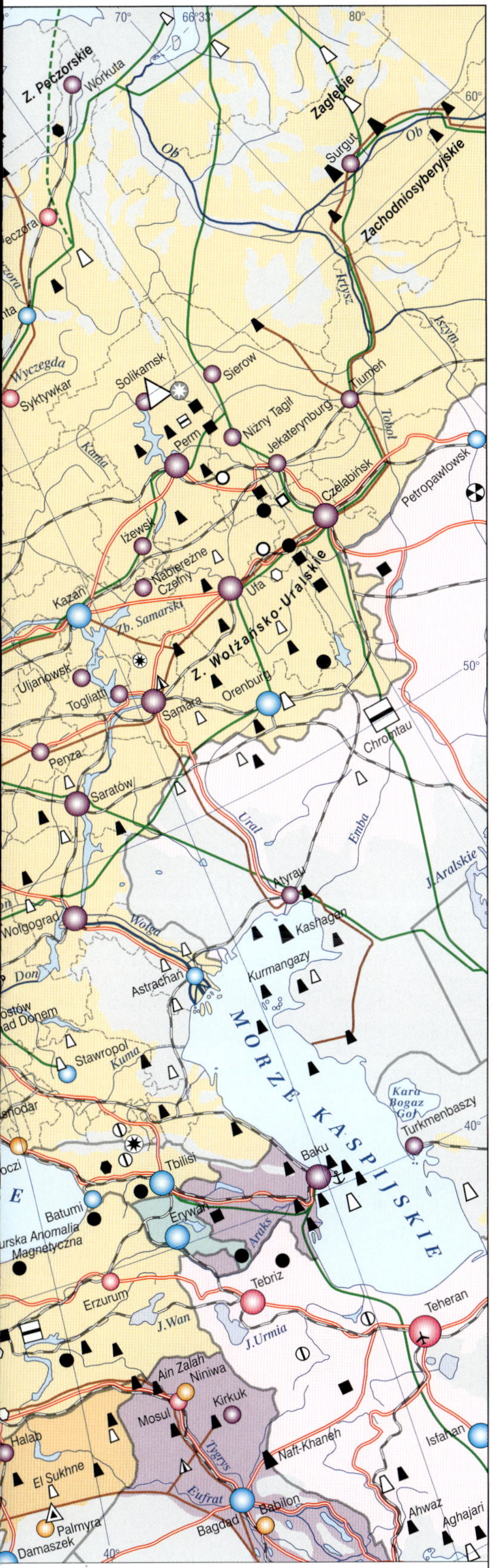

Ośrodki wydobycia
- wielkie
- duże
- średnie
- małe

- drogi główne
- koleje główne
- ropociągi
- gazociągi
- gł. porty lotnicze
- gł. porty morskie

Skróty:
A. - Antwerpia
C. - Corridor M4
Cor. - Cortina d'Ampezzo
Dun. - Dunkierka
G. - Gandawa
GOP - Górnośląski Okręg Przemysłowy
I. - Innsbruck
K. - Kitzbühel
K.G. - Kranjska Gora
M. - Magdeburg
O. - Oberstdorf
W. - Wilhelmshaven

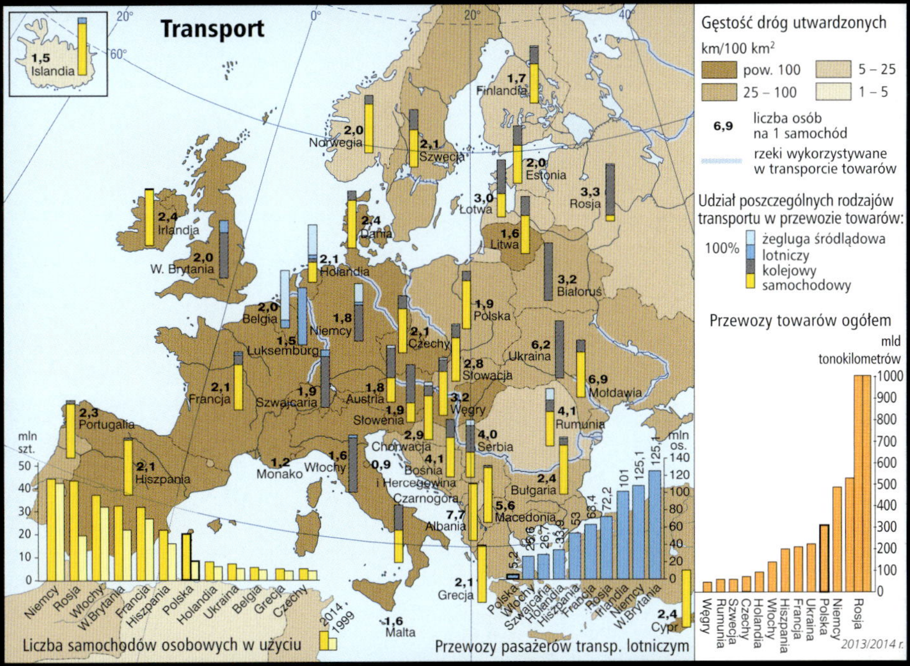

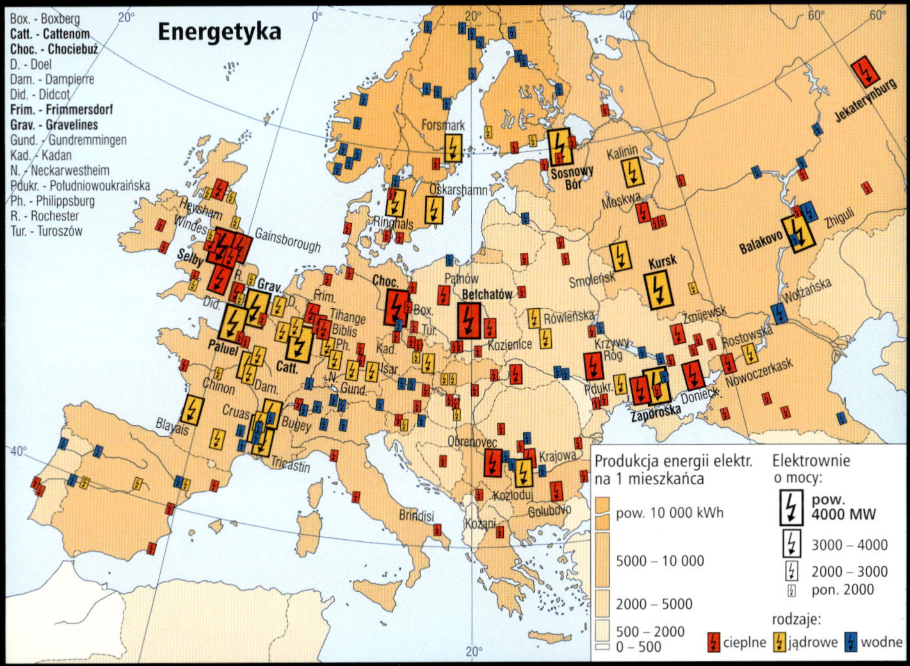

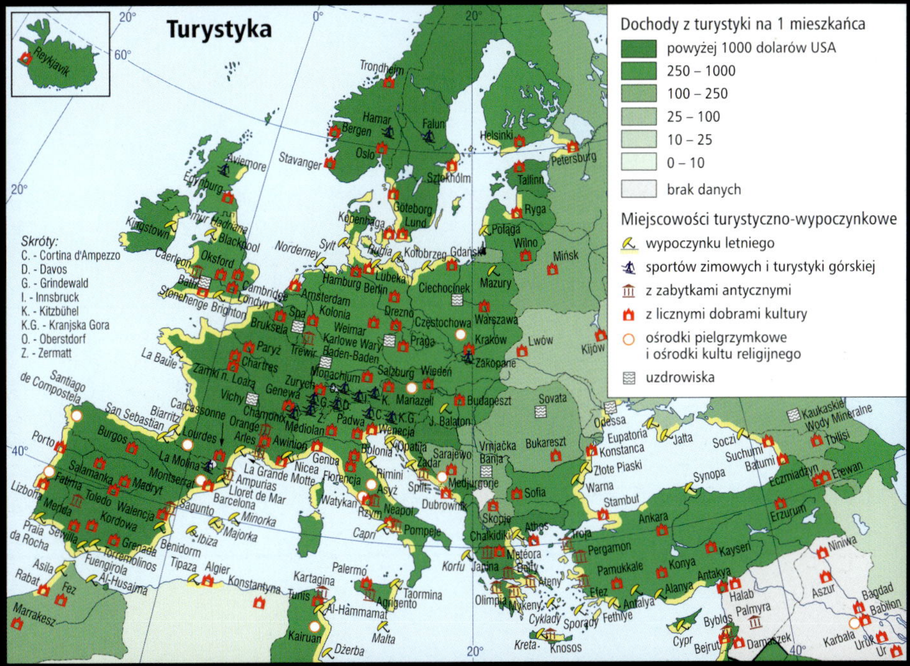

Cieśnina Duńska
Koło podbiegunowe północne
MORZE NORWESKIE
OCEAN ATLANTYCKI
MORZE BARENTSA
Cieśn. Karskie Wrota
M. BIAŁE
Zatoka Botnicka
Zat. Fińska
J. Onega
J. Ładoga
J. Pejpus
MORZE PÓŁNOCNE
Skagerrak
Kattegat
J. Wener
J. Wetter
MORZE BAŁTYCKIE
M. IRLANDZKIE
Kanał Św. Jerzego
La Manche
Cieśn. Kaletańska
Zatoka Biskajska
Wisła
Odra
Łaba
Ren
Loara
Sekwana
Garonna
Rodan
Dunaj
Dniestr
Prut
Dniepr
Boh
Prypeć
Dźwina
Wołga
Don
Donieck
Duero
Tag
Ebro
Gwadalkwiwir
Pad
Drawa
Cisa
Marusza
MORZE ADRIATYCKIE
MORZE TYRREŃSKIE
MORZE JOŃSKIE
MORZE EGEJSKIE
M. MARMARA
Bosfor
Dardanele
Kizilirmak
M. AZOWSKIE
MORZE CZA
Cieśnina Gibraltarska
MORZE ŚRÓDZIEMNE
Typy gospodarki rolnej
rolnictwo mieszane zmechanizowane (miejscami wysoko rozwinięte)
gospodarka zbożowa wielkoobszarowa
rolnictwo mieszane intensywne (miejscami nawadniane)
rolnictwo śródziemnomorskie
rolnictwo w oazach, wyspecjalizowane
gospodarka hodowlana mleczna
hodowla pastwiskowa
pasterstwo koczownicze
lasy (leśnictwo, łowiectwo, zbieractwo)
obszary słabo lub niewykorzystane rolniczo
obszary łowiskowe
Uprawy
pszenica
kukurydza
ryż
żyto
ziemniaki
buraki cukrowe
rzepak i rzepik
słonecznik
oliwki
palma daktylowa
owoce i warzywa
owoce cytrusowe
winorośl
herbata
tytoń
chmiel
bawełna
len
dąb korkowy
Hodowla
bydło
trzoda chlewna
owce
kozy
wielbłądy
renifery
Nil

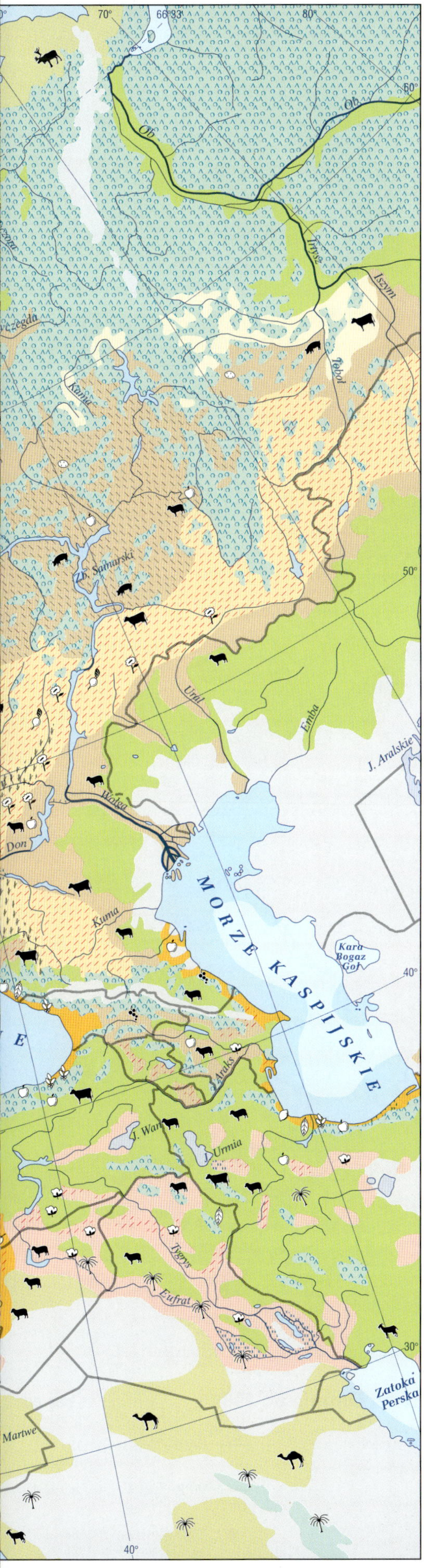
MORZE KASPIJSKIE
Ob
Irtysz
Iszym
Tobol
Kama
Wołga
Don
Ural
Emba
J. Aralskie
Kara Bogaz Goł
Kuma
Araks
J. Wan
Urmia
Tygrys
Eufrat
Zatoka Perska
Zb. Samarski
Peczora
Martwe

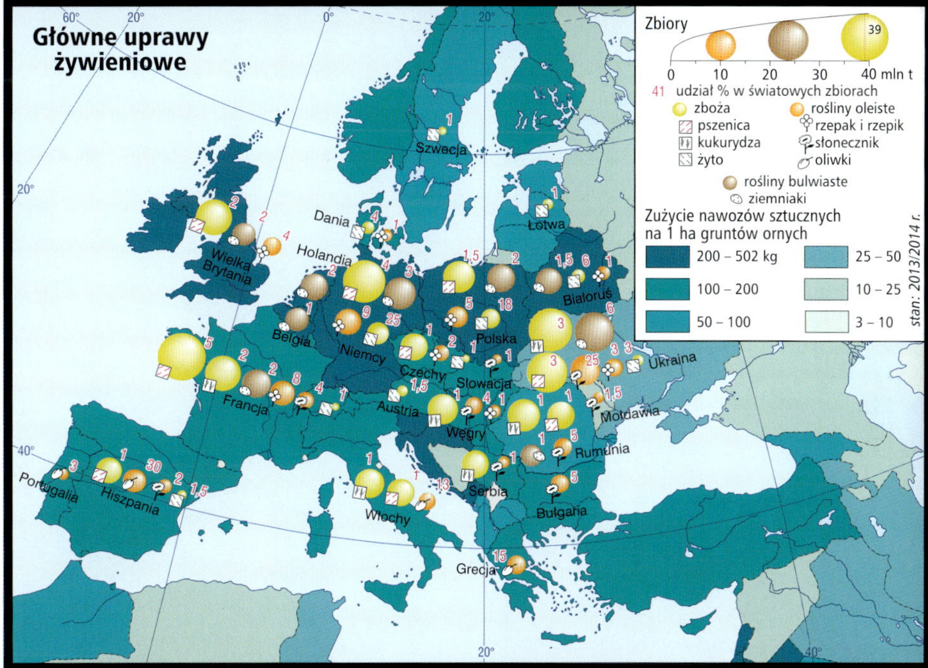
Główne uprawy żywieniowe
Zbiory
0 10 20 30 40 mln t
41 udział % w światowych zbiorach
zboża
pszenica
kukurydza
żyto
rośliny oleiste
rzepak i rzepik
słonecznik
oliwki
rośliny bulwiaste
ziemniaki
Zużycie nawozów sztucznych na 1 ha gruntów ornych
200 – 502 kg
100 – 200
50 – 100
25 – 50
10 – 25
3 – 10
stan: 2013/2014 r.
Szwecja
Dania
Łotwa
Wielka Brytania
Holandia
Białoruś
Belgia
Niemcy
Polska
Ukraina
Francja
Czechy
Słowacja
Austria
Węgry
Mołdawia
Rumunia
Portugalia
Hiszpania
Serbia
Bułgaria
Włochy
Grecja

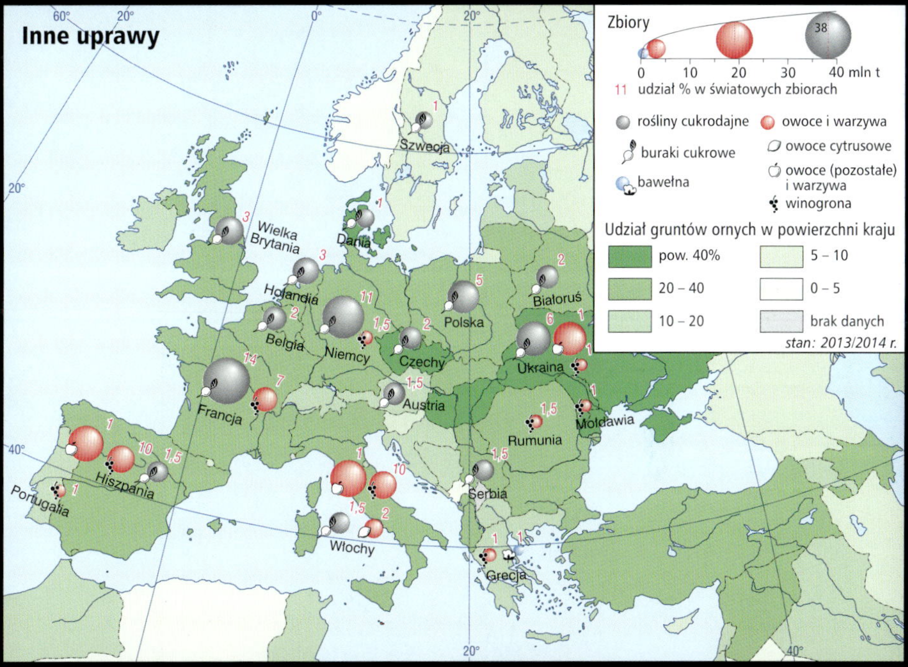
Inne uprawy
Zbiory
0 10 20 30 40 mln t
11 udział % w światowych zbiorach
rośliny cukrodajne
buraki cukrowe
bawełna
owoce i warzywa
owoce cytrusowe
owoce (pozostałe) i warzywa
winogrona
Udział gruntów ornych w powierzchni kraju
pow. 40%
20 – 40
10 – 20
5 – 10
0 – 5
brak danych
stan: 2013/2014 r.
Szwecja
Wielka Brytania
Dania
Holandia
Belgia
Niemcy
Polska
Białoruś
Ukraina
Czechy
Francja
Austria
Mołdawia
Rumunia
Hiszpania
Portugalia
Serbia
Włochy
Grecja

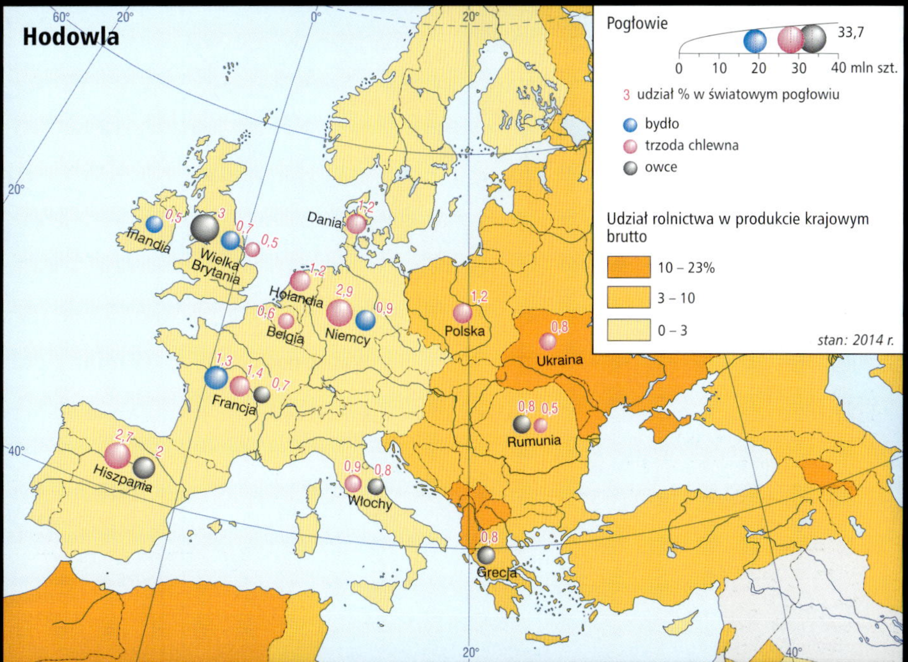
Hodowla
Pogłowie
0 10 20 30 40 mln szt.
33,7
3 udział % w światowym pogłowiu
bydło
trzoda chlewna
owce
Udział rolnictwa w produkcie krajowym brutto
10 – 23%
3 – 10
0 – 3
stan: 2014 r.
Irlandia
Wielka Brytania
Dania
Holandia
Belgia
Niemcy
Polska
Ukraina
Francja
Rumunia
Hiszpania
Włochy
Grecja

Komunikacja

1 : 30 000 000

Linie komunikacyjne o znaczeniu międzynarodowym

- autostrady
- główne drogi
- główne linie kolejowe
- ważniejsze linie żeglugowe

- wielkie porty morskie
- duże porty morskie
- wielkie porty lotnicze

Gęstość dróg kołowych

- 200 – 3850 km/100 km^2
- 120 – 200
- 60 – 120
- 30 – 60
- 0 – 30

Stan: 2008-2016 r.

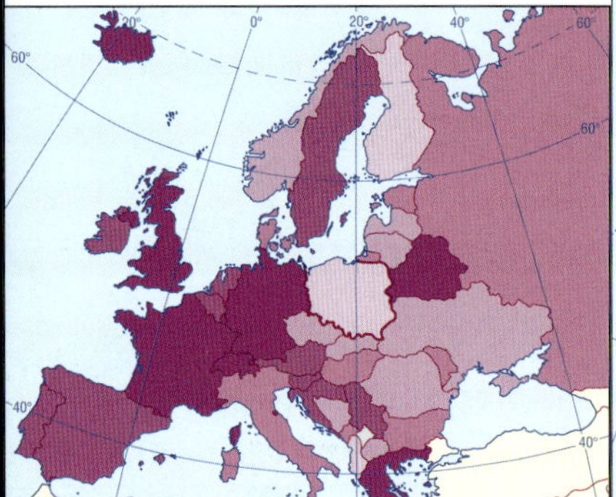

Telekomunikacja

1 : 80 000 000

Abonenci telefonii przewodowej na 1000 mieszkańców

- 600 – 797
- 500 – 600
- 400 – 500
- 300 – 400
- 200 – 300
- brak danych

Stan: 2014 r.

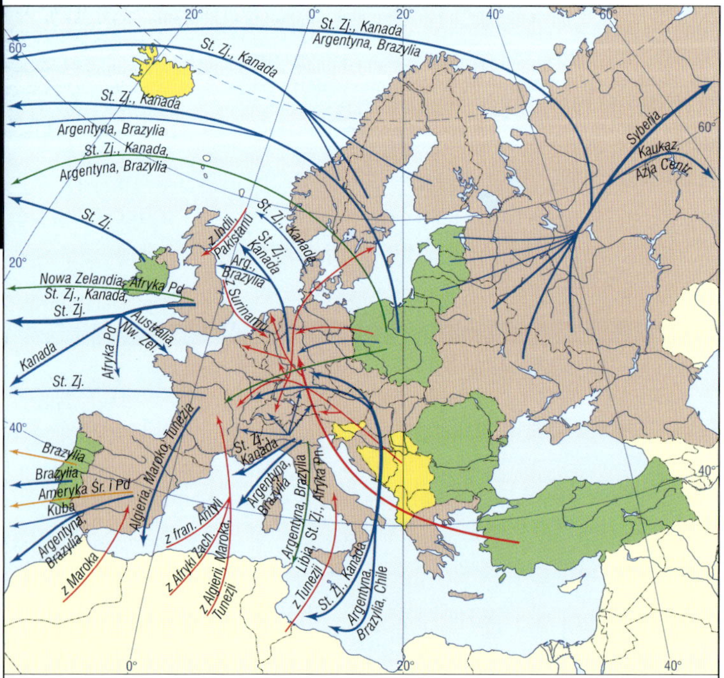

Migracje

1 : 55 000 000

Migracje ludności w latach:

1500 – 1814
- 100 tys. – 1 mln

1815 – 1914
- pow. 5 mln
- 1 mln – 5 mln
- 100 tys. – 1 mln

1919 – 1939
- 100 tys. – 1 mln

1945 – 1985
- 1 mln – 5 mln
- 100 tys. – 1 mln

Migracje ludności w poszczególnych państwach w latach 1986 – 1995:

- l. emigrantów > l. imigrantów
- l. emigrantów = l. imigrantów
- l. emigrantów < l. imigrantów

Przedstawiono długoterminowe migracje dobrowolne

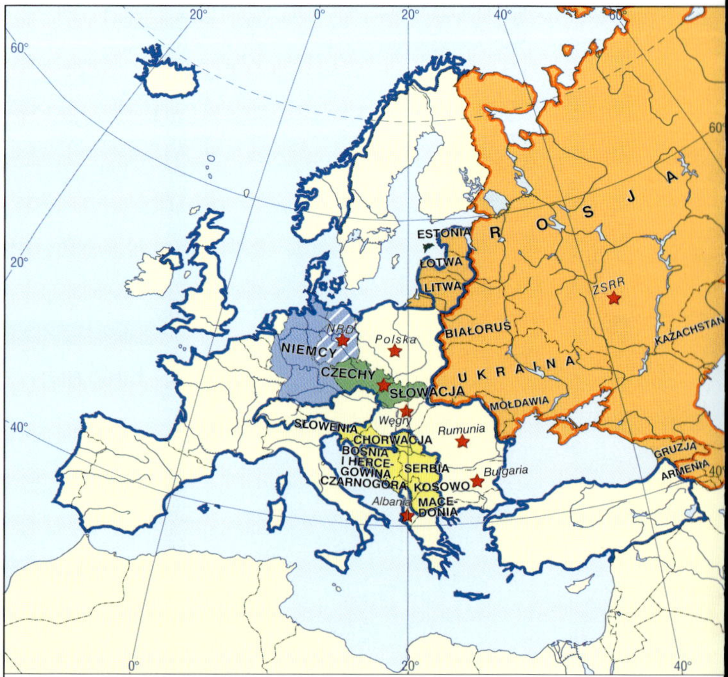

Zmiany polityczne w Europie po 1989 r.

1 : 55 000 000

Nowopowstałe państwa w wyniku:

- rozpadu Jugosławii 1990 – 1992 r. i Serbii 2006 – 2008 r.
- rozpadu Czechosłowacji w 1993 r.
- rozpadu ZSRR (Związku Socjalistycznych Republik Radzieckich) 1990 – 1991 r.
- Scalenie Niemiec przez przyłączenie NRD (Niemieckiej Republiki Demokratycznej) w 1991 r.

- NATO – Organizacja Paktu Północnoatlantyckiego
- WNP – Wspólnota Niepodległych Państw
- Układ Warszawski zlikwidowany po rozpadzie ZSRR w 1991 r.

Integracja europejska

Unia Europejska – UE (1993), powstała po przekształceniu Europejskiej Wspólnoty Gospodarczej – EWG (1958)
- kraje założycielskie UE
- pozostałe kraje członkowskie UE
- kraje kandydujące do UE
- kraje potencjalnie kandydujące do UE

1990 rok przystąpienia do UE lub EWG
2013 rok ostatniego rozszerzenia UE

Bruksela – siedziby ważniejszych instytucji UE

Europejskie Stowarzyszenie Wolnego Handlu – EFTA (1960)
- kraje EFTA

Środkowoeuropejskie Porozumienie o Wolnym Handlu – CEFTA (1992)
- kraje CEFTA

Wspólnota Niepodległych Państw – WNP (1991)
- kraje WNP, kraje występujące z WNP

Produkt krajowy brutto

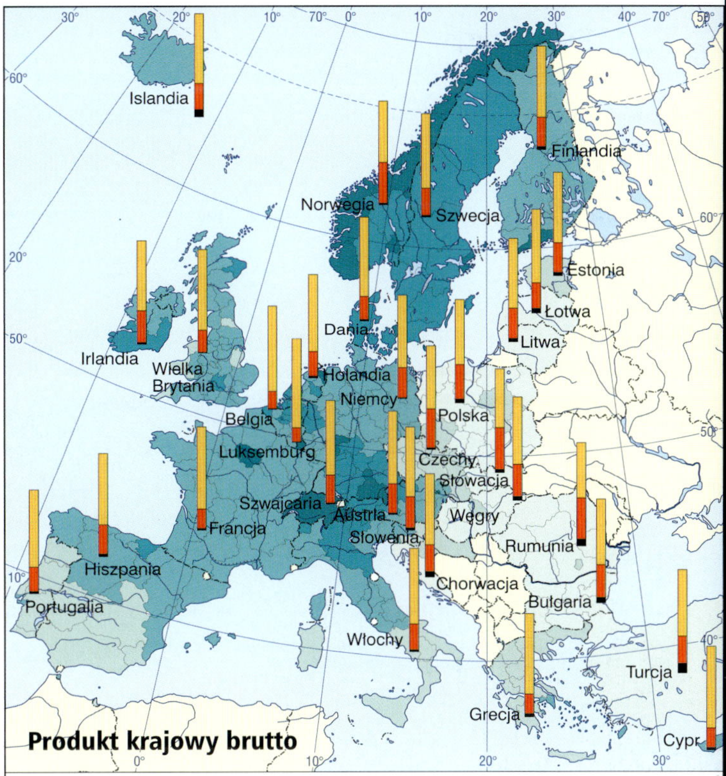

Wielkość rocznego produktu krajowego brutto na 1 mieszkańca*
- 40 000 – 85 800 euro
- 30 000 – 40 000
- 20 000 – 30 000
- 10 000 – 20 000
- 4100 – 10 000

Produkt krajowy brutto według działów gospodarki
100%
- usługi
- przemysł i budownictwo
- rolnictwo

* w regionach UE, wybranych krajach kandydujących: Islandii, Turcji oraz Norwegii i Szwajcarii

Stan: 2010 -2011 r.

Bezrobocie

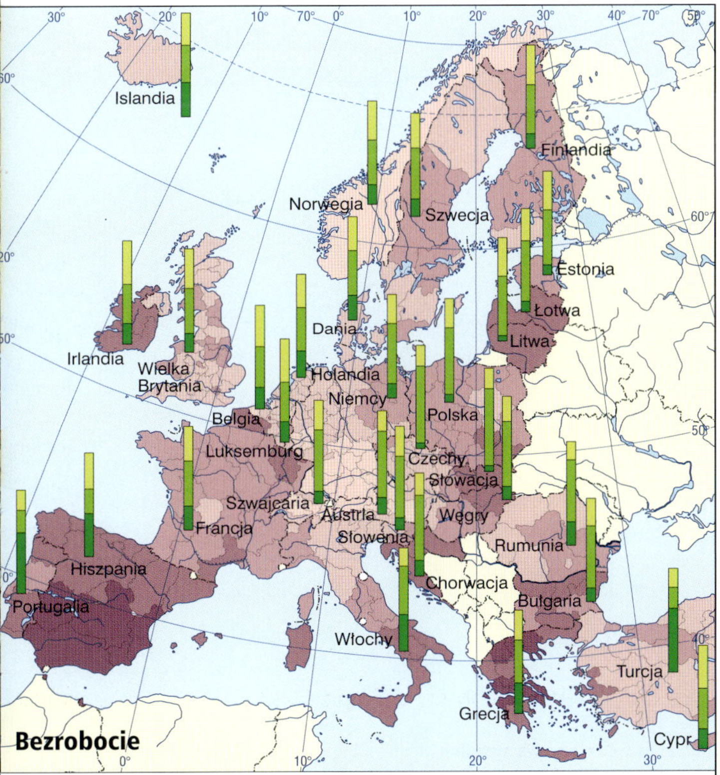

Udział bezrobotnych w ogólnej liczbie ludności zawodowo czynnej*
- 24,1 – 38,5%
- 12,1 – 24
- 8,1 – 12
- 4,1 – 8
- 2,5 – 4

10,5% średnia UE

Struktura wykształcenia w grupie zawodowo czynnej
100%
- wyższe
- średnie
- podstawowe

* w regionach UE, wybranych krajach kandydujących: Islandii, Turcji oraz Norwegii i Szwajcarii

Stan: 2012 r.

Rolnictwo

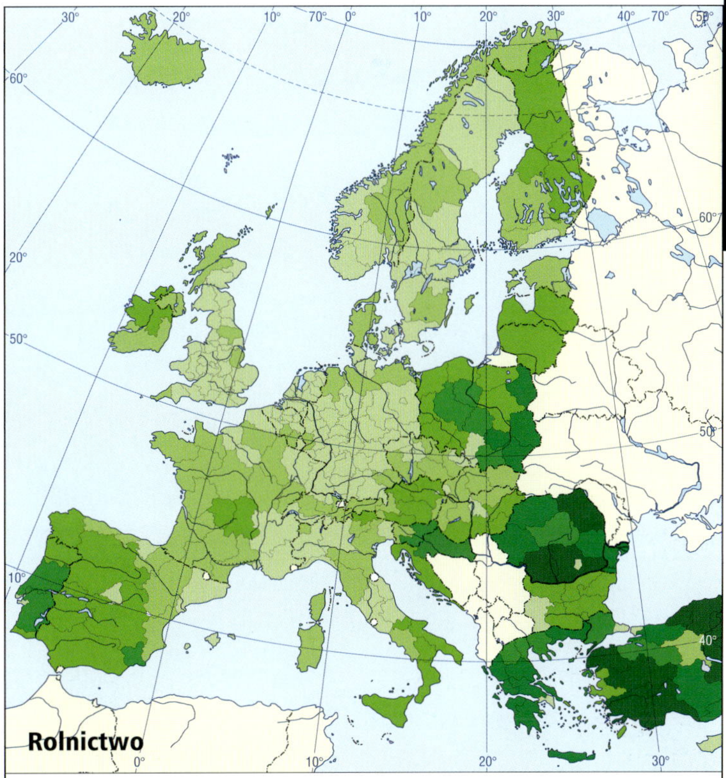

Udział pracujących w rolnictwie w ogólnej liczbie ludności zawodowo czynnej*
- 30 – 53,3%
- 18 – 30
- 12 – 18
- 6 – 12
- 3 – 6
- pon. 3

3,8 – % udział rolnictwa w PKB

* w regionach UE, wybranych krajach kandydujących: Islandii i Turcji oraz Norwegii i Szwajcarii

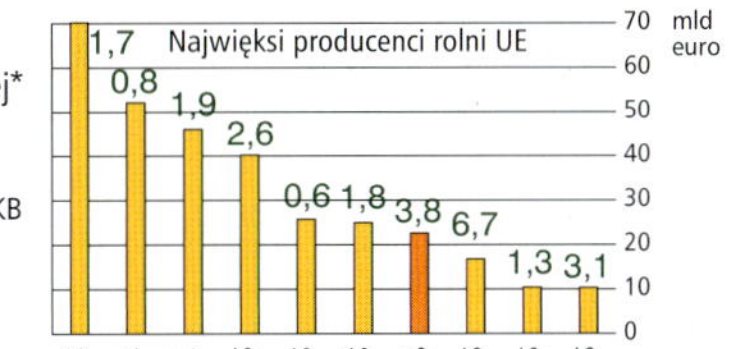

Stan: 2012 r.

MORZE PÓŁNOCNE
MORZE BAŁTYCKIE
DANIA
NIEMCY
CZECHY
AUSTRIA
SZWAJCARIA
FRANCJA
SŁOWENIA
CHORWACJA
LUKSEMBURG
LIECHTENSTEIN
MONAKO
SAN MARINO
Nizina Niemiecka
Nizina Padańska
Alpy Wschodnie
Alpy Zachodnie
Schwarzwald
Wogezy
Ardeny
Eifel
Hunsrück
Harz
Las Turyński
Rudawy
Sudety
Szumawa
Las Czeski
Las Bawarski
Wyżyna Szwabska
Wyżyna Bawarska
Wyżyna Frankońska
Wyż. Czesko-Morawska
Nizina Połabska
Dolomity
Karawanki
Apeniny
Meklemburgia
Brandenburgia
Dolna Saksonia
Westfalia
Pojezierze Pomorskie
Zat. Helgolandzka
Zat. Kilońska
Zat. Meklemburska
Zat. Pomorska
Zat. Genueńska
Zatoka Wenecka
M. Adriatyckie
W-y Wschodniofryzyjskie
W-y Zachodniofryzyjskie
W-y Północnofryzyjskie
HAMBURG
BERLIN
PRAGA (PRAHA)
MONACHIUM
WIEDEŃ (WIEN)
AMSTERDAM
ROTTERDAM
Haga ('s-Gravenhage)
Bruksela (Bruxelles)
Luksemburg (Luxembourg)
MEDIOLAN
TURYN
Zurych
Genua
Wenecja
Zagrzeb (Zagreb)
Lublana (Ljubljana)
Brema
Hanower
Dortmund
Essen
Duisburg
Düsseldorf
Kolonia
Frankfurt n.M.
Stuttgart
Norymberga
Strasburg
Szczecin
Poznań
Wrocław
Drezno
Lipsk
Magdeburg
Kilonia
Lubeka
Rostock
Brno
Linz
Salzburg
Innsbruck
Graz
Bolonia
Werona
Triest
Rijeka
Grossglockner 3797
Zugspitze 2963
Mont Blanc 4810
Monte Rosa 4637
Śnieżka 1602
Brocken 1142
m n.p.m.
3000
2000
1000
500
200
100
0
200
2000

Zatoka Gdańska
Hel
Zalew Wiślany
Zalew Kuroński
Kaliningrad
Sowieck
Niemen
Kowno
Czerniachowsk
R O S J A
L I T W A
Wilno Vilnius
Wilejka
Mołodeczno
Borysów
Orsza
MIŃSK (MINSK)
Mohylew
B I A Ł O R U Ś
Wyżyna Białoruska
Olita
Grodno
Suwałki
Ełk
Elbląg
Malbork
Kwidzyn
Olsztyn
Iława
Grudziądz
Bydgoszcz
Toruń
Włocławek
Płock
Ciechanów
Łomża
Białystok
Pojezierze Mazurskie
Mazury
Warmia
Kujawy
Nizina Mazowiecka
Podlasie
Narew
Biebrza
Bug
Wisła
WARSZAWA
Siedlce
Łódź
Kalisz
Piotrków Trybunalski
Radom
Lublin
Chełm
Zamość
Kielce
Łysica
Częstochowa
Bytom
Chorzów
Gliwice
Katowice
Kraków
Tarnów
Dębica
Rzeszów
Przemyśl
Krosno
Jasło
Sanok
Nowy Sącz
Bielsko-Biała
Ostrawa
GOP
Tarnobrzeg
Kotlina Sandomierska
Wyżyna Lubelska
Roztocze
Wyżyna Małopolska
Wyżyna Śląska
Baranowicze
Soligorsk
Bobrujsk
Żłobin
Homel
Kalinkowicze
Mozyrz
Pińsk
Kobryń
Brześć
Polesie
Polesie Wołyńskie
Polesie Żytomierskie
Czarnobyl
Czernihów
Prypeć
Jasiołda
Szczara
Dniepr
Desna
Kowel
Łuck
Równe
Nowogród Wołyński
Żytomierz
KIJÓW (KYJIV)
Berdyczów
Biała Cerkiew
Koziatyn
Winnica
Chmielnicki
Tarnopol
Złoczów
Lwów
Sambor
Drohobycz
Stryj
Borysław
Iwano-Frankowsk
Kołomyja
Czerniowce
Kamieniec Podolski
Mohylów Podolski
Soroki
Rybnica
Kotowsk
Bielce
Orgiejów
Kiszyniów (Chişinău)
Tyraspol
Bendery
U K R A I N A
Wyżyna Wołyńska
Podole
Wyżyna Naddnieprzańska
M O Ł D A W I A
Dniestr
Prut
Beskidy Zachodnie
Beskidy Wschodnie
Karpaty Wschodnie
Karpaty Zachodnie
Tatry
Gerlach 2655
Zakopane
Krynica
Poprad
Żylina
Nowa Wieś Spiska
Preszów
Humenné
Koszyce
Bańska Bystrzyca
Żar n.Hronem
Rożnawa
Łuczeniec
Nitra
S Ł O W A C J A
Użhorod
Mukaczewo
Berehowo
Chust
Howerla 2061
Satu Mare
Baia Mare
Syhot
Carei
Debreczyn
Nyíregyháza
Miszkolc
Tokaj
Eger
Salgótarján
Mátra
Tatabánya
BUDAPESZT (BUDAPEST)
Százhalombatta
Székesfehérvár
Cegléd
Kecskemét
Szolnok
Dunaújváros
Kiskunság
Békéscsaba
Hódmezővásárhely
Segedyn
Baja
Pecz
Subotica
Sombor
Wielka Nizina Węgierska
Bukowina
Radowce
Botoszany
Pașcani
Jassy
Cîmpulung Moldovenesc
Vatra Dornei
Bistrița
Dej
Piatra-Neamț
Roman
Bacău
Bîrlad
Tecuci
Galacz
Braiła
Reni
Izmaił
Kilia
Tulcza
Sulina
Oradea
Kluż-Napoka
Samoszu
Turda
Tîrgu Mureș
Sighișoara
Miercurea Ciuc
Nemira 1648
Toaca 1907
Karpaty Mołdawskie
Wyżyna Transylwańska
Alba Iulia
Sfîntu Gheorghe
Braszów
Goru 1784
Fokszany
Rîmnicu Sărat
Buzău
Ploeszti
Moldoveanu 2543
Ciukaș 1956
Sybin
Deva
Hunedoara
Arad
Timișoara
Lugoj
Salonta
Caransebeș
Reșița
Petroszany
Karpaty Południowe
Cîmpina
Tîrgoviște
Pitești
Rîmnicu Vîlcea
Tirgu Jiu
Drobeta-Turnu Severin
Orszowa
Żelazna Brama
Krajowa
Rosiori de Vede
Giurgiu
Ruse
BUKARESZT (BUCUREȘTI)
Fetești
Cernavodă
Konstanca
Mamaia
Călărași
Silistra
Dobricz
Razgrad
Muntenia
Oltenia
Nizina Wołoska
Dobrudża
Ludogorie
MORZE CZARNE
R U M U N I A
Kikinda
Zrenjanin
Nowy Sad
Wojwodina
Banat
Baczka
Vršac
Pančevo
BELGRAD (BEOGRAD)
Šabac
Valjevo
Kragujevac
Čačak
S E R B I A
Osijek
Vinkovci
Słavonski Brod
Tuzla
Vareš
Sarajewo (Sarajevo)
Żep 1537
Widin
Calafat
Lom
B U Ł G A R I A
Nikopol
Zaječar
Bor
G. Wschodnioserbskie
G. Bihorskie
Dunaj
Cisa
Maruszy
Sawa
Drawa

Charakterystyka hydrologiczna Morza Bałtyckiego

1 : 14 000 000

Główne typy wybrzeży
- zalewowo-mierzejowe
- klifowe
- szkierowe
- fiordowe
- föhrdowe
- fierdowo-szkierowe

- prądy morskie
- izohaliny (izolinie zasolenia)

Zasięg występowania:
- lodu stałego
- kry lodowej

Hipsometria: m n.p.m. 2000, 1500, 1000, 500, 200, 0, 100

Batymetria: 0, 50, 100, 100, 200, 500, 2000, m p.p.m.

Zanieczyszczenie Morza Bałtyckiego

1 : 14 000 000

- obszar zlewiska
- główne ośrodki przemysłowe
- główne porty (przeładunek pow. 10 mln ton/rok)
- pozostałe porty
- główne szlaki promowe

Zanieczyszczenia wód morskich
- obszary o podwyższonym poziomie stężenia azotanów
- obszary o podwyższonym poziomie stężenia fosforanów
- obszary o deficycie tlenu w wodach przydennych
- głębinowe pustynie siarkowodorowe
- miasta i zakłady szczególnie uciążliwe wg raportu HELCOM (stan 2004 r.; usunięte z listy w latach 1994-2003)

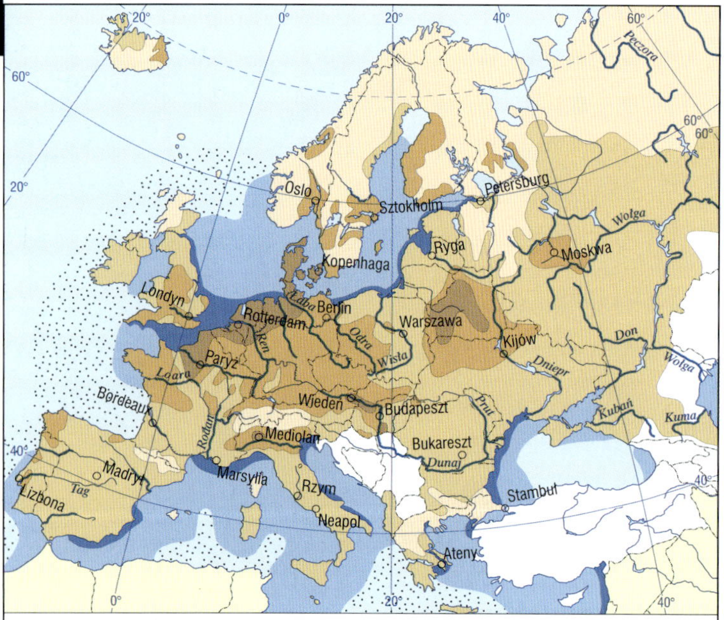

Zanieczyszczenie wód

1 : 50 000 000

- zanieczyszczone odcinki rzek
- wody przybrzeżne silnie zanieczyszczone
- wody stale zanieczyszczone
- wody z plamami olejów i ropy naftowej

Stopień zanieczyszczenia związkami azotu:
- czyste
- mało zanieczyszczone
- silnie zanieczyszczone
- bardzo silnie zanieczyszczone
- brak danych

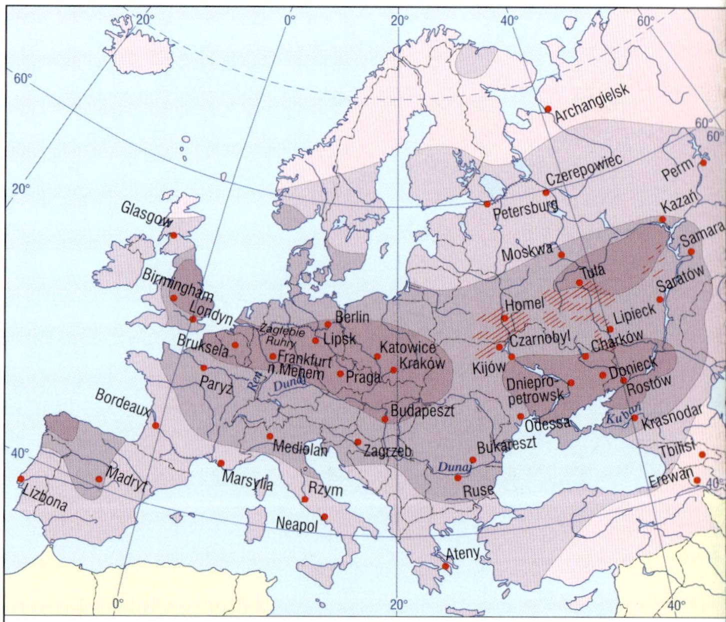

Zanieczyszczenie powietrza

1 : 50 000 000

Stopień zanieczyszczenia gazami i pyłami:
- czyste
- mało zanieczyszczone
- silnie zanieczyszczone
- bardzo silnie zanieczyszczone
- miasta o wysokim stopniu skażenia powietrza
- obszary skażone radioaktywnie

1 : 10 000 000

0
100
200
300 km
Nizina Wschodnioeuropejska
ROSJA
Uwały Północne
Wałdaj
Grzęda Smoleńsko-Moskiewska
Wyżyna Środkoworosyjska
Wyżyna Nadwołżańska
Wielki Syrt
FINLANDIA
ESTONIA
ŁOTWA
LITWA
BIAŁORUŚ
Wyż. Białoruska
Polesie
UKRAINA
Wyż. Wołyńska
Podole
Wyż. Naddnieprzańska
Nizina Naddnieprzańska
Nizina Czarnomorska
Karpaty Wschodnie
Karpaty Południowe
MOŁDAWIA
RUMUNIA
Niz. Wołoska
Bałkany
BUŁGARIA
Rodopy
GRECJA
KAZACHSTAN
Nizina Nadkaspijska
Nizina Kubańska
Wyżyna Stawropolska
Kaukaz
Mł. Kaukaz
GRUZJA
ARMENIA
AZERBEJDŻAN
IRAN
Góry Pontyjskie
Wyżyna Anatolijska
TURCJA
Płw. Azja Mniejsza
Taurus Środkowy
Taurus Wschodni
Krym
MORZE CZARNE
M. AZOWSKIE
M. KASPIJSKIE
M. EGEJSKIE
M. MARMARA
M. BAŁTYCKIE
Zat. Fińska
Zat. Ryska
Zat. Taganroska
Cieśnina Kerczeńska
J. Ładoga
J. Onega
J. Pejpus
J. Ilmeń
Zb. Rybiński
Zb. Gorkowski
Zb. Czeboksarski
Zb. Samarski
Zb. Saratowski
Zb. Wołgogradzki
Zb. Cymlański
Zb. Kijowski
Zb. Krzemieńczucki
Zb. Kachowski
J. Tuz
J. Wan
Wołga
Don
Dniepr
Dniestr
Dźwina
Niemen
Prypeć
Bug
Desna
Oka
Kama
Suchona
Dunaj
Kura
Eufrat
Tygrys
Kyzylırmak
Sakarya
PETERSBURG
MOSKWA (MOSKVA)
KIJÓW (KYJIV)
MIŃSK (MINSK)
WARSZAWA
Helsinki
Tallinn
Ryga Riga
Wilno Vilnius
BUKARESZT (BUCUREȘTI)
SOFIA (SOFIJA)
Kiszyniów Chișinău
TBILISI
ERYWAŃ (EREVAN)
ANKARA
STAMBUŁ
Petrozawodzk
Wołogda
Jarosław
Rybińsk
Kostroma
Twer
Smoleńsk
Kaługa
Tuła
Riazań
Niżny Nowogród
Kazań
Uljanowsk
Samara
Togliatti
Saratów
Penza
Wołgograd
Astrachań
Woroneż
Kursk
Orzeł
Briańsk
Charków (Charkiv)
Dnipro
Donieck
Ługańsk
Zaporoże
Odessa
Mikołajów
Chersoń
Sewastopol
Symferopol
Rostów nad Donem
Krasnodar
Stawropol
Soczi
Trabzon
Samsun
Sinop
Bursa
Izmir
Konya
Kayseri
Erzurum
Lwów
Wilno
Homel
Grodno
Brześć
Pińsk
Witebsk
Psków
Nowogród Wielki
Kotlas
Konosza
Kirow
Elbrus 5642
Kazbek 5033
Ararat 5165
2118
2210

Morze Północne
Przemysł naftowy

1 : 8 000 000

- pola roponośne
- pola gazonośne

Przemysł wydobywczy z najważniejszych pól:
- ropy naftowej
- gazu ziemnego
- ropociągi
- gazociągi
- Argyll – platformy wiertnicze
- porty
- rafinerie
- granice sektorów

Wydobycie ropy naftowej w Europie*

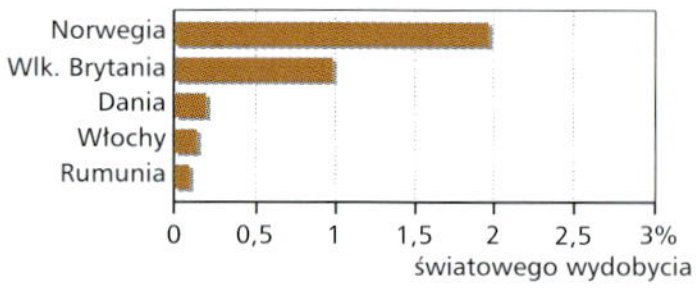

Wydobycie gazu ziemnego w Europie*

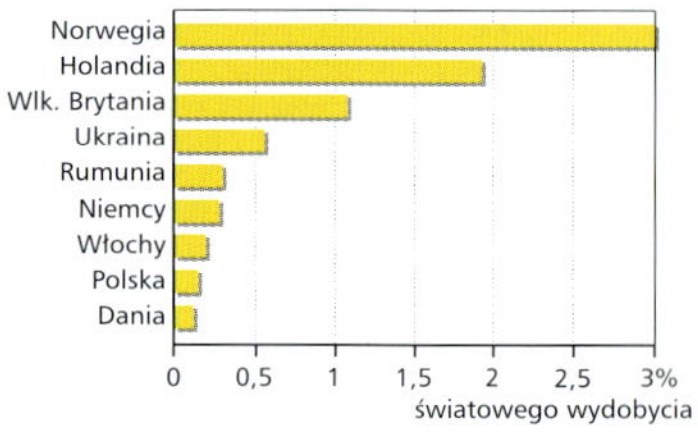

Przetwórstwo ropy naftowej w Europie*

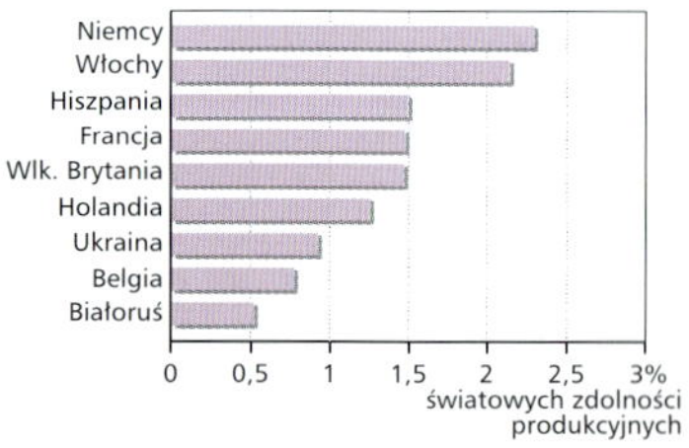

*bez Rosji

Stan: 2014 r.

Rotterdam – Europoort

1 : 300 000

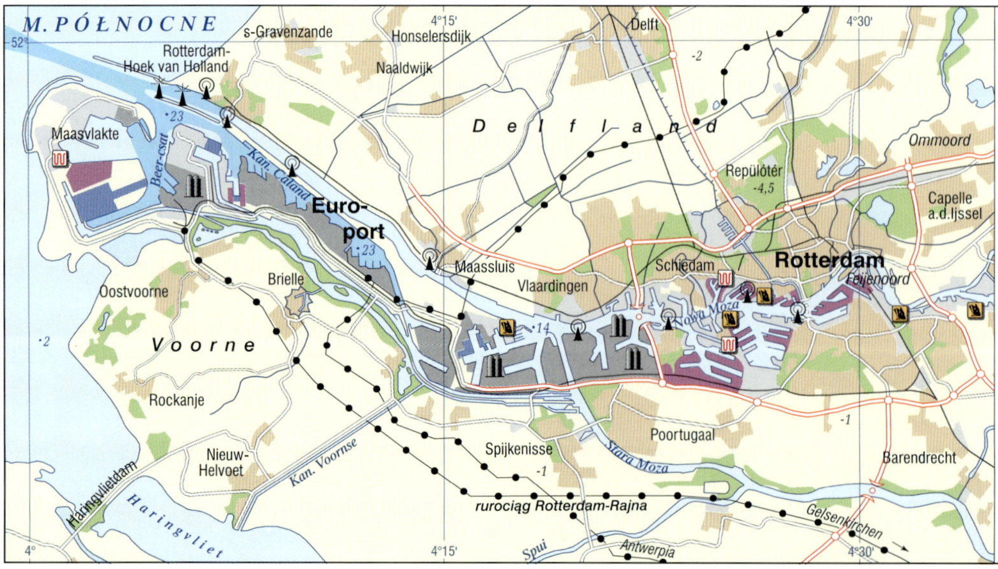

- tereny zamieszkane
- zieleń miejska
- terminale kontenerowe
- terminale towarów masowych
- terminale ropy naftowej
- pozostałe tereny przemysłowe
- autostrady
- drogi główne
- koleje
- ropociągi
- rafinerie
- stocznie
- elektrociepłownie
- pogłębione tory wodne
- radiolatarnie, latarnie morskie
- ·23 głębokość (w metrach)
- -6,2 wysokość terenu względem poziomu morza (w metrach)

0 100 200 300 km

MORZE GRENLANDZKIE
Koło podbiegunowe północne
Przyl. Horn
Ísafjörður
Siglufjörður
Thorshöfn
Zat. Húna
M. NORWESKIE
Vatneyri
Akureyri
Zat. Breidhafjördhur
Ólafsvík
Hofsjökull
Langjökull
Zat. Faxaflói
Vatnajökull
Reykjavík
Hekla
1491
Hvannadalshnúkur
2119
Thjórsá
OCEAN ATLANTYCKI
Islandia
1 : 8 000 000
M. BARENTSA
Przyl. Północny
Sørøy
Hammerfest
Porsangen
Laksefjorden
Pw. Varanger
Vardø
Varangerfjorden
Kirkenes
Pieczenga
Pw. Rybacki
Lakselv
1067
Alta
Tromsø
1690
1324
Vesterålen
Hinnøy
Lofoty
Vestfjorden
Narwik
1713
Torne
Kiruna
Kebnekaise
2123
J. Inari
Inari
Ivalo
642
Nikiel
637
Murmańsk
Wyżyna Laponska
591
718
821
906
Kolari
Kittilä
J. Imandra
Kirowsk
1191
Kandalaksza
801
Bodø
1913
J. Stora Lule
Gällivare
Kemijärvi
657
Lønsdal
Mo i Rana
413
Rovaniemi
J. Piaozero
873
1915
1767
J. Uddjaur
Boden
Luleå
Tornio
Kemi
J. Topozero
Mosjøen
Sorsele
Skellefte
Skellefteå
Oulu
1703
Foldfjorden
Ångerman
Ume
486
Raahe
384
Namsos
Oulu
J. Oulu
124
Kajaani
Steinkjer
Trondheimsfjorden
Umeå
Kokkola
Pietarsaari
Kristiansund
Molde
Trondheim
Örnsköldsvik
J. Pielinen
J. Kallavesi
94
275
Ålesund
292
Östersund
J. Stor
1796
Vaasa
Pojezierze Fińskie
Kuopio
Joensuu
J. Pyhäselkä
Nordfjorden
Snøhetta
2286
Härnösand
Sundsvall
290
Ljungan
Jyväskylä
Glittertind
2470
Jotunheimen
Sognefjorden
Glomma
Fagernes
1933
Gjøvik
Gol
J. Näsi
Tampere
J. Haukivesi
J. Saimaa
Sortawala
J. Ładoga
Bergen
Hamar
J. Mjøsa
Pori
Rauma
Uusikaupunki
J. Päijänne
70
Imatra
Lahti
223
Wyborg
Hardangervidda
Rjukan
J. Siljan
Falun
Gävle
Klar
Turku
Kotka
Hardangerfjorden
Haugesund
Bokna fjorden
Stavanger
1605
Ardal
Drammen
Oslo
Notodden
Oslofjorden
Dal
Uppsala
Porvoo
Espoo
Helsinki
Hanko
PETERSBURG
Sarpsborg
Karlstad
Västerås
SZTOKHOLM
Tallinn
Narwa
Larvik
Örebro
J. Mälar
Eskilstuna
Södertälje
Keila
Kohtla-Järve
Luga
44
J. Wener
Hiuma
Nyköping
Oxelösund
725
Motala
Norrköping
Saarema
Parnawa
ESTONIA
30
Tartu
J. Pejpus
Kristiansand
Trollhättan
J. Wetter
Linköping
Glebia Landsort
Sindi
J. Pskowskie
Pskow
Hirtshals
Göteborg
89
Borås
Jönköping
378
Atvidaberg
Zatoka Ryska
318
Hjørring
Frederikshavn
Gotlandia
Visby
Valmiera
Limfjorden
Ålborg
Windawa
174
Ryga (Riga)
Welikaja
Jutlandia
Kalmar
Olandia
Olaine
Jełgawa
ŁOTWA
Rzezyca
289
173
Århus
Cieśn. Kalmarska
Glebia Gotlandzka
Liepawa
Dźwina
Dyneburg
Esbjerg
Vejle
KOPENHAGA (KØBENHAVN)
Helsingborg
Karlskrona
Kolding
Lund
Klajpeda
Szawle
Poniewież
Odense
Fionia
Zelandia
Malmö
Trelleborg
234
LITWA
Flensburg
Lolland
Møn
Bornholm
Kiejdany
Janów
Niemen
Kowno
Sowieck
W-y Północnofryzyjskie
Helgoland
Kilonia
Zat. Kilońska
Falster
Sassnitz
Rugia
Słupsk
Gdynia
Zatoka Gdańska
ROSJA
Kaliningrad
Olita
Wilno (Vilnius)
BIAŁORUŚ
W-y Wschodniofryzyjskie
Cuxhaven
HAMBURG
Lubeka
Rostock
Stralsund
Świnoujście
Kołobrzeg
Gdańsk
MINSK (MIŃSK)
NIEMCY
POLSKA
MORZE NORWESKIE
Skagerrak
Kattegat
Sund
MORZE BAŁTYCKIE
Zatoka Botnicka
W-y Alandzkie
Zatoka Fińska
Góry Skandynawskie
NORWEGIA
SZWECJA
FINLANDIA
ROSJA
Pojezierze Fińskie
Pojezierze Laponia
m n.p.m.
2000
1500
1000
500
200
100
0
200
2000

Posiadłości brytyjskie w 1920 r.

OCEAN ARKTYCZNY
Kanada
WIELKA BRYTANIA
Irlandia
OCEAN
OCEAN
Sudan Anglo-Egipski
Indie Bryt.
OCEAN
SPOKOJNY
OCEAN
SPOKOJNY
ATLANTYCKI
Zw. Pd. Afryki
INDYJSKI
Australia
Nowa Zelandia
OCEAN
POŁUDNIOWY
OCEAN ATLANTYCKI
MORZE PÓŁNOCNE
WIELKA BRYTANIA
Szetlandy
Orkady
Hebrydy
Skye
M. SZKOCKIE
M. HEBRYDZKIE
Przyl. Wrath
Thurso
Przyl. Duncansby
Wick
Moray Firth
Przyl. Kinnairds
Góry Kaledońskie
1109
Kanał Kaledoński
J.Loch Ness
Ben Nevis 1343
Grampiany
Aberdeen
Dundee
Firth of Forth
Nizina Szkocka
Greenock
Glasgow
Edynburg
Cheviot
842
Firth of Clyde
Kanał Północny
Przyl. Malin
Londonderry
Irlandia Pn.
J.Neagh
Belfast
852
Zat.Donegal
Béal an Átha
Nizina Środkowoirlandzka
J.Loch Coirib
Gaillimh
Dublin (Baile Átha Cliath)
926
G.Wicklow
Shannon
Luimneach
IRLANDIA
1041
Corcaigh
Przyl. Mizen
MORZE IRLANDZKIE
Wyspa Man (br.)
Man
Newcastle-upon-Tyne
Sunderland
Carlisle
Cross Fell 893
Góry Penińskie
Middlesbrough
Sellafield
Lancaster
York
Bradford
Leeds
Kingston-upon-Hull
Blackpool
Preston
Halifax
MANCHESTER
LIVERPOOL
Sheffield
Grimsby
Anglesey
1085 Snowdon
Stoke-on-Trent
Derby
Nottingham
Nizina Angielska
The Wash
Norwich
Shrewsbury
Leicester
Wolverhampton
BIRMINGHAM
Coventry
Northampton
Cambridge
Ipswich
Góry Kambryjskie
Walia
Fishguard
Swansea
Severn
Oksford
Tamiza
Newport
Cardiff
Bristol
Basen Londyński
LONDYN (LONDON)
GREENWICH
Southend-on-Sea
Chatham
Dover
Kanał Św. Jerzego
Kanał Bristolski
Southampton
Portsmouth
Brighton
Hastings
Eurotunel
Bournemouth
Exeter
Wight
621
Plymouth
Zat. Lyme
Płw. Kornwalijski
Land's End
W-y Scilly
MORZE CELTYCKIE
La Manche
Przyl. La Hague
Guernsey (br.)
Jersey (br.)
W-y Normandzkie
Płw. Cotentin
Cherbourg
Zat. Sekwany
Hawr
Caen
Dieppe
Amiens
Somma
Artois
Calais
Dunkierka
Ostenda
Cieśnina Kaletańska
FRANCJA
m n.p.m.
1000
500
200
100
0
50
200
2000

1 : 5 000 000 — 0 50 100 150 km

Posiadłości francuskie w 1920 r.

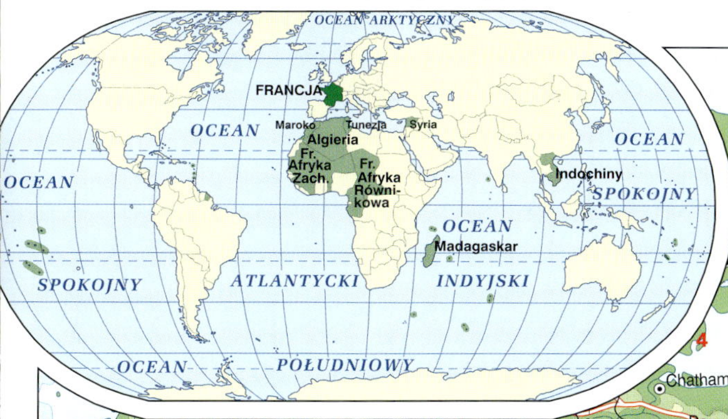

1 : 5 000 000

0 50 100 150 km

Zatoka Biskajska
OCEAN ATLANTYCKI
MORZE ŚRÓDZIEMNE
Zatoka Kadyksu
Zatoka Walencka
Cieśnina Gibraltarska
HISZPANIA
PORTUGALIA
FRANCJA
MAROKO
ALGIERIA
ANDORA
Góry Kantabryjskie
Góry Iberyjskie
Kordyliera Centralna
Góry Betyckie
Sierra Morena
Sierra Nevada
G. Toledańskie
Pireneje
Asturia
Galicja
Kraj Basków
Nawarra
Gaskonia
Aragonia
Katalonia
Stara Kastylia
Nowa Kastylia
La Mancha
Estremadura
Andaluzja
Murcja
Walencja
Alentejo
Estrela
Kotlina Aragońska
Meseta
El Ferrol
La Coruña
Santiago de Compostela
Przyl. Finisterre
Lugo
Pontevedra
Vigo
Orense
Oviedo
Gijón
Przyl. Peñas
Sama de Langreo
2417
2648 Torre Cerredo
Santander
Bilbao
San Sebastian
Vitoria
Pampeluna
Logroño
Burgos
León
Teleno 2188
Palencia
Valladolid
Zamora
Salamanka
Segovia
Peñalara 2430
Ávila
MADRYT (MADRID)
Vallecas
Guadalajara
Cuenca
Toledo
Soria
Urbión 2228
Saragossa
Lérida
Tarragona
Reus
Tortosa
Przyl. Tortosa
Castellón de la Plana
W-y Columbretes
Sagunto
Walencja
Albacete
Alcoy
Przyl. Nao
Alicante
Elche
Orihuela
Murcja
La Unión
Kartagena
Przyl. Palos
Aguilas
Lorca
2381 Sagra
Almenaras 1797
Javalambre 2020
2024 Peñarroya
Bajonna
Biarritz
Lacq
Pau
Tarbes
Lourdes
Tuluza
Pic d'Anie 2504
Przel. Somport
3355 Perdu
3404 Pico de Aneto
Malade ta
Chaves
Braga
Bragança
1318
1415 Vila Real
PORTO
Viseu
Coimbra
1991 Estrela
Covilhã
1723
2592 Almanzor
Castelo Branco
Santarém
Przyl. Roca
LIZBONA (LISBOA)
Barreiro
Setubal
Évora
Beja
Sines
902
577
Lagos
Przyl. Św. Wincentego
Faro
Cáceres
Mérida
Badajoz
Almadén
Ciudad Real
Bañuela 1323
Peñarroya-Pueblonuevo
1110
Linares
Ubeda
Kordowa
Jaén
Minas de Riotinto
Huelva
Palos de la Frontera
Sewilla
Écija
Grenada
2168
Sierra Nevada 3478 Mulhacén
Almeria
Przyl. Gata
Málaga
1919
Jerez de la Frontera
Kadyks
Algeciras
La Linea
Gibraltar
Przyl. Marroqui
Tanger
Ceuta
Tetuan
Alborán
W-y Gomera
W-y Alhucemas
Przyl. Trois Fourches
Melilla
W-y Chafarinas
Przyl. Carbon
Oran
Mestghanem
Relizane
Muaskar
1201
1172
1061
Sidi-bu-l-Abbas
2523
Minho
Duero
Tag
Gwadiana
Gwadalkiwir
Ebro
Júcar
Segura
Tajuña
Tormes
Esla
Sil
Mondego
Cabriel
Genil
Turia
Segre
Cinca
Garonna
Adour
Chelif
m n.p.m.
3000
2000
1500
1000
500
200
100
0
200
2000
4000

Wyspy Kanaryjskie
1 : 3 000 000
OCEAN ATLANTYCKI
3770
Alegranza
Graciosa
Lanzarote
Haria
676
Tinajo
Yaiza
Arrecife
La Oliva
Corralejo
Puerto del Rosario
Pájara
Przyl. Jandia
807
Fuerteventura
Los Sauces
2426
Santa Cruz de la Palma
Los Llanos de Ariadne
Los Canarios
Palma
La Laguna
La Orotava
Icod de Los Vinos
Santa Cruz de Tenerife
Pico de Teide 3718
Teneryfa
Granadilla de Abona
Gomera
1487
Guia de Isora
La Calera
San Sebastian de la Gomera
Galdar
Las Palmas
Pico de las Nieves 1949
Santa Lucia de Tirajana
Gran Canaria
Hierro
Valverde

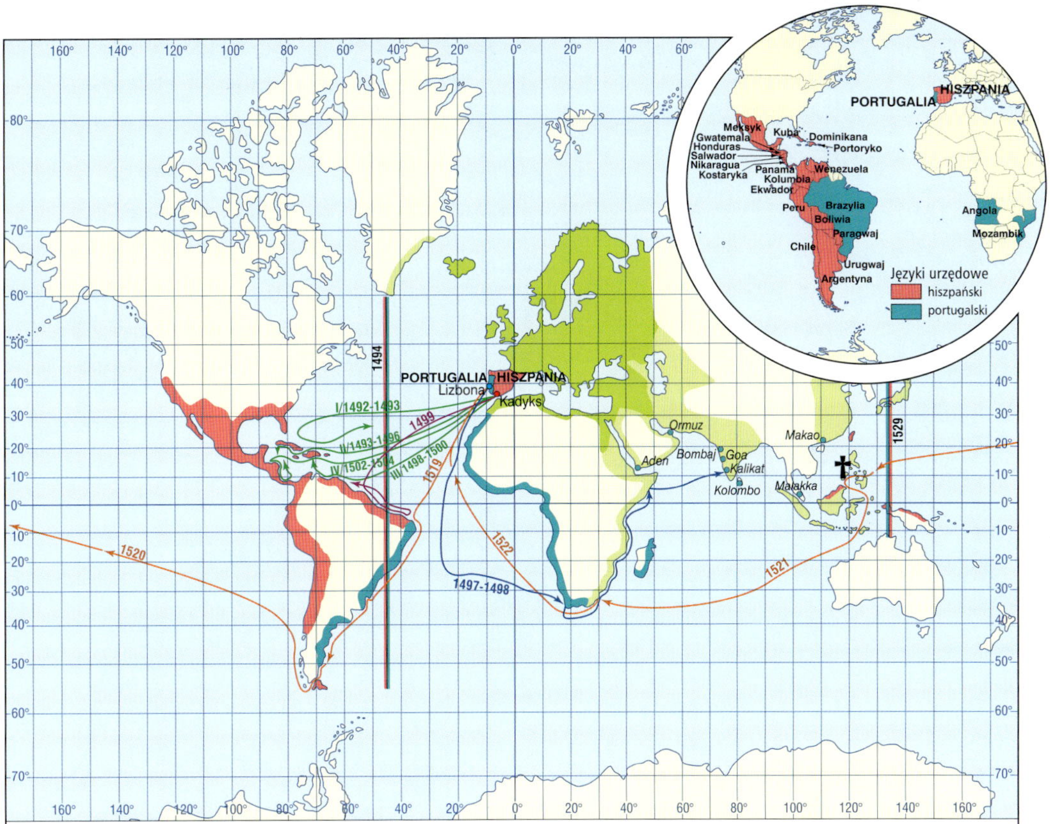

Hiszpania i Portugalia - odkrywanie świata 1 : 300 000 000

Podróże:

- Krzysztof Kolumb
- Vasco da Gama
- Amerigo Vespucci
- Ferdynand Magellan (od 1521 r. J. S. del Cano)

- obszary znane Europejczykom w XIV w.
- obszary pośrednio znane Europejczykom w XIV w.
- terytoria hiszpańskie
- terytoria portugalskie

- Goa – miasta założone przez Portugalczyków
- hiszpańsko-potugalska linia podziału świata
- † miejsce śmierci Ferdynanda Magellana

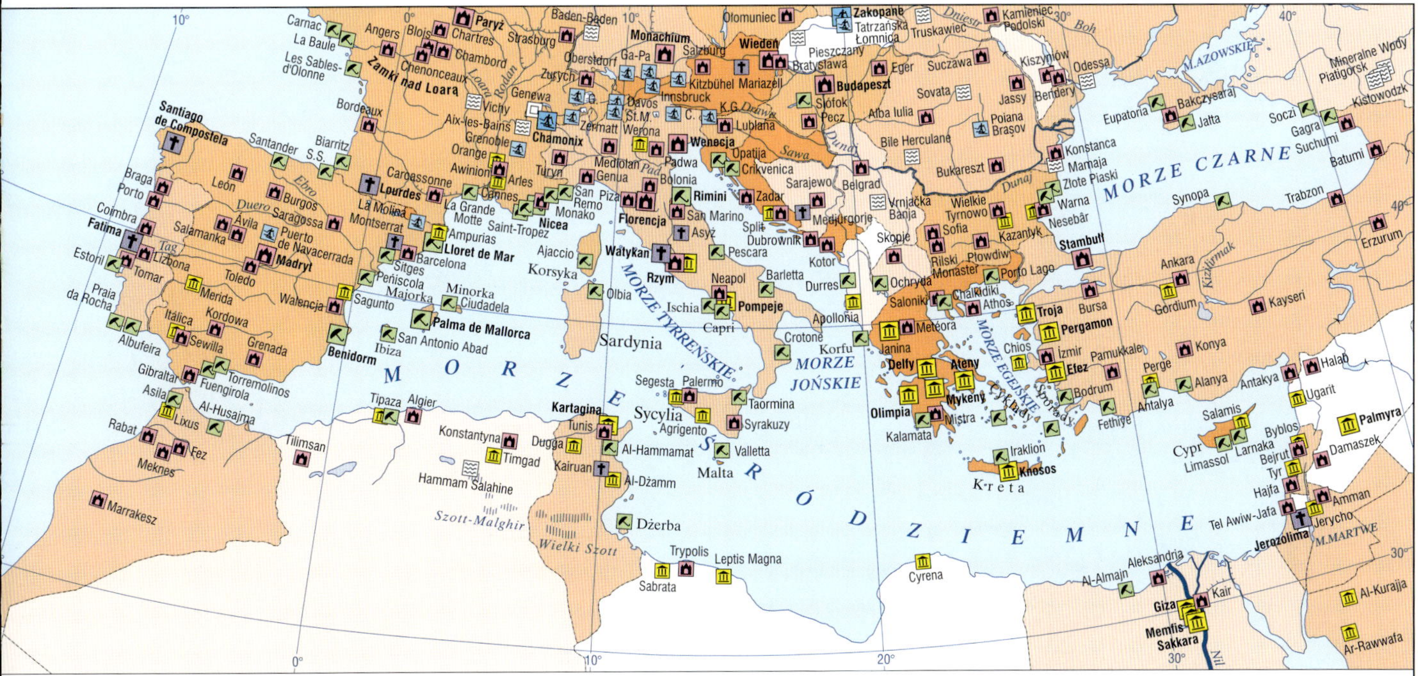

Turystyka w basenie Morza Śródziemnego 1 : 25 000 000

Stan: 2014 r.

Miejscowości turystyczno-wypoczynkowe

- wypoczynku letniego
- sportów zimowych i turystyki górskiej
- z zabytkami antycznymi
- z licznymi dobrami kultury
- ośrodki pielgrzymkowe
- uzdrowiska
- ośrodki o innych funkcjach

Znaczenie dla turystyki

- wielkie
- duże

Liczba turystów odwiedzających rocznie dany kraj przypadająca na 100 mieszkańców

- 200 – 3247
- 100 – 200
- 25 – 100
- 10 – 25
- 0 – 10
- brak danych

Skróty:

- C. – Cortina d'Ampezzo
- G. – Grindewald
- Ga-Pa – Garmisch-Partenkirchen
- K.G. – Kranjska Gora
- St.M. – Sankt Moritz
- S.S. – San Sebastian

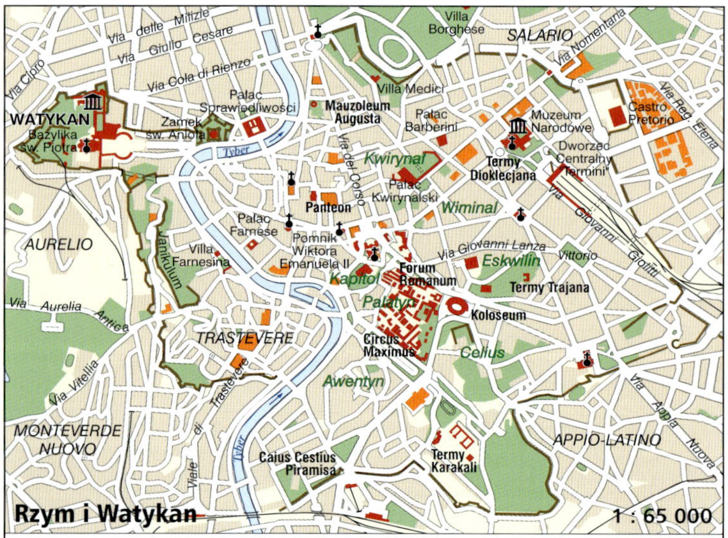

ważniejsze zabytki
budynki użyteczności publicznej
kościoły
mury Aureliana
Celius wzgórza
koleje
tereny zabudowane
tereny zielone

1 : 5 000 000

0 50 100 150 km

Karpaty Południowe
Karpaty Wschodnie
Przełom Czerwonej Wieży
Moldoveanu 2543
2518
Sibiu
Alba Iulia
Aiud
Sighişoara
Sfintu Gheorghe
Braszów
Goru 1784
Ciukaş 1956
Tecuci
Bołhrad
Ukraina
Kilia
Reni
Izmaił
Dunaj
Sulina
Tulcza
Fokszany
Gałacz
Braiła
Rîmnicu Sărat
Buzău
Ploeszti
Cîmpina
Cîmpulung
Tirgovişte
Piteşti
Rîmnicu Vîlcea
Petroszany
Tirgu Jiu
Hunedoara
Deva
Lugoj
Timişoara
Arad
Hódmezővásárhely
Segedyn
Subotica
Baja
Sombor
Kikinda
Osijek
Nowy Sad
Zrenjanin
Vršac
Vinkovci
Reşiţa
Caransebeş
Anina
Pančevo
BELGRAD (BEOGRAD)
Żelazna Brama
Orszowa
Drobeta-Turnu Severin
Krajowa
Calafat
Widin
Łom
Bor
Zaječar
Góry Wschodnioserbskie
Rtanj 1560
1336
Kragujevac
1132
Šabac
Tuzla
Valjevo
Sarajewo (Sarajevo)
Żep 1537
Čačak
Kruševac
Nisz
Pirot
SERBIA
Kopaonik 2017
Novi Pazar
Durmitor 2522
CZARNOGÓRA
Nikšić
Dubrownik
Podgorica
2484
2694
Jezerca
Prokletije
Szkodra
Bar
Peć
Kosovska Mitrovica
Prisztina (Priština)
KOSOWO
Prizren
Kumanowo
Skopje
Titov vrh 2747
2764
MACEDONIA
Veles
Prilep
Bitola
Florina
J. Ochrydzkie
J. Prespa
Durrës
Tirana (Tiranë)
Elbasan
ALBANIA
Fieri
Berat
Korcza
Kastoria
Vlorë
Gjirokastra
Brindisi
Lecce
Otranto
Przyl. Santa Maria di Leuca
Cieśnina Otranto
Korfu
Kerkira
Janina
Pindos
Smolikas 2637
2122
2469
Trikala
Larisa
Wolos
Tesalia
Farsala
Olimp 2917
Katerini
Kozani
Edesa
Saloniki
Zat. Termajska
Płw. Chalcydycki
Athos 2033
Nikolaos
Sofia (Sofija)
Bałkany (Stara Płanina)
Botew 2376
Kazanłyk
Sliwen
Jambol
Burgas
Stara Zagora
Płowdiw
Pazardżik
Chaskowo
Kyrdżali
Rodopy
Goljam Perelik 2191
Musala 2925
Riła
Pirin 2915
Błagoewgrad
Kiustendil 2252
Pernik
Radomir
Montana
Wraca
Łowecz
Plewen
Gabrowo
Wielkie Tyrnowo
Szumen
Dewnia
Warna
Razgrad
Ruse
Giurgiu
Roşiori de Vede
Nizina Wołoska
Muntenia
Oltenia
BUKARESZT (BUCUREŞTI)
Călăraşi
Feteşti
Cernavodă
Mamaia
Konstanca
Silistra
Ludogorie
Dobricz
Dobrudża
BUŁGARIA
MORZE CZARNE
Strandża
Kırklareli 1031
Edirne
STAMBUŁ
Bosfor
Tekirdağ
M. MARMARA
Marmara
Bursa
Bandırma
Gelibolu
Çanakkale
Dardanele
Troja
Edremit
Balıkesir
Wyżyna
Płw. Azja Mniejsza
Anatolijska
Manisa
IZMIR
Tire
Aydın
Nazilli
Menderes
Ayvalık
1338
2089
2159
Lesbos
Chios
Samos
Ikaria
Kos
Kálimnos
Tilos
Rodos
Sporady
Dodekanez
M. TRACKIE
Thasos
Samotraka
Imroz
Limnos
Aleksandrupolis
Komotini
Ksanthi
Drama
Kawala
Seres
Zat. Orfańska
Sporady Północne
Skiros
Eubea
Chalkis
Lamia
Parnas
Giona 2510
Amfisa
Delfy
Teby
Attyka
ATENY (ATHÍNAI)
Pireus
Koryntt
Zat. Koryncka
Zat. Patraska
Patras
Agrinion
Préweza
Levkás
Kefalinia
Zákinthos
1628
1589
Peloponez
Kilini 2376
Mykeny
Argos
Tripolis
Olimpia
Pirgos
Kiparisía
Sparta
Kalamata 2404
Pilos
Przyl. Matapan
Przyl. Malea
Kíthira
Cieśnina Kithira
MORZE EGEJSKIE
Andros
Tinos
Siros
Kea
Naksos
Paros
Milos
Amorgós
Cyklady
Thira (Santoryn)
MORZE KRETEŃSKIE
Kreta
Chania
Réthimno
Iraklion
Psiloritis 2456
Sitia
Kárpathos
Saria
Kasos
MORZE JOŃSKIE
Wyspy Jońskie
MORZE ŚRÓDZIEMNE
5121
m n.p.m.
3000
2000
1500
1000
500
200
100
0
200
2000
4000

OCEAN ATLANTYCKI
OCEAN ARKTYCZNY
OCEAN INDYJSKI
MORZE GRENLANDZKIE
MORZE NORWESKIE
MORZE PÓŁNOCNE
MORZE BARENTSA
MORZE KARSKIE
MORZE ŁAPTIEWÓW
M. BAŁTYCKIE
MORZE ŚRÓDZIEMNE
MORZE CZARNE
M. KASPIJSKIE
MORZE CZERWONE
MORZE ARABSKIE
Zatoka Perska
Zatoka Adeńska
Zatoka Bengalska
Biegun Północny
Svalbard
Ziemia Franciszka Józefa
Nowa Ziemia
Ziemia Północna
Plw. Skandynawski
Plw. Jamał
Plw. Gydański
Plw. Tajmyr
Nizina Wschodnioeuropejska
Nizina Zachodniosyberyjska
Wyżyna Środkowosyberyjska
Ural
Kaukaz
Elbrus 5642
Góry Pontyjskie
Taurus
Niz. Nadkaspijska
Nizina Turańska
Pogórze Kazaskie
Ałtaj
Sajany
Changaj
Kotlina Dżungarska
Tien-Szan
Kotlina Kaszgarska
Takla Makan
Kunlun
Ałtyn-Tag
Nanszan
Pamir
Hindukusz
Karakorum
K2 8611
Himalaje
Transhimalaje
Czomolungma (Mount Everest) 8848
Tybet
Wyżyna Irańska
Zagros
Elburs
Mezopotamia
Półwysep Arabski
Pustynia Ar-Rub al-Chali
Wielki Nefud
Pustynia Libijska
Pustynia Arabska
Pustynia Nubijska
Wyżyna Abisyńska
Wyżyna Somalijska
Plw. Somalijski
Nizina Indusu
Pustynia Thar
Nizina Gangesu
Półwysep Indyjski
Dekan
Ghaty Zachodnie
Ghaty Wschodnie
Cejlon
Malediwy
Madagaskar
Równik
Atlas
Karpaty
Apeniny
Bałkany

1 : 120 000 000

Cieśnina Beringa
Przyl. Dieżniewa
Plw. Czukocki
G. Czukockie
G. Kołymskie
G. Koriackie
MORZE BERINGA
Plw. Kamczatka
Kluczewska Sopka 4750
Magadan
Suntar Chajata
MORZE OCHOCKIE
Pasmo Stanowe
G. Burejskie
Sachalin
Hokkaido
Sapporo
Władywostok
Chabarowsk
Sichote Alin
Harbin
Changchun
Shenyang
Nizina Mandżurska
Wielki Chingan
MORZE JAPOŃSKIE (WSCHODNIE)
Honsiu
Fudżi 3776
TOKIO
Jokohama
Nagoja
Kioto
Osaka
Kobe
Sikoku
Hiroszima
Kiusiu
PJONGJANG
SEUL
Pusan
PEKIN
Tianjin
Dalian
MORZE ŻÓŁTE
Qingdao
Nizina Chińska
Nankin
Szanghaj
Hangzhou
MORZE WSCHODNIOCHIŃSKIE
Wuhan
Changsha
Nanchang
Fuzhou
Wenzhou
Tajpej
Tajwan
Kanton
Hongkong
Makau
Hajnan
W-y Paracelskie
Wyspy Riukiu
Wyspy Japońskie
Wyspy Kurylskie
Aleuty
OCEAN SPOKOJNY
Mariany
Zwrotnik Raka
MORZE FILIPIŃSKIE
Luzon
Quezon City
MANILA
Filipiny
Cebu
Mindanao
Davao
Palawan
W-y Palau
KOROR
MORZE POŁUDNIOWOCHIŃSKIE
Ho Chi Minh
BANDAR SERI BEGAWAN
Borneo
Pontianak
Balikpapan
Banjarmasin
MORZE CELEBES
M. SULU
Manado
Celebes
Makasar
Archipelag Malajski
Nowa Gwinea
Puncak Jaya
Seram
Buru
M. BANDA
MORZE ARAFURA
W-y Aru
W-y Tanimbar
Timor
MORZE TIMOR
Darwin
DŻAKARTA
Bandung
Semarang
Surabaja
Semeru 3676
Bali
Lombok
Sumbawa
Flores
Sumba

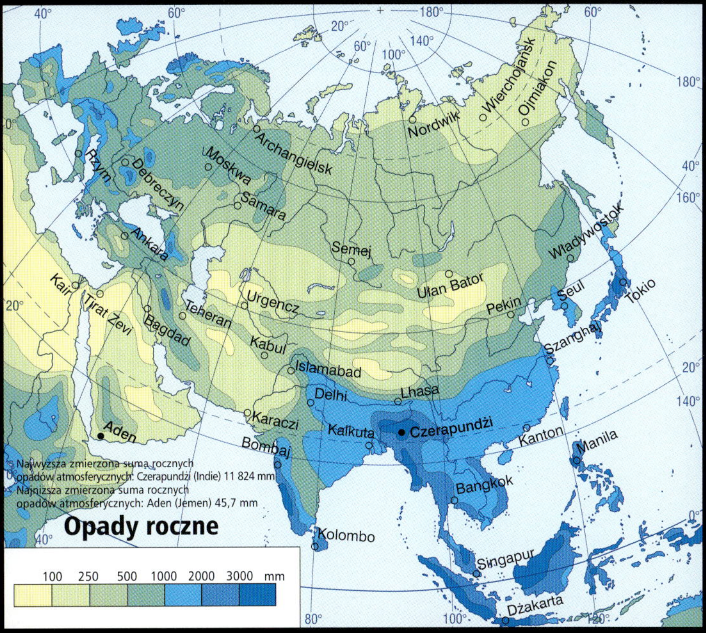
Opady roczne
Najwyższa zmierzona suma rocznych opadów atmosferycznych: Czerapundżi (Indie) 11 824 mm
Najniższa zmierzona suma rocznych opadów atmosferycznych: Aden (Jemen) 45,7 mm
100 250 500 1000 2000 3000 mm
Czerapundżi
Aden

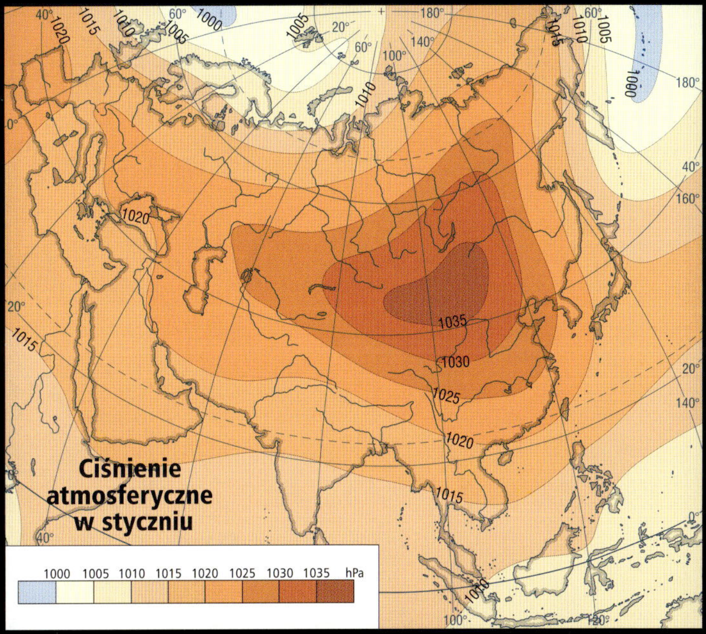
Ciśnienie atmosferyczne w styczniu
1000 1005 1010 1015 1020 1025 1030 1035 hPa

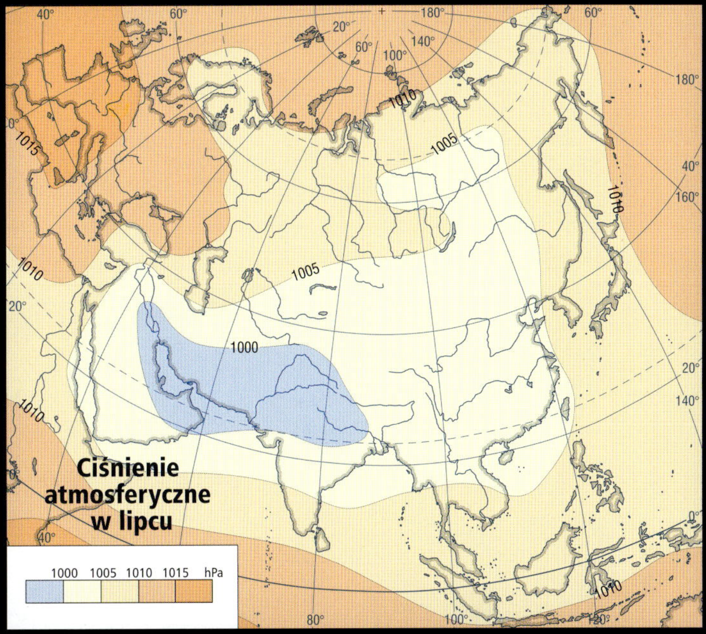
Ciśnienie atmosferyczne w lipcu
1000 1005 1010 1015 hPa

OCEAN ATLANTYCKI
Prąd Północnoatlantycki
MORZE NORWESKIE
MORZE GRENLANDZKIE
OCEAN ARKTYCZNY
Biegun Północny
Svalbard
Ziemia Franciszka Józefa
MORZE BARENTSA
Nowa Ziemia
MORZE KARSKIE
MORZE ŁAPTIEWÓW
Plw. Tajmyr
Plw. Skandynawski
MORZE PÓŁNOCNE
M. BAŁTYCKIE
Zat. Botnicka
M. BIAŁE
Plw. Kolski
Wyspy Brytyjskie
Plw. Iberyjski
Pireneje
Alpy
Apeniny
Karpaty
Plw. Bałkański
Bałkany
MORZE ŚRÓDZIEMNE
MORZE CZARNE
Krym
Kaukaz
Elbrus 5642
Ararat 5165
Atlas
Fazzan
Pustynia Libijska
Pustynia Nubijska
Pustynia Arabska
Półwysep Arabski
Wielki Nefud
Ar-Rub al-Chali
Niz. Mezopotamska
Góry Pontyjskie
Taurus
Kurdystan
Zagros
Elburs
Wyżyna Irańska
Pust. Słona
MORZE KASPIJSKIE
Nizina Nadkaspijska
Nizina Wschodnioeuropejska
Ural
Jamantau 1640
Narodnaja 1894
Nizina Turańska
Kyzył-Kum
Kara-Kum
Pogórze Kazachskie
Nizina Zachodniosyberyjska
Wyżyna Środkowosyberyjska
Plw. Jamał
Plw. Gydański
Koło podbiegunowe północne
Ałtaj
Biełucha 4506
Sajany
Changaj
Kotlina Dżungarska
Tien-szan
Szczyt Zwycięstwa 7439
Kotlina Kaszgarska
Pust. Takla Makan
Ałtyn-Tag
Nanszan
Kunlun
Pamir
Ismaila Samani 7495
Hindukusz
Karakorum
K2 8611
Wyżyna Tybetańska
Transhimalaje
Himalaje
Czomolungma (Mount Everest) 8848
Nizina Indusu
Pust. Thar
Nizina Gangesu
Półwysep Indyjski
Dekan
Ghaty Zachodnie
Ghaty Wschodnie
Zatoka Bengalska
MORZE ARABSKIE
Zat. Perska
Zat. Adeńska
Sokotra
MORZE CZERWONE
Wyżyna Abisyńska
Wyżyna Somalijska
Plw. Somalijski
Wyżyna Wschodnioafrykańska
Kilimandżaro 5895
OCEAN INDYJSKI
Prąd Monsunowy (zima)
Prąd Monsunowy (lato)
Prąd Somalijski (zima)
Prąd Somalijski (lato)
Równikowy Prąd Wsteczny (zima)
Prąd Południoworównikowy
Prąd Mozambicki
Kanał Mozambicki
Madagaskar
Komory
Malediwy
Lakkadiwy
Cejlon
W-y Czagos
Andamany
Nikobary
MORZE ANDAMAŃSKIE
Sumatra
Półwysep Indochiński
m n.p.m.
5000
3000
1500
1000
500
200
0
200
2000
4000
6000
8000

1 : 120 000 000

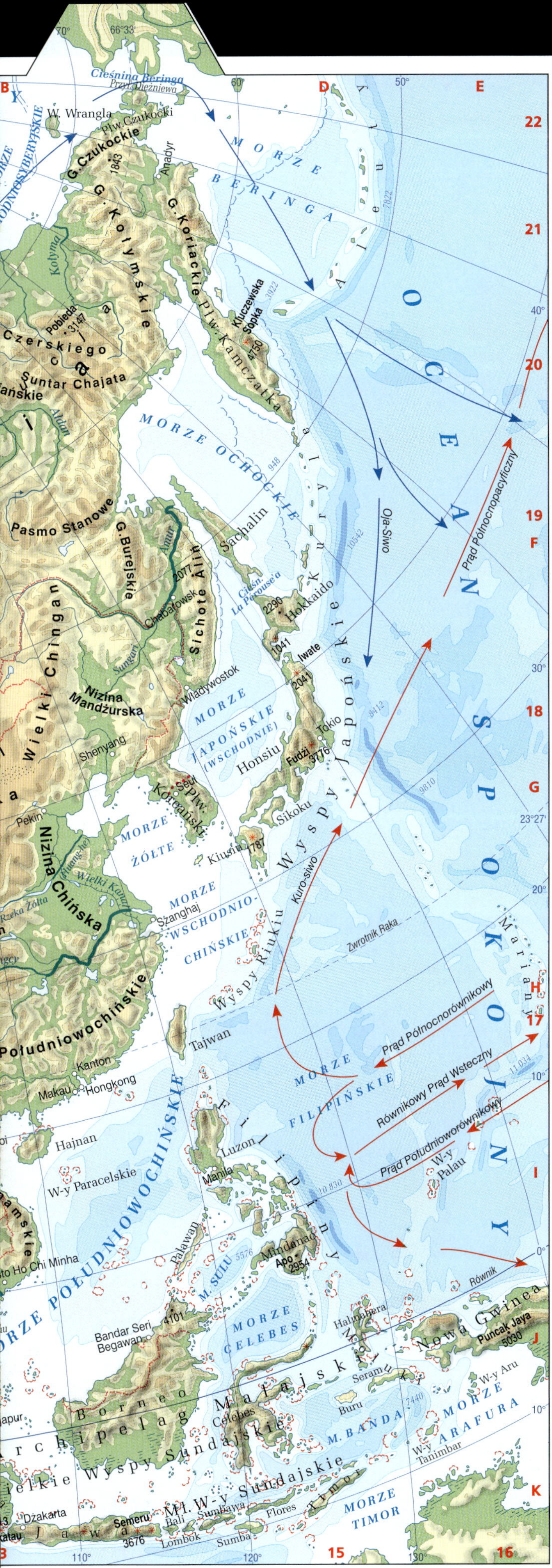
Cieśnina Beringa
W. Wrangla
G. Czukockie
G. Kołymskie
G. Koriackie
Anadyr
M O R Z E B E R I N G A
Kluczewska Sopka 4750
Płw. Kamczatka
Pobieda 3147
Czerskiego
Suntar Chajata
M O R Z E O C H O C K I E
Pasmo Stanowe
G. Burejskie
Sichote Alin
Amur
Sachalin
Hokkaido
Wyspy Kurylskie
Chabarowsk
Władywostok
Nizina Mandżurska
Wielki Chingan
M O R Z E J A P O Ń S K I E (W S C H O D N I E)
Honsiu
Fudżi 3776
Tokio
Iwate
Sikoku
Kiusiu
Wyspy Japońskie
Oja-Siwo
Kuro-Siwo
Prąd Północnopacyficzny
O C E A N S P O K O J N Y
Shenyang
Seul
Płw. Koreański
Pekin
Nizina Chińska
M O R Z E Ż Ó Ł T E
M O R Z E W S C H O D N I O C H I Ń S K I E
Szanghaj
Wyspy Riukiu
Zwrotnik Raka
Tajwan
Kanton
Hongkong
Makau
Hajnan
W-y Paracelskie
M O R Z E F I L I P I Ń S K I E
Prąd Północnorównikowy
Równikowy Prąd Wsteczny
Prąd Południoworównikowy
W-y Palau
Marianny
Luzon
Manila
Filipiny
Mindanao
Apo 2954
Palawan
M. SULU
M O R Z E P O Ł U D N I O W O C H I Ń S K I E
Ho Chi Minh
Bandar Seri Begawan
M O R Z E C E L E B E S
Halmahera
Nowa Gwinea
Puncak Jaya 5030
Równik
Borneo
Celebes
Seram
Buru
M. BANDA
M O R Z E A R A F U R A
W-y Aru
Tanimbar
Archipelag Malajski
Wielkie Wyspy Sundajskie
Mł. W-y Sundajskie
Dżakarta
Jawa
Semeru 3676
Bali
Lombok
Sumbawa
Sumba
Flores
Timor
M O R Z E T I M O R

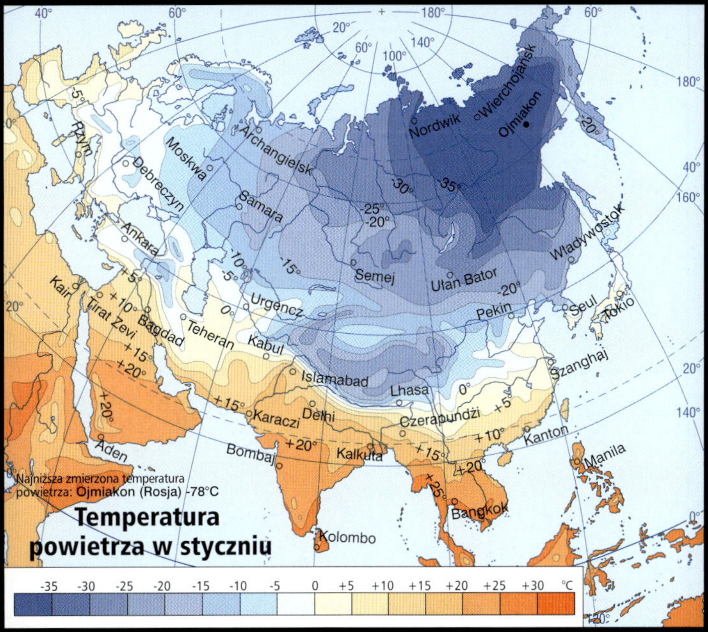
Najniższa zmierzona temperatura powietrza: Ojmiakon (Rosja) -78°C
Temperatura powietrza w styczniu
-35 -30 -25 -20 -15 -10 -5 0 +5 +10 +15 +20 +25 +30 °C

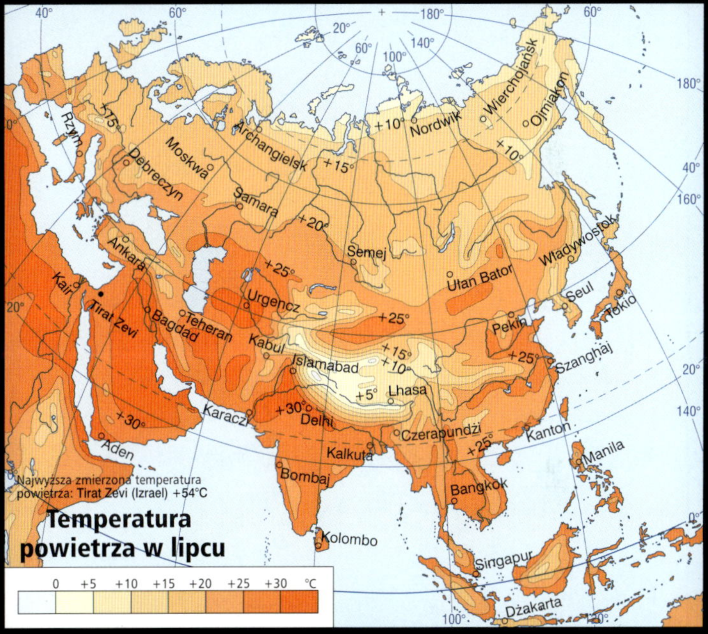
Najwyższa zmierzona temperatura powietrza: Tirat Zevi (Izrael) +54°C
Temperatura powietrza w lipcu
0 +5 +10 +15 +20 +25 +30 °C

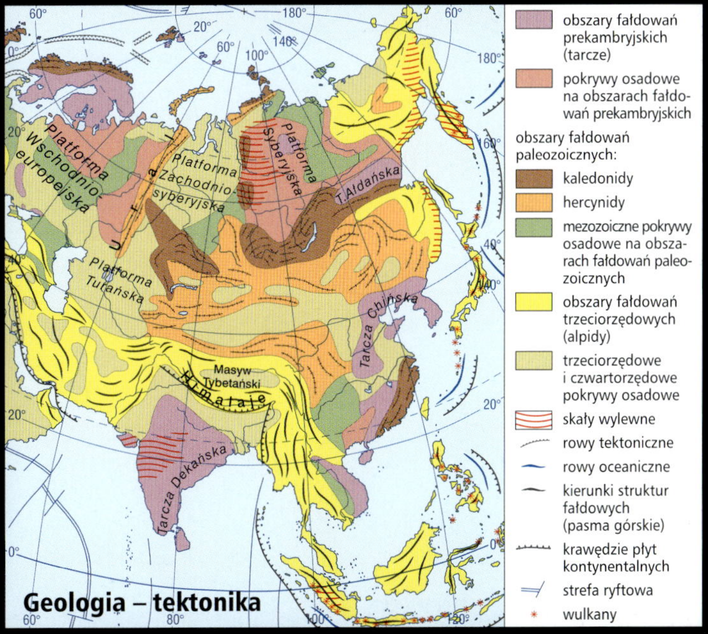
Platforma Wschodnioeuropejska
Platforma Zachodniosyberyjska
Platforma Syberyjska
T. Ałdańska
Platforma Turańska
Tarcza Chińska
Masyw Tybetański
Himalaje
Tarcza Dekańska
Geologia – tektonika
obszary fałdowań prekambryjskich (tarcze)
pokrywy osadowe na obszarach fałdowań prekambryjskich
obszary fałdowań paleozoicznych:
kaledonidy
hercynidy
mezozoiczne pokrywy osadowe na obszarach fałdowań paleozoicznych
obszary fałdowań trzeciorzędowych (alpidy)
trzeciorzędowe i czwartorzędowe pokrywy osadowe
skały wylewne
rowy tektoniczne
rowy oceaniczne
kierunki struktur fałdowych (pasma górskie)
krawędzie płyt kontynentalnych
strefa ryftowa
wulkany

Azja Podział polityczny

OCEAN ATLANTYCKI
OCEAN ARKTYCZNY
Biegun Północny
Jan Mayen (norw.)
MORZE GRENLANDZKIE
MORZE NORWESKIE
MORZE PÓŁNOCNE
MORZE BARENTSA
MORZE KARSKIE
MORZE ŁAPTIEWÓW
Svalbard (norw.)
Ziemia Franciszka Józefa
Nowa Ziemia
Ziemia Północna
Wyspy Nowosyberyjskie
W-y Owcze (duń.)
Londyn – Murmańsk 3150 km
LIZBONA
PORTUGALIA
MADRYT
HISZPANIA
Gibraltar
Walencja
Barcelona
FRANCJA
PARYŻ
Lyon
Marsylia
ANDORA
MONAKO
Baleary
Korsyka
Sardynia
IRLANDIA
DUBLIN
WIELKA BRYTANIA
LONDYN
Glasgow
La Manche
BRUKSELA
AMSTERDAM
Haga
NIEMCY
BERLIN
Berno
DANIA
KOPENHAGA
OSLO
NORWEGIA
SZWECJA
SZTOKHOLM
FINLANDIA
HELSINKI
TALIN
RYGA
LITWA
WILNO
MIŃSK
Zatoka Botnicka
M. BAŁTYCKIE
POLSKA
WARSZAWA
CZECHY
PRAGA
WIEDEŃ
AUSTRIA
BUDAPESZT
ZAGRZEB
WŁOCHY
Mediolan
RZYM
Neapol
Sycylia
MALTA
PODGORICA
BELGRAD
PRISZTINA
TIRANA
SOFIA
RUMUNIA
BUKARESZT
GRECJA
ATENY
Kreta
UKRAINA
KIJÓW
Charków
Dniepr
Odessa
Donieck
MAROKO
RABAT
ALGIERIA
ALGIER
TUNEZJA
TUNIS
LIBIA
TRYPOLIS
Gibraltar – Port Said 3560 km
MORZE ŚRÓDZIEMNE
EGIPT
KAIR
Aleksandria
Port Said
Asuan
Zb. Naser
SUDAN
CHARTUM
SUDAN POŁUDNIOWY
DŻUBA
ERYTREA
ASMARA
ETIOPIA
ADDIS ABEBA
DŻIBUTI
SOMALIA
MOGADISZU
UGANDA
KENIA
NAIROBI
TANZANIA
DODOMA
Mombasa
Zanzibar
Dar es-Salaam
MOZAMBIK
KOMORY
MORONI
Mamoudzou
Majotta (fr.)
MADAGASKAR
Kanał Mozambicki
SESZELE
VICTORIA
W-y Agalega (maurit.)
Dar es-Salaam – Aden 3200 km
Port Said – Aden 2380 km
ROSJA
Murmańsk
Archangielsk
Petersburg
MOSKWA
Jarosław
Niżny Nowogród
Kazań
Perm
Iżewsk
Jekaterynburg
Uljanowsk
Woroneż
Saratów
Samara
Ufa
Czelabińsk
Wołgograd
Rostów nad Donem
Krasnodar
Astrachań
Workuta
Norylsk
Omsk
Nowosybirsk
Krasnojarsk
Barnauł
Nowokuźnieck
Irkuck
Ob
Irtysz
Jenisej
Lena
Angara
Wołga
Don
Ural
Kama
Tobol
J. Bajkał
MONGOLIA
UŁAN BATOR
M. CZARNE
M. KASPIJSKIE
TURCJA
Stambuł
ANKARA
Izmir
GRUZJA
TBILISI
ARMENIA
ERYWAŃ
AZERBEJDŻAN
BAKU
CYPR
NIKOZJA
SYRIA
DAMASZEK
LIBAN
BEJRUT
IZRAEL
JEROZOLIMA
JORDANIA
AMMAN
Halab
IRAK
BAGDAD
Mosul
Basra
Eufrat
Tygrys
KUWEJT
IRAN
TEHERAN
Tebriz
Meszhed
Isfahan
Sziraz
Kerman
Bandar-e Abbas
Zatoka Perska
ARABIA SAUDYJSKA
AR-RIJAD
Medyna
Mekka
Dżudda
BAHRAJN
AL-MANAMA
KATAR
AD-DAUHA
ZJEDN. EMIRATY ARABSKIE
ABU ZABI
OMAN
MASKAT
JEMEN
SANA
Aden
Zatoka Adeńska
Sokotra (jem.)
KAZACHSTAN
ASTANA
Karaganda
Ałma Ata
J. Aralskie
J. Bałchasz
Syrdaria
Amudaria
UZBEKISTAN
TASZKENT
TURKMENISTAN
ASZCHABAD
KIRGISTAN
BISZKEK
TADŻYKISTAN
DUSZANBE
AFGANISTAN
KABUL
Herat
PAKISTAN
ISLAMABAD
Rawalpindi
Lahaur
Faisalabad
Hajdarabad
Karaczi
Indus
CHINY
Urumczi
Kaszgar
Lanzhou
Chengdu
Chongqing
Kunming
Lhasa
Rz. Żółta (Huang-he)
Mekong
Saluin
Jangcy
INDIE
NEW DELHI
Delhi
Ludhijana
Dżajpur
Agra
Kanpur
Lakhnau
Patna
Allahabad
Ahmadabad
Bhopal
Wadodra
Indaur
Dżabalpur
Surat
Bombaj
Nagpur
Hajdarabad
Kalkuta
Bangalur
Madras
Kojamputtur
Maduraj
Ganges
Brahmaputra
NEPAL
KATMANDU
BHUTAN
THIMPHU
BANGLADESZ
DHAKA
BIRMA (MJANMA)
Mandalaj
Naypyidaw
RANGUN
Irawadi
TAJLANDIA
BANGKOK
PHNOM PENH
Zat. Tajlandzka
WIENTIAN
SRI LANKA
Kolombo
SRI DŻAJAWARDANAPURA KOTTE
MALEDIWY
MALE
Lakkadiwy (ind.)
Andamany (ind.)
Nikobary (ind.)
MORZE ANDAMAŃSKIE
Zatoka Bengalska
MORZE ARABSKIE
OCEAN INDYJSKI
Medan
KUALA LUMPUR
SINGAPUR
Padang
W-y Czagos
Bryt. Teryt. Oc. Indyjskiego
Aden – Karaczi 2720 km
Aden – Bombaj 3070 km
Aden – Kolombo 3880 km
Kolombo – Kalkuta 2300 km
Kolombo – Rangun 2310 km
Kolombo – Singapur 2900 km
Kolombo – Dżakarta 3410 km
Kapsztad – Kolombo 8060 km

STANY ZJEDNOCZONE
1 ALBANIA
2 BELGIA
3 BIAŁORUŚ
4 BOŚNIA I HERCEGOWINA
5 BUŁGARIA
6 CHORWACJA
7 CZARNOGÓRA
8 ESTONIA
9 HOLANDIA
10 LUKSEMBURG
11 ŁOTWA
12 MACEDONIA
13 MOŁDAWIA
14 ROSJA
15 SERBIA
16 SŁOWENIA
17 WĘGRY
18 KOSOWO
19 PALESTYNA
Cieśnina Beringa
W. Wrangla
Koło podbiegunowe północne
MORZE BERINGA
Murmańsk - Władywostok 11 110 km
Magadan
MORZE OCHOCKIE
Aldan
Skoworodino
Sachalin
Sowiecka Gawań
Amur
Chabarowsk
Władywostok
Qiqihar
Harbin
Jilin
Changchun
Fushun
Shenyang
Anshan
PEKIN
Tianjin
Dalian
Zibo
Jinan
Qingdao
MORZE ŻÓŁTE
KOREA PN.
PJONGJANG
SEUL
KOREA PD.
Pusan
MORZE JAPOŃSKIE (WSCHODNIE)
Sapporo
Kioto
Nagoja
TOKIO
Jokohama
Kobe
Osaka
Hiroszima
JAPONIA
Kuryle
OCEAN SPOKOJNY
Jokohama - San Francisco 8400 km
Jokohama - Honolulu 6280 km
Jokohama - Sydney 8020 km
Zhengzhou
Wielki Kanał
Nantong
Szanghaj
Huainan
Nankin
Wuhan
Hangzhou
MORZE WSCHODNIOCHIŃSKIE
Nanchang
Wenzhou
Changsha
Fuzhou
Tajpej
Tajwan
Shantou
Kanton
Hongkong
Makau
Hajnan
W-y Paracelskie (chiń.)
W-y Riukiu (jap.)
Manila - Jokohama 3250 km
Zwrotnik Raka
Mariany Północne (St. Zj.)
Chalan Kanoa
Hagåtña
Guam (St. Zj.)
MORZE FILIPIŃSKIE
Singapur - Hongkong 2660 km
Singapur - Manila 2460 km
MORZE POŁUDNIOWOCHIŃSKIE
Quezon City
MANILA
FILIPINY
Cebu
Davao
MORZE SULU
MIKRONEZJA
KOROR
PALAU
Równik
Miasto Ho Chi Minha
BANDAR SERI BEGAWAN
BRUNEI
Borneo
MORZE CELEBES
Manado
Nowa Gwinea
Pontianak
Balikpapan
Banjarmasin
Celebes
Makasar
INDONEZJA
MORZE ARAFURA
TIMOR WSCHODNI
Timor
MORZE TIMOR
Darwin
Małe Wyspy Sundajskie
Jawa
DŻAKARTA
Semarang
Surabaja
Bandung
AUSTRALIA

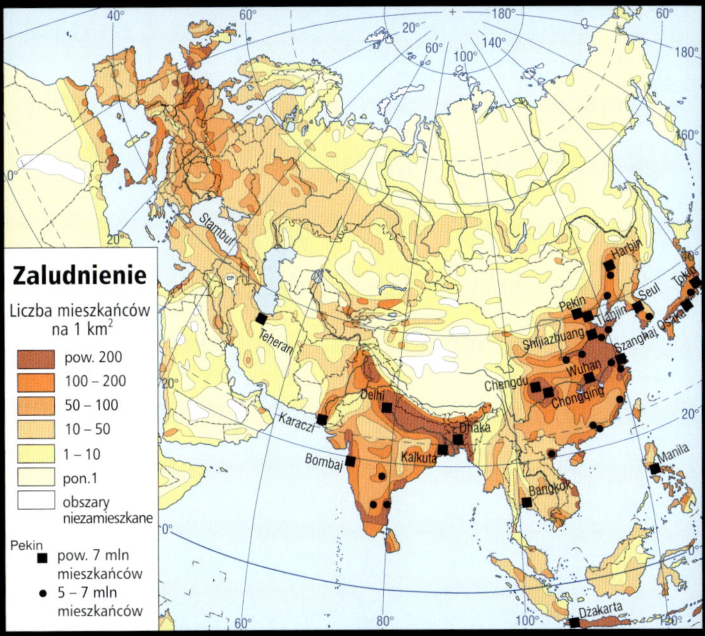
Zaludnienie
Liczba mieszkańców na 1 km²
pow. 200
100 – 200
50 – 100
10 – 50
1 – 10
pon.1
obszary niezamieszkane
Pekin
pow. 7 mln mieszkańców
5 – 7 mln mieszkańców
Stambuł
Teheran
Karaczi
Delhi
Bombaj
Kalkuta
Dhaka
Chengdu
Chongqing
Wuhan
Shijiazhuang
Pekin
Tianjin
Harbin
Seul
Szanghaj
Osaka
Tokio
Bangkok
Manila
Dżakarta

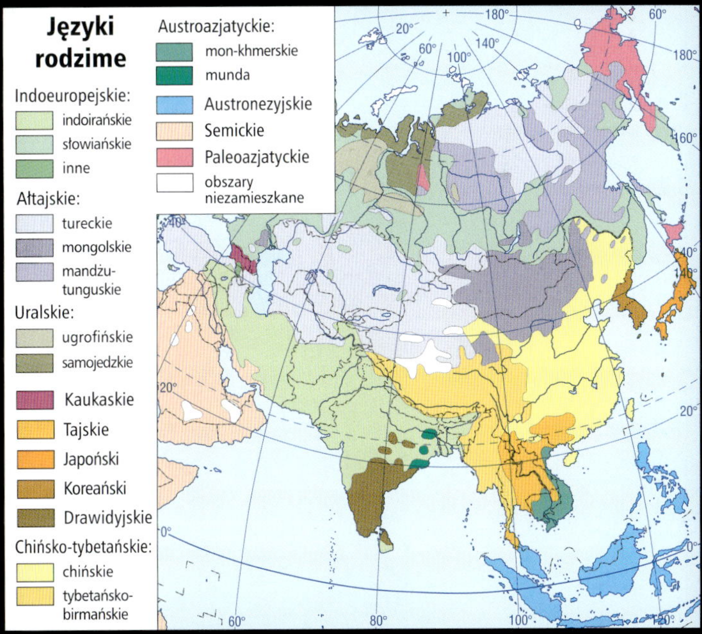
Języki rodzime
Indoeuropejskie:
indoirańskie
słowiańskie
inne
Ałtajskie:
tureckie
mongolskie
mandżu-tunguskie
Uralskie:
ugrofińskie
samojedzkie
Kaukaskie
Tajskie
Japoński
Koreański
Drawidyjskie
Chińsko-tybetańskie:
chińskie
tybetańsko-birmańskie
Austroazjatyckie:
mon-khmerskie
munda
Austronezyjskie
Semickie
Paleoazjatyckie
obszary niezamieszkane

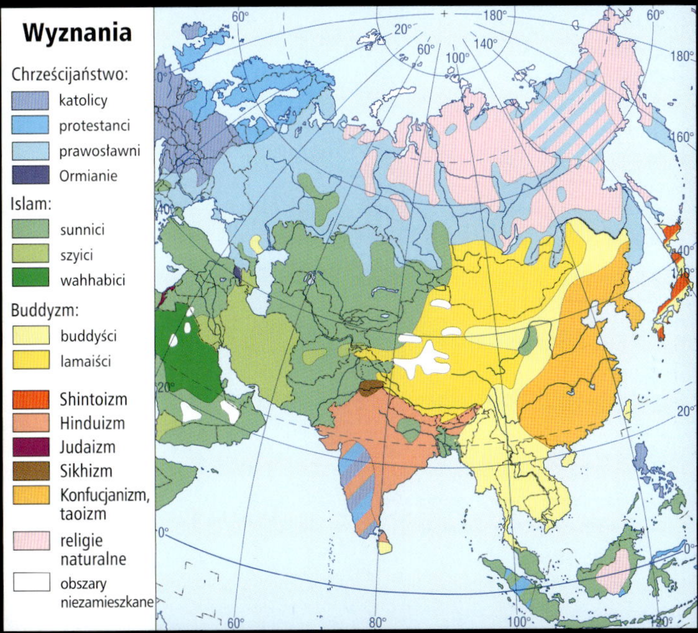
Wyznania
Chrześcijaństwo:
katolicy
protestanci
prawosławni
Ormianie
Islam:
sunnici
szyici
wahhabici
Buddyzm:
buddyści
lamaiści
Shintoizm
Hinduizm
Judaizm
Sikhizm
Konfucjanizm, taoizm
religie naturalne
obszary niezamieszkane

Znaczenie sektorów w strukturze PKB:

rolnictwo
- bardzo ważne
- ważne z udziałem przemysłu
- ważne z udziałem usług

przemysł
- bardzo ważny
- ważny z udziałem rolnictwa
- ważny z udziałem usług

usługi
- bardzo ważne
- ważne z udziałem rolnictwa
- ważne z udziałem przemysłu

- obszary niezagospodarowane lub słabo zagospodarowane
- brak danych

Ośrodki gospodarcze

oddziaływanie:
- światowe
- ważniejsze regionalne
- regionalne
- lokalne

funkcje:
- wielofunkcyjne
- przemysłowe i górnicze
- innowacyjne
- transportowe
- handlowe, finansowe i administracyjne
- turystyczne i kulturalne

Górnictwo
- ropy naftowej
- gazu ziemnego
- węgla kamiennego
- węgla brunatnego
- rud uranu
- rud żelaza
- rud manganu
- rud chromu
- rud niklu
- rud miedzi
- rud cynku i ołowiu
- rud cyny
- rtęci
- boksytów
- złota
- srebra
- platyny
- diamentów
- soli potasowych
- fosforytów i apatytów
- siarki

Ośrodki wydobycia

wielkie | duże | średnie | małe

- drogi główne
- koleje główne
- ropociągi
- gazociągi
- gł. porty lotnicze
- gł. porty morskie

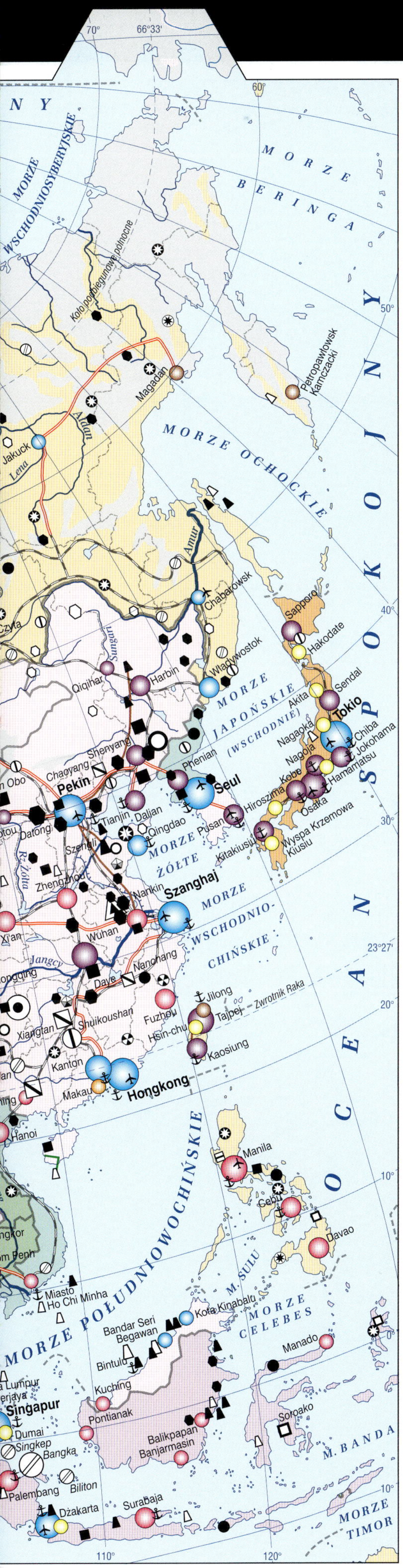

Transport

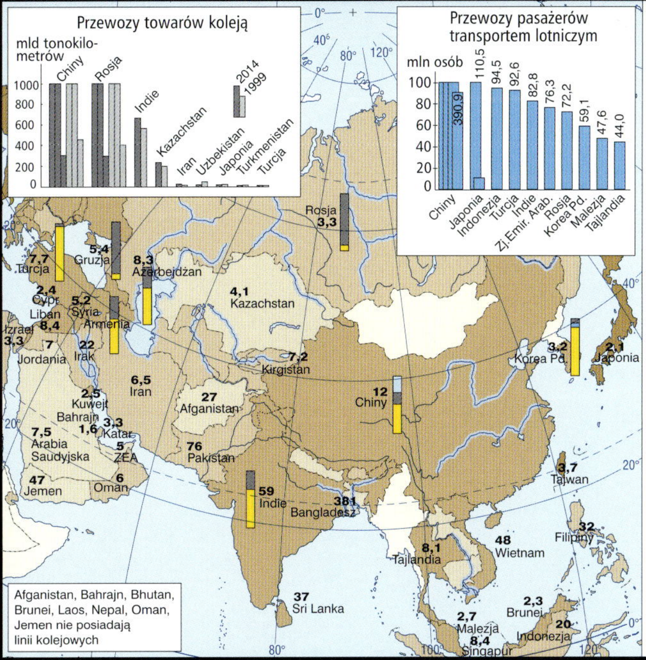

Gęstość dróg utwardzonych km/100 km²

- pow. 100
- 25 – 100
- 5 – 25
- 1 – 5
- 0 – 1

6,9 liczba osób na 1 samochód

rzeki wykorzystywane w transporcie towarów

Udział poszczególnych rodzajów transportu w przewozie towarów*

100%
- żegluga śródlądowa
- lotniczy
- kolejowy
- samochodowy

* dane dla żeglugi śródlądowej tylko dla Rosji i Chin

Liczba samochodów osobowych w użyciu

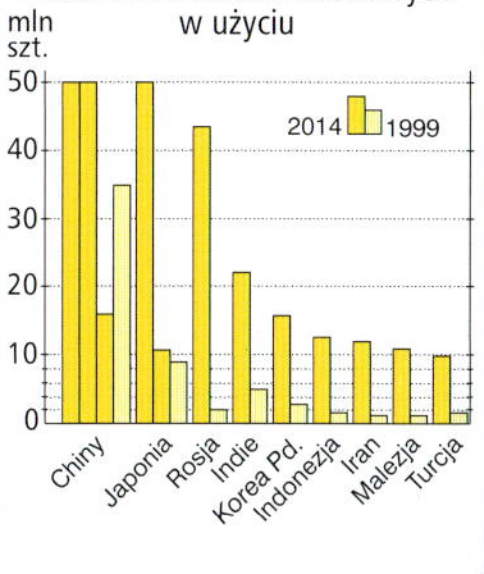

Energetyka

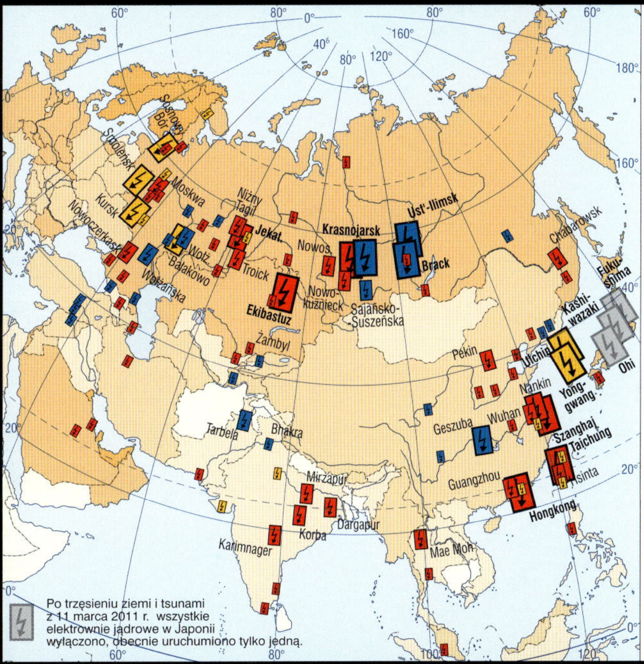

Produkcja energii elektrycznej na 1 mieszkańca

- pow. 10 000 kWh
- 5000 – 10 000
- 2000 – 5000
- 500 – 2000
- 0 – 500

Elektrownie o mocy:

- pow. 4000 MW
- 3000 – 4000
- 2000 – 3000
- pon. 2000

rodzaje:

- cieplne
- jądrowe
- wodne

Jekat. - Jekaterynburg
Nowos. - Nowosybirsk
Wołż. - Wołżańska

Turystyka

Dochody z turystyki na 1 mieszkańca

- powyżej 1000 dolarów USA
- 250 – 1000
- 100 – 250
- 25 – 100
- 10 – 25
- 0 – 10
- brak danych

Miejscowości turystyczno-wypoczynkowe

- wypoczynku letniego
- sportów zimowych i turystyki górskiej
- z licznymi dobrami kultury
- ośrodki pielgrzymkowe i ośrodki kultu religijnego
- uzdrowiska

Skróty:
C. - *Cypr*
Ch. - Chamonix
Cz. - Częstochowa
D. - Damaszek
K. - Kitzbühel
R. - Rimini
S. - *Sporady*
Z. - Zermatt
Z.P. - Złote Piaski

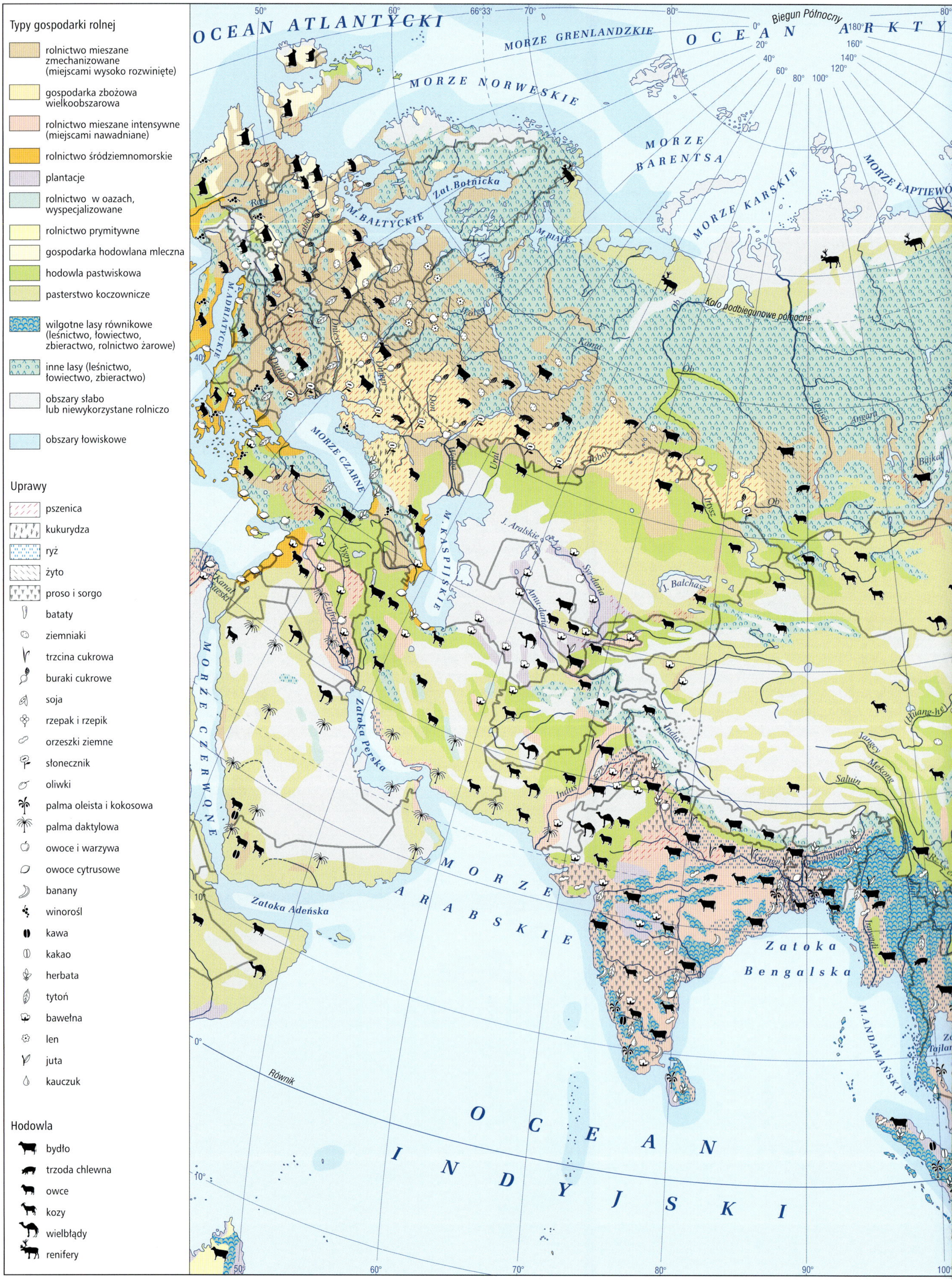
Typy gospodarki rolnej
rolnictwo mieszane zmechanizowane (miejscami wysoko rozwinięte)
gospodarka zbożowa wielkoobszarowa
rolnictwo mieszane intensywne (miejscami nawadniane)
rolnictwo śródziemnomorskie
plantacje
rolnictwo w oazach, wyspecjalizowane
rolnictwo prymitywne
gospodarka hodowlana mleczna
hodowla pastwiskowa
pasterstwo koczownicze
wilgotne lasy równikowe (leśnictwo, łowiectwo, zbieractwo, rolnictwo żarowe)
inne lasy (leśnictwo, łowiectwo, zbieractwo)
obszary słabo lub niewykorzystane rolniczo
obszary łowiskowe
Uprawy
pszenica
kukurydza
ryż
żyto
proso i sorgo
bataty
ziemniaki
trzcina cukrowa
buraki cukrowe
soja
rzepak i rzepik
orzeszki ziemne
słonecznik
oliwki
palma oleista i kokosowa
palma daktylowa
owoce i warzywa
owoce cytrusowe
banany
winorośl
kawa
kakao
herbata
tytoń
bawełna
len
juta
kauczuk
Hodowla
bydło
trzoda chlewna
owce
kozy
wielbłądy
renifery
OCEAN ATLANTYCKI
MORZE GRENLANDZKIE
MORZE NORWESKIE
OCEAN ARKTY
Biegun Północny
MORZE BARENTSA
MORZE KARSKIE
MORZE ŁAPTIEWÓW
Zat. Botnicka
M. BAŁTYCKIE
M. BIAŁE
Koło podbiegunowe północne
M. ADRIATYCKIE
MORZE CZARNE
M. KASPIJSKIE
J. Aralskie
J. Bałchasz
J. Bajkał
Ob
Jenisej
Angara
Irtysz
Tobol
Kama
Wołga
Don
Dniepr
Dunaj
Ural
Syr-daria
Amu-daria
Tygrys
Eufrat
Indus
Ganges
Jangcy
Mekong
Saluin
Huang-he
MORZE CZERWONE
Zatoka Perska
Zatoka Adeńska
MORZE ARABSKIE
Zatoka Bengalska
M. ANDAMAŃSKIE
Równik
OCEAN INDYJSKI
66°33'
0°
10°
40°
50°
60°
70°
80°
90°
100°

MORZE WSCHODNIOSYBERYJSKIE
MORZE BERINGA
MORZE OCHOCKIE
MORZE JAPOŃSKIE (WSCHODNIE)
MORZE ŻÓŁTE
MORZE WSCHODNIOCHIŃSKIE
Zwrotnik Raka
MORZE POŁUDNIOWOCHIŃSKIE
M. SULU
MORZE CELEBES
M. BANDA
MORZE TIMOR
OCEAN SPOKOJNY

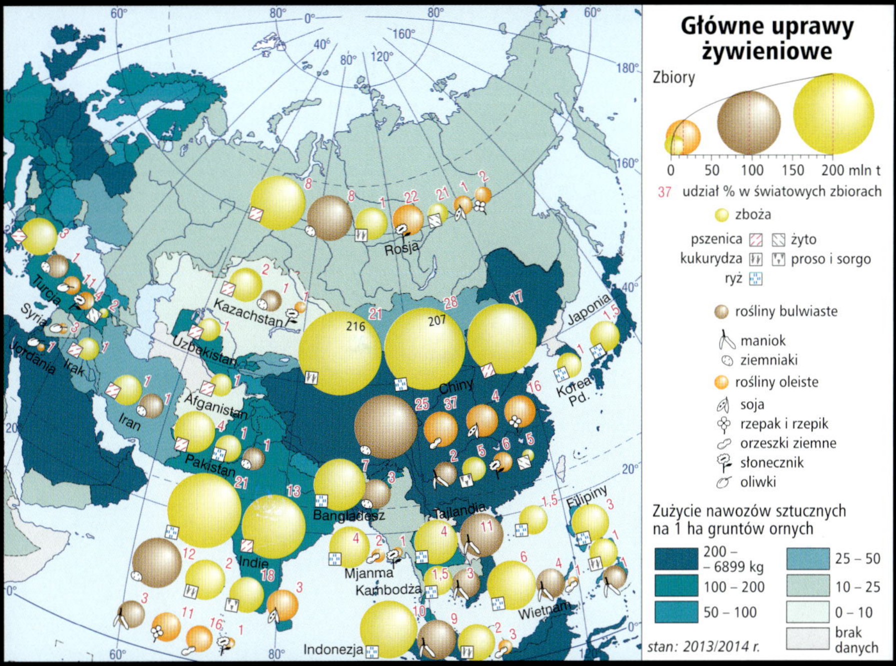
Główne uprawy żywieniowe
Zbiory
0 50 100 150 200 mln t
37 udział % w światowych zbiorach
zboża
pszenica
żyto
kukurydza
proso i sorgo
ryż
rośliny bulwiaste
maniok
ziemniaki
rośliny oleiste
soja
rzepak i rzepik
orzeszki ziemne
słonecznik
oliwki
Zużycie nawozów sztucznych na 1 ha gruntów ornych
200 – – 6899 kg
100 – 200
50 – 100
25 – 50
10 – 25
0 – 10
brak danych
stan: 2013/2014 r.
Rosja
Kazachstan
Uzbekistan
Turcja
Syria
Irak
Jordania
Iran
Afganistan
Pakistan
Chiny
Japonia
Korea Pd.
Indie
Bangladesz
Mjanma
Tajlandia
Kambodża
Wietnam
Filipiny
Indonezja

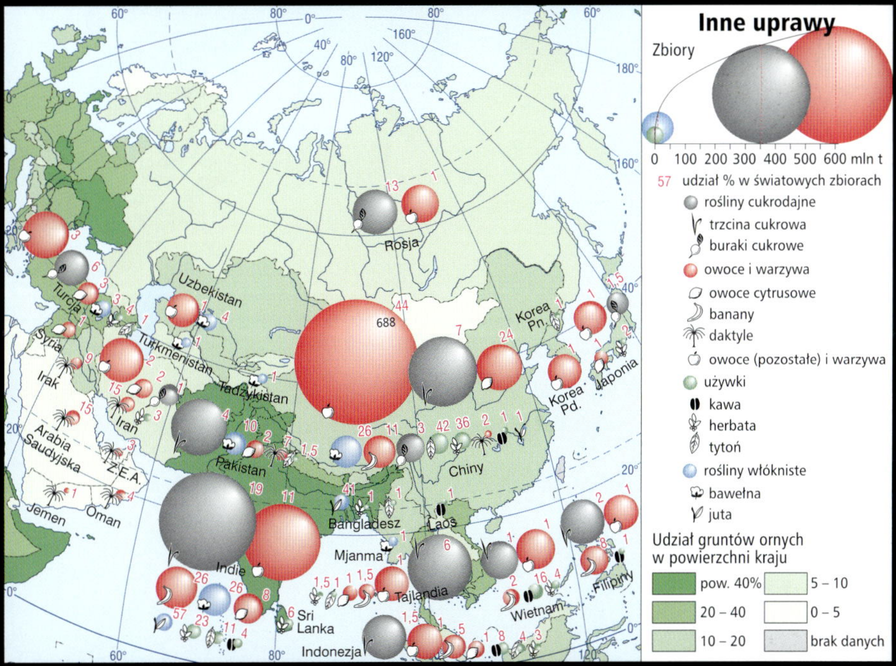
Inne uprawy
Zbiory
0 100 200 300 400 500 600 mln t
57 udział % w światowych zbiorach
rośliny cukrodajne
trzcina cukrowa
buraki cukrowe
owoce i warzywa
owoce cytrusowe
banany
daktyle
owoce (pozostałe) i warzywa
używki
kawa
herbata
tytoń
rośliny włókniste
bawełna
juta
Udział gruntów ornych w powierzchni kraju
pow. 40%
20 – 40
10 – 20
5 – 10
0 – 5
brak danych
Rosja
Uzbekistan
Turkmenistan
Tadżykistan
Turcja
Syria
Irak
Iran
Arabia Saudyjska
Z.E.A.
Oman
Jemen
Pakistan
Indie
Sri Lanka
Bangladesz
Mjanma
Laos
Tajlandia
Wietnam
Filipiny
Chiny
Korea Pn.
Korea Pd.
Japonia
Indonezja

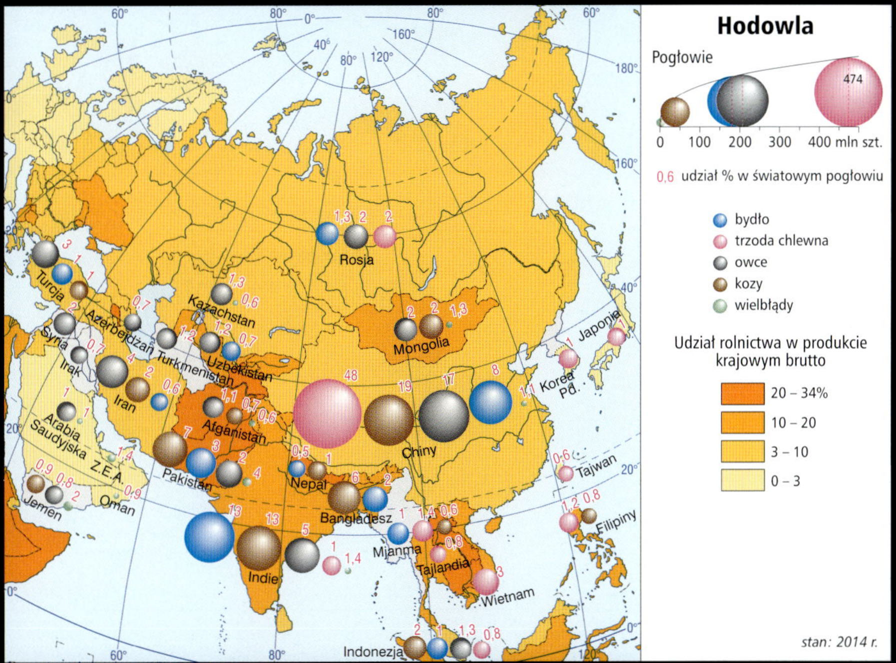
Hodowla
Pogłowie
474
0 100 200 300 400 mln szt.
0,6 udział % w światowym pogłowiu
bydło
trzoda chlewna
owce
kozy
wielbłądy
Udział rolnictwa w produkcji krajowym brutto
20 – 34%
10 – 20
3 – 10
0 – 3
stan: 2014 r.
Rosja
Kazachstan
Turcja
Azerbejdżan
Turkmenistan
Uzbekistan
Syria
Irak
Iran
Afganistan
Arabia Saudyjska
Z.E.A.
Oman
Jemen
Pakistan
Nepal
Indie
Bangladesz
Mjanma
Tajlandia
Wietnam
Mongolia
Chiny
Korea Pd.
Japonia
Tajwan
Filipiny
Indonezja

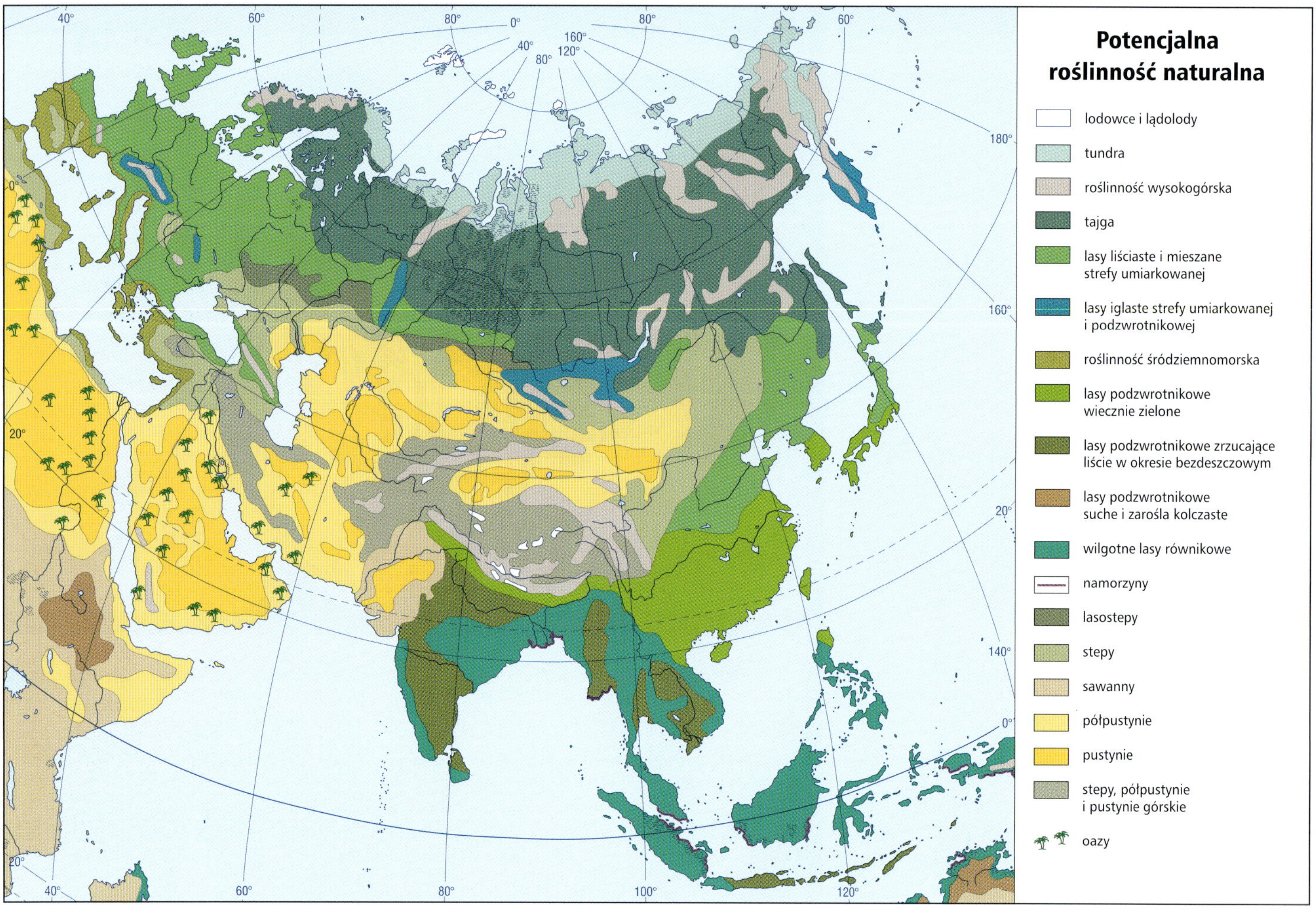
Potencjalna roślinność naturalna
lodowce i lądolody
tundra
roślinność wysokogórska
tajga
lasy liściaste i mieszane strefy umiarkowanej
lasy iglaste strefy umiarkowanej i podzwrotnikowej
roślinność śródziemnomorska
lasy podzwrotnikowe wiecznie zielone
lasy podzwrotnikowe zrzucające liście w okresie bezdeszczowym
lasy podzwrotnikowe suche i zarośla kolczaste
wilgotne lasy równikowe
namorzyny
lasostepy
stepy
sawanny
półpustynie
pustynie
stepy, półpustynie i pustynie górskie
oazy

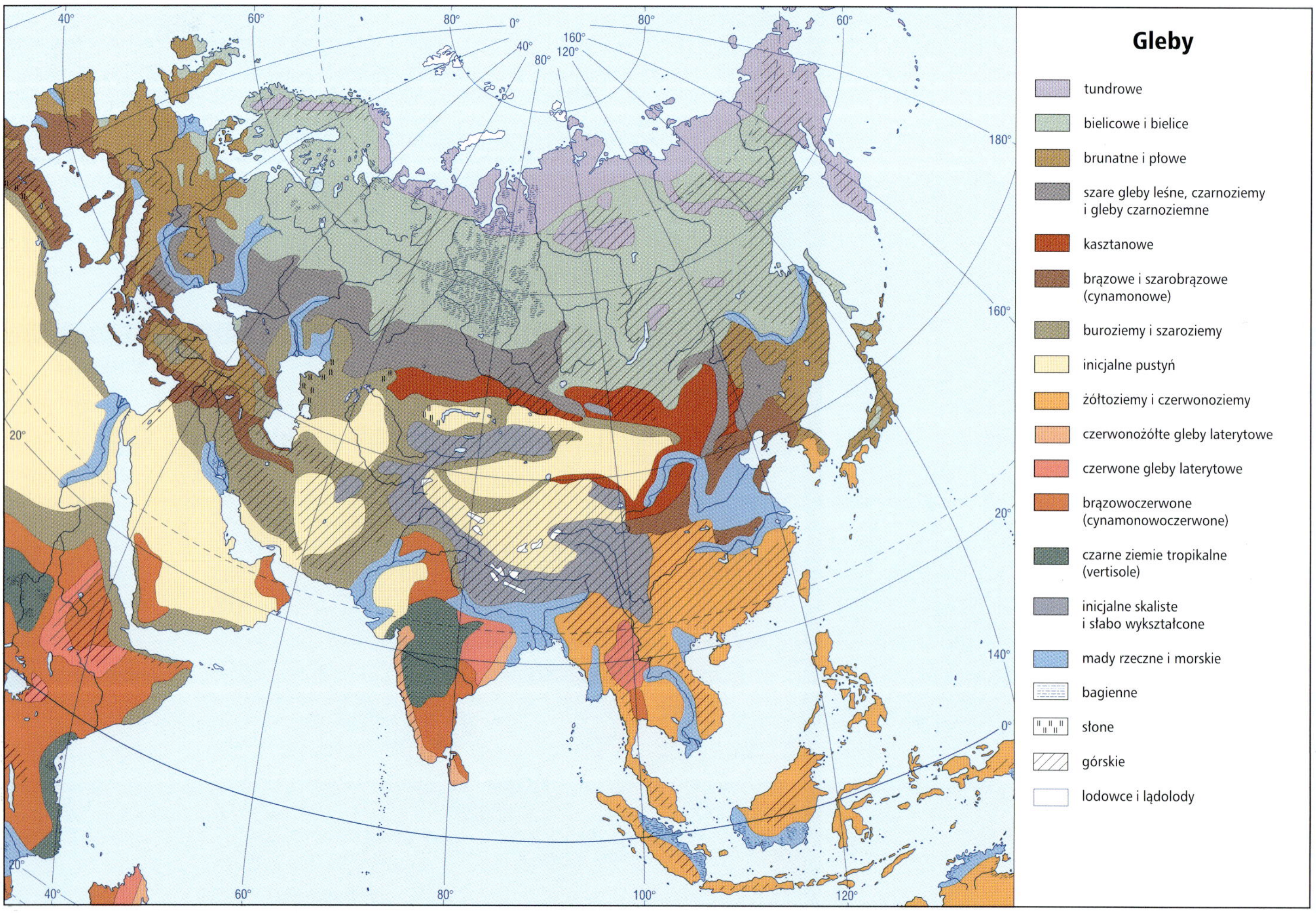
Gleby
tundrowe
bielicowe i bielice
brunatne i płowe
szare gleby leśne, czarnoziemy i gleby czarnoziemne
kasztanowe
brązowe i szarobrązowe (cynamonowe)
buroziemy i szaroziemy
inicjalne pustyń
żółtoziemy i czerwonoziemy
czerwonożółte gleby laterytowe
czerwone gleby laterytowe
brązowoczerwone (cynamonowoczerwone)
czarne ziemie tropikalne (vertisole)
inicjalne skaliste i słabo wykształcone
mady rzeczne i morskie
bagienne
słone
górskie
lodowce i lądolody

Degradacja środowiska

- obszary o silnym zanieczyszczeniu powietrza
- obszary występowania kwaśnych deszczów
- miasta o największym skażeniu powietrza
- skażenia radioaktywne
- obszary o znacznym stopniu degradacji gleb
- intensywny wyrąb lasu
- obszary zagrożone pustynnieniem
- obszary pustynnienia
- pierwotny zasięg lasów równikowych
- obszary porośnięte lasami równikowymi w 1992 r.
- obszary częstych powodzi
- rzeki silnie zanieczyszczone
- wody przybrzeżne silnie zanieczyszczone
- obszary mórz stale zanieczyszczone
- obszary występowania plam oleju i ropy naftowej

Zmiany powierzchni Jeziora Aralskiego

1 : 5 000 000

W 1992 roku podjęto pierwsze próby ratowania północnej części jeziora. W 2005 roku zbudowano tamę Kokaral, co pozwoliło na podniesienie poziomu wód w północnej części, jednak kosztem południowego zbiornika, o ciągle zmieniającej się linii brzegowej.

- dawne wyspy
- pustynie
- obszary silnego pustynnienia
- rok 1957
- rok 1984
- rok 1990
- rok 2000
- rok 2011

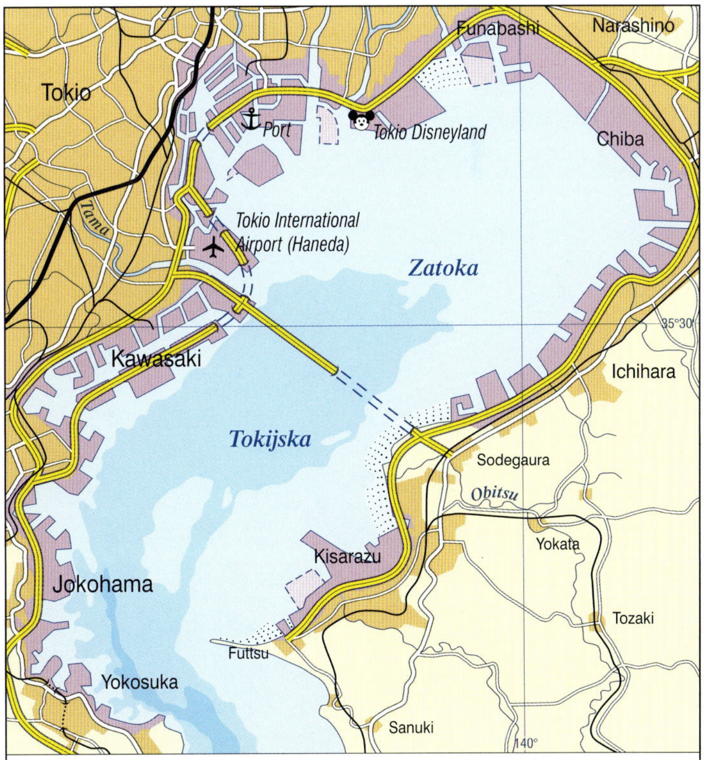

Sztuczne nabrzeża w Zatoce Tokijskiej

1 : 500 000

- zabudowa miejska
- zabudowane sztuczne nabrzeża
- planowane sztuczne nabrzeża
- watty
- autostrady
- inne drogi
- podwodne tunele drogowe
- kolej magnetyczna Shinkansen
- koleje państwowe
- tunele kolejowe

0 / 20 / 50 m p.p.m.

Azja Część północna

1 ARMENIA
2 AUSTRIA
3 AZERBEJDŻAN
4 GRUZJA
5 IRLANDIA
6 MOŁDAWIA
MORZE NORWESKIE
MORZE PÓŁNOCNE
MORZE BARENTSA
MORZE KARSKIE
MORZE BIAŁE
M. BAŁTYCKIE
MORZE CZARNE
MORZE KASPIJSKIE
OCEAN
Svalbard
Ziemia Franciszka Józefa
Nowa Ziemia
Góry Skandynawskie
Płw. Skandynawski
Zat. Botnicka
NORWEGIA
SZWECJA
FINLANDIA
POLSKA
BIAŁORUŚ
UKRAINA
RUMUNIA
NIEMCY
WIELKA BRYTANIA
TURCJA
SYRIA
IRAK
IRAN
AFGANISTAN
KAZACHSTAN
TURKMENISTAN
UZBEKISTAN
ROSJA
Nizina Wschodnioeuropejska
Nizina Zachodniosyberyjska
Nizina Nadkaspijska
Uwały Północne
Wyżyna Nadwołżańska
Wyżyna Środkoworosyjska
Pogórze Kazachskie
Tien-Szan
Pamir
Hindukusz
Wyżyna Irańska
Kaukaz
Karpaty
Ural
MOSKWA (MOSKWA)
PETERSBURG
KIJÓW (KYJIW)
MIŃSK (MIŃSK)
WARSZAWA
BERLIN
LONDYN (LONDON)
AMSTERDAM
SZTOKHOLM (STOCKHOLM)
OSLO
Helsinki
Tallinn
Ryga (Rīga)
Wilno (Vilnius)
BUKARESZT (BUCUREŞTI)
ANKARA
TBILISI
ERYWAŃ (JEREWAN)
BAKU (BAKI)
TEHERAN (TEHRAN)
TASZKENT (TOSZKENT)
AŁMA ATA
Biszkek (Biškek)
Duszanbe (Dušanbe)
Aszchabad (Aşgabat)
NIŻNY NOWOGRÓD
KAZAŃ
SAMARA
WOŁGOGRAD
JEKATERYNBURG
CZELABIŃSK
OMSK
NOWOSYBIRSK
Astrachań
m n.p.m.
5000
3000
2000
1000
500
200
100
0
200
2000
4000
6000
8000

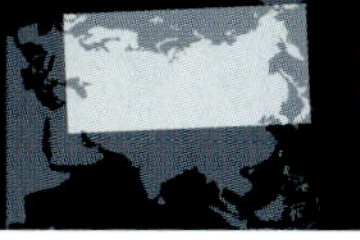

O C E A N A R K T Y C Z N Y
MORZE ŁAPTIEWÓW
MORZE WSCHODNIOSYBERYJSKIE
MORZE CZUKOCKIE
MORZE BERINGA
MORZE OCHOCKIE
MORZE JAPOŃSKIE (WSCHODNIE)
Cieśn. Beringa
Zat. Anadyrska
Zat. Szelichowa
Cieśn. Kurylska
Cieśn. Tatarska
Cieśn. Wilkickiego
Cieśn. D. Łaptiewa
Ziemia Północna
Komsomolec
W. Rewolucji Październikowej
Bolszewik
Przyl. Czeluskin
Płw. Tajmyr
Góry Byrranga
J. Tajmyr
Nizina Północnosyberyjska
Wyżyna Środkowosyberyjska
W-y Nowosyberyjskie
W-y Anjou
W-y Lachowskie
Kotielnyj
Nw. Syberia
W-y Niedźwiedzie
W. Wrangla
Nizina Kołymska
Góry Czukockie
Płw. Czukocki
Przyl. Dieżniewa
Przyl. Ks. Walii
W. Św. Wawrzyńca (St. Zj.)
Góry Kołymskie
Góry Koriackie
Góry Czerskiego
Pobieda 3147
Góry Wierchojańskie
Santar Chajata
Płw. Kamczatka
Góry Środkowe
Kluczewska Sopka 4750
Pietropawłowsk Kamczacki
W-y Komandorskie
W-y Kurylskie
Sachalin
Pasmo Stanowe
Dżugdżur
Góry Burejskie
Sichote-Alin
Góry Stanowe
Góry Jabłonowe
Wyżyna Patomska
Bajkał
Sajany
Tannu-Oła
Chentej
Wyżyna Mongolska
Changaj
Ałtaj Mongolski
Ałtaj Gobijski
Gobi
Mały Chingan
Wielki Chingan
C H I N Y
M O N G O L I A
J A P O N I A
Hokkaido
Honsiu
S y b e r i a
J a k u c j a
B u r i a c j a
Dudinka
Norylsk
Igarka
Kamień 1701
Turuchańsk
Jenisejsk
Aczyńsk
Krasnojarsk
Kańsk
Tajszet
Minusińsk
Abakan
Kyzył
Irkuck
Angarsk
Ułan Ude
Czyta
Bracki
Ust'-Ilimsk
Ust'-Kut
Mirny
Ajchal
Oleniok
Chatanga
Tiksi
Wierchojańsk
Jakuck
Olokmińsk
Ałdan
Tynda
Bodajbo
Skoworodino
Mogocza
Ojmiakon
Magadan
Anadyr
Pewek
Ust'-Kamczack
Ochock
Ajan
Ocha
Aleksandrowsk Sachaliński
Jużnosachalińsk
Nikołajewsk nad Amurem
Komsomolsk nad Amurem
Sowiecka Gawań
Chabarowsk
Błagowieszczeńsk
Birobidżan
Władywostok
Nachodka
Dalniegorsk
Harbin
Qiqihar
Hailar
Manzhouli
Mohe
Jiamusi
Hegang
Yichun
Sapporo
Asahikawa
Hakodate
Aomori
Sendai
Ułan Bator (Ułaanbaatar)
Darchan
Erdenet
Suche Bator
Czojbalsan
Kobdo
Ułaangom
Ölgij
Karakorum
Arwajcheer
Bajanchongor
Ałtaj
Mandalgowi
Dalandzadgad
Sajnszand
Baotou
Hami
Lena
Jenisej
Angara
Kołyma
Indygirka
Jana
Wiluj
Ałdan
Amur
Argun
Selenga
Dolna Tunguzka
Podkamienna Tunguzka
Olonujannaja Borzja
USA
ZSRR* w 1990 r.
1 : 100 000 000
1 Estońska SRR
2 Łotewska SRR
3 Litewska SRR
4 Rosyjska FSRR
5 Białoruska SRR
6 Mołdawska SRR
7 Gruzińska SRR
8 Armeńska SRR
9 Azerbejdżańska SRR
10 Turkmeńska SRR
11 Uzbecka SRR
12 Tadżycka SRR
13 Kirgiska SRR
*Związek Socjalistycznych Republik Radzieckich
R O S Y J S K A F S R R
KAZACHSKA SRR
UKRAIŃSKA SRR
MOSKWA
NORWEGIA
SZWECJA
FINLANDIA
NIEMCY
TURCJA
IRAN
AFGANISTAN
MONGOLIA
CHINY
JAPONIA
Tallin
Ryga
Wilno
Mińsk
Kijów
Kiszyniów
Tbilisi
Erywań
Baku
Aszchabad
Taszkent
Duszanbe
Biszkek
Ałma Ata
Morze Kaspijskie
J. Aralskie
J. Bałchasz
J. Bajkał

MORZE CZARNE
MORZE ŚRÓDZIEMNE
MORZE KASPIJSKIE
MORZE CZERWONE
Zat. Perska
Zatoka Omańska
Zat. Adeńska
M. EGEJSKIE
M. MARMARA
Bosfor
Dardanele
ROSJA
KAZACHSTAN
UZBEKISTAN
TURKMENISTAN
GRUZJA
ARM.
AZERBEJDŻAN
TURCJA
CYPR
CYPR PN.
SYRIA
LIBAN
IZRAEL
PALESTYNA
JORDANIA
IRAK
IRAN
KUWEJT
BAHRAJN
KATAR
ZJEDN. EMIRATY ARABSKIE
OMAN
ARABIA SAUDYJSKA
JEMEN
EGIPT
SUDAN
ERYTREA
DŻIBUTI
ETIOPIA
SOMALIA
KENIA
LIBIA
GRECJA
ALBANIA
BUŁGARIA
MAC.
SOFIA (SOFIJA)
ATENY (ATHINAI)
STAMBUŁ
ANKARA
İZMIR
KONYA
ADANA
TBILISI
ERYWAŃ (EREVAN)
BAKU (BAKI)
TEHERAN (TEHRAN)
TEBRIZ
ISFAHAN
MESZHED
BAGDAD (BAGHDAD)
Basra
Kuwejt (Al-Kuwayt)
AR-RIJAD (AR-RIYAD)
Ad-Dauha
Abu-Zabi (Abu Zaby)
Dubaj
Maskat (Masqat)
Sana (San'a')
Aden
DŻUDDA
Mekka
Medyna
DAMASZEK (DIMASQ)
BEJRUT (BAYRUT)
HALAB
Jerozolima/Yerushalayim/Al-Quds
AMMAN (AMMAN)
TEL AWIW-JAFA
KAIR (AL-QAHIRA)
GIZA
ALEKSANDRIA
ADDIS ABEBA (ADIS ABEBA)
MOGADISZU
Dżibuti
Aszchabad
Astrachań
Bałkany
Rodopy
Góry Pontyjskie
Kaukaz
Mł. Kaukaz
Ararat 5165
Elbrus 5642
Elburs
Zagros
Kopet-dag
Wyżyna Irańska
Dasht-e Kawir
Wlk. Pustynia Słona
Mezopotamia
Hidżaz
Pustynia Syryjska
Wielki Nefud
Pust. Ar-Rub al-Chali
Hadramaut
Pustynia Nubijska
Pustynia Arabska
Wyżyna Abisyńska
Wyżyna Somalijska
Ogaden
Pust. Kara-Kum
Nizina Turańska
Nil
Eufrat
Tygrys
Zwrotnik Raka
ARM. – ARMENIA
AZER. – AZERBEJDŻAN
MAC. – MACEDONIA
Izrael i Liban
1 : 5 000 000
MORZE ŚRÓDZIEMNE
LIBAN
SYRIA
IZRAEL
PALESTYNA
PALESTYNA STREFA GAZY
JORDANIA
EGIPT
BEJRUT (BAYRUT)
DAMASZEK (DIMASQ)
TEL AWIW-JAFA
Jerozolima Yerushalayim/Al-Quds
AMMAN (AMMAN)
Hims
Trypolis
Sajda
Hajfa
Akka
Nazaret
Irbid
Ramallah
Jerycho
Betlejem
Gaza
Beer Szewa
Ejlat
Akaba
Petra
Azrak
Góry Liban
G. Antyliban
Wzgórza Golan
Galilea
J. Genezaret
Samaria
Judea
Morze Martwe
Pust. Negew
Szwita
En Hacewa
3083
1803
1035

Zatoka Perska
1 : 10 000 000
Górnictwo
ropy naftowej
gazu ziemnego
rafinerie r. naftowej
skraplarnie g. ziemnego
Ośrodki wydobycia
duże
średnie
małe
ropociągi
gazociągi
IRAK
Basra
Abadan
Aghajari
Behbehan
Gach Saran
Sziraz
KUWEJT
Kuwejt
Mina al-Ahmadi
Charg
Buszahr
I R A N
Zatoka Perska
Kalingas
Kangan
Lar
Bandar-e Abbas
Ciesn. Ormuz
Lawan
Rostam
Sasan
A R A B I A
Ad-Dammam
Ras Tannura
BAHRAJN
Al-Manama
KATAR
Ad-Dauha
Ad-Dawha
Umm asz-Szaif
Zakum
Fath
Dubaj
Szardża
OMAN
Al-Hufuf
Abkaik
Al-Ghawar
AR-RIJAD
(AR-RIYAD)
Pust. Mały Nefud
Al-Hasa
Abu Zabi
Abū Zabi
Murban
Bu Hasa
Asab
ZJEDN. EMIRATY ARABSKIE
Al-Ain
Suhar
S A U D Y J S K A
Fahud
Al-Chuwair
Musajid
Duchan
As-Saffanija
Mina Abd Allah
Al-Burkan
Ar-Rumajla
Pogórze Kazaskie
Step Głodowy
Tarbagataj
Kotlina Dżungarska
ALMA ATA
Biszkek (Biškek)
KIRGISTAN
G. Kirgijskie
TASZKENT (TOŠKENT)
Kotlina Ferganska
Tien-szan
Pust. Takla Makan
Kotlina Kaszgarska
TADŻYKISTAN
Duszanbe (Dušanbe)
Pamir
Kunlun
C H I N Y
Wyżyna Tybetańska
Hindukusz
Karakorum
Czogori (K2) 8611
Nanga Parbat 8126
KABUL (KĀBUL)
PESZAWAR
Islamabad
RAWALPINDI
Srinagar
Kaszmir
H i m a l a j e
Transhimalaje
Czomolungma (Mount Everest) 8848
Kanczendzonga 8586
Dhaulagiri 8172
Annapurna 8091
Nanda Dewi 7817
NEPAL
Katmandu
BHUTAN
Brahmaputra
LAHAUR
Amritsar
FAJSALABAD
LUDHIJANA
MULTAN
DELHI
NEW DELHI
Nizina Gangesu
Ganges
Indus
Nizina Indusu
Pust. Thar
KARACZI
HAJDARABAD
DŻAJPUR
Agra
KANPUR
LAKHNAU
WARANASI
PATNA
Allahabad
Gwalijar
Arawali
AHMEDABAD
SURAT
Zat. Kaczska
Zatoka Kambajska
BOMBAJ
PUNA
INDAUR
BHOPAL
Dżabalpur
Windhja
Satpura
Narbada
NAGPUR
KALKUTA
Haura
DHAKA (DHAKA)
BANGLADESZ
Khulna
CZITTAGONG
Ghaty Zachodnie
Ghaty Wschodnie
I N D I E
Płw. Indyjski
HAJDARABAD
Wiśakhapatnam
Widżajawada
BANGALUR
MADRAS
Majsur
Selam
KOJAMPUTTUR
Kalikat
KOCZIN
MADURAJ
Triwandrum
Tiruććirappalli
Ciesn. Palk
Zatoka Mannar
SRI LANKA
KOLOMBO
Sri Dżajawardanapura Kotte
Kandy
Galla
Trinkomali
Lakkadiwy
MALEDIWY
Male
Z A T O K A B E N G A L S K A
Zatoka Bengalska
BIRMA (MJANMA)
Mandalaj
Naypyidaw
RANGUN
Pegu
G. Arakańskie
Zat. Martaban
MORZE ANDAMAŃSKIE
Andamany
Port Blair
Nikobary
Kanał Dziesiątego Stopnia
TAJLANDIA
BANGKOK (KRUNG THEP)
LAOS
KUNMING
Sumatra
Banda Aceh
INDONEZJA
O C E A N I N D Y J S K I
Z E
K I E
N
Równik
m n.p.m.
5000
3000
1500
1000
500
200
100
0
200
2000
4000

1 : 20 000 000

0 100 200 300 400 500 km

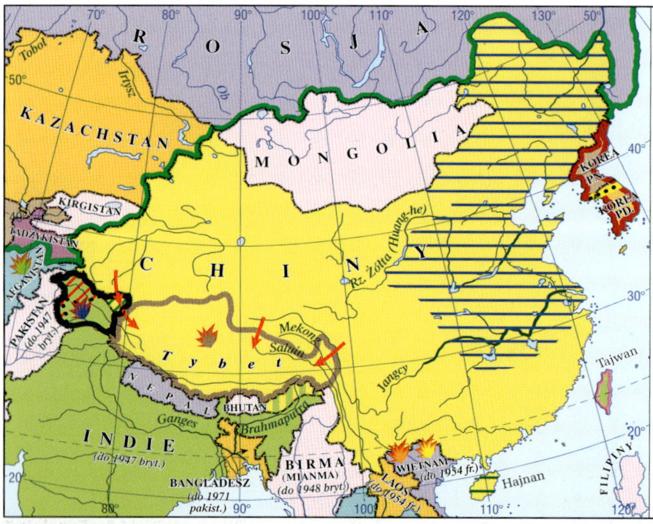

Konflikty po II wojnie światowej

1 : 60 000 000

- tereny objęte wojną koreańską w latach 1950 –1953 z udziałem wojsk amerykańskich pod egidą ONZ w celu niedopuszczenia do przejęcia kontroli nad demokratyczną Koreą Pd. przez komunistyczną Koreę Pn.
- strefa demarkacyjna rozdzielająca Koreę Pn. i Koreę Pd.
- granice Kaszmiru w 1947 r.
- część Kaszmiru pod kontrolą Pakistanu od 1947 r.
- część Kaszmiru pod kontrolą Chin od 1950 i 1962 r.
- konflikty Indie – Pakistan o Kaszmir w latach 1947 – 1948, 1965, 1971, 1999
- granice Tybetu pod kontrolą Dalajlamy do 1951 r.
- wkroczenie wojsk chińskich do Tybetu w 1950 r.
- konflikt chińsko-tybetański (1950 – 1960) zakończony aneksją Tybetu przez komunistyczne władze Chin
- tereny objęte wojną domową (1945 – 1950)
- Tajwan pod kontrolą chińskich władz antykomunistycznych od 1950 r.
- granice ZSRR do 1991 r.
- konflikt ZSRR – Afganistan w latach 1979 – 1989
- wojna indochińska w latach 1946 – 1954 o utrzymanie posiadłości kolonialnych przez Francję w Indochinach
- wojna wietnamska w latach 1964 – 1975 z udziałem wojsk amerykańskich o niedopuszczenie do rozprzestrzeniania się wpływów komunistycznych w Wietnamie

Hongkong

1 : 500 000

- zabudowa miejska
- zabudowa portowa i przemysłowa
- sztuczne nabrzeża
- lasy
- inne tereny
- drogi
- koleje
- koleje podziemne i metro
- granice Specjalnego Regionu Autonomicznego Hongkong
- porty
- lotniska

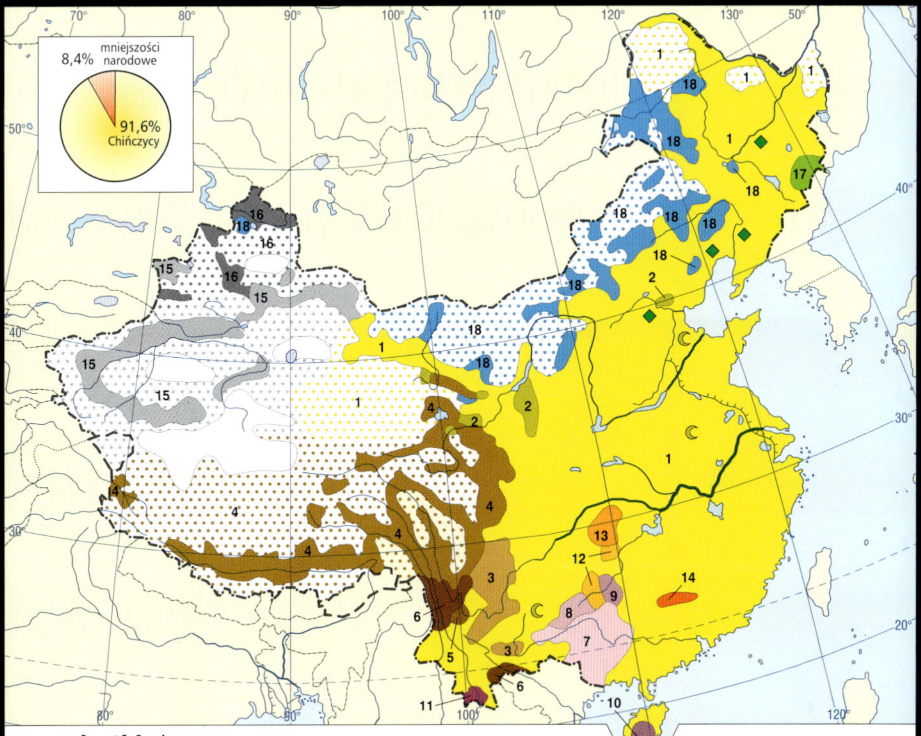

Narody Chin*

1 : 40 000 000

Rodzina chińsko-tybetańska

Grupa chińska:
- 1 Chińczycy (Han)
- 2 Dunganie (Hui)**

Grupa tybetańsko-birmańska:
- 3 I (Yi)
- 4 Tybetańczycy (Zang)
- 5 Bayi
- 6 Hani

Grupa tajsko-kadajska:
- 7 Czuang (Zhuang)
- 8 Pui (Bouyei)
- 9 Tung (Dong)
- 10 Li
- 11 Thai (Dai)

Grupa miao-jao:
- 12 Miao
- 13 Tucia (Tujia)
- 14 Jao (Yao)

Rodzina ałtajska

Grupa turecka:
- 15 Ujgurzy
- 16 Kazachowie

Grupa tungusko-mandżurska:
- Mandżurowie (Manzhou)**
- 17 Koreańczycy (Chaoxsian)

Grupa mongolska:
- 18 Mongołowie (Menggu)

- obszary słabo zaludnione
- obszary niezamieszkane
- ważniejsze skupiska Dunganów i Mandżurów wśród Chińczyków
- granice obszarów spornych Chin z Indiami

* przedstawiono mniejszości narodowe liczące powyżej 1 mln osób. Klasyfikację oparto na kryterium językowym

** obecnie posługują się jęz. chińskim

Liczebność mniejszości narodowych

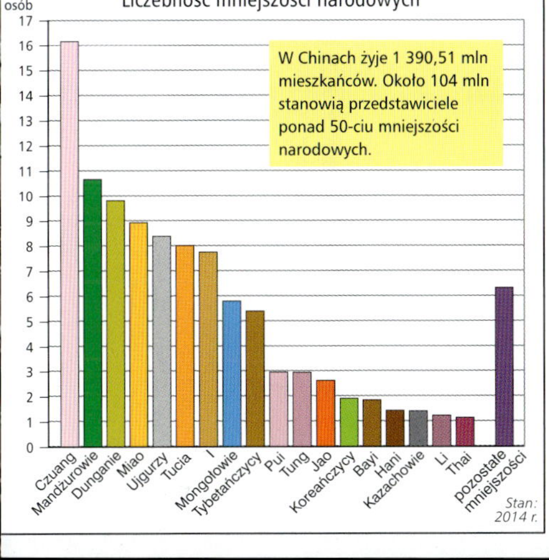

W Chinach żyje 1 390,51 mln mieszkańców. Około 104 mln stanowią przedstawiciele ponad 50-ciu mniejszości narodowych.

Azja CZĘŚĆ PŁD.-WSCH.

1 : 20 000 000

0 100 200 300 km

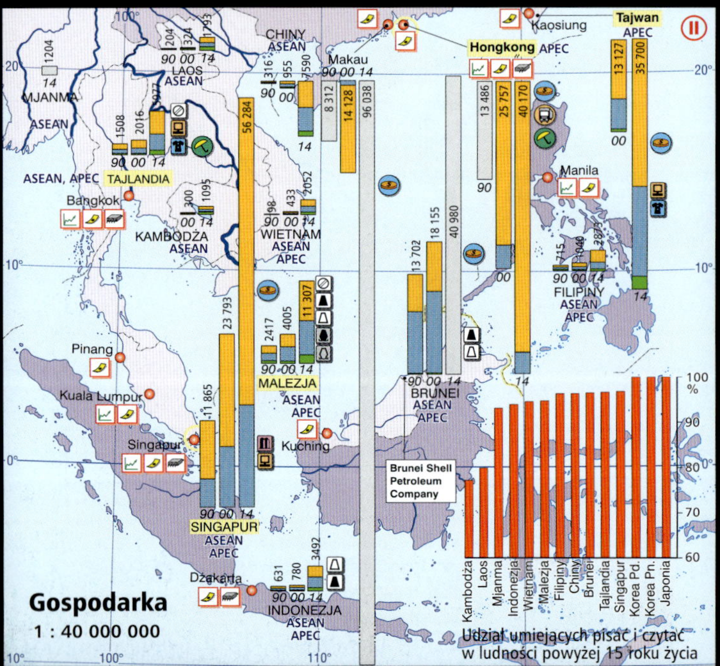

Gospodarka

Produkt krajowy brutto na 1 mieszkańca

- usługi
- przemysł
- rolnictwo
- ogółem
- 20 000 dol. USA
- 15 000
- 10 000
- 5000
- 0

Udział bezrobotnych w ogólnej liczbie ludności zawodowo czynnej*

- 6 – 8%
- 4 – 6
- 0 – 4

*w Korei Pn. oficjalnie zjawisko nie występuje

JAPONIA – państwa zwane tygrysami azjatyckimi

Przynależność do organizacji gospodarczych

- ASEAN – Association of South East Asian Nations (Stowarzyszenie Narodów Azji Południowo-Wschodniej)
- OECD – Organization for Economic Cooperation and Development (Organizacja Współpracy Gospodarczej i Rozwoju)
- APEC – Asia Pacific Economic Cooperation (Wspólnota Gospodarcza Azji i Pacyfiku)

Przemysł i usługi o decydującym znaczeniu dla PKB poszczególnych krajów

Górnictwo
- ropy naftowej
- gazu ziemnego
- cyny

Przemysł przetwórczy
- hutnictwo żelaza
- hutnictwo metali nieżelaznych
- maszynowy
- samochodowy
- stoczniowy
- elektroniczny i elektrotechniczny
- precyzyjny
- chemiczny
- petrochemiczny
- włókienniczy
- energetyka

Usługi
- finansowe
- transportowe
- turystyczne
- ośrodki nowoczesnych technologii
- centra giełdowe
- centra bankowe

Stan: 2014 r.

Japonia, Korea Pn. i Pd.

1 : 10 000 000

0 100 200 300 km

ROSJA
CHINY
KOREA PÓŁNOCNA
KOREA POŁUDNIOWA
JAPONIA
MORZE JAPOŃSKIE (WSCHODNIE)
OCEAN SPOKOJNY
MORZE ŻÓŁTE
MORZE WSCHODNIOCHIŃSKIE
Rów Japoński
Hokkaido
Honsiu
Sikoku
Kiusiu
Sachalin
Cieśn. La Pérouse'a
Cieśnina Koreańska
Cieśnina Cuszimska
Cieśn. Tsugaru
Cieśn. Kii
Cieśn. Bungo
Cieśn. Sumi
Cieśn. Tokara
Zatoka Piotra Wielkiego
Zat. Wschodniokoreańska
Zat. Uciura
Zat. Toyama
Zat. Wakasa
Zat. Sagami
Zat. Tosa
WEWN. M. JAPOŃSKIE
Sichote Aliń
Pektu-san 2744
Fudżi 3776
Mandżuria
W-y Izu
W-y Oki
W-y Gotō
W-y Osumi
W-y Tokara
Arch. Koreański
Dzedżu-do 1176
Ullyng
Sado
CHANGCHUN
JILIN
FUSHUN
BENXI
DANDONG
Władywostok
PJONGJANG (P'YŎNGYANG)
SEUL (SOUL)
INCZHON
PUSAN
TEGU
KWANGDZU
TEDZON
SAPPORO
TOKIO (TŌKYŌ)
JOKOHAMA
KAWASAKI
NAGOJA
KIOTO
OSAKA
KOBE
HIROSZIMA
KITAKIUSIU
FUKUOKA
Sendai
Niigata
Kagoshima
Kumamoto
Nagasaki
Aomori
Hakodate
Asahikawa
Chiba
Shizuoka
Okayama
Wakayama
Hamamatsu

I
Wyspy Riukiu
1 : 10 000 000
MORZE WSCHODNIOCHIŃSKIE
OCEAN SPOKOJNY
Kiusiu
Kagoshima
Makurazaki
Tanega
Yaku
W-y Osumi
W-y Tokara
W-y Amami
Naze
Wyspy Riukiu
W-y Okinawa
Naha

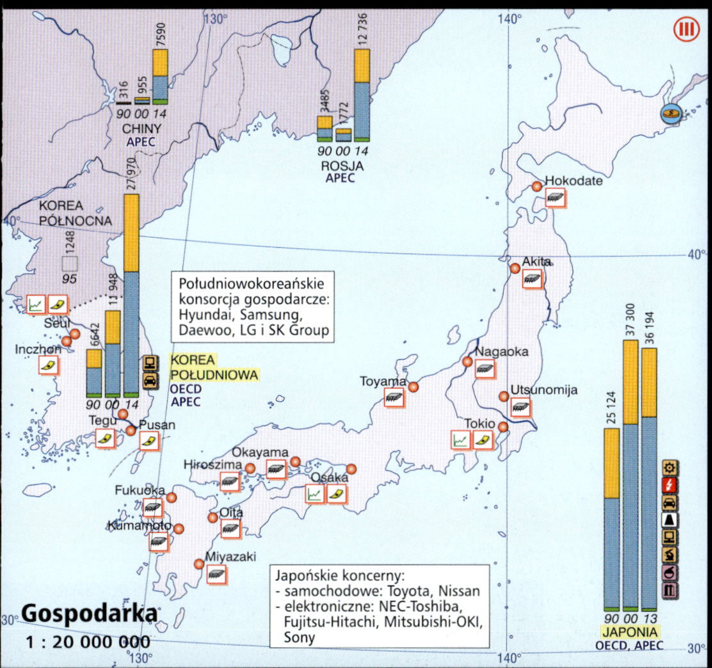
III
Gospodarka
1 : 20 000 000
CHINY APEC
ROSJA APEC
KOREA PÓŁNOCNA
KOREA POŁUDNIOWA OECD APEC
JAPONIA OECD, APEC
90 00 14
90 00 13
316 955 7590
3485 1772 12 736
1248 95
6642 11 948 27 970
25 124 37 300 36 194
Południowokoreańskie konsorcja gospodarcze: Hyundai, Samsung, Daewoo, LG i SK Group
Japońskie koncerny:
- samochodowe: Toyota, Nissan
- elektroniczne: NEC-Toshiba, Fujitsu-Hitachi, Mitsubishi-OKI, Sony
Seul
Inczhon
Tegu
Pusan
Hokodate
Akita
Nagaoka
Utsunomija
Toyama
Tokio
Okayama
Hiroszima
Osaka
Fukuoka
Oita
Kumamoto
Miyazaki

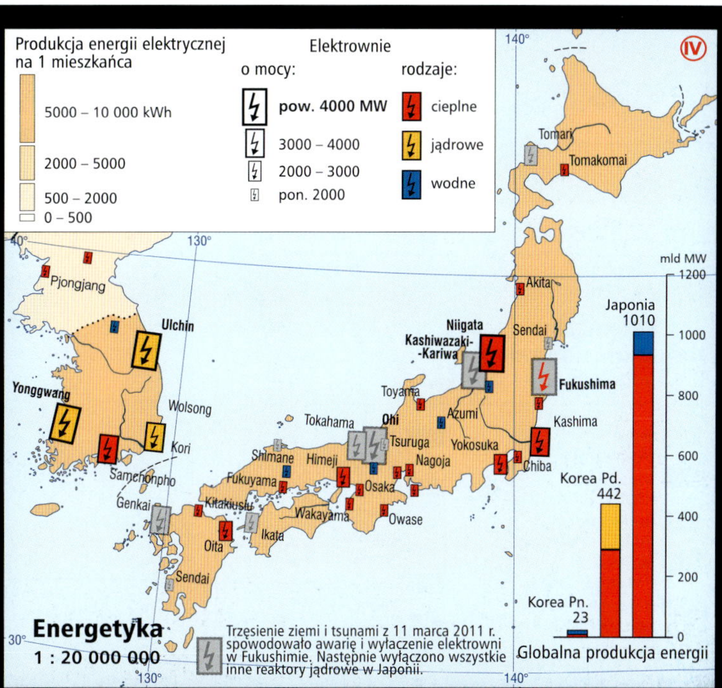
IV
Energetyka
1 : 20 000 000
Produkcja energii elektrycznej na 1 mieszkańca
5000 – 10 000 kWh
2000 – 5000
500 – 2000
0 – 500
Elektrownie
o mocy:
pow. 4000 MW
3000 – 4000
2000 – 3000
pon. 2000
rodzaje:
cieplne
jądrowe
wodne
Globalna produkcja energii
mld MW
Japonia 1010
Korea Pd. 442
Korea Pn. 23
Trzęsienie ziemi i tsunami z 11 marca 2011 r. spowodowało awarię i wyłączenie elektrowni w Fukushimie. Następnie wyłączono wszystkie inne reaktory jądrowe w Japonii.
Pjongjang
Ulchin
Yonggwang
Wolsong
Kori
Samchonpho
Tomari
Tomakomai
Akita
Sendai
Niigata
Kashiwazaki-Kariwa
Fukushima
Kashima
Chiba
Yokosuka
Toyama
Azumi
Ohi
Tsuruga
Tokahama
Shimane
Himeji
Nagoja
Osaka
Owase
Fukuyama
Wakayama
Kitakiusiu
Genkai
Ikata
Oita
Sendai

- roślinność wysokogórska
- lasy mieszane strefy umiarkowanej
- lasy liściaste strefy umiarkowanej
- roślinność śródziemnomorska
- lasy podzwrotnikowe suche i zarośla kolczaste
- wilgotne lasy równikowe
- namorzyny
- stepy
- sawanny
- półpustynie
- pustynie
- stepy, półpustynie i pustynie górskie
- oazy

1 : 40 000 000

0 500 1000 km

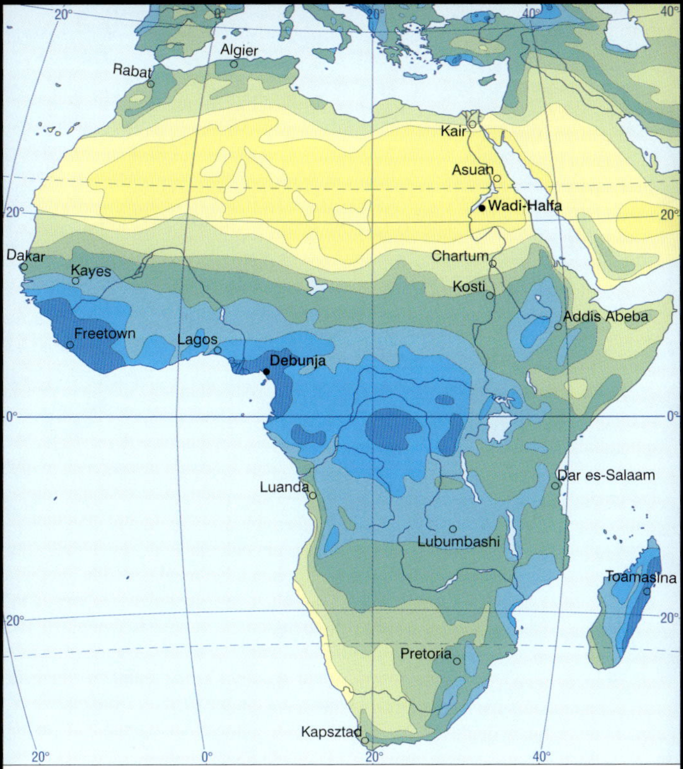

Opady roczne

20 100 250 500 1000 1500 2000 mm

Najwyższa zmierzona suma rocznych opadów atmosferycznych: Debunja (Kamerun) 10 040 mm

Najniższa zmierzona suma rocznych opadów atmosferycznych: Wadi-Halfa (Sudan) 2,5 mm

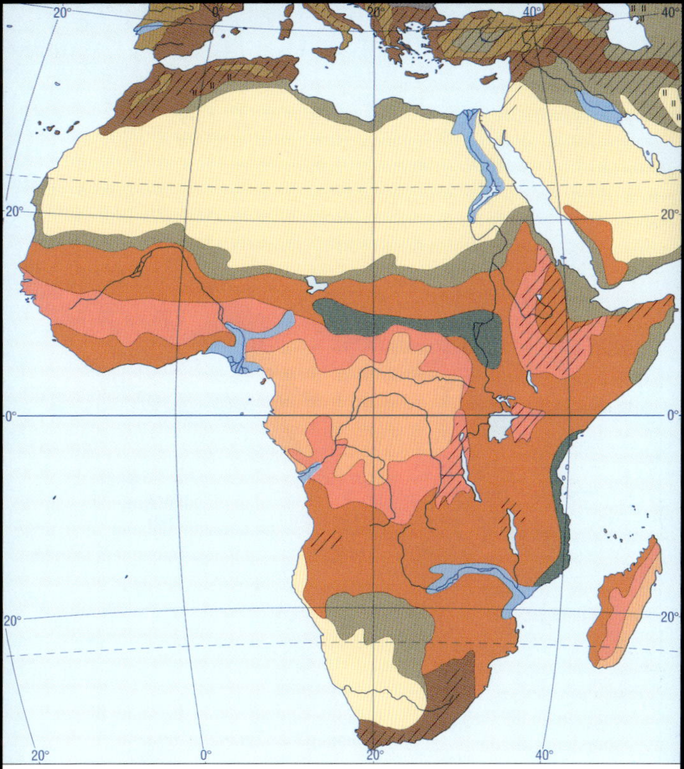

Gleby

- brunatne i płowe
- szare gleby leśne, czarnoziemy i gleby czarnoziemne
- brązowe i szarobrązowe
- buroziemy i szaroziemy
- inicjalne pustyń
- czerwonożółte gleby laterytowe
- czerwone gleby laterytowe
- brązowoczerwone
- czarne ziemie tropikalne (vertisole)
- mady rzeczne i morskie
- słone
- górskie

Uprawy

Zbiory

0 10 20 30 40 mln t

66 udział % w światowych zbiorach

- zboża
- kukurydza
- proso i sorgo
- używki
- kawa
- kakao
- herbata
- tytoń
- rośliny bulwiaste
- bataty
- maniok
- owoce i warzywa
- owoce cytrusowe
- banany
- daktyle
- rośliny oleiste
- orzeszki ziemne
- oliwki

Zużycie nawozów sztucznych na 1 ha gruntów ornych

- 200 – – 636 kg
- 100 – 200
- 50 – 100
- 25 – 50
- 10 – 25
- 0 – 10

stan: 2014 r.

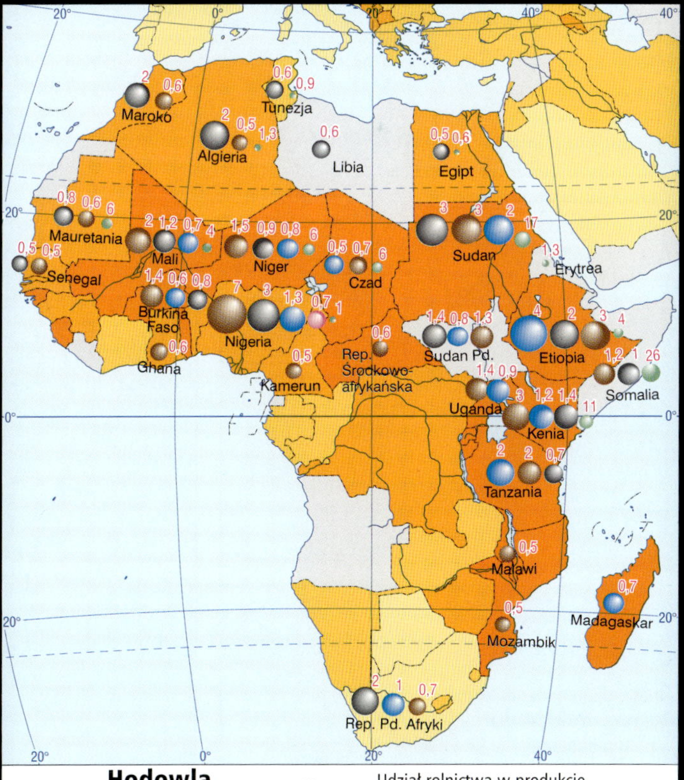

Hodowla

Pogłowie

0 10 20 30 40 50 60 mln szt.

0,5 udział % w światowym pogłowiu

- bydło
- trzoda chlewna
- owce
- kozy
- wielbłądy

Udział rolnictwa w produkcji krajowym brutto

- 25 – 58%
- 10 – 25
- 3 – 10
- 0 – 3
- brak danych

stan: 2014 r.

m n.p.m.
3000
2000
1500
1000
500
200
0
200
2000
4000
OCEAN ATLANTYCKI
Zat. Biskajska
Paryż
Bratysława
Wiedeń
Berno
Alpy
4810 Mt.Blanc
Lublana
Mediolan
Budapeszt
Zagrzeb
Bukareszt
Karpaty
Kiszyniów
Doniecк
Odessa
Krym
Don
Wołga
J. Aralskie
Belgrad
Dunaj
Sofia
Sarajewo
MORZE CZARNE
5642 Elbrus
Kaukaz
Tbilisi
MORZE KASPIJSKIE
Baku
Madryt
Pireneje
3404
Marsylia
Korsyka
Rzym
Apeniny
M. ADRIATYCKIE
Tirana
Lizbona
Płw. Iberyjski
Baleary
Sardynia
Neapol
Płw. Apeniński
Płw. Bałkański
Stambuł
G. Pontyjskie
Ankara
Ararat 5165
Płw. Azja Mniejsza
3917
Taurus
3478
Cieśn. Gibraltarska
MORZE ŚRÓDZIEMNE
Przyl. Biały
Tunis
Sycylia
Ateny
Elburs
5770
Teheran
Algier
Malta
Kreta
Cypr
Nikozja
Mezopotamska Niz.
Zagros
Prąd Kanaryjski
Rabat
Fez
Casablanca
Madera
Zat. Kabis
Trypolis
Bejrut
Damaszek
Bagdad
4548
Isfahan
Marrakesz
4167 Tubkal
Atlas
Zat. Wlk.Syrta
Cyrenajka
Aleksandria
Port Said
Kan. Sueski
Jerozolima
Amman
Pust. Syryjska
Kuwejt
Zat. Perska
W-y Kanaryjskie
3718 Pico de Teide
Al-Ujun
Wielki Erg Zachodni
Wielki Erg Wschodni
-133 Al-Kattara
Kair
Płw. Synaj
Wielki Nefud
Erg Igidi
Erg Szesz
Fazzan
Pustynia Libijska
Pustynia Arabska
MORZE CZERWONE
Asuan
Ar-Rijad
Zwrotnik Raka
Tasili
Ahaggar
Tahat 2918
Erg Rabiana
Zb. Nasera
Płw. Arabski
Tamanghist
Sahara
Tibesti
Emi Kussi 3415
Dżudda
Mekka
Pust. Al-Dżuf
Air
Pust. Nubijska
Pust. Ar-Rub al-Chali
Nawakszut
Arlit
Erg Ténéré
155 Bodélé
Nil
Sana
3760
Senegal
Przyl. Zielony
Timbuktu
Kotlina Czadu
Chartum
Dar Fur
3088 Dżabal Marra
Asmara
Ras Daszan 4620
-116
Dakar
Bamako
Niger
Niamey
J. Czad
Nil Błękitny
Nil Biały
Bab al-Mandab
Zat. Adeńska
Bandżul
Bissau
Wagadugu
Ndżamena
Kano
J. Tana
-155
Dżibuti
Wolta
Szari
Zaria
Kaduna
Bahr al-Arab
Kotlina Górnego Nilu
Wyżyna Abisyńska
Wyż. Somalijska
Addis-Abeba
Konakry
Freetown
1948 Loma
Benue
4307 Batu
Wyżyna Gwinejska
Ibadan
Porto Novo
Lagos
Adamawa
Monrovia
Jamusukro
Abidżan
Akra
Lomé
Kamerun 4070
Douala
Jaunde
Bangi
Ubangi
Uele
Dżuba
J. Turkana (J. Rudolfa)
Płw. Somalijski
Zatoka Gwinejska
Malabo
Bioko
Teleki 646
Wyżyna Wschodnio-afrykańska
Prąd Gwinejski
W. Książęca
W. Św. Tomasza
Libreville
Kotlina Kongo
Kongo
Kisangani
Wdp. Stanley'a
Ruwenzori 5119
4507
Kampala
Mogadiszu
Kenia 5199
Prąd Somalijski (lato)
Prąd Somalijski
Równik
J. Wiktorii
3470
J. Kiwu
Kigali
Nairobi
Kilimandżaro 5895
Meru 4566
Mombasa
Pagalu
Gwinea Dolna
Brazzaville
Kinszasa
Kasai
Kananga
Buzumbura
J. Tanganika
Zanzibar
Dar es-Salaam
OCEAN ATLANTYCKI
Kwango
Shaba (Katanga)
J. Mweru
2961
Luanda
Prąd Benguelski
Lobito
2620
Wyżyna Bije
J. Malawi (J. Niasa)
Komory
Przyl. Ambre
2876
Lusaka
Lilongwe
Zambezi
Zb. Kariba
Harare
Kubango (Okawango)
Wdp. Wiktorii
Kanał Mozambicki
Prąd Mozambicki
Madagaskar
Antananarywa
Pustynia Namib
Kotlina Kalahari
Windhuk
Limpopo
Zwrotnik Koziorożca
Prąd Madagaskarski
Gaborone
Pretoria
Maputo
Mbabane
Johannesburg
Przyl. Sainte Marie
Oranje
Vaal
Kimberley
Maseru
3482
Richard's Bay
Durban
G. Smocze
Prąd Agulhas
G. Przylądkowe
Kapsztad
Przyl. Dobrej Nadziei
Przyl. Igielny (Agulhas)
Port Elizabeth
6291
OCEAN INDYJSKI
Dryf Wiatrów Zachodnich
5157
6323
-132
Pico de Teide
Atlas
Platforma Saharyjska
Tarcza Regibatu
Tarcza Tuareska
Tarcza Nubijsko-Arabska
Tarcza Gwinejsko-Nigeryjska
Kamerun
Tarcza Afrykańska
Meru
G.Przylądkowe
G.Smocze
Geologia – tektonika
1 : 120 000 000
obszary fałdowań prekambryjskich (tarcze)
pokrywy osadowe na obszarach fałdowań prekambryjskich
obszary fałdowań paleozoicznych (hercynidy)
mezozoiczne pokrywy osadowe na obszarach fałdowań paleozoicznych
obszary fałdowań trzeciorzędowych (alpidy)
trzeciorzędowe i czwartorzędowe pokrywy osadowe
skały wylewne
rowy tektoniczne
kierunki struktur fałdowych (pasma górskie)
krawędzie płyt kontynentalnych
wulkany

1 : 40 000 000

0 500 1000 km

1 : 90 000 000

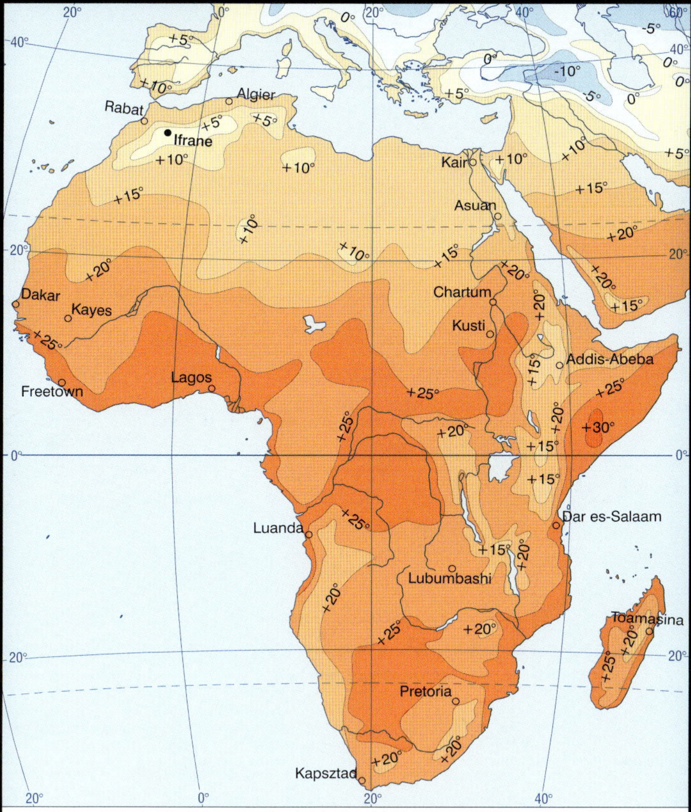

Temperatura powietrza w styczniu

-10 | -5 | 0 | +5 | +10 | +15 | +20 | +25 | +30 | °C

Najniższa zmierzona temperatura powietrza: Ifrane (Maroko) -24°C

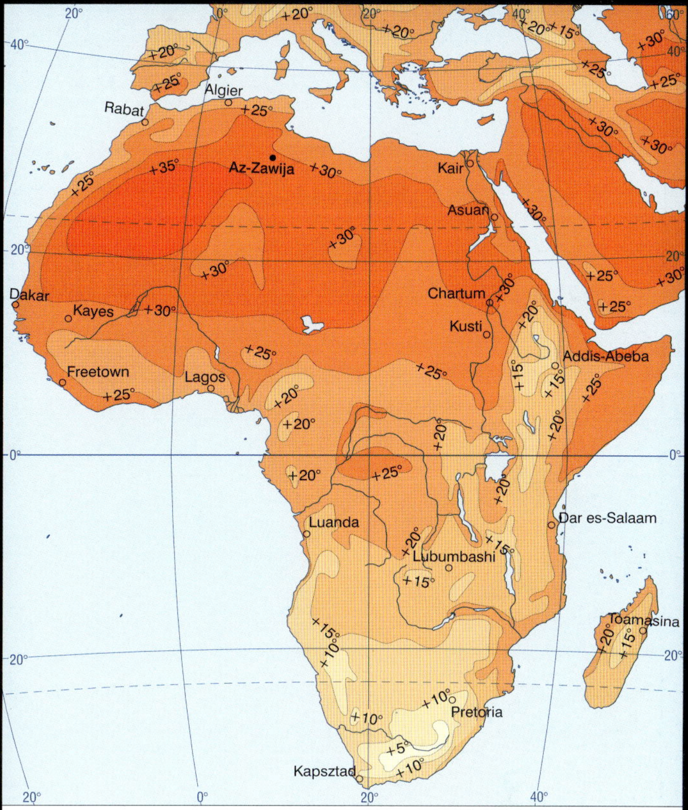

Temperatura powietrza w lipcu

+5 | +10 | +15 | +20 | +25 | +30 | +35 | °C

Najwyższa zmierzona temperatura powietrza: Az-Zawija (Libia) +58°C

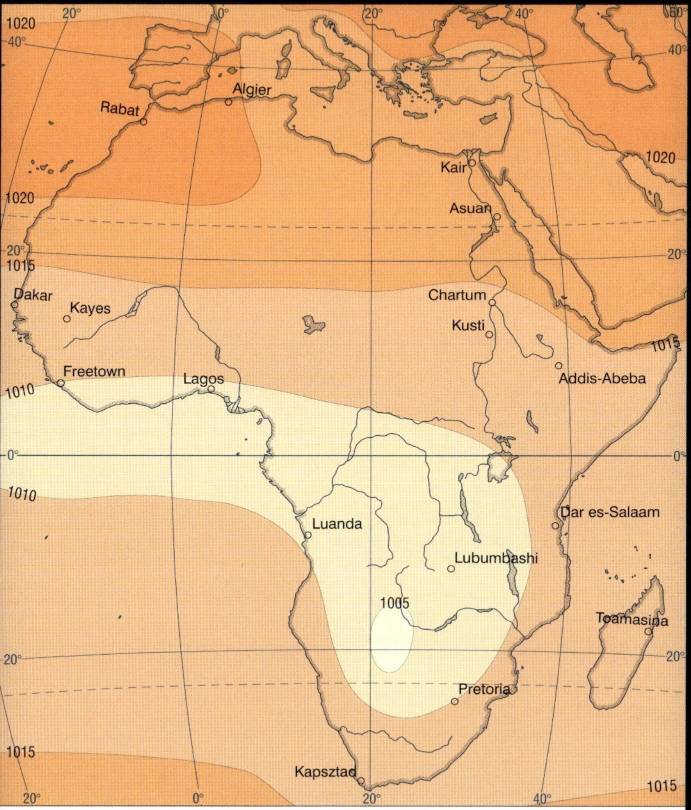

Ciśnienie atmosferyczne w styczniu

1005 | 1010 | 1015 | 1020 | hPa

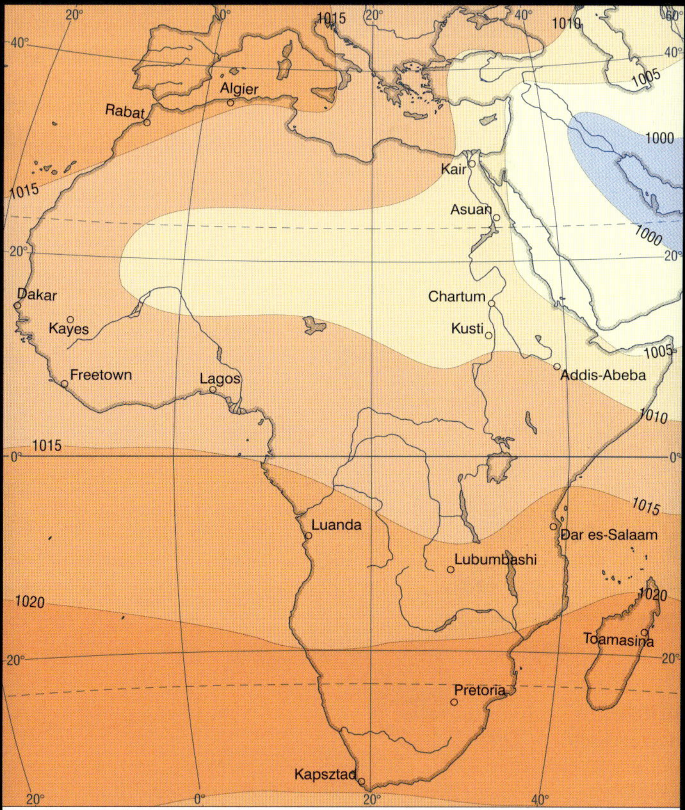

Ciśnienie atmosferyczne w lipcu

1000 | 1005 | 1010 | 1015 | 1020 | hPa

Zadłużenie

1 : 120 000 000

Długi zagraniczne przeliczone na 1 mieszk.

- 1000 – 2990 dol. USA
- 500 – 1000
- 250 – 500
- 64 – 250
- brak danych

Zadłużenie krajów

- 100 mld dol. USA
- 10 mld dol. USA
- 1 mld

Zadłużenie w % PKB
(w wybranych krajach)
% PKB
100
75
50
25
0
3
5
10
13
30
30
31
32
59
60
70
75
Algieria
Nigeria
Suazi
Egipt
Sudan
Etiopia
Liberia
Niger
Gambia
Dżibuti
Mauretania
Zimbabwe

Stan: 2014 r.

1 : 40 000 000

0 500 1000 km

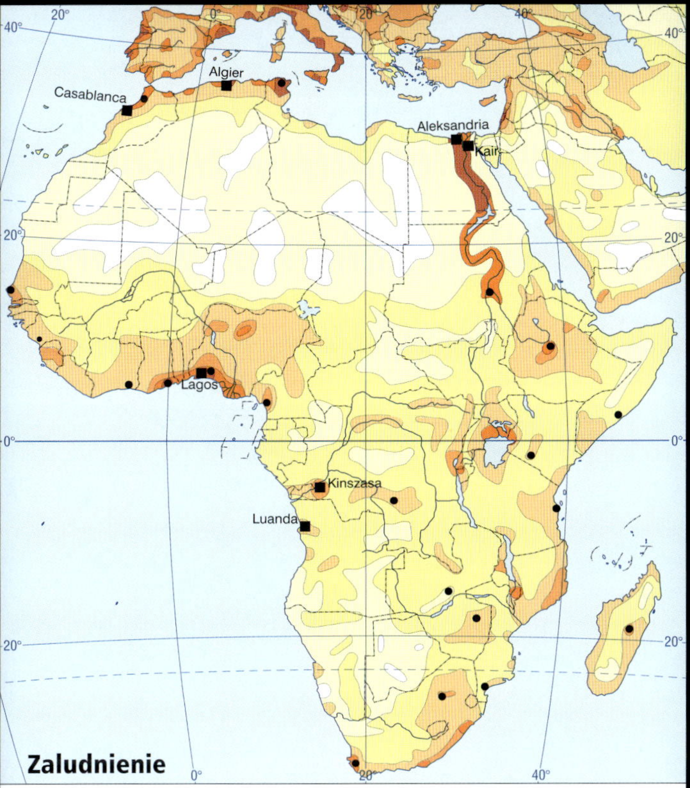

Liczba mieszkańców na 1 km^2

- powyżej 200
- 100 – 200
- 50 – 100
- 10 – 50
- 1 – 10
- poniżej 1
- obszary niezamieszkane
- Kair ■ miasta pow. 3 mln mieszk.
- • miasta 1– 3 mln mieszk.

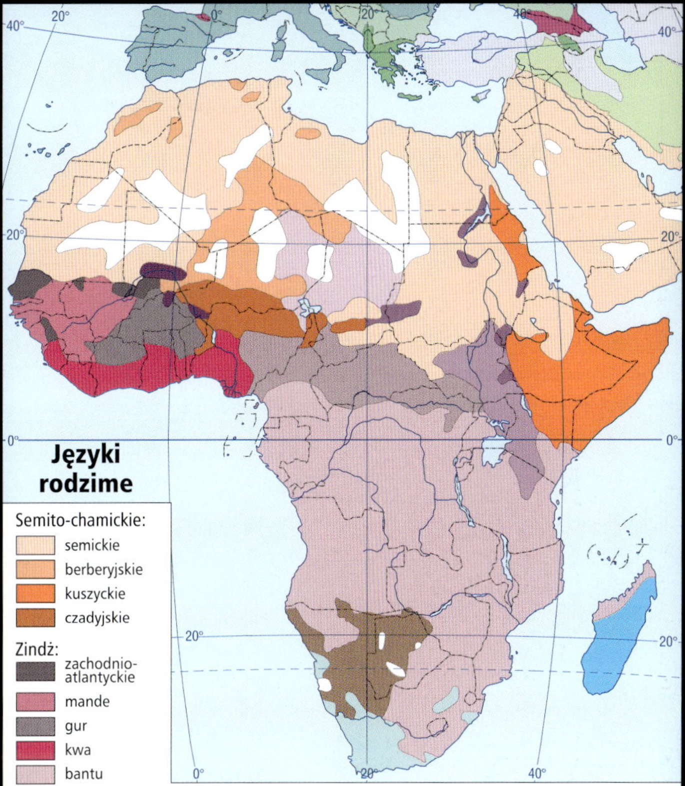

Semito-chamickie:
- semickie
- berberyjskie
- kuszyckie
- czadyjskie

Zindż:
- zachodnio-atlantyckie
- mande
- gur
- kwa
- bantu
- adamawa

Nilo-saharyjskie:
- songhai
- saharyjskie
- chari-nilowe
- nilotyckie

Indoeuropejskie:
- germańskie
- romańskie
- słowiańskie
- indoirańskie
- inne

Ałtajskie:
- tureckie

- Khoisan
- Austronezyjskie
- Kaukaskie i baskijski
- obszary niezamieszkane

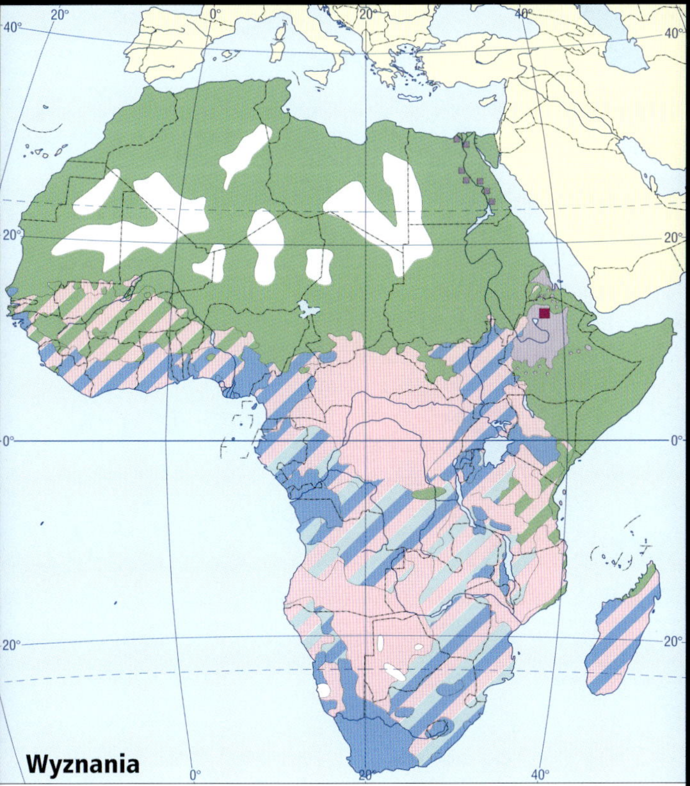

Chrześcijaństwo:
- etiopski kościół koptyjski
- egipski kościół koptyjski
- kościoły katolickie i protestanckie
- religie afro-chrześcijańskie (synkretyczne)

- Judaizm
- Islam
- religie naturalne
- obszary niezamieszkane

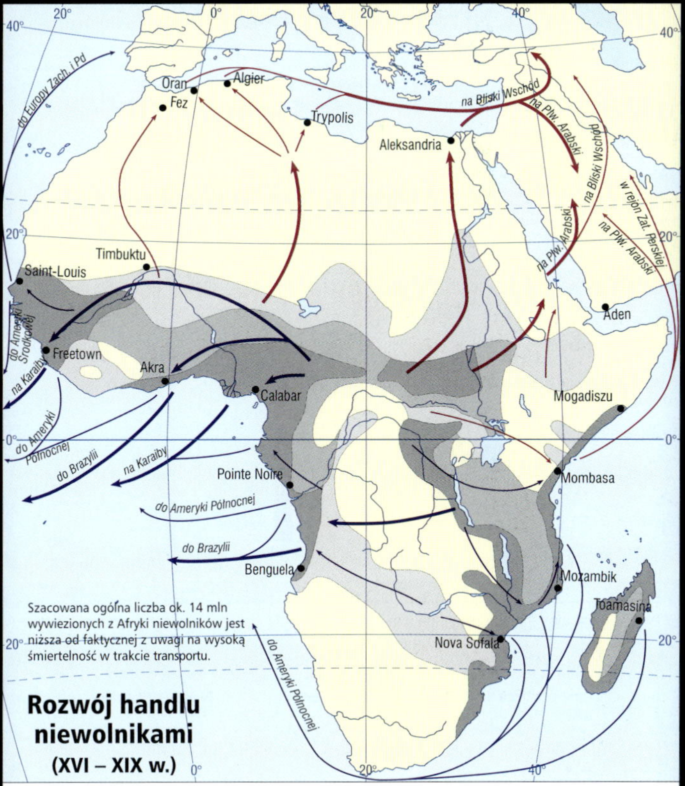

Natężenie wywozu niewolników:
- bardzo duże
- duże
- małe

Liczba niewolników:
- 1 mln – 2,5 mln
- 100 tys. – 1mln

Europejscy handlarze

Arabscy handlarze

Akra • porty (miasta) wywozu niewolników

Afryka GOSPODARKA

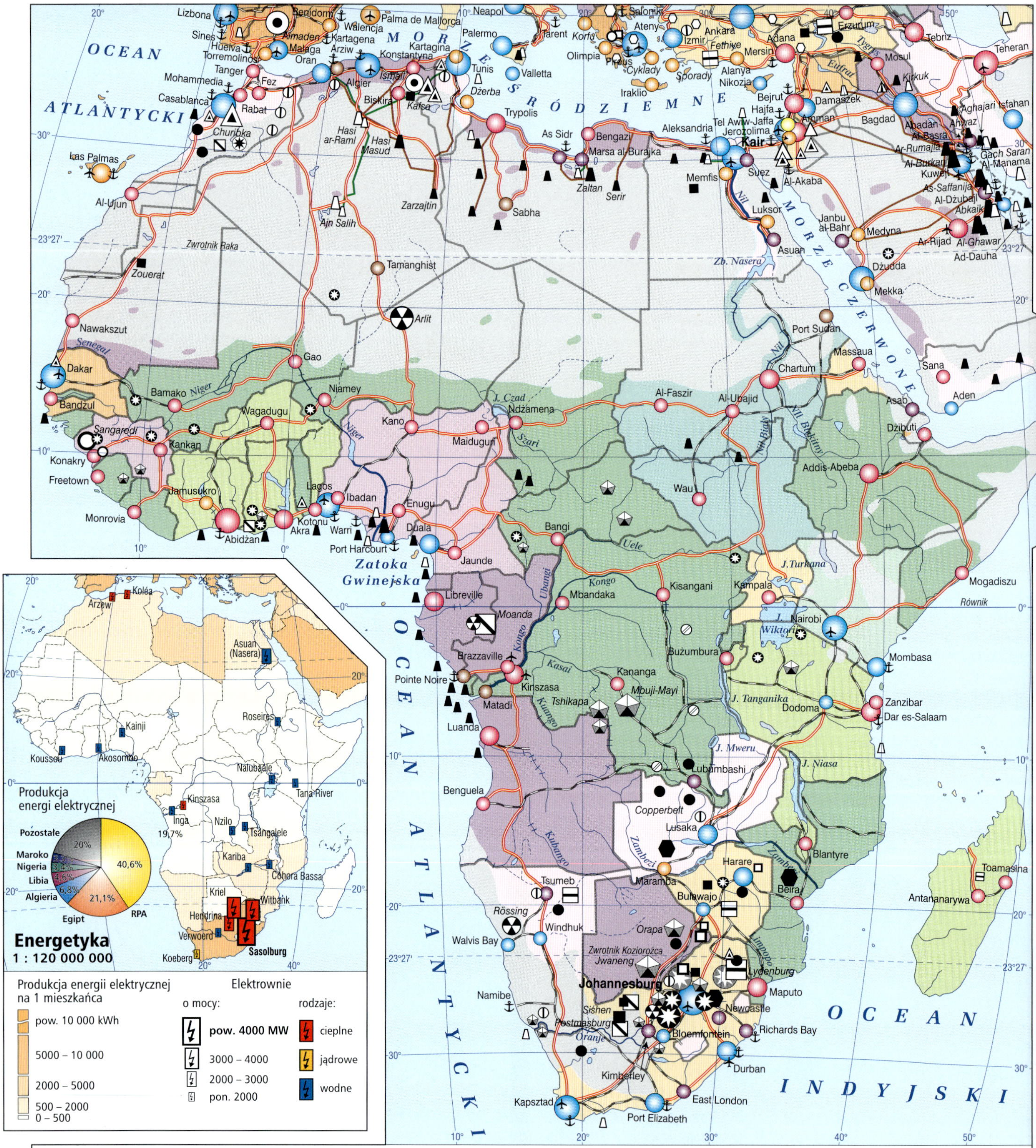

Energetyka

1 : 120 000 000

Produkcja energii elektrycznej na 1 mieszkańca
- pow. 10 000 kWh
- 5000 – 10 000
- 2000 – 5000
- 500 – 2000
- 0 – 500

Elektrownie

o mocy:
- pow. 4000 MW
- 3000 – 4000
- 2000 – 3000
- pon. 2000

rodzaje:
- cieplne
- jądrowe
- wodne

Znaczenie sektorów w strukturze PKB:

rolnictwo
- bardzo ważne
- ważne z udziałem przemysłu
- ważne z udziałem usług

przemysł
- bardzo ważny
- ważny z udziałem rolnictwa
- ważny z udziałem usług

usługi
- bardzo ważne
- ważne z udziałem rolnictwa
- ważne z udziałem przemysłu

- obszary niezagospodarowane lub słabo zagospodarowane
- brak danych

Górnictwo

- ropy naftowej
- gazu ziemnego
- węgla kamiennego
- węgla brunatnego
- rud uranu
- rud żelaza
- rud manganu
- rud chromu
- rud niklu
- rud miedzi
- rud cynku i ołowiu
- rud cyny
- rtęci
- boksytów
- złota
- srebra
- platyny
- diamentów
- soli potasowych
- fosforytów i apatytów
- siarki

Ośrodki wydobycia

- wielkie
- duże
- średnie
- małe

Ośrodki gospodarcze

oddziaływanie:
- światowe
- ważniejsze regionalne
- regionalne
- lokalne

funkcje:
- wielofunkcyjne
- przemysłowe i górnicze
- innowacyjne
- transportowe
- handlowe, finansowe i administracyjne
- turystyczne i kulturalne

- drogi główne
- koleje główne
- ropociągi
- gazociągi
- główne porty lotnicze
- główne porty morskie

1 : 40 000 000

0 500 1000 km

Typy gospodarki rolnej

- rolnictwo mieszane zmechanizowane (miejscami wysoko rozwinięte)
- rolnictwo mieszane intensywne (miejscami nawadniane)
- rolnictwo śródziemnomorskie
- plantacje
- rolnictwo w oazach, wyspecjalizowane
- rolnictwo prymitywne
- hodowla pastwiskowa
- pasterstwo koczownicze
- wilgotne lasy równikowe (leśnictwo, łowiectwo, zbieractwo, rolnictwo żarowe)
- inne lasy (leśnictwo, łowiectwo, zbieractwo)
- obszary słabo lub niewykorzystane rolniczo
- obszary łowiskowe

Uprawy

- pszenica
- kukurydza
- ryż
- proso i sorgo
- bataty
- maniok
- trzcina cukrowa
- orzeszki ziemne
- oliwki
- palma oleista i kokosowa
- palma daktylowa
- owoce i warzywa
- owoce cytrusowe
- banany
- winorośl
- kawa
- kakao
- herbata
- tytoń
- bawełna
- agawa
- kauczuk

Hodowla

- bydło
- owce
- kozy
- wielbłądy

Temperatura powietrza w styczniu

-35 -30 -25 -20 -15 -10 -5 0 +5 +10 +15 +20 °C

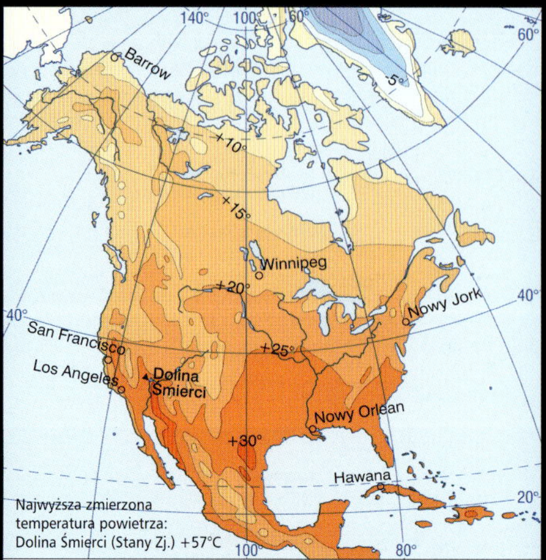

Temperatura powietrza w lipcu

-15 -10 -5 0 +5 +10 +15 +20 +25 +30 °C

Opady roczne

250 500 1000 2000 3000 mm

UKSZTAŁTOWANIE POWIERZCHNI

1 : 40 000 000

0 500 1000 km

Geologia-tektonika

- obszary fałdowań prekambryjskich (tarcze)
- pokrywy osadowe na obszarach fałdowań prekambryjskich
- obszary fałdowań paleozoicznych:
  - kaledonidy
  - hercynidy
- mezozoiczne pokrywy osadowe na obszarach fałdowań paleozoicznych
- obszary fałdowań trzeciorzędowych (alpidy)
- trzeciorzędowe i czwartorzędowe pokrywy osadowe
- skały wylewne
- rowy oceaniczne
- kierunki struktur fałdowych (pasma górskie)
- krawędzie płyt kontynentalnych
- strefa ryftowa
- wulkany

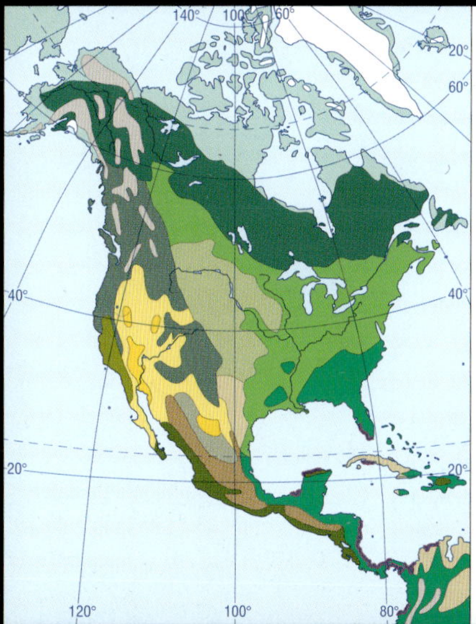

Potencjalna roślinność naturalna

- lodowce i lądolody
- tundra
- roślinność wysokogórska
- tajga
- lasy liściaste i mieszane strefy umiarkowanej
- lasy iglaste strefy umiarkowanej i podzwrotnikowej
- roślinność śródziemnomorska
- lasy podzwrotnikowe wiecznie zielone
- lasy podzwrotnikowe zrzucające liście w okresie bezdeszczowym
- lasy podzwrotnikowe suche i zarośla kolczaste
- wilgotne lasy równikowe
- namorzyny
- stepy
- sawanny
- półpustynie
- pustynie
- stepy, półpustynie i pustynie górskie

Ameryka Północna PODZIAŁ POLITYCZNY

1 : 40 000 000

0 500 1000 km

Powstawanie państw

Posiadłości kolonialne krajów europejskich
- duńskie od pocz. XVIII w.
- francuskie do końca XVII w.
- brytyjskie
- hiszpańskie do pocz. XIX w.
- hiszpańskie do końca XIX w.

Rozwój terytorialny Stanów Zjednoczonych Ameryki Północnej w XIX w.:
- tereny uzyskane od Wielkiej Brytanii
- tereny uzyskane od Meksyku
- tereny uzyskane od Hiszpanii
- tereny uzyskane od Francji
- tereny uzyskane od Rosji
- tereny odstąpione Wielkiej Brytanii

1783 rok przyłączenia obszaru do Stanów Zjednoczonych Ameryki Północnej

1931 rok proklamowania niepodległości państw

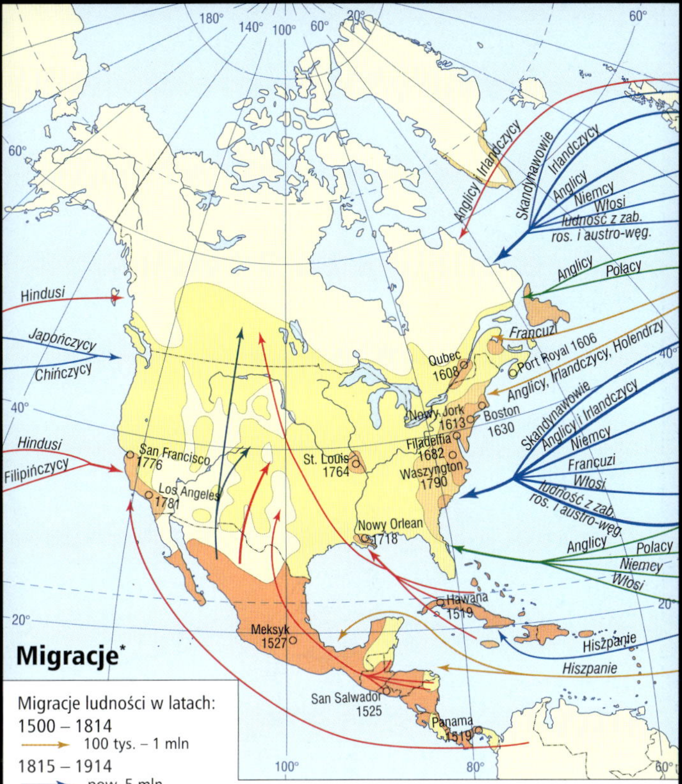

Migracje*

Migracje ludności w latach:
- 1500 – 1814
  - 100 tys. – 1 mln
- 1815 – 1914
  - pow. 5 mln
  - 1 mln – 5 mln
  - 100 tys. – 1 mln
- 1919 – 1939
  - 1 mln – 5 mln
  - 100 tys. – 1 mln
- 1945 – 1985
  - 1 mln – 5 mln
  - 100 tys. – 1 mln

Obszary zasiedlane przez Europejczyków:
- od XVI w.
- od końca XVII w.
- od końca XVIII w.
- od końca XIX w.

obszary niezaludnione lub słabo zaludnione (zamieszkane głównie przez ludność rdzenną)

Boston 1630 rok założenia miasta

*Przedstawiono długoterminowe migracje dobrowolne.

Indianie

Regiony rdzennych plemion amerykańskich (wg H. E. Driver'a)
- Eskimosi (Inuici) i Aleuci
- Indianie Alaski i Kanandy
- Indianie południowej Alaski i Kolumbii Bryt.
- tubylcze grupy Kaliforni (prawie wymarłe)
- Indianie Płaskowyżu i Wielkiej Kotliny
- Indianie Wielkich Równin
- Indianie Południowego-Zachodu
- Indianie Północnego-Wschodu
- Indianie Południowego-Wschodu
- Indianie Mezoameryki
- Indianie Ameryki Centralnej
- Indianie Basenu Morza Karaibskiego
- obszary niezamieszkane
- Nawajo – obszary zamieszkane przez wybrane plemiona przed osiedleniem się białych
- rezerwaty indiańskie w Stanach Zjedn.

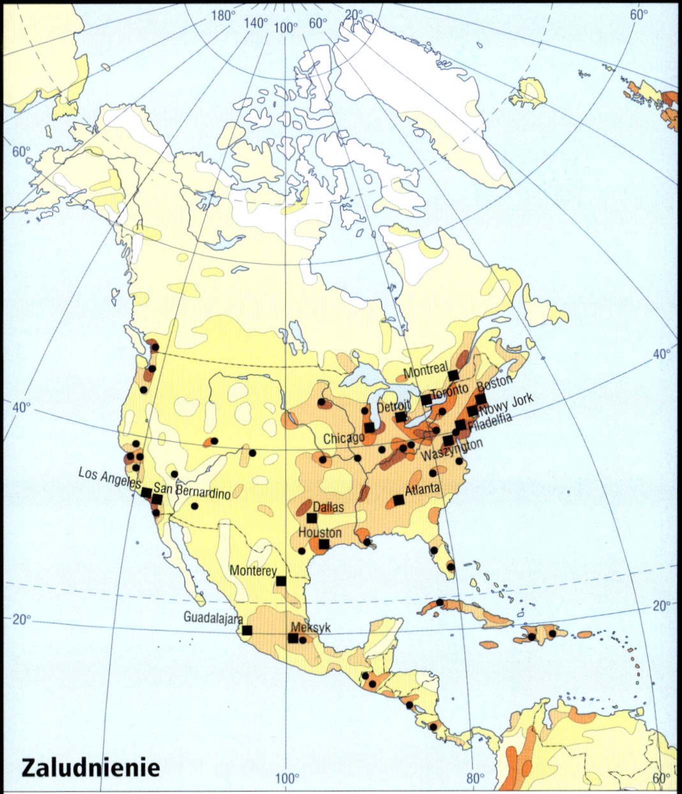

Zaludnienie

Liczba mieszkańców na 1 km²
- powyżej 200
- 100 – 200
- 50 – 100
- 10 – 50
- 1 – 10
- poniżej 1
- obszary niezamieszkane
- Dallas ■ miasta pow. 3 mln mieszk.
- ● miasta 1 – 3 mln mieszk.

OCEAN ARKTYCZNY
MORZE BEAUFORTA
MORZE BAFFINA
MORZE CZUKOCKIE
M. BERINGA
Zat. Alaska
Zatoka Hudsona
OCEAN SPOKOJNY
MORZE SARGASSOWE
Zatoka Meksykańska
MORZE KARAIBSKIE
Zwrotnik Raka
Koło podbiegunowe północne
Ośrodki gospodarcze
oddziaływanie:
światowe
ważniejsze regionalne
regionalne
lokalne
funkcje:
wielofunkcyjne
przemysłowe i górnicze
innowacyjne
transportowe
handlowe, finansowe i administracyjne
turystyczne i kulturalne
Górnictwo
ropy naftowej
gazu ziemnego
węgla kamiennego
węgla brunatnego
rud uranu
rud żelaza
rud manganu
rud niklu
rud miedzi
rud cynku i ołowiu
rtęci
boksytów
złota
srebra
platyny
soli potasowych
fosforytów i apatytów
siarki
Ośrodki wydobycia
wielkie
duże
średnie
małe
drogi główne
koleje główne
ropociągi
gazociągi
główne porty lotnicze
główne porty morskie
Znaczenie sektorów w strukturze PKB:
rolnictwo
ważne z udziałem usług
przemysł
bardzo ważny
ważny z udziałem rolnictwa
ważny z udziałem usług
usługi
bardzo ważne
ważne z udziałem rolnictwa
ważne z udziałem przemysłu
obszary niezagospodarowane lub słabo zagospodarowane
Nowy Jork
Chicago
Los Angeles
San Francisco
Houston
Toronto
Montreal

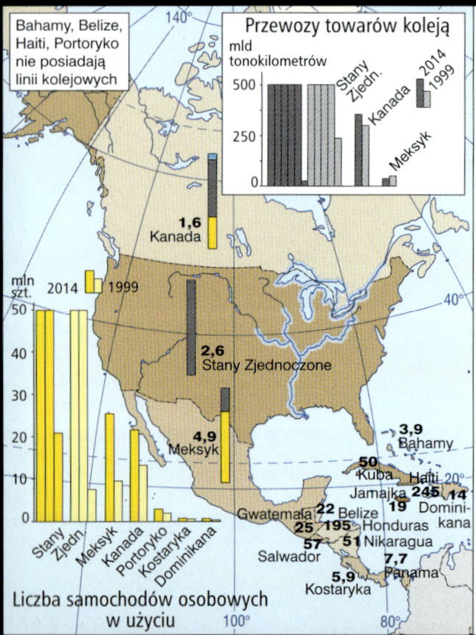

Bahamy, Belize, Haiti, Portoryko nie posiadają linii kolejowych
Przewozy towarów koleją
mld tonokilometrów
Stany Zjedn.
Kanada
Meksyk
2014
1999
mln szt.
Kanada 1,6
Stany Zjednoczone 2,6
Meksyk 4,9
Liczba samochodów osobowych w użyciu

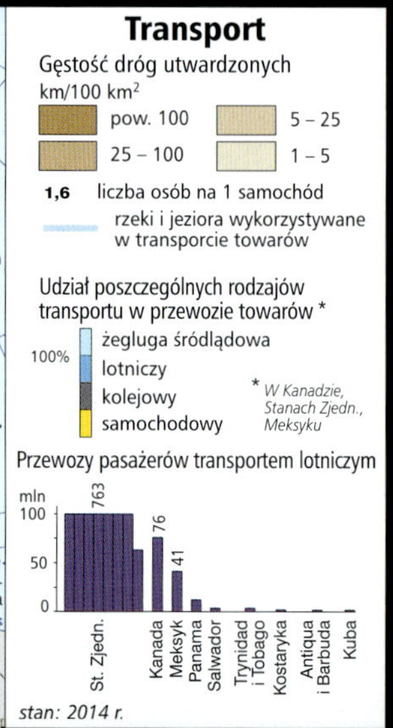

Transport
Gęstość dróg utwardzonych km/100 km²
pow. 100
25 – 100
5 – 25
1 – 5
1,6 liczba osób na 1 samochód
rzeki i jeziora wykorzystywane w transporcie towarów
Udział poszczególnych rodzajów transportu w przewozie towarów *
żegluga śródlądowa
lotniczy
kolejowy
samochodowy
* W Kanadzie, Stanach Zjedn., Meksyku
Przewozy pasażerów transportem lotniczym
mln
763
76
41
St. Zjedn.
Kanada
Meksyk
Panama
Salwador
Trynidad i Tobago
Antigua i Barbuda
Kuba
stan: 2014 r.

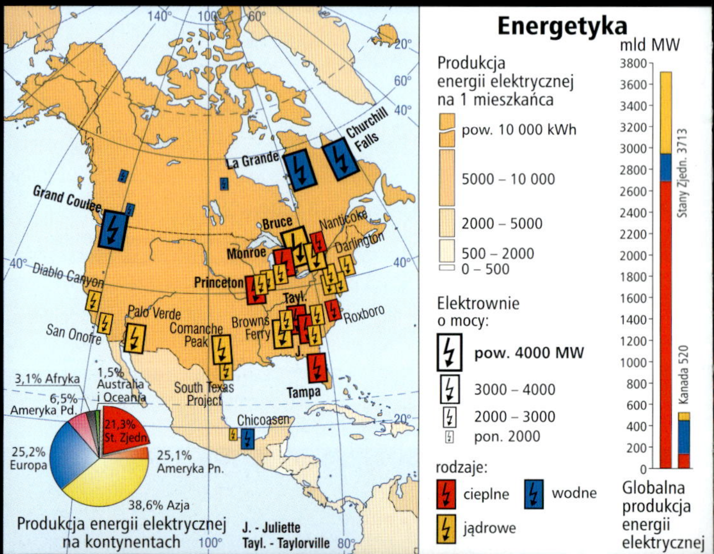

Energetyka
Produkcja energii elektrycznej na 1 mieszkańca
pow. 10 000 kWh
5000 – 10 000
2000 – 5000
500 – 2000
0 – 500
Elektrownie o mocy:
pow. 4000 MW
3000 – 4000
2000 – 3000
pon. 2000
rodzaje:
cieplne
wodne
jądrowe
Produkcja energii elektrycznej na kontynentach
38,6% Azja
25,2% Europa
25,1% Ameryka Pn.
21,3% St. Zjedn.
6,5% Ameryka Pd.
3,1% Afryka
1,5% Australia i Oceania
J. - Juliette
Tayl. - Taylorville
mld MW
Stany Zjedn. 3713
Kanada 520
Globalna produkcja energii elektrycznej

1 : 40 000 000

0 500 1000 km
OCEAN ARKTYCZNY
MORZE CZUKOCKIE
M. BERINGA
MORZE BEAUFORTA
MORZE BAFFINA
biegun magnetyczny
Koło podbiegunowe północne
Jukon
Mackenzie
W. J. Niedźwiedzie
W. J. Niewolnicze
Zat. Alaska
Zatoka Hudsona
OCEAN SPOKOJNY
Saskatchewan
J. Winnipeg
Nelson
Athabaska
Peace
Churchill
J. Górne
J. Michigan
Huron
Ontario
Erie
Św. Wawrzyńca
Missouri
Missisipi
Ohio
Arkansas
Red
Kolorado
Rio Grande
MORZE SARGASSOWE
Zatoka Meksykańska
MORZE KARAIBSKIE
Zwrotnik Raka
66°33'
70°
60°
50°
40°
30°
23°27'
20°
120°
110°
100°
90°
80°
Typy gospodarki rolnej
rolnictwo mieszane zmechanizowane (miejscami wysoko rozwinięte)
gospodarka zbożowa wielkoobszarowa
rolnictwo śródziemnomorskie
plantacje
rolnictwo prymitywne
gospodarka hodowlana mleczna
hodowla pastwiskowa
wilgotne lasy równikowe (leśnictwo, łowiectwo, zbieractwo, rolnictwo żarowe)
inne lasy (leśnictwo, łowiectwo, zbieractwo)
obszary słabo lub niewykorzystane rolniczo
obszary łowiskowe
Uprawy
pszenica
kukurydza
ryż
proso i sorgo
ziemniaki
trzcina cukrowa
buraki cukrowe
soja
rzepak i rzepik
orzeszki ziemne
słonecznik
palma kokosowa
owoce i warzywa
owoce cytrusowe
banany
winorośl
kawa
kakao
tytoń
bawełna
agawa
kauczuk
Hodowla
bydło
trzoda chlewna
owce
kozy
renifery

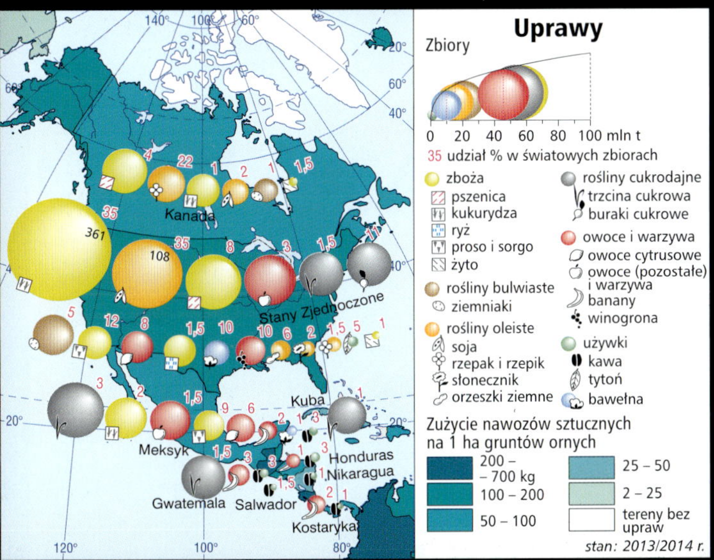
Uprawy
Zbiory
0 20 40 60 80 100 mln t
35 udział % w światowych zbiorach
zboża
pszenica
kukurydza
ryż
proso i sorgo
żyto
rośliny bulwiaste
ziemniaki
rośliny oleiste
soja
rzepak i rzepik
słonecznik
orzeszki ziemne
rośliny cukrodajne
trzcina cukrowa
buraki cukrowe
owoce i warzywa
owoce cytrusowe
owoce (pozostałe) i warzywa
banany
winogrona
używki
kawa
tytoń
bawełna
Zużycie nawozów sztucznych na 1 ha gruntów ornych
200 – 700 kg
100 – 200
50 – 100
25 – 50
2 – 25
tereny bez upraw
stan: 2013/2014 r.
Kanada
Stany Zjednoczone
Meksyk
Kuba
Honduras
Nikaragua
Gwatemala
Salwador
Kostaryka
361
108
35
22

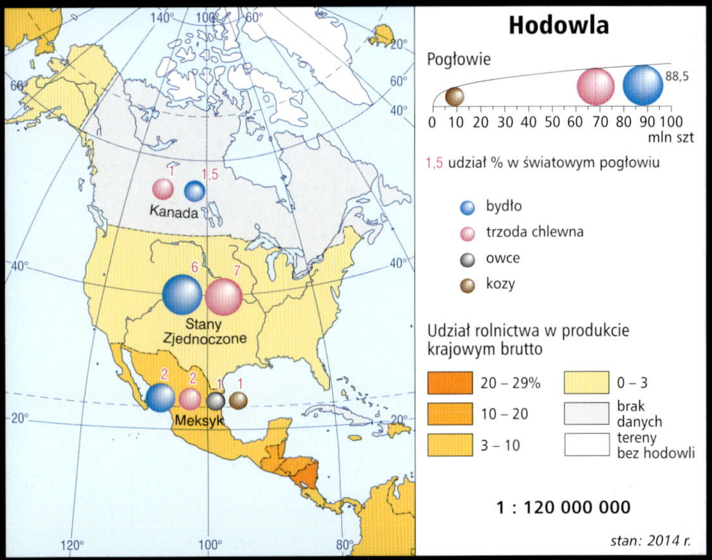
Hodowla
Pogłowie
88,5
0 10 20 30 40 50 60 70 80 90 100 mln szt
1,5 udział % w światowym pogłowiu
bydło
trzoda chlewna
owce
kozy
Udział rolnictwa w produkcji krajowym brutto
20 – 29%
10 – 20
3 – 10
0 – 3
brak danych
tereny bez hodowli
1 : 120 000 000
stan: 2014 r.
Kanada
Stany Zjednoczone
Meksyk

Ameryka Północna

1 : 90 000 000

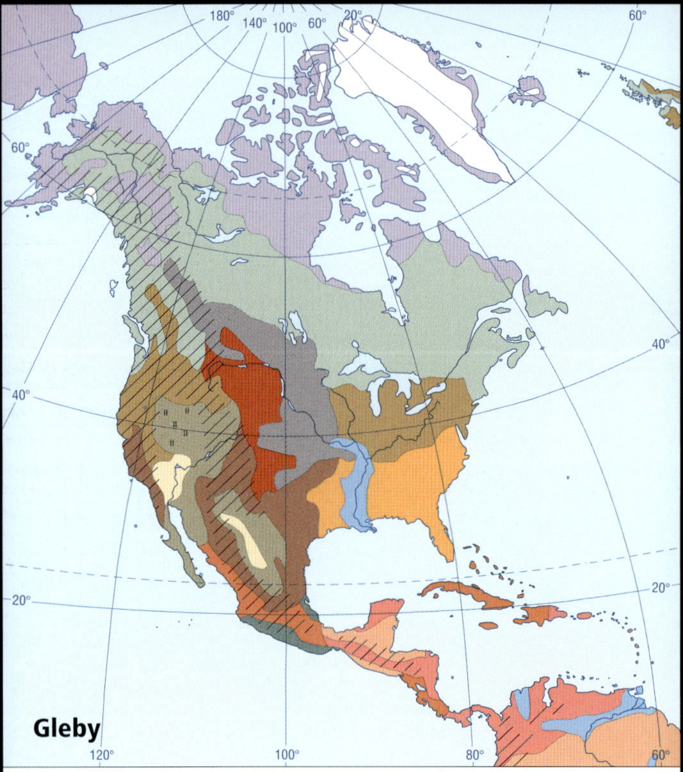

Gleby:

- tundrowe
- bielicowe i bielice
- brunatne i płowe
- szare gleby leśne, czarnoziemy i gleby czarnoziemne
- kasztanowe
- brązowe i szarobrązowe (cynamonowe)
- buroziemy i szaroziemy
- inicjalne pustyń
- żółtoziemy i czerwonoziemy
- czerwonożółte gleby laterytowe
- czerwone gleby laterytowe
- brązowoczerwone (cynamonowoczerwone)
- czarne ziemie tropikalne (vertisole)
- mady rzeczne i morskie
- słone
- górskie
- lodowce i lądolody

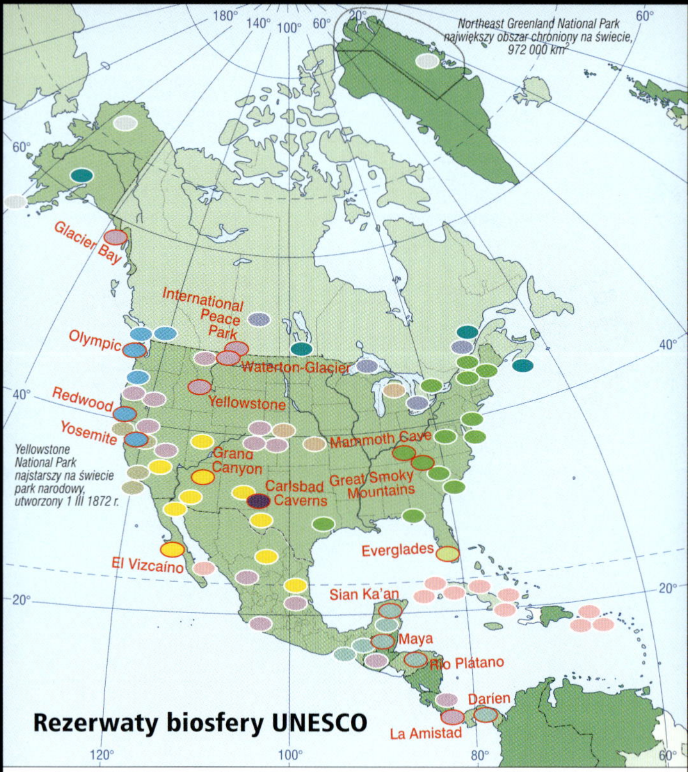

Typ chronionego obszaru (biomu)

- wilgotne lasy równikowe
- pustynie i półpustynie
- strefy górskie
- wiecznie zielone lasy i zarośla twardolistne
- lasy liściaste strefy umiarkowanej
- stepy strefy umiarkowanej
- wilgotne lasy iglaste strefy umiarkowanej
- lasy iglaste strefy umiarkowanej
- tundry i pustynie arktyczne
- wyspy
- bagna
- jeziora
- jaskinie
- Maya – obiekty z listy światowego dziedzictwa UNESCO

Udział obszarów chronionych w powierzchni kraju

- pow. 20%
- 10 – 20
- 5 – 10
- 1 – 5
- 0 – 1

Miejsca największych klęsk żywiołowych spowodowanych:

- wulkanizmem (1980 Mt. St.Helens)
- trzęsieniami ziemi (1986 Salwador)
- pożarami
- tsunami
- huraganami (Mitch)
- tornadami
- powodziami (1999 Meksyk)
- burzami gradowymi
- burzami śnieżnymi
- osuwiskami, lawinami
- suszami
- 23 000 – ofiary śmiertelne

Podpisano klęski żywiołowe, które pochłonęły największą liczbę ofiar w XX i w XXI wieku.

Liczba mieszkańców na 1 km²

- pow. 200
- 50 – 200
- 10 – 50
- pon. 10
- obszary niezamieszkane

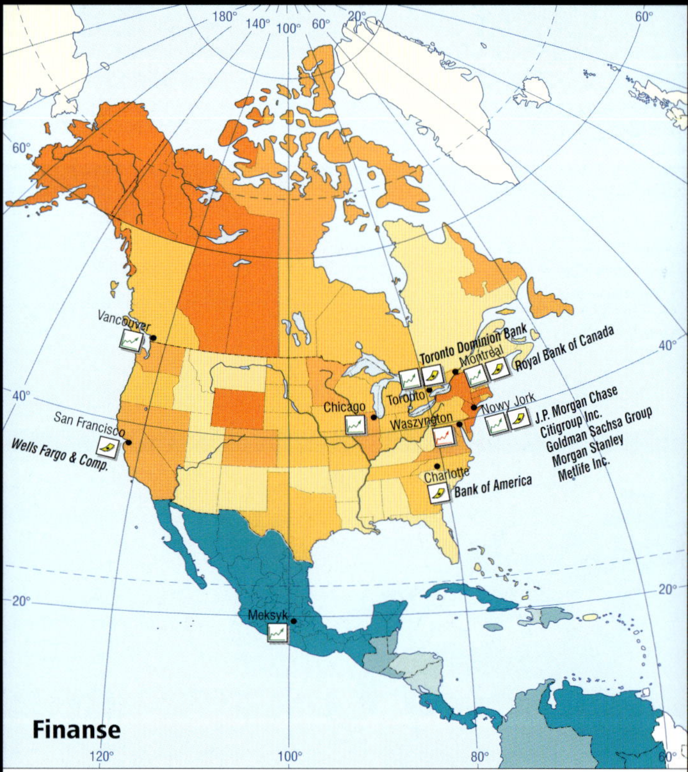

Wielkość rocznego produktu krajowego brutto na 1 mieszk.

- 45 000 – 13 6714 dol. USA
- 40 000 – 45 000
- 35 000 – 40 000
- 26 088 – 35 000
- 18 499*
- 10 000 – 13 717
- 5000 – 10 000
- 1186 – 5000

*Portoryko

Główne ośrodki finansowe

- giełdy
- NASDAQ (regulowany rynek pozagiełdowy)
- wielkie banki komercyjne

Stany Zjednoczone

1 : 30 000 000

0 500 1000 km

Przemysły zaawansowanych technologii

1 : 55 000 000

Przemysły zaawansowanych technologii:

- elektronika i mikroelektronika
- przemysł lotniczy i kosmiczny
- przemysł chemiczny (biotechnologie i nowe tworzywa sztuczne
- przemysł zbrojeniowy

DROGA 128 – główne obszary koncentracji przemysłu zaawansowanych technologii (technopolie)

Berkeley – główne ośrodki badań naukowych

Nakłady na badania naukowe na 1 mieszk.

- powyżej 500 dol. USA
- 200 – 500
- 150 – 200
- 100 – 150
- 52 – 100

średnie nakłady w Stanach Zj.: 197 dol. USA

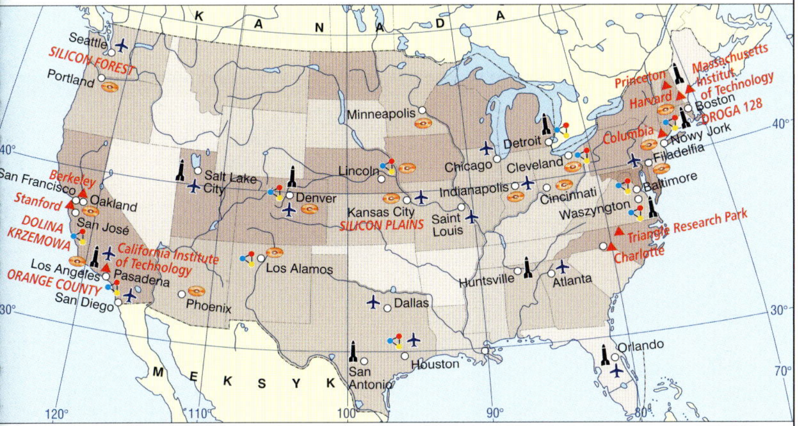

Wydatki budżetowe na prace badawczo-rozwojowe w Stanach Zjednoczonych

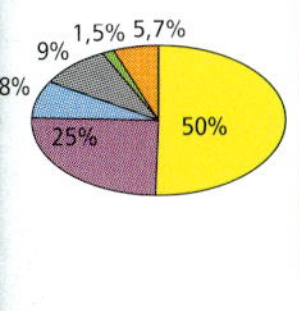

- zdrowie
- obrona
- cywilne badania kosmiczne
- badania nieukierunkowane
- środowisko
- inne

Nakłady na badania naukowe ogółem w Stanach Zjednoczonych

Dolina Krzemowa

1 : 1 000 000

Przemysły zaawansowanych technologii:

- biotechnologie
- internet
- komputery
- oprogramowanie
- półprzewodniki

Stanford University – uniwersytety z zapleczem naukowym

Belmont – miejscowości tworzące Dolinę Krzemową

- drogi międzystanowe
- drogi federalne
- drogi stanowe
- lotniska
- tereny zabudowane
- tereny zielone

Roczne wydatki na badania i rozwój

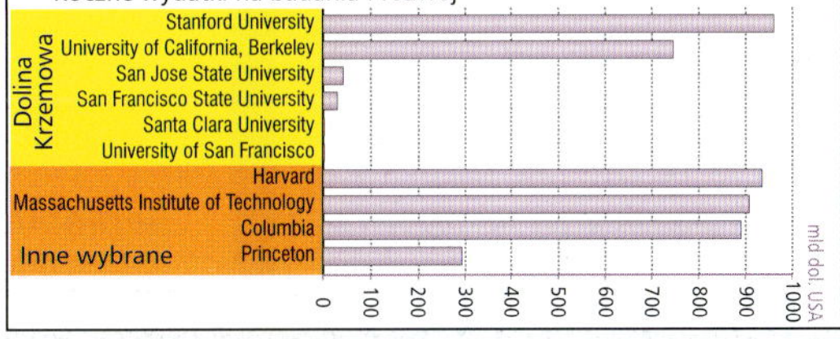

W 1946 r. powstał **Stanford Research Institute** związany z **Uniwersytetem, Stanforda**, który dał początek wielkiemu rozwojowi Doliny Krzemowej. W tym samym roku zbudowano pierwszy komputer **ENIAC**, ważący 30 ton.

Ameryka Południowa KRAJOBRAZY

Temperatura powietrza w styczniu

+5 +10 +15 +20 +25 °C

Temperatura powietrza w lipcu

-15 -10 -5 0 +5 +10 +15 +20 +25 °C

Opady roczne

100 250 500 1000 2000 3000 mm

Geologia – tektonika

- obszary fałdowań prekambryjskich (tarcze)
- pokrywy osadowe na obszarach fałdowań prekambryjskich
- obszary fałdowań paleozoicznych (hercynidy)
- mezozoiczne pokrywy osadowe na obszarach fałdowań paleozoicznych
- obszary fałdowań trzeciorzędowych (alpidy)
- trzeciorzędowe i czwartorzędowe pokrywy osadowe
- skały wylewne
- rowy oceaniczne
- kierunki struktur fałdowych (pasma górskie)
- krawędzie płyt kontynentalnych
- strefa ryftowa
- wulkany

Potencjalna roślinność naturalna

- tundra
- roślinność wysokogórska
- lasy liściaste i mieszane strefy umiarkowanej
- roślinność śródziemnomorska
- lasy podzwrotnikowe iglaste
- lasy podzwrotnikowe zrzucające liście w okresie bezdeszczowym
- lasy podzwrotnikowe suche i zarośla kolczaste
- wilgotne lasy równikowe
- namorzyny
- stepy
- sawanny
- pustynie
- stepy górskie

Ameryka Południowa PODZIAŁ POLITYCZNY

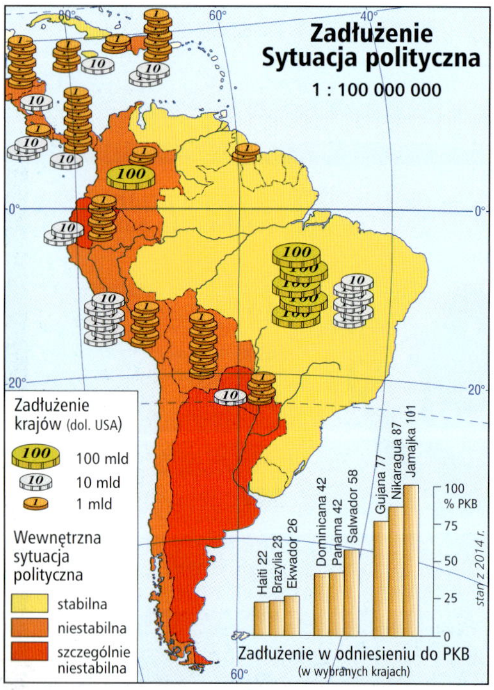

1 : 40 000 000

0 500 1000 km

Zaludnienie

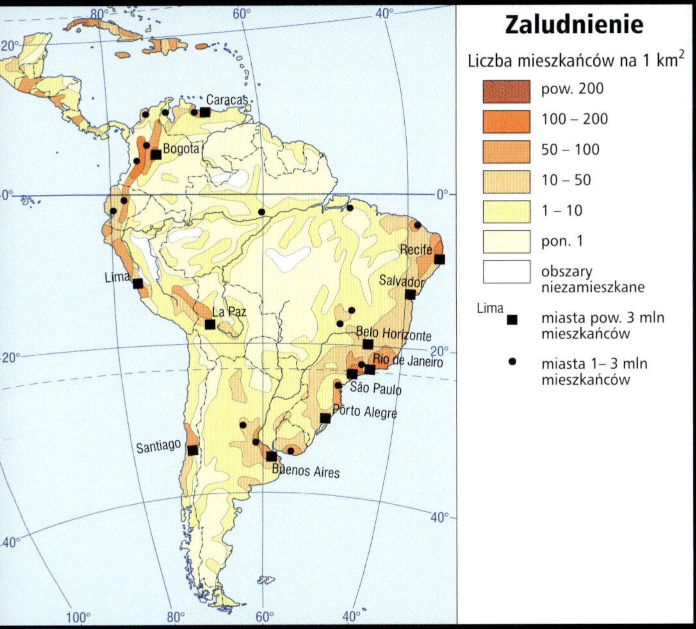

Migracje

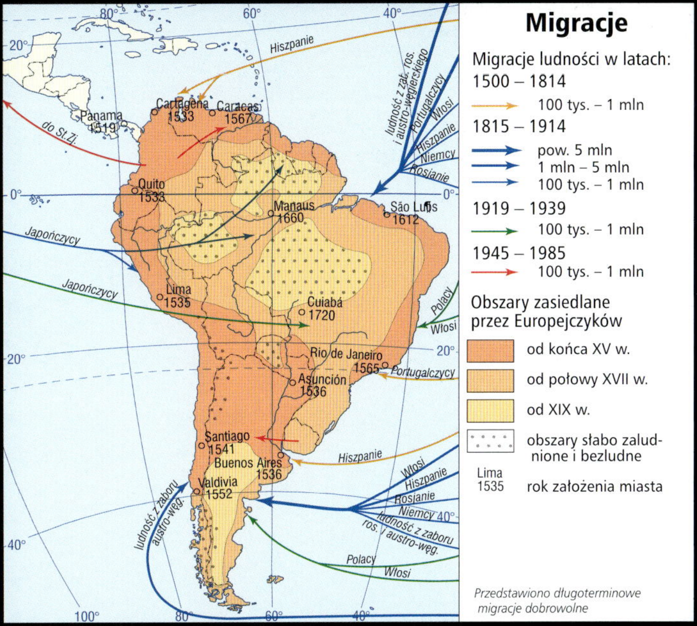

Turystyka

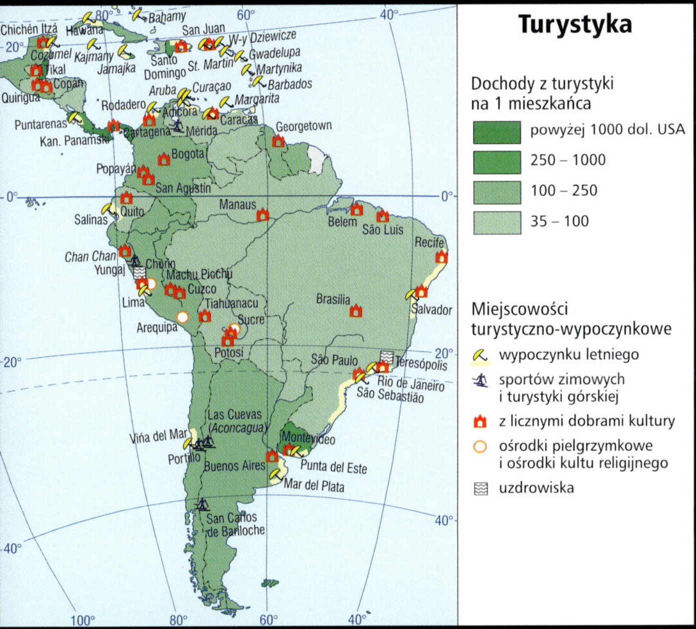

Transport

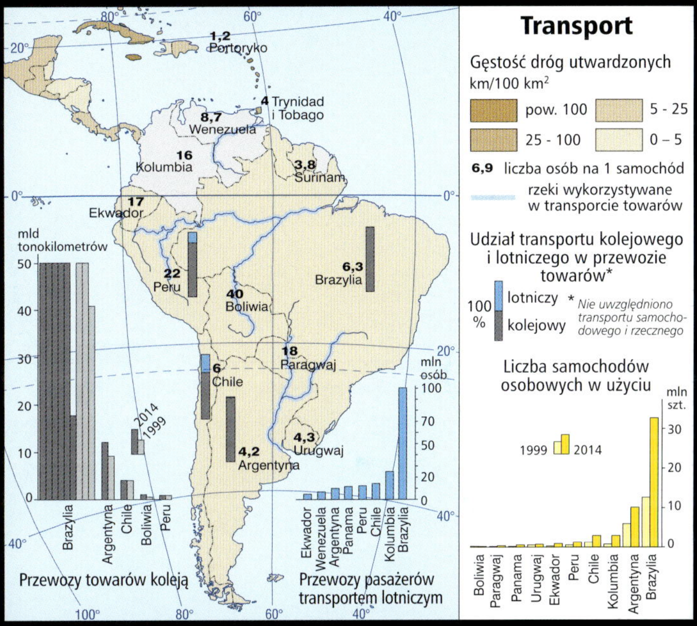

Uprawy

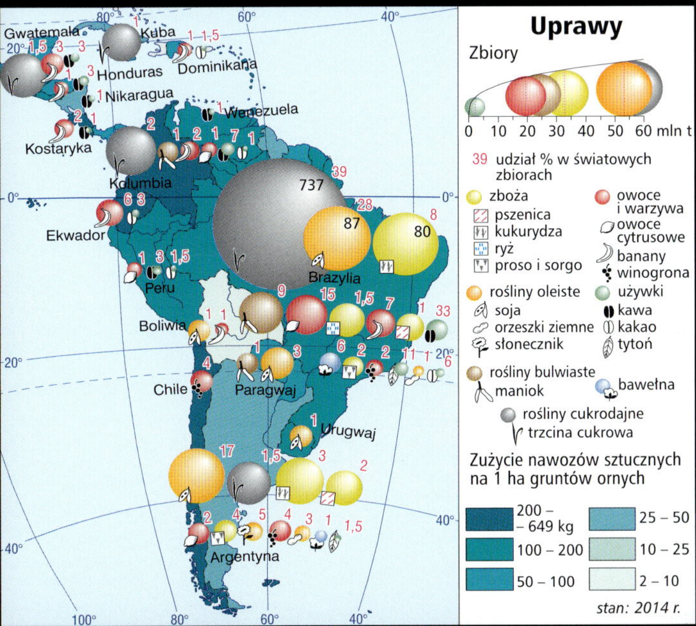

Hodowla

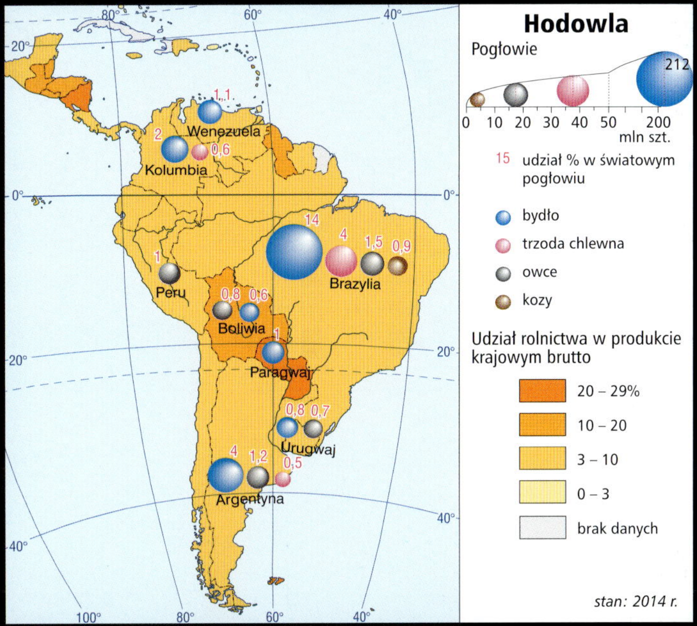

Znaczenie sektorów w strukturze PKB:

rolnictwo
- bardzo ważne
- ważne z udziałem usług

przemysł
- bardzo ważny
- ważny z udziałem usług

usługi
- bardzo ważne
- ważne z udziałem rolnictwa
- ważne z udziałem przemysłu

obszary niezagospodarowane lub słabo zagospodarowane

Ośrodki wydobycia
- wielkie
- duże
- średnie
- małe

Ośrodki gospodarcze

oddziaływanie:
- światowe
- ważniejsze regionalne
- regionalne
- lokalne

funkcje:
- wielofunkcyjne
- przemysłowe i górnicze
- transportowe
- handlowe, finansowe i administracyjne
- turystyczne i kulturalne

Górnictwo
- ropy naftowej
- gazu ziemnego
- węgla kamiennego
- rud żelaza
- rud manganu
- rud chromu
- rud niklu
- rud miedzi
- rud cynku i ołowiu
- rud cyny
- boksytów
- złota
- srebra
- diamentów
- soli potasowych
- fosforytów i apatytów
- siarki

- drogi główne
- koleje główne
- ropociągi
- gazociągi
- główne porty lotnicze
- główne porty morskie

1 : 40 000 000

Gleby
1 : 100 000 000

- brunatne i płowe
- szare gleby leśne, czarnoziemy i gleby czarnoziemne
- kasztanowe
- brązowe i szarobrązowe (cynamonowe)
- buroziemy i szaroziemy
- inicjalne pustyń
- żółtoziemy i czerwonoziemy
- czerwonożółte gleby laterytowe
- czerwone gleby laterytowe
- brązowoczerwone (cynamonowoczerwone)
- inicjalne skaliste i słabo wykształcone
- mady rzeczne i morskie
- górskie

Typy gospodarki rolnej
- rolnictwo mieszane zmechanizowane
- gospodarka zbożowa wielkoobszarowa
- rolnictwo mieszane intensywne (miejscami nawadniane)
- rolnictwo śródziemnomorskie
- plantacje
- rolnictwo prymitywne
- hodowla pastwiskowa
- wilgotne lasy równikowe (leśnictwo, łowiectwo, zbieractwo, rolnictwo żarowe)
- inne lasy (leśnictwo, łowiectwo, zbieractwo)
- obszary słabo lub niewykorzystane rolniczo
- obszary łowiskowe

Uprawy
- pszenica
- kukurydza
- ryż
- proso i sorgo
- maniok
- ziemniaki
- trzcina cukrowa
- soja
- orzeszki ziemne
- słonecznik
- palma oleista i kokosowa
- owoce i warzywa
- owoce cytrusowe
- banany
- winorośl
- kawa
- kakao
- herbata
- tytoń
- bawełna
- agawa
- kauczuk

Hodowla
- bydło
- trzoda chlewna
- owce
- kozy
- lamy

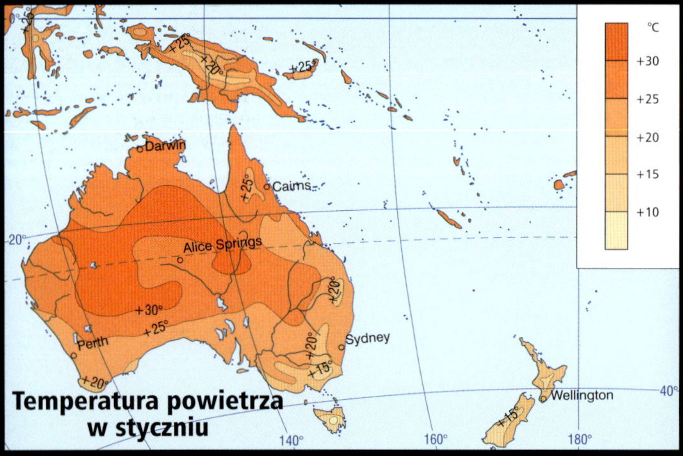

Temperatura powietrza w styczniu

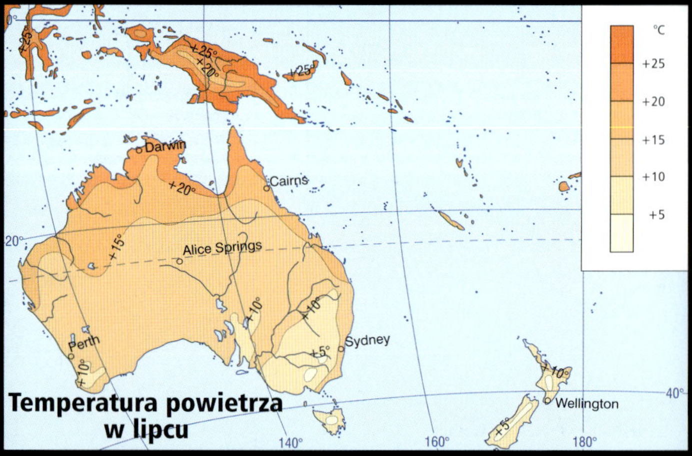

Temperatura powietrza w lipcu

Opady roczne

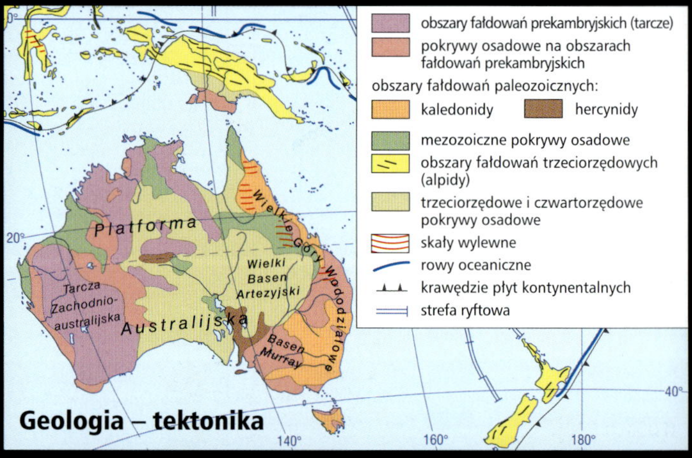

Geologia – tektonika

1 : 90 000 000

1 : 40 000 000
0 500 1000 km

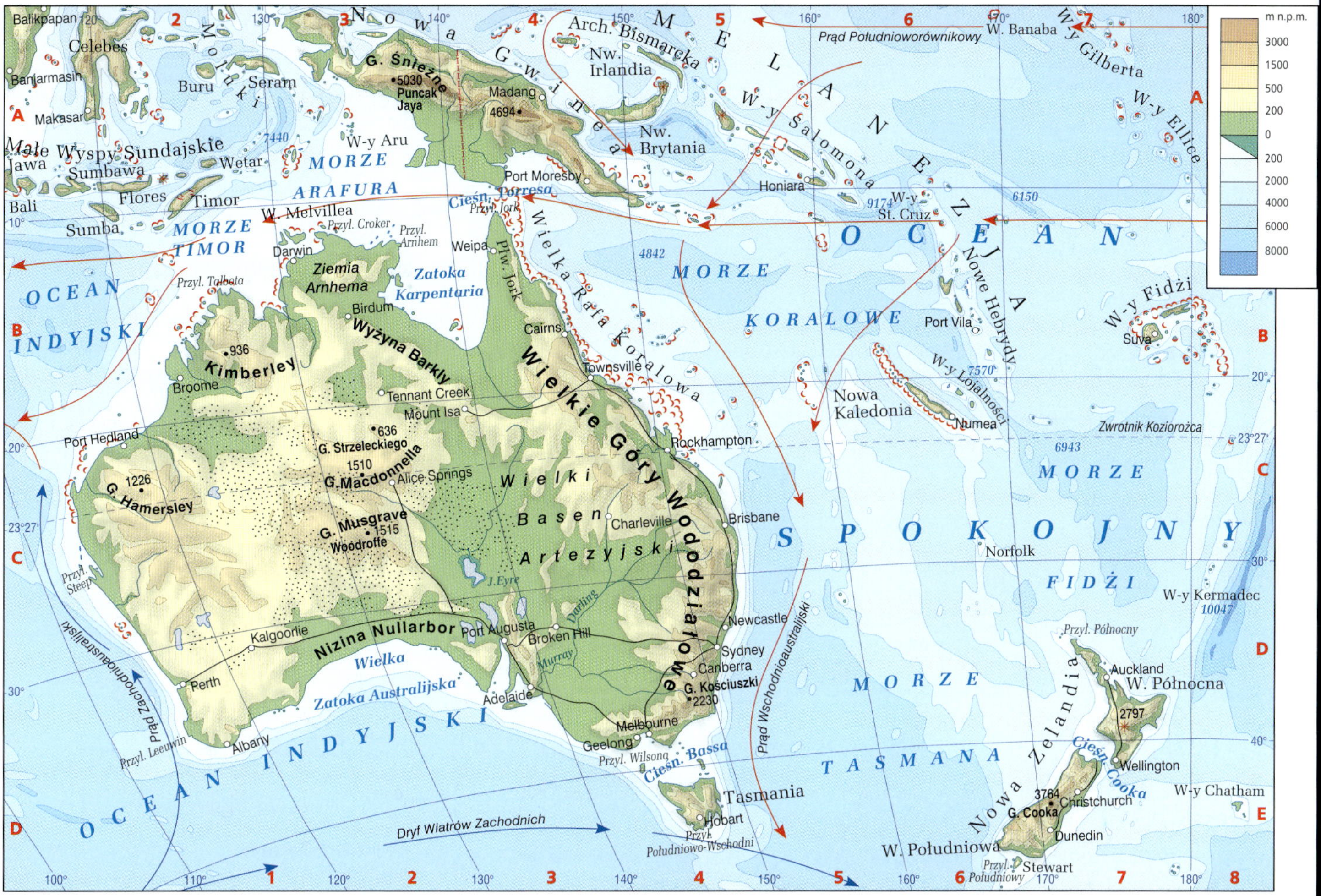
m n.p.m.
3000
1500
500
200
0
200
2000
4000
6000
8000
Balikpapan
Celebes
Banjarmasin
Makasar
Buru
Seram
Moluki
Nowa Gwinea
G. Śnieżne
5030 Puncak Jaya
Madang
4694
Arch. Bismarcka
Nw. Irlandia
Nw. Brytania
MELANEZJA
W-y Salomona
Honiara
W-y Aru
Małe Wyspy Sundajskie
Jawa
Sumbawa
Flores
Timor
Wetar
Bali
Sumba
MORZE ARAFURA
MORZE TIMOR
W. Melvillea
Przyl. Croker
Przyl. Arnhem
Darwin
Ziemia Arnhema
Cieśn. Torresa
Przyl. York
Port Moresby
Weipa
Pw. Jork
Zatoka Karpentaria
Wielka Rafa Koralowa
Cairns
Townsville
MORZE KORALOWE
Birdum
Wyżyna Barkly
OCEAN INDYJSKI
Przyl. Talbota
936
Kimberley
Broome
Tennant Creek
Mount Isa
Wielkie Góry Wododziałowe
Rockhampton
Port Hedland
636
G. Strzeleckiego
1510
G. Macdonnella
Alice Springs
Wielki Basen Artezyjski
1226
G. Hamersley
G. Musgrave
1515
Woodroffe
Charleville
Brisbane
J. Eyre
Darling
Przyl. Steep
Prąd Zachodnioaustralijski
Kalgoorlie
Nizina Nullarbor
Port Augusta
Broken Hill
Newcastle
Sydney
Canberra
G. Kościuszki
2230
Wielka Zatoka Australijska
Murray
Adelaide
Perth
Albany
Przyl. Leeuwin
Melbourne
Geelong
Przyl. Wilsona
Cieśn. Bassa
Tasmania
Hobart
Przyl. Południowo-Wschodni
OCEAN INDYJSKI
Dryf Wiatrów Zachodnich
Prąd Wschodnioaustralijski
Prąd Południoworównikowy
W. Banaba
W-y Gilberta
W-y Ellice
9174
W-y St. Cruz
6150
OCEAN SPOKOJNY
4842
Nowe Hebrydy
Port Vila
W-y Fidżi
Suva
W-y Lojalności
7570
Nowa Kaledonia
Numea
Zwrotnik Koziorożca
6943
MORZE FIDŻI
Norfolk
W-y Kermadec
10047
Przyl. Północny
Auckland
W. Północna
2797
Wellington
Cieśn. Cooka
MORZE TASMANA
Nowa Zelandia
3764
G. Cooka
Christchurch
W-y Chatham
Dunedin
W. Południowa
Przyl. Południowy
Stewart
23°27'
A B C D E
1 2 3 4 5 6 7 8
100° 110° 120° 130° 140° 150° 160° 170° 180°
10° 20° 30° 40°

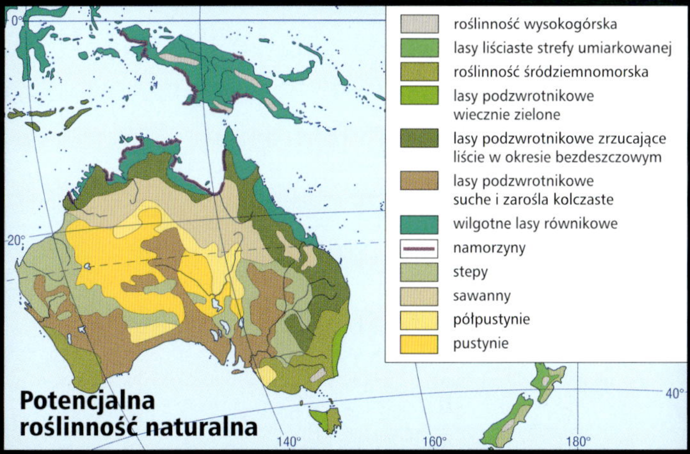
roślinność wysokogórska
lasy liściaste strefy umiarkowanej
roślinność śródziemnomorska
lasy podzwrotnikowe wiecznie zielone
lasy podzwrotnikowe zrzucające liście w okresie bezdeszczowym
lasy podzwrotnikowe suche i zarośla kolczaste
wilgotne lasy równikowe
namorzyny
stepy
sawanny
półpustynie
pustynie
Potencjalna roślinność naturalna
140° 160° 180°
20° 40°

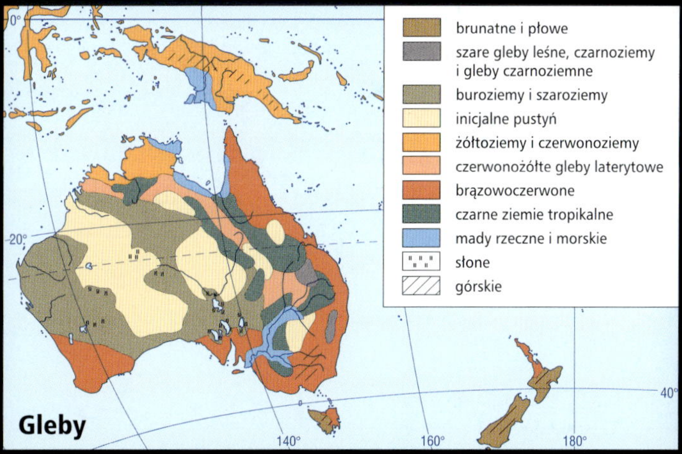
brunatne i płowe
szare gleby leśne, czarnoziemy i gleby czarnoziemne
buroziemy i szaroziemy
inicjalne pustyń
żółtoziemy i czerwonoziemy
czerwonożółte gleby laterytowe
brązowoczerwone
czarne ziemie tropikalne
mady rzeczne i morskie
słone
górskie
Gleby
140° 160° 180°
20° 40°

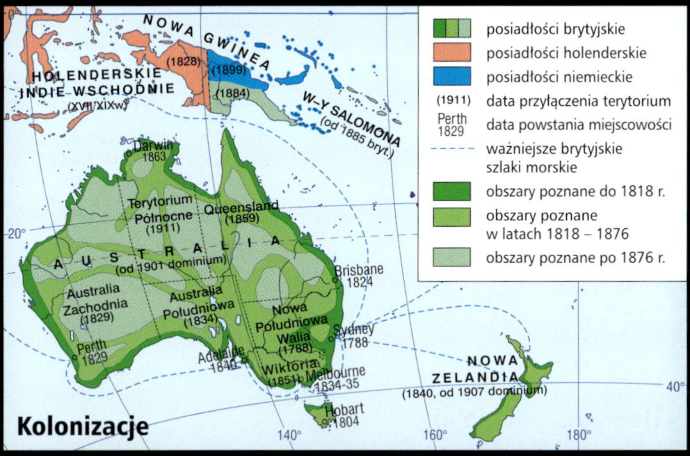
posiadłości brytyjskie
posiadłości holenderskie
posiadłości niemieckie
(1911) data przyłączenia terytorium
Perth 1829 data powstania miejscowości
ważniejsze brytyjskie szlaki morskie
obszary poznane do 1818 r.
obszary poznane w latach 1818 – 1876
obszary poznane po 1876 r.
NOWA GWINEA
(1828)
(1899)
(1884)
HOLENDERSKIE INDIE WSCHODNIE (XVII/XIXw)
W-Y SALOMONA (od 1885 bryt.)
Darwin 1863
Terytorium Północne (1911)
Queensland (1859)
AUSTRALIA (od 1901 dominium)
Brisbane 1824
Australia Zachodnia (1829)
Australia Południowa (1834)
Nowa Południowa Walia (1788)
Sydney 1788
Perth 1829
Adelaide 1840
Wiktoria (1851)
Melbourne 1834-35
Hobart 1804
NOWA ZELANDIA (1840, od 1907 dominium)
Kolonizacje
140° 160° 180°
20° 40°

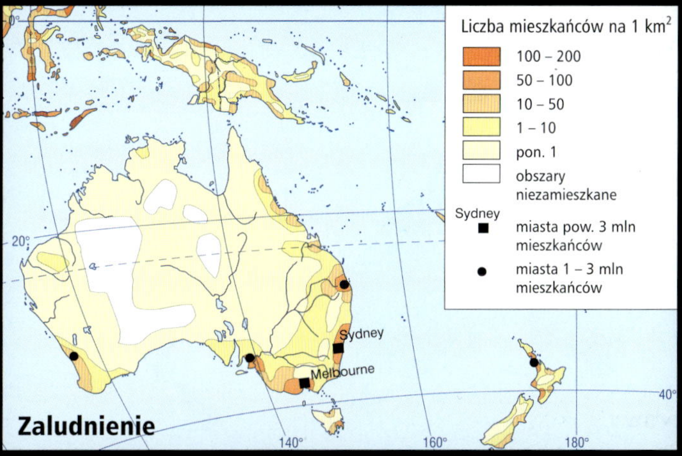
Liczba mieszkańców na 1 km²
100 – 200
50 – 100
10 – 50
1 – 10
pon. 1
obszary niezamieszkane
Sydney
miasta pow. 3 mln mieszkańców
miasta 1 – 3 mln mieszkańców
Sydney
Melbourne
Zaludnienie
140° 160° 180°
20° 40°

1 : 90 000 000

Australia Podział polityczny

1 : 50 000 000

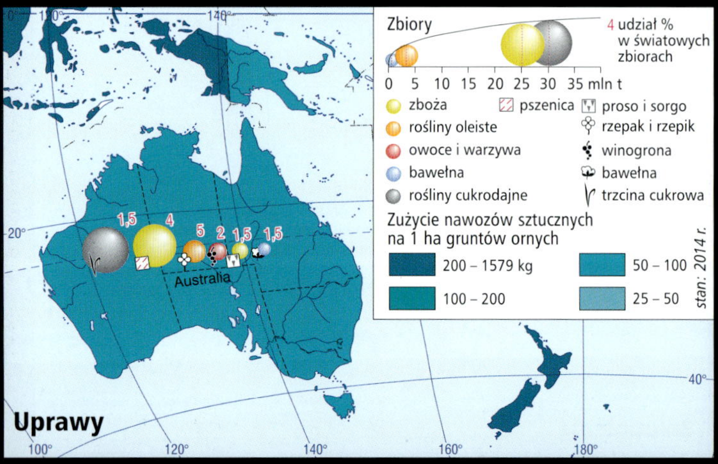

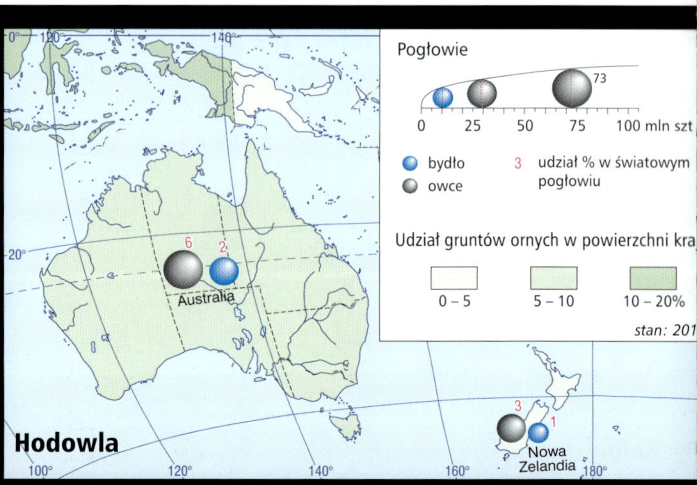

1 : 90 000 000

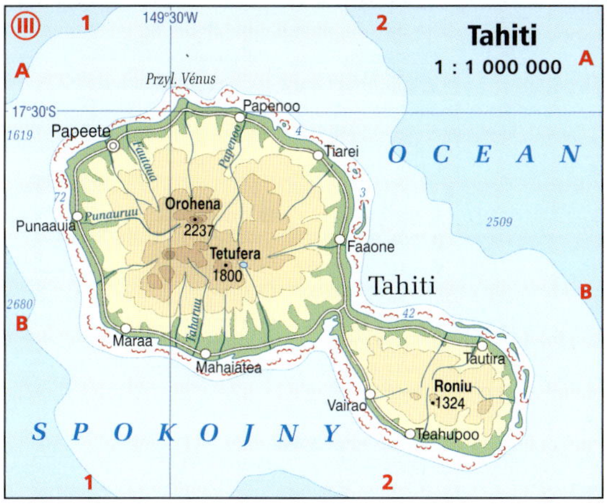
III
Tahiti
1 : 1 000 000
149°30'W
17°30'S
Przyl. Vénus
Papenoo
Papeete
Tiarei
Punaauia
Orohena
2237
Tetufera
1800
Faaone
Tahiti
Maraa
Mahaiatea
Tautira
Roniu
1324
Vairao
Teahupoo
OCEAN
SPOKOJNY

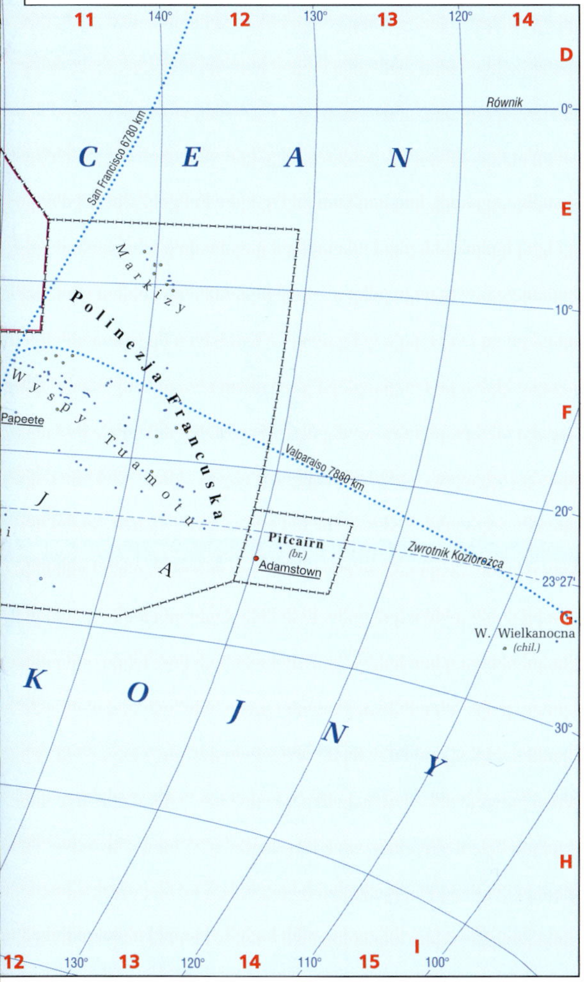
Równik
OCEAN
SPOKOJNY
San Francisco 6780 km
Markizy
Polinezja Francuska
Wyspy Tuamotu
Papeete
Valparaiso 7880 km
Pitcairn
(br.)
Adamstown
Zwrotnik Koziorożca
W. Wielkanocna
(chil.)

I
Fidżi
1 : 5 000 000
178°E
180°E
16°S
18°S
OCEAN SPOKOJNY
W-y Ringgold
Przyl. Undu
Nanduri
Lambasa
Rambi
Vanua Levu
Mbua
842
1032
Savusavu
Zat. Natewa
Cieśn. Somosomo
Taveuni
Cieśn. Nanuku
Yasawa
Yandua
W-y Yasawa
Naviti
Waya
Cieśn. Vatu-i-Ra
Koro
Makongai
Wakaya
Ovalau
Tavua
Mba
Lautoka
1195
1322
Viti Levu
Wailotua
Nausori
Nandi
1203
Malolo
Singatoka
Korolevu
Navua
Suva
Mbengga
Vatulele
Cieśn. Kandavu
Ono
665
Kandavu
MORZE KORO
Nairai
Ngau
Moala
Totoya
Matuku
Vanua Mbalavu
Mango
Thithia
Nayau
Cieśn. Lakemba
Lakemba
Vanua Vatu
Wyspy Lau
Mothe
Yangasa Levu
Kambara
Fulanga
Vatoa
MORZE FIDŻI

II
Wielka Rafa Koralowa
część południowa
1 : 10 000 000
145°E
150°E
15°S
20°S
22°27'S
25°S
MORZE KORALOWE
Wielka Rafa Koralowa
Cooktown
1148
Lakeland
1227
Cairns
Bartle
1612
Innisfail
Mount Surprise
The Lynd Junction
Halifax
1063
Townsville
1234
Bowen
Whitsunday
Proserpine
914
Charters Towers
Hughenden
Mount Cloolon
Mackay
Dalrymple
1277
W-y Northumberland
Zat. Broad
Marion Reef
Swain Reefs
Cieśn. Capricorn
Przyl. Manifold
AUSTRALIA
Wielkie Góry Wododziałowe
Muttaburra
Clermont
Saint Lawrence
747
Rockhampton
Curtis
Zwrotnik Koziorożca
W-y Capricorn
Cieśn. Curtis
Barcaldine
823
Emerland
Longreach
Gladstone
Miriam Vale
Blackall
Biloela
Banana
Bauhinia Downs
Gin Gin
Bundaberg

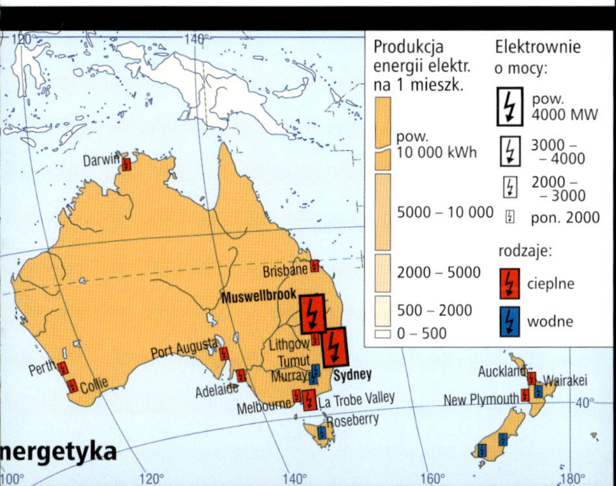
Energetyka
Produkcja energii elektr. na 1 mieszk.
pow. 10 000 kWh
5000 – 10 000
2000 – 5000
500 – 2000
0 – 500
Elektrownie o mocy:
pow. 4000 MW
3000 – 4000
2000 – 3000
pon. 2000
rodzaje:
cieplne
wodne
Darwin
Brisbane
Muswellbrook
Port Augusta
Lithgow
Tumut
Murray
Sydney
Perth
Collie
Adelaide
Melbourne
La Trobe Valley
Roseberry
Auckland
Wairakei
New Plymouth

Australia GOSPODARKA, ROLNICTWO

1 : 40 000 000

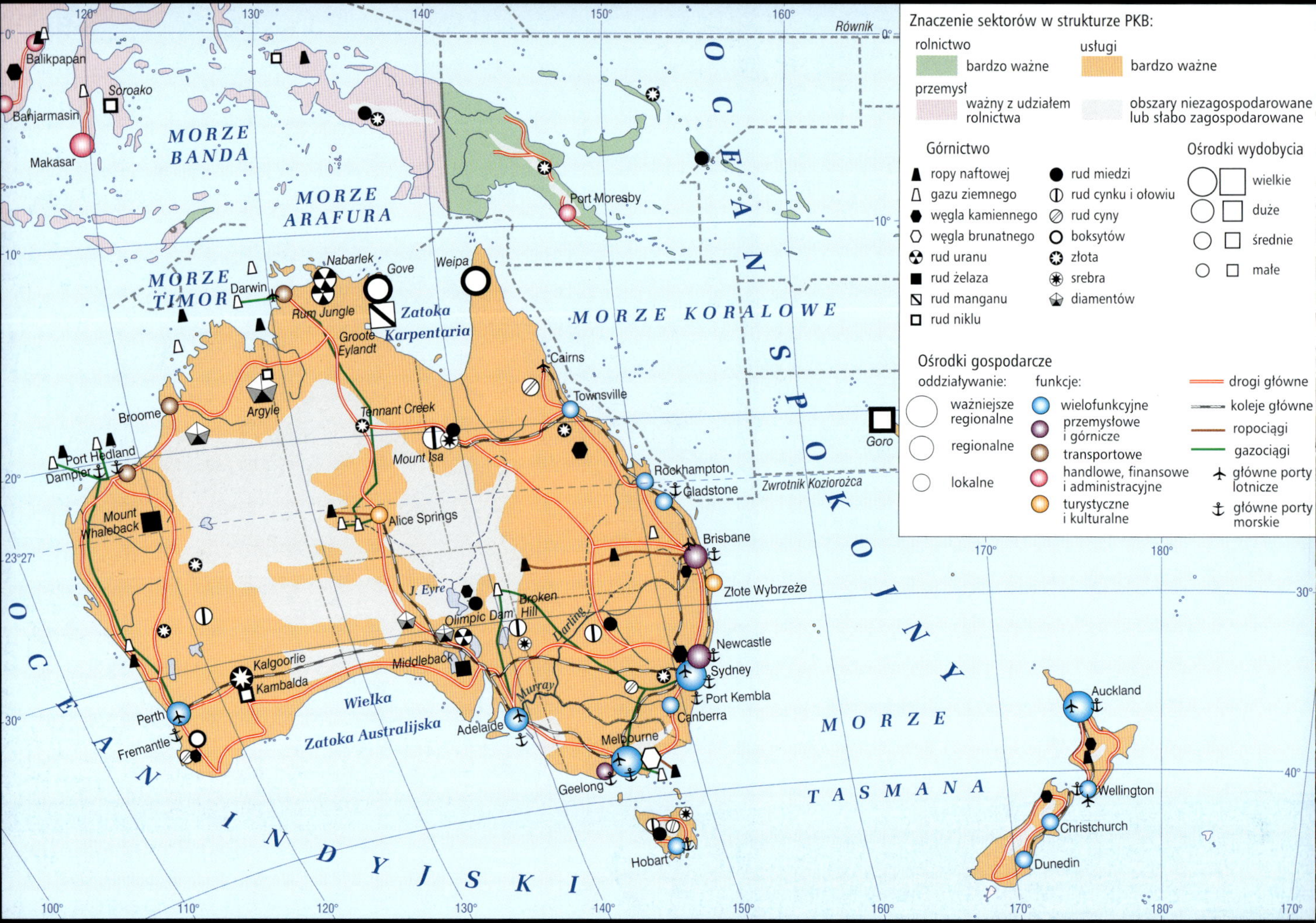

Znaczenie sektorów w strukturze PKB:
rolnictwo
bardzo ważne
usługi
bardzo ważne
przemysł
ważny z udziałem rolnictwa
obszary niezagospodarowane lub słabo zagospodarowane
Górnictwo
ropy naftowej
gazu ziemnego
węgla kamiennego
węgla brunatnego
rud uranu
rud żelaza
rud manganu
rud niklu
rud miedzi
rud cynku i ołowiu
rud cyny
boksytów
złota
srebra
diamentów
Ośrodki wydobycia
wielkie
duże
średnie
małe
Ośrodki gospodarcze
oddziaływanie:
ważniejsze regionalne
regionalne
lokalne
funkcje:
wielofunkcyjne
przemysłowe i górnicze
transportowe
handlowe, finansowe i administracyjne
turystyczne i kulturalne
drogi główne
koleje główne
ropociągi
gazociągi
główne porty lotnicze
główne porty morskie
MORZE BANDA
MORZE ARAFURA
MORZE TIMOR
MORZE KORALOWE
OCEAN SPOKOJNY
MORZE TASMANA
OCEAN INDYJSKI
Zatoka Karpentaria
Wielka Zatoka Australijska
Równik
Zwrotnik Koziorożca
Balikpapan
Soroako
Banjarmasin
Makasar
Port Moresby
Nabarlek
Gove
Weipa
Darwin
Rum Jungle
Groote Eylandt
Cairns
Townsville
Argyle
Broome
Tennant Creek
Mount Isa
Port Hedland
Dampier
Mount Whaleback
Alice Springs
Rockhampton
Gladstone
Brisbane
Złote Wybrzeże
J. Eyre
Olimpic Dam
Broken Hill
Darling
Newcastle
Sydney
Port Kembla
Canberra
Kalgoorlie
Kambalda
Middleback
Perth
Fremantle
Adelaide
Murray
Melbourne
Geelong
Hobart
Goro
Auckland
Wellington
Christchurch
Dunedin

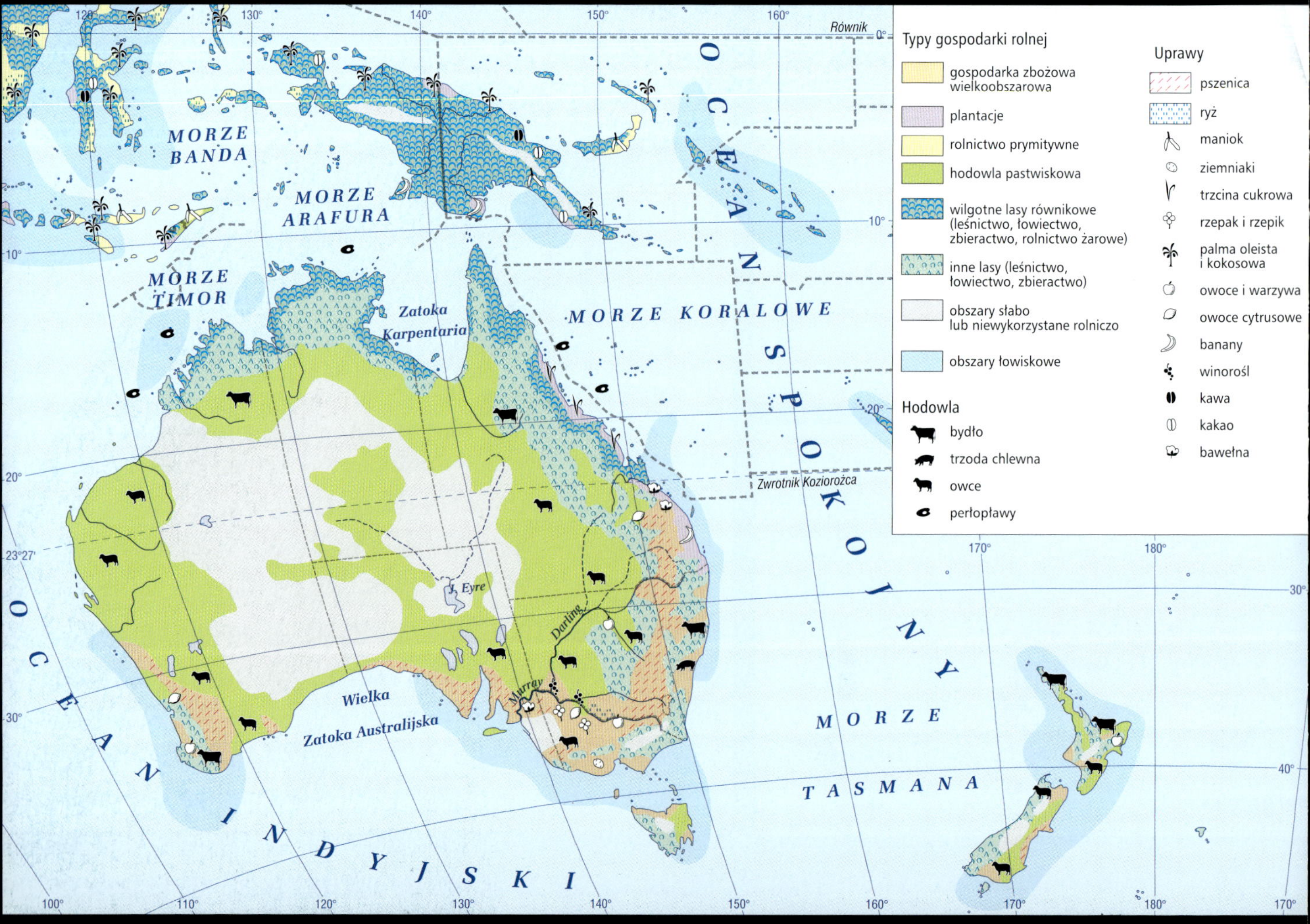

Typy gospodarki rolnej
gospodarka zbożowa wielkoobszarowa
plantacje
rolnictwo prymitywne
hodowla pastwiskowa
wilgotne lasy równikowe (leśnictwo, łowiectwo, zbieractwo, rolnictwo żarowe)
inne lasy (leśnictwo, łowiectwo, zbieractwo)
obszary słabo lub niewykorzystane rolniczo
obszary łowiskowe
Hodowla
bydło
trzoda chlewna
owce
perłopławy
Uprawy
pszenica
ryż
maniok
ziemniaki
trzcina cukrowa
rzepak i rzepik
palma oleista i kokosowa
owoce i warzywa
owoce cytrusowe
banany
winorośl
kawa
kakao
bawełna
MORZE BANDA
MORZE ARAFURA
MORZE TIMOR
MORZE KORALOWE
OCEAN SPOKOJNY
MORZE TASMANA
OCEAN INDYJSKI
Zatoka Karpentaria
Wielka Zatoka Australijska
Równik
Zwrotnik Koziorożca
J. Eyre
Darling
Murray

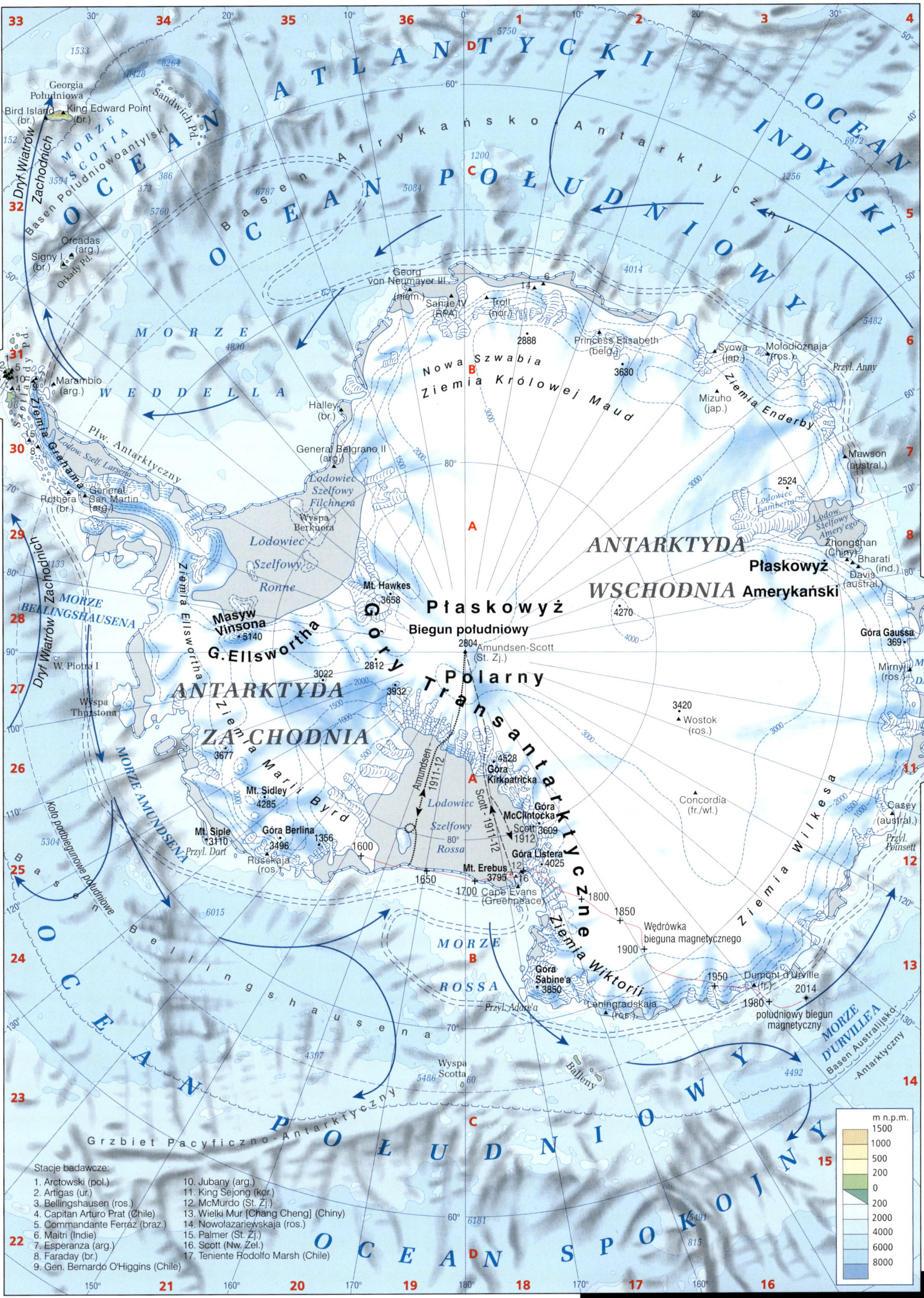
OCEAN ATLANTYCKI
OCEAN INDYJSKI
OCEAN POŁUDNIOWY
OCEAN SPOKOJNY
Grzbiet Afrykańsko-Antarktyczny
Basen Afrykańsko-Antarktyczny
Basen Południowoantylski
Basen Australijsko-Antarktyczny
Basen Bellingshausena
Grzbiet Pacyficzno-Antarktyczny
Dryf Wiatrów Zachodnich
Koło podbiegunowe południowe
MORZE SCOTIA
MORZE WEDDELLA
MORZE BELLINGSHAUSENA
MORZE AMUNDSENA
MORZE ROSSA
MORZE DAVISA
MORZE D'URVILLE'A
Georgia Południowa
Bird Island (br.)
King Edward Point (br.)
Sandwich Pd.
Orcadas (arg.)
Signy I. (br.)
Orkady Pd.
Szetlandy Pd.
Marambio (arg.)
Ziemia Grahama
Lodow. Szelf. Larsena
Plw. Antarktyczny
Rothera (br.)
General San Martin (arg.)
Halley (br.)
General Belgrano II (arg.)
Lodowiec Szelfowy Filchnera
Wyspa Berknera
Lodowiec Szelfowy Ronne
Ziemia Ellswortha
Masyw Vinsona 5140
G. Ellswortha
Mt. Hawkes 3658
W. Piotra I
Wyspa Thurstona
ANTARKTYDA ZACHODNIA
Ziemia Marii Byrd
Mt. Sidley 4285
Mt. Siple 3110
Góra Berlina 3496
Przyl. Dart
Russkaja (ros.)
Lodowiec Szelfowy Rossa
Amundsen 1911-12
Scott 1911-12
Góry Transantarktyczne
Góra Kirkpatricka 4528
Góra McClintocka 3609
Góra Listera 4025
Mt. Erebus 3795
Cape Evans (Greenpeace)
Ziemia Wiktorii
Góra Sabine'a 3850
Przyl. Adare'a
Leningradskaja (ros.)
Balleny
Wyspa Scotta
Wędrówka bieguna magnetycznego
południowy biegun magnetyczny
Dumont d'Urville (fr.)
Ziemia Wilkesa
Przyl. Poinsett
Casey (austral.)
Concordia (fr./wł.)
Wostok (ros.) 3420
Mirnyj (ros.)
Góra Gaussa 369
ANTARKTYDA WSCHODNIA
Płaskowyż Amerykański
Zhongshan (Chiny)
Bharati (ind.)
Davis (austral.)
Lodowiec Lamberta
Lodow. Szelfowy Amery'ego
Mawson (austral.)
Ziemia Enderby
Mizuho (jap.)
Syowa (jap.)
Molodiożnaja (ros.)
Przyl. Anny
Princess Elisabeth (belg.)
Troll (nor.)
Sanae IV (RPA)
Georg von Neumayer III (niem.)
Nowa Szwabia
Ziemia Królowej Maud
Płaskowyż Polarny
Biegun południowy
Amundsen-Scott (St. Zj.)
Stacje badawcze:
1. Arctowski (pol.)
2. Artigas (ur.)
3. Bellingshausen (ros.)
4. Capitan Arturo Prat (Chile)
5. Commandante Ferraz (braz.)
6. Maitri (Indie)
7. Esperanza (arg.)
8. Faraday (br.)
9. Gen. Bernardo O'Higgins (Chile)
10. Jubany (arg.)
11. King Sejong (kor.)
12. McMurdo (St. Zj.)
13. Wielki Mur [Chang Cheng] (Chiny)
14. Nowołazariewskaja (ros.)
15. Palmer (St. Zj.)
16. Scott (Nw. Zel.)
17. Teniente Rodolfo Marsh (Chile)
m n.p.m.
1500
1000
500
200
0
200
2000
4000
6000
8000

1 : 40 000 000

0 500 1000 km

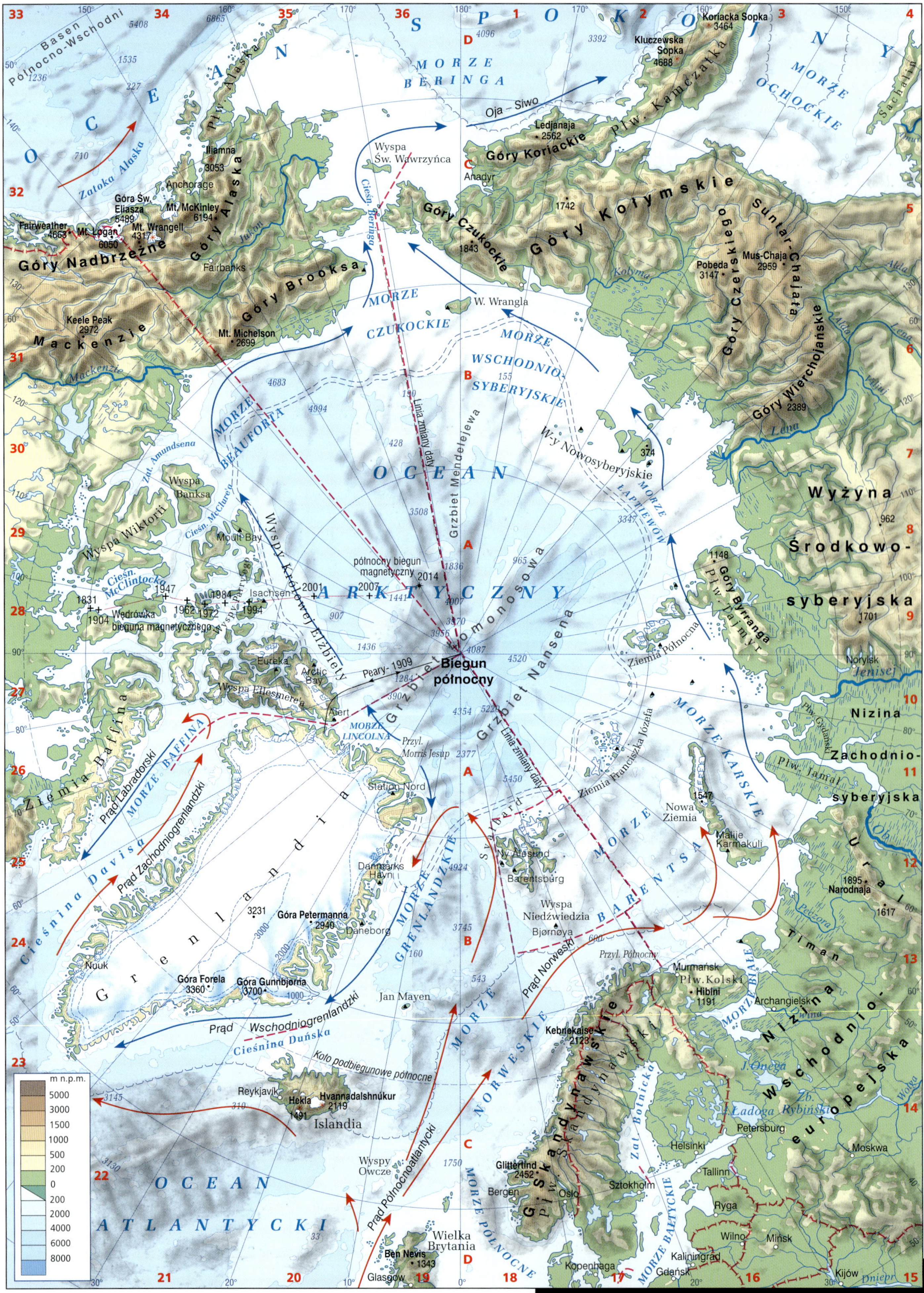
OCEAN SPOKOJNY
MORZE BERINGA
MORZE OCHOCKIE
Basen Północno-Wschodni
Zatoka Alaska
Plw. Alaska
Iliamna 3053
Anchorage
Góra Św. Eliasza 5489
Mt. McKinley 6194
Fairweather 4663
Mt. Logan 6050
Mt. Wrangell 4317
Góry Alaska
Góry Nadbrzeżne
Fairbanks
Jukon
Góry Brooksa
Keele Peak 2972
Mt. Michelson 2699
Mackenzie
Wyspa Św. Wawrzyńca
Cieśn. Beringa
Oja - Siwo
Koriacka Sopka 3464
Kluczewska Sopka 4688
Plw. Kamczatka
Ledjanaja 2562
Góry Koriackie
Anadyr
Góry Czukockie 1843
Góry Kołymskie 1742
Kołyma
Góry Czerskiego
Pobeda 3147
Mus-Chaja 2959
Suntar-Chajata
Góry Wierchojańskie 2389
Lena
Ałdan
MORZE CZUKOCKIE
W. Wrangla
MORZE WSCHODNIO-SYBERYJSKIE
MORZE BEAUFORTA
Linia zmiany daty
Grzbiet Mendelejewa
W-y Nowosyberyjskie 374
MORZE LAPTIEWÓW
OCEAN ARKTYCZNY
Zat. Amundsena
Wyspa Banksa
Cieśn. McClure'a
Wyspa Wiktorii
Cieśn. McClintocka
Mould Bay
Wyspy Królowej Elżbiety
północny biegun magnetyczny
Isachsen
Wędrówka bieguna magnetycznego
Eureka
Arctic Bay
Wyspa Ellesmere'a
Alert
Peary - 1909
Biegun północny
Grzbiet Łomonosowa
Grzbiet Nansena
MORZE LINCOLNA
Przyl. Morris Jesup
Station Nord
Wyżyna Środkowosyberyjska 962 1701
Góry Byrranga 1148
Plw. Tajmyr
Ziemia Północna
Norylsk
Jenisej
Nizina Zachodniosyberyjska
Plw. Gydański
Plw. Jamał
Ob
Ziemia Franciszka Józefa
MORZE KARSKIE
Nowa Ziemia 1547
Matije Karmakuły
Ural
Narodnaja 1895
1617
Peczora
Timan
Ziemia Baffina
MORZE BAFFINA
Prąd Labradorski
Prąd Zachodniogrenlandzki
Cieśnina Davisa
Grenlandia
Danmarks Havn
Góra Petermanna 2940
3231
Daneborg
Nuuk
Góra Forela 3360
Góra Gunnbjørna 3700
MORZE GRENLANDZKIE
Svalbard
Ny-Ålesund
Barentsburg
Wyspa Niedźwiedzia
Bjørnøya
MORZE BARENTSA
Prąd Norweski
Przyl. Północny
Murmańsk
Plw. Kolski
Hibiny 1191
MORZE BIAŁE
Archangielsk
Dźwina
Nizina Wschodnioeuropejska
Jan Mayen
Prąd Wschodniogrenlandzki
Cieśnina Duńska
Koło podbiegunowe północne
MORZE NORWESKIE
Kebnekaise 2123
Góry Skandynawskie
Plw. Skandynawski
Zat. Botnicka
J. Onega
Ładoga
Zb. Rybińskie
Petersburg
Helsinki
Moskwa
Wołga
Reykjavík
Hekla 1491
Hvannadalshnúkur 2119
Islandia
Wyspy Owcze
Prąd Północnoatlantycki
OCEAN ATLANTYCKI
Glittertind 2452
Bergen
Oslo
Sztokholm
Tallinn
Ryga
Wilno
Mińsk
Kaliningrad
Gdańsk
Kopenhaga
MORZE BAŁTYCKIE
MORZE PÓŁNOCNE
Wielka Brytania
Ben Nevis 1343
Glasgow
Kijów
Dniepr
m n.p.m.
5000
3000
1500
1000
500
200
0
200
2000
4000
6000
8000

1 : 30 000 000
0 500 1000 km

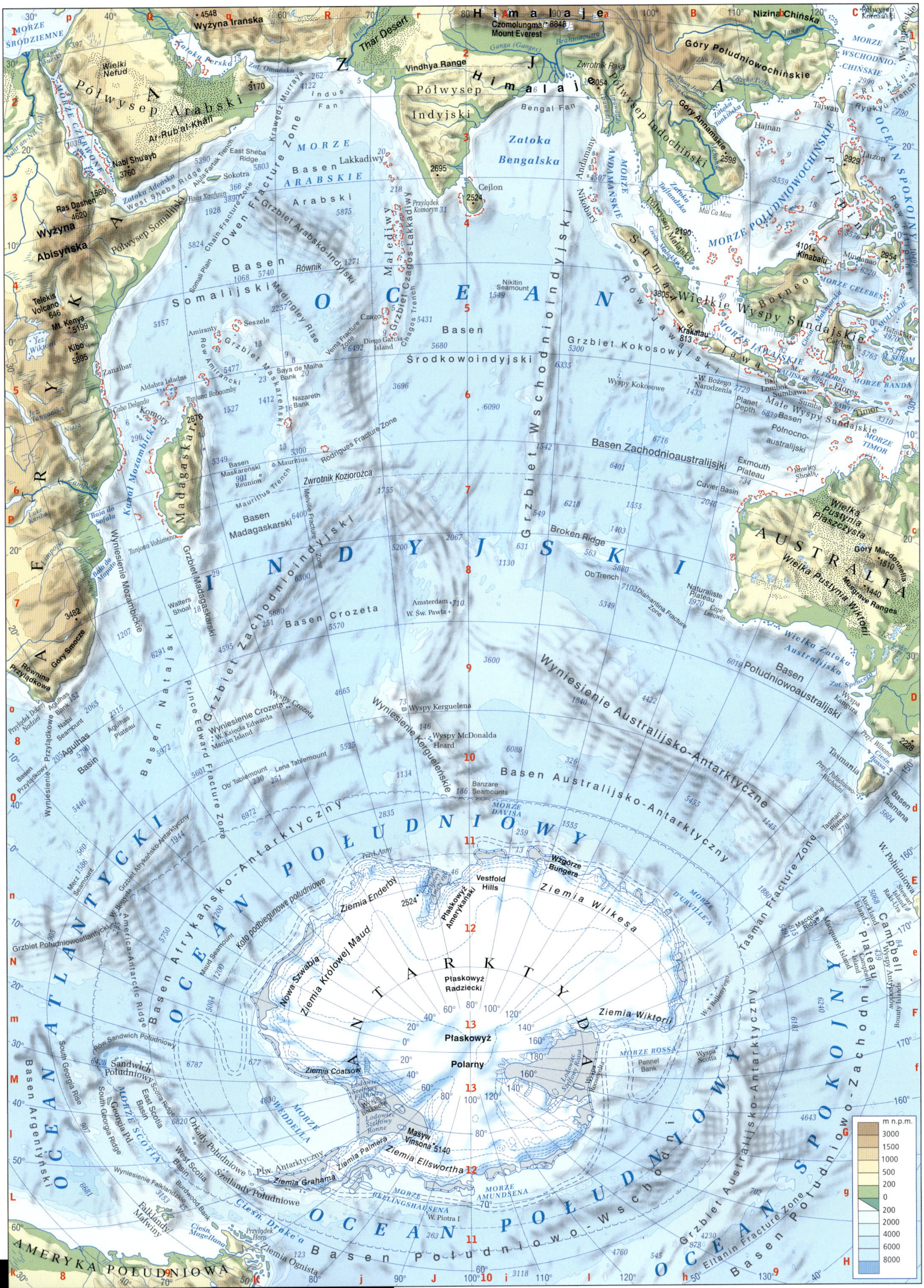

MORZE ŚRÓDZIEMNE
Wyżyna Irańska
Himalaje
Czomolungma/ Mount Everest 8848
Thar Desert
Nizina Chińska
Góry Południowochińskie
Zatoka Perska
Zat. Omańska
Wielki Nefud
Półwysep Arabski
Ar-Rub'al-Khali
MORZE CZERWONE
Vindhya Range
Półwysep Indyjski
Bengal Fan
Zatoka Bengalska
Półwysep Indochiński
MORZE WSCHODNIOCHIŃSKIE
Tajwan
Hajnan
Gory Annamskie
Luzon
Filipiny
OCEAN SPOKOJNY
MORZE POŁUDNIOWOCHIŃSKIE
MORZE ARABSKIE
Basen Arabski
Lakkadiwy
Cejlon
Nabi Shu'ayb 3760
Ras Dashen 4620
Wyżyna Abisyńska
Zatoka Adeńska
Sokotra
Owen Fracture Zone
Grzbiet Arabsko-Indyjski
Półwysep Somalijski
Basen Somalijski
Równik
Malediwy
Grzbiet Czagos-Lakkadiwy
Andamany
Nikobary
MORZE ANDAMAŃSKIE
Sumatra
Kinabalu 4101
Borneo
Wielkie Wyspy Sundajskie
MORZE CELEBES
Celebes
MORZE JAWAJSKIE
Jawa
Krakatau 813
Bali
Lombok
Sumbawa
Flores
Sumba
Timor
Małe Wyspy Sundajskie
MORZE BANDA
MORZE TIMOR
OCEAN INDYJSKI
Basen Środkowoindyjski
Grzbiet Wschodnioindyjski
Grzbiet Kokosowy
Wyspy Kokosowe
Rów Jawajski
Kilimandżaro
Mt. Kenya 5199
Kibo 5895
Seszele
Amiranty
Zanzibar
Aldabra Islands
Komory
Madagaskar
Kanał Mozambicki
Mauritius
Reunion
Basen Maskareński
Basen Madagaskarski
Zwrotnik Koziorożca
Basen Zachodnioaustralijski
Broken Ridge
Ob Trench
Wielka Pustynia Piaszczysta
AUSTRALIA
Wielka Pustynia Wiktorii
Musgrave Ranges
Wielka Zatoka Australijska
Basen Południowoaustralijski
Tasmania
Grzbiet Madagaskarski
Wyniesienie Mozambickie
Basen Natalski
Basen Crozeta
Grzbiet Zachodnioindyjski
Amsterdam
W. Św. Pawła
Wyniesienie Crozeta
Wyspy Kerguelena
Wyspy McDonalda
Heard
Wyniesienie Kergueleńskie
Wyniesienie Australijsko-Antarktyczne
Basen Australijsko-Antarktyczny
Basen Agulhas
Prince Edward Fracture Zone
Grzbiet Afrykańsko-Antarktyczny
OCEAN POŁUDNIOWY
OCEAN ATLANTYCKI
MORZE DAVISA
Ziemia Enderby
Płaskowyż Amerykański
Vestfold Hills
Ziemia Wilkesa
Ziemia Królowej Maud
Nowa Szwabia
ANTARKTYDA
Płaskowyż Radziecki
Płaskowyż Polarny
Ziemia Wiktorii
MORZE ROSSA
Lodowiec Szelfowy Rossa
Ziemia Coatsów
MORZE WEDDELLA
Masyw Vinsona 5140
Ziemia Ellswortha
Ziemia Palmera
Ziemia Grahama
MORZE BELLINGSHAUSENA
MORZE AMUNDSENA
MORZE SCOTIA
Orkady Południowe
Szetlandy Południowe
Cieśn. Drake'a
Falklandy Malwiny
Ziemia Ognista
AMERYKA POŁUDNIOWA
Basen Argentyński
Basen Południowo-Wschodni
Grzbiet Australijsko-Antarktyczny
Grzbiet Południowo-Zachodni
OCEAN SPOKOJNY
Tasman Fracture Zone
Campbell Plateau
MORZE D'URVILLE'A
Eltanin Fracture Zone
m n.p.m.
3000
1500
1000
500
200
0
200
2000
4000
6000
8000

1 : 60 000 000

0 500 1000 1500 km

EUROPA
Ural
Syberia
Azja
Sajany
Góry Jabłonowe
Góry Stanowe
Góry Burejskie
Wielki Chingan
Sichote-Aliń
Białucha 4506
Ałtaj
Pogórze Kazachskie
Tien-szan
Gobi
Takla Makan
Pamir
Ałtyn-Tag
Qilian Shan
Muztag
Wyżyna Tybetańska
Karakorum
Czomolungma (Mount Everest) 8848
Himalaje
Gongga Shan 7590
Nizina Chińska
Góry Południowochińskie
Półwysep Koreański
MORZE ŻÓŁTE
MORZE JAPOŃSKIE
MORZE OCHOCKIE
Hokkaido
Honsiu
Fudżi 3776
Kiusiu
Sikoku
MORZE WSCHODNIOCHIŃSKIE
Tajwan
Hajnan
MORZE POŁUDNIOWOCHIŃSKIE
Półwysep Indochiński
Góry Annamskie
Ngoc Linh 2598
Zatoka Tajlandzka
Półwysep Malajski
Luzon
Filipiny
MORZE FILIPIŃSKIE
Mindanao
Kinabalu 4101
Borneo
MORZE SULU
MORZE CELEBES
Celebes
Sumatra
Jawa
Wielkie Wyspy Sundajskie
Małe Wyspy Sundajskie
MORZE JAWAJSKIE
MORZE BANDA
Timor
MORZE ARAFURA
Nowa Gwinea
Puncak Jaya 5030
Zatoka Karpentaria
Kimberley Plateau
Barkly Tableland
Wielka Pustynia Piaszczysta
Góry Macdonnella
Mt. Zeil 1510
Hamersley Range
AUSTRALIA
Pustynia Simpsona
Musgrave Ranges
Wielka Pustynia Wiktorii
Wielkie Góry Wododziałowe
Mt. Bartle Frere 1612
Góry Flindersa
Góra Kościuszki 2228
Wielka Zatoka Australijska
Tasmania
MORZE KORALOWE
MORZE TASMANA
Nowa Zelandia
Ruapehu 2797
Góra Cooka 3764
Mikronezja
Melanezja
Wyspy Marshalla
Wyspy Salomona
Nowa Kaledonia
Nowe Hebrydy
Wyspy Gilberta
Basen Północno-Zachodni
Basen Zachodniokaroliński
Basen Wschodniokaroliński
Basen Melanezyjski
Basen Wschodniomariański
Basen Zachodniomariański
Basen Filipiński
Basen Kokosowy
Basen Zachodnioaustralijski
Basen Północnoaustralijski
Basen Południowoaustralijski
Basen Tasmana
Basen Australijsko-Antarktyczny
Basen Aleucki
Basen Południowofidżyjski
Basen Północnofidżyjski
Row Kurylsko-Kamczacki
Row Japoński
Row Izu-Ogasawara
Row Mariański
Row Filipiński
Row Jawajski
Row Tonga
Kermadec Trench
Grzbiet Środkowopacyficzny
Grzbiet Cesarski
Grzbiet Wschodnioindyjski
Broken Ridge
Wyniesienie Australijsko-Antarktyczne
Wyniesienie Kerguelenskie
Wyspy Kerguelena
Wyniesienie Lorda Howe'a
OCEAN INDYJSKI
Zatoka Bengalska
Bengal Fan
Andamany
Nikobary
Równik
Zwrotnik Raka
Zwrotnik Koziorożca
Kamczatka
Kluczewska Sopka 4688
m n.p.m.
5000
3000
1500
1000
500
200
0
200
2000
4000
6000
8000

Gulf of Alaska
Mt. Logan 6050
Kodiak Island
Archipelag Aleksandra
Wyspy Królowej Charlotty
Vancouver Island
Mt. Rainier 4392
Góry Kaskadowe
Góry Nadbrzeżne
Góry Skaliste
Wielkie Równiny
Wielka Kotlina
Mt. Elbert 4399
Mt. Whitney 4418
Sierra Nevada
Zat. Kalifornijska
Sierra Madre Zachodnia
Sierra Madre Wschodnia
AMERYKA PÓŁNOCNA
Zatoka Hudsona
Lake Winnipeg
Wielkie Jeziora
Ozark Plateau
Appalachy
2037 Mt. Mitchell
Nizina Nadbrzeżna
Floryda
Zatoka Meksykańska
Basen Meksykański
Jukatan
Kuba
Hispaniola
Jamajka
Puerto Rico
MORZE KARAIBSKIE
Basen Kolumbijski
Basen Wenezuelski
Bermudy
Nowa Fundlandia
Basen Labradorski
Grenlandia
Ziemia Baffina
OCEAN ATLANTYCKI
Zwrotnik Raka
Colima 4100
Citlaltépetl 5700
Tajumulco 4220
Basen Gwatemalski
Pico Cristóbal Colón 5800
Mendocino Fracture Zone
Pioneer Fracture Zone
Krawędź Murraya
Clarion Fracture Zone
Krawędź Clippertona
Île Clipperton
Islas Revillagigedo
Albatross Plateau
Galápagos Rift
Galápagos
Carnegie Ridge
Wyspa Kokosowa
Grzbiet Kokosowy
Basen Panamski
Mauna Kea 4205
Hawaii
Północno-Wschodni Basen
OCEAN SPOKOJNY
Markizy
Îles Tuamotu
Tuamotu Archipelago
Tahiti 2237
Wyspy Towarzystwa
Wyspy Cooka
Rarotonga 652
Wyspy Gambiera
Îles Tubuai / Îles Australes
Pitcairn Island
Henderson Island
Ducie Island
Wyspa Wielkanocna
Sala y Gomez Ridge
Easter Fracture Zone
Grzbiet Wschodniopacyficzny
Basen Peruwiański
Basen Chilijski
Wyniesienie Chilijskie
Islas Juan Fernández
Desventurados
Nazca Ridge
Rów Atakamski
Chimborazo 6310
Huascarán 6768
Ancohuma 6550
Ojos del Salado 6885
Aconcagua 6959
Maipo 5290
Tranador 3460
Andy
AMERYKA POŁUDNIOWA
Równik
Zwrotnik Koziorożca
Patagonia
Falklandy/Malwiny
Basen Argentyński
Georgia Południowa
Cieśnina Drake'a
Przyl. Horn
MORZE SCOTIA
Southeast Pacific Basin
Południowo-pacyficzny
Eltanin Fracture Zone
Grzbiet Pacyficzno-Antarktyczny

OCEAN ATLANTYCKI
AMERYKA PÓŁNOCNA
AMERYKA POŁUDNIOWA
EUROPA
AFRYKA
OCEAN SPOKOJNY
OCEAN POŁUDNIOWY
Góry Skaliste
Wielkie Równiny
Appalachy
Zatoka Hudsona
Labrador
Grenlandia
Islandia
Morze Labradorskie
Morze Irmingera
Morze Norweskie
Morze Północne
Morze Śródziemne
Zatoka Meksykańska
Basen Meksykański
Morze Sargassowe
Morze Karaibskie
Wielkie Antyle
Małe Antyle
Kuba
Jamajka
Haiti
Puerto Rico
Jukatan
Basen Jukatański
Basen Kolumbijski
Basen Wenezuelski
Basen Północnoamerykański
Zwrotnik Raka
Zwrotnik Koziorożca
Równik
Grzbiet Śródatlantycki
Grzbiet Północnoatlantycki
Grzbiet Południowoatlantycki
Grzbiet Reykjanes Ridge
Basen Labradorski
Krawędź Gibbsa
Basen Zachodnioeuropejski
Basen Iberyjski
Basen Kanaryjski
Basen Zielonego Przylądka
Basen Gujański
Basen Brazylijski
Basen Argentyński
Basen Angolski
Basen Gwinejski
Basen Przylądkowy
Basen Peruwiański
Basen Chilijski
Basen Panamski
Basen Afrykańsko-Antarktyczny
Rockall Trough
Rockall Plateau
Porcupine Bank
Dogger Bank
Wyniesienie Azorsko-Biscay Rise
Azory
Wyspy Kanaryjskie
Madera
Wyspy Zielonego Przylądka
Cape Verde Seamount
Great Meteor Tablemount
Atlantis Seamount
Cruizer Tablemount
Próg Azorsko-Gibraltarski
Papp Seamount
Sierra Leone Rise
Sierra Leone Basin
Romanche Fracture Zone
Chain Fracture Zone
Wyspy Świętego Piotra i Pawła
Ilha Fernando de Noronha
Gröll Seamount
Trindade do Sul
Rio Grande Plateau
Wyspa Św. Heleny
Tristan da Cunha
Gough Island
Discovery Tablemount
Herdman Seamount
Meteor Seamount
Wyspa Bouveta
Grzbiet Wielorybi
Wyniesienie Gwinejskie
Wyniesienie Przylądkowe
Agulhas Basin
Basen Natalski
Grzbiet Afrykańsko-Antarktyczny
America-Antarctica Ridge
Conrad Fracture Zone
Zatoka Gwinejska
Congo Canyon
Nizina Orinoko
Wyżyna Gujańska
Nizina Amazonki
Amazonia
Mato Grosso
Wyżyna Brazylijska
Gran Chaco
Andy
Aconcagua
Patagonia
Falklandy (Malwiny)
Georgia Południowa
South Georgia Ridge
South Georgia Rise
Sandwich Południowy
Morze Scotia
Scotia Ridge
Cieśn. Drake'a
Cieśnina Magellana
Morze Bellingshausena
Morze Weddella
Kolo podbiegunowe południowe
Nazca Ridge
Carnegie Ridge
Grzbiet Kokosowy
Wyniesienie Chilijskie
Rów Atakamski
Sahara
Atlas
Ahaggar
Sudan
Górna Gwinea
Alpy
Karpaty
Półwysep Iberyjski
Wyspy Brytyjskie
Półwysep Skandynawski
m n.p.m.
5000
3000
1500
1000
500
200
0
200
2000
4000
6000
8000

1 : 60 000 000

0 500 1000 1500 km

Skorowidz zawiera wszystkie nazwy występujące w atlasie na mapach ogólnogeograficznych i politycznych. Nazwy uporządkowane są alfabetycznie bez uwzględniania znaków diakrytycznych niewystępujących w języku polskim. Obiekty mające nazwę polską i oryginalną wymienione są w skorowidzu dwukrotnie, np. *Rzeka Żółta (Huang-he)* i *Huang-he (Rzeka Żółta)*. Nazwy złożone z określenia geograficznego i nazwy własnej, np. *Morze Czarne* mają w skorowidzu na pierwszym miejscu nazwę własną – *Czarne, Morze*. Nazwy występujące na mapie tylko w postaci skróconej w skorowidzu uzupełniono rozwinięciem w nawiasie, np. *Nw. (Nowa) Irlandia*. Przy umieszczaniu nazwy w skorowidzu uwzględniono formę nieskróconą. Obiekty niemające w nazwie określenia geograficznego (z wyjątkiem miejscowości) otrzymały je w skorowidzu, np. *Alpy – góry*.

Położenie nazwy obiektu w atlasie określają numer strony i współrzędne skorowidzowe. Literą został oznaczony pas między równoleżnikami a cyfrą arabską słup między południkami, np. *Gdańsk 78-79 A6; 80-81 A6*. W przypadku kilku map na stronie została dodatkowo wprowadzona cyfra rzymska określająca numer konkretnej mapy, np. *Reykjavík 107 I B1*.

Skróty określeń geograficznych użyte w skorowidzu:
kraina hist. – kraina historyczna
st. badawcza – stacja badawcza
teryt. zależne – terytorium zależne

POLSKA

A

Abramów 74-75 D10
Adamów 74-75 D10
Adamów 78-79 E11
Adamówka 78-79 E10
Aleksandrów 72-73 D7, 8; 74-75 D7, 8
Aleksandrów 78-79 E10
Aleksandrów Kujawski 68-69 C6; 70-71 C6
Aleksandrów Łódzki 72-73 D7; 74-75 D7
Altana – góra 74-75 D8
Alwernia 76-77 E7; 78-79 E7
Andrespol 72-73 D7; 74-75 D7
Andrychów 76-77 F7; 78-79 F7
Andrzejewo 70-71 C10
Annopol 78-79 E9
Antonin 72-73 D5
Arkadia 72-73 C7, 8; 74-75 C8
Augustowska, Puszcza 70-71 B11
Augustowski, Kan. (Kanał) 70-71 B10; B11
Augustów 70-71 B11

B

Babia Góra 76-77 F7; 78-79 D7
Babiak 72-73 C6; 74-75 C6
Babice 76-77 E7; 78-79 E7
Babimost 72-73 C3
Babiogórski P. (Park) N. (Narodowy) 76-77 F7, 78-79 F8
Baborów 76-77 E5, 6
Baboszewo 70-71 C8
Babsk 74-75 D8
Bachorze, Kan. (Kanał) 68-69 C6; 70-71 C6
Baćkowice 78-79 E9
Bakałarzewo 70-71 A10
Baligród 78-79 F10
Bałtów 78-79 D9
Banie 68-69 B2
Banie Mazurskie 70-71 A10
Barania G. (Góra) 76-77 F6, 7
Baranowo 70-71 B9
Baranów 72-73 D5
Baranów 74-75 C8
Baranów 74-75 D10
Baranów Sandomierski 78-79 E9
Barciany 70-71 A9
Barcin 68-69 C5, 6
Barczewo 70-71 B8
Bardo – góra 78-79 F9
Bardo 76-77 E4
Bargłów Kościelny 70-71 B10
Barlinecko-Gorzowski Park Krajobrazowy 68-69 C3
Barlinek 68-69 B3
Barnówko 68-69 C2
Bartoszyce 70-71 A8
Baruchowo 70-71 C7
Barwice 68-69 B4
Barycz – rzeka 72-73 D4
Barycz – rzeka 72-73 D5
Batorz 78-79 E10
Bauda – rzeka 68-69 A7; 70-71 A7
Bądkowo 68-69 C6; 70-71 C6
Bedlno 72-73 C7; 74-75 C7
Bejsce 78-79 E8
Belsk Duży 74-75 D8
Bełchatów 72-73 D7; 74-75 D7
Bełdany, J. (Jezioro) 70-71 B9
Bełżec 78-79 E11
Bełżyce 74-75 D10
Beskidu Małego, Park Krajobrazowy 76-77 F7; 78-79 F7
Beskidu Śląskiego, P. (Park) K. (Krajobrazowy) 76-77 F6
Besko 78-79 F9
Bestwina 76-77 F7
Betyń, J. (Jezioro) 68-69 B4
Będków 72-73 D7; 74-75 D7
Będomin 68-69 A6; 70-71 A6
Będzin 76-77 E7
Będzino 68-69 A3, 4
Bęsia 70-71 B9
Biała – rzeka 78-79 F9
Biała 76-77 E5
Biała II 72-73 D6; 74-75 D6
Biała Piska 70-71 B10
Biała Podlaska 74-75 C11
Biała Przemsza – rzeka 76-77 E7; 78-79 E7
Biała Rawska 74-75 D8
Białaczów 74-75 D8
Białe Błota 68-69 B5
Białe, J. (Jezioro) 70-71 B9
Białobrzegi 74-75 D8, 9
Białobrzegi 78-79 E10
Białogard 68-69 A4
Białogóra 68-69 A5; 70-71 A6
Białopole 78-79 E11
Białośliwie 68-69 B5
Białowieska, Puszcza 70-71 C11
Białowieski Park Narodowy 70-71 C11
Białowieża 70-71 C11
Biały Bór 68-69 B4
Biały Dunajec 78-79 F7
Białystok 70-71 B11
Biebrza – rzeka 70-71 B10
Biebrzański Park Narodowy 70-71 B10
Biecz 78-79 F9
Bielany-Żyłaki 74-75 C10
Bielawa 76-77 E4
Bielawy 72-73 C7; 74-75 C7
Bielice 68-69 B2
Bieliny-Kapitulne 78-79 E8, 9
Bielsk 68-69 C7; 70-71 C7
Bielsk Podlaski 70-71 C11
Bielsko-Biała 76-77 F6, 7
Bierawa 76-77 E6
Bierawka – rzeka 76-77 E6
Bieruń 76-77 E7
Bierutów 76-77 D5
Bierzwnik 68-69 B3
Biesiekierz 68-69 A3, 4
Bieszczadzki Park Narodowy 78-79 F10
Bieżuń 68-69 C7; 70-71 C7
Biłgoraj 78-79 E10
Binarowa 78-79 F9
Bircza 78-79 F10
Biskupia Kopa – góra 76-77 E5
Biskupiec 68-69 B7; 70-71 B7
Biskupiec 70-71 B8, 9
Biskupin 68-69 C5
Biszcza 78-79 E10
Bisztynek 70-71 A8, 9
Blachownia 76-77 E6, 7
Blanki, J. (Jezioro) 70-71 A8
Bledzew 72-73 C3
Bledzew, J. (Jezioro) 72-73 C3
Blizanów 72-73 D5, 6
Blizne 78-79 F10
Bliżyn 78-79 D8
Błaszki 72-73 D6; 74-75 D6
Błażowa 78-79 F10
Błędów 74-75 D8
Błonie 74-75 C8
Bnińskie, J. (Jezioro) 72-73 C5
Bobięcino Wlk. (Wielkie), J. (Jezioro) 68-69 B4
Bobolice 68-69 B4
Bobolice 76-77 E7; 78-79 E7
Bobowa 78-79 F8
Bobowo 68-69 B6; 70-71 B6
Bobrowice 72-73 D2, 3
Bobrowniki 68-69 C6, C7; 70-71 C6
Bobrowniki 76-77 E6, 7
Bobrowo 68-69 B7; 70-71 B7
Bochnia 78-79 F8
Bochotnica 74-75 D10
Boćki 70-71 C11
Bodaczów 78-79 E11
Bodzanów 70-71 C7, 8
Bodzentyn 78-79 E8
Bogatynia 76-77 E2
Bogdaj 72-73 D5
Bogdaniec 68-69 C3
Bogdanka 74-75 D11
Bogoria 78-79 E9
Boguchwała 78-79 F9
Boguszów-Gorce 76-77 E4
Boguszyce 74-75 D8
Boguty-Pianki 70-71 C10
Bohoniki 70-71 B11
Bojadła 72-73 D3
Bojanowo 72-73 D4
Bojanów 78-79 E9
Bojszowy 76-77 E6, 7
Bolechowo 72-73 C4
Bolesław 76-77 E7; 78-79 E7
Bolesław 78-79 E8
Bolesławiec 72-73 D3
Bolesławiec 72-73 D6
Boleszkowice 68-69 C2
Bolewice 72-73 C4
Bolimowski P. (Park) K. (Krajobrazowy) 74-75 C8
Bolimów 74-75 C8
Bolków 76-77 E4
Boniewo 70-71 C6
Borek Wlkp. (Wielkopolski) 72-73 D5
Borki 74-75 D10
Borkowice 74-75 D8
Borne Sulinowo 68-69 B4
Boronów 76-77 E6
Borowa 78-79 E9
Borowie 74-75 D9
Borów 76-77 E4
Bory Tucholskie, P. (Park) N. (Narodowy) 68-69 B5
Borzechów 78-79 D10
Borzęcin 78-79 E8
Borzytuchom 68-69 A5
Bóbr – rzeka 72-73 D3
Bóbrka 78-79 F9
Bralin 72-73 D5
Branice 76-77 E5
Braniewo 68-69 A7; 70-71 A7
Brańsk 70-71 C10
Brańszczyk 70-71 C9
Brąszewice 72-73 D6; 74-75 D6
Brda – rzeka 68-69 B5
Brenna 76-77 F6
Breń – rzeka 78-79 E9
Brochów 74-75 C8
Brodnica 68-69 B7; 70-71 B7
Brodnica 72-73 C4
Brodnicki P. (Park) K. (Krajobrazowy) 68-69 B7; 70-71 B7
Brody 72-73 D2
Brody 78-79 D9
Brojce 68-69 B3
Brok – rzeka 70-71 C10
Brok 70-71 C9
Brójce 72-73 D7; 74-75 D7
Brudzeń Duży 68-69 C7; 70-71 C7
Brudzeński P. (Park) K. (Krajobrazowy) 68-69 C7; 70-71 C7
Brudzew 72-73 C6; 74-75 C6
Brusy 68-69 B5
Brwinów 74-75 C8
Brzeg 76-77 E5
Brzeg Dolny 72-73 D4
Brzesko 78-79 E8
Brzeszcze 76-77 F7
Brześć Kujawski 70-71 C6
Brzeziny 76-77 D6
Brzeziny 72-73 D7; 74-75 D7
Brzeźnica 72-73 D3
Brzeźnica 76-77 F7; 78-79 F7
Brzeźnio 72-73 D6; 74-75 D6
Brzeźno 68-69 B3
Brzostek 78-79 F9
Brzozie 68-69 B7; 70-71 B7
Brzozów 78-79 F10
Brzozówka – rzeka 70-71 B11
Brzuze 68-69 B7; 70-71 B7
Brzyska 78-79 F9
Buczek 72-73 D7; 74-75 D7
Buczkowice 76-77 F7
Budkowiczanka – rzeka 76-77 E5, 6
Budry 70-71 A9
Budziszewice 72-73 D7, 8; 74-75 D7, 8
Budzów 76-77 F7; 78-79 F7
Budzyń 68-69 C5
Bug – rzeka 74-75 D11; 70-71 C9
Buk 72-73 C4
Bukowa – rzeka 78-79 E10
Bukowiec – góra 68-69 B2
Bukowiec 68-69 B6; 70-71 B6
Bukowina Tatrzańska 78-79 F8
Bukowno 76-77 E7; 78-79 E7
Bukowo, J. (Jezioro) 68-69 A4
Bukowsko 78-79 F10
Bukówka – rzeka 68-69 C4
Bulkowo 70-71 C8
Burzenin 72-73 D6; 74-75 D6
Busko-Zdrój 78-79 E8
Bychawa 78-79 D10
Byczyna 76-77 D6
Bydgoski, Kan. (Kanał) 68-69 B5
Bydgoszcz 68-69 B6; 70-71 B6
Bystra – góra 78-79 F7
Bystra 76-77 F7; 78-79 F7
Bystrzyca – rzeka 74-75 D10
Bystrzyca – rzeka 76-77 D4
Bystrzyca – rzeka 78-79 D10
Bystrzyca Kłodzka 76-77 E4
Bytnica 72-73 C3
Bytom 76-77 E6
Bytom Odrzański 72-73 D3
Bytoń 70-71 C6
Bytów 68-69 A5
Bytów, J. (Jezioro) 68-69 A5
Bytyńskie, J. (Jezioro) 72-73 C4
Bzura – rzeka 74-75 D7; C8

C

Cedry Wlk. (Wielkie) 68-69 A6; 70-71 A6
Cedynia 68-69 C2
Cedyński P. (Park) K. (Krajobrazowy) 68-69 C2
Cegłów 74-75 C9
Cekcyn 68-69 B6; 70-71 B6
Ceków-Kol. (Kolonia) 72-73 D6; 74-75 D6
Celestynów 74-75 C9
Ceranów 70-71 C10
Cerkwica 68-69 A3
Cewice 68-69 A5
Charsznica 76-77 E7; 78-79 E7
Charzykowskie, J. (Jezioro) 68-69 B5
Chąśno 72-73 C7; 74-75 C7
Chełm 74-75 D11
Chełm Śl. (Śląski) 76-77 E7
Chełmek 76-77 E7
Chełmiec 78-79 F8
Chełmno 68-69 B6; 70-71 B6
Chełmo – góra 76-77 D7; 78-79 D7
Chełmski P. (Park) K. (Krajobrazowy) 74-75 D11
Chełmy, P. (Park) K. (Krajobrazowy) 76-77 D3-D4
Chełmża 68-69 B6; 70-71 B6
Chełmżyńskie, J. (Jezioro) 68-69 B6; 70-71 B6
Chęciny 78-79 E8
Chęcińsko-Kielecki P. (Park) K. (Krajobrazowy) 78-79 E8
Chlewiska 74-75 D8
Chłop, J. (Jezioro) 68-69 B2, C2
Chłopice 78-79 F10
Chmielnik 78-79 E8
Chmielnik Rzeszowski 78-79 EF10
Chmielno 68-69 A5, 6; 70-71 A6
Choceń 70-71 C6, 7
Chochołów 76-77 F7; 78-79 F7
Chocianów 72-73 D3
Chociwel 68-69 B3
Chocz 72-73 D5
Choczewo 68-69 A5
Chodecz 72-73 C6, 7; 74-75 C6, 7
Chodel 78-79 D10
Chodelka – rzeka 74-75 D9
Chodów 72-73 C7; 74-75 C7
Chodzież 68-69 C4, 5
Chojna 68-69 C2
Chojnice 68-69 B5
Chojnowski P. (Park) K. (Krajobrazowy) 74-75 D8-D9
Chojnów 72-73 D3
Chorkówka 78-79 F9
Choroszcz 70-71 B10, 11
Chorzele 70-71 B8, 9
Chorzów 76-77 E6, 7
Choszczno 68-69 B3
Chotcza-Józefów 74-75 D9
Chotel Czerwony 78-79 E8
Chrostkowo 68-69 C7; 70-71 C7
Chrzanów 76-77 E7; 78-79 E7
Chrzanów 78-79 E10
Chrząstowice 76-77 E6
Chrzypsko Wlk. (Wielkie) 72-73 C4
Chwarszczany 68-69 C2
Chwaszczyno 68-69 A6; 70-71 A6
Chybie 76-77 F6
Chynów 74-75 D9
Ciasna 76-77 E6
Ciążeń 72-73 C5
Ciechanowiec 70-71 C10
Ciechanów 70-71 C8
Ciechocin 68-69 B6, B7; 70-71 B6, B7
Ciechocinek 68-69 C6; 70-71 C6
Cielądz 74-75 D8
Ciepielów 74-75 D9
Cieplice Śl. (Śląskie)-Zdr. (Zdrój) – część Jeleniej Góry 76-77 E3
Cieplowody 76-77 E4, 5
Cieszanów 78-79 E11
Cieszków 72-73 D5
Cieszyn 76-77 F6
Ciężkowice 78-79 F8, 9
Ciężkowicko-Rożnowski P. (Park) K. (Krajobrazowy) 78-79 F8
Cisek 76-77 E6
Cisna 78-79 F10
Cisowsko-Orłowiński Park Krajobrazowy 78-79 E8-E9
Ciśniańsko-Wetliński Park Krajobrazowy 78-79 F10
Cmolas 78-79 E9
Cybinka 72-73 C2
Cyców 74-75 D11
Cyst. (Cysterskie Kompozycje Rud Wielkich), P. (Park) K. (Krajobrazowy) 76-77 E6
Cz. (Czeladź) 76-77 E7
Czajków 72-73 D6; 74-75 D6
Czaplinek 68-69 B4
Czarna – rzeka 74-75 C9
Czarna – rzeka 78-79 D8
Czarna – rzeka 78-79 E9
Czarna 78-79 E10
Czarna 78-79 E9
Czarna Białostocka 70-71 B11
Czarna Dąbrówka 68-69 A5
Czarna Górna 78-79 F10
Czarna Hańcza – rzeka 70-71 B11
Czarna Przemsza – rzeka 76-77 E7
Czarna Woda – rzeka 72-73 D4
Czarna Woda 68-69 B6; 70-71 B6
Czarne 68-69 B4, 5
Czarne, J. (Jezioro) 70-71 A10
Czarnia 70-71 B9
Czarnków 68-69 C4
Czarnocin 72-73 D7; 74-75 D7
Czarnocin 78-79 E8
Czarnolas 74-75 D9
Czarnorzecko-Strzyżowski P. (Park) K. (Krajobrazowy) 78-79 F9
Czarnowąsy 76-77 E5, 6
Czarnożyły 72-73 D6; 74-75 D6
Czarny Bór 76-77 E4
Czarny Dunajec 76-77 F7; 78-79 F7
Czastary 72-73 D6
Czchów 78-79 F8
Czechowice-Dziedzice 76-77 F6, 7
Czemierniki 74-75 D10
Czempiń 72-73 C4
Czeremcha 70-71 C11
Czermin 72-73 D5
Czermin 78-79 E9
Czerna 76-77 E7; 78-79 E7
Czerna Wlk. (Wielka) – rzeka 72-73 D3
Czernica – rzeka 68-69 B4, 5
Czernica 76-77 D5
Czernice Borowe 70-71 B8
Czernichów 76-77 E7; 78-79 E7
Czernichów 76-77 F7
Czerniejewo 72-73 C5
Czerniewice 74-75 D8
Czernikowo 68-69 C6; 70-71 C6
Czersk 68-69 B5
Czersk 74-75 D9
Czerteż 78-79 F10
Czerwieńsk 72-73 C3
Czerwin 70-71 C9
Czerwińsk n. (nad) Wisłą 74-75 C8
Czerwionka-Leszczyny 76-77 E6
Czerwonak 72-73 C4, 5
Czerwonka 70-71 C9
Częstochowa 76-77 E7
Człopa 68-69 B4
Człuchów 68-69 B5
Czorsztyn 78-79 F8
Czorsztyński, J. (Jezioro) 78-79 F8
Czosnów 74-75 C8
Czudec 78-79 F9
Czyże 70-71 C11
Czyżew-Osada 70-71 C10
Ćmielów 78-79 E9

D

Dadaj, J. (Jezioro) 70-71 B8
Daleszyce 78-79 E8
Dalików 72-73 D7; 74-75 D7
Damasławek 68-69 C5
Damnica 68-69 A5
Danków 76-77 E6
Dargin, J. (Jezioro) 70-71 A9
Darłowo 68-69 A4
Daszyna 72-73 C7; 74-75 C7
Dąbie 68-69 B2
Dąbie 72-73 C3
Dąbie 72-73 C6; 74-75 C6
Dąbie, J. (Jezioro) 68-69 B2
Dąbki 68-69 A4
Dąbrowa 68-69 C5

Dąbrowa 76-77 E5
Dąbrowa Białostocka 70-71 B11
Dąbrowa Biskupia 68-69 C6; 70-71 C6
Dąbrowa Chełmińska 68-69 B6; 70-71 B6
Dąbrowa G. (Góra) 68-69 B4
Dąbrowa Górnicza 76-77 E7
Dąbrowa Tarnowska 78-79 E9
Dąbrowa Wlk. (Wielka), J. (Jezioro) 70-71 B8
Dąbrowa Zielona 76-77 E7; 78-79 E7
Dąbrowice 72-73 C7; 74-75 C7
Dąbrówka 70-71 C9
Dąbrówka, J. (Jezioro) 68-69 B7; 70-71 B7
Dąbrówno 70-71 B7, 8
Debrzno 68-69 B5
Dejguny, J. (Jezioro) 70-71 A9
Deszczno 72-73 C3
Dezyderego Chłapowskiego, Park Krajobrazowy 72-73 C4
Dębe 70-71 C8
Dębe Wlk. (Wielkie) 74-75 C9
Dębica 78-79 E9
Dębki 68-69 A6; 70-71 A6
Dęblin 74-75 D9
Dębnica Kaszubska 68-69 A5
Dębno 68-69 C2
Dębno 78-79 F8
Dębno 78-79 F8
Dębowa G. (Góra) 68-69 B5
Dębowa Kłoda 74-75 D11
Dębowa Łąka 68-69 B7; 70-71 B7
Dębowe Góry – góra 70-71 B10
Dębowe Góry – góra 70-71 B8
Dębowiec 76-77 F6
Dębowiec 78-79 F9
Dłubniański Park Krajobrazowy 76-77 E7; 78-79 E7-E8
Długie, J. (Jezioro) 68-69 B2
Długołęka 76-77 D5
Długosiodło 70-71 C9
Dłutów 72-73 D7; 74-75 D7
Dmosin 72-73 D7; 74-75 D7
Dobczyce 78-79 F8
Dobczyckie, J. (Jezioro) 78-79 F7, 8
Dobiegniew 68-69 C3
Dobra 68-69 B2
Dobra 68-69 B3
Dobra 72-73 D6; 74-75 D6
Dobra 78-79 F8
Dobrcz 68-69 B6; 70-71 B6
Dobre 68-69 C6; 70-71 C6
Dobre 74-75 C9
Dobre Miasto 70-71 AB8
Dobrodzień 76-77 E6
Dobromierz 76-77 E4
Dobroń 72-73 D7; 74-75 D7
Dobroszyce 72-73 D5
Dobrzany 68-69 B3
Dobrzelin 72-73 C7; 74-75 C7
Dobrzeń Wlk. (Wielki) 76-77 E5
Dobrzyca – rzeka 68-69 B4
Dobrzyca 72-73 D5
Dobrzyniewo Kościelne 70-71 B10
Dobrzyń n. (nad) Wisłą 70-71 C7
Dobskie, J. (Jezioro) 70-71 A9
Dolice 68-69 B3
Dolina Baryczy, Park Krajobrazowy 72-73 D5
Dolina Bystrzycy, P. (Park) K. (Krajobrazowy) 76-77 D4
Dolina Jezierzycy, P. (Park) K. (Krajobrazowy) 72-73 D4
Dolina Słupi, Park Krajobrazowy 68-69 A5
Dolinki Podkrakowskie, P. (Park) K. (Krajobrazowy) 76-77 E7; 78-79 E7
Doliny Bobru, P. (Park) K. (Krajobrazowy) 76-77 D3
Doliny Dolnej Odry, P. (Park) K. (Krajobrazowy) 68-69 B2
Doliny Narwi, P. (Park) K. (Krajobrazowy) 70-71 B10
Doliny Sanu, Park Krajobrazowy 78-79 F10
Dolnośląskie, Bory 72-73 D3
Dolsk 72-73 CD5
Dołhobyczów 78-79 E11, 12
Domanice 74-75 C10
Domaniewice 72-73 D7; 74-75 D7
Domaniów 76-77 E5
Domaradz 78-79 F9, 10
Domaszowice 76-77 D5
Dominowo 72-73 C5
Dopiewo 72-73 C4
Dorohusk 74-75 D11
Doruchów 72-73 D6
Dragacz 68-69 B6; 70-71 B6
Drawa – rzeka 68-69 B4; C3
Drawieński Park Narodowy 68-69 B3-B4
Drawno 68-69 B3
Drawski Park Krajobrazowy 68-69 B4
Drawsko 68-69 C4
Drawsko Pomorskie 68-69 B3
Drawsko, J. (Jezioro) 68-69 B4
Drelów 74-75 D10
Drezdenko 68-69 C3
Dręstwo, J. (Jezioro) 70-71 B10
Drobin 70-71 C7
Drogosze 70-71 A9
Drohiczyn 74-75 C10
Drozdowo 70-71 B10
Druzno, J. (Jezioro) 68-69 A7; 70-71 A7
Drużbice 72-73 D7; 74-75 D7
Drwęca – rzeka 70-71 B8; 68-69 B7
Drwęckie, J. (Jezioro) 68-69 B7; 70-71 B7
Drwinia 78-79 E8
Drzewica 74-75 D8
Drzonków 72-73 D3
Drzycim 68-69 B6; 70-71 B6
Dubeninki 70-71 A10
Dubicze Cerkiewne 70-71 C11
Dubiecko 78-79 F10
Dubienka 78-79 D11
Dukielska, Przeł. (Przełęcz) 78-79 F9
Dukla 78-79 F9
Dunajec – rzeka 78-79 F7; E8
Duszniki 72-73 C4
Duszniki-Zdrój 76-77 E4
Dwikozy 78-79 E9
Dybrzk, J. (Jezioro) 68-69 B5
Dychów 72-73 D2, 3
Dydnia 78-79 F10
Dygowo 68-69 A3
Dylewska G. (Góra) 68-69 B7; 70-71 B7
Dynów 78-79 F10
Dywity 70-71 B8
Dziadkowice 70-71 C10
Dziadowa Kłoda 72-73 D5
Działdowo 70-71 B8
Działdówka – rzeka 70-71 B8
Działoszyce 78-79 E8
Działoszyn 76-77 D6
Dziemiany 68-69 A5
Dzierzążnia 70-71 C8
Dzierzgoń 68-69 B7; 70-71 B7
Dzierzgoń, J. (Jezioro) 68-69 B7; 70-71 B7
Dzierzgowo 70-71 B8
Dzierżoniów 76-77 E4
Dziurkowiec – góra 78-79 F10
Dziwna – rzeka 68-69 B2
Dziwnów 68-69 A2
Dziwnówek 68-69 A2
Dzwola 78-79 E10
Dźwierzuty 70-71 B8
Dźwirzyno 68-69 A3

E

Elbląg 68-69 A7; 70-71 A7
Elbląski, Kan. (Kanał) 68-69 AB7; 70-71 AB7
Ełk – rzeka 70-71 B10
Ełk 70-71 B10
Ewingi, J. (Jezioro) 68-69 B7; 70-71 B7

F

Fabianki 68-69 C7; 70-71 C7
Fajsławice 78-79 D10
Fałków 78-79 D8
Farna G. (Góra) 72-73 D4, 5
Filipów 70-71 A10
Firlej 74-75 D10
Flisy 78-79 E10
Frampol 78-79 E10
Fredropol 78-79 F10
Frombork 68-69 A7; 70-71 A7
Frysztak 78-79 F9

G

Gać 78-79 E10
Galewice 72-73 D6
Gaładuś, J. (Jezioro) 70-71 A11
Gałków 72-73 D7; 74-75 D7
Garbatka-Letnisko 74-75 D9
Garbów 74-75 D10
Gardeja 68-69 B6, B7; 70-71 B6, 7
Gardno, J. (Jezioro) 68-69 A5
Garwolin 74-75 D9
Gaszowice 76-77 E6
Gaszyn 72-73 D6; 74-75 D6
Gawłuszowice 78-79 E9
Gaworzyce 72-73 D3
Gąbin 72-73 C7; 74-75 C7
Gąsawa 68-69 C5
Gdańsk 68-69 A6; 70-71 A6
Gdów 78-79 F8
Gdynia 68-69 A6; 70-71 A6
Giby 70-71 A11
Gidle 76-77 E7; 78-79 E7
Giecz 72-73 C5
Gielniów 74-75 D8
Gierałtowice 76-77 E6
Gierłoż 70-71 A9
Gierzwałd 70-71 B8
Gietrzwałd 70-71 B8
Gil Wlk. (Wielki), J. (Jezioro) 68-69 B7; 70-71 B7
Gilowice 76-77 F7
Gizałki 72-73 C5
Giżycko 70-71 A9
Gliniany 78-79 E9
Glinna 68-69 B2
Glinne, Przeł. (Przełęcz) 76-77 F7; 78-79 F7
Glinojeck 70-71 C8
Gliwice 76-77 E6
Gliwicki, Kan. (Kanał) 76-77 E6
Głębinowskie, J. (Jezioro) 76-77 E5
Głogów 72-73 D4
Głogów Młp. (Małopolski) 78-79 E9
Głogówek 76-77 E5
Głomia – rzeka 68-69 B4
Głotowo 70-71 B8
Głowacz – góra 68-69 B3
Głowaczów 74-75 D9
Głowno 72-73 D7; 74-75 D7
Główczyce 68-69 A5
Głubczyce 76-77 E5
Głuchołazy 76-77 E5
Głuchów 74-75 D8
Głuszyca 76-77 E4
Głuszyńskie, J. (Jezioro) 70-71 C6
Gniew 68-69 B6; 70-71 B6
Gniewino 68-69 A6
Gniewkowo 68-69 C6; 70-71 C6
Gniewoszów 74-75 D9
Gniezno 72-73 C5
Gnojnik 78-79 F8
Gnojno 78-79 E8
Goczałkowice-Zdr. (Zdrój) 76-77 F6
Goczałkowickie, J. (Jezioro) 76-77 F6
Godkowo 68-69 A7; 70-71 A7
Godów 76-77 F6
Godzianów 72-73 D7, 8; 74-75 D8
Godziesze Wlk. (Wielkie) 72-73 D6
Godziszów 78-79 E10
Gogolin 76-77 E6
Golczewo 68-69 B2
Golejewko 72-73 D4, 5
Goleniów 68-69 B2
Goleszów 76-77 F6
Golina 72-73 C6
Golub-Dobrzyń 68-69 B7; 70-71 B7
Gołańcz 68-69 C5
Gołąb 74-75 D9
Gołcza 76-77 E7; 78-79 E7
Gołdap 70-71 A10
Gołdap, J. (Jezioro) 70-71 A10
Gołdapa – rzeka 70-71 A10
Gołdopiwo, J. (Jezioro) 70-71 A9, 10
Gołotczyzna 70-71 C8
Gołuchów 72-73 D5
Gołymin-Ośrodek 70-71 C8
Gomunice 72-73 D7; 74-75 D7
Goniądz 70-71 B10
Gopło, J. (Jezioro) 70-71 C6
Goraj 78-79 E10
Gorczański P. (Park) N. (Narodowy) 78-79 F8
Gorlice 78-79 F9
Gorzkowice 72-73 D7; 74-75 D7
Gorzków 78-79 E10, 11
Gorzów Śl. (Śląski) 76-77 D6
Gorzów Wlkp. (Wielkopolski) 68-69 C2, 3
Gorzyce 76-77 F6
Gorzyce 78-79 E9
Gostycyn 68-69 B5
Gostynin 70-71 C7
Gostynińsko-Włocławski Park Krajobrazowy 70-71 C7
Gostyń 72-73 D4, 5
Goszczanów 72-73 D6; 74-75 D6
Goszczyn 74-75 D8
Gościeradów Ukazowy 78-79 E9, 10
Gościkowo 72-73 C3
Gościno 68-69 A3
Gowarczów 74-75 D8
Gowienica – rzeka 68-69 B2
Goworowo 70-71 C9
Gozdnica 72-73 D3
Gozdowo 68-69 C7; 70-71 C7
Gór Opawskich, P. (Park) K. (Krajobrazowy) 76-77 E5
Gór Słonnych, Park Krajobrazowy 78-79 F10
Gór Sowich, P. (Park) K. (Krajobrazowy) 76-77 E4
Gór Stołowych, P. (Park) N. (Narodowy) 76-77 E4
Góra 68-69 C6; 70-71 C6
Góra 72-73 D4
Góra Kalwaria 74-75 D9
Góra Św. (Świętej) Anny 76-77 E6
Góra Św. (Świętej) Anny, P. (Park) K. (Krajobrazowy) 76-77 E6
Góra Św. (Świętej) Małgorzaty 72-73 C7; 74-75 C7
Górażdże 76-77 E6
Górecko Kośc. (Kościelne) 78-79 E10, 11
Górka Klasztorna 68-69 B5
Górno 78-79 E8
Górowo Iławeckie 70-71 A8
Górznieńsko-Lidzbarski Park Krajobrazowy 68-69 B7; 70-71 B7
Górzno 68-69 B7; 70-71 B7
Górzno 74-75 D9
Górzyca 72-73 C2
Gózd 74-75 D9
Grabarka 74-75 C11
Grabia – rzeka 72-73 D7; 74-75 D7
Grabica 72-73 D7; 74-75 D7
Grabki Duże 78-79 E8
Grabowa – rzeka 68-69 A4
Grabowiec 78-79 E11
Grabowo 70-71 B10
Grabów 72-73 C7; 74-75 C7
Grabów n. (nad) Pilicą 74-75 D9
Grabów n. (nad) Prosną 72-73 D6
Grajewo 70-71 B10
Granowo 72-73 C4
Grążawy 68-69 B7; 70-71 B7
Grębków 74-75 C9, 10
Grębocice 72-73 D4
Gręboszów 78-79 E8
Grębów 78-79 E9
Grodków 76-77 E5
Grodziczno 68-69 B7; 70-71 B7
Grodziec 72-73 C6
Grodziec 76-77 D3
Grodziec 76-77 F6
Grodzisk 70-71 C10
Grodzisk Maz. (Mazowiecki) 74-75 C8
Grodzisk Wlkp. (Wielkopolski) 72-73 C4
Grodzisko Dln. (Dolne) 78-79 E10
Gromadka 72-73 D3
Gromnik – góra 76-77 E5
Gromnik 78-79 F8
Gronowo 68-69 A7; 70-71 A7
Gródek 70-71 B11
Gródek n. (nad) Dunajcem 78-79 F8
Grójec 74-75 D8
Grudusk 70-71 B8
Grudziądz 68-69 B6; 70-71 B6
Grunwald 70-71 B8
Gruta 68-69 B6, B7; 70-71 B6, B7
Grybów 78-79 F8
Gryfice 68-69 B3
Gryfino 68-69 B2
Gryfów Śl. (Śląski) 76-77 D3
Gryżyński P. (Park) K. (Krajobrazowy) 72-73 C3
Grzegorzew 72-73 C6; 74-75 C6
Grzmiąca 68-69 B4
Guber – rzeka 70-71 A9
Gubin 72-73 D2
Guzów 74-75 C8
Gwda – rzeka 68-69 B4
Gwiazdy, J. (Jezioro) 68-69 B5
Gzy 70-71 C8

H

Haczów 78-79 F9
Hajka, J. (Jezioro) 68-69 A4
Hajnówka 70-71 C11
Halinów 74-75 C9
Hanna 74-75 D11
Hańcza, J. (Jezioro) 70-71 A10
Hańczowa 78-79 F9
Hańsk 74-75 D11
Harasiuki 78-79 E10
Hażlach 76-77 F6
Hel 68-69 A6; 70-71 A6
Helska, Mierzeja 68-69 A6; 70-71 A6
Henryków 76-77 E4
Herby 76-77 E6
Hoczewka – rzeka 78-79 F10
Horodło 78-79 E11, 12
Horyniec-Zdrój 78-79 E11
Hrebenne 78-79 E11
Hrubieszów 78-79 E11
Huczwa – rzeka 78-79 E11
Huszlew 74-75 C10
Huta Dąbrowa 74-75 D10
Hyżne 78-79 F10

I

Iganie 74-75 C10
Ilanka – rzeka 72-73 C2
Iława 68-69 B7; 70-71 B7
Iłowa 72-73 D3
Iłowo-Osada 70-71 B8
Iłów 72-73 C8; 74-75 C8
Iłża 74-75 D9
Iłżanka – rzeka 74-75 D9
Imielin 76-77 E7
Imielno 78-79 E8
Ina – rzeka 68-69 B3; B2
Inowłódz 74-75 D8
Inowrocław 68-69 C6; 70-71 C6
Iński Park Krajobrazowy 68-69 B3
Ińsko 68-69 B3
Ińsko, J. (Jezioro) 68-69 B3
Irządze 76-77 E7; 78-79 E7
Istebna 76-77 F6
Iwaniska 78-79 E9
Iwanowice Włośc. (Włościańskie) 78-79 E7, 8
Iwierzyce 78-79 E9
Iwkowa 78-79 F8
Iwonicz-Zdrój 78-79 F9
Izabelin 74-75 C8
Izbica 78-79 E11
Izbica Kujawska 70-71 C6
Izbicko 76-77 E6

J

Jabłeczna 74-75 D11
Jabłonka 76-77 F7; 78-79 F7
Jabłonna 74-75 C8
Jabłonna I 78-79 D10
Jabłonna Lacka 70-71 C10
Jabłonowo Pomorskie 68-69 B7; 70-71 B7
Jabłoń 74-75 D11
Jadów 70-71 C9
Jagodne, J. (Jezioro) 70-71 B9
Jaktorów 74-75 C8
Jakubów 74-75 C9
Jamno, J. (Jezioro) 68-69 A4
Janikowo 68-69 C6; 70-71 C6
Janowice Wlk. (Wielkie) 76-77 E3
Janowiec 74-75 D9
Janowiec Kościelny 70-71 B8
Janowiec Wlkp. (Wielkopolski) 68-69 C5
Janowo 70-71 B8
Janów 70-71 B11
Janów 76-77 E7; 78-79 E7
Janów Lubelski 78-79 E10
Janów Podlaski 74-75 C11
Jaraczewo 72-73 D5
Jarczów 78-79 E11
Jarocin 72-73 D5
Jarocin 78-79 E10
Jarosław 78-79 E10
Jasienica 76-77 F6
Jasienica Rosielna 78-79 F9
Jasieniec 74-75 D8, 9
Jasień 72-73 D3
Jasień, J. (Jezioro) 68-69 A5
Jasionówka 70-71 B11
Jasło 78-79 F9
Jasna Góra – część Częstochowy 76-77 E6, 7
Jastarnia 68-69 A6; 70-71 A6
Jastków 74-75 D10
Jastrowie 68-69 B4
Jastrowskie, J. (Jezioro) 68-69 B4, 5
Jastrząb 74-75 D8
Jastrzębia 74-75 D9
Jastrzębia Góra 68-69 A6; 70-71 A6
Jastrzębie-Zdrój 76-77 F6
Jaśliska 78-79 F9
Jaśliski Park Krajobrazowy 78-79 F9-F10
Jaświły 70-71 B10
Jawor 76-77 D4
Jawornik Polski 78-79 F10
Jaworze 76-77 F6, 7
Jaworzno 76-77 E7
Jaworzyna – góra 78-79 F8
Jaworzyna Śl. (Śląska) 76-77 E4
Jedlicze 78-79 F9
Jedlina-Zdrój 76-77 E4
Jedlińsk 74-75 D9
Jedlnia-Letnisko 74-75 D9
Jednorożec 70-71 B8, 9
Jedwabne 70-71 B10
Jedwabno 70-71 B8
Jegrznia – rzeka 70-71 B10
Jejkowice 76-77 E6
Jelcz-Laskowice 76-77 D5
Jelenia Góra 76-77 E3
Jeleniewo 70-71 A10
Jeleniowski P. (Park) K. (Krajobrazowy) 78-79 E9
Jeleśnia 76-77 F7; 78-79 F7
Jemielnica 76-77 E6
Jemielno 72-73 D4
Jerzmanowa 72-73 D4
Jerzmanowice 76-77 E7; 78-79 E7
Jeziora Wlk. (Wielka) 70-71 C6
Jeziorak, J. (Jezioro) 68-69 B7; 70-71 B7
Jeziorany 70-71 B8
Jeziorka – rzeka 74-75 D8
Jeziorsko, J. (Jezioro) 72-73 D6; 74-75 D6
Jeziorzany 74-75 D10
Jeżewo 68-69 B6; 70-71 B6
Jeżowe 78-79 E10
Jeżów 72-73 D7; 74-75 D7
Jeżów Sudecki 76-77 E3
Jędrzejów 78-79 E8
Jodłowa 78-79 F9
Jodłownik 78-79 F8
Joniec 70-71 C8
Jonkowo 70-71 B8
Jordanów 76-77 F7; 78-79 F7
Jordanów Śl. (Śląski) 76-77 E4, 5
Józefów 74-75 C9
Józefów 78-79 D9
Józefów 78-79 E10, 11
Juchnowiec Kościelny 70-71 B11
Juksty, J. (Jezioro) 70-71 B9
Jurata 68-69 A6; 70-71 A6
Justynów 72-73 D7; 74-75 D7
Jutrosin 72-73 D5

K

Kaczawa – rzeka 76-77 D3, 4
Kaczory 68-69 B4
Kadyny 68-69 A7; 70-71 A7
Kadzidło 70-71 B9
Kalety 76-77 E6
Kalinowa 72-73 D6; 74-75 D6
Kalinowo 70-71 B10
Kaliska 68-69 B6; 70-71 B6
Kalisz 72-73 D6
Kalisz Pomorski 68-69 B3
Kalwa, J. (Jezioro) 70-71 B8
Kalwaria Pacławska 78-79 F10
Kalwaria Zebrzydowska 76-77 F7; 78-79 F7
Kałębie, J. (Jezioro) 68-69 B6; 70-71 B6
Kałków 76-77 E5
Kałków-Godów 78-79 E9
Kałuszyn 74-75 C9
Kamianna 78-79 F8, 9
Kamienica – rzeka 78-79 F8
Kamienica 78-79 F8
Kamienica Polska 76-77 E7
Kamieniec 72-73 C4
Kamieniec Ząbkowicki 76-77 E4, 5
Kamienna – rzeka 78-79 D9
Kamienna Góra 76-77 E3
Kamiennik 76-77 E5
Kamień 78-79 D11
Kamień 78-79 E10
Kamień Krajeński 68-69 B5
Kamień Pomorski 68-69 B2
Kamieńsk 72-73 D7; 74-75 D7
Kamionka 74-75 D10
Kamionka Wlk. (Wielka) 78-79 F8
Kampinos 74-75 C8
Kampinoski Park Narodowy 74-75 C8
Kańczuga 78-79 F10
Karczew 74-75 C9
Karczmiska I 74-75 D10
Kargowa 72-73 C3
Karkonoski P. (Park) N. (Narodowy) 76-77 E3
Karlino 68-69 A3
Karnice 68-69 A3
Karniewo 70-71 C8
Karpackie Góry – góra 70-71 B11
Karpacz 76-77 E3
Karsin 68-69 B5
Karsińskie, J. (Jezioro) 68-69 B5
Kartuzy 68-69 A6; 70-71 A6
Kasprowy Wierch – góra 78-79 F7, 8
Kaszubski Park Krajobrazowy 68-69 A5-A6; 70-71 A6
Katowice 76-77 E6, 7
Kawęczyn 72-73 D6; 74-75 D6
Kazanów 74-75 D9
Kazimierski Park Krajobrazowy 74-75 D9
Kazimierz Biskupi 72-73 C6
Kazimierz Dln. (Dolny) 74-75 D9, 10
Kazimierza Wielka 78-79 E8
Kaźmierz 72-73 C4
Kąkolewnica Wsch. (Wschodnia) 74-75 D10
Kąśna Dln. (Dolna) 78-79 F8
Kąty Rybackie 68-69 A7; 70-71 A7
Kąty Wrocł. (Wrocławskie) 76-77 D4
Kcynia 68-69 B5
Kędzierzyn-Koźle 76-77 E6
Kępice 68-69 A4, 5
Kępno 72-73 D6
Kęsowo 68-69 B5
Kętrzyn 70-71 A9
Kęty 76-77 F7
Kielce 78-79 E8
Kielskie, J. (Jezioro) 68-69 A5
Kiełczygłów 72-73 D6, 7; 74-75 D6
Kiernozia 72-73 C7; 74-75 C7
Kietrz 76-77 E5
Kije 78-79 E8
Kijewo Królewskie 68-69 B6; 70-71 B6
Kikół 68-69 C7; 70-71 C7
Kisajno ,J. (Jezioro) 70-71 A9
Kisielice 68-69 B7; 70-71 B7
Kiszkowo 72-73 C5
Kiwity 70-71 A8
Kleczew 72-73 C6
Klembów 74-75 C9
Kleszczele 70-71 C11
Kleszczewo 72-73 C5
Kleszczów 72-73 D7; 74-75 D7
Klępsk 72-73 C3
Klimkowskie, J. (Jezioro) 78-79 F9
Klimontów 78-79 E9
Klonowa 72-73 D6; 74-75 D6
Kluczbork 76-77 E6
Klucze 76-77 E7; 78-79 E7
Kluczewsko 76-77 E7; 78-79 E7
Kluki 68-69 A5
Kluki 72-73 D7; 74-75 D7
Klukowo 70-71 C10
Klwów 74-75 D8
Kłaj 78-79 F8
Kłączno, J. (Jezioro) 68-69 A5
Kłecko 72-73 C5
Kłobuck 76-77 E6, 7

Kłoczew 74-75 D9
Kłodawa 68-69 C3
Kłodawa 72-73 C6; 74-75 C6
Kłodzko 76-77 E4
Kłomnice 76-77 E7; 78-79 E7
Kłóbka 72-73 C7; 74-75 C7
Knurów 76-77 E6
Knyszyn 70-71 B10, 11
Kobiele Wlk. (Wielkie) 76-77 D7; 78-79 D7
Kobierzyce 76-77 E4
Kobiór 76-77 E6
Kobyla Góra 72-73 D5
Kobyla Góra 72-73 D5
Kobylanka 68-69 B2
Kobylin 72-73 D5
Kobylin-Borzymy 70-71 B10
Kobylnica 68-69 A5
Kobyłka 74-75 C9
Kochanowice 76-77 E6
Kocierzew Płd. (Południowy) 72-73 C7, 8; 74-75 C8
Kock 74-75 D10
Koczała 68-69 B5
Kodeń 74-75 D11
Kodrąb 76-77 D7; 78-79 D7
Kolbudy Grn. (Górne) 68-69 A6; 70-71 A6
Kolbuszowa 78-79 E9
Kolno 70-71 A9
Kolno 70-71 B9, 10
Kolno, J. (Jezioro) 70-71 B11
Kolonowskie 76-77 E6
Kolsko 72-73 D3, 4
Koluszki 72-73 D7; 74-75 D7
Kołaczkowo 72-73 C5
Kołaczyce 78-79 F9
Kołaki Kościelne 70-71 B10
Kołbacz 68-69 B2
Kołbaskowo 68-69 B2
Kołbiel 74-75 C9
Kołczygłowy 68-69 A5
Koło 72-73 C6; 74-75 C6
Kołobrzeg 68-69 A3
Komańcza 78-79 F9, 10
Komarówka Podlaska 74-75 D10
Komarów-Osada 78-79 E11
Komorniki 72-73 C4
Komorzno 76-77 D5, 6
Komprachcice 76-77 E5
Konarzyny 68-69 B5
Kondratowice 76-77 E4, 5
Koneck 68-69 C6; 70-71 C6
Koniaków 76-77 F6
Koniecpol 76-77 E7; 78-79 E7
Konin 72-73 C6
Koniusza 78-79 E8
Konopiska 76-77 E6, 7
Konopnica 72-73 D6; 74-75 D6
Konstancin-Jeziorna 74-75 C8, 9
Konstantynów 74-75 C11
Konstantynów Łódzki 72-73 D7; 74-75 D7
Końskie 74-75 D8
Końskowola 74-75 D10
Kopań, J. (Jezioro) 68-69 A4
Koprzywianka – rzeka 78-79 E9
Koprzywnica 78-79 E9
Korbielów 76-77 F7; 78-79 F7
Korczew 74-75 C10
Korczyna 78-79 F9
Korfantów 76-77 E5
Kornowac 76-77 E6
Koronowo 68-69 B5
Koronowskie, J. (Jezioro) 68-69 B5
Korsze 70-71 A9
Korycin 70-71 B11
Korytnica 74-75 C9
Korzenna 78-79 F8
Kosakowo 68-69 A6; 70-71 A6
Kosieczyn 72-73 C3
Kosina 78-79 E10
Kosów Lacki 70-71 C10
Kostomłoty 74-75 D11
Kostomłoty 76-77 D4
Kostrzyn 72-73 C2
Kostrzyn 72-73 C5
Kostrzyń – rzeka 74-75 C9
Koszalin 68-69 A4
Koszarawa 76-77 F7; 78-79 F7
Koszęcin 76-77 E6
Koszuty 72-73 C5
Koszyce 78-79 E8
Kościan 72-73 C4
Kościelec 72-73 C6; 74-75 C6
Kościelisko 78-79 F7
Kościerzyna 68-69 A5, 6
Kośno, J. (Jezioro) 70-71 B8
Kotla 72-73 D4
Kotlin 72-73 D5
Kotuń 74-75 C10
Kowal 70-71 C7
Kowala-Stępocina 74-75 D9
Kowale Oleckie 70-71 A10
Kowalewo Pomorskie 68-69 B6; 70-71 B6
Kowary 76-77 E3
Kowiesy 74-75 D8
Koziegłowy 76-77 E7
Kozielice 68-69 B2
Kozienice 74-75 D9
Kozienicki P. (Park) K. (Krajobrazowy) 74-75 D9
Kozłowiecki P. (Park) K. (Krajobrazowy) 74-75 D10
Kozłowo 70-71 B8
Kozłów 78-79 E8
Kozłówka 74-75 D10
Kozubowski P. (Park) K. (Krajobrazowy) 78-79 E8
Kozubszczyzna 74-75 D10
Kozy 76-77 F7
Koźmin Wlkp. (Wielkpolski) 72-73 D5
Koźminek 72-73 D6; 74-75 D6
Kożuchów 72-73 D3
Kórnik 72-73 C5
Krajenka 68-69 B5
Krajeński Park Krajobrazowy 68-69 B5
Kraków 78-79 E8
Kramsk 72-73 C6; 74-75 C6
Krapkowice 76-77 E5
Krasiczyn 78-79 F10
Krasne 70-71 C8
Krasne 74-75 D10
Krasne 78-79 E10
Krasnobrodzki P. (Park) K. (Krajobrazowy) 78-79 E11
Krasnobród 78-79 E11
Krasnopol 70-71 A11
Krasnosielc 70-71 B9
Krasnystaw 78-79 E10, 11
Krasocin 78-79 E8
Kraszewice 72-73 D6
Kraśniczyn 78-79 E11
Kraśnik 78-79 E10
Krąg 68-69 A4
Krąpiel – rzeka 68-69 B3
Krempna 78-79 F9
Krępsko, J. (Jezioro) 68-69 B5
Krobia 72-73 D4, 5
Kroczyce 76-77 E7; 78-79 E7
Krokowa 68-69 A6; 70-71 A6
Krosno 70-71 A8
Krosno 78-79 F9
Krosno Odrzańskie 72-73 C3
Krościenko n. (nad) Dunajcem 78-79 F8
Krościenko Wyżne 78-79 F9
Krośnice 72-73 D5
Krośniewice 72-73 C7; 74-75 C7
Krotoszyce 76-77 D4
Krotoszyn 72-73 D5
Kruklanki 70-71 A9, 10
Krupski Młyn 76-77 E6
Kruszwica 70-71 C6
Kruszyna 76-77 E7; 78-79 E7
Kruszyniany 70-71 B11
Kruszyńskie, J. (Jezioro) 68-69 B5
Krutynia – rzeka 70-71 B9
Krytów 78-79 E11, 12
Krynica Morska 68-69 A7; 70-71 A7
Krynica-Zdrój 78-79 F8, 9
Krynice 78-79 E11
Krynki 70-71 B11
Krypno Kośc. (Kościelne) 70-71 B10
Krzanowice 76-77 E6
Krzczonowski P. (Park) K. (Krajobrazowy) 78-79 D10
Krzczonów 78-79 E10
Krzemieniewo 72-73 D4
Krzemieniucha – góra 70-71 A10
Krzemionki Opat. (Opatowskie) 78-79 E9
Krzepice 76-77 E6
Krzesiński P. (Park) K. (Krajobrazowy) 72-73 C2
Krzeszowice 76-77 E7; 78-79 E7
Krzeszów 76-77 E4
Krzeszów 78-79 E10
Krzeszyce 72-73 C3
Krzęcin 68-69 B3
Krzna – rzeka 74-75 C11
Krzna Pd. (Południowa) – rzeka 74-75 D10
Krzna Pn. (Północna) – rzeka 74-75 D10
Krzycki Rów – rzeka 72-73 D3, 4
Krzykosy 72-73 C5
Krzymów 72-73 C6; 74-75 C6
Krzynia, J. (Jezioro) 68-69 A5
Krzynowłoga Mł. (Mała) 70-71 B8
Krzywcza 78-79 F10
Krzywda 74-75 D10
Krzywiń 72-73 D4
Krzyż Wlkp. (Wielkopolski) 68-69 C4
Krzyżanowice 76-77 F6
Krzyżanów 72-73 C7; 74-75 C7
Ksawerów 72-73 D7; 74-75 D7
Książ – część Wałbrzycha 76-77 E4
Książ Wlk. (Wielki) 78-79 E8
Książ Wlkp. (Wielkopolski) 72-73 C5
Książański P. (Park) K. (Krajobrazowy) 76-77 E4
Książki 68-69 B7; 70-71 B7
Księżpol 78-79 E10
Kuczbork-Osada 70-71 B8
Kudowa-Zdrój 76-77 E4
Kulesze Kościelne 70-71 B10
Kulice 68-69 B3
Kunice 72-73 D4
Kunów 78-79 E9
Kurozwęki 78-79 E9
Kurów 74-75 D10
Kuryłówka 78-79 E10
Kurzętnik 68-69 B7; 70-71 B7
Kuślin 72-73 C4
Kutno 72-73 C7; 74-75 C7
Kuźnia Raciborska 76-77 E6
Kuźnica 70-71 B11
Kwidzyn 68-69 B6, B7; 70-71 B6, B7
Kwilcz 72-73 C4
Kwisa – rzeka 72-73 D3

L

Lackowa – góra 78-79 F9
Lanckorona 76-77 F7; 78-79 F7
Laskowa 78-79 F8
Lasocin 72-73 D3
Lasowice Mł. (Małe) 76-77 E6
Lasy Janowskie, Park Krajobrazowy 78-79 E10
Lasy nad Górną Liswartą, Park Krajobrazowy 76-77 E6
Laszki 78-79 E10
Latowicz 74-75 C9
Ląd 72-73 C5
Lądek 72-73 C5
Lądek-Zdrój 76-77 E4
Lednica, J. (Jezioro) 72-73 C5
Lednicki P. (Park) K. (Krajobrazowy) 72-73 C5
Lednogóra 72-73 C5
Lega – rzeka 70-71 B10
Legionowo 74-75 C8, 9
Legnica 72-73 D4
Legnickie Pole 76-77 D4
Lelis 70-71 B9
Lelkowo 70-71 A8
Lelów 76-77 E7; 78-79 E7
Leoncin 74-75 C8
Lesko 78-79 F10
Leszno 72-73 D4
Leszno 74-75 C8
Lesznowola 74-75 C8
Leśna 76-77 D3
Leśna Podlaska 74-75 C11
Leśnica 76-77 E6
Leśniowice 78-79 E11
Lewin Brzeski 76-77 E5
Lewin Kłodzki 76-77 E4
Lewków 72-73 D5
Leżajsk 78-79 E10
Lębork 68-69 A5
Lędziny 76-77 E7
Libiąż 76-77 E7; 78-79 E7
Lichnowy 68-69 A6; 70-71 A6
Lidzbark 68-69 B7; 70-71 B7
Lidzbark Warmiński 70-71 A8
Limanowa 78-79 F8
Linia 68-69 A5
Liniewo 68-69 A6; 70-71 A6
Lipce Reymontowskie 72-73 D7; 74-75 D7, 8
Lipiany 68-69 B2, 3
Lipie 76-77 D6
Lipinki 78-79 F9
Lipinki Łużyckie 72-73 D2, 3
Lipka 68-69 B5
Lipnica 68-69 B5
Lipnica Murowana 78-79 F8
Lipnica Wlk. (Wielka) 76-77 F7; 78-79 F7
Lipnik 78-79 E9
Lipno 68-69 C7; 70-71 C7
Lipno 72-73 D4
Lipowa 76-77 F7
Lipowa Góra 70-71 A10
Lipowiec Kościelny 70-71 B8
Lipsk 70-71 B11
Lipsko 74-75 D9
Lipusz 68-69 A5
Lisewo 68-69 B6; 70-71 B6
Lisia Góra 68-69 B4, 5
Lisia Góra 78-79 E9
Lisków 72-73 D6; 74-75 D6
Liswarta – rzeka 76-77 E6
Liszki 76-77 E7; 78-79 E7
Liw 74-75 C9
Liwa – rzeka 68-69 B7; 70-71 B7
Liwiec – rzeka 70-71 C9
Liwiec – rzeka 74-75 C10
Liwocz – góra 78-79 F9
Lniano 68-69 B6; 70-71 B6
Lubaczów 78-79 E11
Lubaczówka – rzeka 78-79 E11
Lubanie 68-69 C6; 70-71 C6
Lubań 76-77 D3
Lubartów 74-75 D10
Lubasz 68-69 C4
Lubawa 68-69 B7; 70-71 B7
Lubawka 76-77 E3
Lubawka, Przeł. (Przełęcz) 76-77 E4
Lubenia 78-79 F9, 10
Lubiąż 72-73 D4
Lubichowo 68-69 B6; 70-71 B6
Lubicz 68-69 B6; 70-71 B6
Lubie, J. (Jezioro) 68-69 B3
Lubie, J. (Jezioro) 68-69 C3
Lubień 76-77 F7; 78-79 F7
Lubień Kujawski 72-73 C7; 74-75 C7
Lubiewo 68-69 B6
Lubięcin 72-73 D3
Lubin 72-73 D4
Lubiń 72-73 D4
Lubiszyn 68-69 C2
Lubkowskie, J. (Jezioro) 72-73 C3
Lublin 74-75 D10
Lubliniec 76-77 E6
Lubniewice 72-73 C3
Lubniewsko, J. (Jezioro) 72-73 C3
Lubochnia 74-75 D8
Lubomia 76-77 E6
Lubomierz 76-77 D3
Lubomino 70-71 A8
Luboń 72-73 C4
Luboń Wlk. (Wielki) – góra 76-77 F7; 78-79 F7
Luborzyca 78-79 E8
Lubostroń 68-69 C5, 6
Lubowidz 68-69 B7; 70-71 B7
Lubraniec 70-71 C6
Lubrza 72-73 C3
Lubrza 76-77 E5
Lubsko 72-73 D2, 3
Lubsza – rzeka 72-73 D2
Lubsza 76-77 E5
Lubycza Królewska 78-79 E11
Luciąża – rzeka 72-73 D7; 74-75 D7
Ludwin 74-75 D10
Ludźmierz 76-77 F7; 78-79 F7
Luterskie, J. (Jezioro) 70-71 A8
Lutocin 68-69 C7; 70-71 C7
Lutomiersk 72-73 D7; 74-75 D7
Lutowiska 78-79 F10
Lututów 72-73 D6; 74-75 D6
Lutynia – rzeka 72-73 D5
Luzino 68-69 A6; 70-71 A6
Lwówek 72-73 C4
Lwówek Śl. (Śląski) 76-77 D3
Lyski 76-77 E6

Ł

Łabędy – część Gliwic 76-77 E6
Łabiszyn 68-69 C5
Łabowa 78-79 F8
Łabunie 78-79 E11
Łada – rzeka 78-79 E10
Ładzice 76-77 D7; 78-79 D7
Łagiewniki 76-77 E4
Łagowski Park Krajobrazowy 72-73 C3
Łagów 72-73 C3
Łagów 78-79 E9
Łambinowice 76-77 E5
Łanięta 72-73 C7; 74-75 C7
Łańcut 78-79 E10
Łańskie, J. (Jezioro) 70-71 B8
Łapanów 78-79 F8
Łapsze Niżne 78-79 F8
Łapy 70-71 C10
Łasin 68-69 B7; 70-71 B7
Łask 72-73 D7; 74-75 D7
Łaskarzew 74-75 D9
Łaszczów 78-79 E11
Łaśmiady, J. (Jezioro) 70-71 B10
Łaziska 74-75 D9
Łaziska Grn. (Górne) 76-77 E6
Łazy 68-69 A4
Łazy 76-77 E7; 78-79 E7
Łaźno, J. (Jezioro) 70-71 A10
Łąck 70-71 C7
Łącko 78-79 F8
Łączna 78-79 D8
Łeba – rzeka 68-69 A5
Łeba 68-69 A5
Łebsko, J. (Jezioro) 68-69 A5
Łęczna 74-75 D10
Łęczyca 72-73 C7; 74-75 C7
Łęczyce 68-69 A5
Łęg – rzeka 78-79 E9
Łęka Opatowska 72-73 D6
Łękawica 76-77 F7
Łęki Szlach. (Szlacheckie) 72-73 D7; 74-75 D7
Łęknica 72-73 D2
Łętowskie, J. (Jezioro) 68-69 A4
Łobez 68-69 B3
Łobżenica 68-69 B5
Łobżonka – rzeka 68-69 B5
Łochów 70-71 C9
Łodygowice 76-77 F7
Łomazy 74-75 D11
Łomianki 74-75 C8
Łomża 70-71 B9, 10
Łoniów 78-79 E9
Łopiennik Grn. (Górny) 78-79 D11
Łopuszna 78-79 F8
Łopuszno 78-79 E8
Łosice 74-75 C10
Łososina – rzeka 78-79 E8
Łososina – rzeka 78-79 F8
Łososina Dln. (Dolna) 78-79 F8
Łowicz 72-73 C7; 74-75 C7
Łódź 72-73 D7; 74-75 D7
Łubianka 68-69 B6; 70-71 B6
Łubniany 76-77 E6
Łubnice 76-77 D6
Łubnice 78-79 E9
Łubowo 72-73 C5
Łukowa 78-79 E10
Łukowica 78-79 F8
Łukowo 72-73 C4
Łuków 74-75 D10
Łukta 70-71 B8
Łupawa – rzeka 68-69 A5
Łupkowska, Przeł. (Przełęcz) 78-79 F9, 10
Łużna 78-79 F8, 9
Łużyca – rzeka 72-73 D6; 74-75 D6
Łydynia – rzeka 70-71 C8
Łyna – rzeka 70-71 B8; A9
Łysa Góra 72-73 C5
Łyse 70-71 B9
Łysica – góra 78-79 E8
Łysomice 68-69 B6; 70-71 B6
Łyszkowice 72-73 D7; 74-75 D7

M

Maciejowice 74-75 D9
Maciejówka – góra 78-79 F10
Magnuszew 74-75 D9
Magurski Park Narodowy 78-79 F9
Majdan Królewski 78-79 E9
Maków 72-73 D7, 8; 74-75 D8
Maków Maz. (Mazowiecki) 70-71 C8
Maków Podhalański 76-77 F7; 78-79 F7
Malanów 72-73 D6; 74-75 D6
Malbork 68-69 A7; 70-71 A7
Malczyce 72-73 D4
Malechowo 68-69 A4
Maleniec 74-75 D8
Mała Ina – rzeka 68-69 B3
Mała Wełna – rzeka 72-73 C5
Małaszewicze 74-75 C11
Małdyty 68-69 B7; 70-71 B7
Małkinia Grn. (Górna) 70-71 C9, 10
Małków 72-73 D6; 74-75 D6
Małogoszcz 78-79 E8
Małomice 72-73 D3
Małujowice 76-77 E5
Mamry, J. (Jezioro) 70-71 A9
Maniowy 78-79 F8
Manowo 68-69 A4
Marcinowice 76-77 E4
Marciszów 76-77 E4
Margonin 68-69 C5
Marianowo 68-69 B3
Marki 74-75 C9
Marklowice 76-77 E6
Markowa 78-79 E10
Markusy 68-69 A7; 70-71 A7
Markuszów 74-75 D10
Martwa Wisła – rzeka 68-69 A6; 70-71 A6
Maskawa – rzeka 72-73 C5
Masłowice 76-77 D7; 78-79 D7
Masłów 78-79 E8
Maszewo 68-69 B3
Maszewo 72-73 C2
Maślana G. (Góra) 78-79 F8, 9
Mausz, J. (Jezioro) 68-69 A5
Mazowiecki P. (Park) K. (Krajobrazowy) 74-75 C9-D9
Mazurski Park Krajobrazowy 70-71 B9
Medyka 78-79 F10
Mełno, J. (Jezioro) 68-69 B7; 70-71 B7
Mełgiew 74-75 D10
Męcinka 76-77 D3, 4
Mędrzechów 78-79 E8, 9
Miała – rzeka 68-69 C4
Miasteczko Krajeńskie 68-69 B4, 5
Miasteczko Śl. (Śląskie) 76-77 E6, 7
Miastko 68-69 A4, 5
Miastkowo 70-71 B9
Miastków Kościelny 74-75 D9
Miączyn 78-79 E11
Michałowice 74-75 C8
Michałowice 78-79 E7, 8
Michałowo 70-71 B11
Michałów 78-79 E8
Michów 74-75 D10
Miechów 78-79 E8
Miedniewice 74-75 C8
Miedwie, J. (Jezioro) 68-69 B2
Miedziana Góra 78-79 E8
Miedzichowo 72-73 C3, 4
Miedzna 70-71 C10
Miedźna 76-77 F7
Miedźno 76-77 E7
Miejsce Piastowe 78-79 F9
Miejska Górka 72-73 D4, 5
Mielec 78-79 E9
Mieleszyn 72-73 C5
Mielnik 74-75 C11
Mielno 68-69 A3, 4
Mień – rzeka 68-69 C7; 70-71 C7
Mieroszów 76-77 E4
Mierzawa – rzeka 78-79 E8
Mierzeja Wiślana, P. (Park) K. (Krajobrazowy) 68-69 A7; 70-71 A7
Mierzęcice 76-77 E7
Mieszkowice 68-69 C2
Mieścisko 68-69 C5
Mietkowskie, J. (Jezioro) 76-77 E4
Mietków 76-77 E4
Międzybórz 72-73 D5
Międzychód 72-73 C3
Międzygórze 76-77 E4
Międzylesie 76-77 E4
Międzyleska, Przeł. (Przełęcz) 76-77 E4
Międzyrzec Podlaski 74-75 C10
Międzyrzecz 72-73 C3
Międzyrzecza Warty i Widawki, P. (Park) K. (Krajobrazowy) 72-73 D6; 74-75 D6
Międzyzdroje 68-69 B2
Miękinia 72-73 D4
Mikołajki 70-71 B9
Mikołajki Pomorskie 68-69 B7; 70-71 B7
Mikołów 76-77 E6
Mikstat 72-73 D5
Milanów 74-75 D10
Milanówek 74-75 C8
Milejczyce 70-71 C11
Milejewo 68-69 A7; 70-71 A7
Milejów 74-75 D10
Milickie, Stawy 72-73 D5
Milicz 72-73 D5
Milówka 76-77 F7
Miłakowo 70-71 A8
Miłki 70-71 B9
Miłkowice 72-73 D4
Miłomłyn 68-69 B7; 70-71 B7
Miłoradz 68-69 A6; 70-71 A6
Miłosław 72-73 C5
Mińsk Maz. (Mazowiecki) 74-75 C9
Mircze 78-79 E11
Mirosławiec 68-69 B4
Mirów 76-77 E7; 78-79 E7
Mirów Str. (Stary) 74-75 D8, 9
Mirsk 76-77 E3
Mirzec 78-79 D9
Mleczna – rzeka 78-79 F10
Mł. (Mała) Panew – rzeka 76-77 E6
Mł. (Mała) Wieś 70-71 C8
Mł. (Mały) Płock 70-71 B10
Mława 70-71 B8
Mławka – rzeka 70-71 B8
Młodzieszyn 74-75 C8
Młynary 68-69 A7; 70-71 A7
Młynarze 70-71 C9
Mniów 78-79 D8
Mniszków 74-75 D7, 8
Mochowo 68-69 C7; 70-71 C7
Modliborzyce 78-79 E10
Mogielica – góra 78-79 F8
Mogielnica 74-75 D8
Mogilany 76-77 F7; 78-79 F7
Mogilnica – rzeka 72-73 C4
Mogilno 72-73 C5
Mogiła – góra 78-79 F8
Mokobody 74-75 C10
Mokre, J. (Jezioro) 70-71 B9
Mokrsko 72-73 D6
Mońki 70-71 B10
Morawica 78-79 E8
Morąg 68-69 B7; 70-71 B7
Mordy 74-75 C10
Moryń 68-69 C2
Morzeszczyn 68-69 B6; 70-71 B6
Morzycko, J. (Jezioro) 68-69 C2
Mosina 72-73 C4
Moskorzew 76-77 E7; 78-79 E7
Mostowa – rzeka 68-69 B3
Moszczenica 72-73 D7; 74-75 D7
Moszczenica 78-79 F9
Moszna 76-77 E5
Motława – rzeka 68-69 A6; 70-71 A6
Mórka, J. (Jezioro) 72-73 C4, 5
Mrągowo 70-71 B9
Mrocza 68-69 B5
Mroga – rzeka 72-73 D7; 74-75 D7
Mrozy 74-75 C9
Mrzeżyno 68-69 A3
Mstów 76-77 E7; 78-79 E7
Mszana 76-77 F6
Mszana Dln. (Dolna) 78-79 F8
Mszanowo 68-69 B7; 70-71 B7
Mszczonów 74-75 D8
Mściwojów 76-77 D4
Mucharz 76-77 F7; 78-79 F7
Murowana Goślina 72-73 C4, 5
Murów 76-77 E5
Muszyna 78-79 F8, 9
Myczkowce 78-79 F10
Mykanów 76-77 E7
Mysłakowice 76-77 E3
Mysłowice 76-77 E7
Myszków 76-77 E7; 78-79 E7
Myszyniec 70-71 B9
Myśla – rzeka 68-69 C2
Myślenice 76-77 F7; 78-79 F7
Myśliborskie, J. (Jezioro) 68-69 C2
Myślibórz 68-69 C2

N

Nadarzyn 74-75 C8
Nadbużański Park Krajobrazowy 70-71 C9
Nadgoplański Park Tysiąclecia – park krajobrazowy 70-71 C6
Nadmorski Park Krajobrazowy 68-69 A6; 70-71 A6

Nadnidziański P. (Park) K. (Krajobrazowy) 78-79 E8
Nadwarciański P. (Park) K. (Krajobrazowy) 72-73 C5
Nadwieprzański P. (Park) K. (Krajobrazowy) 74-75 D10-D11
Nadwiślański Park Krajobrazowy 68-69 B6; 70-71 B6
Nagłowice 78-79 E8
Nakło n. (nad) Notecią 68-69 B5
Nałęczów 74-75 D10
Namysłów 76-77 D5
Narew – rzeka 70-71 C11; C9
Narew 70-71 C11
Narewka 70-71 C11
Narie, J. (Jezioro) 70-71 B8
Narol 78-79 E11
Naruszewo 70-71 C8
Narwiański P. (Park) K. (Krajobrazowy) 70-71 B10
Narwiański P. (Park) N. (Narodowy) 70-71 B10
Nasielsk 70-71 C8
Nawojowa 78-79 F8
Necko, J. (Jezioro) 70-71 B10
Nekla 72-73 C5
Ner – rzeka 72-73 C6; 72-73 D7
Nędza 76-77 E6
Nida – rzeka 70-71 B8
Nida – rzeka 78-79 E8
Nida Czarna – rzeka 78-79 E8
Nidzica – rzeka 78-79 E8
Nidzica 70-71 B8
Nidzkie, J. (Jezioro) 70-71 B9
Nieborów 74-75 C8
Niebylec 78-79 F9
Niechanowo 72-73 C5
Niechlów 72-73 D4
Niedomice 78-79 E8, 9
Niedrzwica Duża 78-79 D10
Niedzica 78-79 F8
Niedźwiada 74-75 D10
Niedźwiedź 78-79 F8
Niegocin, J. (Jezioro) 70-71 B9
Niegosławice 72-73 D3
Niegowa 76-77 E7; 78-79 E7
Nielisz 78-79 E10, 11
Niemce 74-75 D10
Niemcza 76-77 E4
Niemodlin 76-77 E5
Niepokalanów 74-75 C8
Niepołomice 78-79 E8
Nieporęt 74-75 C9
Niesłysz, J. (Jezioro) 72-73 C3
Nieszawa 68-69 C6; 70-71 C6
Nisko 78-79 E10
Niwiska 78-79 E9
Nogat – rzeka 68-69 B6; 70-71 B6
Notecka, Puszcza 68-69 C3-C4
Notecki, Kan. (Kanał) 68-69 BC5
Noteć – rzeka 68-69 B5; C3
Nowa Dęba 78-79 E9
Nowa Huta – część Krakowa 78-79 E8
Nowa Ruda 76-77 E4
Nowa Sól 72-73 D3
Nowe 68-69 B6; 70-71 B6
Nowe Miasteczko 72-73 D3
Nowe Ostrowy 72-73 C7; 74-75 C7
Nowe Skalmierzyce 72-73 D5
Nowe Warpno 68-69 B2
Nowęcin 68-69 A5
Nowinka 70-71 B10
Nowodwór 74-75 D10
Nowogard 68-69 B2, 3
Nowogrodziec 72-73 D3
Nowogród 70-71 B9
Nowogród Bobrzański 72-73 D3
Nowogródek Pomorski 68-69 C3
Nowowołyńsk 78-79 E11, 12
Nowy Sącz 78-79 F8
Nowy Staw 68-69 A7; 70-71 A7
Nowy Targ 78-79 F8
Nozdrzec 78-79 F10
Nur 70-71 C10
Nurzec – rzeka 70-71 C10
Nurzec-Stacja 70-71 C11
Nw. (Nowa) Brzeźnica
Nw. (Nowa) Karczma 68-69 A6; 70-71 A6
Nw. (Nowa) Sarzyna 78-79 E10
Nw. (Nowa) Słupia 78-79 E9
Nw. (Nowa) Sucha 74-75 C8
Nw. (Nowa) Wieś Lęborska 68-69 A5
Nw. (Nowa) Wieś Wlk. (Wielka) 68-69 C6; 70-71 C6
Nw. (Nowe) Brzesko 78-79 E8
Nw. (Nowe) Miasto 70-71 C8
Nw. (Nowe) Miasto Lubawskie 68-69 B7; 70-71 B7
Nw. (Nowe) Miasto n. (nad) Pilicą 74-75 D8
Nw. (Nowe) Miasto n. (nad) Wartą 72-73 C5
Nw. (Nowe) Piekuty 70-71 C10
Nw. (Nowy) Duninów 70-71 C7
Nw. (Nowy) Dwór 70-71 B11
Nw. (Nowy) Dwór Gdański 68-69 A7; 70-71 A7
Nw. (Nowy) Dwór Maz. (Mazowiecki) 70-71 C8
Nw. (Nowy) Kawęczyn 74-75 D8
Nw. (Nowy) Korczyn 78-79 E8
Nw. (Nowy) Tomyśl 72-73 C3, 4
Nw. (Nowy) Wiśnicz 78-79 F8
Nw. (Nowy) Żmigród 78-79 F9
Nysa 76-77 E5
Nysa Kłodzka – rzeka 76-77 E4; E5
Nysa Łużycka – rzeka 72-73 D2

O

Obłęgorek 78-79 E8
Oborniki 72-73 C4
Oborniki Śl. (Śląskie) 72-73 D4
Obra – rzeka 72-73 D5; C3
Obra 72-73 C4
Obrazów 78-79 E9
Obrowo 68-69 C6; 70-71 C6
Obryte 70-71 C9
Obrzański Pd. (Południowy), Kan. (Kanał) 72-73 C4
Obrzański Pn. (Północny), Kan. (Kanał) 72-73 C4
Obrzyca – rzeka 72-73 D3
Obrzycko 68-69 C4
Obsza 78-79 E10
Ochla 72-73 D3
Ochnia – rzeka 72-73 C7; 74-75 C7
Ochotnica Dln. (Dolna) 78-79 F8
Ocypel 68-69 B6; 70-71 B6
Odolanów 72-73 D5
Odra – rzeka 76-77 E6; 68-69 B2
Odry 68-69 B6; 70-71 B6
Odrzykoń 78-79 F9
Odrzywół 74-75 D8
Ogrodzieniec 76-77 E7; 78-79 E7
Ojc. (Ojcowski) P. (Park) N. (Narodowy) 76-77 E7; 78-79 E8
Ojców 76-77 E7; 78-79 E7
Ojrzeń 70-71 C8
Okocim 78-79 F8
Okonek 68-69 B4
Okonin 68-69 B6; 70-71 B6
Okonińskie, J. (Jezioro) 68-69 B5, 6
Okraj, Przeł. (Przełęcz) 76-77 E3
Oksa 78-79 E8
Okuninka 74-75 D11
Olecko 70-71 A10
Olesno 76-77 E6
Olesno 78-79 E8
Oleszyce 78-79 E10, 11
Oleśnica – rzeka 72-73 D6; 74-75 D6
Oleśnica 72-73 D5
Oleśnica 78-79 E9
Olkusz 76-77 E7; 78-79 E7
Olszanica 78-79 F10
Olszanka 74-75 C10
Olszanka 76-77 E5
Olszewo-Borki 70-71 B9
Olszówka 72-73 C6; 74-75 C6
Olsztyn 70-71 B8
Olsztyn 76-77 E7; 78-79 E7
Olsztynek 70-71 B8
Olszyna 76-77 D3
Oława – rzeka 76-77 E5
Oława 76-77 E5
Ołobok 72-73 D5, 6
Omęt – rzeka 70-71 A9
Omulew – rzeka 70-71 B9
Omulew, J. (Jezioro) 70-71 B8
Opactwo 74-75 D9
Opalenica 72-73 C4
Opatowiec 78-79 E8
Opatów 76-77 E6
Opatów 78-79 E9
Opatówek 72-73 D6
Opatówka – rzeka 78-79 E9
Opinogóra Grn. (Górna) 70-71 C8
Opoczno 74-75 D8
Opole 76-77 E5, 6
Opole Lubelskie 74-75 D9
Opołonek – góra 78-79 F10
Oporów 72-73 C7; 74-75 C7
Orawka 76-77 F7; 78-79 F7
Orchowo 72-73 C6
Orla – rzeka 72-73 D4
Orla 70-71 C11
Orlanka – rzeka 70-71 C11
Orlica – rzeka 76-77 E4
Orły 78-79 F10
Orneta 70-71 A8
Ornontowice 76-77 E6
Orońsko 74-75 D8
Orsk 72-73 D4
Ortel Królewski 74-75 D11
Orz – rzeka 70-71 C9
Orzesze 76-77 E6
Orzyc – rzeka 70-71 B8; B9
Orzysz 70-71 B9
Orzysz, J. (Jezioro) 70-71 B10
Osa – rzeka 68-69 B7; 70-71 B7
Osie 68-69 B6; 70-71 B6
Osieck 74-75 D9
Osieczna 68-69 B6; 70-71 B6
Osieczna 72-73 D4
Osiecznica 72-73 D3
Osiek 68-69 B6; 70-71 B6
Osiek 68-69 B7; 70-71 B7
Osiek 76-77 F7
Osiek 78-79 E9
Osiek Jasielski 78-79 F9
Osiek Mł. (Mały) 72-73 C6; 74-75 C6
Osiek n. (nad) Notecią 68-69 B5
Osiek, J. (Jezioro) 68-69 C3
Osielsko 68-69 B6; 70-71 B6
Osięciny 70-71 C6
Osina 68-69 B3
Osjaków 72-73 D6; 74-75 D6
Osława – rzeka 78-79 F10
Osobłoga – rzeka 76-77 E5
Osowiec 70-71 B10
Ostaszewo 68-69 A6, A7; 70-71 A6
Ostrołęka 70-71 B9
Ostroróg 72-73 C4
Ostrowice 68-69 B3
Ostrowiec Świętokrzyski 78-79 E9
Ostrowiec, J. (Jezioro) 68-69 B3, 4
Ostrowite 72-73 C5, 6
Ostrowskie, J. (Jezioro) 70-71 C6
Ostróda 68-69 B7; 70-71 B7, B8
Ostrów 78-79 E9
Ostrów Lubelski 74-75 D10
Ostrów Mazowiecka 70-71 C9, 10
Ostrów Wlkp. (Wielkpolski) 72-73 D5
Ostrówek 72-73 D6; 74-75 D6
Ostrówek 74-75 D10
Ostrzeszów 72-73 D5
Ostrzyca – góra 76-77 D3
Ośno Lubuskie 72-73 C2
Oświęcim 76-77 E7
Oświn, J. (Jezioro) 70-71 A9
Otmuchowskie, J. (Jezioro) 76-77 E5
Otmuchów 76-77 E5
Otwock 74-75 C9
Otwock Wlk. (Wielki) 74-75 C9
Otyń 72-73 D3
Owczary 78-79 F9
Owińska 72-73 C4, 5
Ozimek 76-77 E6
Ozorków 72-73 D7; 74-75 D7
Ożarowice 76-77 E6, 7
Ożarów 78-79 E9
Ożarów Maz. (Mazowiecki) 74-75 C8

P

P. (Podkowa) L. (Leśna) 74-75 C8
Pabianice 72-73 D7; 74-75 D7
Pacanów 78-79 E8, 9
Pacyna 72-73 C7; 74-75 C7
Paczków 76-77 E4
Padew Narodowa 78-79 E9
Pakoskie, J. (Jezioro) 68-69 C6; 70-71 C6
Pakosław 72-73 D4, 5
Pakosławice 76-77 E5
Pakość 68-69 C6; 70-71 C6
Pałecznica 78-79 E8
Panki 76-77 E6
Papowo Biskupie 68-69 B6; 70-71 B6
Paprotnia 74-75 C10
Paradyż 74-75 D8
Parchowo 68-69 A5
Parczew 74-75 D10
Parkowa G. (Góra) 78-79 E11
Parsęta – rzeka 68-69 B4; A3
Parysów 74-75 D9
Parzęczew 72-73 D7; 74-75 D7
Pasłęk 68-69 A7; 70-71 A7
Pasłęka – rzeka 68-69 A7; 70-71 A7
Pasmo Brzanki, P. (Park) K. (Krajobrazowy) 78-79 F9
Pasym 70-71 B8
Paszowice 76-77 D4
Pawłosiów 78-79 E10
Pawłowice 72-73 D4
Pawłowice 76-77 F6
Pawłowiczki 76-77 E5, 6
Pawłów 78-79 E9
Pawonków 76-77 E6
Pcim 76-77 F7; 78-79 F7
Pelplin 68-69 B6; 70-71 B6
Pełcz, J. (Jezioro) 68-69 B3
Pełczyce 68-69 B3
Perlejewo 70-71 C10
Perzów 72-73 D5
Petrykozy 74-75 D8
Pęcław 72-73 D4
Pęczniew 72-73 D6; 74-75 D6
Pępowo 72-73 D5
Pęzino 68-69 B3
Piaseczno 68-69 B4
Piaseczno 74-75 C8, 9
Piaski 72-73 D5
Piaski 74-75 D10
Piastów 74-75 C8
Piątek 72-73 C7; 74-75 C7
Piątkowa 78-79 F10
Piątnica Poduchowna 70-71 B10
Piechowice 76-77 E3
Piecki 70-71 B9
Piekary Śl. (Śląskie) 76-77 E6, 7
Piekoszów 78-79 E8
Pielgrzymka 76-77 D3
Pieniężno 70-71 A8
Pieniński P. (Park) N. (Narodowy) 78-79 F8
Pieńsk 72-73 D3
Pierzchalskie, J. (Jezioro) 68-69 A7; 70-71 A7-8
Pierzchnica 78-79 E8
Pieskowa Skała 76-77 E7; 78-79 E7
Pieszyce 76-77 E4
Pietrowice Wlk. (Wielkie) 76-77 E6
Pilawa 74-75 D9
Pilawki 68-69 B7; 70-71 B7
Pilchowice 76-77 E6
Pilchowickie, J. (Jezioro) 76-77 E3
Pile, J. (Jezioro) 68-69 B4
Pilica – rzeka 76-77 E7; 74-75 D8
Pilica 76-77 E7; 78-79 E7
Pilsko – góra 76-77 F7
Pilzno 78-79 F9
Piła 68-69 B4
Piława – rzeka 68-69 B4
Piława Grn. (Górna) 76-77 E4
Pińczów 78-79 E8
Pionki 74-75 D9
Piotrawin 78-79 D9
Piotrków Kujawski 70-71 C6
Piotrków Tryb. (Trybunalski) 72-73 D7; 74-75 D7
Pisa – rzeka 70-71 B9
Pisia – rzeka 74-75 C8
Piska, Puszcza 70-71 B9
Pisz 70-71 B9
Piszczac 74-75 D11
Piwniczna-Zdrój 78-79 F8
Platerów 74-75 C10
Platerówka 76-77 D3
Pleszew 72-73 D5
Pleśna 78-79 F8
Pliszka – rzeka 72-73 C2
Pluszne, J. (Jezioro) 70-71 B8
Płaska 70-71 B11
Płociczna – rzeka 68-69 B4
Płock 70-71 C7
Płodownica – rzeka 70-71 B9
Płonia – rzeka 68-69 B2
Płoniawy-Bramura 70-71 C9
Płoń, J. (Jezioro) 68-69 B3
Płońsk 70-71 C8
Płoskinia 68-69 A7; 70-71 A7
Płośnica 70-71 B8
Płoty 68-69 B3
Płużnica 68-69 B6; 70-71 B6
Płytnica – rzeka 68-69 B4
Pniewy 72-73 C4
Pniewy 74-75 D8
Pobiedziska 72-73 C5
Pobierowo 68-69 A2
Poczesna 76-77 E7
Poddębice 72-73 D6, 7; 74-75 D6, 7
Podedwórze 74-75 D11
Podegrodzie 78-79 F8
Podgórzyn 76-77 E3
Podlaski Przełom Bugu, Park Krajobrazowy 74-75 C10-C11
Pogorzela 72-73 D5
Pogórza Przemyskiego, Park Krajobrazowy 78-79 F10
Pojezierza Iławskiego, Park Krajobrazowy 68-69 B7; 70-71 B7-B8
Pojezierze Łęczyńskie, P. (Park) K. (Krajobrazowy) 74-75 D10-D11
Pokój 76-77 E5
Pokrówka 78-79 D11
Pokrzywnica 70-71 C8, 9
Polanica-Zdrój 76-77 E4
Polanka Wlk. (Wielka) 76-77 F7; 78-79 F7
Polanów 68-69 A4
Polańczyk 78-79 F10
Poleski P. (Park) N. (Narodowy) 74-75 D11
Police 68-69 B2
Polichno 72-73 D7; 74-75 D7
Policzna 74-75 D9
Polkowice 72-73 D4
Polska Cerekiew 76-77 E6
Polska G. (Góra) 68-69 B4
Połajewo 68-69 C4
Połaniec 78-79 E9
Połczyn-Zdrój 68-69 B4
Południoworoztoczański P. (Park) K. (Krajobrazowy) 78-79 E11
Pomiechówek 70-71 C8
Pomorska, Zatoka 68-69 A2
Pomorze, J. (Jezioro) 70-71 A11
Poniatowa 74-75 D10
Poniec 72-73 D4
Popielów 76-77 E5
Popów 76-77 D6, 7
Poprad – rzeka 78-79 F8
Popradzki Park Krajobrazowy 78-79 F8
Por – rzeka 78-79 E10
Poraj 76-77 E7
Porąbka 76-77 F7
Poręba 76-77 E7; 78-79 E7
Poręba Wlk. (Wielka) 78-79 F8
Poronin 78-79 F7
Posada Rybotycka 78-79 F10
Postomino 68-69 A4
Poświętne 70-71 C10
Poświętne 74-75 C9
Poświętne 74-75 D8
Potęgowo 68-69 A5
Potok Grn. (Górny) 78-79 E10
Potok Wlk. (Wielki) 78-79 E10
Potworów 74-75 D8
Powa – rzeka 72-73 C6
Powidz 72-73 C5
Powidzki P. (Park) K. (Krajobrazowy) 72-73 C5-C6
Powidzkie, J. (Jezioro) 72-73 C5, 6
Powroźnik 78-79 F8, 9
Pozezdrze 70-71 A9
Poznań 72-73 C4
Prabuty 68-69 B7; 70-71 B7
Pradoncin 78-79 E8
Pranie 70-71 B9
Praszka 76-77 D6
Pratulin 74-75 C11
Prochowice 72-73 D4
Promna 74-75 D8
Promno, P. (Park) K. (Krajobrazowy) 72-73 C5
Prosna – rzeka 76-77 D6; 72-73 C5
Prostki 70-71 B10
Proszowice 78-79 E8
Proszówka 76-77 E3
Prószków 76-77 E5
Pruchnik 78-79 F10
Prudnik 76-77 E5
Prusice 72-73 D4, 5
Pruszcz 68-69 B6; 70-71 B6
Pruszcz Gdański 68-69 A6; 70-71 A6
Pruszków 74-75 C8
Przasnysz 70-71 B8, 9
Przechlewo 68-69 B5
Przeciszów 76-77 E7; 78-79 E7
Przecław 78-79 E9
Przedborski P. (Park) K. (Krajobrazowy) 78-79 E7-E8
Przedbórz 78-79 D7, 8
Przedecz 72-73 C6; 74-75 C6
Przelewice 68-69 B3
Przemęcki Park Krajobrazowy 72-73 D4
Przemęt 72-73 C4
Przemkowski Park Krajobrazowy 72-73 D3
Przemków 72-73 D3
Przemsza – rzeka 76-77 E7
Przemyśl 78-79 F10
Przerośl 70-71 A10
Przesmyki 74-75 C10
Przeworno 76-77 E5
Przeworsk 78-79 E10
Przewóz 72-73 D2, 3
Przodkowo 68-69 A6; 70-71 A6
Przybiernów 68-69 B2
Przygodzice 72-73 D5
Przykona 72-73 D6; 74-75 D6
Przylep 72-73 D3
Przyłęk 74-75 D9
Przyrów 76-77 E7; 78-79 E7
Przysłop, Przeł. (Przełęcz) 76-77 F6
Przystajń 76-77 E6
Przysucha 74-75 D8
Przytoczna 72-73 C3
Przytoczno, J. (Jezioro) 68-69 B3
Przytuły 70-71 B10
Przytyk 74-75 D8
Przywidz 68-69 A6; 70-71 A6
Psary 76-77 E7
Psina – rzeka 76-77 E6
Pszczew 72-73 C3
Pszczewski Park Krajobrazowy 72-73 C3
Pszczółki 68-69 A6; 70-71 A6
Pszczyna 76-77 EF6
Pszenno 76-77 E4
Pszów 76-77 E6
Ptuszowskie, J. (Jezioro) 68-69 B4
Puchaczów 74-75 D10, 11
Puck 68-69 A6; 70-71 A6
Pucka, Zatoka 68-69 A6
Pudliszki 72-73 D4
Puławy 74-75 D9, 10
Pułtusk 70-71 C8, 9
Puńsk 70-71 A11
Purda 70-71 B8
Puszcza Mariańska 74-75 D8
Puszcza Zielonka, Park Krajobrazowy 72-73 C5
Puszczy Knyszyńskiej, Park Krajobrazowy 70-71 B11
Puszczy Romnickiej, Park Krajobrazowy 70-71 A10
Puszczy Solskiej, Park Krajobrazowy 78-79 E11
Puszczykowo 72-73 C4, 5
Pyrzyce 68-69 B2, 3
Pyskowice 76-77 E6
Pyszna – rzeka 72-73 D6; 74-75 D6
Pysznica 78-79 E10
Pyzdry 72-73 C5

R

Raba – rzeka 78-79 F7; E8
Raba Wyżna 76-77 F7; 78-79 F7
Rabka-Zdrój 76-77 F7; 78-79 F7
Rabsztyn 76-77 E7; 78-79 E7
Rachanie 78-79 E11
Raciąż 70-71 C8
Raciążek 68-69 C6; 70-71 C6
Raciążnica – rzeka 70-71 C8
Racibórz 76-77 E6
Raciechowice 78-79 F8
Racławice 78-79 E8
Racot 72-73 C4
Raczki 70-71 B10
Radecznica 78-79 E10
Radew – rzeka 68-69 A4
Radgoszcz 78-79 E9
Radków 76-77 E4
Radków 76-77 E7; 78-79 E7
Radlin 76-77 E6
Radłów 76-77 E6
Radłów 78-79 E8
Radom 74-75 D9
Radomin 68-69 B7; 70-71 B7
Radomka – rzeka 74-75 D9
Radomsko 76-77 D7; 78-79 D7
Radomyśl n. (nad) Sanem 78-79 E9, 10
Radomyśl Wlk. (Wielka) 78-79 E9
Radoszyce 78-79 D8
Radowo Mł. (Małe) 68-69 B3
Radunia – rzeka 68-69 A6; 70-71 A6
Raduńskie Dln. (Dolne), J. (Jezioro) 68-69 A5
Radwanice 72-73 D3
Radymno 78-79 F10
Radzanowo70-71 C7
Radzanów 70-71 C8
Radzanów 74-75 D8
Radziejowa – góra 78-79 F8
Radziejowice 74-75 D8
Radziejów 70-71 C6
Radziemice 78-79 E8
Radziłów 70-71 B10
Radzionków 76-77 E6
Radzymin 74-75 C9
Radzyń Chełmiński 68-69 B6; 70-71 B6
Radzyń Podlaski 74-75 D10
Rajcza 76-77 F7
Rajgrodzkie, J. (Jezioro) 70-71 B10
Rajgród 70-71 B10
Rakoniewice 72-73 C4
Rakowskie, J. (Jezioro) 68-69 B4
Raków 78-79 E9
Rakszawa 78-79 E10
Rakutowskie, J. (Jezioro) 70-71 C7
Raniżów 78-79 E9
Raszków 72-73 D5
Raszyn 74-75 C8
Ratno Dolne 76-77 E4
Rawa Maz. (Mazowiecka) 74-75 D8
Rawicz 72-73 D4
Rawka – rzeka 74-75 D8; C8
Rąbino 68-69 B3
Recz 68-69 B3
Recza – góra 68-69 B4
Reda – rzeka 68-69 A6; 70-71 A6
Reda 68-69 A6; 70-71 A6
Rega – rzeka 68-69 A3
Regalna – rzeka 68-69 B3
Regimin 70-71 C8
Regnów 74-75 D8
Rejowickie, J. (Jezioro) 68-69 B3
Rejowiec 78-79 D11
Rejowiec Fabryczny 78-79 D11
Reńska Wieś 76-77 E6
Repki 74-75 C10
Resko 68-69 B3
Resko Przymorskie, J. (Jezioro) 68-69 A3
Reszel 70-71 A9
Rewal 68-69 A2, 3
Ręczno 72-73 D7; 74-75 D7
Rędziny 76-77 E7
Rogalin 72-73 C4
Rogaliński Park Krajobrazowy 72-73 C4
Rogowo 68-69 C5
Rogowo 68-69 C7; 70-71 C7
Rogoźno 68-69 C5
Rogów 72-73 D7; 74-75 D7
Rogów Opolski 76-77 E5
Rogóźno 68-69 B6, B7; 70-71 B6, B7
Rojewo 68-69 C6; 70-71 C6
Rokiciny 72-73 D7; 74-75 D7
Rokietnica 72-73 C4
Rokietnica 78-79 F10
Rokitno 74-75 C11
Romanów 74-75 D11
Ropa – rzeka 78-79 F9
Ropa 78-79 F9
Ropczyce 78-79 E9
Rosnowskie, J. (Jezioro) 68-69 A4
Rospuda – rzeka 70-71 B10
Rospuda, J. (Jezioro) 70-71 A10
Rossosz 74-75 D11
Roś, J. (Jezioro) 70-71 B9
Rościszewo 68-69 C7; 70-71 C7
Rowokół – góra 68-69 A5
Rowy 68-69 A4, 5
Rozdrażew 72-73 D5
Rozewie, Przyl. (Przylądek) 68-69 A6; 70-71 A6
Rozoga – rzeka 70-71 B9
Rozogi 70-71 B9

Rozprza 72-73 D7; 74-75 D7
Roztoczański Park Narodowy 78-79 E10-E11
Roźwienica 78-79 F10
Rożnowskie, J. (Jezioro) 78-79 F8
Rożnów 78-79 F8
Rów Polski – rzeka 72-73 D4, 5
Równia 78-79 F10
Różan 70-71 C9
Różanystok 70-71 B11
Ruciane-Nida 70-71 B9
Ruda – rzeka 76-77 E6
Ruda Maleniecka 74-75 D8
Ruda Śl. (Śląska) 76-77 E6
Ruda Woda, J. (Jezioro) 68-69 B7; 70-71 B7
Ruda-Huta 74-75 D11
Rudawski P. (Park) K. (Krajobrazowy) 76-77 E3
Rudka 70-71 C10
Rudna 72-73 D4
Rudnik 76-77 E6
Rudnik 78-79 E10, 11
Rudnik n. (nad) Sanem 78-79 E10
Rudniki 76-77 D6
Rudy 76-77 E6
Rudziniec 76-77 E6
Rudzki, Kan. (Kanał) 70-71 B10
Ruja 76-77 D4
Rumia 68-69 A6; 70-71 A6
Rurzyca – rzeka 68-69 B2
Rusiec 72-73 D6, 7; 74-75 D6, 7
Rusinów 74-75 D8
Russów 72-73 D6
Rutka-Tartak 70-71 A10
Rutki-Kossaki 70-71 B10
Ruż – rzeka 70-71 B9
Rybczewice II 78-79 D10
Rybnik 76-77 E6
Rybno 68-69 B7; 70-71 B7
Rybno 74-75 C8
Rychliki 68-69 B7; 70-71 B7
Rychtal 76-77 D5
Rychwał 72-73 C6
Ryczywół 68-69 C4
Rydułtowy 76-77 E6
Rydzówka, J. (Jezioro) 70-71 A9
Rydzyna 72-73 D4
Ryglice 78-79 F9
Ryjewo 68-69 B6, B7; 70-71 B6, B7
Ryki 74-75 D9
Rymanów-Zdrój 78-79 F9
Rymań 68-69 B3
Ryn 70-71 B9
Ryńskie, J. (Jezioro) 70-71 B9
Rypin 68-69 B7; 70-71 B7
Rysy – góra 78-79 F8
Rytro 78-79 F8
Rytwiany 78-79 E9
Rząśnia 72-73 D7; 74-75 D7
Rząśnik 70-71 C9
Rzeczenica 68-69 B4, 5
Rzeczniów 78-79 D9
Rzeczyca 74-75 D8
Rzekuń 70-71 B9
Rzepiennik Strzyżewski 78-79 F9
Rzepin 72-73 C2
Rzeszów 78-79 E9
Rzewnie 70-71 C9
Rzezawa 78-79 E8
Rzgów 72-73 C6
Rzgów 72-73 D7; 74-75 D7

S

S. (Siemianowice) Śl. (Śląskie) 76-77 E6, 7
Sabnie 70-71 C10
Sadki 68-69 B5
Sadkowice 74-75 D8
Sadlinki 68-69 B6; 70-71 B6
Sadowie 78-79 E9
Sadowne 70-71 C9
Sajna – rzeka 70-71 A9
Sajno, J. (Jezioro) 70-71 B11
Sama – rzeka 72-73 C4
Samborzec 78-79 E9
Samica – rzeka 72-73 C4
Samsonów 78-79 D8
San – rzeka 78-79 E11; D10
Sandomierz 78-79 E9
Sanna – rzeka 78-79 E10
Sanniki 72-73 C7; 74-75 C7
Sanok 78-79 F10
Santok 68-69 C3
Sarbinowo 68-69 A3
Sarbsko, J. (Jezioro) 68-69 A5
Sarnaki 74-75 C10
Sasek Wlk. (Wielki), J. (Jezioro) 70-71 B8
Sawin 74-75 D11
Sąpólna – rzeka 68-69 B3
Secemin 76-77 E7; 78-79 E7
Sejny 70-71 A11
Seksty, J. (Jezioro) 70-71 B9
Selmęt Wlk. (Wielki), J. (Jezioro) 70-71 B10
Serniki 74-75 D10
Serock 70-71 C8, 9
Serokomla 74-75 D10
Serwy, J. (Jezioro) 70-71 B11
Sędziejowice 72-73 D7; 74-75 D7
Sędziszów 78-79 E8
Sędziszów Małopolski 78-79 E9
Sękowa 78-79 F9
Sępolna – rzeka 68-69 B5
Sępopol 70-71 A8
Sępólno Krajeńskie 68-69 B5
Sianów 68-69 A4
Sicienko 68-69 B5
Sidra 70-71 B11
Siechnice 76-77 D5
Sieciechów 74-75 D9
Siecino, J. (Jezioro) 68-69 B4
Siedlce 74-75 C10
Siedlec 72-73 C3
Siedlęcin 76-77 E3
Siedlisko 72-73 D3
Siedliszcze 74-75 D11
Siekierczyn 76-77 D3
Siekierki 68-69 C2
Sielpia Wlk. (Wielka) 78-79 D8
Siemianice 72-73 D6
Siemianowskie, J. (Jezioro) 70-71 C11
Siemiatycze 70-71 C10
Siemiątkowo Koziebrodzkie 70-71 C7
Siemień 74-75 D10
Siemkowice 72-73 D6; 74-75 D6
Siemyśl 68-69 A3
Sieniawa 78-79 E10
Siennica 74-75 C9
Siennica Różana 78-79 D11
Sienno 78-79 D9
Siepraw 78-79 F7, 8
Sieradowicki Park Krajobrazowy 78-79 D8-E9
Sieradz 72-73 D6; 74-75 D6
Sierakowice 68-69 A5
Sierakowski Park Krajobrazowy 72-73 C4
Sieraków 72-73 C4
Sieroszewice 72-73 D5, 6
Sierpc 68-69 C7; 70-71 C7
Siewierz 76-77 E7
Silnowo 68-69 B4
Sitkówka-Nowiny 78-79 E8
Sitno 78-79 E11
Skalbmierz 78-79 E8
Skała 76-77 E7; 78-79 E7
Skarszewy 68-69 A6; 70-71 A6
Skaryszew 74-75 D9
Skarżysko-Kamienna 78-79 D8
Skarżysko-Kościelne 78-79 D8, 9
Skawa – rzeka 76-77 F7
Skawina 76-77 F7; 78-79 F7
Skąpe 72-73 C3
Skępe 68-69 C7; 70-71 C7
Skierbieszowski Park Krajobrazowy 78-79 E11
Skierbieszów 78-79 E11
Skierniewice 74-75 D8
Skoczów 76-77 F6
Skoki 72-73 C5
Skołyszyn 78-79 F9
Skopiec – góra 76-77 E3
Skoroszyce 76-77 E5
Skorzęcińskie, J. (Jezioro) 72-73 C5
Skotna Góra 68-69 B4
Skórcz 68-69 B6; 70-71 B6
Skórzec 74-75 C10
Skrodzkie, J. (Jezioro) 70-71 B10
Skrwa – rzeka 68-69 C7; 70-71 C7
Skrwa – rzeka 72-73 C7; 74-75 C7
Skrwilno 68-69 B7; 70-71 B7
Skrzatusz 68-69 B4
Skrzynno 74-75 D8
Skrzyszów 78-79 F9
Skulsk 70-71 C6
Skwierzyna 72-73 C3
Słaboszów 78-79 E8
Sława 72-73 D4
Sławatycze 74-75 D11
Sławianowskie, J. (Jezioro) 68-69 B4
Sławków 76-77 E7; 78-79 E7
Sławno 68-69 A4
Sławno 74-75 D8
Sławoborze 68-69 B3
Sławskie, J. (Jezioro) 72-73 D4
Słomniki 78-79 E8
Słonny – góra 78-79 F10
Słońsk 72-73 C2
Słopnice 78-79 F8
Słowiński Park Narodowy 68-69 A5
Słubice 72-73 C2
Słubice 72-73 C7; 74-75 C7
Słudwia – rzeka 72-73 C7; 74-75 C7
Słup, J. (Jezioro) 76-77 D4
Słupca 72-73 C5, 6
Słupeckie, J. (Jezioro) 72-73 C5, 6
Słupia – rzeka 68-69 A5
Słupia 72-73 D7, 8; 74-75 D7, 8
Słupia 78-79 D8
Słupia 78-79 E8
Słupowskie, J. (Jezioro) 68-69 B5
Słupsk 68-69 A4, 5
Słuszków 72-73 D6
Smardzewice 74-75 D8
Smętowo Graniczne 68-69 B6; 70-71 B6
Smolajny 70-71 A8
Smolnik 78-79 F10
Smołdzino 68-69 A5
Smrek – góra 76-77 E3
Smyków 78-79 D8
Sobiborski P. (Park) K. (Krajobrazowy) 74-75 D11
Sobibór 74-75 D11
Sobienie-Jeziory 74-75 D9
Sobień 78-79 F10
Sobków 78-79 E8
Sobolew 74-75 D9
Sobótka 76-77 E4
Sochaczew 74-75 C8
Sochocin 70-71 C8
Sokolniki 72-73 D6
Sokołda – rzeka 70-71 B11
Sokołów Młp. (Małopolski) 78-79 E10
Sokołów Podlaski 74-75 C10
Sokoły 70-71 C10
Sokółka 70-71 B11
Solec Kujawski 68-69 B6; 70-71 B6
Solec n. (nad) Wisłą 78-79 D9
Solec-Zdrój 78-79 E8
Solina 78-79 F10
Solinka – rzeka 78-79 F10
Solińskie, J. (Jezioro) 78-79 F10
Solska, Puszcza 78-79 E10
Soła – rzeka 76-77 F7
Sołokija – rzeka 78-79 E11
Somianka 70-71 C9
Somonino 68-69 A6; 70-71 A6
Sompolno 72-73 C6; 74-75 C6
Sona – rzeka 70-71 C8
Sońsk 70-71 C8
Sopot 68-69 A6; 70-71 A6
Sorkwity 70-71 B9
Sosnowica 74-75 D11
Sosnowiec 76-77 E7
Sosnówka 74-75 D11
Sośnicowice 76-77 E6
Sośnie 72-73 D5
Sośno 68-69 B5
Spalski P. (Park) K. (Krajobrazowy) 74-75 D8
Spała 74-75 D8
Spiczyn 74-75 D10
Spychowo 70-71 B9
Spytkowice 76-77 E7; 78-79 E7
Spytkowice 76-77 F7; 78-79 F7
Srebrna Góra 76-77 E4
Srokowo 70-71 A9
Stalowa Wola 78-79 E9, 10
Stanin 74-75 D10
Stanisławów 74-75 C9
Stańczyki 70-71 A10
Stara Kamienica 76-77 E3
Stara Łubianka 68-69 B4
Starachowice 78-79 D9
Starcza 76-77 E7
Stare Pole 68-69 A7; 70-71 A7
Stargard 68-69 B2, 3
Starogard Gdański 68-69 AB6; 70-71 AB6
Starożreby 70-71 C7, 8
Stary Dzikowiec 78-79 E9
Stary Dzików 78-79 E10, 11
Stary Licheń 72-73 C6; 74-75 C6
Stary Sącz 78-79 F8
Staszów 78-79 E9
Stawiguda 70-71 B8
Stawiski 70-71 B10
Stawiszyn 72-73 D6
Stawki, P. (Park) K. (Krajobrazowy) 76-77 E7; 78-79 E7
Stąporków 74-75 D8
Stegna 68-69 A7; 70-71 A7
Stepnica 68-69 B2
Sterdyń-Osada 70-71 C10
Stęszew 72-73 C4
Stężyca 68-69 A5
Stężyca 74-75 D9
Stobrawa – rzeka 76-77 E5
Stoczek 70-71 C9
Stoczek Klasztorny 70-71 A8
Stoczek Łukowski 74-75 D9, 10
Stolno 68-69 B6; 70-71 B6
Stopnica 78-79 E8
Stoszowice 76-77 E4
Str. (Stara) Biała 70-71 C7
Str. (Stara) Błotnica 74-75 D8
Str. (Stara) Dąbrowa 68-69 B3
Str. (Stara) Kiszewa 68-69 A6; 70-71 A6
Str. (Stara) Kornica 74-75 C10
Str. (Stara) Wieś 70-71 C9
Str. (Stara) Wieś 78-79 F10
Str. (Stare) Babice 74-75 C8
Str. (Stare) Bogaczowice 76-77 E4
Str. (Stare) Czarnowo 68-69 B2
Str. (Stare) Drawsko 68-69 B4
Str. (Stare) Juchy 70-71 B10
Str. (Stare) Kurowo 68-69 C3
Str. (Stare) Miasto 72-73 C6
Str. (Stary) Brus 74-75 D11
Str. (Stary) Dzierzgoń 68-69 B7; 70-71 B7
Str. (Stary) Lubotyń 70-71 C9
Str. (Stary) Targ 68-69 B7; 70-71 B7
Str. (Stary) Zamość 78-79 E11
Strabla 70-71 C11
Strachówka 74-75 C9
Stradomka – rzeka 78-79 F8
Strawczyn 78-79 E8
Stromiec 74-75 D9
Stronie Śl. (Śląskie) 76-77 E4
Strońsko 72-73 D6; 74-75 D6
Strumień 76-77 F6
Stryjewo, J. (Jezioro) 68-69 B5
Strykowskie, J. (Jezioro) 72-73 C4
Stryków 72-73 D7; 74-75 D7
Stryszawa 76-77 F7; 78-79 F7
Stryszów 76-77 F7; 78-79 F7
Strzałkowo 72-73 C5
Strzegom 76-77 E4
Strzegomino, J. (Jezioro) 68-69 A5
Strzegomka – rzeka 76-77 E4
Strzegowo-Osada 70-71 C8
Strzelce 72-73 C7; 74-75 C7
Strzelce Krajeńskie 68-69 C3
Strzelce Opolskie 76-77 E6
Strzelecki Park Krajobrazowy 78-79 E11
Strzeleczki 76-77 E5
Strzelin 76-77 E5
Strzelno 70-71 C6
Strzyżów 78-79 E12
Strzyżewice 78-79 D10
Strzyżów 78-79 F9
Stubno 78-79 F10, 11
Studzianki Panc. (Pancerne) 74-75 D9
Studzienice 68-69 A5
Stupsk 70-71 B8
Subkowy 68-69 B6; 70-71 B6
Sucha Beskidzka 76-77 F7; 78-79 F7
Suchań 68-69 B3
Suchedniowsko-Oblęgorski P. (Park) K. (Krajobrazowy) 78-79 D8
Suchedniów 78-79 D8
Suchowola 70-71 B11
Suchożebry 74-75 C10
Suchy Dąb 68-69 A6; 70-71 A6
Suchy Las 72-73 C4
Suchy Obycz – góra 78-79 F10
Sudetów Wałbrzyskich, P. (Park) K. (Krajobrazowy) 76-77 E4
Sulechów 72-73 C3
Sulejowski, P. (Park) K. (Krajobrazowy) 72-73 D7; 74-75 D7-D8
Sulejowskie, J. (Jezioro) 72-73 D7; 74-75 D7
Sulejów 72-73 D7; 74-75 D7
Sulejówek 74-75 C9
Sulęcin 72-73 C2, 3
Sulęczyno 68-69 A5
Sulików 76-77 D3
Sulmierzyce 72-73 D5
Sulmierzyce 72-73 D7; 74-75 D7
Sułkowice 76-77 F7; 78-79 F7
Sułoszowa 76-77 E7; 78-79 E7
Sułów 78-79 E10
Supraśl – rzeka 70-71 B11
Supraśl 70-71 B11
Suraż 70-71 C10, 11
Susiec 78-79 E11
Susz 68-69 B7; 70-71 B7
Suszec 76-77 E6
Suwalski Park Krajobrazowy 70-71 A10
Suwałki 70-71 A10
Swarzewo 68-69 A6; 70-71 A6
Swarzędz 72-73 C5
Swobnica 68-69 B2
Syców 72-73 D5
Sypniewo 70-71 C9
Szadek 72-73 D6, 7; 74-75 D6, 7
Szaflary 78-79 F8
Szamocin 68-69 B5
Szamotuły 72-73 C4
Szaniecki P. (Park) K. (Krajobrazowy) 78-79 E8
Szastarka 78-79 E10
Szczaniec 72-73 C3
Szczawin Kościelny 72-73 C7; 74-75 C7
Szczawnica 78-79 F8
Szczawno-Zdrój 76-77 E4
Szczebrzeszyn 78-79 E10
Szczebrzeszyński P. (Park) K. (Krajobrazowy) 78-79 E10
Szczecin 68-69 B2
Szczecinek 68-69 B4
Szczeciński P. (Park) K. (Krajobrazowy) 68-69 B2
Szczeciński, Zalew 68-69 B2
Szczekociny 76-77 E7; 78-79 E7
Szczeliniec Wlk. (Wielki) – góra 76-77 E4
Szczerców 72-73 D7; 74-75 D7
Szczucin 78-79 E9
Szczuczyn 70-71 B10
Szczurowa 78-79 E8
Szczutowo 68-69 C7; 70-71 C7
Szczyrk 76-77 F6, 7
Szczyrzyc 78-79 F8
Szczytna 76-77 E4
Szczytniki 72-73 D6; 74-75 D6
Szczytno 70-71 B8, 9
Szczytno, J. (Jezioro) 68-69 B5
Szeląg Wlk. (Wielki), J. (Jezioro) 70-71 B8
Szelków 70-71 C9
Szelment Wlk. (Wielki), J. (Jezioro) 70-71 A11
Szemud 68-69 A6; 70-71 A6
Szepietowo 70-71 C10
Szerzyny 78-79 F9
Szeska Góra 70-71 A10
Szkarpawa – rzeka 68-69 A6, 7; 70-71 A6, 7
Szklarska Poręba 76-77 E3
Szklarska, Przeł. (Przełęcz) 76-77 E3
Szkło – rzeka 78-79 F11
Szkwa – rzeka 70-71 B9
Szlichtyngowa 72-73 D4
Szóstak, J. (Jezioro) 70-71 B10
Szprotawa – rzeka 72-73 D4
Szprotawa 72-73 D3
Szreniawa – rzeka 78-79 E8
Szreniawa 72-73 C4
Szreńsk 70-71 B8
Sztabin 70-71 B11
Sztum 68-69 B7; 70-71 B7
Sztutowo 68-69 A7; 70-71 A7
Sztynort 70-71 A9
Szubin 68-69 B5
Szudziałowo 70-71 B11
Szulborze Wlk. (Wielkie) 70-71 C10
Szumowo 70-71 C10
Szwedzka G. (Góra) 68-69 B6; 70-71 B6
Szydłowiec 74-75 D8
Szydłowo 68-69 B4
Szydłowo 70-71 B8
Szydłów 78-79 E9
Szymany 70-71 B8
Szymbark 68-69 A5, 6; 70-71 A6
Szymbark 68-69 B7; 70-71 B7
Szymbark 78-79 F9
Szypliszki 70-71 A10, 11

Ś

Ś. (Świętochłowice) 76-77 E6, 7
Ścibórz 76-77 E5
Ścinawa 72-73 D4
Ślemień 76-77 F7; 78-79 F7
Ślesin 72-73 C6; 74-75 C6
Ślęza – rzeka 76-77 E4
Ślęża – góra 76-77 E4
Ślężański P. (Park) K. (Krajobrazowy) 76-77 E4
Śliwice 68-69 B6; 70-71 B6
Śmiełów 72-73 C5
Śmigiel 72-73 D4
Śniadowo 70-71 B9
Śniardwy, J. (Jezioro) 70-71 B9
Śnieżka – góra 76-77 E3
Śnieżnicki P. (Park) K. (Krajobrazowy) 76-77 E4
Śnieżnik – góra 76-77 E4
Śpierewnik, J. (Jezioro) 68-69 B5
Śrem 72-73 C5
Środa Śl. (Śląska) 76-77 D4
Środa Wlkp. (Wielkopolska) 72-73 C5
Św. (Święta) Anna 76-77 E7; 78-79 E7
Św. (Święta) Katarzyna 78-79 E8, 9
Św. (świętego) Jana, G. (Góra) 70-71 B11
Św. (Święty) Krzyż 78-79 E8, 9
Świątki 70-71 B8
Świątniki Grn. (Górne) 78-79 F7, 8
Świder – rzeka 74-75 C9
Świdnica 72-73 D3
Świdnica 76-77 E4
Świdnik 74-75 D10
Świdwin 68-69 B3
Świebodzice 76-77 E4
Świebodzin 72-73 C3
Świecie 68-69 B6; 70-71 B6
Świecie n. (nad) Osą 68-69 B7; 70-71 B7
Świedziebnia 68-69 B7; 70-71 B7
Świekatowo 68-69 B5, 6
Świeradów-Zdr. (Zdrój) 76-77 E3
Świercze 70-71 C8
Świerczów 76-77 E5
Świerklaniec 76-77 E6, 7
Świerklany Grn. (Górne) 76-77 E6
Świerzawa 76-77 D3
Świerzno 68-69 B2, 3
Świeszyno 68-69 A4
Święciechowa 72-73 D4
Święta Lipka 70-71 A9
Świętajno 70-71 A10
Świętajno 70-71 B9
Świętokrzyski P. (Park) N. (Narodowy) 78-79 E8-E9
Święty Gaj 68-69 B7; 70-71 B7
Świlcza 78-79 E9
Świnica – góra 78-79 F8
Świnice Warckie 72-73 C6, 7; 74-75 C6, 7
Świnna 76-77 F7
Świnoujście 68-69 B2

T

Tałty, J. (Jezioro) 70-71 B9
Tanew – rzeka 78-79 E11; D10
Tarczyn 74-75 D8
Tarłów 78-79 D9
Tarnawatka 78-79 E11
Tarnica – góra 78-79 F10
Tarnobrzeg 78-79 E9
Tarnogród 78-79 E10
Tarnowiec 78-79 F9
Tarnowo Podgórne 72-73 C4
Tarnowskie Góry 76-77 E6
Tarnów 78-79 E8
Tarnów Opolski 76-77 E5, 6
Tarnówka 68-69 B4
Tatrzański P. (Park) N. (Narodowy) 78-79 F7-F8
Tczew 68-69 A6; 70-71 A6
Tczów 74-75 D9
Telatyn 78-79 E11
Teresin 74-75 C8
Terespol 74-75 C11
Tereszpol-Zaorenda 78-79 E10
Terpentyna 78-79 E9, 10
Tleń 68-69 B6; 70-71 B6
Tłokowo 70-71 B8
Tłuchowo 68-69 C7; 70-71 C7
Tłuszcz 70-71 C9
Tokarnia – góra 78-79 F10
Tokarnia 76-77 F7; 78-79 F7
Tokarnia 78-79 E8
Tolkmicko 68-69 A7; 70-71 A7
Tomanowa Przeł. (Przełęcz) 78-79 F7
Tomaszów Lubelski 78-79 E11
Tomaszów Maz. (Mazowiecki) 72-73 D7; 74-75 D7
Tomice 76-77 F7; 78-79 F7
Topólka 70-71 C6
Toruń 68-69 B6; 70-71 B6
Torzym 72-73 C3
Toszek 76-77 E6
Trawniki 74-75 D11
Trąbki 74-75 D9
Trąbki 78-79 F8
Trąbki Wlk. (Wielkie) 68-69 A6; 70-71 A6
Treblinka 70-71 C10
Trojanów 74-75 D9
Tropie 78-79 F8
Troszyn 70-71 B9
Trójmiejski P. (Park) K. (Krajobrazowy) 68-69 A6; 70-71 A6
Trupel, J. (Jezioro) 68-69 B7; 70-71 B7
Tryńcza 78-79 E10
Trzciana 78-79 F8
Trzcianka 68-69 B4
Trzcianne 70-71 B10
Trzciel 72-73 C3
Trzcinica 76-77 D5, 6
Trzcińsko-Zdrój 68-69 C2
Trzebiatów 68-69 A3
Trzebiechów 72-73 C3
Trzebiel 72-73 D2
Trzebielino 68-69 A5
Trzebieszów 74-75 D10
Trzebież 68-69 B2
Trzebinia 76-77 E7; 78-79 E7
Trzebnica 72-73 D4, 5
Trzebośnica – rzeka 78-79 E10
Trzebownisko 78-79 E9, 10
Trzemeszno 72-73 C5
Trzeszczany 78-79 E11
Trzęsacz 68-69 A2
Trzyciąż 76-77 E7; 78-79 E7
Trzydnik Duży 78-79 E10
Tuchola 68-69 B5, 6
Tucholski Park Krajobrazowy 68-69 B5-B6
Tucholskie, Bory 68-69 B6; 70-71 B6
Tuchomie 68-69 A5
Tuchów 78-79 F9
Tuczępy 78-79 E9
Tuczna 74-75 D11
Tuczno 68-69 B4
Tuliszków 72-73 C6; 74-75 C6
Tułowice 74-75 C8
Tułowice 76-77 E5
Tum 72-73 C7; 74-75 C7
Tuplice 72-73 D2
Turawa 76-77 E6
Turawskie, J. (Jezioro) 76-77 E6
Turbacz – góra 78-79 F8
Turek 72-73 C6; 74-75 C6
Turew 72-73 C4
Turobin 78-79 E10
Turoszów – część Bogatyni 76-77 E2
Turośl 70-71 B9
Turośń Kościelna 70-71 B11
Tuszów Narodowy 78-79 E9
Tuszyn 72-73 D7; 74-75 D7
Twardogóra 72-73 D5
Tworóg 76-77 E6
Tychowo 68-69 B4
Tychy 76-77 E6, 7
Tyczyn 78-79 F10
Tykocin 70-71 B10
Tylicka, Przeł. (Przełęcz) 78-79 F9
Tymbark 78-79 F8
Tyniec – część Krakowa 76-77 E7
Tyrawa Wołoska 78-79 F10

Tyszowce 78-79 E11
Tyśmienica – rzeka 74-75 D10
Tywa – rzeka 68-69 B2

U

Uchanie 78-79 E11
Udanin 76-77 D4
Uherka – rzeka 74-75 D11
Ujazd 72-73 D7; 74-75 D7
Ujazd 76-77 E6
Ujazd 78-79 E9
Ujsoły 76-77 F7
Ujście 68-69 B4
Ujście Warty, P. (Park) K. (Krajobrazowy) 72-73 C2
Ujście Warty, P. (Park) N. (Narodowy) 72-73 C2
Ukleja – rzeka 68-69 B3
Ulan-Majorat 74-75 D10
Ulanów 78-79 E10
Ulhówek 78-79 E11
Ulucz 78-79 F10
Ułęż 74-75 D10
Uniejów 72-73 D6; 74-75 D6
Unieście 68-69 A4
Unisław 68-69 B6; 70-71 B6
Urle 70-71 C9
Urszulin 74-75 D11
Urzędów 78-79 D10
Ustianowa 78-79 F10
Ustka 68-69 A4
Ustronie Morskie 68-69 A3
Ustroń 76-77 F6
Ustrzyki Dolne 78-79 F10
Ustrzyki Grn. (Górne) 78-79 F10
Uszeczna, G. (Góra) 74-75 C11
Uszwica – rzeka 78-79 E8
Uście Gorlickie 78-79 F9
Uścimów Str. (Stary) 74-75 D10
Utrata – rzeka 74-75 C8

W

Wadąg, J. (Jezioro) 70-71 B8
Wadowice 76-77 F7; 78-79 F7
Wadowice Grn. (Górne) 78-79 E9
Waganiec 68-69 C6; 70-71 C6
Walce 76-77 E6
Walewice 72-73 C7; 74-75 C7
Walichnowy Wlk. (Wielkie) 68-69 B6; 70-71 B6
Walim 76-77 E4
Wałbrzych 76-77 E4
Wałcz 68-69 B4
Wałpusz, J. (Jezioro) 70-71 B9
Wałpusza – rzeka 70-71 B9
Wałsza – rzeka 70-71 A8
Wambierzyce 76-77 E4
Wancerzów 76-77 E7; 78-79 E7
Wapno 68-69 C5
Warcino 68-69 A4
Warka 74-75 D9
Warlubie 68-69 B6; 70-71 B6
Warmątowice Sienk. (Sienkiewiczowskie) 76-77 D4
Warnice 68-69 B3
Warszawa 74-75 C9
Warta – rzeka 76-77 E7; 72-73 C3
Warta 72-73 D6; 74-75 D6
Warta Bolesławiecka 72-73 D3
Wartkowice 72-73 D6, 7; 74-75 D6, 7
Wasilków 70-71 B11
Waśniów 78-79 E9
Wawrzeńczyce 78-79 E8
Wąbrzeźno 68-69 B6; 70-71 B6
Wąchock 78-79 D9
Wądroże Wlk. (Wielkie) 76-77 D4
Wągrowiec 68-69 C5
Wąpielsk 68-69 B7; 70-71 B7
Wąsewo 70-71 C9
Wąsosz 70-71 B10
Wąsosz 72-73 D4
Wątkowa – góra 78-79 F9
Wąwolnica 74-75 D10
Wda – rzeka 68-69 B5; 70-71 B6
Wdecki P. (Park) K. (Krajobrazowy) 68-69 B6; 70-71 B6
Wdzydze 68-69 A5
Wdzydze, J. (Jezioro) 68-69 B5, 6
Wdzydzki P. (Park) K. (Krajobrazowy) 68-69 A5
Wejherowo 68-69 A6; 70-71 A6
Wel – rzeka 68-69 B7; 70-71 B7
Welski Park Krajobrazowy 68-69 B7; 70-71 B7
Wełna – rzeka 68-69 C4
Wełna – rzeka 72-73 C5
Wenecja 68-69 C5
Werbkowice 78-79 E11
Wetlina 78-79 F10
Węgierska Górka 76-77 F7
Węgliniec 72-73 D3
Węgorapa – rzeka 70-71 A9
Węgorzewo 70-71 A9
Węgorzyno 68-69 B3
Węgrów 74-75 C9
Wiar – 78-79 F10
Wiązowna 74-75 C9
Wiązownica 78-79 E10
Wiązów 76-77 E5
Wicko 68-69 A5
Wicko, J. (Jezioro) 68-69 A4
Widawa – rzeka 76-77 D5
Widawa 72-73 D6; 74-75 D6
Widawka – rzeka 72-73 D7; 74-75 D7
Widuchowa 68-69 B2
Wieczfnia Kościelna 70-71 B8
Wieczno, J. (Jezioro) 68-69 B6; 70-71 B6
Wielbark 70-71 B8, 9
Wieleń 68-69 C4
Wielgie 68-69 C7; 70-71 C7
Wielgomłyny 76-77 D7; 78-79 D7
Wielichowo 72-73 C4
Wieliczka 78-79 F8
Wieliczki 70-71 B10
Wielimie, J. (Jezioro) 68-69 B4
Wieliszew 70-71 C8
Wielkie, J. (Jezioro) 72-73 C3
Wielkopolski P. (Park) N. (Narodowy) 72-73 C4
Wielopole Skrzyńskie 78-79 F9
Wielowieś 76-77 E6
Wieluń 72-73 D6; 74-75 D6
Wieniawa 74-75 D8
Wieprz – rzeka 78-79 E11; 74-75 D10
Wieprz 76-77 F7
Wieprz 76-77 F7; 78-79 F7
Wieprza – rzeka 68-69 A5; A4
Wieprz-Krzna, Kan. (Kanał) 74-75 D10, 11
Wieruszów 72-73 D6
Wierzbica 74-75 D11
Wierzbica 74-75 D9
Wierzbinek 70-71 C6
Wierzbno 74-75 C9
Wierzchlas 72-73 D6; 74-75 D6
Wierzchosławice 78-79 E8
Wierzchowo 68-69 B3, 4
Wierzchowo, J. (Jezioro) 68-69 B4
Wierzyca – rzeka 68-69 A6; 70-71 A6
Wietcisa – rzeka 68-69 A6; 70-71 A6
Wietrzychowice 78-79 E8
Wieżyca – góra 68-69 A6; 70-71 A6
Więcbork 68-69 B5
Wigierski Park Narodowy 70-71 A10-A11
Wigry 70-71 A11
Wigry, J. (Jezioro) 70-71 A11
Wijewo 72-73 D4
Wilamowice 76-77 F7
Wilcze – góra 78-79 F10
Wilczęta 68-69 A7; 70-71 A7
Wilczyce 78-79 E9
Wilczyn 70-71 C6
Wilga – rzeka 74-75 D9
Wilga 74-75 D9
Wilkasy 70-71 AB9
Wilkołaz I 78-79 D10
Wilkowice 76-77 F6, 7
Wilków 74-75 D9
Wilków 76-77 D5
Winna Góra 72-73 C5
Winnica 70-71 C8
Wińsko 72-73 D4
Wirowa – rzeka 78-79 E10
Wiskitki 74-75 C8
Wisła – rzeka 76-77 E7; 68-69 B6
Wisła 76-77 F6
Wisłok – rzeka 78-79 F9; E10
Wisłoka – rzeka 78-79 F9
Wissa – rzeka 70-71 B10
Wisznia – rzeka 78-79 F10
Wisznia Mł. (Mała) 72-73 D4, 5
Wisznice 74-75 D11
Wiślana, Mierzeja 68-69 A7; 70-71 A7
Wiślica 78-79 E8
Wiśnicko-Lipnicki P. (Park) K. (Krajobrazowy) 78-79 F8
Wiśniew 74-75 C10
Wiśniewo 70-71 B8
Wiśniowa 78-79 F8
Wiśniowa 78-79 F9
Witaszyce 72-73 D5
Witkowo 72-73 C5
Witnica 68-69 C2
Witonia 72-73 C7; 74-75 C7
Witów 72-73 D7; 74-75 D7
Wizna 70-71 B10
Wiżajny 70-71 A10
Wiżajny, J. (Jezioro) 70-71 A10
Wkra – rzeka 70-71 C7; C8
Wleń 76-77 D3
Wlk. (Wielka) Czantoria – góra 76-77 F6
Wlk. (Wielka) Nieszawka 68-69 C6; 70-71 C6
Wlk. (Wielka) Racza – góra 76-77 F6
Wlk. (Wielka) Rawka – góra 78-79 F10
Wlk. (Wielka) Sowa – góra 76-77 E4
Wlk. (Wielka) Wieś 76-77 E7; 78-79 E7
Wlk. (Wielki) Dział – góra 78-79 E11
Wlk. (Wielki) Szyszak – góra 76-77 E3
Wlk. (Wielkie) Oczy 78-79 E11
Wlk. (Wielkie) Partęczyny, J. (Jezioro) 68-69 B7; 70-71 B7
Władysławowo 68-69 A6; 70-71 A6
Władysławów 72-73 C6; 74-75 C6
Włocławek 70-71 C7
Włocławskie, J. (Jezioro) 70-71 C7
Włodawa 74-75 D11
Włodawka – rzeka 74-75 D11
Włodowice 76-77 E7; 78-79 E7
Włoszakowice 72-73 D4
Włoszczowa 78-79 E7, 8
Wodynie 74-75 C9
Wodzierady 72-73 D7; 74-75 D7
Wodzisław 78-79 E8
Wodzisław Śl. (Śląski) 76-77 F6
Wohyń 74-75 D10
Wojaszówka 78-79 F9
Wojciechowice 78-79 E9
Wojciechów 74-75 D10
Wojcieszków 74-75 D10
Wojcieszów 76-77 E3, 4
Wojkowice 76-77 E6, 7
Wojnicz 78-79 F8
Wojnowo 70-71 B9
Wojnowska, G. (Góra) 70-71 B11
Wojnowskie, J. (Jezioro) 72-73 C3
Wojsławice 78-79 E11
Wola 76-77 E7
Wola Gułowska 74-75 D10
Wola Krzysztoporska 72-73 D7; 74-75 D7
Wola Mysłowska 74-75 D9, 10
Wola Okrzejska 74-75 D10
Wola Prażmowska 74-75 D8, 9
Wola Uhruska 74-75 D11
Wolanów 74-75 D8
Wolbórz 72-73 D7; 74-75 D7
Wolbrom 76-77 E7; 78-79 E7
Wolin – wyspa 68-69 B2
Wolin 68-69 B2
Woliński Park Narodowy 68-69 B2
Wolsztyn 72-73 C4
Wołczenica – rzeka 68-69 B2
Wołczyn 76-77 D6
Wołomin 74-75 C9
Wołów 72-73 D4
Wośwín, J. (Jezioro) 68-69 B3
Woźniki 76-77 E6, 7
Wożuczyn 78-79 E11
Wólka 74-75 D10
Wręczyca Wlk. (Wielka) 76-77 E6, 7
Wrocław 76-77 D4, 5
Wronki 68-69 C4
Wróblew 72-73 D6; 74-75 D6
Wrzelowiecki P. (Park) K. (Krajobrazowy) 78-79 D9-D10
Września 72-73 C5
Wrześnica – rzeka 72-73 C5
Wschodnia – rzeka 78-79 E9
Wschowa 72-73 D4
Wulpińskie, J. (Jezioro) 70-71 B8
Wydminy 70-71 B9, 10
Wygiełzów 76-77 E7; 78-79 E7
Wymiarki 72-73 D3
Wyry 76-77 E6
Wyryki-Połód 74-75 D11
Wyrzysk 68-69 B5
Wysoczyzny Elbląskiej, P. (Park) K. (Krajobrazowy) 68-69 A7; 70-71 A7
Wysoka 68-69 B5
Wysoka Kopa – góra 76-77 E3
Wysokie 78-79 E10
Wysokie Maz. (Mazowieckie) 70-71 C10
Wysowa 78-79 F9
Wyszki 70-71 C10
Wyszków 70-71 C9
Wyszogród 74-75 C8
Wyśmierzyce 74-75 D8
Wyżnica – rzeka 78-79 D9
Wzgórz Dylewskich, P. (Park) K. (Krajobrazowy) 68-69 B7
Wzniesień Łódzkich, P. (Park) K. (Krajobrazowy) 72-73 D7; 74-75 D7

Z

Zabierzów 76-77 E7; 78-79 E7
Zabłudów 70-71 B11
Zaborski Park Krajobrazowy 68-69 B5
Zabór 72-73 D3
Zabrodzie 70-71 C9
Zabrze 76-77 E6
Zadzim 72-73 D6; 74-75 D6
Zagnańsk 78-79 E8
Zagórów 72-73 C5
Zagórz 78-79 F10
Zagrodno 72-73 D3
Zakliczyn 78-79 F8
Zaklików 78-79 E10
Zakopane 78-79 F7, 8
Zakroczym 70-71 C8
Zakrzew 74-75 D8
Zakrzew 78-79 E10
Zakrzewo 68-69 B5
Zakrzewo 68-69 C6; 70-71 C6
Zakrzówek-Osada 78-79 E10
Zalesie 74-75 C11
Zalesie Górne 74-75 D8, 9
Zaleszany 78-79 E9, 10
Zalewo 68-69 B7; 70-71 B7
Zalipie 78-79 E8
Załęczański P. (Park) K. (Krajobrazowy) 76-77 D6
Załuski 70-71 C8
Zambrów 70-71 C10
Zamek Bierzgłowski 68-69 B6; 70-71 B6
Zamkowa Góra 70-71 A8
Zamość 78-79 E11
Zaniemyśl 72-73 C5
Zapolice 72-73 D6; 74-75 D6
Zaręby Kościelne 70-71 C10
Zarszyn 78-79 F10
Zarzecze 78-79 F10
Zator 76-77 F7; 78-79 F7
Zatory 70-71 C9
Zawady 70-71 B10
Zawadzkie 76-77 E6
Zawichost 78-79 E9
Zawidów 76-77 D3
Zawidz Kościelny 68-69 C7; 70-71 C7
Zawiercie 76-77 E7; 78-79 E7
Zawoja 76-77 F7; 78-79 F7
Zawonia 72-73 D5
Ząbki 74-75 C9
Ząbkowice Śląskie 76-77 E4
Zbąszynek 72-73 C3
Zbąszyń 72-73 C3
Zbąszyńskie, J. (Jezioro) 72-73 C3, 4
Zbiczno 68-69 B7; 70-71 B7
Zbiersk 72-73 D6
Zblewo 68-69 B6; 70-71 B6
Zbójna 70-71 B9
Zbójnik – góra 72-73 D5
Zbójno 68-69 B7; 70-71 B7
Zbrosławice 76-77 E6
Zbuczyn Poduchowny 74-75 C10
Zdbice 68-69 B4
Zdbiczno, J. (Jezioro) 68-69 B4
Zduny 72-73 C7; 74-75 C7
Zduny 72-73 D5
Zduńska Wola 72-73 D6; 74-75 D6
Zdzieszowice 76-77 E5, 6
Zebrzydowice Dln. (Dolne) 76-77 F6
Zegrze 70-71 C9
Zegrzyńskie, J. (Jezioro) 70-71 C9
Zelów 72-73 D7; 74-75 D7
Zembrzyce 76-77 F7; 78-79 F7
Zespół Jurajskich Parków Krajobrazowych 76-77 E7; 78-79 E7
Zębowice 76-77 E6
Zgierz 72-73 D7; 74-75 D7
Zgłowiączka – rzeka 70-71 C6
Zgorzelec 76-77 D3
Zielawa – rzeka 74-75 D11
Zielona Góra 72-73 D3
Zielonka 74-75 C9
Zielonki 76-77 E7; 78-79 E7
Ziębice 76-77 E5
Zioło, J. (Jezioro) 68-69 C5
Złaków Borowy 72-73 C7; 74-75 C7
Zławieś Wlk. (Wielka) 68-69 B6; 70-71 B6
Złocieniec 68-69 B3, 4
Złoczew 72-73 D6; 74-75 D6
Złota 78-79 E8
Złota Góra 72-73 C6; 74-75 C6
Złote Góry – góra 70-71 B8
Złotniki Kujawskie 68-69 C6; 70-71 C6
Złotoryja 76-77 D3
Złotów 68-69 B5
Złoty Potok 76-77 E7; 78-79 E7
Złoty Stok 76-77 E4
Zubrzyca Grn. (Górna) 76-77 F7; 78-79 F7
Zwardoń 76-77 F6, 7
Zwierzyn 68-69 C3
Zwierzyniec 78-79 E10
Zwolenka – rzeka 74-75 D9
Zwoleń 74-75 D9
Zygmunta Augusta, J. (Jezioro) 70-71 B10
Zyndranowa 78-79 F9

Ż

Żabia Wola 74-75 CD8
Żabno 78-79 E8
Żagań 72-73 D3
Żarki 76-77 E7; 78-79 E7
Żarnowiec 68-69 A6; 70-71 A6
Żarnowiec 76-77 E7; 78-79 E7
Żarnowieckie, J. (Jezioro) 68-69 A6; 70-71 A6
Żarnów 74-75 D8
Żarów 76-77 E4
Żary 72-73 D3
Żdżary 74-75 D10
Żegiestów-Zdr. (Zdrój) 78-79 F8
Żegocina 78-79 F8
Żelazków 72-73 D6
Żelazowa Wola 74-75 C8
Żelechlinek 72-73 D7, 8; 74-75 D8
Żelechów 74-75 D9
Żerkowsko-Czeszewski P. (Park) K. (Krajobrazowy) 72-73 C5
Żerków 72-73 C5
Żmigród 72-73 D4
Żmudź 78-79 D11
Żnin 68-69 C5
Żołynia 78-79 E10
Żory 76-77 E6
Żółkiewka 78-79 E10
Żórawina 76-77 E5
Żukowice 72-73 D3
Żukowo 68-69 A6; 70-71 A6
Żur, J. (Jezioro) 68-69 B6; 080-081 B6
Żurawica 088-79 F10
Żuromin 078-079 B7; 080-081 B7, B8
Żychlin 082-083 C7; 084-085 C7
Żydowo 078-079 A4
Żyraków 088-79 E9
Żyrardów 084-085 C8
Żyrzyn 084-085 D10
Żytno 086-087 E7; 088-79 E7
Żywiec 086-087 F7; 088-79 F7
Żywiecki Park Krajobrazowy 086-087 F7
Żywieckie, J. (Jezioro) 086-087 F7

ŚWIAT

A

Aare – rzeka 92-93 E3
Abadan 118-119 B3, 4
Abakan 116-117 D11
Abashiri 123 B5, 6
Abéché 128 D4, 5
Aberdeen 98 C5, 6
Abha 118-119 D3
Abidżan 128 E2
Abisyńska, Wyżyna 126 E6-E7
Abu Hadrija 118-119 C3
Abu Simbel – ruiny 118-119 C2
Abu Zabi 118-119 C4
Abudża 128 E3
Aconcagua – góra 141 F3, 4
Acre – stan 142 C3-D4
Aczyńsk 116-117 D10, 11
Adamawa – góry 126 E3-E4
Adamstown 148-149 G13
Adana 118-119 B2
Adare'a, Przyl. (Przylądek) 151 B18-17
Adda – rzeka 102-103 A3; B2
Ad-Dammam 118-119 C3
Ad-Dauha 118-119 C4
Addis Abeba 128 E6, 7
Adelaide 148-149 H3
Aden 118-119 D3
Adeńska, Zat. (Zatoka) 106-107 H7-H8; 126 D7-D8; 118-119 D3-D4
Adigrat 118-119 D2, 3
Adour – rzeka 99 F4
Adria 102-103 B3, 4
Adriatyckie, Morze 82-83 D6; 102-103 B4-D7
Adyga – rzeka 102-103 A3; B3
Adżmer 118-119 C6
Ærø – wyspa 92-93 A5
Afar – kraina hist. 118-119 D2-D3
Afganistan – państwo 108-109 F8
Afrykańsko-Antarktyczny, Basen 6-7 O18-O22; 151 B34-4
Afrykańsko-Antarktyczny, Grzbiet 6-7 O17-O21
Afyon 95 F4
Agades 128 D3, 4
Agadir 128 AB1, 2
Agartala 118-119 C8
Agen 99 E4
Agra 118-119 C6
Agrigento 102-103 F4
Agrinion 102-103 E8
Aguilas 100-101 D6
Agulhas (Igielny), Przyl. (Przylądek) 126 I5
Agung – góra 122 G6
Ahaggar – góry 126 C3
Ahmadabad 118-119 C6
Ahmadnagar 118-119 D6
Ahwar 118-119 D3
Ahwaz 118-119 B3, 4
Air – góry 126 C3-D3
Aisne – rzeka 99 C5
Aiud 92-93 E11
Ajaccio 102-103 CD2
Ajaguz 116-117 E9
Ajan 116-117 D15
Ajchał 116-117 C13
Ajn Salih 128 C3
Akaba 118-119 C2
Akita 123 C4
Akka 118 I B1
Akola 118-119 C6
Akordet 118-119 D2
Akra 128 E2, 3
Aksu 120-121 C3
Aksum 118-119 D2
Aktau 116-117 E7
Aktobe 116-117 D7
Akureyri 97 I A2
Akwitański, Basen – kraina 99 E3-E4
Akwizgran 92-93 C3
Alabama – stan 134 F10
Alagoas – stan 142 C7
Al-Ajn 118-119 C4
Al-Alamajn 118-119 B1
Alandzkie, W-y (Wyspy) 97 C5-D5
Alappula 118-119 E6
Alaska, G. (Góry) 133 C4-C5
Alaska, Płw. (Półwysep) 133 D3-D4
Alaska – stan 134 C3-C4
Alaska, Zat. (Zatoka) 133 D5
Alba Iulia 92-93 E11, 12
Albacete 100-101 C6
Albania – państwo 84-85 D6-D7
Albany 134 E11; 139 B7
Albany 148-149 H1, 2
Alberta – prowincja 134 D7
Albi 99 EF5
Alborán – wyspa 100-101 E5
Ålborg 97 D3
Albuquerque 139 C4
Alcoy 100-101 C6
Al-Charidża 118-119 C1, 2
Al-Dżahra 119 II A1
Al-Dżauf 118-119 C2
Al-Dżubajl 118-119 C3, 4
Al-Dżuf, Pust. (Pustynia) 126 D1-C2
Alegranza – wyspa 100-101 I A4
Aleksandra, Arch. (Archipelag) 133 D6
Aleksandria 128 B5, 6
Aleksandrowsk Sachaliński 116-117 D16
Aleksandrupolis 102-103 D10
Alentejo – kraina hist. 100-101 C3
Alert – st. badawcza 152 A25
Alessandria 102-103 B2
Ålesund 97 C2
Aleucki, Rów 6-7 D1-D2
Aleuty – wyspy 6-7 D1, D35-36; 106-107 D20-D22
Al-Faszir 128 D5
Al-Fau 118-119 C3
Algeciras 100-101 D4
Algier 128 B3
Algieria – państwo 128 C2-C3
Al-Hadisa 118-119 B3
Al-Hasa – kraina hist. 118-119 C3
Alhucemas, W-y (Wyspy) 100-101 E5
Al-Hudajda 118-119 D3
Al-Hufuf 118-119 C3, 4
Alicante 100-101 C6
Alice Springs 148-149 G3
Al-Kattara – depresja 126 C5, 6
Al-Kunajtira 118 I B1, 2
Al-Kut 118-119 B3
Allahabad 118-119 C6, 7
Aller – rzeka 92-93 B4, 5
Allier – rzeka 99 E5; D5
Al-Lis 118-119 C2, 3
Almadén 100-101 C4
Al-Manama 118-119 C3, 4
Almanzor – góra 100-101 B4
Almenaras – góra 100-101 C5
Almería 100-101 D5
Al-Minja 118-119 C1, 2
Al-Muwejh 118-119 C3
Alofi 148-149 F9
Alor Setar 122 D2, 3
Alor, W-y (Wyspy) 122 G7, 8
Alpy – góry 82-83 D5-6; 92-93 F3-E7
Alpy Delfinackie – góry 99 E7
Alpy Wschodnie – góry 92-93 E5-E7
Alpy Zachodnie – góry 92-93 F3-E4
Als – wyspa 92-93 A4, 5
Alès 99 E6
Ałaszan, Pust. (Pustynia) 106-107 EF13; 120-121 C7-D8
Alta 97 B5
Altaj 120-121 B6
Altenburg 92-93 C6
Al-Ubajid 128 D5, 6
Al-Ujun 128 C1
Aluta – rzeka 92-93 F12; G12
Al-Wadżh 118-119 C2
Alzacja – kraina hist. 99 D7-C7
Ałdan 116-117 D14
Ałdan – rzeka 106-107 C16; 116-117 D14; C14, 15
Ałma Ata 116-117 E9, 10
Ałtaj – góry 106-107 D11-E12; 116-117 D10
Ałtaj Gobijski – góry 120-121 C6-C7
Ałtaj Mongolski – góry 120-121 B4-B6
Ałtyn-Tag – góry 106-107 F11-F12; 120-121 D4-D5
Amakusa, W-y 123 D2
Amami, W-y (Wyspy) 120-121 F12-F13; 123 I B1
Amapá – stan 142 B5
Amarillo 139 C4
Amazonas – stan 142 C4
Amazonka – rzeka 141 C5
Amazonki, Nizina 141 C3-C5
Ambala 118-119 B6
Ambarczyk 116-117 C18
Amberg 92-93 D5, 6
Ambon 122 F8
Ambre, Przyl. (Przylądek) 126 G7
Amery'ego, Lod. (Lodowiec) Szelf. (Sz.) 151 B7-C8
Amerykański, Płaskowyż 151 B8-B9
Amfisa 102-103 E9
Amiens 99 C4, 5
Amlwich 96 C2
Amman 118-119 B2
Amorgós – wyspa 102-103 F10, 11
Amrawati 118-119 C6
Amritsar 118-119 B6
Amsterdam 92-93 B2
Amu-daria – rzeka 106-107 EF9; 116-117 F8
Amundsena, Morze 151 B24-B26
Amur – rzeka 106-107 D16; 116-117 F8
Anadyr 116-117 C19
Anadyr – rzeka 116-117 C19
Anadyrska, Zat. 116-117 C20
Anai Mudi – góra 118-119 DE6
Anambas, W-y (Wyspy) 122 E4
Anatolijska, Wyżyna 82-83 E8; 95 E4-F5
Anchorage 134 C3, 4
Andaluzja – kraina hist. 100-101 D3-D4
Andamany – wyspy 106-107 H12; 118-119 D8
Andamańskie, Morze 106-107 H12-I12; 118-119 D8
Andegawenia – kraina hist. 99 D3
Andkhui 118-119 B5
Andong 123 C2
Andora 100-101 A7
Andora – państwo 84-85 D5
Andria 102-103 D6
Andros – wyspa 102-103 EF10
Andros – wyspa 139 D7
Andy – góry 141 B3-D3; E4-G3
Angara – rzeka 106-107 D12, 13; 116-117 D11
Angarsk 116-117 D12
Ångerman – rzeka 97 C4
Angers 99 D3
Angielska, Niz. (Nizina) 82-83 C4-C5; 98 E6-E7
Angkor – ruiny 122 C3
Anglesey – wyspa 98 E4, 5
Anglia – kraina hist. 98 D5-F7
Angola – państwo 128 G4-G5
Angolski, Basen 6-7 K17-K18
Angoulême 99 E4
Anguilla – teryt. zależne 142 A4
Anina 92-93 F10
Aniza – rzeka 92-93 E7
Anjou, W-y (Wyspy) 116-117 B15-B17
Ankang 120-121 E8, 9
Ankara 118-119 A2
Ankona 102-103 C4
Annaba 128 B3
Annaberg-Buchholz 92-93 C6
An-Nadżaf 118-119 B3
Annamskie, Góry 106-107 G13-H13; 122 B3-C4
Annapolis 134 F11; 139 C7
Annapurna – góra 118-119 C7; 120-121 F3
Annecy 99 E6
Anny, Przyl. (Przylądek) 151 C6
Anqing 120-121 E10
Ansbach 92-93 D5
Anshan 120-121 C11
Antalya 118-119 B1, 2
Antananarywa 128 G6, 7
Antarktyczny, Płw. (Półwysep) 151 C31-B31
Antarktyda Wschodnia – region 151 A5-B8
Antarktyda Zachodnia – region 151 B27-A23
Anticosti – wyspa 139 B8, 9
Antigua i Barbuda – państwo 142 A4, 5
Antofagasta 142 E3
Antwerpia 99 B6
Antyliban, G. (Góry) 118 I B2-A2
Antypodów, W-y (Wyspy) 6-7 N35-36; 148-149 I7, 8
Anuradhapura 118-119 E7
Anxi 120-121 C6
Anyang 120-121 D9
Aodzi 123 B2, 3
Aomori 123 B5
Aosta 102-103 B1
Apeniny – góry 82-83 D5-D6; 102-103 B2-D6
Apeniński, Płw. (Półwysep) 82-83 D6
Apia 148-149 F8
Apo – góra 106-107 I 15; 122 D7
Appalachy – góry 133 F11-E13; 139 C6-B7
Apulia – kraina hist. 102-103 D5-D6
Arabia Saudyjska – państwo 108-109 G6-G7
Arabska, Pustynia 126 C6
Arabski, Półwysep 106-107 G6-G8; 118-119 C2-D4
Arabskie, Morze 106-107 H8-H10; 118-119 D4-D6
Aracaju 142 D7
Arad 92-93 E10
Arafura, Morze 106-107 J16; 147 A3
Aragonia – kraina hist. 100-101 B6-A6
Aragońska, Kotlina 100-101 A6-B7
Arak 118-119 B3, 4
Arakańskie, G. (Góry) 118-119 C8-D8
Aralskie, J. (Jezioro) 106-107 E8, 9; 116-117 E7, 8
Arał 116-117 E8
Ararat – góra 106-107 E-F7; 95 F6
Arawali – góry 118-119 C6
Archangielsk 116-117 C6
Arctic Bay – st. badawcza 152 A27
Arctowski – st. badawcza 151 C31
Arda – rzeka 102-103 D10
Ardal 97 D2
Ardebil 118-119 B3
Ardeny – góry 99 C6-B7
Ardrossan 96 B1, 2
Ardżesz – rzeka 92-93 F12; F13
Arequipa 142 D3
Arezzo 102-103 C3
Argenta 102-103 B3, 4
Argentera – góra 102-103 B1
Argentyna – państwo 142 G3-E4
Argentyński, Basen 6-7 M13-N15
Argonny – góry 99 C6
Argos 102-103 F9
Argun – rzeka 116-117 ED13; 120-121 A10, 11
Argyll – pole ropy naftowej 96 B3
Århus 97 D3
Arica 142 D3
Arizona – stan 134 F7-F8
Arkansas – rzeka 133 F9; 139 C4, 5
Arkansas – stan 134 F9
Arles 99 F6
Arlon 99 C6
Arktyczny, Ocean 6-7 A5-A31; 152
Armawir 95 D6
Armenia – państwo 108-109 E6
Armeńska SRR 117 I
Arnhem 92-93 B2, 3
Arnhem, Przyl. (Przylądek) 147 B3
Arno – rzeka 102-103 C3
Arrecife 100-101 I A4
Ar-Rijad 118-119 C3
Ar-Rub al-Chali, Pustynia 106-107 H7-G8; 118-119 D3-C4
Ar-Rutba 118-119 B3
Ar-Ruwais 119 II B2
Arsenjew 123 B3
Arta 102-103 E8
Arta – rzeka 102-103 E8
Artigas – st. badawcza 151 C31
Artois – kraina hist. 99 B4-B5
Artvin 95 E6
Aru, W-y (Wyspy) 106-107 J16
Aruba – teryt. zależne 142 A3, 4
Arwajcheer 120-121 B7, 8
Arxan 120-121 B11
Asab 118-119 D3
Asahikawa 123 B5
Asansol 118-119 C7
Ascoli Piceno 102-103 C4
Ashikaga 123 C4
Asjut 128 C5, 6
Asmara 128 D6, 7
Aspromonte – góra 102-103 E5, 6
Aspropotamos – rzeka 102-103 E8
As-Sallum 118-119 B1
Astana 116-117 D9
Asti 102-103 B2
Astrachań 116-117 E6, 7
Asturia – kraina hist. 100-101 A3-A4
Asuan 128 C6
Asunción 142 E5
Aszchabad 116-117 F7, 8
Asz-Szarkat 118-119 B3
Aszur – ruiny 118-119 B3
Atakama, Pust. (Pustynia) 141 E3-E4
Atatürk, Zb. (Zbiornik) 95 F5
Ateny 102-103 E9, 10
Athabaska, J. (Jezioro) 139 A4
Athabaska – rzeka 133 D8
Athos – góra 102-103 D10
Atlanta 134 F10; 139 C6
Atlantycka, Niz. (Nizina) 133 F11-F12; 139 C6-C7
Atlantycki, Ocean 6-7 D14-P16; 156
Atlas – góry 126 C2-B3
Atlas Saharyjski – góry 82-83 E5
Atlas Tellski – góry 82-83 E5
At-Taif 118-119 C3
Attyka – kraina hist. 102-103 E9
Åtvidaberg 97 D4
Atyrau 116-117 E7
Auasz – rzeka 118-119 D3
Auckland 148-149 H7
Auckland – wyspy 6-7 O 34, 35; 148-149 J6
Augsburg 92-93 D5
Augusta 102-103 F5
Augusta 134 E12; 139 B8
Augusta 139 C6
Aurangabad 118-119 CD6
Austin 134 F9; 139 C5
Australia – państwo 148-149 G1-G4
Australia Południowa – stan 148-149 G3-G4
Australia Zachodnia – stan 148-149 G1-G2
Australijsko-Antarktyczny, Basen 6-7 O27-O31
Australijsko-Antarktyczny, Grzbiet 6-7 M26-O31
Austria – kraina hist. 92-93 D7-D8
Austria – państwo 84-85 D6
Avarua 148-149 G10
Ávila 100-101 B4
Awinion 99 EF6
Aydın 102-103 F11, 12
Ayvalik 102-103 E11
Azerbejdżan – państwo 108-109 E6, 7
Azerbejdżańska SRR 117 I
Azja Mniejsza, Płw. (Półwysep) 106-107 F5-F6; 118-119 A2-B2
Azowskie, M. (Morze) 82-83 D8; 95 D5
Azrak – ruiny 118 I C2

B

Bab al-Mandab – cieśnina 106-107 H7; 126 D7
Babilon – ruiny 118-119 B3
Babol 118-119 B4
Babuyan, W-y (Wyspy) 122 B7
Bacan, W-y (Wyspy) 122 F8
Bacau 92-93 E13
Bachtaran 118-119 B3
Bacolod 122 C7
Bacton 96 C3
Baczka – kraina hist. 102-103 B7-B8
Badajoz 100-101 C3
Badalona 100-101 B8
Baden-Baden 92-93 D3, 4
Badr Hunajn 118-119 C2, 3
Baffina, Morze 133 B12-C13
Bagdad 118-119 B3
Baghlan 118-119 B5, 6
Baguio 122 B7
Bahamy – państwo 134 G11
Bahamy – wyspy 139 D7; 133 G12
Bahawalpur 118-119 C6
Bahia – stan 142 D6-D7
Bahía Blanca 142 F4, 5
Bahía Blanca – zatoka 141 FG4, 5
Bahr al-Arab – rzeka 126 DE5
Bahrajn – państwo 108-109 G6, 7
Bahyr Dar 128 D6
Baia Mare 92-93 E11, 12
Baicheng 120-121 B11
Baile Átha Cliath (Dublin) 98 E3, 4
Bairiki 148-149 D7
Baja 92-93 E9
Bajanchongor 120-121 B7
Bajdaracka, Zat. (Zatoka) 116-117 B8-C8
Bajkał, J. (Jezioro) 106-107 D13; 116-117 D12
Bajkonur 116-117 E8
Bajonna 99 F3
Baker – wyspa 148-149 D8
Baku 118-119 AB3, 4
Bakuba 118-119 B3
Bakungan 122 E2
Balabac, Cieśn. (Cieśnina) 122 D6
Balaton, J. (Jezioro) (Błotne, Jezioro) 92-93 E8, 9
Baleary – wyspy 82-83 E5-D5; 100-101 C7-B9
Bali – wyspa 106-107 J14; 122 G5
Balıkeşir 102-103 E11, 12
Balikpapan 122 F6
Balleny – wyspy 151 C17
Baltimore 134 F10, 11; 139 C7
Bałakowo 95 C7
Bałchasz 116-117 E9
Bałchasz, J. (Jezioro) 106-107 E10; 116-117 E9
Bałkany (Stara Płanina) – góry 82-83 D7; 102-103 C9-C11
Bałkański, Płw. (Półwysep) 82-83 D7
Bałtyckie, Morze 82-83 C6-C7; 97 E4-D5
Bam 118-119 C4
Bamako 128 D1, 2
Bamberg 92-93 D5
Bampur 118-119 C4, 5
Banaba, W. (Wyspa) 147 A6, 7; 148-149 E6, 7
Banana 149 II C2,3
Bananga 118-119 E8
Banas, Przyl. (Przylądek) 118-119 C2
Banat – kraina hist. 102-103 B8
Banda Aceh 122 D2
Banda, Morze 106-107 J15; 122 G7-G8
Bandar Lampung 122 G3, 4
Bandar Seri Begawan 122 E5
Bandar-e Abbas 118-119 C4
Bandar-e Beheshti 118-119 C5
Bandar-e Linga 118-119 C4
Bandeira – góra 141 E6
Bandûrma 102-103 D11
Bandung 122 G4
Bandżul 128 D1
Bangalur 118-119 D6
Banggai, W-y (Wyspy) 122 F7
Bangi 128 E4
Bangkok 122 C2, 3
Bangladesz – państwo 108-109 G10, 11
Banja Luka 102-103 B6
Banjarmasin 122 F5, 6
Banka – wyspa 122 F4
Banksa, W. (Wyspa) 133 B7, 8
Bannu 118-119 B6
Bañuela – góra 100-101 C4
Banyuwangi 122 G5
Bańska Bystrzyca 92-93 D9, 10
Baoi 120-121 DE8
Baoshan 120-121 FG6, 7
Baotou 120-121 C8, 9
Bar 102-103 CD7
Baranowicze 92-93 B13
Barbados – państwo 142 A5
Barcaldine 149 II C1,2
Barcelona 100-101 B8
Barcoo – rzeka 149 II C1
Barcs 92-93 E8
Bardheere 118-119 E3
Bardwan 118-119 C7
Bareli 118-119 C6, 7
Barentsa, Morze 106-107 B6-B8; 116-117 B5-B6
Barentsburg – st. badawcza 152 B17-B16
Bari 102-103 D6
Baris 118-119 C2
Barito – rzeka 122 F5
Barka, Płw. (Półwysep) 82-83 E7
Barkly, Wyżyna 147 B3
Barletta 102-103 D6
Barmer 118-119 C6
Barnauł 116-117 D10
Barranquilla 142 A3
Barre des Ecrins – góra 99 E7
Barreiro 100-101 C2
Barrow, Przyl. (Przylądek) 133 B4
Bartle – góra 149 II B2
Baruun-Urt 120-121 B9
Barycz – rzeka 92-93 C8
Basejn 118-119 D8
Bashi, Cieśn. (Cieśnina) 120-121 G11; 122 A7
Baskonia – kraina hist. 100-101 A5-A6
Basra 118-119 B3
Bassa, Cieśn. 147 E4-D4
Bastia 102-103 C2
Baszszar 128 B2, 3
Batajsk 95 D5
Batamaj 116-117 C14, 15
Batan, W-y (Wyspy) 120-121 G11; 122 A7
Batang 120-121 E6
Batangas 122 C7
Bathinda 118-119 C6
Baton Rouge 134 F9; 139 C5, 6
Battambang 122 C3
Batu – góra 126 E6, 7
Batu, W-y (Wyspy)122 EF2
Batumi 95 E6
Bauhinia Downs 149 II C2
Bawaria – kraina hist. 92-93 E5-D6
Bawarska, Wyżyna 92-93 E4-D6
Bawean – wyspa 122 G5
Baydhabo 118-119 E3
Bazylea 92-93 E3
Béal an Átha 98 D2
Beauforta, Morze 133 B5-B7; 152 B31-B33
Beaumont 139 C5
Beer Szewa 118 I C1
Behbehan 119 II A2
Bei'an 120-121 B12
Beihai 120-121 G8, 9
Beira 128 G6
Beja 100-101 C2, 3
Bejrut 118-119 B2
Békéscsaba 92-93 E10
Bela 118-119 C5
Beled Weyne 118-119 E3
Belém 142 C6
Belfast 98 D4
Belfort 99 D7
Belgaon 118-119 D6
Belgia – państwo 84-85 C5
Belgrad 102-103 B8
Belitung – wyspa 122 F4
Belize – państwo 134 H10
Bellari 118-119 D6
Belle-Île – wyspa 99 D2
Bellingshausen – st. badawcza 151 C31
Bellingshausena, Morze 151 BC28
Bellingshausena, Basen 6-7 O7-P9; 151 B25-B19
Bellingshausena, Basen
Belluno 92-93 E6
Belmopan 134 H10
Belo Horizonte 142 D6, 7
Beludżystan – kraina hist. 118-119 C5-B5
Ben Nevis – góra 82-83 C4; 98 C4
Bendery 92-93 E14
Benewent 102-103 D5
Bengal – kraina hist. 106-107 G11-G12
Bengalska, Zatoka 106-107 H11-H12; 118-119 D7-D8

Bengazi 128 B5
Bengkulu 122 F3
Benguela 128 G3, 4
Benin – państwo 128 E3-D3
Benue – rzeka 126 E3
Benxi 120-121 C11, 12
Berat 102-103 D8
Berbera 128 D7
Berdiańsk 95 D5
Berdyczów 92-93 D14
Berehowo 92-93 D11
Berettyó – rzeka 92-93 E10
Berezyna – rzeka 92-93 AB14
Bergamo 102-103 B2, 3
Bergen 97 C2
Berhampur 118-119 D7
Beringa, Cieśnina 106-107 C22; 133 C2, 3
Beringa, Morze 106-107 C21-D20; 116-117 C19-D20
Berlin 92-93 B6, 7
Berlina, G. (Góra) – góra 151 B23
Bermudy – teryt. zależne 134 F12
Bermudy – wyspy 139 C8; 133 F13
Bernina – góra 92-93 E4
Berno 92-93 E3
Beryl A – pole ropy naftowej 96 B3
Beryl B – pole ropy naftowej 96 B3
Besançon 99 D6, 7
Beskidy Wschodnie – góry 92-93 D11-D12
Beskidy Zachodnie – góry 92-93 D9-D10
Betlejem 118 I C1
Betyckie, Góry 82-83 E4; 100-101 D4-D6
Béziers 99 F5
Bhagalpur 118-119 C7
Bharati – st. badawcza 151 C8
Bhauanagar 118-119 C6
Bhopal 118-119 C6
Bhubaneśwar 118-119 CD7
Bhutan – państwo 108-109 G10-G11
Biała Cerkiew 92-93 D14, 15
Biała, W. (Wyspa) 116-117 B8, 9
Białe, J. (Jezioro) 116-117 D5
Białe, M. (Morze) 82-83 B8-B9; 116-117 C5
Białoruska SRR 117 I
Białoruska, Wyżyna 82-83 C7; 92-93 B12-A14
Białoruś – państwo 84-85 C7-C8
Biały, Przyl. (Przylądek) 126 B3
Białystok 92-93 B11
Biarritz 99 F3
Bibai 123 B5
Biebrza – rzeka 92-93 B11
Biel 92-93 E3
Bielce 92-93 E13
Bielefeld 92-93 B4
Biella 102-103 B2
Bielsko-Biała 92-93 D9
Biełgorod 95 C5
Bielucha – góra 106-107 D11; 116-117 DE10
Bihać 102-103 B6
Bihorskie, G. (Góry) 92-93 E11
Bija – rzeka 116-117 D10
Bije, Wyżyna 126 G4
Bijsk 116-117 D10
Bikaner 118-119 C6
Bikini – wyspa 148-149 C6
Bilaspur 118-119 C7
Bilbao 100-101 A5
Billingham 96 B2
Billings 139 B4
Biloela 149 II C3
Bintulu 122 E5
Biograd 102-103 C5
Bioko – wyspa 126 E3
Birdum 148-149 F3
Birdżand 118-119 B4
Bîrlad 92-93 E13
Birma (Mjanma) – państwo 108-109 G11-H11
Birmingham 98 E5, 6
Birmingham 134 F10; 139 C5, 6
Birobidżan 116-117 E15
Bischofshofen 92-93 E6
Biskajska, Zatoka 82-83 D4; 99 E2-F3
Biskira 128 B3
Bismarck 134 E9; 139 B4, 5
Bismarcka, Arch. (Archipelag) 147 A4-A5
Bissau 128 D1
Bistrita 92-93 E12
Biszkek 116-117 E9
Bitola 102-103 D8
Biwa, J. (Jezioro) 123 C4
Blackall 149 II C2
Blackpool 98 E5
Blagoewgrad 102-103 D9, 10
Bloemfontein 128 H5
Błagowieszczeńsk 116-117 D14, 15
Błotne, J. (Jezioro) (Balaton, Jezioro) 92-93 E8, 9
Boa Vista 142 B4
Bobrujsk 92-93 B14
Bochum 92-93 C3
Bodajbo 116-117 D13
Bodélé – kotlina 126 D4
Boden 97 B5
Bodeńskie, J. (Jezioro) 92-93 E4
Bodø 97 B3
Bodrog – rzeka 92-93 D10
Bodżnurd 118-119 B4
Bogor 122 G4
Bogota 142 B3
Boh – rzeka 82-83 D7; 95 D4
Bohol – wyspa 122 D7
Boise 134 E7; 139 B3
Bojeador, Przyl. (Przylądek) 122 B7
Boknafjorden – zatoka 97 D2
Boksitogorsk 95 B4, 5
Bolangir 118-119 C7
Boliwia – państwo 142 D4-E4
Bolonia 102-103 B3
Bolsena, J. (Jezioro) 102-103 C3, 4
Bolszewik – wyspa 116-117 B11, 12
Bolzano 102-103 A3
Bołhrad 92-93 F14
Bombaj 118-119 D6
Bonaire – teryt. zależne 142 A1
Bone, Zat. (Zatoka) 122 F7
Bonifacio 102-103 D2
Bonifacio, Cieśn. (Cieśnina) 102-103 D2
Bonn 92-93 C3
Boosaaso 118-119 D3
Bor 102-103 B9
Borås 97 D3
Bordeaux 99 E3
Borneo (Kalimantan) – wyspa 106-107 I 14; 122 F5-E6
Bornholm – wyspa 92-93 A7; 97 DE3
Borudżerd 118-119 B3, 4
Borysów 92-93 A13, 14
Borysław 92-93 D11
Borzia 116-117 D13
Bosanski Brod 102-103 B6
Bosfor – cieśnina 82-83 D7, 8; 106-107 E5, 6; 95 E3
Bosna – rzeka 102-103 B7
Boston 134 E11, 12; 139 B7, 8
Bośnia i Hercegowina – państwo 84-85 D6-D7
Botew – góra 102-103 C10
Botnicka, Zatoka 82-83 B6-B7; 97 C4-B5
Botoszany 92-93 E13
Botswana – państwo 128 H5
Bounty – wyspy 148-149 I7
Bourg en-Bresse 99 D6
Bournemouth 98 F5, 6
Bouveta, W. (Wyspa) 6-7 O18
Bowen 149 II B2
Bożego Narodzenia, W. (Wyspa) 122 G3, 4
Bożego Narodzenia, W. (Wyspa) (Kirimati) 6-7 I2, J3; 148-149 D10
Bóbr – rzeka 92-93 C7
Brabancja – kraina hist. 99 B6
Brač – wyspa 102-103 C6
Brack 116-117 D12
Bracki, Zb. (Zbiornik) 116-117 D12
Bradford 98 E6
Braga 100-101 B2
Bragança 100-101 B3
Brahmaputra – rzeka 106-107 G12; 118-119 C8
Braiła 92-93 F13
Brama Dżungarska – kraina 116-117 E10; 118-119 A7
Branco, Przyl. (Przylądek) 141 C7
Brandenburg 92-93 B5, 6
Brandenburgia – kraina hist. 92-93 B6-B7
Brasília 142 D6
Braszów 92-93 F12, 13
Bratysława 92-93 D8
Brazylia – państwo 142 C3-C6
Brazylijska, Wyżyna 141 E5-C7
Brazylijski, Basen 6-7 K14-K16
Brazzaville 128 F4
Brda – rzeka 92-93 B8, 9
Breda 92-93 C2
Bregencja 92-93 E4, 5
Breidhafjördhur, Zat. (Zatoka) 97 I A1
Brema 92-93 B4
Bremerhaven 92-93 B4
Brenner, Przeł. (Przełęcz) 92-93 E5
Brent – pole gazu ziemnego 96 A3
Brenta – rzeka 102-103 B3
Brescia 102-103 B3
Brest 99 C1
Bretania – kraina hist. 99 C1-D2
Bretoński, Płw. (Półwysep) 82-83 D4; 99 C2
Briańsk 95 C4
Brig 92-93 E3
Brighton 98 F6, 7
Brindisi 102-103 D7
Briońskie, W-y (Wyspy) 102-103 B4
Brisbane 148-149 G5
Bristol 98 F5
Bristolski, Kanał – zatoka 98 F4-F5
Brive la-Gaillarde 99 E4, 5
Brno 92-93 D8
Broat, Zat. (Zatoka) 149 II C2
Brocken – góra 92-93 C5
Broken Hill 148-149 H3, 4
Brooksa, G. (Góry) 133 C3-C5
Broome 148-149 F1, 2
Brugia 99 B5
Bruksela 99 B6
Brunei – państwo 108-109 I13
Brunszwik 92-93 B5
Brytyjskie, Wyspy 82-83 C3-C4
Brytyjskie Wyspy Dziewicze – teryt. zależne 142 A4
Brzecław 92-93 D8
Brześć 92-93 B11, 12
Buchara 116-117 E8
Budapeszt 92-93 E9
Budziszyn 92-93 C7
Buenos Aires 142 F4, 5
Buffalo 139 B7
Bug – rzeka 82-83 C7; 92-93 C12, B11
Bukareszt 92-93 F13
Bukittinggi 122 F2, 3
Bukowina – kraina hist. 92-93 E12-D13
Bulawayo 128 H5, 6
Bułgaria – państwo 84-85 D7
Bundaberg 149 II C3
Bungo, Cieśn. (Cieśnina) 123 D3
Burajda 118-119 C3
Burao 118-119 E3
Burbonia – kraina hist. 99 D5-D6
Burdekin – rzeka 149 II C2
Burejskie, Góry 106-107 D16; 116-117 E15-D15
Burg 92-93 B5
Burgas 102-103 C11
Burgos 100-101 A4, 5
Burgundia – kraina hist. 99 D5-D6
Buriacja – kraina hist. 116-117 D12-D13
Burkina Faso – państwo 128 D2-D3
Bursa 118-119 A1
Buru – wyspa 106-107 J15; 122 F8
Burundi – państwo 128 F6
Buszahr 118-119 C4
Butte 139 B3
Butterworth 122 D2, 3
Butung – wyspa 122 G7
Buzău 92-93 F13
Buzău – rzeka 92-93 F13
Bużumbura 128 F5, 6
Bydgoszcz 92-93 B9
Byrranga, Góry 116-117 B11-B13
Bystrzyca – rzeka 92-93 E12
Bytom 92-93 C9

C

Cabrera – wyspa 100-101 C8
Cabriel – rzeka 100-101 C6
Čačak 102-103 C7, 8
Cáceres 100-101 C3, 4
Caen 99 C3
Cagayan de Oro 122 D7, 8
Cagliari 102-103 E2
Cairns 148-149 F4
Cajdamska, Kotl. (Kotlina) 120-121 D5-D6
Calafat 92-93 FG11
Calais 99 B4
Calama 142 E4
Calamian, W-y (Wyspy) 122 C6
Călăraşi 92-93 F13
Calgary 134 D7, 8; 139 A3
Cali 142 B3
Callao 142 D3
Caltanissetta 102-103 F4
Caluula 118-119 D4
Caman 118-119 B5
Cambridge 98 E6, 7
Camplella, W-y (Wyspy) 148-149 J6, 7
Campinas 142 E5, 6
Campo Grande 142 E5
Campobasso 102-103 D5
Çanakkale 102-103 D11
Canaveral, Przyl. (Przylądek) 133 G11, 12; 139 D6, 7
Canberra 148-149 H4, 5
Cannes 99 F7
Cantal – góra 99 E5
Cape Breton – wyspa 139 B8, 9
Capitan Arturo Prat – st. badawcza 151 C31
Cape Evans – st. badawcza 151 B18-17
Capri – wyspa 102-103 D5
Capricorn, Cieśn. (Cieśnina) 149 II C3
Capricorn, W-y (Wyspy) 149 II C3
Caracas 142 B4
Caransebes 92-93 F10
Carbon, Przyl. (Przylądek) 100-101 E6
Carcassonne 99 F4, 5
Cardiff 98 F5
Carei 92-93 E11
Carlisle 98 D5
Carson City 134 F7; 139 C3
Cartagena 142 A3
Carupano 142 A4
Casablanca 128 B1, 2
Casey – st. badawcza 151 C12
Castellón de la Plana 100-101 BC7
Castelo Branco 100-101 C3
Catanzaro 102-103 E6
Ceará – stan 142 C6-C7
Cebu 122 C7
Cebu – wyspa 122 C7
Cecerleg 120-121 B7
Ceerigaabo 118-119 DE3
Cegléd 92-93 E9
Cejlon – wyspa 106-107 I11
Celebes, Morze 106-107 I15; 122 E7
Celebes (Sulawesi) – wyspa 106-107 J14, 15; 122 F6-F7
Celje 92-93 E7
Celle 92-93 B5
Celtyckie, Morze 98 F2-F4
Cernavoda 92-93 F13, 14
Cerro De Pasco 142 CD3
Cesena 102-103 B3, 4
Ceuta 100-101 E4
Chabarowsk 116-117 E15
Chafarinas, W-y (Wyspy) 100-101 E5, 6
Chakasja – kraina hist. 116-117 D10
Chalan Kanoa 148-149 C4, 5
Chalcydycki, Płw. (Półwysep) 102-103 D9
Chalkis 102-103 E9, 10
Châlon sur-Saône 99 D6
Châlons sur-Marne 99 C5, 6
Chambéry 99 E6
Changaj – góry 106-107 E12-E13; 120-121 B6-B7
Changchun 120-121 C11
Changde 120-121 F8, 9
Changsha 120-121 F9
Chania 102-103 G10
Chanka, J. (Jezioro) 120-121 C13
Chanty Mansyjsk 116-117 C8
Charg – wyspa 118-119 C3, 4
Charków 95 C5
Charleroi 99 B6
Charleston 134 F10; 139 C6, 7
Charleville 148-149 G4
Charleville-Mézières 99 C6
Charlottetown 139 B8, 9
Charters Towers 149 II C2
Chartum 128 D6
Chaskowo 102-103 D10
Chatanga 116-117 B12
Chatanga – rzeka 116-117 B11, 12
Chatham 98 F7
Chatham, W-y (Wyspy) 148-149 I8; 147 E7, 8
Chattanooga 139 C6
Chaves 100-101 B3
Cheb 92-93 C6
Chełm 92-93 C11
Chemnitz 92-93 C6
Chengdu 120-121 E7
Chentej – góry 120-121 B8
Cher – rzeka 99 D4
Cherbourg 99 C3
Cherson 95 D4
Cheviot – góry 98 D5
Cheyenne 134 E8; 139 B4
Chiba 123 C5
Chibiny – góra 116-117 C5
Chicago 134 E9, 10; 139 B6
Chiclayo 142 C2, 3
Chihuahua 134 G8; 139 D4
Chile – państwo 142 G3-E4
Chiloé – wyspa 141 G3
Chimborazo – góra 141 C3
Chimki 95 B5
Chiny – państwo 108-109 F10-F12
Chioggia 102-103 B4
Chios – wyspa 102-103 E10
Chirripo – góra 141 B2
Chińska, Nizina 106-107 F14; 120-121 D9-E10
Chjargas-nuur, J. (Jezioro) 116-117 E11; 120-121 B5, 6
Chmielnicki 92-93 D13
Chociebuż 92-93 C6, 7
Chōkai – góra 123 C5
Chongqing 120-121 F8
Chorog 116-117 F9
Chorramabad 118-119 B3
Chorwacja – państwo 84-85 D6
Chorzów 92-93 C9
Chōshi 123 C5
Christchurch 148-149 I7
Chubsuguł, J. (Jezioro) 116-117 D11, 12; 120-121 A7
Chuquicamata 142 E3, 4
Chur 92-93 E4
Churchill 134 D9, 10; 139 A5
Churchill – rzeka 133 D13, 14; 139 A8
Chust 92-93 D11
Ciechanów 92-93 B10
Cîmpina 92-93 F12
Cîmpulung 92-93 F12
Cîmpulung Moldovenesc 92-93 E12, 13
Cinca – rzeka 100-101 B7
Cincinnati 139 C6
Cinlingszan – góry 106-107 F13-F14; 120-121 E8-E9
Cinto – góra 102-103 C2
Cirebon 122 G4
Cisa – rzeka 82-83 D6, 7; 92-93 D11; D10; F10
Ciudad Bolivar 142 B4
Ciudad Guayana 142 B4, 5
Ciudad Juárez 134 FG8; 139 C4
Ciudad Real 100-101 C5
Ciukas – góra 92-93 F13
Civitavecchia 102-103 C3
Clair – pole gazu ziemnego 96 A2
Clermont 149 II C2
Clermont-Ferrand 99 E5
Cleveland 134 E10, 11; 139 B6, 7
Clipperton – wyspa 6-7 H7
Coimbra 100-101 B2
Colorado – rzeka 141 F4
Columbia 134 F10, 11; 139 C6, 7
Columbretes, W-y (Wyspy) 100-101 C7
Columbus 134 F10, 11; 139 B6
Comet – rzeka 149 II C2
Como 102-103 B2
Como, J. (Jezioro) 102-103 AB2
Comodoro Rivadavia 142 G4
Commandante Ferraz – st. badawcza 151 C31
Concepción 142 F3
Concord 134 E11, 12; 139 B7, 8
Connecticut – stan 134 E11
Cooka, Cieśn. 147 E7
Cooka, G. (Góra) 147 E6, 7
Cooka, Wyspy – teryt. zależne 148-149 F9-G10
Cooktown 149 II B1,2
Coquimbo 142 E3
Corcaigh 98 F2
Córdoba 142 F4
Corno Grande – góra 102-103 C4
Coropuna – góra 141 D3
Corpus Christi 139 D5
Corralejo 100-101 I A4
Corse, Przyl. (Przylądek) 102-103 C2
Cortina d'Ampezzo 102-103 A4
Corumbá 142 D5
Corund 92-93 E12
Coryton 96 C3
Cosenza 102-103 E5, 6
Cotentin, Płw. (Półwysep) 99 C3
Cotopaxi – góra 141 C3
Coventry 98 E6
Covilhè 100-101 B3
Cremona 102-103 B2, 3
Cres – wyspa 102-103 B5
Crêt de la Neige – góra 99 D6
Creus, Przyl. (Przylądek) 100-101 A8
Creuse – rzeka 99 D4
Crocker – góry 122 E6-D6
Croker, Przyl. (Przylądek) 147 B3
Cross Fell – góra 98 D5
Crotone 102-103 E6
Crozeta, W-y (Wyspy) 6-7 N23
Cruden Bay 96 B2
Cuenca 100-101 B5, 6
Cuenca 142 C3
Cuiabá 142 D5
Culiacán 139 D4
Cuneo 102-103 B1
Curaçao – teryt. zależne 142 A4
Curtis – wyspa 149 II C3
Curtis, Cieśn. (Cieśnina) 149 II C3
Cuszima, W-y 123 D2
Cuszimska, Cieśnina 123 D2-C3
Cuxhaven 92-93 B4
Cuzco 142 D3, 4
Cyklady – wyspy 102-103 F10-F11
Cymlański, Zb. (Zbiornik) 116-117 E6; 95 D6
Cypr – wyspa 82-83 E8
Cyrenajka – kraina hist. 126 B5
Czad, J. (Jezioro) 126 D4
Czad – państwo 128 D4-D5
Czadu, Kotlina 126 D4
Czagos, W-y (Wyspy) 6-7 J24, 25; 106-107 J10
Czambal – rzeka 118-119 C6
Czandigarh 118-119 B6
Czany, J. (Jezioro) 116-117 D9
Czarikar 118-119 B5, 6
Czarna, Rzeka 122 A3
Czarne, Morze 82-83 D7-D8; 106-107 E5-E7; 95 E4-E5
Czarnobyl 92-93 C14, 15
Czarnogóra – kraina hist. 102-103 C7
Czarnohora – góra 92-93 E12
Czarnomorska, Nizina 95 D3-D4
Czeboksarski, Zb. (Zbiornik) 95 B7
Czeboksary 95 B7
Czechy – kraina hist. 92-93 D6-D7
Czechy – państwo 84-85 D6
Czelabińsk 116-117 D8
Czeluskin, Przyl. (Przylądek) 106-107 B12, 13; 116-117 B12, 13
Czerepowiec 95 B5
Czerkasy 95 D4
Czerkiesk 116-117 E6
Czerniachowsk 92-93 A10, 11
Czernihów 92-93 C15
Czerniowce 92-93 D12
Czerskiego, Góry 106-107 C16-C17; 116-117 C15-C16
Czerwona, Rzeka 106-107 G13; 120-121 G7
Czerwone, Morze 106-107 G6-H7; 126 C6-D7; 118-119 C2-D3
Czeskie Budziejowice 92-93 D6, 7
Czesko-Morawska, Wyż. (Wyżyna) 92-93 D7-D8
Częstochowa 92-93 C9, 10
Czhongdzin 123 B3
Czhongdzu 123 C2
Czhunczhon 123 C2
Cziang Maj 122 B2, 3
Cziang Raj 122 AB2
Cziduba – wyspa 118-119 D8
Czii-san – góra 123 C2
Czinduin – rzeka 118-119 C8
Czogori (K2) – góra 118-119 B6
Czojbalsan 120-121 B9, 10
Czomolungma (Mount Everest) – góra 106-107 G11; 120-121 F4
Czukocki, Płw. (Półwysep) 106-107 C21; 116-117 C20
Czukocki, Przyl. (Przylądek) 116-117 C20
Czukockie, Góry 106-107 C20-C21; 116-117 C19-C20
Czukockie, Morze 116-117 B20-C20; 133 B2-C3; 152 B35-B36
Czulman 116-117 D14
Czyta 116-117 D13
Čaman 118-119 B5
Čandrapur 118-119 CD6, 7
Čitral 118-119 B6
Čottogram 118-119 C8

D

Da Lat 122 C4
Da Nang 122 B4
Dahlak, W-y (Wyspy) 118-119 D2, 3
Daito – wyspy 120-121 F13
Dajr az-Zaur 118-119 B2, 3
Dakar 128 D1
Daneborg – st. badawcza 152 B21-B20
Danmarks Havn – st. badawcza 152 B21-B20
Dhaka 118-119 C7, 8
Dakota Południowa – stan 134 E8-E9
Dakota Północna – stan 134 E8-E9
Dal – rzeka 82-83 B6; 97 C4
Dalandzadgad 120-121 C7, 8
Dalbandin 118-119 C5
Dali 120-121 F7
Dalian 120-121 D11
Dallas 134 F9; 139 C5
Dalmacja – kraina hist. 102-103 B5-C7
Dalniegorsk 116-117 E15
Dalnierieczeńsk 116-117 E15
Dalrymple – góra 149 II C2
Damar, W-y (Wyspy) 122 G8
Damaszek 118-119 B2
Dandong 120-121 D11
Dania – państwo 84-85 C5-C6
Daqing 120-121 B11
Dar Fur – góry 126 D5
Dar es-Salaam 128 F6, 7
Darchan 120-121 B8
Dardanele – cieśnina 82-83 ED7; 106-107 EF5; 95 FE3
Dardżyling 118-119 C7
Darling – rzeka 147 D4
Darmstadt 92-93 D4
Dart, Przyl. (Przylądek) 151 B23-24
Darwin 148-149 F3
Darwin – góra 141 H3, 4
Daszoguz 116-117 E7
Datong 120-121 CD9
Datuk, Przyl. (Przylądek) 122 E4, 5
Davao 122 D7, 8
Davis – st. badawcza 151 C8
Davisa, Cieśn. (Cieśnina) 133 C13-C14
Davisa, Morze 151 C10
Davos 92-93 E4, 5
Dawangere 118-119 D6
Dawson – rzeka 149 II C2
Debreczyn 92-93 E10
Degeh Bur 118-119 E3
Dehui 123 B2
Dej 92-93 E11, 12
Dekan – wyżyna 106-107 H10-G10; 118-119 D6-C7
Delaware – stan 134 F11
Delfinat – kraina hist. 99 E6
Delfy 102-103 E9
Delhi 118-119 C6

Delmenhorst 92-93 B3, 4
Demokratyczna Republika Konga – państwo 128 F4-F5
Dempo – góra 122 F3
Den Helder 92-93 B1, 2
Denau 116-117 F8
Denizli 95 F3
Denpasar 122 G5, 6
Denver 134 F8; 139 B4
Derby 98 E6
Des Moines 134 E9; 139 B5
Deseado 142 G4
Desje 118-119 D2
Desna – rzeka 95 C4
Dessau 92-93 C6
Detroit 134 E10, 11; 139 B6
Deva 92-93 F11
Devodi – góra 118-119 D7
Devon – wyspa 133 B11
Dewnia 102-103 C11
Dezful 118-119 B3
Dębica 92-93 CD10
Dhaulagiri – góra 118-119 C7
Dhule 118-119 C6
Dibrugarh 118-119 C8
Dien Bien Phu 122 A3
Dieppe 99 C4
Dieżniewa, Przyl. (Przylądek) 106-107 C22; 116-117 C21
Dijon 99 D6
Dikson 116-117 B9, 10
Dili 122 G8
Dimitrowgrad 102-103 C10, 11
Dindigal 118-119 DE6
Dire Daua 128 E7
Disu 118-119 B5
Diyarbakir 118-119 B3
Dniepr – rzeka 82-83 C8; D8; 95 C4
Dniestr – rzeka 82-83 D7; 92-93 D12; E14
Dnipro 95 D5
Dobrej Nadziei, Przyl. (Przylądek) 126 I4
Dobricz 102-103 C11, 12
Dobrudża – kraina hist. 102-103 C11-B12
Dobszyna 92-93 D9, 10
Dodoma 128 F6
Dogger Bank – ławica 96 C3-B3
Doi Inthanon – góra 122 B2
Dolna Gwinea – kraina 126 E3, 4-G4
Dolna Saksonia – kraina hist. 92-93 B3-B5
Dolna Tunguzka – rzeka 116-117 CD12; C11
Dolo 118-119 E3
Dolomity – góry 92-93 E5-E6
Dominika – państwo 142 A4
Dominikana – państwo 134 GH11-GH12
Don – rzeka 82-83 C8-D9; 95 C5-D6
Dondra, Przyl. (Przylądek) 106-107 I11; 118-119 E7
Donegal, Zat. (Zatoka) 98 D2
Dong – rzeka 122 C4
Doniec – rzeka 82-83 D8; 95 D5
Donieck 95 D5
Dordogne – rzeka 99 E4
Dortmund 92-93 C3, 4
Douai 99 B5
Doubs – rzeka 99 D6
Dover 98 F7
Dover 134 F11; 139 C7
Drama 102-103 D10
Drammen 97 D2, 3
Drawa – rzeka 82-83 D6; 92-93 E6, 8; F9
Drawa – rzeka 92-93 B7, 8
Drezno 92-93 C6, 7
Drin – rzeka 102-103 C8
Drina – rzeka 102-103 C7-B7
Drobeta-Turnu Severin 92-93 F11
Drohobycz 92-93 D11
Drwęca – rzeka 92-93 B9
Duala 128 E3, 4
Dubaj 118-119 C4
Dublin (Baile Átha Cliath) 98 E3, 4
Dubna 95 B5
Dubrownik 102-103 C7
Dudinka 116-117 C10
Duero – rzeka 82-83 D4; 100-101 B5; B2
Dugi Otok – wyspa 102-103 B5-C5
Duisburg 92-93 C3
Dukm 118-119 D4
Dukou 120-121 F7
Duluth 139 B5
Dumai 122 E3
Dumont d'Urville – st. badawcza 151 C14
Dunaj – rzeka 82-83 D5, 6, 7; 92-93 D4, 6, 7; E9; F9, 11, 14
Dunajec – rzeka 92-93 D9, 10
Dunaújváros 92-93 E9
Duncansby, Przyl. (Przylądek) 98 B5, 6
Dundee 98 C5
Dunedin 148-149 I7
Dunhua 123 B2
Dunkierka 99 B4, 5
Duńska, Cieśn. (Cieśnina) 82-83 B2-B3; 133 C17-C16
Durance – rzeka 99 F6
Durban 128 H6
Durg 118-119 C7
Durmitor – góra 102-103 C7
Durrës 102-103 D7
D'Urville'a, Morze 151 C14
Düsseldorf 92-93 C3
Duszanbe 116-117 F8, 9
Dwina – rzeka 82-83 B9; 116-117 C6
Dyja – rzeka 92-93 D7
Dymbowica – rzeka 92-93 F12
Dynarskie, Góry 82-83 D6; 102-103 B6-C7
Dyneburg 95 B3
Dystrykt Kolumbii – stan 134 F11
Dzawchan – rzeka 120-121 B5, 6
Dzedzu 123 D2
Dzedzu-do – wyspa 120-121 E11, 12; 123 D2
Dzierżyńsk 95 B6
Dzondzu 123 C2
Dzun-Mod 120-121 B8
Dżabalpur 118-119 C7
Dżagdalpur 120-121 H3
Dżajpur 118-119 C6
Dżakobabad 118-119 C5
Dżalandhar 118-119 B6
Dżalgaon 118-119 C6
Dżammu 118-119 B6
Dżamnagar 118-119 C5, 6
Dżamśedpur 118-119 C7
Dżhansi 118-119 C6, 7
Dżodhpur 118-119 C6
Dżwina – rzeka 82-83 C7; 95 B3
Dżabal Marra – góra 126 D5
Dżabal Tuwajk – góry 118-119 D3-C3
Dżabal-Hidżaz – góry 118-119 C3-D3
Dżafna 118-119 E7
Dżagdalpur 118-119 D7
Dżahrom 118-119 C4
Dżakarta 122 G4
Dżalalabad 118-119 B5, 6
Dżibuti 128 D7
Dżibuti – państwo 128 D7
Dżimma 128 E6
Dżizan 118-119 D3
Dżos 128 E3, 4
Dżuba 128 E5, 6
Dżuba – rzeka 118-119 E3
Dżudda 118-119 C2
Dżugdżur – góry 116-117 D15-D16
Dżungaria – kraina hist. 120-121 B3-C5
Dżungarska, Kotlina 106-107 E11-E12; 120-121 B4

E

Easington 96 C3
East London 128 I5, 6
Eberswalde 92-93 B6
Ebro – rzeka 82-83 D4; 99 F2
Écija 100-101 D4
Edam 92-93 B2
Edesa 102-103 D9
Edgéa, W. (Wyspa) 116-117 B4, 5
Edirne 102-103 D11
Edmonton 134 D7; 139 A3, 4
Edremit 102-103 E11
Edynburg 98 D5
Egadi, W-y (Wyspy) 102-103 E4
Egejskie, Morze 82-83 E7; 102-103 E10-F11
Eger 92-93 DE10
Egipt – państwo 128 C5-C6
Eifel – góry 92-93 C3
Eindhoven 92-93 C2
Eisenach 92-93 C4, 5
Eisenerz 92-93 E7
Eisenhüttenstadt 92-93 BC6, 7
Eisleben 92-93 C5
Ejlat 118-119 BC2
Ekibastuz 116-117 D9
Ekofisk – pole ropy naftowej 96 B3
Ekwador – państwo 142 C3
El Ferrol 100-101 A2
El Paso 134 F8; 139 C4
El Wak 118-119 E2, 3
ElEzig 118-119 B2
Elba – wyspa 82-83 D6; 102-103 C3
Elbasan 102-103 D7
Elbląg 92-93 A9
Elbrus – góra 82-83 D9; 95 E6
Elburs – góry 106-107 F8; 118-119 B4
Elche 100-101 C6
Elista 95 D6
Ellesmere'a, W. (Wyspa) 133 B11-A12
Ellice, W-y (Wyspy) 147 A7-A8
Ellswortha, G. (Góry) 151 B27-A29
Ellswortha, Ziemia – kraina 151 B29-B27
Elur 118-119 D7
Ełk 92-93 B11
Emamshahr 118-119 B4
Emba – rzeka 82-83 D10; 116-117 E7
Emden 92-93 B3
Emerland 149 II C2
Emi Kussi – góra 126 C4
Emilia-Romania – kraina hist. 102-103 B2-B3
Ems – rzeka 92-93 B3
En Hazewa 118 I C1
Ende 122 G7
Enderby, Ziemia – kraina 151 C5-6
Engels 95 C7
Enggano – wyspa 122 FG3
Enna 102-103 F5
Enschede 92-93 B3
Enugu 128 E3
Épinal 99 C7
Epir – kraina hist. 102-103 E8
Erdenet 120-121 B7, 8
Erebus, Mt. (Mount) – góra 151 B18
Erenhot 120-121 C9
Erfurt 92-93 C5
Erg Igidi – pustynia 126 C2
Erg Rabiana – pustynia 126 C4-C5
Erg Szesz – pustynia 126 C2
Erg Ténéré – pustynia 126 D4
Erie, J. (Jezioro) 133 E11; 139 B6
Erimo, Przyl. (Przylądek) 123 B5
Erlangen 92-93 D5
Erytrea – państwo 128 D6-D7
Erywań 118-119 A3
Erzurum 118-119 B3
Esbjerg 97 D2
Escarpada, Przyl. (Przylądek) 120-121 H11
Eskilstuna 97 D4
Eskisehir 95 EF4
Esla – rzeka 100-101 A4;B4
Esperanza – st. badawcza 151 C31
Espírito Santo – stan 142 D6
Espoo 97 C5
Essen 92-93 C3
Esslingen 92-93 D4
Estonia – państwo 84-85 C7
Estońska SRR 117 I
Estrela – góra 100-101 B3
Estrela – góry 100-101 C2-B3
Estremadura – kraina hist. 100-101 C3
Estremandura – kraina hist. 100-101 C2-B2
Etiopia – państwo 128 E6-E7
Etna – góra 82-83 E6; 102-103 F5
Eubea – wyspa 102-103 E9-E10
Eufrat – rzeka 106-107 F7; 118-119 B2, 3; B3
Eugene 139 B2
Eupatoria 95 D4
Eureka – st. badawcza 152 AB27
Évora 100-101 C2, 3
Exeter 98 F5
Eyl 118-119 E3
Eyre, J. (Jezioro) 147 C3, 4

F

Faaone 149 III B2
Fagernes 97 C2
Fairbairn, J. (Jezioro) 149 II C2
Fairbanks 134 C3, 4
Fajsalabad 118-119 B6
Fajum 118-119 C1, 2
Fakaofo 148-149 E8, 9
Falklandy (Malwiny) – teryt. zależne 142 H5, 6
Falklandy (Malwiny) – wyspy 141 H4, 5
Falso, Przyl. (Przylądek) 133 G8; 139 E3
Falster – wyspa 97 E3
Falun 97 C4
Fan Si Pan – góra 122 A3
Faraday – st. badawcza 151 C30
Farah 118-119 B5
Farasan, W-y (Wyspy) 118-119 D3
Faro 100-101 D3
Farsala 102-103 E9
Farvel, Przyl. (Przylądek) 133 D15, 16
Fautaua – rzeka 149 III B1
Fawley 96 C2
Faxaflói, Zat. (Zatoka) 97 I B1
Fazzan – kraina 126 C4
Fdajrik 128 C1, 2
Feerfeer 118-119 E3
Fehmarn – wyspa 92-93 A5
Feniks, W-y (Wyspy) 148-149 E8
Fergańska, Kotlina 116-117 E9; 118-119 A6
Fernando de Noronha – wyspa 141 C7
Ferrara 102-103 B3, 4
Fetesti 92-93 F13, 14
Fez 128 B2
Fidżi – państwo 148-149 FG7,8
Fidżi, Morze 147 C7-D7
Fidżi, W-y (Wyspy) 147 B7
Fieri 102-103 D7
Filadelfia 134 F11; 139 BC7
Filchnera, Lodowiec Szelfowy 151 B32-33
Filipiny – państwo 108-109 H14-I14
Filipiński, Rów 6-7 H30-I31; 122 C8-E8
Filipińskie, Morze 106-107 H15-H16
Finisterre, Przyl. (Przylądek) 100-101 A2
Finlandia – państwo 84-85 B7
Finnart 96 B1, 2
Fionia – wyspa 97 D3
Firth of Clyde – zatoka 98 D4
Firth of Forth – zatoka 98 C5-C6
Fishguard 98 F4
Fińska, Zatoka 82-83 C7-B7; 97 D5-C6
Fińskie, Pojezierze 82-83 B7; 97 C5-C6
Fitzory – rzeka 149 II C2,3
Flandria – kraina hist. 99 B5
Flensburg 92-93 A4, 5
Florencja 102-103 C3
Flores – wyspa 106-107 J15; 122 G7
Flores, Morze 122 G6-G7
Florianópolis 142 E6
Flórina 102-103 D8
Floryda – stan 134 F10-G10
Floryda, Płw. (Półwysep) 133 F11-G11; 139 D6
Florydzka, Cieśn. (Cieśnina) 139 D6-D7
Flotta 96 B2
Foggia 102-103 D5
Fokszany 92-93 F13
Foldfjorden – zatoka 97 C2, 3
Foligno 102-103 C4
Fontainebleau 99 C5
Forli 102-103 B3
Formentera – wyspa 100-101 C7
Formosa 142 E4, 5
Fort Albany 139 A6
Fort Rupert 139 A7
Fort Sandeman 118-119 B5
Fortaleza 142 C7
Forties – pole ropy naftowej 96 B3
Francja – państwo 84-85 D4-D5
Francuska, Nizina 82-83 D4-D5; 99 F3-C5
Frankfort 139 C6
Frankfurt 92-93 B6, 7
Frankfurt n. (nad) M. (Menem) 92-93 C4
Frankońska, Wyżyna 92-93 D5
Fraserburgh 96 B2
Fredericia 96 B4
Fredericton 134 E12; 139 B8
Frederikshavn 97 D3
Freetown 128 E1
Fresno 139 C3
Frigg – pole gazu ziemnego 96 B3
Fryburg 92-93 D3, 4
Fryburg 92-93 E3
Fryzja – kraina hist. 92-93 B3
Fudżi – góra 106-107 F16; 123 C4
Fuerteventura – wyspa 100-101 I A3, 4
Fuji 123 CD4
Fukui 123 C4
Fukuoka 123 D2, 3
Fukushima 123 C5
Fulanga – wyspa 149 I C3
Fulda 92-93 C4
Fulda – rzeka 92-93 C4
Fürth 92-93 D5
Fushun 120-121 C11, 12
Fuxin 120-121 C11
Fuyu 123 A1, 2
Fuzhou 120-121 F10, 11

G

Gabon – państwo 128 F3-F4
Gaborone 128 H5
Gabrowo 102-103 C10
Gaeta 102-103 D4
Gaillimh 98 E2
Gaja 118-119 C7
Galápagos, W-y (Wyspy) (Żółwie, W-y) 141 B1, 2
Galdar 100-101 I A3
Galicja – kraina hist. 100-101 A2-A3
Galilea – kraina hist. 118 I B1
Galla 118-119 E6
Gallinas, Przyl. (Przylądek) 141 H4
Gällivare 97 B5
Gallo, Przyl. (Przylądek) 102-103 E4
Gałacz 92-93 F13
Gambia – państwo 128 D1
Gandawa 99 B5, 6
Gandhinagar 118-119 C6
Ganges – rzeka 106-107 G11; 118-119 C6
Gangesu, Nizina 106-107 G10-G11; 118-119 C6-C7
Ganzhou 120-121 F9, 10
Gao 128 D3
Garda, J. (Jezioro) 102-103 B3
Gargano, Płw. (Półwysep) 102-103 D5-D6
Garmisch-Partenkirchen 92-93 E5
Garonna – rzeka 82-83 D5; 99 F4; E4
Garoowe 118-119 E3
Garoua 128 E4
Gaskonia – kraina hist. 99 F3-F4
Gata, Przyl. (Przylądek) 100-101 D5, 6
Gauhati 118-119 C8
Gaussa, Góra 151 C9
Gävle 97 C4
Gaza 118-119 B2
Gaziantep 118-119 B2
Gbely 92-93 D8
Gdańsk 92-93 A9
Gdańska, Zat. (Zatoka) 92-93 A9
Gdynia 92-93 A9
Gediz – rzeka 102-103 E11
Gedser 92-93 A6
Geelong 148-149 H3, 4
Gejiu 120-121 G7
Geladi 118-119 E3
Gelibolu 102-103 D11
Gelibolu, Płw. (Półwysep) 102-103 D11
Gelsenkirchen 92-93 C3
General Belgrano II – st. badawcza 151 B33-34
Gen. (General) Bernardo O'Higgins – st. badawcza 151 C31
Gen. (General) San Martin – st. badawcza 151 CB30
Genewa 92-93 E3
Genewskie, J. (Jezioro) 92-93 E3
Genezaret, J. (Jezioro) 118 I B1, 2
Genil – rzeka 100-101 D4
Genua 102-103 B2
Genueńska, Zat. (Zatoka) 102-103 B2-C2
Georg von Neumayer – st. badawcza 151 CB35-36
Georgetown 142 B5
Georgia – stan 134 F10
Georgia Pd. (Południowa) – wyspa 6-7 O14; 141 H7
Gera 92-93 C6
Gerlach – góra 82-83 D7; 92-93 D10
Gerona 100-101 AB8
Getynga 92-93 C5
Gevgelija 102-103 D9
Ghana – państwo 128 E2-E3
Ghaty Wschodnie – góry 106-107 H10-H11; 118-119 D6-C7
Ghaty Zachodnie – góry 106-107 H10; 118-119 C6-D6
Ghazni 118-119 B5
Gheorgheni 92-93 E12
Giandża 118-119 A3
Gibraltar 100-101 D4
Gibraltarska, Cieśnina 82-83 E4; 100-101 E3-D4
Giessen 92-93 C4
Gifu 123 C4
Gijón 100-101 A4
Gilberta, W-y (Wyspy) 148-149 D7-E7
Gilgit 118-119 B6
Gillam 139 A5
Gin Gin 149 II C3
Giona – góra 102-103 E9
Giurgiu 92-93 G12
Giza 128 C5
Gjirokastra 102-103 DE7, 8
Gjovik 97 C2, 3
Gladstone 149 II C3
Glasgow 98 D4
Glittertind – góra 97 C2
Gliwice 92-93 C9
Glomma – rzeka 97 C3
Gmünd 92-93 D7
Gniezno 92-93 B8
Goba 118-119 E3
Gobi – pustynia 106-107 E12-E14; 120-121 C6-C9
Godaweri – rzeka 118-119 D6
Goiânia 142 D5, 6
Goiás – stan 142 D5, 6
Gol 97 C2
Golan, Wzgórza 118 I B1, 2
Goljam Perelik – góra 102-103 D10
Golmud 120-121 D6
Gomera – wyspa 100-101 I A2
Gomera, W-y (Wyspy) 100-101 E4
Gorakhpur 118-119 C7
Gorgan 118-119 B4
Gorkowski, Zb. (Zbiornik) 95 B6
Görlitz 92-93 C7
Gornoałtajsk 116-117 D10
Gorontalo 122 E7
Goru – góra 92-93 F13
Gorycja 102-103 B4
Gorzów Wielkopolski 92-93 B7, 8
Göteborg 97 D3
Gotha 92-93 C5
Gotlandia – wyspa 82-83 C6; 97 D4
Gotlandzka, Głębia 97 D5
Gotō, W-y 123 D2
Gozo – wyspa 102-103 F5
Górna Gwinea – kraina 126 E2-E3
Górne, J. (Jezioro) 133 E10, 11; 139 B5, 6
Górnego Nilu, Kotlina 126 D6-E6
Górnośląski Okręg Przemysłowy (GOP) 92-93 CD9
Graciosa – wyspa 100-101 I A4
Grahama, Ziemia – kraina hist. 151 C30-31
Grampiany – góry 82-83 C4; 98 C4-C5
Gran Canaria – wyspa 100-101 I B3
Gran Chaco – region 141 E4-E5
Gran Paradiso – góra 102-103 B1
Granadilla de Abona 100-101 I A2
Grangemouth 96 B2
Graz 92-93 E7
Grecja – państwo 84-85 E7
Greenock 98 D4
Greenwich 98 F6, 7
Grenada 100-101 D4, 5
Grenada – państwo 142 A4, 5
Grenlandia – teryt. zależne 134 B14-C14
Grenlandia – wyspa 6-7 C13-B14; 133 B15-C15; 152 C23-A21
Grenlandzkie, Morze 106-107 C2-B3; 152 B20-B19
Grenoble 99 E6
Grimsby 98 E6, 7
Grisk 118-119 B5
Grodno 92-93 B11, 12
Groningen 92-93 B3
Grosseto 102-103 C3
Grossglockner – góra 92-93 E6
Grozny 95 E7
Grudziądz 92-93 B9
Gruzińska SRR 117 I
Gruzja – państwo 108-109 E6
Guadalajara 100-101 B5
Guadalajara 134 G8; 139 D4
Guadalete – rzeka 100-101 D4
Guadalupe – wyspa 133 G7, 8; 139 D3
Guam – teryt. zależne 148-149 C4
Guangyuan 120-121 E8
Guardafui, Przyl. (Przylądek) 126 D7, 8; 118-119 D4
Guayaquil 142 C2
Guayaquil, Zatoka 141 C2
Guernsey – wyspa 98 G5
Guia de Isora 100-101 I A2
Guilin 120-121 F9
Guiyang 120-121 F8
Gujana – państwo 142 B4-B5
Gujana Francuska – teryt. zależne 142 B5, 6
Gujańska, Wyżyna 141 B4-B5
Gujenna – kraina hist. 99 E4
Gulbarga 118-119 D6
Gullfaks – pole ropy naftowej 96 A3
Guntur 118-119 D6, 7
Gunungsitoli 122 E2
Guszgy 116-117 F8
Gwadalkiwir – rzeka 82-83 E4; 100-101 D4
Gwadar 118-119 C5
Gwadelupa – teryt. zależne 142 A4, 5
Gwadiana – rzeka 100-101 C3, 4, 5; D3
Gwalijar 118-119 C6
Gwatemala 134 H9
Gwatemala – państwo 134 H9-H10
Gwen – pole gazu ziemnego 96 B3
Gwinea – państwo 128 D1-E2
Gwinea Bissau – państwo 128 D1
Gwinea Równikowa – państwo 128 E3, 4
Gwinejska, Zatoka 126 E2-E3
Gydański, Płw. (Półwysep) 106-107 BC10, 11; 116-117 B9-C10
Györ 92-93 E8

H

Haarlem 92-93 B2
Hachinohe 123 B5
Hadd, Przyl. (Przylądek) 118-119 C4, 5
Hadramaut – kraina hist. 118-119 D3-D4
Hadżar – góry 118-119 C4
Hafun, Przyl. (Przylądek) 126 DE8; 118-119 D4
Haga 92-93 B1, 2
Hagåtña 148-149 C4
Hagen 92-93 C3
Haikou 122 B5
Hail 118-119 C3
Hailar 120-121 B10, 11
Hailin 123 B2
Hailong 123 B2
Haiti – państwo 134 G11
Haiti – wyspa 6-7 H10; 133 H13
Hajdarabad 118-119 C5, 6
Hajdarabad 118-119 D6
Hajfa 118-119 B2
Hajfong 122 A4
Hajnan – wyspa 106-107 H14; 122 B5
Hajnańska, Cieśn. (Cieśnina) 120-121 G8-G9
Hakodate 123 B5

Halab 118-119 B2
Halaib 118-119 C2
Halberstadt 92-93 C5
Halifax 98 E5
Halifax 134 E12; 139 B8
Halifax - góra 149 II B2
Halle 92-93 C5
Halley Bay - st. badawcza 151 B33-34
Halmahera - wyspa 106-107 I15; 122 F8
Hamadan 118-119 B3
Hamamatsu 123 D4
Hamar 97 C3
Hamburg 92-93 B5
Hamersley, G. (Góry) 147 C1-C2
Hamhyng 123 B2
Hami 120-121 C5
Hamilton 139 B7
Hamm 92-93 C3, 4
Hammerfest 97 A5
Han Szuej - rzeka 120-121 E9
Handan 120-121 D9
Hangzhou 120-121 EF10
Hanko 97 D5
Hanoi 122 A4
Hanower 92-93 B4
Harare 128 G6
Harbin 120-121 B11, 12
Hardangerfjorden - zatoka 97 D1, 2
Hardangervidda - góry 97 C2
Harer 118-119 E3
Hargejsa 128 E7
Hari - rzeka 122 F3
Haria 100-101 I A4
Harirud - rzeka 118-119 B5
Härnösand 97 C4
Harrisburg 134 E10, 11; 139 B7
Hartford 134 E11, 12; 139 B7
Harz - góry 92-93 C5
Hastings 98 F7
Hatteras, Przyl. (Przylądek) 133 F12; 139 C7
Haugesund 97 D2
Haukivesi, J. (Jezioro) 97 C6
Haura 118-119 C7
Hawaii - wyspa 148-149 C10; 134 I A2, 3
Hawaje - stan 134 I A2
Hawaje - wyspy 6-7 G1-G2; 148-149 B8-B10; 134 I A1-A3
Hawana 134 G10; 139 D6
Hawela - rzeka 92-93 B6
Hawr 99 C4
Hebrydy - wyspa 82-83 C4; 98 C3-B3
Hebrydzkie, M. (Morze) 98 C3
Hedzu 123 C2
Hefei 120-121 E10
Hegang 120-121 B13
Heidelberg 92-93 D4
Heilbronn 92-93 D4
Heimdal - pole gazu ziemnego 96 B3
Hekla - góra 82-83 B3; 97 I B2
Hel 92-93 A9
Helena 134 E7, 8; 139 B3, 4
Helgoland - wyspa 92-93 A3
Helgolandzka, Zat. (Zatoka) 92-93 A3-A4
Helmand - rzeka 118-119 B5
Helsingborg 97 D3
Helsinki 97 C5, 6
Heluan 118-119 C2
Hengyang 120-121 F9
Henzada 118-119 D8
Herat 118-119 B5
Hermosillo 139 D3, 4
Heysham 96 C2
Hidżaz - kraina hist. 118-119 C2-C3
Hierro - wyspa 100-101 I B1
Hildesheim 92-93 B4, 5
Hilo 134 I B2
Himalaje - góry 106-107 F10-G12; 120-121 E2-F5
Hims 118-119 B2
Hindukusz - góry 106-107 F9-F10; 118-119 B5-B6
Hinnøy - wyspa 97 B4
Hirakud, Zb. (Zbiornik) 118-119 C7
Hiretoko, Przyl. (Przylądek) 123 B5, 6
Hiroszima 123 D3
Hirtshals 97 D3
Hiszpania - państwo 84-85 E4-D5
Hitachi 123 C5
Hiuma - wyspa 82-83 C7; 97 D5
Hjesan 123 B2
Hjørring 97 D2
Hkakabo Razi - góra 120-121 F6
Hobart 148-149 I4
Hódmezővásárhely 92-93 E10
Hofsjökull - lodowiec 97 I B2
Hohhot 120-121 C9
Hokkaido - wyspa 106-107 E17; 123 B5
Holandia - państwo 84-85 C5
Homel 92-93 B15
Honduras - państwo 134 H10
Hongkong 120-121 G9, 10
Honiara 148-149 E5
Honolulu 134 I A2
Honsiu - wyspa 106-107 F16; 123 C3-B4
Horn, Przyl. (Przylądek) 82-83 B2; 97 I A1
Hornad - rzeka 92-93 D10
Horyń - rzeka 92-93 CD13; C13
Hośab 118-119 C5
Hotan 120-121 D2, 3
Houston 134 G9; 139 D5
Howland - wyspa 148-149 D8
Hradec Králové 92-93 C7, 8
Hron - rzeka 92-93 D9
Huainan 120-121 E9, 10
Huambo 128 G4
Huancayo 142 D3
Huang-he (Rzeka Żółta) - rzeka 106-107 F13; F14; 120-121 E6, 7; D9
Huangshi 120-121 F9
Huascarán - góra 141 C3
Hubli-Dharwar 118-119 D6
Hudsona, Cieśn. (Cieśnina) 133 C12-C13
Hudsona, Zatoka 133 C11-D11
Hudsońska, Nizina 133 D10-D11; 139 A5-A6
Hue 122 B4
Huelva 100-101 D3
Huize 120-121 F7
Hull 96 C2, 3
Hulun-Nur, J. (Jezioro) 120-121 B10
Humenné 92-93 D10, 11
Húna, Zat. (Zatoka) 97 I A1
Hunedoara 92-93 F11
Hunghenden 149 II C1,2
Hunsrück - góry 92-93 D3-C3
Huron, J. (Jezioro) 133 E11; 139 B6
Hvannadalshnúkur - góra 97 I B2
Hvar - wyspa 102-103 C6
Hyiczhon 123 B2
Hyngnam 123 C2
Hyéres, W-y (Wyspy) 99 F7

I

Ibadan 128 E3
Iberyjski, Płw. (Półwysep) 82-83 D4-E4
Iberyjskie, Góry 82-83 D4; 100-101 A5-B6
Ibiza 100-101 C7
Ibiza - wyspa 92-83 E5; 100-101 C7
Icod de Los Vinos 100-101 I A2
Idaho - stan 134 E7
Idfu 118-119 C2
Igarka 116-117 C10
Igielny (Agulhas), Przyl. (Przylądek) 126 I5
Iglesias 102-103 E2
Iguaçu - rzeka 141 E5
Iguaçu, Wdp. (Wodospad) 141 E5
Igława 92-93 D7, 8
Iiu - rzeka 92-93 F11; G11
IJselmeer - jezioro 92-93 B2
Ikaria - wyspa 102-103 F11
Ili - rzeka 116-117 E9; 118-119 A6
Iliamna - góra 133 C4
Iligan 122 D7
Illinois - stan 134 E9-E10
Ilmen, J. (Jezioro) 95 B4
Iloilo 122 C7
Iława 92-93 B9
Imandra, J. (Jezioro) 97 B7
Imatra 97 C6
Imatra, Wdp. (Wodospad) 97 C6
Immingham 96 C3
Imperia 102-103 C2
Imphal 118-119 C8
Imroz - wyspa 102-103 D10
In Amenes 128 C3
Inari 97 B6
Inari, J. (Jezioro) 82-83 B7; 97 B6
Inczhon 123 C2
Indaur 118-119 C6
Indefatigable - pole gazu ziemnego 96 C3
Indiana - stan 134 E10
Indianapolis 134 EF10; 139 B5, 6
Indie - państwo 108-109 H9-H10
Indochiński, Płw. (Półwysep) 106-107 H12-H13; 122 B2-C4
Indoga - rzeka 120-121 A9
Indonezja - państwo 108-109 J12-J15
Indre - rzeka 99 D4
Indusu, Nizina 106-107 G9-F10; 118-119 C5-B6
Indus - rzeka 106-107 F10; G9; 118-119 B6; C6; C5
Indygirka - rzeka 116-117 BC16
Indyjski, Ocean 6-7 J23-M28; 153
Indyjski, Półwysep 106-107 G10-H11; 118-119 D6
Ingolstadt 92-93 D5
Inn - rzeka 82-83 D6; 92-93 E5
Innisfail 149 II B2
Innsbruck 92-93 E5
Interlaken 92-93 E3
Invergordon 96 B1, 2
Iowa - stan 134 E9
Ipoh 122 E3
Ipola - rzeka 92-93 D9
Ipswich 98 E7
Iqaluit 134 C12
Iquique 142 DE3
Iquitos 142 C3
Irak - państwo 108-109 F6
Iraklion 102-103 G10
Iran - państwo 108-109 F6-F7
Iran, G. (Góry) 122 E5-E6
Irawadi - rzeka 106-107 GH12; 118-119 C8; D8
Irańska, Wyżyna 106-107 F8; 118-119 B4
Irbid 118 I B1
Irkuck 116-117 D12
Irlandia Pn. (Północna) - kraina hist. 98 D3
Irlandia - państwo 84-85 C4
Irlandia - wyspa 82-83 C4
Irlandzkie, Morze 82-83 C4; 98 D4-E5
Iroise - zatoka 99 C1
Irtysz - rzeka 106-107 D9, 10; 116-117 CD8; D9; E10;
Is - rzeka 99 E6
Isac - rzeka 149 II C2
Isafjördur 97 I A1
Iseo, J. (Jezioro) 102-103 B3
Isernia 102-103 D4, 5
Isfahan 118-119 B4
Ishinomaki 123 C5
Iskyr - rzeka 102-103 C10
Islamabad 118-119 B6
Islandia - państwo 84-85 B2-B3
Islandia - wyspa 82-83 B2-B3
Ismaila Samaniego - góra 106-107 F9, 10; 116-117 F9
Isna 118-119 C2
Isparta 118-119 B1, 2
Issyk-kul, J. (Jezioro) 116-117 E9; 120-121 C2
Istria, Płw. (Półwysep) 102-103 B4-B5
Iszym - rzeka 116-117 D8
Ivalo 97 B6
Ivrea 102-103 B1
Iwaki 123 C5
Iwano-Frankowsk 92-93 D12
Iwanowo 95 B5, 6
Iwate - góra 106-107 E17; 123 BC5
Izera - rzeka 92-93 D5
Izmaił 92-93 F14
Izmir 118-119 B1
Izrael - państwo 108-109 F5
Izu, W-y 123 D4
Iżewsk 116-117 D7

J

Jablonec n. (nad) N. (Nisou) 92-93 C7
Jabłonowe, Góry 106-107 D13-D14; 116-117 D12-D13
Jackson 134 F10; 139 C5, 6
Jaén 100-101 D4, 5
Jajce 102-103 B6
Jakucja - kraina hist. 116-117 C13-C16
Jakuck 116-117 C14
Jalu - rzeka 123 B2
Jalu Ciang - rzeka 120-121 C12
Jałomica - rzeka 92-93 F13
Jałta 95 E4
Jamajka - państwo 134 G11
Jamajka - wyspa 133 H11, 12
Jamantau - góra 106-107 D8; 116-117 D7
Jamał, Płw. (Półwysep) 106-107 CB9, 10; 116-117 C9-B9
Jambi 122 F3
Jambol 102-103 C11
Jamusukro 128 E2
Jan Mayen - wyspa 82-83 A4
Jana - rzeka 116-117 C15
Janbie - wyspa 118-119 D8
Janbu al-Bahr 118-119 C2
Jandia, Przyl. (Przylądek) 100-101 I A3
Jangcy - rzeka 106-107 F12; FG12; F13, 14; 120-121 E6; E8, 9; E10
Jangjang 123 C2
Janina 102-103 E8
Janów 97 DE5
Japonia - państwo 108-109 G15-E16
Japoński, Rów 6-7 E32-F32
Japońskie, Morze 106-107 E16-F16; 123 B3-C4
Japońskie, Wyspy 106-107 F16-E17
Japurá - rzeka 141 C4
Jarkend-daria - rzeka 120-121 D2, 3
Jarosław 95 B5
Jarvis - wyspa 148-149 E9
Jasło 92-93 D10
Jassy 92-93 E13
Jaunde 128 E4
Javalambre - góra 100-101 B6
Jawa - wyspa 106-107 J13-J14; 122 G4-G5
Jawajski, Rów 122 G3-G4
Jawajskie, Morze 122 F4-F5
Jaworniki - góry 92-93 D8-D9
Jefferson City 134 F9; 139 C5
Jekaterynburg 116-117 D7, 8
Jelec 95 C5
Jelenia Góra 92-93 C7, 8
Jemen - państwo 108-109 H6-H7
Jena 92-93 C5
Jenisej - rzeka 106-107 C11; 116-117 C10
Jenisejsk 116-117 D10, 11
Jerez de la Frontera 100-101 D3
Jerozolima 118-119 B2
Jersey - wyspa 98 G5, 6
Jerycho - ruiny 118 I C1
Jesiołda - rzeka 92-93 B12
Jesioniki - góry 92-93 CD8
Jezd 118-119 B4
Jezerca - góra 102-103 C7, 8
Jełgawa 95 B2
Jiamusi 120-121 B13
Jiaohe 123 B2
Jiapigou 123 B2
Jiayuguan 120-121 D6, 7
Jilin 120-121 C12
Jilong 120-121 F11
Jinan 120-121 D10
Jinggu 120-121 G7
Jinzhou 120-121 C11
Jixi 123 A3
João Pessoa 142 C7
Joensuu 97 C7
Johannesburg 128 H5
Johnston - wyspa 148-149 C9
Johor Baharu 122 E3
Jokohama 123 C4, 5
Jönköping 97 D3, 4
Jonquière 139 B7
Jońskie, Morze 82-83 E6; 102-103 E6-F7
Jońskie, Wyspy 82-83 E6-E7; 102-103 E7-F8
Jordan - rzeka 118 I BC1
Jordania - państwo 108-109 F5
Jork, Płw. (Półwysep) 147 B4
Jork, Przyl. (Przylądek) 147 B4
Josu 123 D2
Joszkar Oła 95 B7
Jotunheimen - góry 97 C2
Juan Fernández, W-y (Wyspy) 141 F2, 3
Jubany - st. badawcza 151 C31
Júcar - rzeka 100-101 C5;C6
Judea - kraina hist. 118 I C1
Judenburg 92-93 E7
Jugosławia - państwo 84-85 D6-D7
Jukatan, Płw. (Półwysep) 133 GH11-H10, 11; 139 E5-D6
Jukon - prowincja 134 C5
Jukon - rzeka 133 C3, 4
Juneau 134 D5
Jungfrau - góra 92-93 E3, 4
Jura - góry 82-83 D5; 99 D7
Jutlandzki, Płw. (Półwysep) 82-83 C5-C6; 97 E2-D2
Jużnosachalińsk 116-117 E16
Jyväskylä 97 C6

K

K2 (Czogori) - góra 106-107 F10; 118-119 B6
Kabaena - wyspa 122 G7
Kabinda - region 128 F3, 4
Kabis 128 B3
Kabis, Zat. (Zatoka) 126 B4
Kabul 118-119 B5
Kachowka 95 D4
Kachowski, Zb. (Zbiornik) 95 D4
Kaczka, Zat. (Zatoka) 118-119 C5
Kadima 118-119 C2, 3
Kadyks 100-101 D3
Kadyksu, Zatoka 100-101 D3
Kærgård 96 B4
Kagoshima 123 D3
Kahoolowe - wyspa 134 I A2
Kaifeng 120-121 E9, 10
Kair 128 C6
Kaiserslautern 92-93 D3
Kajaani 97 C6
Kajenna 142 B5, 6
Kajmany - teryt. zależne 134 GH10, 11
Kajmany - wyspy 139 DE6, 7
Kakinada 118-119 D7
Kalabria - kraina hist. 102-103 E6
Kalahari, Kotlina 126 H4-H5
Kalamata 102-103 F8, 9
Kalat 118-119 C5
Kalat Bisza 118-119 C3
Kaledoński, Kanał 98 C4
Kaledońskie, Góry 98 C4-B4
Kalemie 128 F5
Kaletańska, Cieśnina 82-83 D4-C5; 98 F7
Kalgoorlie 148-149 GH2
Kalifornia - stan 134 E6-F7
Kalifornijska, Zatoka 133 F8-G9; 139 C3-D4
Kalifornijski, Płw. (Półwysep) 133 F8-G8; 139 C3-D3
Kalikat 118-119 D6
Kalimantan (Borneo) - wyspa 122 F5-E6
Kálimnos - wyspa 102-103 F11
Kaliningrad 92-93 A10
Kalinkowicze 92-93 B14, 15
Kalisz 92-93 C9
Kaljan 118-119 D6
Kalkuta 118-119 C7, 8
Kallavesi, J. (Jezioro) 97 C6i
Kalmar 97 D4
Kalmarska, Cieśn. (Cieśnina) 97 D4
Kaługa 95 C5
Kama - rzeka 82-83 C10
Kamaishi 123 C5
Kamaran - wyspa 118-119 D3
Kamau, Przyl. (Przylądek) 106-107 I13; 122 D3, 4
Kambajska, Zatoka 118-119 C6-D6
Kambara - wyspa 149 I C3
Kambodża - państwo 108-109 H12
Kambryjskie, Góry 98 E4-E5
Kamczatka, Płw. (Półwysep) 106-107 D19-D18; 116-117 D17
Kamenjak, Przyl. (Przylądek) 102-103 B4, 5
Kamerun - góra 126 E3, 4
Kamerun - państwo 128 E3-E4
Kamieniec Podolski 92-93 D13
Kamień - góra 116-117 C11
Kamieńsk Uralski 116-117 D8
Kampala 128 E6
Kampania - kraina hist. 102-103 D5
Kampot 122 C3
Kamyszyn 95 C6, 7
Kanada - państwo 134 D6-D11
Kanał Dziesiątego Stopnia - cieśnina 118-119 D8-E8
Kananga 128 F5
Kanaryjski, Basen 6-7 G14-F15
Kanaryjskie, W-y. (Wyspy) 126 C1
Kanazawa 123 C4
Kanczendzonga - góra 120-121 F4
Kandahar 118-119 B5
Kandałaksza 97 B7
Kandavu - wyspa 149 I C2
Kandavu, Cieśn. (Cieśnina) 149 I C1-C2
Kandy 118-119 E7
Kangan 119 II B2
Kangean, W-y (Wyspy) 122 G6
Kanggje 123 B2
Kangnyng 123 C2
Kanin Nos, Przyl. (Przylądek) 116-117 C6
Kanin, Płw. (Półwysep) 82-83 B9
Kano 128 D3
Kanpur 118-119 C6, 7
Kansas - stan 134 F8-F9
Kansas City 134 F9; 139 BC5
Kantabryjskie, Góry 82-83 D4; 100-101 A3-A5
Kanton 120-121 G9, 10
Kańsk 116-117 D11
Kaosiung 120-121 G11
Kapczagajski, Zbiornik 116-117 E9, 10; 120-121 C2
Kaposvár 92-93 E8, 9
Kapsztad 128 I4
Kapua 102-103 D5
Kapuas - rzeka 122 E5
Kara-Kum, Pust. (Pustynia) 106-107 E8-F9; 116-117 F7-F8
Karaczi 118-119 C5
Karaganda 116-117 D9
Karagińska, W. (Wyspa) D18
Karaibskie, Morze 133 H11-H13
Karakorum - góry 106-107 F10; 118-119 B6
Karakorum - ruiny 120-121 B7, 8
Karakumski, Kanał 116-117 F8
Karamay 120-121 B3, 4
Karatau - góry 116-117 E8-E9
Karawanki - góry 92-93 E7
Karbala 118-119 B3
Kardamonowe, G. (Góry) 122 C3
Karditsa 102-103 E8, 9
Karelia - kraina hist. 116-117 C5
Karen 118-119 D8
Kariba, Zb. (Zbiornik) 126 G5, 6
Karimata, Cieśn. (Cieśnina) 122 F4
Karimata, W-y (Wyspy) 122 F4
Karimunjaw, W-y (Wyspy)122 G5
Karlovac 102-103 B5
Karlowe Wary 92-93 C6
Karlskrona 97 D4
Karlsruhe 92-93 D3, 4
Karlstad 97 D3
Karnul 118-119 D6
Karolina Pd. (Południowa) - stan 134 F10-F11
Karolina Pn. (Północna) - stan 134 F10-F11
Karoliny - wyspy 148-149 D3-D6
Kárpathos - wyspa 102-103 G11
Karpaty - góry 82-83 D6-D7; 92-93 D9-F13
Karpaty Mołdawskie - góry 92-93 E13-F13
Karpaty Południowe - góry 82-83 D7; 92-93 F11-F12
Karpaty Wschodnie - góry 92-93 D11-F13
Karpaty Zachodnie - góry 92-93 D8-D10
Karpentaria, Zatoka 147 D3-D4
Karskie, Morze 106-107 B9-B11; 116-117 B8-B11
Karskie Wrota, Cieśn. (Cieśnina) 116-117 C7-B8
Kårstö 96 B4
Kartagena 100-101 D6
Karyntia - kraina hist. 92-93 E6-E7
Kasai - rzeka 126 F4
Kashima 123 D2, 3
Kaskadowe, Góry 139 B2
Kasos - wyspa 102-103 G11
Kaspijskie, Morze 106-107 EF8; 116-117 E6-F7; 82-83 D9-E10
Kassel 92-93 C4
Kastoria 102-103 D8
Kaszan 118-119 B4
Kaszgar 120-121 D1, 2
Kaszgarska, Kotlina 106-107 EF10, 11; 120-121 C3-D4
Kaszmir - kraina hist. 118-119 B6
Katak 118-119 C7
Katalonia - kraina hist. 100-101 B6-A7
Katalońskie, Góry 100-101 B7-A8
Katanga (Shaba) - kraina 126 F5
Katania 102-103 F5
Katar - państwo 108-109 G7
Katerini 102-103 D9
Katha 118-119 C8
Kathijawar, Płw. (Półwysep) 118-119 C6
Katingan - rzeka 122 F5
Katmandu 120-121 F3
Katowice 92-93 C9
Kattegat - cieśnina 82-83 C6; 97 D3
Katun - rzeka 120-121 A4
Kauai - wyspa 134 I A2
Kaukaz - góry 82-83 D9; 106-107 E6-E7; 116-117 E6
Kaula - wyspa 134 I A1
Kawala 102-103 D10
Kawaratti 118-119 D6
Kawasaki 123 C4
Kayan - rzeka 122 E6
Kayseri 118-119 B2
Kazachska SRR 117 I
Kazachskie, Pogórze 116-117 E9
Kazachstan - państwo 108-109 E7-E10
Kazaczie 116-117 B15
Kazanłyk 102-103 C10
Kazań 95 B7
Kazbek - góra 82-83 D9; 95 E6, 7
Kazerun 118-119 BC4
Kazwin 118-119 B3, 4
Kea - wyspa 102-103 F10
Kebnekaise - góra 97 B4
Kecskemét 92-93 E9, 10
Kefalinia - wyspa 102-103 E8
Keila 97 D5
Kemerowo 116-117 D10
Kemi 97 B5, 6
Kemi - rzeka 97 B6
Kemijärvi 97 B6
Kempendiaj 116-117 C13, 14
Kempten 92-93 E5
Kenia - góra 126 E6
Kenia - państwo 128 E6-E7
Kentucky - stan 134 F10
Kercz 95 D5
Kerczeńska, Cieśn. (Cieśnina) 95 ED5
Keresz - rzeka 92-93 E10
Keresz Biały - rzeka 92-93 E10, 11
Keresz Czarny - rzeka 92-93 E11
Keresz Szybki - rzeka 92-93 E10
Kerguelena, W-y (Wyspy) 6-7 N25
Kerinci - góra 106-107 J13; 122 F3
Kerkira 102-103 E7, 8
Kermadec, Rów 6-7 M36-L36
Kermadec, W-y (Wyspy) 147 D7, 8
Kerman 118-119 B4
Kerulen - rzeka 106-107 E13, 14; 120-121 B9
Kesong 123 C2
Khasi, G. (Góry) 118-119 C8
Khon Kaen 122 B3
Khulna 118-119 C7, 8
Kiejdany 97 D5
Kielce 92-93 C10
Kigali 128 F5
Kigoma 128 F6
Kii, Cieśn. (Cieśnina) 123 D3-D4
Kii, Płw. Półwysep 123 D4
Kijowski, Zb. (Zbiornik) 116-117 D5; 92-93 C14, 15
Kijów 92-93 C15

Kikinda 102-103 B8
Kilia 92-93 F14
Kilimandżaro – góra 126 F6, 7
Kilini – góra 102-103 EF9
Killingholme 96 C2
Kilonia 92-93 A5
Kilońska, Zat. (Zatoka) 92-93 A5
Kiloński, Kan. (Kanał) 92-93 A4
Kim Czak 123 B2, 3
Kimberley 128 H5
Kimberley – góry 147 B2
Kina 118-119 C2
Kinabalu – góra 122 D6
Kindu 128 F5
Kineszma 95 B6
King Sejong – st. badawcza 151 C30
Kingston 134 H11; 139 E7
Kingston 148-149 G6, 7
Kingston-upon-Hull 98 E6, 7
Kinnairds, Przyl. (Przylądek) 98 C5, 6
Kinsale Head – pole gazu ziemnego 96 C1
Kinszasa 128 F4
Kioto 123 C4
Kiparisia 102-103 F8
Kirgiska SRR 117 I
Kirgiskie, G. (Góry) 116-117 E9
Kirgistan – państwo 108-109 F9-E9
Kiribati – państwo 148-149 E7-E10
Kirkenes 97 B6, 7
Kırklareli 102-103 D11
Kirkpatricka, Góra 151 A17-16
Kirkuk 118-119 B3
Kirow 95 B7
Kirowsk 97 B7
Kiruna 97 B5
Kisangani 128 E5
Kiskörei, Zb. (Zbiornik) 92-93 E10
Kiskunság – kraina hist. 92-93 E9
Kisłowodzk 95 E6
Kisumu 128 E6
Kiszyniów 92-93 E14
Kitakiusiu 123 D3
Kithira – wyspa 102-103 F9
Kithira, Cieśnina 102-103 GF9
Kitimat 139 A2
Kittilä 97 B6
Kitzbühel 92-93 E6
Kiusiu – wyspa 106-107 F15, 16; 123 D3
Kiustendił 102-103 C9
Kiwu, J. (Jezioro) 126 F5
Kizilirmak – rzeka 95 E4
Kladno 92-93 C6, 7
Klagenfurt 92-93 E7
Klar – rzeka 82-83 B6; 97 C3
Kluczewska Sopka – góra 106-107 D19; 116-117 D17, 18
Kluż-Napoka 92-93 E11
Kłajpeda 95 B2
Kłodzko 92-93 C8
Knin 102-103 B5, 6
Kobdo 120-121 B5
Kobe 123 D3, 4
Koblencja 92-93 C3
Kobryń 92-93 B12
Koburg 92-93 C5
Kocaeli 95 E3
Ko-chi 120-121 E13
Kōchi 123 D3
Koczin 118-119 DE6
Kodjak – wyspa 133 D4, 5
Kohtla-Järve 97 D6
Kojamputtur 118-119 D6
Kokczetaw 116-117 D8, 9
Kokkola 97 C5
Kokosowa, W. (Wyspa) 141 B2
Kolari 97 B5
Kolding 97 D2
Kolhapur 118-119 D6
Kolombo 118-119 E6
Kolonia 92-93 C3
Kolorado – rzeka 133 F8
Kolorado – stan 134 E8
Kolorado, Wyżyna 133 F8-F9; 139 C3-C4
Kolski, Płw. (Półwysep) 82-83 B8
Kolumbia – państwo 142 B3-B4
Kolumbia – rzeka 133 E7, 8; 139 B2, 3
Kolumbia Brytyjska – prowincja 134 D5-D6
Kolumbii, Wyżyna 139 B2-B3
Kołgujew – wyspa 82-83 B9
Kołobrzeg 92-93 A7
Kołomyja 92-93 D12
Kołpino 95 B4
Kołyma – rzeka 106-107 C18; 116-117 C17
Kołymska, Nizina 116-117 C17
Kołymskie, Góry 106-107 C20-C18; 116-117 C17-C18
Kom 118-119 B4
Komárno 92-93 E8, 9
Komodorskie, W-y (Wyspy) 116-117 D18
Komory – państwo 128 G7
Komory – wyspy 126 G7
Komoryn, Przyl. (Przylądek) 106-107 I10; 118-119 E6
Komotini 102-103 D10
Komsomolec – wyspa 116-117 A10, 11
Komsomolsk nad Amurem 116-117 D15
Konakry 128 D1
Kongo – państwo 128 F4-E4
Kongo – rzeka 126 F5; E5; F4
Kongo, Kotlina 126 E4-F5
Kongur – góra 120-121 D1, 2
Konjic 102-103 C6
Konosza 95 A6
Konstanca 92-93 F14
Konstancja 92-93 E4
Konya 118-119 B2
Konżakowski Kamień – góra 116-117 D7
Kopaonik – góry 102-103 C8
Kopenhaga 97 D3
Kopet-dag – góry 118-119 B4
Koralowe, Morze 147 B5-B6
Korčula – wyspa 102-103 C6
Korcza 102-103 D8
Kordowa 100-101 D4
Kordyliera Centralna – góry 82-83 D4; 100-101 B3-B5
Kordyliery – góry 133 C6-G9; 139 A2-D4
Korea Pd. (Południowa) – państwo 108-109 F14
Korea Pn. (Północna) – państwo 108-109 E14-F14
Koreańska, Cieśnina 123 D2-C3
Koreański, Arch. 123 D2
Koreański, Płw. (Półwysep) 106-107 F15; 123 C2
Korfu – wyspa 102-103 E7
Koriackie, G. (Góry) 106-107 C20-C19; 116-117 C18-C19
Korla 120-121 C4
Kornwalijski, Płw. (Półwysep) 98 F4
Koro – wyspa 149 I B2
Koro, Morze 149 I B2-B3
Korolevu 149 I C1
Koror 148-149 D3
Korsyka – wyspa 82-83 D5; 102-103 D2-C2
Korsykańska, Cieśnina 102-103 C2
Koryncka, Zat. (Zatoka) 102-103 E9
Korynt 102-103 EF9
Kos – wyspa 102-103 F11
Koshiki – wyspa 123 D2
Ko-shima – wyspa 123 B4
Kosong 123 C2
Kosovska Mitrovica 102-103 C8
Kosowo – kraina hist. 102-103 C8
Kostaryka – państwo 134 H10
Kostroma 95 B6
Koszalin 92-93 A7, 8
Koszyce 92-93 D10
Kościuszki, G. (Góra) 147 D4, 5
Kota 118-119 C6
Kota Baharu 122 D3
Kota Kinabalu 122 D5, 6
Kotielnyj – wyspa 116-117 B15
Kotka 97 C6
Kotor 102-103 C7
Kotowsk 92-93 E14, 15
Kotłas 116-117 C6
Kowel 92-93 C12
Kowno 92-93 A11
Kowrow 95 B6
Kozani 102-103 D8, 9
Koziatyn 92-93 D14
Kragujevac 102-103 B8
Krajowa 92-93 F11, 12
Krakatau – góra 106-107 J13; 122 G3, 4
Kraków 92-93 C10
Kranj 92-93 E7
Kras – góry 82-83 D6; 92-93 F6-F7
Krasnodar 95 D5, 6
Krasnojarsk 116-117 D11
Krasnojarski, Zb. (Zbiornik) 116-117 D11
Krefeld 92-93 C3
Kremikowci 102-103 C9, 10
Krems 92-93 D7
Kreta – wyspa 82-83 E7; 102-103 G9-G10
Kreteńskie, Morze 102-103 F10-G10
Kristiansand 97 D2
Kristiansund 97 C2
Kriszna – rzeka 118-119 D6
Krk – wyspa 102-103 B5
Krosno 92-93 D10, 11
Królowej Charlotty, W-y (Wyspy) 133 D6, 7
Królowej Elżbiety, W-y (Wyspy) 133 B7-A10
Królowej Maud, Ziemia – kraina 151 B36-B3
Krusevac 102-103 C8
Krym – półwysep 82-83 D8; 95 D4
Krynica 92-93 D10
Krzemieńczucki, Zb. (Zbiornik) 95 D4
Krzemieńczuk 95 D4
Krzywy Róg 95 D4
Ksanthi 102-103 D10
Książęca, W. (Wyspa) 126 E3
Ks. (Księcia) Edwarda, W. (Wyspa) – prowincja 134 E12-E13
Ks. (Księcia) Edwarda, W-y (Wyspy) 6-7 N20, 21
Ks. (Księcia) Walii, Przyl. (Przylądek) 116-117 C21
Ks. (Księcia) Walii, W. (Wyspa) 133 B9, 10
Kuala Lumpur 122 E3
Kuala Terengganu 122 DE3, 4
Kuango – rzeka 126 F4
Kuba – państwo 134 G10-G11
Kuba – wyspa 133 G11, 12
Kubango (Okawango) – rzeka 126 G4
Kubańska, Nizina 95 D5-D6
Kuching 122 E5
Kuczan 118-119 B4
Kudalur 118-119 D6, 7
Kudymkar 116-117 D7
Kujawy – kraina hist. 92-93 B9
Kuku-nor, J. (Jezioro) 120-121 D6, 7
Kulab 118-119 B5, 6
Kumajri 95 E6
Kumamoto 123 D3
Kumanovo 102-103 C8, 9
Kumasi 128 E2
Kumdah 118-119 CD3
Kunduz 118-119 B5, 6
Kungur – góra 106-107 F10
Kunlun – góry 106-107 F10-F12; 120-121 D2-D6
Kunming 120-121 F7
Kunsan 123 C2
Kuopio 97 C6
Kupa – rzeka 92-93 F7
Kupang 122 H7
Kura – rzeka 116-117 F6; 118-119 B3
Kurdystan – kraina hist. 118-119 B3
Kure 123 D3
Kurgan 116-117 D8
Kuria-Muria – wyspa 118-119 D4
Kursk 95 C5
Kuruktag – góry 120-121 C4-C5
Kuryle (Kurylskie Wyspy) 106-107 E17-E18; 116-117 E16-D17
Kurylska, Cieśn. (Cieśnina) 116-117 D17-E17
Kurylskie Wyspy (Kuryle) 106-107 E17-E18; 116-117 E16-D17
Kurytyba 142 E6
Kushiro 123 B5, 6
Kütahya 118-119 B1, 2
Kutaisi 95 E6
Kuwejt 118-119 C3
Kuwejt – państwo 108-109 G6
Kvarner, Zat. (Zatoka) 102-103 B5
Kwangdzu 123 C2
Kwanmo – góra 123 B2
Kwekwe 128 G5
Kweta 118-119 B5
Kwidzyn 92-93 B9
Kyrdżali 102-103 D10
Kyzył 116-117 D11
Kyzył Orda 116-117 E8
Kyzył-Kum, Pust. (Pustynia) 106-107 E9-F9; 116-117 E8

L

La Calera 100-101 I A2
La Chaux-de-Fonds 92-93 E3
La Coruña 100-101 A2
La Hague, Przyl. (Przylądek) 99 C2, 3
La Laguna 100-101 I A2
La Linea 100-101 D4
La Manche – cieśnina 82-83 D4-C4; 99 C2-B4
La Mancha – kraina hist. 100-101 C5
La Oliva 100-101 I A3, 4
La Orotava 100-101 I A2
La Oroya 142 D3
La Paz 142 D4
La Plata 142 F5
La Plata – zatoka 141 F5
La Platy, Niz. (Nizina) 141 F4-D5
La Pérouse'a, Cieśn. (Cieśnina) 106-107 E17; 123 A5
La Rochelle 99 D3
La Ronge 139 A4
La Sila – góra 102-103 E6
La Spezia 102-103 B2, 3
La Unión 100-101 D6
Labrador, Półwysep 133 D12-D13
Laç 102-103 D7
Lachowskie, W-y (Wyspy) 116-117 B15-B16
Lacq 99 F3
Lagos 100-101 D2
Lagos 128 E3
Lahaur 118-119 B6
Lahti 97 C6
Lakeland 149 II B1,2
Lakemba – wyspa 149 I C3
Lakemba, Cieśn. (Cieśnina) 149 I C3-B3
Lakhnau 118-119 C7
Lakkadiwy – wyspy 106-107 H10-I10; 118-119 D6-E6
Laksefjorden – zatoka 97 A6
Lakselv 97 AB5
Lalibela – ruiny 118-119 D2
Lambasa 149 I B2
Lamberta, Lod. (Lodowiec) 151 B7
Lamia 102-103 E9
Lampang 122 B2
Lanai – wyspa 134 I A2
Lancaster 98 D5
Landeck 92-93 E5
Land's End – przylądek 98 F3, 4
Landshut 92-93 D6
Landsort, Głębia 97 D4
Langeland – wyspa 92-93 A5
Langres 99 D6
Langsa 122 E2
Langwedocja – kraina hist. 99 F5-E6
Lansing 134 E10; 139 B6
Lanzarote – wyspa 100-101 I A3, 4
Lanzhou 120-121 D7, 8
Lao Cai 122 A3, 4
Laoag 122 B6, 7
Laohekou 120-121 E9
Laos – państwo 108-109 G12-H12
Laponia – kraina hist. 97 B4-B7
Lapońska, Wyżyna 82-83 B7; 97 B5-B6
L'Aquila 102-103 C4
Lar 118-119 C4
Lárisa 102-103 E9
Larnaka 118-119 B2
Larsena, Lod. (Lodowiec) Szelf. (Szelfowy) 151 C30
Larvik 97 D2, 3
Las Bakoński – góry 92-93 E8-E9
Las Bawarski – góry 92-93 D6
Las Czeski – góry 92-93 D6
Las Heras 142 G3, 4
Las Palmas 100-101 I A3; 128 C1
Las Turyński – góry 92-93 C5
Las Vegas 134 F7; 139 C3
Lashio 118-119 C8
Lastovo – wyspa 102-103 C6
Latakia 118-119 B2
Lau, Wyspy 149 I B3-C3
Laut – wyspa 122 F6
Lautoka 149 I B1
Lawan – wyspa 119 II B2
Le Creusot 99 D5, 6
Le Mans 99 D4
Lecce 102-103 D7
Leeds 98 E6
Leeuwarden 92-93 B2, 3
Leeuwin, Przyl. (Przylądek) 147 D1
Legaspi 122 C7
Legnica 92-93 C8
Leh 118-119 B6
Leicester 98 E6
Leman Bank – pole gazu ziemnego 96 C3
Lena – rzeka 106-107 D13; C15; 116-117 D12; C14; B14
Leningradskaja – st. badawcza 151 B17-C16
Leoben 92-93 E7
León 100-101 A4
Lérida 100-101 B7
Les Baux-de-Provence 99 F6
Lesbos – wyspa 102-103 E10
Leshan 120-121 F7
Leskovac 102-103 C8
Lesotho – państwo 128 H5
Lesozawodsk 123 A3
Leszno 92-93 C8
Leśne, J. (Jezioro) 139 B5
Leuser – góra 122 E2
Leverkusen 92-93 C3
Levkás – wyspa 102-103 E8
Leyte – wyspa 122 C8
Lhasa 120-121 E5
Lhokseumawe 122 D2
L'Hospitalet 100-101 B7
Liangpran – góra 122 E5, 6
Lianyungang 120-121 E10, 11
Liao-he – rzeka 120-121 C11
Liaoyang 120-121 C11
Liaoyuan 123 B1, 2
Liban – państwo 108-109 F5
Liban, Góry 118 I B1-A2
Liberec 92-93 C7
Liberia – państwo 128 E1-E2
Libia – państwo 128 C4-C5
Libijska, Pustynia 126 C5
Libreville 128 E4
Licata 102-103 F4
Liechtenstein – państwo 84-85 D6
Liège 99 B6
Lienz 92-93 E6
Liguria – kraina hist. 102-103 B2
Liguryjskie, Morze 82-83 D5-D6; 102-103 C2
Lille 99 B5
Lille Thorup 96 B4, 5
Lilongwe 128 G6
Lima 142 D3
Limfjorden – cieśnina 97 D2
Limnos – wyspa 102-103 E10
Limoges 99 E4
Limpopo – rzeka 126 H6
Linares 100-101 C4, 5
Lincoln 134 E9; 139 B5
Lincolna, Morze 152 A24-A23
Line, Wyspy 6-7 I1-K2; 148-149 D9-F11
Lingen 96 C4
Lingga, W-y (Wyspy) 122 F4
Linköping 97 D4
Linkou 123 A2, 3
Linosa – wyspa 102-103 G4
Linxia 120-121 D7
Linz 92-93 D7
Liparyjskie, W-y (Wyspy) 82-83 E6; 102-103 E5
Lipawa 95 B2
Lipieck 95 C5, 6
Lipsk 92-93 C6
Lisiczańsk 95 D5
Listera, Góra 151 B17-16
Litawa – rzeka 92-93 E8
Litewska SRR 117 I
Little Rock 134 F9; 139 C5
Litwa – państwo 84-85 C7
Liupanshui 120-121 F7, 8
Liuzhou 120-121 G8
Liverpool 98 E5
Livorno 102-103 C2, 3
Lizbona 100-101 C2
Ljungan – rzeka 97 C4
Llullaillaco – góra 141 E4
Loara – rzeka 82-83 D5; 99 E6; D5; D3
Lobito 128 G4
Locarno 92-93 E4
Loch Coirib, J. (Jezioro) 98 E2
Loch Ness, J. (Jezioro) 98 C4, 5
Lodi 102-103 B2
Lofoty – wyspy 82-83 B6
Logroño 100-101 A5, 6
Loja 142 C3
Lojalności, W-y (Wyspy) 147 B6-C6
Lolland – wyspa 97 E3
Loma – góra 126 E1, 2
Lombardia – kraina hist. 102-103 B2-B3
Lombok – wyspa 106-107 J14; 122 G6
Lombok, Cieśn. (Cieśnina) 122 G5, 6
Lomé 128 E3
Londonderry 98 D3
Londyn 98 F6
Londyński, Basen – kraina 98 F6
Long – wyspa 122 D3
Longjökull – lodowiec 97 I B1-B2
Longreach 149 II C1
Lønsdal 97 B3, 4
Lorca 100-101 D6
Lorient 99 D2
Los Angeles 134 F6, 7; 139 C2
Los Canarios 100-101 I A1, 2
Los Llanos de Ariadne 100-101 I A1, 2
Los Sauces 100-101 I A2
Lišinj – wyspa 102-103 B5
Lot – rzeka 99 E4
Lota, Pust. (Pustynia) 118-119 B4
Lotaryngia – kraina hist. 99 C6-C7
Louisville 134 F10
Lourdes 99 F4
Lozanna 92-93 E3
Luanda 128 F4
Luang Prabang 122 AB3
Lubango 128 G4
Lubbock 139 C4
Lubeka 92-93 B5
Lubelska, Wyżyna 92-93 C11
Lublana 92-93 E7
Lublin 92-93 C11
Lubumbashi 128 G5, 6
Lucerna 92-93 E3, 4
Lüderitz 128 H4
Ludhijana 118-119 B6
Ludwigshafen 92-93 D4
Lugano 92-93 E4
Lugo 100-101 A3
Lugoj 92-93 F10
Luhajja 118-119 D3
Luimneach 98 E2
Luisville 139 C6
Luizjana – stan 134 F9
Lukka 102-103 C3
Luksemburg 99 C6
Luksemburg – państwo 84-85 CD5
Luksor 118-119 C2
Lule – rzeka 97 B5
Luleå 97 B5
Lund 97 D3
Lüneburg 92-93 B5
Luoyang 120-121 DE9
Lusaka 128 G5
Luuq 118-119 E3
Luzhou 120-121 F8
Luzon – wyspa 106-107 H15; 122 B7
Luzon, Cieśn. (Cieśnina) 122 B7
Lwia, Zatoka 82-83 D5; 99 F5-F6
Lwów 92-93 D12
Lyme, Zat. (Zatoka) 98 F5
Lynn Lake 139 A4, 5
Lyon 99 E6

Ł

Łaba – rzeka 82-83 C6; 92-93 B5-C6, 7
Ładoga, J. (Jezioro) 82-83 B8; 95 A4
Łaptiewa D., Cieśn. (Cieśnina) 116-117 B15-B16
Łaptiewów, Morze 106-107 B14-B16; 116-117 B13-B14; 152 B5-B7
Łob-nor – jezioro 120-121 C5
Łom 102-103 C9
Łomonosowa, Grzbiet 152 A24-A4
Łomża 92-93 B10, 11
Łopatina – góra 116-117 DE16
Łopatka, Przyl. (Przylądek) 116-117 D17
Łotewska SRR 117 I
Łotwa – państwo 84-85 C7
Łowecz 102-103 C10
Łódź 92-93 C9
Łuck 92-93 C12
Łuczeniec 92-93 D9
Łudogorie – kraina hist. 102-103 C11
Ługa – rzeka 97 D6
Ługańsk 95 D5
Łupkowska, Przeł. (Przełęcz) 92-93 D10
Łużyce – kraina hist. 92-93 C7
Łyna – rzeka 92-93 A10
Łysica – góra 92-93 C10

M

Maan 118-119 B2
Maastricht 92-93 C2
Macapá 142 B5, 6
Macdonnella, G. (Góry) 147 C3
Macedonia – kraina hist. 102-103 D8-D9
Macedonia – państwo 84-85 D7
Maceió 142 C7
Macerata 102-103 C4
Machaczkala 116-117 E6
Mackay 149 II C2
Mackenzie – góry 133 C6-C7
Mackenzie – rzeka 133 C7
Mackenzie – rzeka 149 II C2
Maćilipatnam 118-119 D7
Madagaskar – państwo 128 H7-G7
Madagaskar – wyspa 126 H7-G7
Madang 148-149 E4
Madeira – rzeka 141 C4
Madera – wyspa 126 B1
Madison 134 E9, 10; 139 B5, 6
Madiun 122 G5
Madras 118-119 D7
Madryt 100-101 B4, 5
Madura – wyspa 122 G5
Maduraj 118-119 E6
Maebashi 123 C4
Magadan 116-117 CD17
Magdeburg 92-93 B5, 6
Magellana, Cieśn. (Cieśnina) 141 H4, 5
Maggiore, J. (Jezioro) 102-103 A2
Magnitaja, G. (Góra) 116-117 D7
Magnitogorsk 116-117 D7, 8
Magnus – pole ropy naftowej 96 A2, 3
Magwe 118-119 CD8
Mahaiatea 149 III B2
Mahajanga 128 G7
Mahakam – rzeka 122 EF6
Mahanadi – rzeka 118-119 C7
Mahón 100-101 BC9
Maine – kraina hist. 99 C3
Maine – stan 134 E12
Maitri – st. badawcza 151 B2-C2
Majkop 95 E6
Majmana 118-119 B5
Majorka – wyspa 82-83 E5; 100-101 C8, 9
Majotta – teryt. zależne 128 G7
Majsur 118-119 D6
Majuro 148-149 D7
Makasar, Cieśnina 122 F6-E7
Makasar (Ujung Pandang) 122 FG6
Makau 120-121 G9
Makau – terytorium zależne 108-109 G13
Makiejewka 95 D5
Makongai – wyspa 149 I B2
Makurazaki 123 D2, 3
Malabo 128 E3
Maladeta – góry 100-101 A7
Málaga 100-101 D4
Malajski, Archipelag 106-107 J13-J15; 122 F4-F6

Malajski, Płw. (Półwysep) 106-107 I12-I13; 122 D2-E3
Malakka, Cieśn. (Cieśnina) 106-107 I12-I13; 122 E3
Melanezja – archipelag 6-7 J35-L35
Malang 122 G5
Malange 128 F4
Malatya 118-119 B2
Malawi – państwo 128 G6
Malawi, J. (Jezioro) (Niasa, J.) 126 G6
Malbork 92-93 B9
Male 118-119 E6
Malea, Przyl. (Przylądek) 102-103 F9
Malediwy – państwo 118-119 E6
Malediwy – wyspy 106-107 I10-J10
Malegaon 118-119 C6
Malezja – państwo 108-109 I12-I13
Malghir, Szott 82-83 E5
Mali – państwo 128 D2-D3
Malin, Przyl. (Przylądek) 98 D3
Malmö 97 D3
Malolo – wyspa 149 I B1
Malpelo – wyspa 141 B2
Malta – państwo 84-85 E6
Malta – wyspa 82-83 E6
Malwiny (Falklandy) – wyspy 141 H4, 5
Malwiny (Falklandy) – teryt. zależne 142 H5, 6
Mł. (Mała) Niz. (Nizina) Węgierska 92-93 E8-E9
Małe Antyle – wyspy 133 H13; 122 G6-G7
Małe Wyspy Sundajskie 122 G6-G7; 106-107 J14-15
Małopolska – kraina hist. 92-93 D10-D11
Małopolska, Wyżyna 92-93 C9-C10
Mł. (Mały) Bełt – cieśnina 97 DE2, 3
Mały Chingan – góry 116-117 D14-E14; 120-121 A12-B12
Mały Kaukaz – góry 82-83 DE9; 92 E6
Mały Nefud – pustynia 118-119 C3
Małyje Karmakuły 116-117 B7
Mamaja 92-93 F14
Mamoudzou 108 J6
Mamry, J. (Jezioro) 92-93 A10, 11
Mamuju 122 F6
Man – wyspa 98 D4
Manado 122 E7
Managua 134 H9, 10
Manaus 142 C4, 5
Manchester 98 E5, 6
Mand – rzeka 119 II A2
Mandalaj 118-119 C8
Mandalgowi 120-121 B8
Mandera 118-119 E3
Mandwi 118-119 C5
Mandżuria – kraina hist. 120-121 B11-B13
Mandżurska, Nizina 106-107 E13
Manfredonia 102-103 D5, 6
Manfredonia, Zat. (Zatoka) 102-103 D6
Mangalur 118-119 D6
Mango – wyspa 149 I B3
Manifold, Przyl. (Przylądek) 149 II C3
Manila 122 B6, 7
Manisa 102-103 E11
Manitoba – prowincja 134 D8-D9
Manitoba, J. (Jezioro) 139 A4, 5
Mannar, Zatoka 118-119 E6
Mannheim 92-93 D4
Manresa 100-101 B7
Mantua 102-103 B3
Manzhouli 120-121 B10, 11
Maputo 128 H6
Mar Del Plata 142 F5
Maraa 149 III B1
Maracaibo 142 AB3
Maragheh 118-119 B3
Marajó, W. (Wyspa) 141 C5, 6
Marambio – st. badawcza 151 C31
Maranhão – stan 142 C6
Marañon – rzeka 141 C3
Marburg 92-93 C4
Marche – kraina hist. 102-103 C4
Mariany – wyspy 106-107 H17; 148-149 B4-C4
Mariany Północne – teryt. zależne 148-149 C4
Mariański, Rów 6-7 H32
Marib 118-119 D3
Maribor 92-93 E7, 8
Marica – rzeka 102-103 C10; D11
Marii Byrd, Ziemia – kraina hist. 151 B26-B22
Marion Reef – wyspa 149 II B3
Mariupol 95 D5
Markizy – wyspy 6-7 J3-K4; 148-149 E11-F12
Marmara – wyspa 102-103 D11, 12
Marmara, M. (Morze) 82-83 D7; 102-103 D11-D12
Marmolada – góra 102-103 A3, 4
Marna – rzeka 99 C5
Maroko – państwo 128 C2-B2
Marowa 128 D4
Marrakesz 128 BC1, 2
Marroqui, Przyl. (Przylądek) 82-83 E4; 100-101 D3, 4
Marsala 102-103 F4
Marshalla, Wyspy – państwo 148-149 C6-D7
Marsylia 99 F6, 7
Martaban, Zat. (Zatoka) 118-119 D8
Martin Vaz – wyspa 141 E8
Martwe, M. (Morze) – jezioro 118-119 B2
Martynika – teryt. zależne 142 A4, 5
Marusza – rzeka 82-83 D7; 92-93 E12; EF11
Marw Dasht 118-119 B4
Mary 116-117 F8
Maryland – stan 134 F11
Masan 123 CD2
Masbate – wyspa 122 C7
Maseru 128 I5
Masira – wyspa 118-119 C4
Maskareny – wyspy 6-7 L23-K24
Maskat 118-119 C4
Massachusetts – stan 134 E11
Massaua 118-119 D2, 3
Masyw Centralny – wyżyna 82-83 D5; 99 E5-E6
Mata Utu 148-149 F8
Matagami 139 AB7
Matamoros 139 D5
Matapan, Przyl. (Przylądek) 82-83 E7; 102-103 F9
Mataram 122 G6
Mati 122 D8
Mato Grosso – stan 142 D5
Mato Grosso – wyżyna 141 D5
Mato Grosso do Sul – stan 142 D5
Mátra – góry 92-93 E9-E10
Matsue 123 C3
Matsumoto 123 C4
Matsushima 123 C5
Matsuyama 123 D3
Matterhorn – góra 92-93 EF3
Matuku – wyspa 149 I C2,3
Maui – wyspa 134 I A2
Mauna Kea – góra 139 I A1, 2
Mauna Loa – 139 I A2
Mauretania – państwo 128 D1-D2
Mauritius – wyspa 6-7 L23; 24
Mawson – st. badawcza 151 C7
Mazari Szarif 118-119 B5
Mazatlán 139 D4
Mazowiecka, Nizina 92-93 B10-C11
Mazowsze – kraina hist. 92-93 B9-B11
Mazurskie, Pojezierze 92-93 B9-A11
Mazury – kraina hist. 92-93 B10-B11
Mba 149 I B1
Mbabane 128 H6
Mbandaka 128 E4, 5
Mbengga – wyspa 149 I C2
Mbua 149 I B2
Mbuji-Mayi 128 F5
McClintocka, Góra 151 A17-16
McDonalda, W-y (Wyspy) 6-7 O24, 25
McKinley – góra 133 C5
McMurdo – st. badawcza 151 B17
Medan 122 E2, 3
Medellín 142 B3
Mediolan 102-103 B2
Medyna 118-119 C3
Mekelie 128 D6
Mekka 118-119 C2, 3
Meklemburgia – kraina hist. 92-93 B5-B6
Meklemburska, Zat. (Zatoka) 92-93 A5-A6
Mekong – rzeka 106-107 F12; H13; 122 B3; CD4
Mekran – góry 118-119 C4-C5
Meksyk 134 H8, 9; 139 DE4, 5
Meksyk – państwo 134 G7-J9
Meksykańska, Wyżyna 133 G9-G10; 139 D4-D5
Meksykańska, Zatoka 133 G10-G11; 139 D5-D6
Mela, J. (Jezioro) 97 D4
Melanezja – wyspy 6-7 J33-L35; 147 A5-B7
Melbourne 139 D6, 7
Melbourne 148-149 H4, 5
Melilla 100-101 E5
Melvillea, W. (Wyspa) 147 B2, 3
Memfis – ruiny 118-119 C1, 2
Memoré – rzeka 141 D4
Memphis 134 F9, 10; 139 C6
Men – rzeka 92-93 C5; D4
Mendelejewa, Grzbiet 152 A29-B1
Menderes – rzeka 102-103 F12
Mendocino, Przyl. (Przylądek) 133 EF7
Mendoza 142 F4
Mentawai, W-y (Wyspy)122 F2-F3
Merano 102-103 A3
Merath 118-119 C6
Mergui 118-119 D8
Mergui, Arch. (Archipelag) 118-119 D8
Mérida 100-101 C3, 4
Mérida 134 G10; 139 D5, 6
Meru – góra 126 F6
Mesta – rzeka 102-103 D9
Mesyna 102-103 E5
Mesyńska, Cieśn. (Cieśnina) 82-83 E6; 102-103 EF5
Meszhed 118-119 B4, 5
Metz 99 C7
Mexicali 134 F7; 139 C3
Mezopotamia – kraina hist. 118-119 B3
Mezopotamska, Niz. (Nizina) 106-107 F7
Miami 134 G11; 139 D6, 7
Mianeh 118-119 B3
Mianyang 120-121 E7
Miasto Ho Chi Minha 122 C4
Michigan, J. (Jezioro) 133 E11; 139 B6
Michigan – stan 134 E10
Miczuryńsk 95 C6
Middlesbrough 98 D6
Midway – teryt. zależne 148-149 A8
Midżur – góra 102-103 C9
Miercurea Ciuc 92-93 E12, 13
Mijanwali 118-119 B6
Mikołajów 95 D4
Mikronezja – państwo 148-149 D4-D6
Mikronezja – wyspy 6-7 I31-I34; 148-149 C3-D7
Milet – ruiny 118-119 B1
Milford Haven 96 C1
Milos – wyspa 102-103 F10
Miluza 99 D7
Milwaukee 134 E9, 10; 139 B5, 6
Mina al-Ahmadi 118-119 C3
Mina-Dżabal-Ali 119 II B3
Minami-Tori – wyspa 148-149 B5
Minas Gerais – stan 142 D6
Minas de Riotinto 100-101 D3
Mindanao – wyspa 106-107 I15; 122 D7
Mindoro – wyspa 122 C6, 7
Mindoro, Cieśn. (Cieśnina) 122 C6-C7
Minho – rzeka 100-101 A3; A2
Minikoj – wyspa 118-119 E6
Minja Gonkar – góra 106-107 F13
Minneapolis 134 E9; 139 B5
Minnesota – stan 134 E9
Minorka – wyspa 82-83 D5; 100-101 B9
Minusińsk 116-117 D11
Mińsk 92-93 B13, 14
Miri 122 E5
Miriam Vale 149 II C3
Mirny 116-117 C13
Mirnyj – st. badawcza 151 C10
Missisipi – rzeka 133 F10, 11; 139 C5, 6
Missisipi – stan 134 F9-F10
Missouri – rzeka 133 EF10; 139 B5
Missouri – stan 134 E9
Miszkolc 92-93 D10
Miśnia 92-93 C6
Mitilini 102-103 E11
Miyazaki 123 D3
Mizen, Przyl. (Przylądek) 98 F1, 2
Mizuho – st. badawcza 151 B5
Mjanma (Birma) – państwo 108-109 G11-H11
Mjingjan 118-119 C8
Mjitkina 118-119 C8
Mjøsa, J. (Jezioro) 97 C3
Mladá Boleslav 92-93 C7
Mljet – wyspa 102-103 C6
Mo i Rana 97 B3, 4
Moala – wyspa 149 I C2,3
Mobile 139 C6
Modena 102-103 B3
Mogadiszu 128 E7
Mogocza 116-117 D13, 14
Mogok 118-119 C8
Moguncja 92-93 D3, 4
Mohe 120-121 A11
Mohendżo Daro – ruiny 118-119 C5
Mohylew 92-93 AB14, 15
Mohylów Podolski 92-93 D13, 14
Mokka 118-119 D3, 4
Mokpho 123 D2
Molde 97 C2
Moldoveanu – góra 82-83 D7; 92-93 F12
Molfetta 102-103 D6
Molise – kraina hist. 102-103 D5
Molokai – wyspa 134 I A2
Moluckie, Morze 122 F7-E8
Moluki – wyspy 106-107 I15-J16; 122 E8-G8
Mołdawa – rzeka 92-93 E12, 13
Mołdawia – kraina hist. 92-93 E13-F13
Mołdawia – państwo 84-85 D7
Mołdawska SRR 117 I
Mołodeczno 92-93 A13
Mołodiożnaja – st. badawcza 151 C5
Mombasa 128 F6, 7
Mombetsu 123 B5
Møn – wyspa 97 E3
Monachium 92-93 D5, 6
Monako 99 F7
Monako – państwo 84-85 D5
Mönchengladbach 92-93 C2, 3
Mondego – rzeka 100-101 B2, 3
Mongolia – państwo 108-109 E11-E13
Mongolska, Wyżyna 106-107 E13-E14; 120-121 B8-C9
Mongomery 134 F10
Mongstad 96 A4
Monrovia 128 E1
Mont Blanc – góra 82-83 D5; 99 E7
Mont Cenis, Przeł. (Przełęcz) 99 E7
Mont Pelat – góra 99 E7
Montana 102-103 C9
Montana – stan 134 E7-E8
Montauban 99 E4, 5
Monte Rosa – góra 102-103 B1, 2
Monterrey 134 G9; 139 D5
Montevideo 142 F5, 6
Montgomery 139 C6
Montpelier 134 E11, 12; 139 B7
Montpellier 99 F5, 6
Montreal 134 E11; 139 B7, 8
Montreux 92-93 E3
Montserrat – teryt. zależne 142 A4
Monza 102-103 B2
Morawa – rzeka 92-93 D8
Morawa – rzeka 102-103 B8
Morawa Pd. (Południowa) – rzeka 102-103 C9
Morawa Zach. (Zachodnia) – rzeka 102-103 C8
Morawy – kraina hist. 92-93 D7-D8
Moray Firth – zatoka 98 C5-B5
Morecambe – pole gazu ziemnego 96 C1, 2
Morioka 123 C5
Mormagao 118-119 D6
Mörön 120-121 B7
Moroni 128 G7
Morotai – wyspa 122 E8
Morris Jesup, Przyl. (Przylądek) 152 A22-A19
Morvan – góry 99 D5, 6
Mosjøen 97 B3
Moskwa 95 B5
Moskwa – rzeka 116-117 D5, 6
Mossmorran 96 B2
Most 92-93 C6
Mostar 102-103 C6
Mosul 118-119 B3
Motala 97 D3
Motoczkin Szar, Cieśn. (Cieśnina) 116-117 B7-B8
Mount Everest (Czomolungma) – góra 106-107 G11; 120-121 F4
Mount Isa 148-149 G3, 4
Moult Bay – st. badawcza 152 B30
Moza – rzeka 82-83 C5; 99 C6; B6
Mozambicki, Kanał – cieśnina 126 H6-G7
Mozambik 128 G6, 7
Mozambik – państwo 128 H6-G6
Mozela – rzeka 99 C7; BC7
Mozyrz 92-93 B14
Mt. (Mont) Aigoual – góra 99 E5
Mt. (Mont) Mézenc – góra 99 E6
Mte (Monte) Amiata – góra 102-103 C3
Mte (Monte) Argentario – góra 102-103 C3
Mount Cloolon 149 II C2
Mt. (Mount) Elbert – góra 133 F9; 139 C4
Mt. (Mount) Gannet – góra 139 B4
Mt. (Mount) Logan – góra 133 C5, 6
Mt. (Mount) Mitchel – góra 133 F11; 139 C6
Mt. (Mount) Mohinora – góra 139 D4
Mt. (Mount) Rainier – góra 133 E7; 139 B2, 3
Mt. (Mount) Robson – góra 133 D7, 8; 139 A2, 3
Mt. (Mount) Shasta – góra 133 E7, 8; 139 B2, 3
Mt. (Mount) Sidley – góra 152 B24
Mount Surprise 149 II B1,2
Mt. (Mount) Whitney – góra 133 F8; 139 C3
Muang Khoua 122 A3
Muang Sing 122 A3
Mudanjiang 120-121 BC12, 13
Mugodżary – góry 116-117 E7
Muhammad, Przyl. (Przylądek) 118-119 C2
Muhammad-Kawl 118-119 C2
Mühlhausen 92-93 C5
Mukaczewo 92-93 D11
Mulhacén – góra 82-83 E4; 100-101 D5
Müller, G. (Góry) 122 E5
Mulmejn 118-119 D8
Multan 118-119 C6
Mun – rzeka 122 B3
Muna – wyspa 122 FG7
Munczhon 123 C2
Munku Sardyk – góra 116-117 D11, 12; 120-121 A6, 7
Münster 92-93 C3, 4
Muntenia – kraina hist. 92-93 F12-F13
Mura – rzeka 92-93 E7; E8
Muradabad 118-119 C6, 7
Murat – rzeka 95 F6
Murcja 100-101 C6
Murcja – kraina hist. 100-101 C5-D6
Müritz, J. (Jezioro) 92-93 B6
Murmańsk 116-117 C5
Murom 95 B6
Muroran 123 B5
Murray – rzeka 147 D3, 4
Musajid 119 II B2
Musan 123 B2
Musala – góra 82-83 D7; 102-103 C9
Musgrave, G. (Góry) 147 C2-C3
Musi – rzeka 122 F3
Mutis – góra 122 G7
Muttaburra 149 II C1,2
Muzaffarpur 118-119 C7
Muztag – góra 120-121 D4
Mwanza 128 F6
Mweru, J. (Jezioro) 126 F5, 6
Mykeny – ruiny 102-103 F9

N

Naab – rzeka 92-93 D6
Nachiczewan 118-119 B3
Nachodka 116-117 E15
Nachuge 118-119 D8
Nadbrzeżne, Góry 133 D6-F7; 139 B2-C3
Naddnieprzańska, Nizina 95 C4-D4
Naddnieprzańska, Wyż. (Wyżyna) 95 D3-D4
Nadkaspijska, Nizina 82-83 D9-D10; 106-107 E7-E8
Nadrenia-Palatynat – kraina hist. 92-93 C3-C4
Nadwołżańska, Wyżyna 82-83 C9; 95 C6-C7
Nadzin 123 B3
Nadżran 118-119 D3
Nagano 123 C4
Nagaoka 123 C4
Nagarkoil 118-119 E6
Nagasaki 123 D2
Nagaur 118-119 C6
Nagoja 123 C4
Nagpur 118-119 C6
Nagqu 120-121 E5
Nagykanizsa 92-93 E8
Naha 120-121 F12; 123 I B1
Nairai – wyspa 149 I B2
Nairobi 128 F6, 7
Nakhon Phanom 122 B3
Nakhon Ratczasima 122 BC3
Nakhon Sawan 122 BC2
Naksos – wyspa 102-103 F10
Nakuru 128 EF6
Nalczyk 95 E6
Nam Dinh 122 AB4
Namcza Barwa – góra 120-121 F5, 6
Namib, Pustynia 126 G4-H4
Namibe 128 G3, 4
Namibia – państwo 128 H4-H5
Nampho 123 C1, 2
Namsos 97 C3
Namur 99 B6
Nanchang 120-121 F9, 10
Nancy 99 C7
Nanda Dewi – góra 118-119 B6, 7
Nander 118-119 D6
Nandi 149 I B1
Nanduri 149 I B2
Nanga Parbat – góra 118-119 B6
Nankin 120-121 E10, 11
Nanning 120-121 G8
Nanping 120-121 F10
Nansena, Grzbiet 152 A17-A7
Nanszan – góry 106-107 F12-F13; 120-121 D6-D7
Nantes 99 D3
Nantong 120-121 E11
Nanuku, Cieśn. (Cieśnina) 149 I B3
Nao, Przyl. (Przylądek) 100-101 C7
Narbada – rzeka 118-119 C6
Narbonne 99 F5
Narew – rzeka 92-93 B11; B10
Narjan Mar 116-117 C7
Narodnaja – góra 106-107 C8, 9; 82-83 B11
Narwa 97 D6
Narwik 97 B4
Nasera, Zb. (Zbiornik) 126 C6; 118-119 C2
Nashville 134 F10; 139 C6
Näsi, J. (Jezioro) 97 C5
Nasik 118-119 C6
Nassau 134 G11; 139 D7
Natal 142 C7
Natewa, Zat. (Zatoka) 149 I B2
Natuna, W-y (Wyspy) 122 E4
Nauru – państwo 148-149 E6
Nausori 149 I B2
Naviti – wyspa 149 I B1
Navua 149 I C2
Nawabśah 118-119 C5, 6
Nawakszut 128 D1
Nawarin, Przyl. (Przylądek) 116-117 C19, 20
Nawarra – kraina hist. 100-101 A6
Nawazibu 128 C1
Nawoi 116-117 E8
Nayau – wyspa 149 I C3
Naypyidaw 108, H11, 119 D8, 122 B1
Nazaret 118 I B1
Naze 123 I B1, 2
Nazilli 102-103 EF12
Nazriet 118-119 E2, 3
Ndżamena 128 D4
Neagh, J. (Jezioro) 98 D3
Neapol 102-103 D4, 5
Neapolitańska, Zat. (Zatoka) 102-103 D4, 5
Neblina – góra 141 B4
Nebraska – stan 134 E8-E9
Nébrodi – góry 102-103 F5-E5
Neckar – rzeka 92-93 D4
Negele 118-119 E2
Negew, Pust. (Pustynia) 118 I C1
Negros – wyspa 122 D7
Neijiang 120-121 E8
Nellur 118-119 D7
Nelson – rzeka 133 D10; 139 A5
Nemira – góra 92-93 E13
Nemuro 123 B6
Nepal – państwo 108-109 G10
Neretwa – rzeka 102-103 C7
Nesebyr 102-103 C11, 12
Neubrandenburg 92-93 B6, 7
Neuchâtel 92-93 E3
Neumünster 92-93 A5
Neustrelitz 92-93 B6
Nevada – stan 134 E7
Nevers 99 D5
New Delhi 118-119 C6
New Hampshire – stan 134 E11
New Jersey – stan 134 E11
Newcastle 128 H5, 6
Newcastle 148-149 H5
Newcastle-upon-Tyne 98 D5, 6
Newport 98 F5
Ngau – wyspa 149 I BC2
Ngoc Linh – góra 122 B4
Niagara, Wdp. (Wodospad) 133 E12
Niamey 128 D3
Nias – wyspa 122 E2
Niasa, J. (Jezioro) (Malawi, J.) 126 G6
Nicea 99 F7
Niedźwiedzia, W. (Wyspa) 106-107 B3-B5; 116-117 B3, 4
Niedźwiedzie, W-y (Wyspy) 116-117 B17, 18
Niemcy – państwo 84-85 C5-C6
Niemen – rzeka 82-83 C7; 95 B2
Niemiecka, Nizina 82-83 C5-C6; 92-93 B3-B6
Niewinnomysk 95 E6
Niger – państwo 128 D3-D4
Niger – rzeka 126 D2; E3
Nigeria – państwo 128 DE3-DE4
Niigata 123 C4
Niihama 123 D3
Niihau – wyspa 134 I A1
Nijmegen 92-93 C2
Nikaragua – państwo 134 H10
Nikiel 97 B6, 7
Nikobary – wyspy 106-107 I12; 118-119 E8
Nikolaos 102-103 D9, 10
Nikołajewsk nad Amurem 116-117 D15, 16
Nikopol 95 D4, 5
Nikopol 102-103 C10
Nikozja 118-119 B2
Nikšić 102-103 C7
Nil – rzeka 126 D6; C6
Nil Biały – rzeka 126 D6
Nil Błękitny – rzeka 126 D6
Nîmes 99 F5, 6
Nimrud – ruiny 118-119 B3
Ningbo 120-121 F11
Ninian – pole ropy naftowej 96 A3
Niniwa – ruiny 118-119 B3
Nipigon, J. (Jezioro) 139 B5, 6
Nisz 102-103 C8
Niszapur 118-119 B4
Niterói 142 E6, 7
Nitra 92-93 D9
Nitra – rzeka 92-93 D9
Niue – teryt. zależne 148-149 F9
Nizamabad 118-119 D6
Niżniewartowsk 116-117 C9, 10
Niżny Nowogród 95 B6, 7
Niżny Tagił 116-117 D8
Nobeoka 123 D3
Noirmoutier – wyspa 99 D2
Nojima, Przyl. (Przylądek) 123 D4, 5
Nok Kundi 118-119 C5

Nong Khai 122 B3
Nong'an 123 B1
Nordfjorden – zatoka 97 C1, 2
Nordhausen 92-93 C5
Nordwik 116-117 B13
Norfolk 134 F11; 139 C7
Norfolk – teryt. zależne 148-149 G6
Norfolk – wyspa 147 C6, 7
Normanby – rzeka 149 II B1,2
Normandia – kraina hist. 99 C3-C4
Normandzkie, W-y (Wyspy) 98 G5
Norrköping 97 D4
Nort Cormorant – pole ropy naftowej 96 A2, 3
Northampton 98 E6
Northumberland, W-y (Wyspy) 149 II C2-C3
Norwegia – państwo 84-85 C5-A7
Norweskie, Morze 82-83 B4-B5; 97 C1-B3
Norwich 98 E7
Norylsk 116-117 C10
Norymberga 92-93 D5
Noteć – rzeka 92-93 B9; B8
Noto, Płw. Półwysep 123 C4
Notodden 97 D2, 3
Nottingham 98 E6
Novara 102-103 B2
Novi Pazar 102-103 C7, 8
Nw. (Nowa) Brytania – wyspa 147 A5
Nowa Fundlandia – prowincja 134 D12-E13
Nowa Fundlandia – wyspa 133 DE14, 15; 139 A9
Nowa Gwinea – wyspa 6-7 J31, 32; 147 A3-A4
Nw. (Nowa) Irlandia – wyspa 147 A4, 5
Nowa Kaledonia – teryt. zależne 148-149 G6
Nowa Kaledonia – wyspa 147 C6
Nowa Kastylia – kraina hist. 100-101 C4-B5
Nowa Łazariewska – st. badawcza 151 BC2, 3
Nowa Południowa Walia – stan 148-149 G4-H4
Nw. (Nowa) Syberia – wyspa 116-117 B16, 17
Nowa Szkocja – prowincja 134 E12-E13
Nowa Szwabia – kraina 151 B36-2
Nowa Wieś Spiska 92-93 D10
Nowa Zelandia – państwo 148-149 H6-H7
Nowa Zelandia – wyspy 147 E6-D7
Nowa Ziemia – wyspy 106-107 B7-B9; 116-117 B7-B8
Nowe Hebrydy – wyspy 147 B6-B7
Nowogród Wielki 95 B4
Nowogród Wołyński 92-93 C13, 14
Nowokazalińsk 116-117 E8
Nowokujbyszewsk 95 C7
Nowokuźnieck 116-117 D10
Nowomoskowsk 95 C5, 6
Nowomoskowsk 95 D5
Nowopołock 95 B3
Noworosyjsk 95 E5
Nowosyberyjskie, W-y (Wyspy) 106-107 B15-B18; 116-117 B15-B17
Nowosybirsk 116-117 D9, 10
Nowy Amsterdam – wyspa 6-7 M25, 26
Nowy Brunszwik – prowincja 134 E12
Nowy Jork 134 E11, 12; 139 B7, 8
Nowy Jork – stan 134 E11
Nowy Meksyk – stan 134 F8
Nowy Orlean 134 G10; 139 D5, 6
Nowy Port 116-117 C8, 9
Nowy Sad 102-103 B7
Nowy Sącz 92-93 D10
Nubijska, Pust. (Pustynia) 126 C6-D6
Nuku'alofa 148-149 G8
Nukus 116-117 E8
Nullarbor, Nizina 147 D2-D3
Numea 148-149 G6
Nunavut – prowincja 134 C7-C12
Nuoro 102-103 D2
Nura – rzeka 116-117 DE9
Nuuk 134 C14
Ny Ålesund – st. badawcza 152 B17-B16
Nyala 128 D5
Nyíregyháza 92-93 E10
Nysa – rzeka 92-93 C8
Nysa Łużycka – rzeka 92-93 C7

O

Oahu – wyspa 134 I A2
Oakland 139 C2, 3
Ob – rzeka 106-107 D11; C10; C9; 116-117 D10; C8
Obi – wyspa 122 F8
Obihiro 123 B5
Oblaczaja – góra 123 B3
Obska, Zatoka 106-107 C10-B10; 116-117 C9-B9
Ocha 116-117 D16
Ochock 116-117 D16
Ochockie, Morze 106-107 D17-E18; 116-117 D16-D17
Ochrydzkie, J. (Jezioro) 102-103 D8
Odense 97 D2, 3
Odessa 95 D4
Odin – pole gazu ziemnego 96 B3
Odra – rzeka 82-83 C6; 92-93 B7-C7, 8, 9
Ofanto – rzeka 102-103 D5
Offenbach am Main 92-93 C4
Ogaden – kraina hist. 118-119 E3
Oglio – rzeka 102-103 B2
Ohio – rzeka 133 F11; 139 C6
Ohio – stan 134 E10
Ohrza – rzeka 92-93 C6, 7
Oita 123 D3
Ojmiakon 116-117 C16
Ojos del Salado – góra 141 E4
Oka – rzeka 82-83 C9; 95 C5; B6
Okawango (Kubango) – rzeka 126 G4
Okayama 123 D3
Okha 118-119 C5
Oki, W-y 123 C3
Okinawa, W-y (Wyspy) 120-121 F12, 13; 123 I B1
Oklahoma – stan 134 F9
Oklahoma City 134 F9; 139 C4, 5
Oksford 98 F6
Okushiri – wyspa 123 B4
Ólafsvík 97 I B1
Olaine 97 D5
Olandia – wyspa 82-83 C6; 97 D4
Olbia 102-103 D2
Oldenburg 92-93 B3, 4
Oleniok 116-117 C13
Oléron – wyspa 99 E3
Olga 123 B4
Ölgij 120-121 B5
Olimp – góra 82-83 D7; 102-103 D9
Olimpia 134 E6
Olimpia – ruiny 102-103 F8
Olita 92-93 A12
Olokmińsk 116-117 C13
Olsztyn 92-93 B10
Oltenia – kraina hist. 92-93 F11
Olutorski, Przyl. (Przylądek) 116-117 C18, 19
Olympia 139 B2
Ołomuniec 92-93 D8
Olowiannaja 116-117 D13
Oma, Przyl. (Przylądek) 123 B5
Omaha 134 E9; 139 B5
Oman – państwo 108-109 H7-G7
Omańska, Zatoka 118-119 C4-C5
Ombrone – rzeka 102-103 C3
Omdurman 128 D5, 6
Omsk 116-117 D9
Omulew – rzeka 92-93 B10
Ōmuta 123 D3
Öndörchaan 120-121 B9
Onega, J. (Jezioro) 82-83 B8
Ono – wyspa 149 I C2
Onon – rzeka 116-117 D13; 120-121 A9
Ontario – prowincja 134 D9-D10
Ontario, J. (Jezioro) 133 E12; 139 B7
Opatija 102-103 B4, 5
Opole 92-93 C9
Oradea 92-93 E11
Orał 116-117 D7
Oran 128 B2, 3
Oranje – rzeka 126 H4
Orcadas – st. badawcza 151 B-C32
Orchon – rzeka 120-121 B7
Ordos – wyżyna 120-121 D8-D9
Örebro 97 D3
Oregon – stan 134 E6-E7
Orenburg 116-117 D7
Orense 100-101 A3
Orfańska, Zat. (Zatoka) 102-103 D9, 10
Orgiejów 92-93 E14
Orihuela 100-101 C6
Orinoko – rzeka 141 B4
Orinoko, Nizina 141 B3-B4
Oristano 102-103 E2
Orizaba – góra 133 H10; 139 E5
Orkady – wyspy 82-83 C4, 5; 98 B5
Orkady Pd. (Południowe) – wyspy 6-7 P13, 14
Orlando 139 D6, 7
Orlean 99 CD4, 5
Orleania – kraina hist. 99 D4-D5
Ormuz, Cieśn. (Cieśnina) 118-119 C4
Ornskölasvik 97 C4
Orohena – góra 149 III B1,2
Orsk 116-117 D7, 8
Orsza 95 C4
Orszowa 92-93 F10
Ortles – góra 102-103 A3
Oruro 142 D4
Orvieto 102-103 C3, 4
Orzeł 95 C5
Osaka 123 D4
Oseberg – pole gazu ziemnego 96 A3
Oshima – wyspa 123 B4
Osijek 102-103 B7
Oskemen 116-117 D10
Oslo 97 D3
Oslofjorden – zatoka 97 D3
Osnabrück 92-93 B4
Ostenda 99 B5
Östersund 97 C3, 4
Ostia 102-103 D4
Ostiglia 102-103 B3
Ostrawa 92-93 D9
Ostróg 92-93 C13
Ostrów Wielkopolski 92-93 C8, 9
Osumi, W-y (Wyspy) 123 D3
Otaru 123 B5
Otranto 102-103 D7
Otranto, Cieśnina 102-103 D7-E7
Ottawa 134 E10, 11; 139 B7
Ou – rzeka 122 A3
Ouessant 99 C1
Oulu 97 B6
Oulu – rzeka 97 C6
Oulu, J. (Jezioro) 97 C6
Ovalau – wyspa 149 I B2
Oviedo 100-101 A3, 4
Owcze, W-y (Wyspy) 82-83 B4
Owernia – kraina hist. 99 E5
Oxelösund 97 D4

P

Pacyficzno-Antarktyczny, Grzbiet 151 D22-C19
Pad – rzeka 82-83 D5, 6; 102-103 B1; B2; B3
Padang 122 F2, 3
Padańska, Nizina 82-83 D5-D6; 102-103 B2-B4
Paderborn 92-93 C4
Padwa 102-103 B3, 4
Pag – wyspa 102-103 B5
Pagai, W-y (Wyspy)122 F2, 3
Pagalu – wyspa 126 F3
Pago Pago 148-149 F8,9
Päijänne, J. (Jezioro) 97 C6
Paitou – kraina hist. 99 D3
Pájara 100-101 I A3, 4
Pakanbaru 122 E3
Pakistan – państwo 108-109 G8-F9
Pakokku 118-119 C8
Palagruža – wyspa 102-103 C6
Palanpur 118-119 C6
Palau – państwo 148-149 D3
Palau, W-y (Wyspy) 106-107 I16
Palawan – wyspa 106-107 IH14; 122 D6-C6
Palembang 122 F3, 4
Palencia 100-101 B4
Palermo 102-103 E4
Palikir 148-149 D6
Palk, Cieśn. (Cieśnina) 118-119 E6-D7
Palma – wyspa 100-101 I A2
Palma de Mallorca 100-101 C8
Palmas 142 CD6
Palmer – st. badawcza 151 C30
Palmyra – ruiny 118-119 B2
Palmyra – wyspa 148-149 D9
Palopo 122 F6, 7
Palos, Przyl. (Przylądek) 100-101 D6
Palos de la Frontera 100-101 D3
Palu 122 F7
Pałana 116-117 D18
Pamir – góry 106-107 F10
Pampa – region 141 F4-F5
Pampeluna 100-101 A5, 6
Panama 134 I11
Panama – państwo 134 I10-I11
Panamska, Zat. (Zatoka) 141 B2, 3
Panamski, Kan. (Kanał) 141 AB2, 3
Panay – wyspa 122 C7
Pančevo 102-103 B8
Pandżim 118-119 D6
Pangkalpinang 122 F4
Panshi 123 B2
Paola 102-103 E5, 6
Papeete 148-149 F11
Papenoo 149 III A2
Papenoo – rzeka 149 III B2
Papua Nowa Gwinea – państwo 148-149 E4
Papuk – góry 92-93 F8
Pará – stan 142 C5-C6
Paracelskie, W-y (Wyspy) 106-107 H14; 122 B5
Paragwaj – państwo 142 E4-E5
Paraiba – stan 142 C7
Paramaribo 142 B5, 6
Paraná 142 F4, 5
Parana – rzeka 141 E5; E4, 5
Parana – stan 142 E5-E6
Pardubice 92-93 C7, 8
Parepare 122 F6
Pariñas, Przyl. (Przylądek) 141 C2
Parma 102-103 B2, 3
Parnas – góry 102-103 E9
Parnawa 97 D5
Paros – wyspa 102-103 F10
Parryego, W-y (Wyspy) 133 B7-B10
Partyzańsk 123 B3
Paryski, Basen – kraina 99 C4-C5
Paryż 99 C5
Pasawa 92-93 D6
Pascani 92-93 E13
Pasmo Stanowe – góry 106-107 D15-D16; 116-117 D14-D15
Pasni 118-119 C5
Passero, Przyl. (Przylądek) 102-103 F5
Pasto 142 B3
Patagonia – region 141 H3-GF4
Patan 120-121 F4
Patkaj – góry 118-119 C8
Patna 120-121 F3, 4
Patras 102-103 E8
Patraska, Zat. (Zatoka) 102-103 E8
Pau 99 F3
Pawłodar 116-117 D9
Pazardżik 102-103 C9, 10
Peace – rzeka 133 D8; 139 A3
Pecz 92-93 EF9
Peczora – rzeka 82-83 B10
Peć 102-103 C8
Pegu 118-119 D8
Pejpus, J. (Jezioro) 82-83 C7; 95 B3
Pekin 120-121 C9, 10
Pektu-san – góra 123 B2
Peleng – wyspa 122 F7
Pelješac – wyspa 102-103 C6
Peloponez – półwysep 82-83 E7; 102-103 E8-F9
Pematangsiantar 122 E2, 3
Pembroke 96 C1, 2
Peña Nevada – góra 139 D5
Peñalara – góra 100-101 B5
Peñarroya – góra 100-101 B6
Peñarroya-Pueblonuevo 100-101 C4
Peñas, Przyl. (Przylądek) 100-101 A3, 4
Pendżab – kraina hist. 118-119 B6
Pennińskie, Góry 82-83 C4; 98 D5-E6
Pensylwania – stan 134 E11
Penza 95 C7
Perdu – góra 100-101 A6, 7
Pergamon – ruiny 118-119 B1
Périgueux 99 E4
Perm 116-117 D7
Pernambuco – stan 142 C6-C7
Pernik 102-103 C9
Perpignan 99 F5
Persepolis – ruiny 118-119 C4
Perska, Zat. (Zatoka) 106-107 G7-G8; 118-119 C4
Perth 148-149 H1
Peru – państwo 142 C3-D3
Perugia 102-103 C4
Peruwiański, Basen 6-7 K7-K9
Pesaro 102-103 C4
Pescara 102-103 C5
Peskadory – wyspy 120-121 G10-G11
Peszawar 118-119 B5, 6
Petermanna, Góra 152 B22-B21
Petersburg 95 AB4
Petra – ruiny 118-119 B2
Petricz 102-103 D9
Petropawłowsk Kamczacki 116-117 D17
Petroszany 92-93 F11
Petrozawodsk 116-117 C5
Pewek 116-117 C18
Phan Rang 122 C4, 5
Phan Thiet 122 C4
Phnom Penh 122 C3, 4
Phoenix 134 F7, 8; 139 C3, 4
Phohang 123 C2, 3
Phongsali 122 A3
Phou Bia – góra 122 B3
Phuket 122 D2
Piacenza 102-103 B2
Piandż – rzeka 118-119 B6
Piaoziero, J. (Jezioro) 97 B7
Piatigorsk 95 E6
Piatra-Neamt 92-93 E13
Piaui – stan 142 C6
Piawa – rzeka 102-103 A4
Pic de'Anie – góra 99 F3
Pico de Aneto – góra 82-83 D5; 100-101 A7
Pico de las Nieves – góra 100-101 I AB3
Pico de Teide – góra 126 C1; 100-101 I A2
Pieczenga 97 B7
Pielinen, J. (Jezioro) 97 C6
Piemont – kraina hist. 102-103 B1
Pierre 134 E9; 139 B5
Pieszczany 92-93 D8, 9
Pietarsaari 97 C5
Pik Lenina – góra 116-117 F9
Pikardia – kraina hist. 99 C4-B5
Pilica – rzeka 92-93 C10
Pilos 102-103 F8
Pilzno 92-93 D6
Piła 92-93 B8
Pinang 122 D2
Pindos – góry 82-83 E7; 102-103 D8-E8
Pingxiang 120-121 F9, 10
Pingxiang 120-121 G8
Pińsk 92-93 B12
Piombino 102-103 C2, 3
Piotra I, W. (Wyspa) 151 C27
Piotra Wielkiego, Zatoka 123 B3
Piotrków Trybunalski 92-93 C9
Piper – pole gazu ziemnego 96 B2, 3
Pirdop 102-103 C10
Pireneje – góry 82-83 D4-D5; 99 F3-F5; 100-101 A6-A8
Pireus 102-103 E9
Pirgos 102-103 F8
Pirin – góry 102-103 D9
Pirot 102-103 C9
Pistoia 102-103 B3
Pitcairn – teryt. zależne 148-149 G13
Pitesti 92-93 F12
Pithio 102-103 D11
Pittsburgh 139 C6, 7
Piura 142 C2
Piza 102-103 C3
Pizzo 102-103 E5, 6
Pjongjang 123 C1, 2
Placid – pole gazu ziemnego 96 C3
Plauen 92-93 C5, 6
Plewen 102-103 C10
Ploče 102-103 C6
Ploeszti 92-93 F13
Plymouth 98 F5
Płock 92-93 B9, 10
Płowdiw 102-103 C10
Płycz – rzeka 92-93 B14
Pobieda – góra 106-107 C17, 18; 116-117 C16
Poczdam 92-93 B6
Podgorica 102-103 C7
Podkamienna Tunguzka – rzeka 116-117 CD11
Podlasie – kraina hist. 92-93 B11
Podole – wyżyna 82-83 D7; 92-93 D11-D14
Pogórze Kazaskie 106-107 E10-E11
Pohaj, Zat. (Zatoka) 120-121 D10-D11
Poinsett, Przyl. (Przylądek) 151 C12
Pointe Noire 128 F3, 4
Poitiers 99 D3, 4
Pojang, J. (Jezioro) 120-121 F9, 10
Polarny, Płaskowyż 151 A32-A11
Polesie – nizina 82-83 C7-C8; 92-93 B12-B14
Polesie Wołyńskie – nizina 92-93 C12-C13
Polesie Żytomierskie – nizina 92-93 C14
Polinezja – wyspy 6-7 H1-L4, I36-K36; 148-149 B8-G12
Polinezja Francuska – teryt. zależne 148-149 F11-G12
Pollino – góra 102-103 E6
Polska – państwo 84-85 C6-C7
Polska, Nizina 82-83 C6-C7; 92-93 B7-B11
Połabska, Nizina 92-93 C6-C7
Połtawa 95 D4
Południowa, W. (Wyspa) 147 E5, 6
Południowoantylski, Basen 151 D32-D34
Południowoatlantycki, Grzbiet 6-7 J16-O17
Południowochińskie, Góry 106-107 G13-G14; 120-121 G8-F11
Południowochińskie, Morze 106-107 I13-G14; 123 D4-B6
Południowopacyficzny, Basen 6-7 L3-N5
Południowo-Wschodni, Przyl. (Przylądek) 147 E4
Pd.-Zach. (Południowo-Zachodnie), W-y (Wyspy) 122 G8
Południowy, Kanał 99 F4, 5
Południowy, Ocean 6-7 P1-36; 153
Południowy, Przyl. (Przylądek) 147 E6
Pomorska, Zat. (Zatoka) 92-93 A7
Pomorskie, Pojezierze 92-93 B7-A8
Pomorze – kraina hist. 92-93 B7-A8
Pompeje – ruiny 102-103 D5
Poniewież 97 D5, 6
Pontevedra 100-101 A2
Pontianak 122 E4
Pontyjskie, Góry 106-107 E6-E7; 95 E4-E6
Popocatépetl – góra 133 H9, 10; 139 D5
Poprad – rzeka 92-93 D10
Pori 97 C5
Porsangen – zatoka 97 A6
Port Augusta 147 D3, 4, H3
Port-Au-Prince 134 H11; 139 E7
Port Blair 118-119 D8
Port Elizabeth 128 I5
Port Harcourt 128 E3
Port Hedland 148-149 FG1
Port Moresby 148-149 E4, 5
Port Said 128 B6
Port Sudan 128 D6
Port Vila 148-149 F6
Portland 134 E6, 7; 139 B2
Portland 139 B8
Porto 100-101 B2
Porto Alegre 142 EF5, 6
Porto Novo 128 E3
Porto-Vecchio 102-103 D2
Porto Velho 142 C4
Portoryko – teryt. zależne 134 H11
Portoryko – wyspa 133 H13; 139 E8
Portsmouth 98 F6
Portugalia – państwo 84-85 E4-D4
Porvoo 97 C6
Postojna 92-93 F7
Potenza 102-103 D5, 6
Potosí 142 E4
Poznań 92-93 B8
Północna, W. (Wyspa) 147 D7, 8
Północne, Morze 82-83 C5; 96 B3-B4
Północnoamerykański, Basen 6-7 F11-F13
Północnoatlantycki, Grzbiet 6-7 D15-I14
Północnofryzyjskie, W-y (Wyspy) 92-93 A4
Północnopacyficzny, Basen 6-7 F2-H4
Północnosyberyjska, Nizina 116-117 B10-B14
Północno-Zachodni, Basen 6-7 E33-F34
Północny, Kanał – cieśnina 98 D3-D4
Północny, Przyl. (Przylądek) 82-83 B7, 8; 97 A6
Północny, Przyl. (Przylądek) 147 D7
Praga 92-93 C7
Pratas, W-y (Wyspy) 120-121 G10
Prato 102-103 C3
Prespa, J. (Jezioro) 102-103 D8
Preston 98 E5
Preszów 92-93 D10
Pretoria 128 H5, 6
Préweza 102-103 E8
Prilep 102-103 D8
Prince Rupert 134 D5; 139 A1
Princess Elizabeth – st. badawcza 151 B2-4
Prisztina 102-103 C8
Prizren 102-103 C8
Prokletije – góry 102-103 C7-C8
Prome 118-119 D8
Proserpine 149 II C2
Prosna – rzeka 92-93 BC8, 9
Providence 134 E11, 12; 139 B7, 8
Prowansja – kraina hist. 99 F6-F7
Prowidienija 116-117 C20
Prut – rzeka 82-83 D7; 92-93 D12; E13; F14
Prypeć – rzeka 82-83 C7; 92-93 C12; B13; B14; C14
Przemyśl 92-93 D11
Przylądkowe, G. (Góry) 126 I4-I5
Psiloritis – góra 102-103 G10
Pskowskie, J. (Jezioro) 97 D6
Psków 95 B3
Puebla 134 G9; 139 E5
Pueblo 139 C4
Puerto Montt 142 G3
Puerto Princesa 122 D6, 7
Puerto del Rosario 100-101 I A4
Puigmal – góra 99 F5
Pukhan – rzeka 123 C2
Pula 102-103 B4
Pulog – góra 122 B7
Puna 118-119 D6
Punaauia 149 III B1
Punaruu – rzeka 149 III B1
Puncak Jaya – góra 147 A3
Puno 142 D3, 4
Punta Arenas 142 H3
Pusan 123 C2
Puszkin 95 B3, 4
Putao 118-119 C8
Puting, Przyl. (Przylądek) 122 F5
Puy de Dôme – góra 99 E5
Puy de Sancy – góra 99 E5
Pyhäselkä, J. (Jezioro) 97 C6, 7

Q

Qamdo 120-121 E6
Qiemo 120-121 D4
Qingdao 120-121 D11
Qiqihar 120-121 B11, 12
Quebec 134 E11; 139 B7
Quebec – prowincja 134 D11-D12
Queensland – stan 148-149 F4-G5
Quelimane 128 G6, 7
Quezon City 122 B7
Qui Nhon 122 C4, 5
Quimper 99 C1
Quito 142 BC2, 3

R

Raahe 97 C5
Rab – wyspa 102-103 B5
Raba – rzeka 92-93 E8
Rabat 128 B1, 2
Race, Przyl. (Przylądek) 133 E14, 15; 139 B9
Racibórz 92-93 CD8, 9
Radom 92-93 C10
Radomir 102-103 C9
Radowce 92-93 E12, 13
Radźkot 118-119 C6
Radźszahi 118-119 C7
Radżang – rzeka 122 E5
Ragusa 102-103 F5
Rajpur 118-119 C7
Raleigh 134 F11
Rambi – wyspa 149 I B2,3
Ramelau – góra 122 G8
Rańći 118-119 C7
Rangpur 118-119 C7
Rangun 118-119 D8
Ranong 122 CD2, 3
Rantekombola – góra 122 F6, 7
Rapallo 102-103 B2
Ras Daszan – góra 126 D6
Ras Tanura 119 II B2
Rathenow 92-93 B5, 6
Ratyzbona 92-93 D5
Rauma 97 C5
Rawalpindi 118-119 B6
Rawenna 102-103 B4
Raya – góra 122 F5
Razgrad 102-103 C10, 11
Ré – wyspa 99 D3
Rebun – wyspa 123 A5
Recife 142 C7
Recklinghausen 92-93 C3
Red – rzeka 133 F10
Reggio di Calabria 102-103 E5, 6
Reggio nell'Emilia 102-103 B3
Regina 134 D8; 139 A4
Reims 99 C6
Ren – rzeka 82-83 D5 C5; 92-93 E4, D4, C2
Reni 92-93 F14
Reniferowe, J. (Jezioro) 139 A4
Rennes 99 C3
Reno 134 E6, 7; 139 C3
Reno – rzeka 102-103 B3
Republika Południowej Afryki – państwo 128 HI4-I5
Republika Środkowoafrykańska – państwo 128 E4-E5
Resistencia 142 E4, 5
Ręt ita 92-93 F10
Reszt 118-119 B3, 4
Réthimno 102-103 G10
Reunion – wyspa 6-7 L23
Reus 100-101 B7
Revilla Gigedo, W-y (Wyspy) 133 GH8, 9; 139 E3, 4
Rewa – rzeka 149 I B2
Rewolucji Październikowej, W. (Wyspa) B10, 11
Reykjavík 97 I B1
Rezaije 118-119 B3
Rhimjar Khan 118-119 C6
Rhode Island – stan 134 E11
Riau, W-y (Wyspy) 122 E3, 4
Riazań 95 C5, 6
Richards Bay 128 H6
Richmond 134 F10, 11; 139 C7
Ridżan 128 C2
Riesa 92-93 C6
Rieti 102-103 C4
Rif – góry 82-83 E4
Rihand – rzeka 120-121 G3
Rijeka 102-103 B5
Rila – góry 102-103 D9-C9
Rimini 102-103 B4
Rîmnicu Srat 92-93 F13
Rîmnicu Vîlcea 92-93 F11, 12
Ringgold, W-y (Wyspy) 149 I A3-B3
Rio Branco 142 C4
Rio Bravo del Norte (Rio Grande) – rzeka 133 FG9; 139 CD4
Rio de Janeiro 142 E6, 7
Rio de Janeiro – stan 142 E6
Rio Grande 142 F5, 6
Rio Grande (Rio Bravo del Norte) – rzeka 133 FG9; 139 CD4
Rio Grande do Norte – stan 142 C7
Rio Grande do Sul – stan 142 E5-F5
Rio Negro – rzeka 141 BC4
Rishiri – wyspa 123 A5
Riukiu, Wyspy 106-107 G15-G16; 120-121 F11-E12; 123 I B1-A1
Rize 95 E6
Rjukan 97 CD2
Roca, Przyl. (Przylądek) 82-83 E3, 4; 100-101 C2
Rocas – wyspa 141 C7
Rochefort 99 DE3
Rockall – wyspa 82-83 C3
Rockhampton 148-149 G5
Rodan – rzeka 82-83 D5; 99 D7; E6
Rodanu, Rów – kraina 99 E6
…dopy – góry 82-83 D7; …02-103 D9-D10
Rodos 102-103 F12
Rodos – wyspa 82-83 E7; 102-103 F11
Roman 92-93 E13
Rondônia – stan 142 D4
Roniu – góra 149 III B2
Rønne 92-93 A7
Ronne, Lodowiec Szelfowy 151 B30-A29
Roraima – stan 142 B4-B5
Rosario 142 F4
Rosenheim 92-93 E6
Rosiori de Vede 92-93 F12
Rosja – państwo 84-85 C8-C12; 108-109 C8-C14
Rossa, Lodowiec Szelfowy 151 A19-B19
Rossa, Morze 151 B19-B18
Rostock 92-93 A6
Rostów nad Donem 95 D5, 6
Rosyjska FSRR 117 I
Rothera – st. badawcza 151 C29, 30
Rotterdam 92-93 C2
Roubaix 99 B5
Rouen 99 C4
Rovaniemi 97 B5, 6
Rożňava 92-93 D9, 10
Roztocze – wyżyna 92-93 CD11
Równe 92-93 C13
Równiny Centralne 133 E10-F11; 139 B5-C6
Rtanj – góra 102-103 C8
Rudawy – góry 92-93 C6
Rudnaja Pristań 123 B4
Rudolfa, J. (Jezioro) (Turkana, J.) 126 E6
Rugia – wyspa 92-93 A6, 7
Ruhra – rzeka 92-93 C3, 4
Ruhry, Z. (Zagłębie) 92-93 C3
Rumunia – państwo 84-85 D7
Ruoqiang 120-121 D4
Rurkela 118-119 C7
Ruse 102-103 C11
Russkaja – st. badawcza 151 B23
Rustawi 95 E6, 7
Ruwenzori – góra 126 E5
Rwanda – państwo 128 F6
Rybacki, Płw. (Półwysep) 97 B7
Rybińsk 95 B5, 6
Rybiński, Zb. (Zbiornik) 116-117 D5; 95 B5
Rybnica 92-93 E14
Ryga 95 B2, 3
Ryska, Zatoka 97 D5
Rz. (Rzeka) Czerwona – rzeka 106-107 G13; 120-121 G7
Rzeka Żółta (Huang-he) – rzeka 106-107 F14; 120-121 E6, 7; D9
Rzeszów 92-93 C11
Rzeżyca 97 D6
Rzym 102-103 D4
Rżew 95 B4

S

Saalfeld 92-93 C5
Saara – kraina hist. 92-93 D3
Saarbrücken 92-93 D3
Saary, Zagłębie 99 C7
Šaba – ruiny 118-119 D3
Šabac 102-103 B7
Sabadell 100-101 B8
Sabaudia – kraina hist. 99 E7
Sabha 128 C4
Sabja 118-119 D3
Sachalin – wyspa 106-107 E17; 116-117 E16
Sacramento 134 F6; 139 C2, 3
Sada 118-119 D3
Sadija 118-119 C8
Sado – wyspa 123 C4
Safadża 118-119 C2
Safakis 128 B4
Sagami, Zat. (Zatoka) 123 CD4
Sagar 118-119 C6
Sagra – góra 100-101 D5
Sagunto 100-101 C6, 7
Sahara – pustynia 126 C1-C5
Sahara Zachodnia – państwo 128 C1
Sahel – kraina 126 D2-D5
Saimaa, J. (Jezioro) 97 C6
St (Saint)-Brieuc 99 C2
St. (Saint) Kitts i Nevis – państwo 142 A4, 5
St (Saint)-Étienne 99 E5, 6
St. (Saint) John 139 B8
St. (Saint) John's 134 E13, 14; 139 B9
Saint Lawrence 149 II C2
Saint Louis 134 F9, 10; 139 C5, 6
St. (Saint) Lucia – państwo 142 A4, 5
St (Saint)-Malo 99 C3
St (Saint)-Malo, Zat. (Zatoka) 99 C2, 3
St (Saint)-Nazaire 99 D2
St. (Saint) Paul 134 E9; 139 B5
St. (Saint) Paul – wyspa 6-7 M25
St (Saint)-Pierre 139 B9
Saint Pierre i Miquelon – teryt. zależne 134 E13
St (Saint)-Pierre i Miquelon – wyspy 139 B9
St (Saint)-Quentin 99 C5
St. (Saint) Vincent i Grenadyny – państwo 142 A4
Sainte Marie, Przyl. (Przylądek) 126 H7
Sajama – góra 141 D4
Sajany – góry 106-107 D11-D13; 116-117 D11
Sajda 118 I B1
Sajhut 118-119 D4
Sajnszand 120-121 C8
Sakarya 95 E4
Sakarya – rzeka 95 E4
Sakata 123 C4
Sakishima, W-y (Wyspy) 120-121 G11-G12
Saksonia – kraina hist. 92-93 C6
Sala y Gómez – wyspa 6-7 L7, 8
Salala 118-119 D4
Salamanka 100-101 B3, 4
Salechard 116-117 C8, 9
Salem 134 E6, 7; 139 B2
Salentyński, Płw. (Półwysep) 102-103 D6-E7
Salerno 102-103 D5
Salgótarján 92-93 D9, 10
Salomona, W-y (Wyspy) 147 A5-A6
Salomona, W-y (Wyspy) – państwo 148-149 E5-F6
Saloniki 102-103 D9
Salonta 92-93 E10
Salt Lake City 134 E7, 8; 139 B3, 4
Salta 142 E4
Saluin – rzeka 106-107 F12; G12; 120-121 E5; G6
Salvador 142 D7
Salwador – państwo 134 H9-H10
Salzach – rzeka 92-93 E6; DE6
Salzburg 92-93 E6
Salzgitter 92-93 B5
Salzwedel 92-93 B5
Sama de Langreo 100-101 A4
Samar – wyspa 122 C8
Samara 116-117 D7
Samaria – kraina hist. 118 I B1
Samarinda 122 F6
Samarkanda 116-117 F8
Samarra 118-119 B3
Samarski, Zb. (Zbiornik) 82-83 C9, 10; 95 C7
Sambalpur 118-119 C7
Sambor 92-93 D11
Samburg 116-117 C9, 10
Samczhok 123 C2, 3
Samoa Amerykańskie – teryt. zależne 148-149 F8, 9
Samoa – państwo 148-149 F8
Samoa – wyspy 148-149 F8
Samos – wyspa 102-103 F11
Samosz – rzeka 92-93 DE11
Samoszu, Wyż. (Wyżyna) 92-93 E11
Samotraka – wyspa 102-103 D10
Sampit 122 F5
Samsun 118-119 A2
San Ambrosio – wyspa 141 E3
San Antonio 134 G8, 9; 139 CD4, 5
San Bernardino 139 C3
San Carlos De Bariloche 142 G3, 4
San Cristóbal 142 B3, 4
San Diego 134 F6, 7; 139 C2, 3
San Félix – wyspa 141 E2
San Fernando 122 B6, 7
San Francisco 134 F6; 139 C2
San Jorge, Zat. (Zatoka) 141 G4
San José 134 I10; 139 C2
San Juan 134 H12
San Luis Potosí 134 G8, 9; 139 D4
San Marino 102-103 C4
San Marino – państwo 84-85 D6
San Matias, Zat. (Zatoka) 141 G4, 5
San Remo 102-103 C1, 2
San Salvador 134 H9, 10
San Sebastian 100-101 A5
San Sebastian de la Gomera 100-101 I AB2
San Severo 102-103 D5
San Valentín – góra 141 G3
Sana 118-119 D3
Sanandadż 118-119 B3
Sandakan 122 D6
Sandomierska, Kotlina 92-93 C10-C11
Sandwich Pd. (Południowy) – wyspy 6-7 O14, 15
Sangihe, W-y (Wyspy) 122 E8
Sangli 118-119 D6
St. (Sankt) Gallen 92-93 E4
St. (Sankt) Moritz 92-93 E4
St. (Sankt) Pölten 92-93 D7
Sanae IV – st. badawcza 151 B36
Sanok 92-93 D11
Santa Catarina – stan 142 E5-E6
Santa Cruz 142 D4, 5
St. (Santa) Cruz, W-y (Wyspy) 147 B6
Santa Cruz de la Palma 100-101 I A2
Santa Cruz de Tenerife 100-101 I A2, 3
Santa Fe 134 F8; 139 C4
Santa Fe 142 F4, 5
Santa Lucia de Tirajana I 100-101 B3
Santa Maria 142 E5
Santa Maria di Leuca, Przyl. (Przylądek) 102-103 E7
Santa Marta 142 A3
Santander 100-101 A4, 5
Santar Chajata – góry 116-117 C15-C16
Santarém 100-101 C2
Santarém 142 C5
Santiago 142 F3
Santiago de Compostela 100-101 A2
Säntis – góra 92-93 E4
Santo Domingo 134 H11, 12; 139 E8
Santoryn (Thira) – wyspa 102-103 F10
Santos 142 E6
São Francisco – rzeka 141 C6, 7
São Luís 142 C6
São Paulo 142 E5, 6
São Paulo – stan 142 E5-E6
São Tomé 128 E3
Saona – rzeka 99 D6
Sapporo 123 B5
Saragossa 100-101 B6
Sarajewo 102-103 C7
Sarańsk 95 C7
Saratowski, Zb. (Zbiornik) 95 C7
Saratów 95 C6, 7
Sarawan 118-119 C5
Sardynia – wyspa 82-83 E5; 102-103 E2-D2
Sarema – wyspa 82-83 C7; 97 D5
Sargassowe, Morze 133 F13-G12, 13
Sari 118-119 B4
Saria – wyspa 102-103 G11
Sarpsborg 97 D3
Sary Iszyk Otrau, Pust. (Pustynia) 116-117 E9
Sasebo 123 D2
Saskatchewan – prowincja 134 D7-D8
Saskatchewan – rzeka 133 D9
Saskatoon 134 D8; 139 A4
Sassari 102-103 D2
Sassnitz 92-93 A6, 7
Sata, Przyl. (Przylądek) 123 D2, 3
Satpura – góry 118-119 C6
Satu Mare 92-93 E11
Sauhadż 118-119 C1, 2
Sault Ste (Saint) Marie 139 B6
Savannah 139 C6, 7
Savona 102-103 B2
Savusavu 149 I B2
Sawa – rzeka 82-83 D6; 92-93 EF7; F8; F9, 10
Sawannakhet 122 B3, 4
Sawu, W-y (Wyspy) 122 H7
Schouwen – wyspa 99 B5
Schwanera, G. (Góry) 122 F5
Schwarzwald – góry 92-93 E3-D4
Schwechat 92-93 D8
Schwedt 92-93 B6, 7
Schweinfurt 92-93 C5
Schwerin 92-93 B5
Scilly, W-y (Wyspy) 98 G3
Scotia, Morze 151 C33
Scott – st. badawcza 151 B17
Scotta, W. (Wyspa) 151 C19
Seattle 134 E6; 139 B2
Segedyn 92-93 E10
Segovia 100-101 B4, 5
Segre – rzeka 100-101 B7
Segura – rzeka 100-101 C6
Seikan, Tunel 123 B4, 5
Seila 118-119 D3
Sekwana – rzeka 82-83 D5; 99 C5; C4
Sekwany, Zatoka 99 C3
Selam 118-119 D6
Selatan, Przyl. (Przylądek) 122 F5
Selayar – wyspa 122 G7
Sele – rzeka 102-103 D5
Selenga – rzeka 116-117 E12; D12; 120-121 B7
Selenica 102-103 D7, 8
Sellafield 98 D5
Semani – rzeka 102-103 D7
Semarang 122 G4, 5
Semej 116-117 D9
Semeru – góra 106-107 J14
Semmering, Przeł. (Przełęcz) 92-93 E7
Semnan 118-119 B4
Sendai 123 C5
Senegal – państwo 128 D1
Senegal – rzeka 126 D1
Senj 102-103 B5
Sept-Źles 139 A8
Seram – wyspa 106-107 J15; 122 F8
Serbia – kraina hist. 102-103 B7-C8
Seres 102-103 D9
Seret – rzeka 92-93 D12
Seret – rzeka 95 D3; 92-93 D12; E13; F13
Sergipe – stan 142 D7
Seszele – państwo 128 G7-F7
Seszele – wyspy 6-7 J23
Sète 99 F5
Setúbal 100-101 C2
Seul 123 C2
Severn – rzeka 98 F5
Sewan, J. (Jezioro) 118-119 A3
Sewastopol 95 E4
Sewenny – góry 99 F5-E5
Sewilla 100-101 D3
Sfîntu Gheorghe 92-93 F12
Shaba (Katanga) – kraina 126 F5
Shache 120-121 D2
Shantou 120-121 G10
Shaoyang 120-121 F8, 9
Sheffield 98 E6
Shell Haven 96 C3
Shenyang 120-121 C11
Shijazhuang 120-121 D9, 10
Shimonoseki 123 D2, 3
Shiono, Przyl. (Przylądek) 123 D4
Shiping 120-121 G7
Shiquanhe 120-121 E3
Shizuoka 123 C4
Shreveport 139 C5
Shrewsbury 98 E5
Shuangcheng 123 A2
Siberut – wyspa 122 F2
Sibi 118-119 C5
Sibolga 122 E2
Sibu 122 E5
Sichote Aliń – góry 106-107 E16; 116-117 D15-E15
Si-ciang – rzeka 120-121 G8, 9
Sidi-bu-l-Abbas 100-101 E6
Siedlce 92-93 B10, 11
Siedmiogród – kraina hist. 92-93 E11-E12
Siegen 92-93 C4
Siena 102-103 C3
Siergijew 95 B5
Sierow 116-117 CD8
Sierpuchow 95 BC5
Sierra Leone – państwo 128 E1
Sierra Madre Wsch. (Wschodnia) – góry 139 D4-D5
Sierra Madre Zachodnia – góry 139 D4
Sierra Morena – góry 100-101 C3-C5
Sierra Nevada – góry 100-101 D5
Siewierodonieck 95 D5, 6
Siewierodwińsk 116-117 C5
Sighisoara 92-93 E
Siglufjördur 97 I A2
Signy I – st. badawcza 151 DC32
Sikoku – wyspa 106-107 F16; 123 D3
Sil – rzeka 100-101 A3
Silistra 102-103 BC11
Siljan, J. (Jezioro) 97 C3, 4
Simeulue – wyspa 122 E2
Simplon, Przeł. (Przełęcz) 92-93 E4
Sinczhang 123 B2
Sindi 97 D5, 6
Sines 100-101 CD2
Singapur 122 E3, 4
Singapur – państwo 122 E3, 4
Singatoka 149 I C1
Sinop 95 E5
Sint Eustatius – teryt. zależne 142 A4
Sint Maarten – teryt. zależne 142 A4
Sinyidzu 123 B1, 2
Sionna – rzeka 98 E2
Siping 120-121 C11, 12
Siple, Mt. (Mount) - góra 151 B24
Sipora – wyspa 122 F2
Sirino – góra 102-103 D5
Siros – wyspa 102-103 F10
Sisak 102-103 B6
Sitia 102-103 G11
Sittwe 118-119 C8
Sivas 118-119 B2
Sjö – rzeka 92-93 E9
Skagerrak – cieśnina 82-83 C5; 97 D2-D3
Skaliste, Góry 133 D7-F9; 139 A2-C4
Skandynawski, Półwysep 82-83 C6-B7
Skandynawskie, Góry 82-83 C5-B7; 97 C2-B5
Skellefte – rzeka 97 B4
Skellefteå 97 C4, 5
Skiros – wyspa 102-103 E10
Skopje 102-103 D8
Skoworodino 116-117 D14
Skye – wyspa 98 C3
Slavonski Brod 102-103 B6
Slawonia – kraina hist. 102-103 B6-B7
Sliwen 102-103 C11
Słowacja – państwo 84-85 D6-D7
Słowenia – państwo 84-85 D6
Słowiańsk 95 D5
Słucz – rzeka 92-93 C13
Słupsk 92-93 A8
Smallwood, Zb. (Zbiornik) 139 A8, 9
Smocze, G. (Góry) 126 I5-H6
Smoleńsk 95 BC4
Smoleńsko-Moskiewska, Grzęda – wyżyna 95 C4-B5
Smolikas – góra 102-103 DE8
Snøhetta – góra 97 C2
Snorre – pole ropy naftowej 96 A3
Snowdon – góra 98 E4, 5
Sobradinho, Zb. (Zbiornik) 141 C6
Socza – rzeka 92-93 E6
Soczi 95 E5
Södertälje 97 D4
Sofia 102-103 C9
Sognefjorden – zatoka 97 C1, 2
Sokotra wyspa 106-107 H8; 118-119 D4
Soligorsk 92-93 B13
Solingen 92-93 C3
Solo – rzeka 122 G5
Soława – rzeka 92-93 C5
Somalia – państwo 128 E7-D8
Somalijska, Wyżyna 126 E7-D7; 118-119 D3-E3, 4
Somalijski, Płw. (Półwysep) 118-119 E3; 126 E7-D8
Sombor 102-103 B7
Somerset – wyspa 133 B10, 11
Somma – rzeka 99 C5
Somosomo, Cieśn. (Cieśnina) 149 I B2-B3
Somport, Przeł. (Przełęcz) 99 F3
Sondrio 102-103 A2, 3
Songkhla 122 D3
Songnim 123 C2
Sopron 92-93 E8
Sorak-san – góra 123 C2
Soria 100-101 B5
Soroki 92-93 D13, 14
Sørøy – wyspa 97 A5
Sorsele 97 B4
Sortawala 97 C6, 7
Sosan 123 C2
Southampton 98 F5, 6
Southampton – wyspa 133 C11, 12
Southend-on-Sea 98 F7
Sovata 92-93 E12
Sowieck 92-93 A10, 11
Sowiecka Gawań 116-117 E15, 16
Soya, Przyl. (Przylądek) 123 A5
Sparta 102-103 F9
Spartly, W-y (Wyspy) 122 D5
Spassk-Dalnyj 123 B3
Spitsbergen, Zach. (Zachodni) – wyspa 116-117 B2-B3
Spittal 92-93 E6
Split 102-103 C6
Splügen, Przeł. (Przełęcz) 92-93 E4
Spokane 139 B3
Spokojny, Ocean 6-7 F4-O6; 154-155 D34-O36
Sporady – wyspy 102-103 F11
Sporady Północne – wyspy 102-103 E9-E10
Sprewa – rzeka 92-93 C6, 7
Springfield 134 F10; 139 C5, 6
Springfield 139 C5
Sri Lanka – państwo 108-109 I10
Stambuł 118-119 A1, 2; 95 E3, 4
Stanley 142 H5
Stanley'a, Wdp. (Wodospad) 126 F5
Stanlow 96 C2
Stanowe, Góry 106-107 D14; 116-117 D13
Stany Zjednoczone – państwo 134 E7-F9
Stara Kastylia – kraina hist. 100-101 B4-A5
Stara Płanina (Bałkany) – góry 102-103 C9-C11
Stara Zagora 102-103 C10
Stary Oskol 95 C5
Stassfurt 92-93 C5
Statfjord – pole gazu ziemnego 96 A3
Station Nord – st. badawcza 152 A22-A20
Stavanger 97 D2
Stawropol 95 D6
Stawropolska, Wyżyna 95 D6-E7
Steep, Przyl. (Przylądek) 147 C1
Steinkjer 97 C3
Stendal 92-93 B5
Step Głodowy – pustynia 116-117 E8-E9
Steward – wyspa 147 E6, 7
Steyr 92-93 DE7
Stoke-on-Trent 98 E5
Stor, J. (Jezioro) 97 C3
Stora Lule, J. (Jezioro) 97 B4
Stralsund 92-93 A6
Strandża – góry 102-103 C11-D11
Strasburg 99 C7
Strefa Gazy – region 118 I C1
Stromboli – góra 82-83 E6; 102-103 E5

Struma – rzeka 102-103 D9
Stryj 92-93 D12
Strzeleckiego, G. (Góra) 147 C3
Stuttgart 92-93 D4
Styr – rzeka 92-93 C12
Suazi – państwo 128 H6
Subotica 102-103 A7, 8
Suche Bator 120-121 AB7, 8
Suchona – rzeka 82-83 BC9; 95 A6
Suchumi 95 E6
Sucre 142 D4
Sudan – kraina 126 D2-D5
Sudan – państwo 128 D5-D6
Sudan Południowy – państwo 128 E5-E6
Sudbury 134 E10; 139 B6, 7
Sudety – góry 82-83 C6; 92-93 C7-C8
Sueska, Zat. (Zatoka) 118-119 C2
Sueski, Kanał 126 B6; 106-107 F6; 118-119 B2
Suez 128 B6
Suhar 118-119 C4
Suhl 92-93 C5
Sukkur 118-119 C5, 6
Sula, W-y (Wyspy) 122 F7, 8
Sulawesi (Celebes) – wyspa 122 F6-F7
Sulejmańskie, Góry 106-107 G9-F9, 10; 118-119 C5-B6
Sulina 92-93 F14
Sullom Voe 96 A2
Sulmona 102-103 CD4, 5
Sulu, Arch. (Archipelag) 122 E6-D7
Sulu, Morze 106-107 I14-I15; 122 D6-D7
Sumatra – wyspa 106-107 I12-J13; 122 E2-G3
Sumba – wyspa 106-107 K14; 122 GH6
Sumbawa – wyspa 106-107 J14; 122 G6
Sumi, Cieśn. (Cieśnina) 123 D3
Sumy 95 C4
Sund – cieśnina 97 D3
Sunda, Cieśn. (Cieśnina) 122 G3
Sunderland 98 D6
Sundsvall 97 C4
Sungari – rzeka 106-107 E15; 120-121 B12
Suntar 116-117 C13
Suntar Chajata – góry 106-107 C16-C17
Sur 118-119 C4
Surabaja 122 G5
Surakarta 122 G5
Surat 118-119 C6
Surat Thani 122 D2, 3
Surendranagar 118-119 C5, 6
Surgut 116-117 C9
Surinam – państwo 142 B5
Suva 148-149 F7
Suwałki 92-93 A11
Suwon 123 C2
Suza – ruiny 118-119 B3
Suzu, Przyl. (Przylądek) 123 C4
Suzuka 123 D4
Svalbard – wyspy 106-107 B4-B6; 116-117 B2-A5
Swain Reefs – wyspa 149 II C3
Swansea 98 F4
Syberia – kraina 116-117 C9-C16
Sybin 92-93 F11, 12
Sycylia – wyspa 82-83 E6; 102-103 F4-F5
Syczuańska, Kotlina 120-121 E7-E8
Sydney 148-149 H5
Syhot 92-93 E11, 12
Syktywkar 116-117 C6, 7
Symferopol 95 D4
Synaj, Płw. (Półwysep) 106-107 G6; 118-119 B2-C2
Syowa – st. badawcza 151 B4
Syrakuzy 102-103 F5
Syr-daria – rzeka 106-107 E9; 116-117 E8
Syria – państwo 108-109 F5-F6
Syryjska, Pust. (Pustynia) 118-119 B2
Syzrań 95 C7
Szafuza 92-93 E4
Szampania – kraina hist. 99 C5-C6
Szanghaj 120-121 E11
Szantarskie, W-y (Wyspy) 116-117 D15, 16
Szardża 118-119 C4
Szari – rzeka 126 D4
Szawle 95 B2
Százhalombatta 92-93 E9
Szczara – rzeka 92-93 B12
Szczecin 92-93 B7
Szczyt Zwycięstwa – góra 106-107 E10, 11; 116-117 E9, 10
Székesfehérvár 92-93 E9
Szelichowa, Zat. 116-117 C17-D17
Szetlandy – wyspy 82-83 C4, 5; 98 B6-A6
Szihezi 120-121 C4
Sziraz 118-119 C4
Sziwta – ruiny 118 I C1
Szkocja – kraina hist. 98 C4-D5
Szkockie, M. (Morze) 98 C3-B4
Szkoderskie, J. (Jezioro) 102-103 C7
Szkodra 102-103 C7
Szlezwik-Holsztyn – kraina hist. 92-93 A4-B5
Szolnok 92-93 E10
Szombathely 92-93 E8
Sztokholm 97 D4
Szu 116-117 E9
Szu – rzeka 116-117 E9
Szumadia – kraina hist. 102-103 B8-C8
Szumawa – góry 92-93 D6
Szumen 102-103 C11
Szwabska, Wyżyna 92-93 D4-D5
Szwajcaria – państwo 84-85 D5
Szwecja – państwo 84-85 C6-B7
Szybenik 102-103 C5
Szyłka – rzeka 120-121 A10
Szyłka – rzeka 116-117 D13
Szymkent 116-117 E8

Ś

Śiliguri 118-119 C7
Śilong 118-119 C8
Śiwalik – góry 118-119 B6-C6
Śląsk – kraina hist. 92-93 C7-C9
Śląska, Niz. (Nizina) 92-93 C7-C8
Śląska, Wyżyna 92-93 C9-C8
Śniardwy, J. (Jezioro) 92-93 B10, 11
Śnieżka – góra 92-93 C7, 8
Śnieżne, G. (Góry) 147 A2-A3
Śolapur 118-119 D6
Śri Dżajawardanapura Kotte 118-119 E7
Śrinagar 118-119 B6
Środkowe, Góry 116-117 C18-D17
Środkowoindyjski, Basen 6-7 J25-K26
Środkowoindyjski, Grzbiet 6-7 M25-J25
Środkowoirlandzka, Nizina 98 E2-E3
Środkowopacyficzny, Basen 6-7 H35-I36
Środkoworosyjska, Wyżyna 82-83 C8; 95 C5
Środkowosyberyjska, Wyżyna 106-107 C12-C14; 116-117 C11-C13
Śródlądowy, Kanał 92-93 B4
Śródziemne, Morze 82-83 E4-E7; 126 B3-B6
Świecie 92-93 B8, 9
Św. (Święta) Helena – teryt. zależne 128 G2
Św. (Świętego) Bernarda, Mała Przeł. (Przełęcz) 92-93 F3
Św. (Świętego) Bernarda, Wielka Przeł. (Przełęcz) 92-93 EF3
Św. (Świętego) Gotharda, Przeł. (Przełęcz) 92-93 E4
Św. (Świętego) Jerzego, Kanał – cieśnina 82-83 C4; 98 F3-E4
Św. (Świętego) Mateusza, Przyl. (Przylądek) 82-83 D4
Świętego Piotra i Pawła, W-y (Wyspy) 6-7 J14, 15
Św. (Świętego) Tomasza, W. (Wyspa) 126 F3
Św. (Świętego) Wawrzyńca, Rzeka 133 E12, 13; 139 B8
Św. (Świętego) Wawrzyńca, Zat. (Zatoka) 133 E13-D14; 139 B8-B9
Św. (Świętego) Wincentego, Przyl. (Przylądek) 100-101 D2
Św. (Świętej) Heleny, W. (Wyspa) 6-7 K17
Świnoujście 92-93 B7

T

Tabor 92-93 D7
Tabuk 118-119 C2
Tacheng 120-121 B3, 4
Tacloban 122 C8
Tacoma 139 B2, 3
Tadżycka SRR 117 I
Tadżykistan – państwo 108-109 F8-F9
Tag – rzeka 82-83 E4; 100-101 B5, C2; C4
Taganrog 95 D5
Taganroska, Zat. (Zatoka) 95 D5
Tagliamento – rzeka 102-103 AB4
Taharuu – rzeka 149 III B2
Tahat – góra 126 C3
Tahiti – wyspa 149 III B2
Tainan 120-121 G10, 11
Taiyuan 120-121 D9
Taizz 118-119 D3
Tajlandia – państwo 108-109 H11-H12
Tajlandzka, Zatoka 106-107 H13-I13; 122 C3
Tajma 118-119 C2
Tajmyr, J. (Jezioro) 116-117 B12
Tajmyr, Płw. (Półwysep) 106-107 B11-B13; 116-117 B10-A12
Tajpej 120-121 G11
Tajszet 116-117 D11
Tajuña – rzeka 100-101 B5
Tajwan – państwo 108-109 G14
Tajwan – wyspa 106-107 G15; 120-121 G11
Tajwańska, Cieśn. (Cieśnina) 120-121 G10-F11
Tajzhong 120-121 G10, 11
Tak 122 B2
Takamatsu 123 D3
Takaoka 123 C4
Takla Makan, Pust. (Pustynia) 106-107 F10-F11; 120-121 C3-D4
Talaud, W-y (Wyspy) 122 E8
Talbota, Przyl. (Przylądek) 147 B2
Tallahassee 134 G10; 139 CD6
Tallinn 95 B2, 3
Tałdykorghan 116-117 E9
Tamanghist 128 C3
Tambow 95 C6
Tamiza – rzeka 82-83 C4; 98 F6
Tampa 134 G10; 139 D6
Tampere 97 C5
Tampico 134 G9; 139 D5
Tana, J. (Jezioro) 126 D6
Tanega – wyspa 123 D3
Tanganika, J. (Jezioro) 126 F5, 6
Tanger 100-101 E3, 4
Tangla, G. (Góry) 120-121 E4-E5
Tangla, Przełęcz 120-121 E5
Tangshan 120-121 CD10
Tanimbar, W-y (Wyspy) 106-107 J6
Tannu-Oła – góry 116-117 D11; 120-121 A5-A6
Tanzania – państwo 128 F6-G6
Tapajós – rzeka 141 C5
Tarakan 122 E6
Tarbagataj – góry 116-117 E10; 120-121 B3-B4
Tarbes 99 F4
Tarencka, Zat. (Zatoka) 102-103 D6-E6
Tarent 102-103 D6
Tarim 118-119 D3
Tarnobrzeg 92-93 C10, 11
Tarnopol 92-93 D12, 13
Tarnów 92-93 C10
Tarragona 100-101 B7
Tartu 95 B3
Tarym – rzeka 116-117 E10; 120-121 C4
Tasil – góry 126 C3
Tasmana, Morze 147 D5-E6
Tasmania – stan 148-149 I4, 5
Tasmania – wyspa 147 E4, 5
Taszkent 116-117 E8
Tatabánya 92-93 E9
Tatarska, Cieśn. (Cieśnina) 116-117 D16-E16
Tatry – góry 92-93 D9-D10
Taukar 118-119 D2
Taungdżi 118-119 C8
Taurus – góry 106-107 F6-F7; 118-119 B2-B3
Taurus Środkowy – góry 95 F4-F5
Tautira 149 III B2
Taveuni – wyspa 149 I B2,3
Tavoj 118-119 D8
Tavua 149 I B1,2
Tawau 122 E6
Taz – rzeka 116-117 C10
Tbilisi 95 E6
Teahupoo 149 III B2
Tebriz 118-119 B3
Teby 102-103 E9
Teby – ruiny 118-119 C2
Tecuci 92-93 F13
Tedong – rzeka 123 BC2
Tedzon 123 C2
Tedżen 116-117 F8
Tedżen – rzeka 116-117 F8
Teesport 96 C2
Tegu 123 C2
Tegucigalpa 134 H10
Teheran 118-119 B3, 4
Tekirdağ 102-103 D11
Teksas – stan 134 F8-F9
Tel Awiw-Jafa 118-119 B2
Teleki – góra 126 E6
Teleno – góra 100-101 A3
Temesz – rzeka 92-93 F10
Tenda, Przeł. (Przełęcz) 102-103 B1
Teneryfa – wyspa 100-101 I A2
Tengiz, J. (Jezioro) 116-117 D8
Teniente Rodolfo Marsh – st. badawcza 151 C30
Tennant Creek 148-149 FG2, 3
Tennessee – rzeka 133 F11
Tennessee – stan 134 F10
Teplice 92-93 C6, 7
Teramo 102-103 C4
Teresina 142 C6
Termajska, Zat. (Zatoka) 102-103 DE9
Termoli 102-103 C5
Ternej 123 AB4
Terni 102-103 C4
Terrassa 100-101 B7
Terytoria Północno-Zachodnie – prowincja 134 C5-C8
Terytorium Północne – stan 148-149 F2-G3
Tesalia – kraina hist. 102-103 E8-E9
Teterow 92-93 B6
Tetuan 128 B2
Tetufera – góra 149 III B2
Texel – wyspa 92-93 B2
Thana 118-119 CD6
Thar, Pust. (Pustynia) 106-107 G10; 118-119 C6
Thasos – wyspa 102-103 D10
The Lynd Jundction 149 II B1
The Wash – zatoka 98 E7
Theddlethorpe 96 C2, 3
Thimphu 118-119 C7, 8
Thionville 99 C7
Thira (Santoryn) – wyspa 102-103 F10
Thithia – wyspa 149 I B3
Thjórsá 97 I B2
Thomson – rzeka 149 II C1
Thorshöfn 97 I A2, 3
Thun 92-93 E3
Thunder Bay 139 B5, 6
Thurso 98 B5
Thurstona, W. (Wyspa) 151 CB27, 26
Tianjin 120-121 D10
Tiarei 149 III B2
Tiatia – góra 123 B6
Tibesti – góry 126 C4
Tien-Szan – góry 106-107 E10-E12; 120-121 C1-C5
Tijuana 134 F7; 139 C3
Tiksi 116-117 B14, 15
Tilburg 92-93 C2
Tilos – wyspa 102-103 F11
Timan – góry 116-117 C6-C7
Timbuktu 128 D2
Timok – rzeka 102-103 C9
Timor – wyspa 106-107 J15; 122 G8
Timor, Morze 147 B2; 106-107 K15
Timor Wschodni – państwo 108-109 J14-J15
Tinaca, Przyl. (Przylądek) 122 D7, 8
Tinajo 100-101 I A4
Tinos – wyspa 102-103 F10
Tirać Mir – góra 118-119 B6
Tirana 102-103 D7, 8
Tire 102-103 E11
Tirgoviste 92-93 F12
Tirgu Jiu 92-93 F11
Tirgu Mures 92-93 E12
Tirso – rzeka 102-103 D2
Tiruććirappalli 118-119 D6, 7
Tiszántúl – góry 92-93 E10-E11
Titicaca, J. (Jezioro) 141 D3, 4
Titov vrh – góra 102-103 CD8
Titovo 92-93 E7
Tiumeń 116-117 D8
Tivoli 102-103 D4
Toaca – góra 92-93 E12, 13
Toamasina 128 G7
Toba, J. (Jezioro) 122 E2
Tobi – wyspa 123 C4
Tobolsk 116-117 D8, 9
Toboł – rzeka 106-107 D9; 82-83 C11
Tobruk 128 B5
Tocantins – rzeka 141 CD6
Tocantins – stan 142 D5, 6-C6
Tödi – góra 92-93 E4
Togliatti 95 C7
Togo – państwo 128 D3-E3
Tokaj 92-93 D10
Tokara, Cieśn. (Cieśnina) 123 D2-E3
Tokara, W-y (Wyspy) 120-121 F12-F13; 123 E2, 3
Tokat 95 E5
Tokelau – teryt. zależne 148-149 E8
Tokio 123 C5
Toledańskie, G. (Góry) 100-101 C4-C5
Toledo 100-101 C4
Toledo 134 E10
Tolo, Zat. (Zatoka) 122 F7
Tomakomai 123 B5
Tomini, Zatoka 122 EF7
Tomsk 116-117 D10
Tonga – państwo 148-149 F8
Tonga, Rów 6-7 L36-K36
Tonghua 123 B2
Tonkińska, Zatoka 122 B4
Tonle Sap, J. (Jezioro) 122 C3, 4
Topeka 134 F9; 139 C5
Topozioro, J. (Jezioro) 97 B7
Tor – pole ropy i gazu 96 B3
Tormes – rzeka 100-101 B4
Torne – rzeka 82-83 B7; 97 B5
Torne, J. (Jezioro) 97 B5
Tornio 97 B5
Toronto 134 E10, 11; 139 B7
Torre Cerredo – góra 100-101 A4
Torreón 134 G8; 139 D4
Tortellas – góra 100-101 C8
Tortosa 100-101 B7
Tortosa, Przyl. (Przylądek) 100-101 B7
Toruń 92-93 B9
Tosa, Zat. (Zatoka) 123 D3
Toskania – kraina hist. 102-103 C3
Toskańskie, W-y (Wyspy) 102-103 C2-C3
Totoya – wyspa 149 I C3
Tottori 123 C3
Toungoo 118-119 D8
Tours 99 D4
Towarzystwa, W-y (Wyspy) 6-7 K2-L3; 148-149 F10-F11
Townsville 148-149 F4, 5
Toyama 123 C4
Toyama, Zat. (Zatoka) 123 C4
Toyota 123 CD4
Trabzon 118-119 A2, 3
Tracja – kraina hist. 102-103 D10-D11
Trackie, M. (Morze) 102-103 D10
Trail 139 B3
Transantarktyczne, Góry 151 A30-B16
Transhimalaje – góry 106-107 F11-F12; 120-121 E3-E5
Transylwańska, Wyż. (Wyżyna) 92-93 E12
Trapani 102-103 E4
Trazymeńskie, J. (Jezioro) 102-103 C3, 4
Trelleborg 97 D3
Tremiti, W-y (Wyspy) 102-103 C5
Trenton 134 E11; 139 B7
Trepča 102-103 C8
Treviso 102-103 B4
Trewir 92-93 D3
Triest 102-103 B4
Triglav – góra 92-93 E6
Trikala 102-103 E8
Trinkomali 118-119 E7
Tripolis 102-103 F9
Tristan da Cunha, W-y (Wyspy) 6-7 M16, 17
Triwandrum 118-119 E6
Trnava 92-93 D8
Troglav – góra 102-103 B6
Trois Fourches, Przyl. (Przylądek) 100-101 E5
Troja – ruiny 102-103 E11
Troll – pole gazu ziemnego 96 A3
Troll – st. badawcza 151 B1
Trollhättan 97 D3
Tromsø 97 B4
Trondheim 97 C3
Trondheimsfjorden – zatoka 97 C2
Troyes 99 C6
Trujillo 142 C2, 3
Trydent 92-93 E5
Trynidad i Tobago – państwo 142 A4, 5
Trynidad Pd. (Południowy) – wyspa 141 E7
Trypolis 128 B4
Trypolis 118-119 B2
Tsugaru, Cieśn. (Cieśnina) 123 B5
Tsumeb 128 G4, 5
Tuamotu, Wyspy 6-7 K3-L4; 148-149 F11-G12
Tuapse 95 E5
Tubkal – góra 126 B2
Tubuai, W-y (Wyspy) 148-149 G10, 11
Tucson 139 C3
Tucumán 142 E4
Tughghurt 128 B3
Tukangbesi, W-y (Wyspy) 122 G7, 8
Tulcza 92-93 F14
Tulon 99 F7
Tulsa 139 C5
Tuluza 99 F4
Tuła 95 C5
Tuman – rzeka 123 B2, 3
Tundża – rzeka 102-103 C11
Tunezja – państwo 128 B3-B4
Tungting, J. (Jezioro) 120-121 F9
Tunis 128 B3, 4
Tunja 142 B3
Turańska, Nizina 106-107 E8-D9; 116-117 E8
Turbat 118-119 C5
Turcja – państwo 108-109 F4-F6
Turda 92-93 E11, 12
Turfan 120-121 C4, 5
Turfańska, Kotlina 116-117 E10-E11; 120-121 C4-C5
Turgajska Brama – kraina 116-117 D8
Turia – rzeka 92-93 C12
Turia – rzeka 100-101 C6
Turkana, J. (Jezioro) (Rudolfa, J.) 126 E6
Turkmenabat 116-117 F8
Turkmenbaszy 116-117 E7
Turkmenistan – państwo 108-109 E7-F8
Turkmeńska SRR 117 I
Turks i Caicos – teryt. zależne 134 G11, 12
Turks i Caicos, W-y (Wyspy) 139 D7, 8
Turku 97 C5
Turuchańsk 116-117 C10, 11
Turyn 102-103 B1, 2
Tutikorim 118-119 E6
Tuttlingen 92-93 E4
Tuvalu – państwo 148-149 E7
Tuwa – kraina hist. 116-117 D11
Tuz, J. (Jezioro) 118-119 B2
Tuzla 102-103 B7
Twer 95 B5
Tyber – rzeka 102-103 C4
Tybetańska, Wyżyna 106-107 F11-F12; 120-121 E3-E5
Tybinga 92-93 D4
Tygrys – rzeka 106-107 F7; 118-119 B3
Tynda 116-117 D14
Tyraspol 92-93 E14, 15
Tyrreńskie, Morze 82-83 D6-E6; 102-103 D3-E5

U

Ubangi – rzeka 126 E4, 5
Ubeda 100-101 C5
Ubon Ratczathani 122 B3, 4
Uchta 116-117 C7
Uciura, Zat. (Zatoka) 123 B5
Udajpur 118-119 C6
Uddjaur, J. (Jezioro) 97 B4
Udine 102-103 A4
Udżdżajn 118-119 C6
Uele – rzeka 126 E5
Uelen 116-117 C20
Uelzen 92-93 B5
Ufa 116-117 D7
Uganda – państwo 128 E6
Uji – wyspa 123 D2
Ujung Pandang (Makasar) 122 FG6
Ukajali – rzeka 141 C3
Ukraina – państwo 84-85 D7-D8
Ukraińska SRR 117 I
Ulaangom 120-121 B5, 6
Uliastaj 120-121 B6
Uljanowsk 95 C7
Ullyng – wyspa 123 C3
Ulm 92-93 D4
Ulsan 123 C2, 3
Ułan Bator 120-121 B8
Ułan Ude 116-117 D12, 13
Ume – rzeka 97 C4
Umeå 97 C5
Una – rzeka 102-103 B6
Unajza 118-119 C3
Undu, Przyl. (Przylądek) 149 I B3
Uppsala 97 D4
Ur – ruiny 118-119 B3
Ural – góry 106-107 D8-C9; 116-117 D7-C8
Ural – rzeka 82-83 C10; 106-107 DE8
Urbión – góra 100-101 B5
Urgencz 116-117 E8
Urmia, J. (Jezioro) 118-119 B3
Urugwaj – państwo 142 F5
Urugwaj – rzeka 141 FE5
Uruk – ruiny 118-119 B3
Urumczi 120-121 C4
Ussuri – rzeka 116-117 E15; 120-121 B13
Ussuryjsk 120-121 C13
Ustica – wyspa 102-103 E4
Ust'-Ilimsk 116-117 D12
Ust'-Ilimski, Zb. (Zbiornik) 116-117 D12
Ust-Kamczack 116-117 D18
Ust'-Kut 116-117 D12
Ust-Maja 116-117 C15
Ust Ordyński 116-117 D12
Ustiurt – wyżyna 116-117 E7
Uście n. (nad) Ł. (Łabą) 92-93 C7
Utah – stan 134 F7-F8
Utrecht 92-93 B2
Utsunomiya 123 C4, 5
Uusikaupunki 97 C4, 5
Uwały Północne – wyżyna 82-83 C9-B10
Uws-nuur, J. (Jezioro) 120-121 A5, 6
Uzbecka SRR 117 I
Uzbekistan – państwo 108-109 E7-F8
Uznam – wyspa 92-93 A6, 7
Użhorod 92-93 D11

V

Vaal – rzeka 126 H5
Vaasa 97 C5
Vaduz 92-93 E4
Vaiaku 148-149 E7
Vairao 149 III B2
Valdivia 142 F3
Valence 99 E6
Valencia 142 A3, 4
Valenciennes
Vali di Comacchio – jezioro 102-103 B4
Valjevo 102-103 B7

Valladolid 100-101 B4
Vallecas 100-101 B5
Valletta 102-103 G5
Valli di Comacchio – jezioro 92-93 F6
Valmiera 97 D5, 6
Valparaíso 142 F3
Valverde 100-101 I B2
Vancouver 134 D6; 139 AB3
Vancouver – wyspa 133 E6, 7; 139 A1, 2
Vanua Levu – wyspa 149 I B2
Vanua Mbalavu – wyspa 149 I B3
Vanua Vatu – wyspa 149 I C3
Vanuatu – państwo 148-149 F6
Varanger, Płw. (Półwysep) 97 A6-A7
Varangerfjorden – zatoka 97 A6-B7
Varaždin 102-103 A6
Vardø 97 A7
Varese 102-103 B2
Vareš 102-103 B7
Västerås 97 D4
Vatnajökull – lodowiec 97 I B2
Vatneyri 97 I A1
Vatoa – wyspa 149 I C3
Vatra Dornei 92-93 E12
Vatu-i-Ra, Cieśn. (Cieśnina) 149 I B2
Vatulele – wyspa 149 I C1
Vedea – rzeka 92-93 FG12
Vejle 97 D2
Veles 102-103 D8, 9
Vénus, Przyl. (Przylądek) 149 III A1,2
Veracruz 139 E5
Vermont – stan 134 E11
Vernon – góry 102-103 D8
Vesterålen – wyspy 82-83 B6-A6; 97 B3-B4
Vestfjorden – zatoka 97 B3-B4
Veszprém 92-93 E8, 9
Viareggio 102-103 C2, 3
Vicenza 102-103 B3
Vichy 99 D5
Victoria 134 E6; 139 B2
Vienne 99 E6
Vienne – rzeka 99 D4
Vierzon 99 D5
Vigo 100-101 A2
Viking – pole gazu ziemnego 96 C3
Vila Real 100-101 B3
Villach 92-93 E6
Vinh 122 B4
Vinkovci 102-103 B7
Vinsona, Masyw – góry 151 B28-B29
Virovitica 102-103 B6
Vis – wyspa 102-103 C6
Visby 97 D4
Viseu 100-101 B2, 3
Viti Levu – wyspa 149 I B1,2
Vitoria 100-101 A5
Vitória 142 DE7
Vjosa – rzeka 102-103 D8
Vlissingen 99 B5
Vlorë 102-103 D7
Volturno – rzeka 102-103 D5
Vrbas – rzeka 102-103 B6
Vršac 102-103 B8

W

Waco 139 C5
Wadi Halfa 128 C6
Wadodra 118-119 C6
Wadżda 128 B2
Wag – rzeka 92-93 D9
Wagadugu 128 D2
Wailotua 149 I B2
Waingapu 122 GH7
Wajgacz – wyspa 116-117 B7, 8
Wakasa, Zat. (Zatoka) 123 C4
Wakaya – wyspa 149 I B2
Wakayama 123 D4
Wake – teryt. zależne 148-149 C6
Wakkanai 123 A5
Walcheren 99 B5
Walencja 100-101 C6, 7
Walencja – kraina hist. 100-101 C6-B6
Walencka, Zatoka 100-101 C7
Walia – kraina hist. 98 F5-E5
Wallis i Futuna – teryt. zależne 148-149 F7,8
Walvis Bay 128 H4
Wałbrzych 92-93 C8
Wałdaj – góry 82-83 C8
Wałdaj – wyżyna 95 B4
Wan 118-119 B3
Wan, J. (Jezioro) 118-119 B3; 95 F6
Wanawara 116-117 C12
Wandea – kraina hist. 99 D3
Wanxian 120-121 E8, 9
Waranasi 118-119 C7
Warangal 118-119 D6, 7
Wardar – rzeka 102-103 D9
Warmia – kraina hist. 92-93 A9-B10
Warna 102-103 C11, 12
Warnemünde 92-93 A5
Warszawa 92-93 B10
Warta – rzeka 92-93 C9; B8; B7
Waszyngton 134 F11; 139 C7
Waszyngton – stan 134 E6-E7
Wattów, M. (Morze) 92-93 B2
Watykan – państwo 84-85 D6
Wau 128 E5
Waya – wyspa 149 I B1
Weddella, Morze 151 C32-B33
Weiden 92-93 D5, 6
Weifang 120-121 D10, 11
Weimar 92-93 C5
Weipa 148-149 F3, 4
Welebit – góry 102-103 B5
Wellington 148-149 I7, 8
Wels 92-93 D6
Welur 118-119 D6
Wełtawa – rzeka 92-93 D7
Wenecja 102-103 B4
Wenecja – kraina hist. 102-103 B4
Wenecka, Zatoka 102-103 B4
Wener, J. (Jezioro) 82-83 C6; 97 D3
Wenezuela – państwo 142 B4
Wenzhou 120-121 F11
Werona 102-103 B3
Werra – rzeka 92-93 C5
Wersal 99 C4, 5
Westerland 92-93 A4
Westfalia – kraina hist. 92-93 B3-C4
Wetar – wyspa 122 G8
Wetter, J. (Jezioro) 82-83 C6; 97 D3
Wewn. (Wewnętrzne) M. (Morze) Japońskie 123 D3
Wezera – rzeka 92-93 C4; B4
Wezuwiusz – góra 82-83 D6; 102-103 D5
Węgry – państwo 84-85 D6-D7
Whitegate 96 C1
Whitehorse 134 C5
Whitsunday – wyspa 149 II C2
Wiatka – rzeka 116-117 D7
Wichita 139 C5
Wichita Falls 139 C5
Wick 98 B5
Wicklow, G. (Góry) 98 E3
Widin 102-103 BC9
Widżajawada 118-119 D7
Wiedeń 92-93 D7, 8
Wielikaja – rzeka 97 D6
Wielka Brytania – państwo 84-85 C4
Wielka Brytania – wyspa 82-83 C4, 5
Wielka Kotlina 133 E8-F8; 139 B3-C3
Wielka Nizina Węgierska 82-83 D6-D7; 92-93 E9-D11
Wielka Pustynia Słona 133 E8; 139 B3
Wlk. (Wielka) Pustynia Słona 106-107 F8; 118-119 B4
Wielka Rafa Koralowa 147 B4-C5
Wielka Tama 118-119 C2
Wielka Zatoka Australijska 147 D2-D3
Wielkanocna, W. (Wyspa) 6-7 L7, 8; 148-149 G14, 15
Wielki Basen Artezyjski – kraina 147 C4
Wlk. (Wielki) Bełt – cieśnina 97 D3
Wielki Chingan – góry 106-107 E14-D15; 120-121 C10-B11
Wielki Erg Wschodni – pustynia 126 C3-B4
Wielki Erg Zachodni – pustynia 126 C2-B3
Wielki, Kanał 106-107 F14; 120-121 E10
Wielki Mur Chiński 120-121 D8
Wielki Nefud – pustynia 106-107 G6-G7; 118-119 C3
Wielki Syrt – wyżyna 95 C7
Wielki Szott 82-83 E5, 6
Wielkie Antyle – wyspy 6-7 G9-H11; 133 G11-H13
Wielkie Góry Wododziałowe 147 B4-D4
Wlk. (Wielkie) Niedźwiedzie, J. (Jezioro) 133 C8, 9
Wlk. (Wielkie) Niewolnicze, J. (Jezioro) 133 C8, 9
Wielkie Równiny 133 D8-F10; 1 39 A3-C4
Wlk. (Wielkie) Słone, J. (Jezioro) 133 E8; 139 B3
Wlk. (Wielka) Syrta, Zat. (Zatoka) 126 B4
Wielki Mur [Chang Cheng] – – st. badawcza 151 C31
Wielkie Łuki 95 B4
Wielkie Tyrnowo 102-103 C10, 11
Wielkie Wyspy Sundajskie 106-107 J13-15; 122 F3-F7
Wielkopolska – kraina hist. 92-93 B7-B9
Wielkopolska, Niz. (Nizina) 92-93 C7-C9
Wiener Neustadt 92-93 E7, 8
Wientian 122 B3
Wieprz – rzeka 92-93 C11
Wierchojańsk 116-117 C15
Wierchojańskie, Góry 106-107 B16-C16; 116-117 B14-C15
Wiesbaden 92-93 C3, 4
Wietnam – państwo 108-109 G12-H12
Wight – wyspa 98 F6
Wiktoria – stan 148-149 H4
Wiktorii, J. (Jezioro) 126 F6
Wiktorii, Wdp. (Wodospad) 126 G5
Wiktorii, Wyspa 133 B8-B9
Wiktorii, Ziemia – kraina 151 B17-16
Wilejka 92-93 A13
Wilhelmshaven 92-93 B3, 4
Wilia – rzeka 95 C3; 92-93 A13
Wilkesa, Ziemia – kraina 151 B14-11
Wilkickiego, Cieśn. (Cieśnina) 116-117 B11-B13
Wilno 92-93 A12
Wilsona, Przyl. (Przylądek) 147 D4
Wiluj – rzeka 116-117 C12; C14
Wilujsk 116-117 C14
Windawa 97 D5
Windhaja – góry 118-119 C6
Windhuk 128 H4
Winnica 92-93 D14
Winnipeg 134 D8, 9; 139 A4, 5
Winnipeg, J. (Jezioro) 133 D10; 139 A5
Winnipegosis, J. (Jezioro) 139 A4
Winterthur 92-93 E4
Wirginia – stan 134 F10-F11
Wirginia Zachodnia – stan 134 F10
Wisconsin – stan 134 E9-E10
Wisła – rzeka 82-83 C6; 92-93 C9; C10; AB9
Wisłok – rzeka 92-93 D10
Wiśakhapatnam 118-119 D7
Wiślany, Zalew 92-93 A9-A10
Witebsk 95 B3
Witim – rzeka 116-117 D13
Wittenberga 92-93 C6
Wittenberge 92-93 B5, 6
Wkra – rzeka 92-93 B10
Władykaukaz 95 E6, 7
Władywostok 116-117 E15
Włochy – państwo 84-85 D5-D6
Włocławek 92-93 B9
Włodzimierz 95 B6
Wniebowstąpienia, W. (Wyspa) 6-7 J16, 17
Wogezy – góry 99 C7
Wojwodina – kraina hist. 102-103 B8
Wolfen 92-93 C6
Wolfsburg 92-93 B5
Wolos 102-103 E9
Wolta Czarna – rzeka 126 DE2
Wolta, Zb. (Zbiornik) 126 E3
Wolverhampton 98 E5
Wołga – rzeka 82-83 C8; D9; 95 B4, 5, 6; C7; D7
Wołgodońsk 95 D6
Wołgograd 95 D6
Wołgogradzki, Zb. (Zbiornik) 95 C7
Wołogda 95 B6
Wołoska, Nizina 82-83 D7; 92-93 F11-F13
Wołyńska, Wyżyna 82-83 C7; 92-93 C12-D13
Wołżski 95 D6, 7
Wonsan 123 C2
Woodroffe – góra 147 C2, 3
Workuta 116-117 C8
Woroneż 95 C5, 6
Wostok – st. badawcza 147 I B12-11
Wraca 102-103 C9
Wrangla, W. (Wyspa) 106-107 BC21; 116-117 B19
Wrath, Przyl. (Przylądek) 98 B4
Wrocław 92-93 C8
Wschodnioafrykańska, Wyżyna 126 E6-F6
Wschodniochińskie, Morze 106-107 F15-G15; 120-121 E11-F12
Wschodnioeuropejska, Nizina 82-83 B8-C9; 116-117 C6-D6
Wschodniofryzyjskie, W-y (Wyspy) 92-93 B3
Wschodniokoreańska, Zat. (Zatoka) 123 C2
Wschodniopacyficzne, Wzniesienie 6-7 J7-O6
Wschodnioserbskie, Góry 102-103 B8-C9
Wschodniosyberyjskie, Morze 106-107 B18-B21; 116-117 B17-B19; 152 B1-B2
Wuhan 120-121 E9
Wuhu 120-121 E10
Wuntho 118-119 C8
Wuppertal 92-93 C3
Würzburg 92-93 D4, 5
Wuzhou 120-121 G9
Wyborg 95 A3, 4
Wybrzeże Kości Słoniowej – państwo 128 E2
Wyczegda – rzeka 82-83 B9
Wyoming – stan 134 E7-E8
Wyspy Dziewicze Stanów Zjednoczonych – – teryt. zależne 142 A4
Wyspy Świętego Tomasza i Książęca – państwo 128 E2, 3

X

Xaafuun 118-119 D4
Xiamen 120-121 FG10
Xi'an 120-121 E8, 9
Xichang 120-121 F7
Xigazê 120-121 F4, 5
Xingu – rzeka 141 C5
Xining 120-121 D7
Xinxiang 120-121 D9
Xuzhou 120-121 E10

Y

Ya'an 120-121 F7
Yabuli 123 B2
Yaiza 100-101 I A4
Yaizu 123 D4
Yaku – wyspa 123 D3
Yamagata 123 C4, 5
Yamaguchi 123 D3
Yan'an 120-121 D8, 9
Yandua – wyspa 149 I B2
Yangasa Levu – wyspa 149 I C3
Yanji 123 B2
Yantai 120-121 D11
Yaren 148-149 E6
Yasawa – wyspa 149 I B1
Yasawa, W-y (Wyspy) 149 I B1
Ye 118-119 D8
Yecheng 120-121 D2
Yellowknife 134 C6, 7
Yibin 120-121 F7
Yichang 120-121 E9
Yichun 120-121 B12, 13
Yinchuan 120-121 D7, 8
Yingkou 120-121 C11
Yining 120-121 C3
Yitulihe 120-121 A11
Ymi 118-119 E3
Yogyakarta 122 G4, 5
Yonne – rzeka 99 D5; C5
York 98 DE6
Yubari 123 B5
Yulin 120-121 D8, 9
Yumen 120-121 D6
Yushu 123 A2
Yutian 120-121 D3

Z

Zabol 118-119 B5
Zach. (Zachodni) Brzeg Jordanu – region 118 I BC1
Zachodnioaustralijski, Basen 6-7 K27-L28
Zachodniofryzyjskie, W-y (Wyspy) 92-93 B2-B3
Zachodnioindyjski, Grzbiet 6-7 N22-L23
Zachodniosyberyjska, Nizina 106-107 C10-D11; 116-117 C9-D10
Zadar 102-103 B5
Zagros – góry 106-107 F7-G8; 118-119 B3-C4
Zagrzeb 102-103 B6
Zagyva – rzeka 92-93 E10
Zahedan 118-119 C4, 5
Zaječar 102-103 C8, 9
Zajsan, J. (Jezioro) 116-117 E10
Zákinthos – wyspa 102-103 F8
Zakopane 92-93 D9, 10
Zala – rzeka 92-93 E8
Zalaegerszeg 92-93 E8
Zambezi – rzeka 126 G5; G6
Zambia – państwo 128 G5-G6
Zamboanga 122 D7
Zamora 100-101 B4
Zamość 92-93 C11
Zanzibar 128 F7
Zanzibar – wyspa 126 F6, 7
Zaozhuang 120-121 D10
Zaporoże 95 D5
Zaranj 118-119 B5
Zard Kuh – góra 118-119 B3, 4
Zatokowa, Nizina 133 G10-F11; 139 D5-C6
Zb. (Zbiornik) Smallwood 139 A8, 9
Zeebrugge 96 C3
Zegrzyńskie, J. (Jezioro) 92-93 B10
Zelandia – wyspa 82-83 C6; 92-93 A6
Zenica 102-103 B6
Żep – góra 102-103 B7
Zhangjiakou 120-121 C9, 10
Zhangye 120-121 D7
Zhanjiang 120-121 G9
Zhaotong 120-121 F7, 8
Zhengzhou 120-121 E9
Zhongshan – st. badawcza 151 BC8
Zibo 120-121 D10
Zielona Góra 92-93 BC7
Zielonego Przylądka, Basen 6-7 H14-I15
Zielonego Przylądka, W-y (Wyspy) 6-7 H14-15
Zielony, Przyl. (Przylądek) 126 D1
Ziemia Arnhema – półwysep 147 B3
Ziemia Baffina – wyspa 133 B11-C13
Ziemia Franciszka Józefa – wyspy 106-107 B7-B10; 116-117 B6-A8
Ziemia Ognista – wyspa 141 H4, 5
Ziemia Pn.-Wsch. (Północno-Wschodnia) – wyspa 116-117 B4-B5
Ziemia Północna – wyspy 106-107 A12-B13; 116-117 A11-B12
Zigong 120-121 F7, 8
Zimbabwe – państwo 128 G5-G6
Zinder 128 D3, 4
Zjedn. (Zjednoczone) Emiraty Arabskie – państwo 108-109 G7
Zlín 92-93 D8
Złatoust 116-117 D7, 8
Złoczów 92-93 D12
Znojmo 92-93 D8
Zonguldak 95 E4
Zrenjanin 102-0113 B8
Zugspitze – góra 92-93 E5
Zurych 92-93 E4
Zwickau 92-93 C5, 6
Zwolle 92-93 B2, 3

Ż

Żangaozen 116-117 E7
Żar n. (nad) Hronem 92-93 D9
Żelazna Brama – przełom rzeki 92-93 F11
Żełanija, Przyl. (Przylądek) 116-117 B8, 9
Żezkazghan 116-117 E8, 9
Żłobin 92-93 B14
Żółte, Morze 0116-0117 F15; 120-121 D11-E11
Żygańsk 116-117 C13, 14
Żylina 92-93 D9
Żyronda – ujście rzeki 99 E3
Żytomierz 92-93 C14

Spis treści

2-3 Planeta Ziemia

ŚWIAT

4-5 Krajobrazy . . . 1:100 000 000
6-7 Ukształtowanie powierzchni . . . 1:100 000 000
Przekrój wzdłuż równika
8-9 Klimaty Ziemi . . . 1:100 000 000
10 Temperatura powietrza w styczniu . . . 1:300 000 000
Temperatura powietrza w lipcu . . . 1:300 000 000
Opady roczne . . . 1:300 000 000
11 Ciśnienie atmosferyczne w styczniu . . . 1:300 000 000
Ciśnienie atmosferyczne w lipcu . . . 1:300 000 000
Pory opadów . . . 1:300 000 000
12 Oceany . . . 1:220 000 000
Leśnictwo . . . 1:220 000 000
13 Ochrona przyrody . . . 1:220 000 000
Degradacja środowiska . . . 1:220 000 000
14 Produkcja roślinna I . . . 1:220 000 000
Produkcja roślinna II . . . 1:220 000 000
15 Produkcja zwierzęca . . . 1:220 000 000
Zatrudnienie. Produktywność . . . 1:220 000 000
16-17 Geologia.
Surowce mineralne . . . 1:100 000 000
17 Tektonika płyt litosfery . . . 1:300 000 000
18 Ropa naftowa i gaz ziemny . . . 1:220 000 000
Węgiel kamienny i brunatny, uran . . . 1:220 000 000
19 Metale . . . 1:220 000 000
19 Hutnictwo . . . 1:220 000 000
20-21 Zróżnicowanie społeczno-gospodarcze . . . 1:100 000 000
20 Transport . . . 1:300 000 000
21 Energetyka . . . 1:300 000 000
22-23 Liczba ludności i przyrost naturalny
Produkt krajowy brutto
22 Urbanizacja . . . 1:300 000 000
24 Rasy . . . 1:220 000 000
Języki rodzime . . . 1:220 000 000
25 Wyznania . . . 1:220 000 000
Zaludnienie . . . 1:220 000 000
26 Internet . . . 1:220 000 000
Telefony . . . 1:220 000 000
27 Turystyka . . . 1:220 000 000
Strefy czasowe . . . 1:220 000 000
28-29 Podział polityczny . . . 1:100 000 000
28 Organizacje polityczne . . . 1:300 000 000
29 Konflikty po 1945 r. Zbrojenia . . . 1:300 000 000
30-31 Świat – eksport towarów
Świat – import towarów
30 Organizacje gospodarcze na świecie . . . 1:300 000 000
Organizacje gospodarcze w Europie . . . 1:40 000 000

POLSKA

32 Polacy za granicą . . . 1:210 000 000
Stosunki dyplomatyczne . . . 1:210 000 000
33 Handel zagraniczny Polski . . . 1:210 000 000
34-35 Województwa i powiaty . . . 1:2 500 000
35 Zmiany terytorialne województw
1946 r. . . . 1:8 000 000
1950 r. . . . 1:8 000 000
1975 r. . . . 1:8 000 000
36-37 Ukształtowanie powierzchni . . . 1:2 500 000
37 Pasy rzeźby . . . 1:6 000 000
Różnice wysokości . . . 1:6 000 000
38 Zlewiska i dorzecza . . . 1:5 000 000
Wody podziemne . . . 1:8 000 000
Wody mineralne i termalne . . . 1:8 000 000
39 Klimat . . . 1:35 000 000
Temperatura powietrza w styczniu . . . 1:12 000 000
Temperatura powietrza w lipcu . . . 1:12 000 000
Opady roczne . . . 1:12 000 000
Pokrywa śnieżna . . . 1:12 000 000
Burze i gradobicia . . . 1:12 000 000
Rekordy meteorologiczne . . . 1:12 000 000
40 Rzeźba . . . 1:5 000 000
Zasięgi zlodowaceń . . . 1:15 000 000
Gleby . . . 1:5 000 000
41 Tektonika . . . 1:5 000 000
41 Surowce mineralne . . . 1:5 000 000
42 Obszary chronione . . . 1:4 000 000
Parki narodowe
Białowieski Park Narodowy . . . 1:150 000
43 Zanieczyszczenie środowiska . . . 1:4 000 000
Górnosląski Okręg Przemysłowy . . . 1:500 000
44-45 Gospodarka . . . 1:2 500 000
44 Górny Śląsk . . . 1:100 000
45 Ośrodki przemysłowe . . . 1:8 000 000
46 Transport kolejowy . . . 1:5 000 000
Drogi wodne . . . 1:15 000 000
Transport drogowy . . . 1:5 000 000
47 Międzynarodowe połączenia lotnicze
dostępne z Polski . . . 1:40 000 000
Krajowe połączenia lotnicze . . . 1:12 000 000
Przemysł wydobywczy . . . 1:5 000 000
48 Rolnicza przydatność gleb . . . 1:5 000 000
Okres wegetacji roślin . . . 1:12 000 000
Plony (przeciętne roczne w kwintalach z jednego hektara)
w latach 1961–2013
Inwestycje w rolnictwie i PKB tworzony przez rolnictwo
w latach 2000–2013 (udział % w cenach bieżących)
Zatrudnienie w rolnictwie . . . 1:12 000 000
Nawozy sztuczne i wapniowe . . . 1:12 000 000
5 zbóż . . . 1:12 000 000
49 Pszenica . . . 1:12 000 000
Pszenżyto . . . 1:12 000 000
Żyto . . . 1:12 000 000
Jęczmień . . . 1:12 000 000
Owies . . . 1:12 000 000
Warzywa i owoce . . . 1:12 000 000
Ziemniaki . . . 1:12 000 000
Buraki cukrowe . . . 1:12 000 000
Bydło . . . 1:12 000 000
Trzoda chlewna . . . 1:12 000 000
Żywiec . . . 1:12 000 000
Mleko . . . 1:12 000 000

POLSKA (CIĄG DALSZY)

50 Największe firmy wg przychodów . . . 1:4 000 000
Największe spółki giełdowe . . . 1:8 000 000
Banki
51 Walory przyrodnicze . . . 1:4 000 000
Obiekty z listy UNESCO . . . 1:8 000 000
Turystyka zagraniczna . . . 1:40 000 000
52-53 Kultura ludowa . . . 1:2 500 000
54-55 Architektura sakralna . . . 1:2 500 000
56-57 Zamki, pałace, dwory . . . 1:2 500 000
58-59 Systemy obronne . . . 1:2 500 000
60-61 Technika . . . 1:2 500 000
62-63 Obiekty podziemne . . . 1:2 500 000
64 Gęstość zaludnienia i miasta . . . 1:5 000 000
Urbanizacja . . . 1:15 000 000
Mniejszości narodowe i grupy etnograficzne . . . 1:5 000 000
Dialekty polskie . . . 1:15 000 000
65 Zmiany w zaludnieniu miast i wsi w latach 2000–2010 . . . 1:8 000 000
Ruch naturalny ludności . . . 1:8 000 000
Migracje krajowe i zagraniczne . . . 1:8 000 000
Ruch naturalny ludności w latach 1946-2013
Saldo migracji zagranicznych w latach 1946-2013
66 Produkt krajowy brutto . . . 1:12 000 000
Dochody . . . 1:12 000 000
Zarobki i inflacja
Budżety gospodarstw domowych –
– dochody i wydatki . . . 1:12 000 000
Budżety gospodarstw domowych –
– oszczędności . . . 1:12 000 000
Centra usług rynkowych . . . 1:12 000 000
Działalność gospodarcza . . . 1:12 000 000
Bezrobocie . . . 1:12 000 000
Bezrobocie młodzieży . . . 1:12 000 000
Warunki mieszkaniowe . . . 1:12 000 000
Motoryzacja . . . 1:12 000 000
Komputeryzacja
67 Służba zdrowia . . . 1:12 000 000
Przeciętna długość życia
Główne przyczyny zgonów . . . 1:12 000 000
Czytelnictwo
Książki – nakłady i tytuły
Gazety i czasopisma
Kultura . . . 1:12 000 000
Szkoły wyższe . . . 1:12 000 000
Wyznania religijne
Kościół Rzymskokatolicki . . . 1:12 000 000
Wybory prezydenckie 2015 r. – 1 tura (10.05) . . . 1:12 000 000
Wybory prezydenckie 2015 r. – 2 tura (24.05) . . . 1:12 000 000
68-69 Pomorze . . . 1:1 000 000
70-71 Warmia, Mazury i Suwalszczyzna . . . 1:1 000 000
72-73 Wielkopolska i Kujawy . . . 1:1 000 000
74-75 Mazowsze i Podlasie . . . 1:1 000 000
76-77 Śląsk . . . 1:1 000 000
76 Kotlina Kłodzka . . . 1:500 000
76-77 Okolice Wałbrzycha . . . 1:500 000
78-79 Małopolska . . . 1:1 000 000
79 Bieszczady . . . 1:500 000

EUROPA

80-81 Krajobrazy . . . 1:20 000 000
81 Opady roczne . . . 1:60 000 000
Gleby . . . 1:60 000 000
Potencjalna roślinność naturalna . . . 1:60 000 000
82-83 Ukształtowanie powierzchni . . . 1:20 000 000
83 Temperatura powietrza w styczniu . . . 1:60 000 000
83 Temperatura powietrza w lipcu . . . 1:60 000 000
Geologia – tektonika . . . 1:60 000 000
84-85 Podział polityczny . . . 1:20 000 000
85 Zaludnienie . . . 1:60 000 000
Języki rodzime . . . 1:60 000 000
Wyznania . . . 1:60 000 000
86-87 Gospodarka . . . 1:20 000 000
87 Transport . . . 1:40 000 000
Energetyka . . . 1:40 000 000
Turystyka . . . 1:40 000 000
88-89 Rolnictwo . . . 1:20 000 000
89 Główne uprawy żywieniowe . . . 1:40 000 000
Inne uprawy . . . 1:40 000 000
Hodowla . . . 1:40 000 000
90 Komunikacja . . . 1:35 000 000
Telekomunikacja . . . 1:80 000 000
Migracje . . . 1:55 000 000
Zmiany polityczne w Europie po 1989 r. . . . 1:55 000 000
91 Integracja europejska . . . 1:40 000 000
Produkt krajowy brutto . . . 1:40 000 000
Bezrobocie . . . 1:40 000 000
Rolnictwo . . . 1:40 000 000
92-93 Europa – część środkowa . . . 1:5 000 000
94 Charakterystyka hydrologiczna Morza Bałtyckiego . . . 1:14 000 000
94 Zanieczyszczenie Morza Bałtyckiego . . . 1:14 000 000
Zanieczyszczenie wód . . . 1:50 000 000
Zanieczyszczenie powietrza . . . 1:50 000 000
95 Europa – część wschodnia . . . 1:10 000 000
96 Morze Północne. Przemysł naftowy . . . 1:8 000 000
Rotterdam – Europort . . . 1:300 000
97 Skandynawia . . . 1:8 000 000
Islandia . . . 1:8 000 000
98 Wielka Brytania . . . 1:5 000 000
Posiadłości brytyjskie w 1920 r.
99 Francja . . . 1:5 000 000
Posiadłości francuskie w 1920 r.
100-101 Półwysep Iberyjski . . . 1 : 5 000 000
100 Wyspy Kanaryjskie . . . 1 : 3 000 000
101 Hiszpania i Portugalia – odkrywanie świata . . . 1 : 300 000 000
Turystyka w basenie Morza Śródziemnego . . . 1 : 25 000 000
102-103 Europa – część południowa . . . 1 : 5 000 000
102 Rzym i Watykan . . . 1 : 65 000

AZJA

104-105 Krajobrazy . . . . 1 : 40 000 000
105 Opady roczne. . . . 1 : 120 000 000
Ciśnienie atmosferyczne w styczniu . . . . 1 : 120 000 000
Ciśnienie atmosferyczne w lipcu . . . . 1 : 120 000 000
106-107 Ukształtowanie powierzchni. . . . 1 : 40 000 000
107 Temperatura powietrza w styczniu. . . . 1 : 120 000 000
Temperatura powietrza w lipcu . . . . 1 : 120 000 000
Geologia – tektonika . . . . 1 : 120 000 000
108-109 Podział polityczny. . . . 1 : 40 000 000
109 Zaludnienie. . . . 1 : 120 000 000
Języki rodzime . . . . 1 : 120 000 000
Wyznania . . . . 1 : 120 000 000
110-111 Gospodarka . . . . 1 : 40 000 000
111 Transport . . . . 1 : 95 000 000
Energetyka . . . . 1 : 95 000 000
Turystyka. . . . 1 : 95 000 000
112-113 Rolnictwo . . . . 1 : 40 000 000
113 Główne uprawy żywieniowe. . . . 1 : 95 000 000
Inne uprawy . . . . 1 : 95 000 000
Hodowla. . . . 1 : 95 000 000
114 Potencjalna roślinność naturalna. . . . 1 : 80 000 000
114 Gleby . . . . 1 : 80 000 000
115 Degradacja środowiska. . . . 1 : 80 000 000
Zmiany powierzchni Jeziora Aralskiego. . . . 1 : 5 000 000
Sztuczne nabrzeża w Zatoce Tokijskiej . . . . 1 : 500 000
116-117 Azja – część Północna. . . . 1 : 22 000 000
117 ZSRR w 1990 r.. . . . 1 : 100 000 000
118-119 Azja – część południowo-zachodnia. . . . 1 : 20 000 000
118 Izrael i Liban. . . . 1 : 5 000 000
119 Zatoka Perska . . . . 1 : 10 000 000
120-121 Chiny . . . . 1 : 20 000 000
120 Konflikty po II wojnie światowej . . . . 1 : 60 000 000
121 HongKong – specjalny
Region Administracyjny Chin. . . . 1 : 500 000
Narody Chin. . . . 1 : 40 000 000
Liczebność mniejszości narodowych
122 Azja – część południowo-wschodnia . . . . 1 : 20 000 000
Gospodarka. . . . 1 : 40 000 000
123 Japonia, Korea Północna, Korea Południowa. . . . 1 : 10 000 000
Wyspy Riukiu . . . . 1 : 10 000 000
Gospodarka. . . . 1 : 20 000 000
Energetyka. . . . 1 : 20 000 000

AFRYKA

124 Krajobrazy . . . . 1 : 40 000 000
Potencjalna roślinność naturalna. . . . 1 : 120 000 000
125 Opady roczne. . . . 1 : 90 000 000
Gleby . . . . 1 : 90 000 000
Uprawy. . . . 1 : 90 000 000
Hodowla. . . . 1 : 90 000 000
126 Ukształtowanie powierzchni. . . . 1 : 40 000 000
Geologia – tektonika . . . . 1 : 120 000 000
127 Temperatura powietrza w styczniu. . . . 1 : 90 000 000
Temperatura powietrza w lipcu . . . . 1 : 90 000 000
Ciśnienie atmosferyczne w styczniu . . . . 1 : 90 000 000
Ciśnienie atmosferyczne w lipcu . . . . 1 : 90 000 000
128 Podział polityczny. . . . 1 : 40 000 000
Zadłużenie . . . . 1 : 120 000 000
129 Zaludnienie. . . . 1 : 90 000 000
Języki rodzime . . . . 1 : 90 000 000
Wyznania . . . . 1 : 90 000 000
Rozwój handlu
niewolnikami (XVI-XIX w.) . . . . 1 : 90 000 000
130 Gospodarka. . . . 1 : 40 000 000
Energetyka . . . . 1 : 120 000 000
131 Rolnictwo . . . . 1 : 40 000 000

AMERYKA PÓŁNOCNA

132 Krajobrazy . . . . 1 : 40 000 000
Temperatura powietrza w styczniu. . . . 1 : 120 000 000
Temperatura powietrza w lipcu . . . . 1 : 120 000 000
Opady roczne. . . . 1 : 120 000 000
133 Ukształtowanie powierzchni. . . . 1 : 40 000 000
Geologia – tektonika . . . . 1 : 120 000 000
Potencjalna roślinność naturalna. . . . 1 : 120 000 000
134 Podział polityczny. . . . 1 : 40 000 000
Hawaje . . . . 1 : 20 000 000
135 Powstawanie państw . . . . 1 : 90 000 000
Migracje . . . . 1 : 90 000 000
Indianie. . . . 1 : 90 000 000
Zaludnienie. . . . 1 : 90 000 000
136 Gospodarka . . . . 1 : 40 000 000
136 Transport . . . . 1 : 120 000 000
Energetyka . . . . 1 : 120 000 000
137 Rolnictwo . . . . 1 : 40 000 000
Uprawy . . . . 1 : 120 000 000
Hodowla . . . . 1 : 120 000 000
138 Gleby . . . . 1 : 90 000 000
Rezerwaty biosfery UNESCO. . . . 1 : 90 000 000
Klęski żywiołowe . . . . 1 : 90 000 000
Finanse. . . . 1 : 90 000 000
139 Stany Zjednoczone . . . . 1 : 30 000 000
Hawaje . . . . 1 : 30 000 000
Przemysły zaawansowanych
technologii . . . . 1 : 55 000 000
Dolina Krzemowa. . . . 1 : 1 000 000

AMERYKA POŁUDNIOWA

140 Krajobrazy . . . . 1 : 40 000 000
Temperatura powietrza w styczniu . . . . 1 : 120 000 000
Temperatura powietrza w lipcu . . . . 1 : 120 000 000
Opady roczne . . . . 1 : 120 000 000
141 Ukształtowanie powierzchni . . . . 1 : 40 000 000
Geologia – tektonika . . . . 1 : 120 000 000
Potencjalna roślinność naturalna . . . . 1 : 120 000 000
142 Podział polityczny . . . . 1 : 40 000 000
Zadłużenie, Sytuacja polityczna . . . . 1 : 100 000 000
143 Zaludnienie . . . . 1 : 110 000 000
143 Migracje . . . . 1 : 110 000 000
Turystyka . . . . 1 : 110 000 000
Transport . . . . 1 : 110 000 000
Uprawy . . . . 1 : 110 000 000
Hodowla . . . . 1 : 110 000 000
144 Gospodarka . . . . 1 : 40 000 000
Energetyka . . . . 1 : 100 000 000
145 Rolnictwo . . . . 1 : 40 000 000
Gleby . . . . 1 : 100 000 000

AUSTRALIA

146 Krajobrazy . . . . 1 : 40 000 000
Temperatura powietrza w styczniu . . . . 1 : 90 000 000
Temperatura powietrza w lipcu . . . . 1 : 90 000 000
Opady roczne . . . . 1 : 90 000 000
Geologia – tektonika . . . . 1 : 90 000 000
147 Ukształtowanie powierzchni . . . . 1 : 40 000 000
Potencjalna roślinność naturalna . . . . 1 : 90 000 000
Gleby . . . . 1 : 90 000 000
Kolonizacje . . . . 1 : 90 000 000
Zaludnienie . . . . 1 : 90 000 000
148-149 Podział polityczny . . . . 1 : 50 000 000
148 Uprawy . . . . 1 : 90 000 000
Hodowla . . . . 1 : 90 000 000
149 Tahiti . . . . 1 : 1 000 000
Fidżi . . . . 1 : 5 000 000
Wielka Rafa Koralowa . . . . 1 : 10 000 000
Energetyka . . . . 1 : 90 000 000
150 Gospodarka . . . . 1 : 40 000 000
Rolnictwo . . . . 1 : 40 000 000

OCEANY

151 Południowy i Antarktyda . . . . 1 : 40 000 000
152 Arktyczny i Arktyka . . . . 1 : 30 000 000
163 Indyjski i Południowy . . . . 1 : 30 000 000
154-155 Spokojny . . . . 1 : 60 000 000
156 Atlantycki . . . . 1 : 60 000 000

157-162 Skorowidz nazw – Polska
163-172 Skorowidz nazw – Świat
173-176 Spis treści